保定市

清苑年鉴

BAODINGSHIQINGYUANYEARBOOK

2022

保定市清苑区地方志编纂委员会　编

魅力清苑

方志出版社

Publishing House of Local Records

图书在版编目（CIP）数据

保定市清苑年鉴 . 2022 / 保定市清苑区地方志编纂委员会编 .—北京 : 方志出版社 , 2022.7
ISBN 978-7-5144-5281-5

Ⅰ . ①保… Ⅱ . ①保… Ⅲ . ①区（城市）—保定—2022 —年鉴 Ⅳ . ① Z522.24

中国版本图书馆 CIP 数据核字（2022）第 243741 号

责任编辑：王海荣
责任校对：刘玉霞
责任印制：梅中英
出 版 者：方志出版社
地　　址：北京市朝阳区潘家园东里 9 号（国家方志馆 4 层）
邮　　编：100021
网　　址：http://www.zgfzcb.cn
发　　行：方志出版社图书营销中心（010-67110500）
印　　刷：保定市文昌印刷有限公司
开　　本：889 毫米 ×1194 毫米 1/16
印　　张：24
字　　数：560 千字
版　　次：2022 年 7 月第 1 版
印　　次：2022 年 7 月第 1 次印刷
定　　价：228.00 元

保定市清苑年鉴编纂委员会

保定市清苑年鉴编辑部

编辑说明

一、本年鉴以马克思列宁主义、毛泽东思想、邓小平理论、“三个代表”重要思想、科学发展观、习近平新时代中国特色社会主义思想为指导，坚持辩证唯物主义和历史唯物主义的立场、观点和方法，汇集各方面信息，力求资料内容的系统性、科学性、权威性。

二、本年鉴全面记述2021年度保定市清苑区政治、经济、文化和社会发展的最新成就，以丰富的内容、真实可靠的资料构架全书，为领导决策提供依据，为社会各行业提供参考借鉴，为各界人士投资创业提供信息。它不仅是清苑区对外展示的窗口，也是清苑迈向全国、走向世界的亮丽名片。

三、本年鉴是保定市清苑区连续编纂的第六部年鉴，正文主要为2021年工作内容和数据统计。

四、本年鉴内容编排设类目、分目、条目三个层次。全书设特载、清苑概览、大事记、中共保定市清苑区委员会、保定市清苑区人民代表大会、保定市清苑区人民政府、政协保定市清苑区委员会、纪检　监察、群众团体、法治、军事、经济综合管理、农业农村工作、工业和信息化、商贸服务业、开发区　产业园、基础设施建设、城乡建设　环境保护、土地　水利　气象、金融　保险、文化　广电　旅游、教育和体育、社会生活、乡镇　办事处、表彰　奖励、附录、索引。除大事记使用编年体、辅以纪事本末体外，其他皆为条目体。

五、本年鉴文稿由资料提供单位专人撰写。所使用数据以统计部门资料为准，由上报单位把关核实核准。统计资料中的增减数据，除具体说明的以外，均为“同比”增减数，不能涵盖的以部门提供为准。

六、为充分展示清苑区重要活动和突出成就，做到图文并茂，本年鉴卷前设重要活动彩色图片专辑。

七、本年鉴中数字用法、标点符号、计量单位分别执行国家标准《出版物上数字用法》（GB/T 15835—2011）、《标点符号用法》（GB/T 15834—2011）、《国际单位制及其应用》（GB 3100—1993）和《有关量、单位、符号的一般原则》（GB 3101—1993）。

7 月 27日，保定市清苑区第三届人民代表大会第一次会议开幕

7 月 26 日，中国人民政治协商会议保定市清苑区第三届委员会第一次会议开幕

10月14日，保定市清苑区第二次机构编制核查安排部署会议召开

6月23日，举行“光荣在党50周年”暨新党员宣誓活动

6月18日，“绣党旗 感党恩 跟党走”——保定市万名女性绣党旗接力活动收针暨赠旗仪式在清苑区开幕（刘核心供图）

4月26日，清苑区联社党史学习教育实践活动举行

12月10日，开展危险化学品（燃气）安全生产突发事故应急演练

12月，在古城香业举办创新平台政策解读专题培训会

8月21日，清苑区2021年第三批重点项目集中开工活动举行

7月25日，中南高科办事处揭牌仪式举行

正迪欢乐世界项目（王大田供图）

保定市绿生环境科技有限公司（厂区供图）

大韩玻璃（王大田供图）

立中集团（王大田供图）

▶青年友好城市墙体画

▼清苑城区迎宾东街（李海波供图）

城市新貌

◀ 儿童友好城市街景画

▶ 魏村路口墙体画（王大田供图）

▼ 碧桂园街角公园（王大田供图）

▲9月29日，“庆丰收 感党恩”2021中国农民丰收节暨乡村文化旅游节举行

乡村振兴

◀9月29日，“庆丰收 感党恩”2021中国农民丰收节暨乡村文化旅游节举行

▶9月29日，“庆丰收 感党恩”2021中国农民丰收节暨乡村文化旅游节举行

（徐红艳供图）

9 月 29 日，“农民丰收节”活动现场

9月29日，“庆丰收 感党恩”农民丰收节活动现场

5月28日，保定市清苑区第四届西（甜）瓜文化节举行

清苑镇北大冉村（刘政供图）

清苑镇北大冉早市（王大田供图）

大福新村（王大田供图）

鸟瞰大福新村（王大田供图）

▲ 冰雪运动带火乡村游（王大田供图）

◀ 好梦林水欢迎您（王大田供图）

▼ 好梦林水小镇（王大田供图）

宇雕起重机械（王大田供图）

神力起重机械（厂区供图）

河北神力集团（厂区供图）

小型起重

神力起重机械车间

南王庄李素环瓜果蔬菜专业合作社全自动集约化育苗棚（王大田供图）

南王庄李素环瓜果蔬菜专业合作社全自动集约化育苗棚

现代产业园

宏泽现代产业园区制作红薯粉（马振供图）

水润佳禾现代农业园无土栽培（园区供图）

防空防灾宣教基地
（王大田供图）

文化建设

防空防灾宣教基地（王伟供图）

6月29日，“永远跟党走”——庆祝中国共产党成立100周年歌咏大会举行

6月11日，“唱响青春旋律 致敬百年风华”献礼建党百年主题文艺会演举行

▶ 4月9日，冉庄地道战纪念馆举办“跟着老电影学党史”系列活动启动仪式

▶ 6月25日，庆祝建党100周年党史知识竞赛决赛举行

▼ 清苑公园晨练（王冀英供图）

3月14日，清苑团区委举办“为地球加树度 创意植树节”活动

6月24日，好梦书房“风雨苍黄忆百年 翰墨光影颂华章”主题书画摄影展笔会举行

9月29日，丰收节里“画”丰收

10月14日，区民政局事业服务中心大李各庄分院开展重阳节敬老爱老慰问活动

12月29日，省残联到清苑区选拔残疾运动员

12月10日，清苑区第三届冰雪运动会轮滑比赛现场

数字清苑

- 户籍人口：691336人
- 区域面积：857平方公里
- 城市建成区绿化率：39.2%
- 城市污水集中处理率：98.4%
- 城市生活垃圾无害化处理率：100%
- 城市空气质量优良天数：242天
- 地区生产总值：160.5亿元
- 第一产业增加值：35.8亿元
- 第二产业增加值：50.5亿元
- 第三产业增加值：74.2亿元
- 民营经济增加值：95.78亿元
- 规模以上工业总产值：115.7亿元
- 全社会固定资产投资：50.4亿元
- 社会消费品零售总额：57.4 亿元
- 财政收入：15.73亿元
- 公共财政预算收入：9.34亿元
- 财政支出：34.36亿元
- 金融机构人民币存款年末余额：369.95亿元
- 金融机构人民币贷款年末余额：124.32亿元
- 中等职业学校：1所
- 中小学、幼儿园：441所
- 特殊教育学校：1所
- 公立医疗卫生机构：24个
- 公立医疗机构实有床位：1272张
- 城镇居民人均可支配收入：38375元
- 农村居民人均可支配收入：23142元
- 新增城镇就业：3744人

（数据提供：清苑区统计局）

保定市清苑区政区图

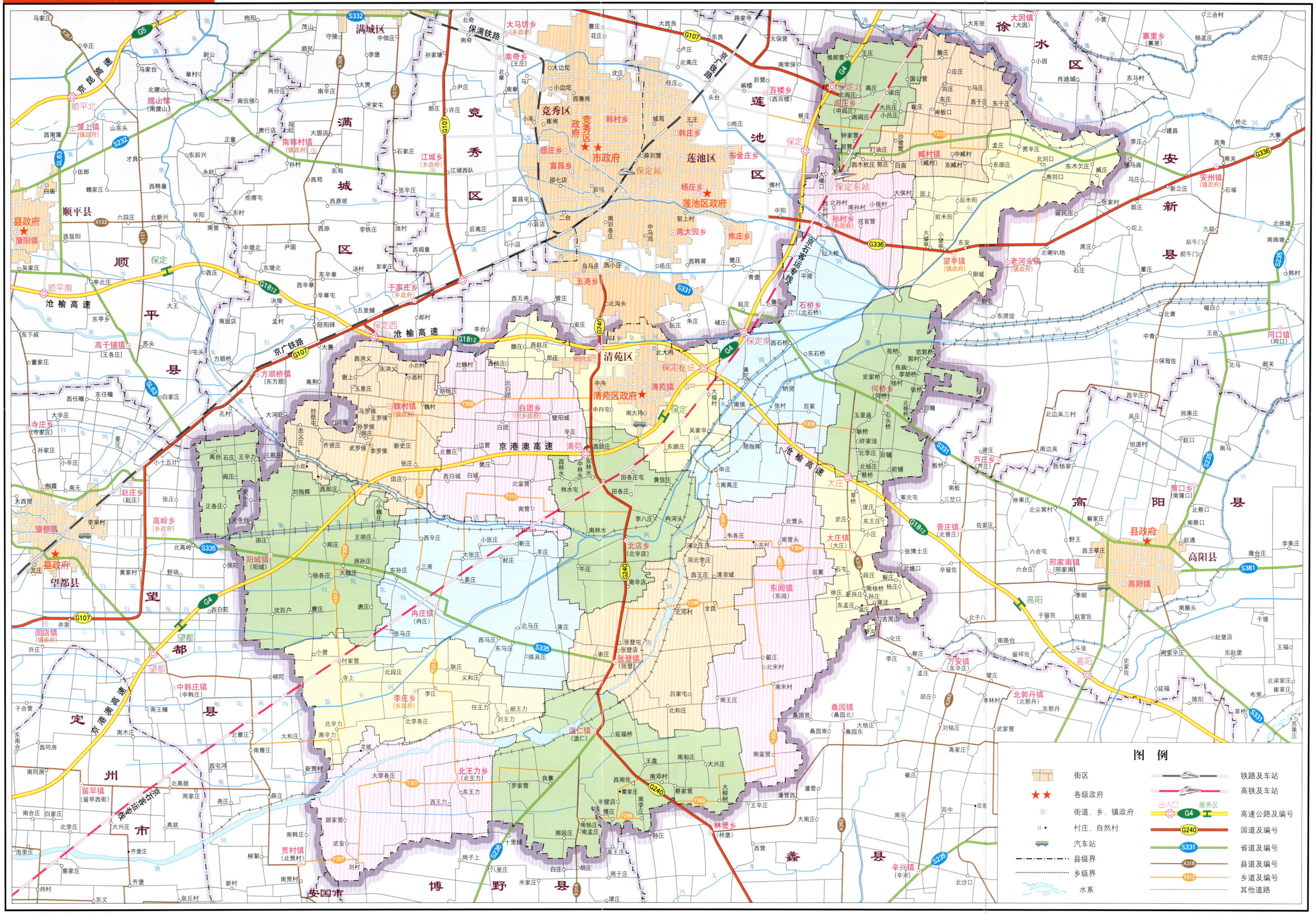

审图号：冀S(2018)51号

保定市清苑区民政局 监制

保定市清苑区城区图

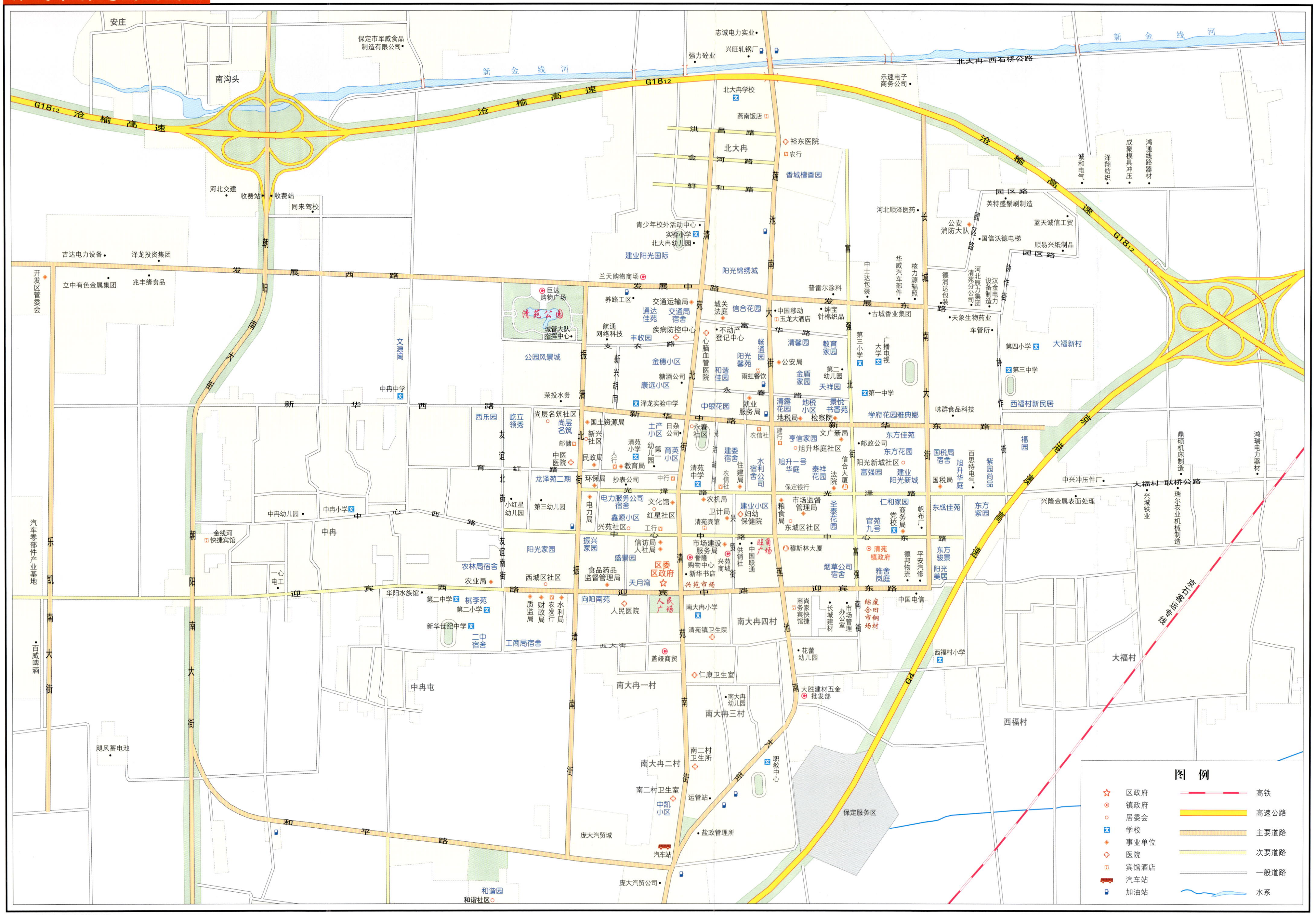

审图号：冀S(2018)51号

目　录

特　载

清苑概览

大事记

中共保定市清苑区委员会

保定市清苑区人民代表大会

保定市清苑区人民政府

政协保定市清苑区委员会

纪检　监察

群众团体

法　治

军　事

经济综合管理

农业农村工作

工业和信息化

商贸服务业

开发区　产业园

基础设施建设

城乡建设　环境保护

土地　水利　气象

金融　保险

文化　广电　旅游

教育和体育

社会生活

乡镇　办事处

表彰　奖励

附　录

特载

◎深入学习贯彻中央经济工作会议和省委、市委全会精神　全力推动清苑“十四五”经济社会高质量发展实现良好开局

◎树牢新理念　抢抓新机遇　勇担新使命　谱写新篇章　为加快建设保定现代化品质生活之城贡献清苑力量

◎政府工作报告

特载

深入学习贯彻中央经济工作会议和省委、市委全会精神　全力推动清苑“十四五”经济社会高质量发展实现良好开局

——在区委二届八次全体会议上的讲话

区委书记　崔建民

（2021 年 1 月 13 日）

这次区委全会的主要任务是，坚持以习近平新时代中国特色社会主义思想为指导，深入贯彻落实习近平总书记重要讲话和中央经济工作会议、省委市委全会精神，组织动员全区上下乘势而上、拼搏竞进，全力推动清苑创新发展、绿色发展、高质量发展，确保“十四五”开好局、起好步。

刚刚过去的 2020 年，是清苑发展史上极不平凡的一年，是各项大事要事取得突破的一年。回顾过去，盘点收获，我们披荆斩棘、众志成城，付出了艰辛、收获了喜悦。让我们鼓舞的是，在多重矛盾叠加、经济下行压力巨大的形势下，很多工作实现历史性突破，一件件的不可能变为现实。大气质量持续好转，信访工作位居全市前列，精准脱贫取得历史性战果，疫情防控取得重大阶段性胜利，这些都给我们增添了无穷底气，坚定了前行信心。让我们欣慰的是，“城市双修”、“雨污分流”、全域“双代”等重点工程建设捷报频传，何蠡路、滕庄至北白团路等农村道路顺利通车，各项民生实事圆满完成，是近年来民生投入最大、效果最明显的一年，获得了群众的掌声，赢得了群众的点赞。让我们欣喜的是，经过筑巢引凤、贴心服务、持续发力，中铁建、中南高科、新发地等一批大型央企民企纷至沓来，重点项目建设如火如荼，总投资 155.3 亿元的 4 个重点项目集中开工，多年积累的发展优势逐渐迸发，经济社会发展效益倍增。让我们感动的是，面对去年特殊严峻形势，全区广大党员干部夙兴夜寐、昼夜奋战，付出心血，挥洒汗水。在他们当中，有白衣为甲、逆行出征的医务人员，有尽锐出战、日夜坚守的基层干部，有为疫情防控献出生命的优秀共产党员，有默默奉献、带领群众发家致富的全国劳动模范，在他们身上展现出了清苑的精气神、展现出了清苑的时代风采。让我们振奋的是，全区上下紧紧围绕区委决策部署、聚焦全区大局，形成空前共识，四大班子精诚团结、高度一致，广大党员干部群众同心同德、同向而行，齐心协力办大事，凝聚起了建设清苑的强大合力。让我们期待的是，在“两个一百年”这个历史交汇点，中共十九届五中全会、中央经济工作会议和省委市委全会生动擘画了未来的发展，科学描绘了宏伟蓝图，为我们起航新征程照亮了前进方向，必将引领我们走向更加辉煌的未来。

这些成绩的取得，是习近平新时代中国特色社会主义思想科学指引的结果，是党中央和省委市委坚强领导、关心支持的结果，是全区各级党组织和广大党员干部群众勠力同心、接续奋斗的结果，凝结着区委全委会同志们的心血和汗水。在此，我代表区委，向在座的各位同志，向所有关心、支持、参与清苑发展的社会各界人士表示衷心的感谢！

今年是我国开启全面建设社会主义现代化国家新征程的开局之年，是中国共产党成立100周年，是具有重大特殊意义的一年，做好经济社会发展工作至关重要。下面，就学习贯彻中央经济工作会议和省委、市委全会精神，全力推动清苑创新发展、绿色发展、高质量发展，确保“十四五”实现良好开局，我讲三点意见。

一、深入学习贯彻中央经济工作会议和省委、市委全会精神，进一步坚定前进方向

在中央经济工作会议上，习近平总书记系统总结了2020年经济工作，深刻分析了当前国内外经济形势，明确提出了今年经济工作的总体要求、主要目标、政策取向和重点任务。习近平总书记的讲话高屋建瓴、总揽全局，内涵丰富、博大精深，具有很强的政治性、战略性、指导性。李克强总理对今年经济工作作出具体部署，提出明确要求。为了贯彻落实中央经济工作会议精神，省委九届十二次全会深入贯彻落实习近平总书记重要讲话精神和党中央决策部署，紧紧围绕落实新发展理念和构建新发展格局，强调以开展“三重四创五优化”活动为抓手（三重，抓重大国家战略、重大项目建设、重大民生工程，四创，创新、创业、创全国文明城市、国家卫生城市、国家森林城市，创平安河北、法治河北，五优化，优化政治生态、优化经济结构、优化自然生态、优化营商环境、优化基层治理），持续推进高质量发展，不断开创各项事业新局面。我们必须要进一步把思想和行动高度统一到习近平总书记重要讲话上来，高度统一到党中央的科学判断和决策部署上来，高度统一到省委对经济的总体安排上来，准确把握我国经济社会发展的重大成就和规律性认识，准确把握党中央对国内外经济形势的科学判断，准确把握经济工作的总体要求和目标任务，增强贯彻落实的政治自觉、思想自觉和行动自觉。

市委十一届十一次全会，深入贯彻中央经济工作会议和省委全会安排部署，全面总结了保定的五个深刻变化（理念之变、协同之变、城市之变、产业之变、作风之变），明确提出了今年工作要牢牢把握三个注重（注重研究规律、把握未来，注重大处着眼、小处入手，注重善始善终、善作善成），指出具体工作推进中要处理好“十个关系”（一是统筹整体推进与重点突破的关系，二是统筹服务北京与联动雄安的关系，三是统筹城市转型与产业转型的关系，四是统筹城市经济与县域经济的关系，五是统筹深化改革与扩大开放的关系，六是统筹绿水青山与金山银山的关系，七是统筹解决民生实事和提高生活品质的关系，八是统筹脱贫攻坚与乡村振兴的关系，九是统筹德治引领与法治保障的关系，十是统筹高质

量发展与高水平安全的关系）。党书记的讲话，既明确了工作重点和主攻方向，又给我们指明了工作方式方法，我们必须认真学习领会，全力抓好落实。

2021年是“十四五”开局之年，区委“十四五”规划建议明确了未来五年和十五年的发展方向。今年任务就是抓开局、抓落实。做好今年经济工作的总体要求是，坚持以习近平新时代中国特色社会主义思想为指导，深入落实习近平总书记对河北工作重要指示批示和中央经济工作会议精神，按照省委、市委全会要求，坚持稳中求进工作总基调，立足新发展阶段，贯彻新发展理念，构建新发展格局，以推动高质量发展为主题，以深化供给侧结构性改革为主线，以改革创新为根本动力，以满足人民日益增长的美好生活需要为根本目的，坚持系统观念，巩固拓展疫情防控和经济社会发展成果，更好统筹发展和安全，扎实做好“六稳”工作，全面落实“六保”任务，扎实开展“三重四创五优化”和“三基”建设年活动，按照“12345”总体发展战略要求，主动融入京雄保一体化发展新格局，强势开局、增比进位、创新突破、实干争先、较真叫板、善作善成，力争各项工作进入全市先进行列，确保“十四五”开好局，以优异成绩庆祝中国共产党成立100周年。按照这一总体要求，区委提出了今年经济社会发展的主要预期指标：生产总值增长9%，一般公共预算收入增长7%，固定资产投资增长11%左右，规模以上工业增加值增长10%左右，社会消费品零售总额增长9%左右，进出口总值增长6%左右，实际利用外资增长5%左右，全体居民人均可支配收入增长8.5%，PM2.5平均浓度下降率完成市定任务。

面对今年可能更加复杂的形势和繁重的任务，我们必须保持战略定力，树立底线思维，发扬斗争精神，努力在危机中育先机，于变局中开新局。要坚持强势开局，把大事往前放、难事往前赶，做到开局就是决战、起步就是冲刺，高起点、高标准、高效率地打响“当头炮”。要坚持增比进位，树立强烈的数据意识、位次意识，既要实现总量绝对增长，又要保持较高的增速。要坚持创新突破，找准发力点和突破点，谋划推动一批在全市、全省甚至全国拿得出手的闪光点，以一域之光为全局添彩。要坚持实干争先，唱响舍我其谁、以干为荣，各项工作要全面退出倒排，确保全市中游，力争全市上游。要坚持较真叫板，对各项任务目标都实行清单化管理，周调度、月考评，持续跟踪问效，据实考核奖惩。要坚持善作善成，对区委、区政府作出的各项部署，对自身承担的各项工作，必须一抓到底，不遗余力，说到做到，干就干好。

二、强势推进各项事业，为清苑“十四五”新征程开好局起好步

全年的工作思路和总体目标已经明确，关键在于抓落实，要撸起袖子加油干、迈开步子加快赶，重点在“三力”“三美”“三感”上下功夫。

（一）要坚持产业强区，壮大综合实力。经济发展没有“量”就没有实力，没有“质”就没有核心竞争力，要在高质量发展上走在前列，必须坚定不移集聚大项目、做强大产业，不断壮大“块头”、厚实“家底”。要以精细化举措温暖企业。要加大企业帮扶力度，严格落实领导包联制度，实施一企一策，贴心服务，重点培植。要强化政银企三方对接，加大金融扶持力度，帮助企业渡过难关；要全面落实涉税涉费优惠政策，全方位降低企业经营成本，助力企业“轻装上阵”。要充分发挥企业上市协调专班作用，巩固拓展“上市池”，培育更多有实力、有能力的上市企业。要大力弘扬新时代企业家精神，引导广大企业家自强不息，加强技术创新，拓展市场服务，实现“老树发新芽、小苗成大树”，为现有产业注入新动能。要聚力“四个一批”深化项目建设。要启动开工一批，以开工促落地，以开工促增量，以开工促投资，确保华威汽配二期、人民医院新院区等项目开工建设；要加快建设一批，能快则快，一切往前赶，确保中南高科·清苑新经济产业园、新发地智慧城市民生港首开区

等项目达到或超过时序进度要求；要竣工投产一批，抢时、抢期、抢进度，确保冀昌电气、博远电气等项目投产达产，让清苑人民看到清苑项目建设的巨大成效；要储备争跑一批，健全完善项目库，动态更新项目进度、项目内容、手续办理等相关信息，确保项目建设实效。要建立与上级部门常态化对接机制，全力争取进入上级项目盘子。总之，要一切围绕项目看，围绕项目转，围绕项目干，在全区推动形成大项目、好项目、新项目源源不断的态势。要以市场化手段壮大园区平台。对园区建设，市委明确提出要实行月考月评，我们一定要把省级开发区、高铁片区建设牢牢抓在手上，着眼于“园区 4.0”阶段特点和模式，牢牢掌握土地要素控制权。要强化“以亩均论英雄”的理念，引导资源要素向高效益、高产出、高技术、高成长性企业聚集。今年要重点推进投资 101 亿元开展基础设施和公共服务设施建设，力争取得实质性的成效，努力把高铁片区打造成经济实力支撑区、特色产业集聚区、对外开放示范区、解放思想先行区、改革创新试验区和功能机制完善区。

（二）要推进乡村振兴，提升发展活力。清苑是农业大区，推进清苑高质量发展，短板弱项在农村，基础和重点也在农村。要以基础设施提升、人居环境提标、产业发展提质、乡村治理提效四项工程为载体，全力深化乡村振兴战略，激发全区发展活力。要聚焦农业产业化，提高品质、延伸链条，推动品种培优、品质提升、品牌打造和标准化生产。要引进培育农业深加工龙头企业，实行“农户＋驿站＋龙头”，加快推进传统种植向科技引领转变、增产导向向提质导向转变、家庭分散生产向适度规模经营转变，形成产业化链条，增加农产品附加值，重点抓好智慧民生港建设。要建设农业现代化示范区和产业融合发展示范园，重点打造南王庄西瓜、大庄麻山药等一批特色农产品示范基地，形成规模化种植，着力培育壮大扶贫特色产业，推动扶贫产业提档升级。要严格落实粮食安全党政责任制，积极参与种源“卡脖子”技术攻关，为打好种业攻坚战做出清苑贡献。要聚焦三产融合，加快推进投资 22 亿元的冉庄文旅特色小镇、投资 16.5 亿元的正迪欢乐世界文化创意园、投资 11.3 亿元的好梦林水特色小镇、投资 20 亿元的古城香文化产业园、冉庄至林场路“一线五点”重点项目建设，深挖红色文化、自然人文、传统民俗等资源，按照市委提出的“月月有主题、一季一特色、县县有亮点”的要求，合理打造特色旅游项目，全面构建文化旅游发展新格局。要聚焦生态宜居，实施乡村建设行动，深入开展农村人居环境整治，不断提升村容村貌，着力推进美丽乡村连片发展。要充分发挥示范村辐射带动作用，打造以西林水、中林水、大福村为中心的乡村人居环境示范区和沿高铁片区、白洋淀大道示范线，引领全区农村建设上台阶、上水平，构建“一户一处景、一村一幅画、一线一风景”的生态宜居美丽乡村。要强化乡村基础设施建设，全力推动大魏庄至南辛力等道路建设，加快完成唐河堤顶路、冉庄至林场路等项目，实施 10 个乡镇 27 个行政村高标准农田建设项目，进一步改善农村生产生活条件。要着眼加快城乡一体化步伐，加大区财政投入力度，稳步推动东闾、石桥等一批有条件的乡实现撤乡设镇，以点带面，带动周边发展。

（三）要深化改革开放，注入发展动力。改革创新是清苑发展动力之源，是各项工作破题之举。要坚持大改革、大创新、大开放，让一切人流、物流、资金流、信息流、价值流在清苑竞相汇聚、竞相奔涌。要“三大导向”抓改革。要坚持目标导向、问题导向、实践导向，紧盯上级部署的改革要点、群众最关心的热点、制约发展的焦点抓改革。各专项改革领导小组和各责任部门要切实负起责任，定期研究调度，拿出针对性措施，统筹协调推进。深化改革的核心是营商环境，营商环境的抓手是“放管服”改革，要全面落实《优化营商环境条例》，加快转变政府职能，完善“预审批”制度，大力度推进“网络化服务平台”建设，提高行政审批效率，实现“施工零干扰、行政零收费、服务零距离、拿地即开工”，打造稳定、公平、透明的良好环境。要“三向发力”抓创新。要做大创新主体，深化“万企转型”“千项技改”，发挥企业在科技创新中的主体作用，鼓励企业实施技术创新、科技创新、管理创新，支持企业转型升级，提升核心竞争力。要做强创新平台，建设一批创新产业园、产业孵化园、众创空间，打造创新沃土、创造摇篮。要做优创新环境，全面优化政策环境、市场环境、要素环境，形成大众创新、万众创业的生动局面。要统筹内外抓开放。学会两条腿走路，不断提升开放层次，主动融入“京津冀一体化”发展大格局，推动全域开放、全程开放、全面开放。要围绕新一代信息技术、新型材料、高端装备制造、现代物流、汽车产业智能智造、生物医药等重点产业，紧盯行业500强、央企和上市公司等重点企业，大招商、招大商、精准招商。对招商引资作出重大贡献的企业、单位和个人，大张旗鼓地予以重奖，充分调动激发社会各界招商引资的积极性、主动性，把抓开放、抓招商、促项目的氛围营造得更加浓厚。

（四）要提升建设品质，让城乡更加精美。城区是清苑的经济中心，代表着清苑的脸面和形象，在做好农村人居环境整治的基础上，要集中力量抓好城区建设，按照“一尊重五统筹”和“两城三微五宜”要求，提升旧城区、融入主城区、拓展新城区。要加大基础设施建设力度。重点要抓好“城市双修”三期及四期、污水处理厂提标改造、振清街南延至保障房道路建设、老旧小区改造等重点工程，强力开展“清疮”行动，对各类低效、闲置用地进行全面摸排和盘活利用，增强城区经济投入强度、经济密度和产出额度，不断让城区面貌新起来、配套强起来、业态活起来。要主动加强与保定主城区对接。市委明确提出，今年打通更多的新三区连接通道，在推动教育、医疗、社保、公交、城管、土地、财政等社会管理和公共服务一体化上取得实质性进展。各牵头领导和相关单位要主动加强与上级部门对接联络，争取理解和支持，确保更多的资源投向清苑，让广大群众更多地享受到实惠。特别是要积极谋划推动保定西三环南延、保定东三环南延、保定南三环等项目，力争有进展、有突破。要坚持常态化创城。通过近几年文明城区创建活动，清苑的面貌有了明显的改观，要持续把成果巩固下去，建立常态化创城机制，加强精细化管理。要聚焦不文明行为，推进部门联合执法，持续进行文明劝导，让文明有序成为市民的自觉行动。要把创建文明城市和创建卫生城市、森林城市结合起来，实现整体突破，敢创必成，决不能创而不成。

（五）要深化绿色发展，让环境更加优美。加强生态文明建设，为雄安提供生态屏障，这既是我们的政治任务，也是贯彻新发展理念的必然要求。要全力打好蓝天保卫战。强力推进大气污染防治工作，严格落实治企抑尘、控车、禁烧、散乱污取缔、烟花爆竹禁放、重污染天气错峰生产及应急响应等各项减排措施，确保空气质量持续改善。要全力打好碧水保卫战。严格落实河长制，全力做好河道治理、生态补水、排污口规范管理、沿岸水源置换、地下水超采治理等工作，确保域内水质断面稳定达标，坚决不让一滴污水流入白洋淀，让每条河流都成为生态景观带，每个流域都成为特色经济区。要全力打好净土保卫战。加强土壤污染治理，做好受污染地块的安全利用和风险管控，加大生活垃圾和危险废弃物、医疗废物收集处理力度，让人们住得安心，吃得放心。要全面推进造林绿化。扎实开展创建森林城市等系列活动，在抓好全域绿化的基础上，重点继续抓好雄清片林、白洋淀大道景观带建设，使之成为展示清苑形象的最美窗口。

（六）要培育社会正能量，让人文更加和美。要大力弘扬社会主义核心价值观，不断深化社会公德、职业道德、家庭美德、个人品德建设，广泛开展文明城市、文明村镇、文明单位等群众性精神文明创建活动，深入开展“爱岗敬业标兵”

“清苑好人”评选活动，讲好清苑故事，树立清苑形象，引导全区上下争做守道德、讲文明的清苑人。要进一步挖掘清苑红色革命精神，增加爱国主义、革命历史元素，将南城街角公园改造提升为退役军人主题公园，增强双拥氛围，提升城市亮美。要持续推进媒体深度融合，打造全媒体矩阵，进一步夯实传播先进思想文化的坚强阵地。要健全社会舆情引导机制，牢牢把握正确舆论导向。要加强对意识形态工作的领导，严格落实意识形态工作责任制“三清单四机制”，牢牢掌握意识形态领域领导权、话语权和主阵地。要开展丰富多样的文体活动，组织好、举办好庆祝中国共产党成立100周年的系列活动，让党旗在人民群众的心中高高飘扬。

（七）要充分发挥群众主体作用，提升群众幸福感。推进清苑发展，群众是力量之源，要充分发挥群众主体作用，引导群众真正把清苑的发展稳定当成自己的事，在共同创造美好愿景中展现作为、贡献力量，提升幸福感。要把群众意见作为开展工作的前提。进一步拓宽人民群众表达利益诉求的渠道，对涉及群众切身利益问题，要广泛征求群众意见建议，接受群众监督；对群众期盼赞同的工作，必须不遗余力地快办、办好；对群众一时不理解的工作，要耐心细致做好思想疏导和解释工作，在得到群众理解和支持后再推进，确保把好事办好、实事办实，办在群众的心坎上。要把群众满意作为评价工作的标准。改进考核评价方法，进一步完善群众广泛参与的工作考核评价机制，把群众意愿贯穿工作全过程，把群众的满意程度作为评价工作是否到位的重要尺度和依据，让群众真正感受到关注和尊重。

（八）要全力增进民生福祉，增强群众获得感。要牢固树立人民至上的理念，多谋民生之利、多解民生之忧、多办民生实事，让清苑的民生事业更有温度。要继续加大民生实事的推进力度。本着量力而行、尽力而为的原则，尽快谋划今年要办的区重点民生实事，细化责任、挂图作战，确保按期完成。在此基础上，各级各部门要按照“小切口”原则，筛选确定群众最关心、最直接、最紧迫的具体事项，每月盯住解决一批民生实事，以看得见的变化回应群众期盼。要全面推进各项民生事业。持续巩固拓展脱贫成效，用好5年过渡期，做好同乡村振兴的有效衔接，健全防止返贫动态监测和帮扶机制，保持主要帮扶政策总体稳定；坚持就业就是最大的民生，稳定现有就业、积极增加新的就业、促进失业人员再就业；深化教育改革，增加教育投入，办好人民满意的教育；进一步深化医药卫生领域改革，加快现代化公共卫生体系建设，打造国家级医共体；持续抓好社会保障体系建设，织密网格、建强机制，兜住民生的基本底线。

（九）要强化稳定保障，巩固群众安全感。习近平总书记强调，我国发展进入一个风险易发多发期，各种矛盾和问题相互交织，小事累积起来就是大事，要坚决守牢守住安全维稳这条底线，警钟长鸣、严阵以待。要强化责任担当。全面贯彻总体国家安全观，始终把维护政治安全、社会稳定作为最大的政治责任，坚决当好首都政治护城河。要强化法治思维。不断深化司法领域改革，建立健全司法调解、人民调解、行政调解三位一体的调解体系，运用法治思维和法治方式解决社会矛盾。要巩固拓展扫黑除恶专项斗争成果，严厉打击违法犯罪行为，构建打防管控一体的“大防控”格局。要强化风险防控。严密防范政治风险，重点是全力做好宗教工作，严密防范、严厉打击非法宗教活动，积极引导宗教与社会主义社会相适应。严密防范经济风险，有效应对非法集资、工资拖欠、房地产等问题。高度重视安全生产和防灾减灾工作，持续开展安全生产大排查、大整治，做好食药品安全工作，坚决防范重特大安全事故发生。严密防范社会风险，落实“加减法”、“双下降”和“六有”机制，抓紧化解各类存量风险，防范增量风险。要持续做好新冠肺炎疫情防控工作，严格落实各项防控措施，坚决守住阵线，保障广大群众生命健康安全。

三、加强党的全面领导，为圆满完成全年目标提供坚强保障

越是经济形势复杂，越是工作任务繁重，越要加强党的全面领导，越要发挥党员领导干部的示范带动作用，以发展的新境界展现新担当新作为。要在全面抓好党的建设各项工作基础上，按照省委统一安排，重点开展好“三基”（基层组织、基础工作、基本能力）建设年活动。

一是加强基层组织建设，确保党的领导坚强有力。党的基层组织是我们党执政的最大组织优势和宝贵资源。今年是村“两委”班子换届之年，也是村“两委”班子任职3年变5年的第一年，选好配强村“两委”班子，关系到全区未来5年乃至更长时间稳定发展大局。对于这次换届工作，上级提出了明确要求，必须不折不扣落实好。要把压紧压实责任贯彻始终。严格落实区领导分包责任、乡镇党委主体责任和党委书记第一责任人责任，上下联动、共同履责，一岗双责、守土尽责。要把鲜明用人导向贯彻始终。严格落实“一降一升”要求，严守“五选十不选”底线，特别要选优配强村党组织书记，实现“两委”应换尽换、“一肩挑”应兼尽兼、广大群众满意、基层安全稳定。要把基层基础工作贯彻始终。持续开展排查整治，推动党组织软弱涣散、宗族家族势力、村霸和黑恶势力、信访积案等4类问题清零，为换届打好基础、扫除障碍。要把从严督查督导贯彻始终。换届工作领导小组要全程跟踪、全程督导，确保各项政策规定要求落实落细。要把严明纪律要求贯彻始终。保持抓早抓细抓实、严查严惩严处的高压态势，确保换届风清气正。村（社区）“两委”换届后，要全面开展培训，就如何当好村“两委”干部，教育他们懂规矩、守纪律，切实提升履职能力和服务水平。要以换届为契机，建立健全“5+3+N”村级组织体系，切实提升基层社会治理体系现代化建设水平。要扩大基层党的组织覆盖和工作覆盖，加强机关党建，深入开展践行“三个表率”、建设模范机关和“双报到”活动，推进“两新组织”党建工作建设，统筹推进基层党建全面进步、全面过硬。

二是夯实基础工作，确保各项部署落地落实。空谈误国，实干兴邦。各级领导干部要坚持为民务实清廉，切实转变工作作风，做到讲实话、干实事，敢作为、勇担当，言必信、行必果，全心全意抓落实。夯实基层基础工作，重点是做到市委提出的“一加强三到底”。一加强，就是加强干部考核考察工作，要坚持习近平总书记好干部“五条标准”，进一步完善干部考核评价体系，健全干部“能上能下”、容错纠错和正面激励三项机制，将考核结果与干部培养使用紧密衔接，发挥考核工作“指挥棒”“风向标”作用，让想干事的有舞台，不干事的被处理，混日子的被清理，旗帜鲜明叫响“为敢担当的干部担当、为真负责的干部负责”。要更加注重在经济战线、基层一线、攻坚火线培养锻炼、识别使用干部，打破论资排辈，激发干部拼劲儿。三到底，工作落实一抓到底。要严格责任制度，各单位对承担的各项任务目标，都要建立台账，实施倒排工期、挂图作战，不能底数不清、职责不明。要坚持求真务实，把目光盯在一线、脚步迈向一线、精力投入一线，做到问题在一线解决，成效在一线检验。要勇于奋发争先，倡导马上干、立即干，事不过夜，在最短时间内取得最大的成效。服务群众一抓到底。要始终坚持人民至上的理念，站在群众的角度看待问题、推动工作，进一步推进政府机关服务“领着办”、群众诉求基层干部“带着办”、特色困难群体部门服务“下去办”，畅通党和群众沟通互动的渠道。从严治党一抓到底。严格落实全面从严治党党委主体责任和纪委监督责任，一体推进不敢腐、不能腐、不想腐。要精准高效执纪，区委决策部署到哪里，纪委监督检查就跟进到哪里。要常态化正风肃纪，既要“治不正”“治不为”，也要严管“微权力”，严惩“潜四风”，使失责必问、问责必严成为常态。要磨亮反腐利剑，有案必查、有腐必反、有贪必肃，做到无禁区、全覆

盖、零容忍，重遏制、强高压、长震慑，营造风清气正的政治生态环境。各级领导干部要带头执行党风廉政建设的各项规定，严以修身，正心明道，时刻保持共产党员的政治本色。

三要提升基本能力，确保职责与能力相匹配。领导干部是实现中国梦的推动者、领导者、先行者。要承担起、履行好自身职责使命，紧跟时代发展步伐，提高自身综合素质和能力至关重要。要提高讲政治的能力。始终把政治纪律和政治规矩挺在首位，不断提高政治判断力、政治领悟力、政治执行力，增强“四个意识”、坚定“四个自信”、做到“两个维护”，始终在思想上政治上行动上同以习近平同志为核心的党中央保持高度一致。要聚焦学习贯彻习近平新时代中国特色社会主义思想，加强政治建设，提高政治能力，坚守人民情怀，夺取决胜全面建成小康社会、实现第一个百年奋斗目标的伟大胜利，开启全面建设社会主义现代化国家新征程这一主题，聚焦省委第十巡视组反馈问题整改，精心组织好民主生活会，查政治站位、查宗旨意识、查能力素质、查工作作风，确保高质量高效果。要提高解决实际问题的能力。各级领导干部，主要时间要沉到乡村基层一线，主要精力要用于解决下一级的难题，主要关注度要放在抓发展、上项目上。对改革发展稳定的难题，要多和基层一起，集体研判，分析症结，研究对策，积极帮助基层解决。要提高领导经济工作的能力。当前科技变革速度很快，经济社会活动复杂性全面上升，对领导干部的综合素质提出了更高的要求。要抓紧时间充电补课、加强学习，干什么学什么、缺什么补什么，增强把握和运用市场经济规律、社会发展规律、自然规律的能力，自觉赶上时代潮流，努力成为领导构建新发展格局的行家里手。

艰难困苦，玉汝于成。今年将是清苑干部付出更多汗水的一年，更是清苑人民收获更多幸福的一年。让我们更加紧密团结在以习近平同志为核心的党中央周围，在中央和省委、市委的坚强领导下，进一步提振精气神，推动步步高，干出满堂彩，以奋斗创造历史，用实干成就未来，主动融入京雄保一体化发展新格局，推动各项工作进入全市先进行列，为全面建设社会主义现代化国家和实现中华民族伟大复兴的中国梦做出新的更大贡献！

树牢新理念 抢抓新机遇
勇担新使命 谱写新篇章
为加快建设保定现代化品质生活之城贡献清苑力量

——在中国共产党保定市清苑区第三次代表大会上的报告

区委书记 闫向阳

（2021年7月21日）

各位代表，同志们：

现在，我代表中国共产党保定市清苑区第二届委员会向大会作报告，请予以审议。

中国共产党保定市清苑区第三次代表大会，是在全区上下深入学习贯彻习近平新时代中国特色社会主义思想、庆祝伟大的中国共产党百年华诞的喜庆时刻，是在全区上下立足新发展阶段、贯彻新发展理念、融入新发展格局，全面实施“十四五”规划，开启全面建成社会主义现代化强国新征程的重要节点，召开的一次十分重要的会议。大会的主题是：高举中国特色社会主义伟大旗帜，坚持以习近平新时代中国特色社会主义思想为指导，全面贯彻党中央、省委和市委各项决策部署，树牢新理念，抢抓新机遇，勇担新使命，谱写新篇章，为加快建设保定现代化品质生活之城贡献清苑力量！

一、过去的五年，我们砥砺前行，各项工作取得新成绩

区第二次党代会以来，面对错综复杂的国际形势，面对突如其来的新冠肺炎疫情，面对京津冀协同发展、雄安新区规划建设和京雄保一体化发展新格局等重大历史机遇，在党中央、省委和市委的坚强领导下，中共保定市清苑区委深入贯彻落实中共十九大精神，团结带领全区广大党员干部群众攻坚克难、砥砺奋进，全区经济、政治、文化、社会、生态文明和党的建设取得了新成绩，圆满完成了区第二次党代会确定的目标任务。

五年来，我们高举旗帜，维护核心，团结奋斗的思想政治基础更加牢固。坚持把学懂弄通做实习近平新时代中国特色社会主义思想作为首要政治任务，深入贯彻落实习近平总书记系列重要讲话精神，认真开展“三严三实”“两学一做”“不忘初心、牢记使命”主题教育、党史学习教育，扎实推进政法队伍教育整顿，“四个意识”在工作中持续增强，“四个自信”在实践中更加坚定，“两个维护”成为全区上下的自觉行动，中央和省市决策部署在清苑落地生根，广大干部群众奋发进取的力量更加凝聚。

五年来，我们聚力发展，上大项目，区域经济实力显著增强。始终把发展作为第一要务，围绕创新、绿色、高质量发展，统筹推进一二三产业发展，引进建设中南高科、冉庄文旅特色小镇、正迪欢乐世界等亿元以上项目72个，建成投产11个。新增纳税千万元以上企业9家。打造了南王庄西瓜、大庄麻山药、张登瓜菜等一批特色农业产业基地，建成市级现代园区8个、市级精品园区5个，宏泽现代农业产业园区被评为省级现代农业精品园区，“清苑西瓜”被评为省级区域公用品牌，农业产业化率达到61.5%以

上。全区地区生产总值完成78.9亿元，较2016年同期增长12.5%；一般公共预算收入完成4.7亿元，较2016年同期增长74.1%；城乡居民人均可支配收入分别达到21912元和11728元，较2016年同期分别增长64.3%和64.9%；其他经济指标均实现较大幅度增长，全区经济发展稳中向好。

五年来，我们注重统筹，一体发展，城乡面貌明显改观。持续提升旧城区、加快建设新城区、积极融入主城区，实施城区集中供热、雨污分流、城市“双修”、乐凯大街南延清苑段等一批重点工程。持续创建省级文明城区，不断加强精细化管理，城市品位、市民素质明显提升。全面整治农村人居环境，实现城乡垃圾处理一体化，完成1.1万座厕所无害化改造，实现全区266个村清扫保洁全覆盖。新改扩建农村公路115条293公里，旅游路被命名为“河北省美丽农村精品示范路”，西林水村、中林水村、大福村被评为“中国最美乡村示范村”“全国文明村”。

五年来，我们以人为本，改善民生，群众幸福感获得感持续提升。聚焦“两不愁三保障”“七个全覆盖”，推进产业扶贫、就业扶贫、创业扶贫，全区建档立卡贫困户全部脱贫出列。坚持外防输入、内防反弹，扎实推进疫情常态化防控。用心用情用力解决群众最关心、最直接、最现实的利益问题，每年实施一批民生实事好事，兑现惠民实事65项，全区民生和社会事业累计支出111.6亿元，占公共财政预算支出的73.1%，广大群众得到更多实惠。

五年来，我们铁腕治污，重拳出击，生态环保工作取得积极成效。强力推进大气污染防治，严格落实抑尘、控车、治油、禁烧、减排、限行等硬性措施，完成全域农村“双代”，空气质量持续好转，2020年优良天数214天，比2016年增加31天。大力推进白洋淀上游流域综合整治，实施了城区污水处理厂提标、大庄污水处理厂建设、傍河村生活污水治理、府河（望亭段）导排工程建设等一批重点项目，开展河道“清五乱”集中整治和生态补水，有水河流入淀断面水质均达到Ⅳ类及以上标准。累计造林绿化6.91万亩，天蓝地绿水清的生态环境越来越好。

五年来，我们与时俱进，创新突破，各项改革全面深化。持续深化“放管服”改革，全面推行“施工零干扰、行政零收费、服务零距离、拿地即开工”，创新实施“一窗受理”“一口出证”和“项目预审批”。新增市级以上创新平台13个，省级专精特新企业10家。四通新材获全省第一批“专精特新”企业称号，成为全球规模最大的功能中间合金企业。全面完成机构改革和乡镇改革，理顺了各级各部门工作职能职责。农村宅基地“三权”改革、医共体改革、区管校聘等其他重点领域改革取得明显成效。

五年来，我们深化治理，强力维稳，社会和谐安定局面持续稳固。深入开展扫黑除恶专项斗争，以打开路、深挖根治、打伞破网、打财断血，社会治安形势持续向好。持续深化宗教事务日常管理和敏感期防范工作，积极引导宗教与社会主义社会相适应，实现连续26年宗教敏感期平稳度过。持续开展信访“清零”、信访“百日攻坚”等行动，化解了一批信访积案难案，圆满完成新中国成立70周年、中国共产党成立100周年、全国“两会”等重要时期安保维稳任务，全区信访稳定形势逐渐好转。在全市率先设立乡村退役军人光荣榜，为退役军人群体办实事、解难题。深入开展生产安全、食药品安全、消防安全大检查、大整治等系列专项行动，消除隐患、堵塞漏洞，全区安全生产形势持续稳定。

五年来，我们坚持党要管党，从严治党，风清气正的政治生态进一步优化。严格落实意识形态工作责任制，守好阵地、管好队伍，中华民族伟大复兴的中国梦和社会主义核心价值观深入人心。区委充分发挥总揽全局、协调各方作用，加强对人大、政府、政协、法检、监委、人武部、群团组织等各方面领导，形成了齐心协力、团结一致干事创业的工作局面。坚持正确用人导向，在急难险重任务中发现、历练、使用干部，人心思上、人心思进、人心思干的氛围日益浓厚。扎实开展基层党组织规范化建设，打造了西林水、大福村、西顾庄党群服务中心等一批党建精品。精准运用监督执纪“四种形态”，一体推进“不敢腐、不能腐、不想腐”体制机制，全面从严治党不断向纵深推进、不断向基层延伸，实现二届区委任期内巡察工作全覆盖。

各位代表、同志们，五年的砥砺前行、经验弥足珍贵。五年来的成绩，得益于我们始终以习近平新时代中国特色社会主义思想为指引，坚定正确政治方向，确保中央、省、市决策部署在清苑落地生根；得益于我们始终牢固树立、坚决贯彻新发展理念，抢抓京津冀协同发展和雄安新区规划建设机遇，因时借势推动高质量发展；得益于我们始终坚持打基础、利长远，下大力补短板、解难题，全力扫除前进道路上的阻力和阻碍；得益于我们始终树牢人民至上理念，用心用力用情办好民生实事，凝聚拼搏竞进的强大合力；得益于我们始终加强党的建设，充分发挥党的领导核心作用、基层党组织战斗堡垒作用和党员先锋模范作用，推动全区各项工作争先进位。

各位代表、同志们，五年的奋斗历程，五年的风风雨雨，我们取得的每一点成绩，都是省委、市委正确领导、关心支持的结果，是区委带领区人大、区政府、区政协团结一心、真抓实干的结果，凝聚着全区各级党组织、广大党员干部群众的极大艰辛与付出，凝聚着各位老领导老干部的心血和汗水。在此，我代表中共保定市清苑区委，向为清苑发展做出贡献的各级党组织、广大党员干部群众，向一直关心支持清苑发展的老领导、老干部和社会各界人士，表示衷心的感谢、致以崇高的敬意！

在充分肯定成绩的同时，我们也清醒地认识到存在的问题和不足。从发展层面看，经济发展质量还不高，新旧动能转换还不快，营商环境还不优，产业特色不鲜明，缺乏主导支柱产业，财政收支压力巨大，“没钱办事”的问题仍十分突出；生态环境保护与治理仍任重道远；乡村振兴基础比较薄弱；民生领域还存在诸多短板；稳定的基础还不很牢固，涉及群众切身利益的一些疑难问题还没有从根本上解决等等。从干部层面看，我们的干部队伍总体上是一支想干事、能干事、干成事、具有较强战斗力的队伍，但也有个别干部政治站位不高、大局意识不强，自行其是，有利则“上”、无利则“推”，个别基层干部强揽工程项目的现象时有发生；工作积极性不高、担当意识不强，遇见难题上推下搡、左躲右闪，生怕惹火上身；工作标准不高、争先意识不强，把习惯当规范、把经验当科学，只求“过得去”、不求“过得硬”；中央八项规定及其实施细则精神落实不严格，廉洁自律意识不强，自我约束不严；群众身边的不正之风和“微腐败”问题仍有发生；全区干部队伍政治生态特别是政法各单位政治生态还需进一步优化。对于这些问题，我们一定高度重视，在今后工作中认真加以解决。

二、树牢新理念，抢抓新机遇，凝聚接续奋斗的思想共识和强大力量

当前，我们正在向着全面建成社会主义现代化强国的第二个百年奋斗目标迈进。立足新发展阶段，我们必须深刻把握清苑发展面临的机遇和挑战，找准清苑在全国全省全市的位置，重整行装再出发，完整、准确、全面贯彻新发展理念，积极主动融入新发展格局，奋力推动高质量发展。

纵观宏观大势看清苑，我们身处新发展格局加速构建的时代潮流。当今世界正经历百年未有之大变局，新冠肺炎疫情加速了国际格局演变，但和平与发展的时代主题没有变，经济全球化的大势没有变，以国内大循环为主体、国内国际双循环相互促进的新发展格局正在加快构建。在庆祝中国共产党成立100周年大会上，习近平总书记总结百年奋斗经验启示，强调做到“九个必须”、全面建成社会主义现代化强国。全国人民的信心无比坚定，“时”与“势”在我们一边，任何力量、任何困难都不能阻挡我们前进的步伐，这是我们奋力建设现代化品质生活之城的定力和底气所在。我们务必坚定信心决心，勇毅果敢前行。

置身区域发展看清苑，我们面临千载难逢的大好机遇。当前，我们正在由被动服务京津和雄安新区向主动协同京津和服务保障、借势借力雄安新区转变。未来五年，北京非首都功能将加速疏解，一大批企业和教育、医疗、养老等公共服务机构将有序迁出，清苑是重要的目的地；未来五年，雄安新区大规模建设向纵深发展，雄忻高铁、R1线等一大批重点项目开工建设，一大批标志性项目落地落实，配套项目、产业和服务将加快辐射周边，清苑是直接的承载地；未来五年，京雄保一体化发展新格局加速构建，保定现代化品质生活之城建设纵深推进，清苑必将大踏步融入主城区发展，必将是直接的受益者。抓住机遇，我们就是清苑发展的功臣；错失良机，我们就是清苑发展的罪人。我们必须勇担历史责任，抢抓发展良机，深度融入京雄保一体化发展新格局，不断增加区域发展中的清苑元素，扩大影响力，提升竞争力，加快清苑高质量发展的步伐。

立足区情实际看清苑，我们具有得天独厚的优势潜力。一是区位优势明显。清苑地处京津石三角腹地，紧连保定主城区，毗邻雄安新区，区位条件优越，随着保定北三环东延与雄安新区的连通，清苑受到的辐射带动最有利、最直接。二是交通快捷便捷。京港澳高速、沧榆高速、京石高速铁路贯穿全境，有高铁保定东站和4个高速公路站口，周边有北京首都、北京大兴、天津滨海、石家庄正定等多个大型国际机场，雄忻高铁保定南站即将开工建设。三是人口优势突出。全区总人口69万人，是保定市人口大区，人力资源丰富，劳动力市场广阔，消费潜力较大。四是发展空间广阔。全区总面积867平方公里，随着保定市国土空间规划编制的完成，将增加我区建设用地90平方公里，其中高铁片区42.8平方公里，开发区15平方公里，具有强大的发展承载力。随着雄忻高铁和国际医疗基地建设，清苑的“城区地位”将更加凸显，必将成为保定东部和南部发展的重大新引擎。只要我们把这些基础优势真正转化为发展优势，清苑就一定能迸发出强大活力，清苑的未来一定会更加美好！

今后五年，全区经济社会发展总的指导思想是：高举中国特色社会主义伟大旗帜，坚持以习近平新时代中国特色社会主义思想为指导，全面贯彻党的基本理论、基本路线、基本方略，深入落实习近平总书记重要讲话和对河北对保定工作的一系列重要批示指示精神，统筹推进“五位一体”总体布局，协调推进“四个全面”战略布局，坚持稳中求进工作总基调，统筹常态化疫情防控和经济社会发展，立足新发展阶段，贯彻新发展理念，融入新发展格局，推动高质量发展，按照省委“三六八九”和市委“一一二五八”总体要求，深入实施“六个一”总体思路（①明确一个统领——牢固树立人民至上理念；②聚焦一个方向——全面深度融入京雄保一体化，全方位融入保定主城区，全力服务保障、借势借力雄安新区；③把握一个关键——强化开发区、高铁片区引领作用；④瞄准一个主题——创新发展、绿色发展、高质量发展；⑤夯实一个基础——维护社会安全稳定；⑥强化一个保障——全面从严管党治党），苦干实干，创先争优，增比进位，力促各项工作走在全市前列，以一域之光为全局添彩，为加快建设保定现代化品质生活之城贡献清苑力量。

今后五年，我们要着力建设“五个清苑”。一是实力清苑。思想更加解放，重点领域改革取得突破性进展，开放更加扩大，视野更加开阔，营商环境进一步优化，发展活力持续增强；主导产业更加鲜明，经济规模更加壮大，质量效益大幅提升，百姓生活更加富裕，综合经济实力进入全市前列。二是美丽清苑。城乡面貌明显改观，基础设施健全完善，一体化进程同步加快；“30·60双碳行动”深入推进，污染物排放持续减少，形成天蓝、地绿、水清、城靓、村美的亮丽景观。三是和谐清苑。社会治理体系更加完善，社会保障体系更加健全，民主法治水平明显提高，防范重大风险和安全发展体制不断完善，突发公共事件应急能力和防灾减灾能力明显增强，人民群众生活得更公平、更体面、更健康，获得感、幸福感、安全感明显提升。四是文化清苑。社会主义核心价值观深入人心，文化自信更加坚定，全社会诚信意识、开放氛围、进取精神大幅提升，红色文化、特色文化传承弘扬，清苑故事广为传播，清苑人的自豪感和归属感进一步增强。五是廉明清苑。党的思想、组织、纪律、作风、反腐倡廉和制度建设不断深化，党内政治生活更加规范，“不敢腐、不能腐、不想腐”的体制机制更加健全，党群干群关系更加密切，风清气正的政治生态更加巩固。

工作中，我们要突出“六个坚持”：一是坚持党的全面领导。在庆祝中国共产党成立100周年大会上，习近平总书记强调“办好中国的事情，关键在党”。要始终坚持以习近平新时代中国特色社会主义思想为指导，增强“四个意识”，坚定“四个自信”，做到“两个维护”，胸怀“两个大局”，心怀国之大者。具体到清苑来说，就是坚决贯彻党中央、省委、市委各项决策部署，确保在清苑落地落实，确保步调一致、政令畅通。二是坚持人民至上。“江山就是人民，人民就是江山。”我们要把群众呼声作为第一信号，把群众需求作为第一选择，把群众满意作为第一标准，把为民办实事、为民谋幸福作为一切工作的出发点和落脚点，做决策、干工作必须充分考虑群众意愿，认真解决好群众“急难愁盼”问题，用党员干部的辛苦指数提升人民群众的幸福指数。三是坚持全力维护社会稳定。稳定是发展的前提。要始终把维护稳定作为重大政治责任，着力加强和创新社会管理，常态化强力推进扫黑除恶，坚决依法严厉打击违法上访行为，依法加强宗教事务管理，下大力解决好各类矛盾风险隐患，以实实在在成效当好“首都政治护城河”。四是坚持系统观念。学会科学统筹，分清轻重缓急，重点工作持续抓，难点工作合力抓，紧急工作立即抓，临时工作突击抓，涉及面广的工作联动抓，干一件、成一件，确保各项工作有力有序推进。五是坚持创先争优。持续加强对领导干部的思想淬炼、政治历练、实践锻炼、专业训练，增强“八种本领”，提高“七种能力”。强化目标导向和结果导向，对标对表先进、争创一流，力促各项工作走在全市先进行列，推动全区整体工作上档升级。六是坚持团结奋进。团结出凝聚力，团结出向心力，团结出战斗力，团结出干部。我们各级党员干部都要像爱护自己的眼睛一样倍加珍视团结。党政军民学，东西南北中，党是领导一切的。要充分发挥区委总揽全局、协调各方的领导作用，各级各部门要紧紧围绕区委的中心工作，坚持全区上下“一盘棋”，相互沟通、相互补台、相互支持、相互配合，大事难事一起扛，急事要事一起上，和谐共事，快乐干事。这些目标和原则，我们一定要统筹把握，深刻领会，认真抓好落实。

各位代表、同志们，今天的清苑已经迈入新发展阶段，历史赐予我们前所未有的大好机遇，时代赋予我们前所未有的重大责任，人民寄予我们前所未有的热切期盼。习近平总书记强调“中华民族伟大复兴，绝不是轻轻松松、敲锣打鼓就能实现的”“社会主义是干出来的，幸福是奋斗出来的”。我们一定要不畏难、不怵硬，以一往无前的奋斗姿态、风雨无阻的精神状态，真抓实干，埋头苦干，力促早日把发展蓝图变为美好现实！

三、勇担新使命，谱写新篇章，为加快建设保定现代化品质生活之城贡献清苑力量

今后五年，全区上下要转变思维观念，强化城市意识，各项工作都要围绕建设现代化品质生活之城来展开，增加清苑因素，展示清苑形象，捍卫清苑尊严，贡献清苑力量。突出在七个方面持续发力。

（一）在深度融入京雄保一体化发展新格局上持续发力。发展是第一要务，是解决一切问题的关键，深度融入京雄保一体化发展新格局，是清苑发展的战略方向，是建设现代化品质生活之城的重要路径。要以市委“1511”重大项目集中攻坚行动和招商引资“双千工程”为抓手，制定好产业空间发展规划，深度推动清苑各产业、各领域与京雄保全面协同对接，打造保定“智造城”。

1. 做强支撑。大力开展招商引资，把上项目牢牢抓在手上。建立健全“三项机制”，下大力引进规模大、产业链条长、财税贡献高的“四梁八柱”型的大项目、好项目。①沟通对接机制。畅通政企对接渠道，推动包联区领导、各责任单位、各乡镇与企业沟通联络常态化、制度化，完善招商引资考核奖励办法，实行招商引资和项目落地领导责任制，充分发挥北京联合招商中心作用，全面掌握第一手信息资源，广泛接触，精准对接，力促更多优质资源落实落地。积极主动与入驻雄安新区总部联系，落户一批高水平的科研中试、孵化转化和生产制造基地，叫响“企业总部在雄安，研发转化在清苑”。②项目筛选机制。制定项目正、负面清单，严把项目准入门槛，对引进建设的每一个项目，都严格进行国家产业政策、投资强度、财税贡献率、环境影响、节能降耗和项目主体自身实力等方面的评估，绝不能“捡到篮子里就是菜”，更不能让大量土地资源闲置，要使有限的土地资源发挥出最大的应有效益。③动态跟踪机制。组建全区总项目库，各相关职能部门分别建立小项目库，按照行业、规模、进度等进行明晰分类，详细掌握项目背景、企业情况、存在问题、项目进度等具体情况，实时更新项目库数据，动态跟踪对接，做好项目引进、开工建设、投产达效、后续帮扶等全过程服务，提高项目建设的时效性和针对性。力促冉庄文旅小镇、中南高科、首衡农产品等在建项目尽快建成达效，力促辰力吊索具、绿建二期等前期项目尽快开工建设。

2. 做大平台。进一步做大做强高铁片区、开发区两个承载平台。①高铁片区，重点推进基础设施和公共服务设施建设，力争2年初具雏形，5年拉开框架、形成规模。发展大数据、生物医药、智能制造、现代金融等产业，打造专业化品牌楼宇，吸引大型央企、国企、民企、高科技企业入驻，壮大总部经济，发展会展经济，成为保定“城市会客厅”。积极引进国家、国际先进医疗机构，打造国际医疗基地。②开发区，推进扩容提效，高标准建设基础设施，提升吸引力、承载力。着眼“园区4.0”阶段，掌握土地要素控制权，开展“清疮”行动，全面摸排、依法盘活各类低效闲置用地，唱响“亩均论英雄”，提高产业水平、投资强度、亩均效益。以新材料、高端装备制造等产业为主导，加快形成产业集群。超前准备、积极服务雄忻高铁保定南站建设，汇聚产能、商贸、物流于一体，打造清苑经济新的“增长极”。

3. 做优产业。坚持小切口、长链条、大产业，推动一二三产融合发展，健全现代产业体系，打造在全省、全国有重大影响力的特色产业品牌。加大工业技改力度，综合用足用好土地、环保、财税等有关政策，推动轻型起重机械设备、电力器材制造、熏香制造等传统产业上档升级。鼓励小企业联大、大企业带小，大小结合、内外联合，推动关联企业抱团发展。积极引导企业向园区聚集，重点加快东闾轻型起重机械工业聚集区规划建设，形成集群连片发展。培育壮大文旅产业，稳步推进冉庄文旅特色小镇、正迪欢乐世界文化创意园、好梦林水特色小镇、古城香文化产业园、大李各庄森林生态公园、冉庄至林场路“一线五点”建设，以点带线、以线拓面，连接红色资源、生态资源、文化资源、农业资源，打造文化旅游产业带。积极承接保定市旅发大会，推进全域旅游发展，吸引八方游客，拓展消费领域，培育消费热点，达到由浅层次向深层次转变，由阶段性向全时段转变，打造“冀中文旅地”。

（二）在统筹推进城区扩容提质上持续发力。城区建设是建设现代化品质生活之城的核心任务。要对标对表雄安质量，按照市委“两城三微五宜”要求，深化文明城市、卫生城市、森林城市“三城同创”，畅其路、美其颜、强其能、安其居、固其基、扬其韵。

1. 精准对接。紧紧围绕雄安新区规划建设、保定市国土空间规划和“十四五”规划，谋划推动重点项目建设，加快推进北三环与雄安新区连接道路建设和乐凯大街南延至旅游路工程，协调推动实施长城大街南延、西二环南延、西三环南延、东三环南延、南三环等工程建设，打通更多的与主城区连接通道。协调推动教育、医疗、文化等公共服务与主城区一体化，推动更多优质公共服务汇聚清苑，真正实现与主城区融为一体。

2. 精美建设。持续优化城区路网，强力推进迎宾路西延、和平路西延、新华路西延、振清街北延等道路建设，补齐地上地下短板，改善群众出行环境。积极完善配套设施，谋划实施城区第二污水处理厂建设，加快推动城区集中供热西线项目等工程，不断提高城区的承载力。大力提升城区形象，稳步推进城中村改造和老旧小区改造，高标准建设文体中心、科教中心等标志性建筑，加强街头绿地、口袋公园建设，推进城区绿化、景观亮化、立面美化，建设绿色生态、舒适宜居的精美城区。

3. 精细管理。坚持点、线、面结合，千方百计往精细里做、往群众身边做，用“绣花”的功夫为城市美颜，把城区这件“旧衣服”洗得干干净净。规范发展“夜经济”，不断提升城市消费需求和水平。加强常态化管理，定期开展街面清洁打扫，落实“门前三包”，规范管理背街小巷、农贸市场、商业门店等市容街景，重点把迎宾路、清苑街、莲池南大街打造成“美丽街区”“精品街道”。加大执法巡逻力度，坚决整治乱停乱放、乱贴乱画、占道经营、非法营运等违规行为。运用大数据等前沿技术，推动城市管理手段、管理模式创新，建设智慧城市。推进城市管理重心下移，实施部门协同、公众参与、社会监督、网格化管理，提高社区公共服务能力和水平，真正打通城市治理的“最后一公里”。

（三）在深入推进乡村振兴战略上持续发力。乡村振兴战略是新时代“三农”工作总抓手。要按照“产业兴旺、生态宜居、乡风文明、治理有效、生活富裕”总要求，强力突破、精准发力、系统推进，打造“雄安西花园”“京雄菜篮子”。

1. 力促农业产业化水平提升。坚持“一乡一业”“一村一品”，大力发展科技农业、绿色农业、质量农业、品牌农业。聚焦现代农业园区建设，建立健全土地、金融、税收等帮扶政策，力促南王庄西瓜、王盘葡萄、北王力花卉苗木、大庄麻山药等特色园区做大做强。提升农业产业化水平，培育引进一批省级以上龙头企业，发挥农业创新驿站作用，打造“龙头企业＋创新驿站＋现代农业园区＋农户”的产业化链条。发展适度规模化经营，建设现代化家庭农场。打造知名品牌，把宋祖文化、地道战文化等文化元素融入到农产品中，鼓励开展“三品一标”产品认证，完成“清苑西瓜”产品地理标志认证，扩大“地道战”等品牌影响力。深化农产品质量安全创建，完善可追溯体系，基本实现农产品检验检测全覆盖，推动清苑农产品进入京雄保高端市场，打造“京雄菜篮子”，发展都市型农业。

2. 力促乡村基础设施建设提升。积极探索各类涉农资金捆绑使用措施，推进交通、水利、供气、供电、通信、垃圾处理等基础设施投入向农村倾斜。大力实施农村道路畅通工程，积极协调推动实施雄安新区西环、保定市绕城快速路、保定市西三环南延至北王力道路建设，推动落实京港澳高速公路阳城出口工程项目，配合落实保静线扩宽改建项目，不断提升农村路网规模和质量。推动农村道路建设进村入户、向末端延伸，大力推进乡村巷道硬化，改造提升乡间小路。推进公共交通一体化，完善全区城乡客运网络，持续提升农村客运通达的广度和深度。强力推进冉庄、温仁污水处理厂建设，不断提升农村污水处

理能力和水平。有序推进一批有条件的乡撤乡设镇，完成东闾乡改镇工作，切实增强乡镇承载和辐射带动力。

3. 力促农村人居环境提升。以农村人居环境整治提升五年行动为抓手，大力开展生活垃圾处理、道路养护保洁、河道环境治理、农村生活污水治理、秸秆禁烧和综合利用“五大专项行动”。深化农村垃圾一体化处理，积极推进源头分类减量、资源化处理利用，加快实现垃圾焚烧处理全覆盖。深入推进厕所革命，到 2025 年基本普及农村卫生厕所。加强纳污坑塘、黑臭水体治理，实现动态清零。坚持人防、技防相结合，严密监管，坚决杜绝秸秆焚烧，推动秸秆综合利用。实施重点片区打造，全面提升四个高速路口区域环境；精心打造京港澳和沧榆高速、京石高铁沿线景观带；大力开展白洋淀大道、高保路、保衡路、保新路、旅游路等路域周边环境整治行动，力促道路通畅、干净卫生、绿化美化和亮化；积极创建冉庄村、东闾村及周边优化环境示范区，建设美丽乡村，展示清苑形象。

4. 切实保障粮食安全。坚持藏粮于地、藏粮于技，坚决扛起粮食安全政治责任。深化清理农村乱占耕地建房专项行动，强化土地流转、设施农业用地监管，遏制耕地“非农化”“非粮化”，落实最严格的耕地保护制度，坚决守住耕地保护红线。积极参与种源“卡脖子”技术攻坚，实施优质粮食工程和粮种工程，稳定粮食播种面积，提高单产水平；开展高质高效创建示范，重点抓好阳城、魏村、白团粮食万亩示范方建设，切实保障粮食安全。同时，扎实推进脱贫攻坚与乡村振兴有效衔接，健全防返贫、防致贫动态监测和帮扶机制，对脱贫不稳定户、边缘易致贫户、低收入户等群体，实行分层分类帮扶，确保动态清零。

（四）在践行人民至上理念、增进民生福祉上持续发力。人民是建设现代化品质生活之城的主体，让百姓幸福是建设现代化品质生活之城的最终目标。要牢记初心使命，坚定理想信念，践行党的宗旨，永远保持同人民群众的血肉联系，始终与人民想在一起、干在一起，推动经济社会发展成果更多惠及百姓，让百姓的幸福感、获得感更加充实、更有保障、更可持续。

1. 牢固树立人民至上理念。走好新时代党的群众路线，强信心、聚民心、暖人心、筑同心。我们无论做任何一项工作，在决策前都要认真倾听群众呼声，通过“12345”政务服务便民热线、人民网地方领导留言板、座谈交流会等多种途径和方式，静下心，扑下身，充分征求群众意见，全面掌握实际情况，积极回应群众关切，把群众诉求与党的政策充分结合，确保各项举措更加符合群众意愿。在工作中，坚持公平公正、依法依规、阳光操作，严格按照程序和标准推进，确保每个环节、每项工作都经得起法律检验和群众评判，把好事办好，把实事办实。

2. 用心用情用力办好民生实事。持续深入解决群众最关心的实际问题，围绕就业、教育、社保、医疗、住房、养老、出行、食品安全、社会治安等领域，着力实施“十项惠民措施”：一是打通一批城乡断头路，协调推进一批与主城区的连接路，畅通群众出行。二是改造提升一批区级医院和乡镇卫生院，重点完成区人民医院、区妇幼保健院、区中医院综合楼等新改扩建项目，加强与京津优质医疗资源协作，提高医疗服务水平。三是落实教育创新发展大会精神，统筹公办教育和民办教育协调发展，新改扩建一批中小学基础设施，建设创新人才教育实验基地，推进与天津南开中学等名校长和名师工作室深入对接，让清苑的孩子在家门口能够上好学校、上满意的学校。四是建设一批体育学校和体育场所，建成区综合体育馆、青少年体育训练中心，推动全民健身。五是改造提升一批老旧小区和棚户区，优化居民生活环境。六是改造提升一批养老机构，努力解决老有所养问题。七是建设一批安居工程，坚持“房子是用来住的，不是用来炒的”，稳定房价水平，强化基本保障性住房供应，努力做到住有所居。八是开展职业技能提升行动，培训一批实用技能型人才，促进就业再就业。九是建设改造一批高标准农田，提高耕地质量和农业生产便利化水平。十是建设提升一批智慧安防小区，织密技防网络，实现全覆盖，增强群众安全感。

3. 大力提升群众文明素质。大力弘扬社会主义核心价值观，把阵地建起来、用起来，充分发挥区、乡（镇）、村三级公共文化服务设施作用，着力推动图书馆、文化馆、美术馆、博物馆“四馆”建设上档升级，加强村级文化服务中心标准化建设，不断提升公共文化服务水平；让文化活起来、动起来，广泛开展弘扬时代新风和移风易俗行动，不断丰富“文明市民”“清苑好人”评选、哈哈腔戏曲节、志愿服务、诚信建设、广场舞大赛等各类精神文明创建活动，更好满足人民群众精神文化生活需求，培育自尊自信、理性平和、积极向上的社会心态。

（五）在加强和创新社会治理上持续发力。维护社会安全稳定是建设现代化品质生活之城的基本前提。要全面落实总体国家安全观，以实际行动当好“首都政治护城河”。

1. 牢牢掌握意识形态工作领导权。意识形态工作是党的一项极端重要的工作，关乎旗帜、关乎道路、关乎国家政治安全，一刻也不能放松和削弱。严格落实意识形态工作责任制，自觉承担起举旗帜、聚民心、育新人、兴文化、展形象的职责使命。深入开展思想政治教育，持续深化党史学习教育，不断增进对习近平新时代中国特色社会主义思想的政治认同、思想认同、理论认同、情感认同，教育引导全区上下听党话、感党恩、跟党走。以“六进”活动为载体，以冉庄地道战遗址为依托，传承红色文化和革命传统，推动乡土文化进教材、进课堂，弘扬爱国主义精神，推进理想信念教育常态化、制度化。推动新时代思想政治工作守正创新发展，巩固壮大主流思想舆论，讲好清苑故事，传播清苑声音。建立健全重大舆情和突发事件舆论引导机制，依法加强网络社会管理，使互联网这个最大变量变成事业发展的最大增量。

2. 依法加强宗教事务管理。坚决贯彻落实党和国家的宗教政策，切实加强党对宗教工作的领导。不断健全完善清苑特色的宗教治理工作思路，以“双创四进”等活动为载体，抓好日常教育管理和敏感期防范，加强宗教领域突出问题化解，注重在“导”上下功夫，做到导之有方、导之有力、导之有效，积极引导宗教与社会主义社会相适应。

3. 毫不放松抓好信访工作。按照“北京不能去、河北不能聚”要求，层层压实包案领导和涉案单位的排查化解稳控责任，聚焦涉房涉建涉金融等重点领域，以强烈的历史担当维护好群众合法权益。坚持预防为主，解决存量，预防增量，推动工作重心下移，接访办访前移，全面开展无越级访、无集体访、无重复访“三无”乡村创建，不断深化积案“动态清零”行动，做到诉求合理的问题解决到位，诉求不合理的思想疏导到位，生活困难的帮扶救助到位，行为违法的依法处理，进一步端正信访工作导向。

4. 深入推进社会治安综合治理。深入贯彻落实习近平法治思想，坚持依法治区，广泛开展宪法宣传教育，增强全社会学法懂法、遵法守法意识。常态化开展扫黑除恶，持续保持对违法犯罪打击的高压态势，不断提升群众的安全感和满意度。坚持和发展新时代“枫桥经验”，健全“5+3+N”治理体系和“六位一体”组织体系，畅通和规范群众诉求表达、利益协调、权益保障通道，切实把矛盾化解在基层和萌芽状态。

5. 积极防范化解重大风险。以高度敏感性超前防控各类风险，严厉打击非法集资、电信诈骗等违法行为，坚决守住不发生系统性、区域性风险的底线。深化安全生产“双控”机制建设，深入开展安全生产专项整治行动，紧盯危险化学品、交通运输、建筑施工、特种设备、消防、燃气、工贸、旅游、有限空间作业等重点行业领域，坚决防范重特大安全事故发生。加强食品药品监管，切实保障人民群众“舌尖上的安全”。

毫不放松做好常态化疫情防控工作，防治结合、联防联控、群防群控，加快推进疫苗接种，全力保障人民群众生命安全和身体健康。抓好汛期安全防范，健全完善应急预案，常态化排查整治城区低洼地带、农村坑塘、险工险段等重点部位安全隐患，全力保障汛期安全。

（六）在深化生态环境治理上持续发力。优良的生态环境是建设现代化品质生活之城的内在要求。要坚持“绿水青山就是金山银山”，以新时代“美丽清苑”建设为抓手，打好生态文明建设“持久战”。

1. 坚决打好蓝天保卫战。大力发展低碳技术、节能环保产业和绿色循环经济，扎实推进碳达峰、碳中和工作，为“30 · 60 双碳行动”作出清苑贡献。全面构建覆盖人防、物防、技防体系，依法铁腕治污，严格落实抑尘、控车、禁烧、减排、重污染天气错峰生产及应急响应等各项硬性措施，统筹工业污染和“油、路、车”治理，加强重点企业、建筑工地、城区道路、企业料堆场、裸露地面共治，确保“散乱污”企业动态清零，持续改善空气质量，基本消除重污染天气，稳步提升在全省、全市的空气质量排名。

2. 坚决打好碧水保卫战。严格落实河长制，严守“三条红线”。提升河道“清五乱”成果，扎实推进唐河综合治理等工程，加快完成府河综合整治，坚决不让一滴污水流入白洋淀。大力开展白洋淀上游流域水生态环境修复专项行动，扎实做好常态化河流补水，推动河域净化绿化，让每条河流都成为生态景观带。建立健全水资源刚性约束制度，全面推进地下水超采综合治理和江水置换，促进地下水位持续回升。

3. 坚决打好净土保卫战。深化土壤综合防治，加强农业面源污染治理，推广使用有机肥，提升土壤环境承载能力。不断深化垃圾分类，从源头收集、运输处置抓起，提高垃圾无害化处理、资源化利用水平。建立完善环境违法联合惩戒、生态环境损害赔偿制度和环境违法黑名单制度，严厉打击环境违法行为，让保护环境成为行动自觉。

（七）在激发市场活力和竞争力上持续发力。深化改革开放、优化营商环境是建设现代化品质生活之城的动力之源。要创新体制机制，激发市场活力，培育竞争优势。

1. 下大力优化营商环境。营商环境是衡量一个地区高质量发展的试金石。坚持眼睛向外、刀刃向内，坚定不移全面提速增效，力促广大市场主体实现更大发展。强化主动服务，变“政府端菜”为“企业点菜”，进一步健全常态化包联服务机制，全过程、全链条、全环节领办帮办，真情实意帮助企业融资金、通链条、解难题，坚决反对“勾肩搭背”，坚决反对利益输送，构建“亲”“清”新型政商关系。建立惠企政策兑现倒逼机制，谁制定、谁兑现、谁落实，确保把政策落实到企业上，落实到发展上。严格落实岗位责任制、首问负责制，加强对各级干部特别是窗口服务人员的管理，解决好“中梗阻”、推诿扯皮等突出问题。紧盯破坏营商环境的痛点堵点，严厉打击强揽工程、封门堵路、滋事闹事等违法行为，坚决保障守法经营者的合法权益，让企业家安心放心舒心干事创业。

2. 持续推进全面深化改革。改革是发展的根本动力。纵深推进“放管服”改革，进一步压缩审批时限，精简优化审批程序，简化整合项目“水电气”报建手续，全面落实“一站式”集中并联办理的审批服务要求，全面推进“一链式”“证照联办”改革，全面落实政务服务事项100%网上可办，让企业和群众办事更方便、更快捷、更舒心。深化医药卫生体制改革，坚持医疗、医保、医药、医价“四医联动”，推进“健康中国 · 清苑行动”建设，强化政府办医主体责任，完善分级诊疗体系，力促优质医疗资源均衡分布。统筹推进开发区管理体制、金融财税体制、教育文化体育领域、农业农村领域等各方面改革，确保取得实效。

3. 加大创新驱动力度。创新是清苑高质量发展的强大引擎。要聚焦重点领域，培育创新主体，做大做实创新平台，充分发挥驻清苑院士工作站作用，建设一批产业技术工程中心、技术创新中心，协助重点企业攻克核心技术难关。以保定启信、创途创业孵化中心等众创空间为模板，建设大众创业、万众创新支撑平台，建设一批中小微企业创业基地和回乡创业园，激发“双创”活力，掀起全民创新创业热潮。

4. 全力支持民营企业发展。民营经济是带动清苑发展的主体力量。要进一步完善支持民营经济健康发展的政策措施，鼓励符合条件的民营资本进入市政工程、公共服务等领域，不断深化政银企对接，解决好民营企业的土地、融资难等实际问题。对民营企业家高看一眼、厚爱一层，对纳税多、贡献大的优秀民营企业家，大张旗鼓地给予物质奖励、精神奖励，叫响“谁上项目谁光荣，谁纳税多谁光荣”。

各位代表、同志们，时代是出卷人，我们是答卷人，人民是阅卷人。我们一定要以“功成不必在我”的精神境界和“功成必定有我”的历史担当，围绕目标干、紧扣中心干、焕发激情干，在加快建设保定现代化品质生活之城中践使命、勇担当、树形象，向党和人民交出一份满意的答卷！

四、全面从严管党治党，持续深化作风建设，为清苑高质量发展提供坚强保障

建设现代化品质生活之城、推动清苑高质量发展，关键在党，关键在领导班子，关键在党员干部。要深入落实全面从严治党要求，持续增强各级党组织的政治功能和组织功能，团结带领广大党员干部群众干事创业、奋勇争先。

（一）永葆绝对忠诚的政治本色。对党绝对忠诚是我们的政治生命线，是做好各项工作的根本。进一步提高政治判断力。强化政治意识，提升政治站位，善于用政治的眼光观察和分析经济社会问题，站在政治的高度推动和落实上级安排的各项工作，尤其是在重要工作和关键环节上，在面对疑难复杂问题时，要做到头脑特别清醒、眼睛特别明亮。善于从一般事务中发现政治问题，善于从倾向性、苗头性问题中发现政治端倪，善于从错综复杂的矛盾关系中把握政治逻辑，做到政治立场不移、政治方向不偏。进一步提高政治领悟力。坚持把学习贯彻习近平新时代中国特色社会主义思想作为首要的政治任务，真学、真懂、真联、真用，党员领导干部要走在前头、当好表率。深刻领会上级重大决策部署，完整准确把握政治内涵、政治要求，深刻领会贯穿其中的科学世界观和方法论，做到领会不偏差、落实不走样。进一步提高政治执行力。切实增强“四个意识”，坚定“四个自信”，做到“两个维护”，做到党中央提倡的坚决响应，党中央决定的坚决照办，党中央禁止的坚决杜绝。全区上下要进一步强化政治担当，坚决贯彻落实区委各项决策部署，认真履职尽责，一言一行见初心、一举一动担使命。

（二）筑牢坚强有力的战斗堡垒。基础不牢，地动山摇。落实“三基建设年”要求，不断提升基层党组织和广大党员的凝聚力、战斗力。实施强基工程。农村基层干部是党和政府联系群众的桥梁和纽带，是上级方针政策在农村的宣传者、贯彻者和执行者。我们已经把村“两委”干部纳入财政保障，由区委组织部管理。广大农村干部要坚决转变思想观念，提升综合素质，争当遵守纪律、执行政策、维护稳定、带头发展的示范者、引领者。各乡镇党委要不断强化主体责任，党委书记要切实履行第一责任人责任，扎实做好村（社区）“两委”换届后续工作，以农村党组织书记为重点，加强对农村干部的教育培养。坚持培优转后并重，培育党建典型样板，打造精品亮点，发展农村集体经济。从严管理党员。严把发展党员“入口关”，全面落实政治审查和预审联审制度，把更多的优秀人才吸引到党组织中来，不断提升党员质量。要畅通“出口关”，建立健全发现调整不合格党员的长效机制，对失职渎职、不合格的党员，依规依纪严肃处理。

（三）锻造能担重任的高素质干部队伍。目标任务确定后，干部就是决定因素。进一步强化正确用人导向。坚持党管干部原则，严格落实习近平总书记好干部“五条标准”，把对党忠诚、以德为先作为首要标准，优化配强骨干力量，建设政治过硬、本领高强、作风优良的高水平、高素质干部队伍。注重在项目建设、生态环保一线，乡村振兴、城市建设一线，维护稳定、基层治理一线，为民服务、反腐倡廉一线，发现干部、识别干部、历练干部、使用干部，把组织放心、群众满意、忠诚、干净、担当的干部选出来、用起来。激励干部担当作为。“干部”二字，“干”字当头，实干是干部成长的阶梯，担当是成就事业的基石。全区广大干部，每个人都有自己的职责，决不能只想当官不想干事；全区各级各部门，每一级都要有每一级的担当，决不能只想出彩不想出力。进一步完善领导班子和领导干部综合考核评价体系，建立健全激励措施和容错纠错机制，强化考核结果运用，拿工作说话，凭实绩看人，为担当者担当、为干事者撑腰，让不干事的没有市场，让实干担当成为清苑干部的鲜明特征。培养壮大人才队伍。认真落实党管人才原则，建立完善人才评价、服务激励机制，完善落实“人才十条”及配套措施，让各类人才拥有发展空间和创业舞台，形成人才辈出、人尽其才、才尽其用的生动局面。

（四）强力锤炼党的优良作风。党的作风就是党的形象。要以踏石留印、抓铁有痕的劲头，持续深化作风纪律整顿，不断提升各级干部干事创业的精气神。强化效率意识。对上级安排部署的每项工作，都要雷厉风行、紧抓快办，案无积卷、事不过夜，高标准、高效率推动各项工作取得新进展。强化一线意识。走进基层，走进一线，走进群众，在一线发现问题，在一线解决问题。强化精细意识。天下大事必作于细，要大力发扬“工匠精神”，认真较真求真，严谨细致、精益求精，往深里做、往细里做、往实里做，使每项工作都有力有序有效、有亮有型有彩。强化创新意识。对改革中的新课题、历史遗留的老问题、需要解决的新难题，敢于逢山开路、遇河架桥，敢于走进问题、探究症结，想得出办法、做得出成绩。强化争先意识。高点定位，事争一流，敢于和强的比、和快的赛，敢于争第一、扛红旗，全力跑出加速度。强化纪律意识。自身净、自身正，才能自身硬。要始终牢记法律红线不可触碰，纪律底线不可逾越，严守党法党规党纪，坦坦荡荡为官，清清白白做人，干干净净做事。

（五）打造风清气正的政治生态。严管就是厚爱，放纵就是伤害，好干部是选出来的，更是管出来的。严格落实“两个责任”。各级党委要切实履行好主体责任，加强对班子成员和下属单位的廉政教育、日常管理、监督约束，强化压力传导、责任传递。区纪委监委要落实好监督责任，聚焦区委中心任务，精准监督，精准问责，使“咬耳扯袖”“红脸出汗”成为常态。驰而不息纠正“四风”。严格落实中央八项规定及其实施细则精神，紧盯作风问题的新动向、新变异，重点围绕教育医疗就业养老等民生实事落实情况开展监督检查，严肃查处贪污侵占、吃拿卡要、利益输送等行为，坚决防止“四风”问题反弹回潮，推动党风政风行风持续好转。特别是持续深化政法队伍教育整顿“回头看”，全面净化政法系统各单位政治生态。坚持“零容忍”惩治腐败。坚持力度不减、节奏不变、尺度不松，做到有案必查、有腐必惩，用最坚决的态度减少腐败存量，用最果断的措施遏制腐败增量。开展政治性警示教育，以查办的典型案件为反面教材，用身边事教育身边人，一体推进“不敢腐、不能腐、不想腐”。高质量推进巡察工作。全面贯彻巡察工作方针，严格落实政治巡察要求，发挥巡察利剑作用；创新巡察方式，通过常规巡察、专项巡察、机动巡察和巡察“回头看”等形式，推动巡察工作更加灵活、方法更加多样、成效更加明显。

各位代表、同志们，接续奋斗新起点，百年征程再启航。让我们更加紧密地团结在以习近平同志为核心的党中央周围，坚持以习近平新时代中国特色社会主义思想为指导，在省委、市委的坚强领导下，团结带领全区广大党员干部群众，始终保持“越是艰险越向前”的英雄气概，始终保持“敢教日月换新天”的昂扬斗志，勠力同心，埋头苦干，攻坚克难，拼搏竞进，奋力谱写清苑高质量发展的新篇章，为加快建设保定现代化品质生活之城贡献清苑力量！

名词解释

①“两不愁三保障” 不愁吃、不愁穿；保障义务教育、基本医疗、住房安全。

②“七个全覆盖” 产业扶贫、社会保障、结对帮扶、技能培训、村集体收入、利益联结、教育扶贫全覆盖。

③“双代” 气代煤、电代煤。

④“九个必须” 必须坚持中国共产党领导，必须团结带领中国人民不断为美好生活而奋斗，必须继续推进马克思主义中国化，必须坚持和发展中国特色社会主义，必须加快国防和军队现代化，必须不断推动构建人类命运共同体，必须进行具有许多新的历史特点的伟大斗争，必须加强中华儿女大团结，必须不断推进党的建设新的伟大工程。

⑤“30·60 双碳行动” 2020 年 9 月 22 日，习近平总书记在七十五届联合国大会上郑重承诺“中国将提高国家自主贡献力度，采取更加有力的政策和措施，二氧化碳排放力争于2030年前达到峰值，努力争取2060年前实现碳中和”。

⑥“八种本领” 学习本领，政治领导本领，改革创新本领，科学发展本领，依法执政本领，群众工作本领，狠抓落实本领，驾驭风险本领。

⑦“七种能力” 政治能力，调查研究能力，科学决策能力，改革攻坚能力，应急处突能力，群众工作能力，抓落实能力。

⑧“1511” “1”是指“建设现代化品质生活之城”重大项目；“5”是指“医车电数游”重大产业项目；“1”是指“服务北京，联动雄安”重大承接平台建设；“1”是指高端装备制造项目。

⑨“双千工程” 入库1000个招商项目，引进资金1000亿元。

⑩“园区4.0阶段” 以创新驱动为动力，构建园区创新服务体系，通过产品设计、产业发展服务、智慧生态环境等措施，集聚创新资源，构建创新网络，强化全球创新资源链接，打造创新型园区，驱动园区企业集聚发展，实现园区产业发展升级。以建设智慧型园区为配套，除了园区物理空间配套完善外，通过移动互联网，提升园区虚拟空间配套，即线上连接、线下经营的企业社群；营造全球链接的社交空间，形成内外开放、资源整合的产业生态圈。通过智慧园区平台建设，将分散的各种园区资源和功能平台整合起来，充分发挥并放大各种资源和平台的价值，打造有生命力的产业园区。以投资孵化服务为运营手段，园区运营主体“以时间换空间”来“赌未来”、介入入驻企业实体经营，为其提供创业孵化、股权投资、公共平台，与企业共同成长，建立全产业链的服务收益模式。

⑪“两城三微五宜” 人民城市人民建，人民城市为人民；楼栋微整治、空间微改造、景观微更新；宜居、宜业、宜创、宜乐、宜游。

⑫“三品一标” 无公害农产品、绿色食品、有机农产品和农产品地理标志。

⑬“六进” 进机关、进农村、进社区、进企业、进校园、进网络。

⑭“双创四进” 创建和谐寺观教堂，创建先进宗教团体；“国旗、宪法、社会主义核心价值观、中华优秀传统文化”进宗教活动场所。

⑮“5+3+N” 农村基层党组织、村民委员会、村民代表会议、村务监督委员会、村集体经济组织+村级群团工作服务站、群众服务站、新时代文明实践站+自主选择建立乡贤理事会、道德评议团、法律服务团等社会组织。

⑯“六位一体” 社区党组织、居委会、业委会、物业企业、楼门长、综合服务站。

⑰“双控机制” 安全生产风险分级管控和隐患排查治理双重预防工作机制。

⑱“三条红线” 到2030年全国用水总量控制在7000亿立方米以内；用水效率达到或接近世界先进水平，万元工业增加值用水量降低到40立方米以下，农田灌溉有效利用系数提高到0.6以上；主要污染物入河总量控制在水功能区纳污能力范围之内，水功能区水质达标率提高到95%以上。

⑲“河道清五乱” 乱占、乱采、乱堆、乱建、乱倒垃圾。

⑳“好干部五条标准” 信念坚定、为民服务、勤政务实、敢于担当、清正廉洁。

政府工作报告

——在保定市清苑区第三届人民代表大会第二次会议上

保定市清苑区人民政府区长　李英英

（2022年1月27日）

各位代表、同志们：

现在，我代表区政府向大会作工作报告，请予审议，并请区政协委员和列席会议的同志提出意见。

一、2021年工作回顾

2021年是清苑发展历史上极不平凡的一年，是“激情奋进‘十四五’、再造一个新保定”的开局之年，是全面开启建设社会主义现代化国家新征程、向第二个百年奋斗目标胜利进军的关键一年。一年来，区政府深入学习贯彻习近平新时代中国特色社会主义思想，坚决落实中央和省、市、区委各项决策部署，始终坚持政治站位和政治引领，切实把拥护“两个确立”、做到“两个维护”贯穿政府工作的各领域全过程；始终唱响坚持人民至上主旋律，用心用情用力解决群众关心的实际问题；始终坚定不移贯彻新发展理念，加快城市转型、产业转型，以系统观念引领高质量发展，以小胜积大成，赢得了发展主动，全区经济综合实力得到提升。预计全区地区生产总值完成160.5亿元，同比增长7%；一般公共预算收入完成9.3亿元，同比增长9.1%；固定资产投资完成50.4亿元，同比增长16.1%；规模以上工业增加值完成22.5亿元，同比增长8.6%；社会消费品零售总额完成57.4亿元，同比增长9.5%；城乡居民人均可支配收入分别达到38506元和23294元，同比增长9%和12%。

——精准用力抓园区、上项目、促联动，协同发展纵深拓展。依法组织征地540余亩。经济开发区“双九通一平”基础设施建设扎实推进，完成220千伏高压线路迁改，申报3个园区托管45.7平方公里。成立河北清开启创产业发展有限公司。实施企业入园评审，开发区主营业务收入达到183亿元，同比增长39.03%；固定资产投资实现翻番，税收收入增速超过50%。大堤口村整村拆迁改造稳步推进，雄忻高铁保定南站建设前期工作有序开展。项目建设提质提速，新华世纪中学、冀昌电气等3个项目竣工投产，正迪欢乐世界文化创意园、泽龙国际教育城等6个项目达到序时进度，首衡农产品批发市场一期、博远电气等5个项目全部开工，程成超声、辰力索具等14个项目加快推进。坚定不移抢抓机遇，主动谋势借势，服务京津、联动雄安。全年谋划储备项目109个、总投资407亿元，京津冀协同发展合作项目达到27个、总投资212.4亿元。

——坚定不移调结构、促转型、提质量，产业升级步伐加快。成功举办了第四届西瓜节和2021中国农民丰收节暨乡村文化旅游节。粮食生产实现“十九连丰”，农业标准化生产覆盖率达到72.39%，一产总产值全市第一。新建市级精品园区2家，市级以上现代农业园区达到15家；4个省级农业创新驿站、3个太行山农业创新驿站顺利通过省级验收。成功创建万亩特色农产品优势区和蔬菜特色优势区，瓜菜种植面积位居全市第一，大棚西瓜总产量连续5年位居全省第一。“清苑西瓜”被评为省级区域公用品牌，东闾被评为首批全国种植业“三品一标”基地，南王庄村被评为2021年全国乡村特色产业亿元村。工业质量效益双提升，完成工业技改投资5.19亿元，新增规模以上工业企业18家、高新技术企业18家、科技型中小企业136家。四通新材获得“省级绿色工厂”称号，入选全国第三批“专精特新”“小巨人”企业。北特机械科技在河北股权交易所正式挂牌。服务业支撑力持续增强，新增入统服务业企业1家、批零企业6家，预计增加值完成72.3亿元，同比增长5.1%。高新技术产业增加值占规模以上工业增加值比重达到35.4%。三次产业结构比为22.3∶31.5∶46.2，产业结构持续变绿变轻，清苑的发展活力和势能越来越足。

——坚持不懈补短板、理秩序、提品质，城乡面貌日益改观。坚持产城融合，泽龙国际教育城部分投入使用，区医院新院区一期完成部分主体施工，区妇幼保健院新建住院病房楼和妇孺国医堂项目开工，职业教育园区落户清苑、完成选址。城市“双修”二期二阶段改造提升道路8条，振清街南延至保障房小区道路竣工通车，教育园区新建道路完成部分路段施工。加快城市有机更新，新建街角绿地、口袋公园10个，建成区绿地率达到39.13%，人均公园绿地面积达到14.68平方米。阳光国际A区被评为省级园林式居住小区。重点打造迎宾路、莲池南大街两条示范街，对城区重要节点建筑进行亮化，实施春节氛围布景，装点浓郁节日气氛。仅用10天时间依法拆除兴苑市场违建370余处、房屋167间。文明城区创建工作在省级年度测评（复检）中获全省通报表扬。规范城市发展秩序，盘活利用闲置土地875亩、清理违法违规占地270余亩、还清增减挂钩历史欠账2190亩。全力推动乡村振兴，建成乡村振兴示范区2个、市级以上美丽乡村20个。农村生活水源江水置换项目一期完成主管网铺设481.84公里，改造农村低压电网278.9公里，新（改、扩）建农村道路56.66公里。北王力乡获评省级“四好农村路”示范乡。整治提升农村人居环境，新建农村公厕145座，改造农村户厕6000座，创建清洁示范村157个。成功创建“全省村庄清洁行动全域示范县”。东闾撤乡改镇和大堤口村改居如期完成，全区常住人口城镇化率达到42.7%。

——全力以赴抓脱贫、治污染、防风险，三大攻坚成效显著。推进巩固拓展脱贫攻坚成果同乡村振兴有效衔接，843户1864名建档立卡脱贫户无一返贫。坚持科学精准依法治污，高标准完成“退后十”硬性目标。空气质量综合指数和PM2.5浓度改善率排名全省前列，空气优良天数达到241天，增加24天，天朗气清正在成为常态。加强白洋淀上游流域综合治理，府河下游清淤整治工程（莲花闸至望亭中学段）和府河导排区加固工程如期完工，大庄污水处理厂达标运行，冉庄污水处理厂和温仁污水处理厂进展顺利。全区有水河流断面水质考核均达到Ⅲ类及以上标准，为20年来最好水平。完成地下水压采1197.8万立方米，地下水位同比上升1.23米。温仁小村新村建设和村民返迁按时完成，东石桥村防洪整治工作取得阶段性成效。深入开展农信社专项工作百日攻坚行动，政府债务保持在合理区间。清苑高质量发展的底板更加厚实，底色更加鲜亮。

——锐意进取抓改革、优环境、强创新，发展活力持续释放。对178项改革任务立项分解。推出“标准地”改革、“一业一证”、“无感审批”等一批创新举措，审批事项网上可办率达到100%，711项政务服务事项实现“全流程网办”，12项服务事项实现与雄安和保定市域各县（市、区）“跨域通办”。政府投资类、社会投资核准类、社会投资备案类项目从立项到取得施工许可分别由45个、38个、35个工作日压缩至39个、33个、31个工作日，企业和群众办事更加便捷。落实“保定人才十条”优惠政策169人，获批燕赵英才卡94人。常态化开展企业家早餐会活动，突出治理“小鬼难缠”行为，政商关系既“清”又“亲”。全年新增市场主体6603个，民营企业达到1.1万余家，个体工商户达到2.7万余个。新增省级技术创新中心2家，达到6家，市级以上创新平台3家，达到16家。区乡村振兴局正式挂牌。我区被确定为全省构建基层行政决策公众参与机制试点单位。

——用情用力办实事、解难事、惠民生，社会事业全面进步。在财政异常困难的情况下，投入民生领域资金占一般公共财政支出的85%以上，办成了一大批惠民实事好事，以看得见的点滴变化回应群众期待。教育体育全面进步。高考成绩继续稳居全市第一平台。新（改、扩）建学校4所，改造提升中小学运动场4座。招聘农村中小学和幼儿园教师100名。规范民办义务教育发展，推动“双减”政策落实。清苑代表队在保定市第三届冰雪运动会上取得奖牌总数第一和团体总分第一的成绩。清苑区被国家疾控中心评为“全国优秀健走示范区”。文化事业繁荣发展。完成区美术馆、区文化馆、区图书馆改造挂牌。传统香制作技艺入选第五批国家级非物质文化遗产。清苑被命名为“河北省民间文化艺术之乡”。成功举办第五届广场舞大赛、第六届戏曲艺术节和庆祝中国共产党成立100周年系列文艺演出。保障水平稳步提升。常态化开展新冠肺炎疫情防控。紧密型医共体建设成效显著，清苑被评为“全市医改先进县（市、区）”。积极推进乡村卫生服务一体化管理，中医药事业全面发展。基本医疗保险参保率达到100%。城镇登记失业率控制在4.5%以内。完成老旧小区改造6个，棚改区集中安置稳步推进。殡葬管理所改（扩）建项目一期临时建筑投入使用，完成东闾德康老年公寓和裕东养老服务中心消防改造。累计发放城乡低保、社会救助等社会兜底保障资金1.05亿元。社会大局和谐稳定。推进“扫黑除恶”专项斗争常态化。建成智慧安防小区180个。食品药品和安全生产形势持续向好，全年未发生一般及以上工矿商贸企业生产安全事故和有较大影响的火灾事故，群众幸福指数不断提升。

——驰而不息转作风、严纪律、提效能，政府自身建设得到加强。扎实开展党史学习教育、“四史”宣传教育和政法干部队伍教育整顿，严格落实中央八项规定精神和省、市各项禁令。坚持大事难事一起扛，急事要事一起上，强化干事创业的担当和导向。对中央和省委巡视、国家和省扶贫考核、中央环保督察和省市大督查等各方面反馈意见全力整改。坚持依法行政，自觉接受人大法律监督、政协民主监督、监委监察监督、社会舆论监督和人民群众工作监督，66件人大代表建议、56件政协提案全部办复。健全政务服务热线“接诉即办”机制，全年受理群众诉求1.7万余条，办结率达到96.2%。同时，统计、司法、方志、档案、共青团、工会、妇女、残联、人民武装等多项工作也都取得了新成绩，为全区经济社会事业发展做出了积极贡献。

各位代表！事非经过不知难，成如容易却艰辛。回顾刚刚过去的2021年，面对超乎想象的困难，我们取得了超出预期的成绩，走过的每一步都不容易，奋斗的每一天都没有徒劳。面对东石桥村防洪整治任务，全区上下不分彼此、协同作战，迎着困难上、顶着压力干，汛期前完成了1423户、4850人整村签约搬离，彻底解决东石桥村防洪问题指日可待！面对城区建设历史欠账，我们倾注“工匠”精神，下足“绣花”功夫，对10条城区主要道路、经济开发区、京港澳和保沧高速沿线200多个节点建筑进行亮化，清苑由“黑城”变成了“亮城”，小城夜色在朋友圈刷屏。面对主汛期降水量超过历年同期一倍多的特殊汛情和极端天气，全区上下闻令而动、昼夜坚守，让雨后道路不再“狼藉”、城市不再“看海”，得到广大干部群众一致好评。一年来，我们共同生活的这座城市发生了深刻变化。在此，我要为所有城市建设的参与者、支持者和奉献者点赞！面对协同发展和雄安新区规划建设历史机遇，我们坚持时间和效率就是最好的营商环境，只争朝夕，全力服务，中南高科·清苑新经济产业园17家企业即将入驻，中国钢研·保定合金新材料产研基地当年完成招商、当年开工建设，项目建设跑出“清苑速度”，清苑高质量发展的步伐越来越坚实。特别是随着雄忻高铁、R1线、南三环等一大批重点工程落地开工，清苑的发展机遇和战略地位将得到空前提升。一年来，在一项项重大任务、一场场攻坚硬仗、一个个困难考验中，全区党员干部展现了高度的政治觉悟、顽强的工作作风和无坚不摧的实战能力，全区上下风清气正，干事创业氛围更加浓厚。

各位代表！奋斗充满艰辛，成绩来之不易！这些成绩的取得，是我们在以习近平同志为核心的党中央坚强领导下，全面落实上级党委、政府和区委决策的结果，是区人大、区政协监督支持的结果，是各级各部门实干担当、奋力拼搏的结果！在此，我代表区政府，向全区人民，向人大代表、政协委员，向各民主党派、人民团体、离退休老干部，向驻地部队、武警官兵、政法干警和消防指战员，向所有关心支持清苑发展的社会各界朋友，表示衷心的感谢并致以崇高的敬意！

各位代表！在肯定成绩的同时，我们也清醒地认识到，经济社会发展中还存在不少问题。经济下行压力较大，实体经济困难较多，财政收入压力巨大，艰难维持“三保支出”；传统产业转型升级难度较大，战略性新兴产业还不够强，新的经济增长点还未形成规模。民计民生和城市建设领域欠账较多，生态保护、风险防范、安全生产等任务艰巨。同时，个别党员干部抢抓机遇的意识还不够强、攻坚克难的本领还不够硬、统筹摆布工作的能力还有待提升。对此，我们一定高度重视，认真加以解决。

二、2022年政府工作目标和主要任务

2022年是党的二十大召开之年，是加快建设现代化品质生活之城的关键一年。按照区委总体安排部署，2022年政府工作的指导思想是：高举习近平新时代中国特色社会主义思想伟大旗帜，深入贯彻落实中共十九大及十九届历次全会和中央、省、市系列重要会议精神，弘扬伟大建党精神，坚持稳中求进工作总基调，统筹常态化疫情防控和经济社会发展，全力把握新发展阶段，完整准确全面贯彻新发展理念，主动融入新发展格局，全面落实市委“11258”总体要求，紧紧围绕“激情奋进‘十四五’、再造一个新保定”的工作主线，持续深化“六个一”总体思路，统筹抓好稳增长、促改革、调结构、惠民生、防风险、保稳定等重点工作，抓大事、解难题，补短板、强弱项，拉开框架、打开局面，进一步强化机遇意识、争先意识、攻坚意识，奋力推动现代化品质生活之城建设绽放新颜值、跑出加速度，力促各项工作走在全市前列，以实际行动迎接党的二十大胜利召开。

全区经济社会发展的预期目标是：地区生产总值增长8%以上，一般公共预算收入增长8%以上，规模以上工业增加值增长9%以上，固定资产投资增长10%，社会消费品零售总额增长8.5%，外贸进出口增长5%，实际利用外资增长5%，全体居民人均可支配收入增长8.5%，力争主要经济指标进入全市前列。能耗及排放等约束指标完成市定任务。

紧紧围绕市委十二届三次全会提出的打好“十个主动仗”工作要求和市政府工作报告作出的“十大提升工程”安排部署，聚焦“突出新颜值”年度化表述，根据区委三届三次全会确定的指导思想和目标，重点抓好七个方面的工作：

（一）聚焦项目园区，积蓄跨越发展新动能。 坚持主动借势，对接北京、联动雄安，大力推进协同创新、产业联动等“七个一体化”，加速融入京雄保一体化发展新格局。

狠抓招商引资。大力实施“京保协作五个一”行动，用足用好清苑北京招商中心、北京河北企业商会等平台资源，深化与世界500强、国内500强和跨国公司、重点央企、知名民企等战略投资者对接合作，力争在引进百亿级大项目、好项目上实现突破。开展“精准服务”招商行动，围绕“7+18+N”重点产业体系和主导产业规划，实行以商招商、产业链招商、园区平台

招商，每个洽谈项目组建一个团队、梳理一套政策。继续探索实施项目遴选和入园评审机制，建立一支懂招商知识、专业知识、语言知识和有吃苦准备、奉献精神的专业招商队伍，落实奖励政策，重奖招商功臣，让招商更精准、更高效，让项目更具潜力、更有后劲。

建强园区平台。围绕京津产业转移和雄安新区产业发展方向，打造优势承接平台。大力推进开发区升级行动，力争完成扩区调区至30.95平方公里。加快开发区“双九通一平”建设，投资1.33亿元启动实施基础设施建设项目。积极探索高铁东站智慧创新产业园托管运营，稳步推进大堤口新村建设，全力做好国际医疗基地等项目前期工作。

加快项目建设。深入实施重点项目倍增计划，大力推行“施工零干扰、行政零收费、拿地即开工”，提速总投资164.3亿元的25个省、市重点项目建设。对中南高科·清苑新经济产业园、首衡农产品批发市场一期等在建项目，全力服务保障，力促早日投产达效；对程成超声、辰力索具等新开工项目，抢工期、提速度，确保尽快达到形象进度；对腾航航空、神力索具等前期项目，抓紧完善手续，尽快落地开工，确保打响项目建设“当头炮”。聚焦“两新一重”，谋划一批综合交通、水利、生态环保、现代物流等重大基础设施建设。

破解瓶颈制约。发挥土地保障专班作用，依法完成程成超声等7个项目土地征收384亩，对锋华物流、锋盛铸造等359亩低效土地进行盘活利用，实现“地等项目”。用活用好土地增减挂钩和指标置换政策，谋划实施626亩砖瓦窑治理项目，新增建设用地指标528亩。发挥投融资平台作用，积极争取地方专项债券和银行信贷授信，帮助企业解决融资难题。大力推行服务企业“三个一”，落实企业“宁静日”政策，当好有呼必应、无事不扰“店小二”。严厉打击强揽工程、层层转包等不法行为，全力打造一流营商环境高地。

（二）聚焦产业升级，注入动能转换新活力。坚持创新驱动战略，推进产业基础高级化、产业链现代化，打造多点支撑、多业并举、多元发展的产业发展新格局。

兴产业壮实力。强力推进产业升级“千百亿”行动，强链主、延链条、壮链身，推动传统产业品牌化、支柱产业高端化、新兴产业规模化。改造提升两大传统产业，持续放大“清苑熏香”国家地理标志产品品牌效应，推动上下游产业链联动，叫响“世界香业看中国，中国香业看清苑”；以智能起重产业园区为载体，以宇雕起重、神力索具等企业为引领，走集约化、智能化、高端化发展之路，打造全国知名的轻型起重机械设备出口基地。做大做强两大产业集群，全力支持立中四通等骨干企业发展壮大，鼓励企业参与国际产能合作，开拓国际市场，打造清苑金属新材料产业集群。推动以博远电气、英泰电缆等为代表的电力设备制造产业迈向新高度。扶持培育两大新兴产业，依托河北绿建、绿生环保、大韩玻璃等企业，打造新型建材和现代装配业制造基地；以首衡农产品批发市场一期项目为引领，依托味群食品、宏泽食品等企业，做大做强现代农产品加工业。加快新一代信息技术等朝阳产业布局，打造特色突出、优势互补、动能强劲、结构合理的产业发展新格局。

抓创新挖潜力。以中国钢研·保定合金新材料产研基地为依托，鼓励支持立中四通、绿生环保等行业龙头企业与京津央企、高等院校合作共建实验室和研发机构。实施“专精特新”振兴行动，年内新增规模以上工业企业18家、科技型中小企业60家、高新技术企业7家，培育更多的“小巨人”企业和行业“单项冠军”“隐形冠军”。推进科技创新跃升计划，年内新增市级以上创新平台3家。落实“保定人才十条”，大力引资、引才、引智，打造中小微企业创业基地和回乡创业园，常态化开展特聘专家对接会、学术交流会和考察观摩活动，掀起全民创新创业热潮。

优环境增动力。深化“放管服”改革，全面推行“互联网+政务服务”，大力推广电子证照应用，实现线上“一网通办”和线下“一站通办”，谋划建设区市民服务中心。对标北京优化营商环境5.0版，继续推行“拿地即开工”和“一链办”等审批模式改革。深化国有企业改革，力争荣清国控信用评级2A冲级。严格落实减税降费政策，激发市场活力，市场主体增幅保持在20%以上。继续开展企业家早餐会活动，搭建政银企沟通平台，大力发展普惠金融，帮助企业解决租金、税费、社保等方面难题，促进全区民营经济健康发展。加大农业农村、文教卫生领域改革力度，让全区群众共享改革成果。

（三）聚焦城市转型，扮靓城区建设新颜值。围绕“畅其路、美其颜、强其能、安其居、固其基、扬其韵”要求，大力推进城市建设“十个一”，推动品质生活之城绽放新颜值、跑出加速度。

拉开框架。坚持规划引领，对标全市国土空间规划，完善专项规划，制定详细规划，完成200个村庄规划编制，加快构建“两轴、三心、四组团”的城市空间格局。坚持以路为先，完成教育园区新建道路工程。谋划振清街北延、和平路东延和乐凯大街南延至旅游路工程。积极推进京港澳高速阳城出口项目实施。争取市政府尽快启动东三环连接线、西三环南延、长城大街南延和乐凯大街南延工程，全力做好北三环东延、保静线新区至保定段等工程前期工作。加快破解土地、资金等制约难题，积极配合做好雄忻高铁和R1线建设，力争南三环、高铁东站综合交通枢纽等项目年底前开工，提升环线周边土地开发利用价值，全面融入北京半小时交通圈。优化城区功能布局，学校、医院、商业服务等公共服务设施逐步向西拓展。围绕雄忻高铁保定南站建设，提前谋划、精准布局，加强基础设施配套，全面拉开发展框架，打造新的城市经济增长极。

完善功能。深入实施“1020”工程，强力推进区医院新院区一期、区妇幼保健院新建住院病房楼和妇孺国医堂项目建设，4月底前启动职业教育园区一期工程。谋划城区第二热源厂，实施污（中）水源集中供热，补齐基础设施短板，提升城市承载能力。推进棚改集中安置房建设，新（改、扩）建城市公厕2座。实施城市更新行动，开展楼栋微整治、空间微改造、景观微提升，继续推进迎宾路、莲池南大街建筑立面和门头牌匾改造，加大背街小巷改造提升，筑牢民生“里子”，撑起城市“面子”。对符合条件的街角，通过土地拆违和流转，全部建成街角公园、带状公园。开展标志提升行动，包装提升城区出入口4个，持续推进城区夜景照明升级工程，建设功能齐备、亮点纷呈的城市“微客厅”，让市民家园更加美丽，市井生活更有品位，增强城市与人的情感黏性。

规范管理。坚持“马路办公”，推动重心下移、力量下沉，深化“以克论净”，坚决根治占道经营、非法营运三轮车等城市顽疾，努力管出形象、管出秩序、管出群众满意度。坚持“房住不炒”，持续巩固涉房领域集中攻坚行动成果，推进房地产市场有序健康发展。加快新型智慧城市建设，谋划智慧城管、智慧安防、智慧泊车等项目建设，推进5G网络全域全覆盖。谋划实施高标准菜市场建设，坚决取缔马路市场，营造规范有序、干净整洁的城市环境。深化文明城市、卫生城市、森林城市创建，提升城市治理能力和管理水平，发挥软实力“加速器”作用，让城市发展更有吸引力。

（四）聚焦“三农”工作，打开乡村振兴新局面。全面落实规划同步、产业同兴、人才同享、风光同美、文化同脉、改革同频要求，推动农业升级、农村进步、农民增收，高质量推进乡村振兴。

产业富民。严格落实“四个不摘”，健全防止返贫动态监测和帮扶机制，推动巩固拓展脱贫攻坚成果同乡村振兴有效衔接。大力发展都市型农业，依托南王庄西瓜、张登温仁瓜菜等特色农产品，建设保南特色农产品优势区，争创全省都市型农业先行区。放大太行山农业创新驿站效应，推动2个精品现代农业园区提质提效，新培育市级园区1家以上。力争完成“清苑西瓜”国

家地理标志产品认证。年内新增特色农产品1~2个，打造农业品牌联盟。落实最严格的耕地保护制度，确保粮食种植面积稳定在100万亩以上。机械化耕种率达到99.6%以上，主要农作物、畜禽良种覆盖率达到98%以上。加大粮食收储力度，牢牢守住粮食安全底线。

科技利民。组织开展高素质农民培训，完成农业技术培训1500人，开展农村富余劳动力技能培训2700人次以上，培养有文化、爱农业、懂技术、善经营、会管理的新型职业农民队伍。依托中国农大科研实验基地等人才创新平台，促进高新技术在清苑孵化转化，让科技人才、创业团队进得来、稳得住、干得好。畅通城乡双向流通通道，提高人才服务保障能力，让年轻人热爱农村、热心农业，立志在农村创业扎根。文化润民。持续推进农村移风易俗，加强家庭、家教、家风建设，努力形成文明乡风、良好家风、淳朴民风，以文明新风引领乡村建设。加强公共服务配套有效供给，推进农村文化广场、村民活动中心、村史馆建设，以文化涵养变“乡土”为“乡韵”，留住美丽“乡愁”。持续打造好梦林水和高铁片区2个乡村振兴示范区，新创建省级美丽乡村10个以上、精品庭院4200户、美丽庭院2万户，打造新时代美丽乡村升级版。

环境惠民。强化农村房屋风貌管控，扎实推进农村乱占耕地建房整治。加强农业面源污染防治，推进农业投入品减量化、生产清洁化、废弃物资源化、产业模式生态化。积极推进农业有机废弃物资源化利用项目和秸秆综合利用整区推进项目，力争秸秆综合利用率达到98%以上。开展农村人居环境整治提升三年行动，根治农村“脏乱差”问题。积极稳妥推进石桥、白团、北店、何桥乡改镇，重点培育发展高品位特色小镇2个，打造宜居宜业新农村。

治理安民。以“5+3+N”组织体系建设为依托，健全自治、法治、德治相结合的乡村治理体系，提升基层治理能力。深化农村集体产权制度改革和农村宅基地改革，强化土地经营权流转管理与服务，提高土地流转规范率。推进新型农业主体发展，力争全区家庭农场达到1330家、市级以上示范农场达到50家、示范社达到20家。大力发展农村集体经济，千方百计增加农民财产性收入，全面消除村集体收入5万元以下的村，让群众拥有更好的房子、更美的环境、更鼓的钱包、更幸福的生活。

（五）聚焦第三产业，激发城市经济新活力。坚持生产性服务业与生活性服务业齐头并进，加快构建新业态引领、新模式应用的现代服务业体系，打造新的经济增长极。

全力筹备全市旅发大会。以承办2022年全市第五届文化旅游发展大会为契机，深入开展高保路等6条道路路域环境大整治，扮靓关键节点，串点连线成面，构建全域旅游新格局。实行“旅游+爱国主义教育”，加快完成冉庄文旅特色小镇实弹射击馆、游客服务中心等项目建设，红薯文化博物馆开馆试运行；实行“旅游+农业”，确保好梦林水微度假体验区游客中心一期、综合活动中心等板块尽快完工；实行“旅游+文化”，力争正迪欢乐世界文化创意园6月底前具备开园条件；实行“旅游+康养”，谋划实施保定郊野公园建设。

大力发展现代服务业。积极培育智慧家政、托育养老等生活性服务业和金融保险、现代物流等生产性服务业。充分发挥区位交通优势，深化与京东、顺丰等企业合作力度，大力发展仓储分拣、冷链物流等现代物流产业，打造京津和雄安新区周边重要物流枢纽。谋划实施大庄物流园项目，积极配合市政府谋划推动南二环物流园搬迁，力争中通河北（保定）产业园和韵达保定产业园尽快落地。加强对中小微市场主体的保护，支持发展创意经济、流量经济、数字经济，规范发展早间经济、夜间经济、假日经济、城市经济，培育高品质商务区，浓厚城市烟火气。加快互联网、物联网深度融合，建设农产品电商平台，依托首衡农产品批发市场一期项目，打造大宗商品交易中心和大型农产品标准市场，融入环首都1小时鲜活农产品物流圈。

（六）聚焦生态环境，打造绿色发展新样板。坚持减污降碳协同增效，深入推进精准治污、科学治污、依法治污，构建蓝绿交织的生态体系，厚植绿色发展优势。

深入打好蓝天保卫战。科学做好重污染天气削峰应急管理，严防生态领域“一刀切”。巩固深化“退后十”工作成果，健全联防联控工作机制，严防出现反弹。深化工业污染治理，保持“散乱污”企业动态清零。狠抓扬尘精细化管控，确保实现降尘量和PM2.5持续下降。依法实施秸秆垃圾禁烧和全域禁燃禁放，严厉打击一切破坏环境的违法行为，确保空气质量持续改善，全力做好北京冬奥会、冬残奥会期间环境空气质量保障工作。

深入打好碧水保卫战。深化白洋淀上游流域综合治理，谋划启动唐河（清苑段）治理工程和金线河综合整治。加快温仁污水处理厂、冉庄污水处理厂建设，保障城区污水处理厂达标运行，确保全区有水河流断面水质考核稳定达标。全面落实“河长制”，加强入河排污口和沿线排污企业动态监管，坚决“不让一滴污水进淀”。强力推进河道内村庄防洪整治，确保安全度汛。统筹推进生态补水和地下水超采综合治理等工作，关停自备井1066眼，南水北调江水消纳量完成市定任务，压减地下水超采1340万立方米以上。

深入打好净土保卫战。投资1547.43万元实施高铁临时占地土地复垦项目。运营好、维护好雄清片林和白洋淀大道景观带，完成市定造林任务。强化农业面源污染管控，用好农用地土壤污染状况详查成果，确保受污染耕地安全利用达到省定评估标准。严厉打击非法处置危险废物等违法犯罪行为，对污染环境行为顶格处理，让违法者付出惨痛代价。

（七）聚焦民计民生，共享品质为先新生活。把人民对美好生活的向往作为奋斗目标，在为民服务解难题中践行初心使命，在尽心尽力办实事中交出满意答卷，让最好的资源、最优的品质由全区人民共享。

完善保障体系。扩大社保覆盖面，城乡居民养老保险扩面6000人以上，基本医疗保险参保率不低于96%。把稳就业摆在突出位置，城镇登记失业率控制在4.5%以内。聚焦“一老一小”，大力发展普惠性学前教育；推动民政事业服务中心、区光荣院等3家养老机构通过二星级评定，完善仁济社区和居家养老服务中心功能，加快构建居家社区机构相协调、医养康养相结合的养老服务体系。开展“阳光助残”行动，救助生活困难残疾人800名。依法严厉打击拖欠农民工工资行为。

发展社会事业。毫不放松抓好疫情防控，坚持“外防输入、内防反弹”，不断压实“四方责任”，严格落实省10个常态化30项疫情防控措施，提高疫情应急处置能力。深入开展名医、名院、名诊所“三名”工程，完成1所医院与北京三甲医院建立专科联盟或托管。加快紧密型医共体建设，深入推进乡村卫生服务一体化管理。积极争取上级资金，谋划启动投资2.22亿元的区中医院迁址新建门诊病房楼一期主体工程和区疾控中心新建实验综合楼工程建设。以“零容忍”态度坚决打击欺诈骗保行为。办好人民满意教育，深度对接天津南开中学等京津名校，全力建设国家职业教育改革试点。谋划实施温仁中学、臧村小学等14所中小学校运动场改造提升。规范民办义务教育发展，推进“双减”工作全面落实。推进书院之城建设，组织举办第六届广场舞大赛，“哈哈腔”下乡演出不少于100场，丰富群众文化体育生活。

创新社会治理。持续深化安全生产专项整治三年行动，开展危险化学品行业和燃气行业“两个集中治理”。加强食药品安全监管，保障群众“舌尖上的安全”。实施“互联网+基层治理”行动，积极构建三级社会工作服务体系。建立联合惩戒机制，大力推进社会信用体系建设。依法做好新形势下的民族宗教工作。加强国防动员和国防后备力量建设，强化退役军人服务保障。严厉打击非法集资、新型网络电信诈骗等各种违法犯罪行为，依法做好不同利益诉求群体问题的处置化解工作。积极防范和化解金融等领域重大风险隐患，驯服“灰犀牛”，防范“黑天鹅”，坚决当好首都政治“护城河”。

各位代表，民之所盼，政之所向。我们将坚持“小切口、大民生”，完成省定20项民心工程，落实好市、区两级人大票决确定的民生事项，每月盯办解决一批群众身边的“急难愁盼”，真正把人民至上贯彻落实到工作的方方面面。

三、全面加强政府自身建设

各位代表，新格局孕育新机遇，新阶段展现新作为。我们一定全面加强政府自身建设，不断提高政治能力、战略眼光和专业水平，实干笃行，加压奋进，奋力开创清苑经济社会发展新局面。

（一）从严治政，以政治建设引领正确方向。始终把拥护“两个确立”，做到“两个维护”作为最重要的政治纪律和政治规矩，心系“国之大者”，胸怀“两个大局”，不断提高政治判断力、政治领悟力和政治执行力。坚持党的全面领导，贯彻中央和省、市、区委决策部署，确保步调一致、政令畅通。巩固深化党史学习教育成果，弘扬伟大建党精神，加强理论学习，增强“八种本领”，进一步提高识大局、促改革、谋发展的能力。

（二）依法行政，以法治思维提高决策水平。严格遵守宪法和法律，依法履行政府职能，坚决做到“法无授权不可为、法定职责必须为”。严格落实“三重一大”集体决策，健全完善行政决策公众参与、专家论证和集体讨论等规章制度，加快法治政府建设。自觉接受人大法律监督、政协民主监督和监委监察监督，主动接受新闻媒体和社会各界监督，学会在约束中工作，在监督下干事。抓实抓好政务公开，主动回应社会关切，确保权力在阳光下运行。

（三）务实勤政，以为民情怀扛起责任担当。进一步完善“12345”热线“接诉即办”机制，念“民之所忧”，行“民之所盼”，旗帜鲜明地唱响坚持人民至上主旋律。认真谋划实施民生实事和民生工程，以承诺践诺取信于民，以实绩实效造福于民。持续推行“一线工作法”，一线落实措施、一线解决问题，让扎根一线、奋力奔跑的姿态成为清苑奋进常态。摒弃把习惯当规范、把经验当科学的思维方式，向深夜要时间、向效率要时间，以革命加拼命的精神，当好推动清苑发展的“拼命三郎”，用干部的辛苦指数换来群众的幸福指数。

（四）廉洁从政，以“赶考精神”践行初心使命。严格落实全面从严治党主体责任，严查不作为、慢作为、乱作为，以零容忍态度惩治腐败。严格遵守中央八项规定精神，坚持把“我”字看小、把“权”字看清、把“民”字放大，做到为官不妄为、有权不任性，树立政府为民务实清廉的良好形象。严格预算执行，收紧“三公”经费支出，用政府的“紧日子”，换来百姓的“好日子”，打造有态度、有温度、有尺度的高效廉洁政府。

各位代表，实干铸就伟业，奋斗开创未来。让我们更加紧密地团结在以习近平同志为核心的党中央周围，在中央和省、市、区委的坚强领导下，牢固树立机遇意识、争先意识、攻坚意识，以“新颜值”为引领，以“加速度”为标尺，干字当头，创优争先，奋力推动现代化品质生活之城建设迈出新步伐，以实际行动迎接党的二十大胜利召开！

名词解释

①“双九通一平” “九通一平”指硬件建设上达到完成供水、排水、供电、道路、供气、供热、通信、宽带网络、有线电视基础设施建设和土地平整的标准。在此基础上，软件上达到信息通、市场通、法规通、配套通、物流通、资金通、人才通、技术通、服务通和面向21世纪的新经济平台的标准。

②“两品一标” 无公害农产品、绿色食品、有机农产品和农产品地理标志。

③“一业一证” 指企业在取得营业执照后，将所涉及的行业经营所需的多个行政许可事项整合为一张载明相关行政许可信息的“行业综合许可证”；将办事群众需跑

办的多项事项改为由行政审批部门统一窗口受理、统一现场核查、统一颁发行业综合证，实现“一证准营”。

④“无感审批” 是运用政务服务大数据，人工智能、区块链等技术，主动分析研判企业需求信息，通过身份认证、信息提醒、智能授权、精准送达等政务服务功能，企业群众无须出示证件、无须填写表单、无须主动申请，就能够通过审批，实现“无感”审批、“省心”办事。

⑤“跨域通办” 指政务服务部门打破居住地和户籍地等地域限制，强化信息共享、业务协同，在不改变属地办理的前提下，采取全程网办、代收代办、多地联办等形式，建立“就近申报、异地收件、远程流转、属地办理、跨层联办”的跨域通办工作机制。

⑥“11258” 市委十一届九次全会提出的全市工作总体要求，“1”即以坚持人民至上为统领，“1”即以落实京津冀协同发展战略为主线，“2”即以服务首都、联动雄安和推进城市转型、产业转型齐头并进为两个抓手，“5”即加快建设“五个保定”，“8”即全力打造“八个高地”。五个保定：创新保定、智造保定、山水保定、人才保定、文化保定。八个高地：创新驱动发展高地、产业转型升级高地、雄安协同保障高地、新型城镇化发展高地、一流营商环境高地、生态文明建设高地、文化精神传承高地、法治建设高地。

⑦“六个一”总体工作思路 区第三次党代会提出深入实施“六个一”总体思路，即明确一个统领，牢固树立人民至上理念；聚焦一个方向，全面深度融入京雄保一体化，全方位融入保定主城区，全力服务保障、借势借力雄安新区；把握一个关键，强化开发区、高铁片区引领作用；瞄准一个主题，创新发展、绿色发展、高质量发展；夯实一个基础，维护社会安全稳定；强化一个保障，全面从严管党治党。

⑧“十个主动仗” 市委十二届三次全会上提出，打好京雄保一体化发展主动仗，打好构建现代产业体系主动仗，打好城市更新城市转型主动仗，打好提升文化软实力主动仗，打好乡村振兴主动仗，打好改革开放主动仗，打好绿色发展主动仗，打好坚持人民至上主动仗，打好法治建设主动仗，打好全面加强党的建设主动仗。

⑨“十大提升工程” 深入推进品质城市提升工程、综合交通体系提升工程、创新驱动提升工程、产业转型提升工程、乡村振兴提升工程、品质服务提升工程、品质文化提升工程、绿色低碳提升工程、营商环境提升工程、幸福生活提升工程。

⑩“七个一体化” 推动京雄保协同创新、产业联动、生态建设、公共服务、城乡融合、营商环境、社会治理一体化。

⑪“京保协作五个一” 指对接一家央企或国企，对接北京一所科研机构，对接北京一所基础教育学校，对接一家北京三级医院，培育一家上市公司。

⑫“7+18+N”重点产业体系 “7”即“医车电数游”及被动式超低能耗建筑产业、都市型农业等7个重点产业，“18”即新能源和智能网联汽车及零部件产业链、文化体育旅游产业链等18个重点产业链，“N”即每个县有1~2个县域特色产业。

⑬服务企业“三个一” 指每个月开展一次送政策上门行动、推进一项“不来即享”惠企改革、查处一批不作为慢作为的干部。

⑭“小巨人”企业 指极具发展潜力和培育价值处于成长初期的小企业，培育其快速健康成长，最终成为行业中或本区域的“小巨人”。

⑮“单项冠军” 指长期专注于某些特定细分产品市场，生产技术或工艺国际领先，单项产品市场占有率位居全球前列的企业。

⑯“隐形冠军 指单项产品在国内或国际市场上占据绝大部分份额，但社会知名度很低的中小企业。

⑰县城建设“十个一” 即打造一个鲜明的县城面貌和建筑风格定位，一个优美天际线，一组城市公园、社区公园、口袋公园组成的生态公园体系，一条美丽风景大道，一条滨水景观带，一个城市“会客厅”，一个高品质中心商务区，一组地标公共建筑，一系列由公共文化中心和高水平学校、医院等构成的优质公共服务，一个精细化管理平台。

⑱“两轴、三心、四组团” 两轴：朝阳大街、迎宾路；三心：朝阳大街与迎宾路交叉处打造保定南部副中心、依托区政府及周边地区打造公共服务中心、依托保定南站打造商业中心；四组团：保定南站高铁新区组团、经济开发区现代产业组团、清苑新城组团、城市更新组团。

⑲“5+3+N” 指农村基层党组织、村民委员会、村民代表会议、村务监督委员会、村集体经济组织+村级群团工作服务站、群众服务站、新时代文明实践站+自主选择建立乡贤理事会、道德评议团、法律服务团等社会组织。

清苑概览

◎自然地理

◎历史人文

◎经济和社会发展

清苑概览

自然理

【位置面积】 保定市清苑区位于北纬 38°32′58″~38°55′24″、东经 115°13′40″~115°44′20″。地处北京、天津、石家庄三角腹地，两面紧临古城保定市区，是距离保定市区最近的卫星城，东接雄安新区、高阳县、蠡县，南靠博野县和安国市，西邻满城区、顺平县和望都县，北接保定市莲池区、徐水区。南北最大纵距 44.8 公里，东西最大横距 46.1 公里。全区总面积 857 平方公里，其中耕地 59292 公顷，建设用地面积 27.9 万亩。

【地形地貌】 清苑区地貌为平原。属太行山东部冲积扇，总的地势是西南高、东北低，缓缓自然倾斜，西南部与望都县接壤的阳城镇一带最高地面海拔为 32 米，东北部与安新县毗邻的望亭镇一带最低地面海拔为 8 米，相对高差 24 米，地面纵坡约为 1/1500。

【气候】 清苑区属暖温带大陆性季风气候区。主要气候特点是四季分明，春季干燥多风，夏季炎热多雨，雨热同季，秋季天高气爽，冬季寒冷干燥。2021 年年平均气温 13.2℃，较历年平均气温 13.3℃偏低 0.1℃，6 月 19 日出现年极端最高气温 38.0℃，1 月 7 日出现年极端最低气温 -22.0℃。全年降水量 965.7 毫米，较历年平均降水量 496.1 毫米偏多 469.6 毫米。2021 年日照时数 2204.6 小时，较历年日照时数 2406.6 小时偏少 202.0 小时。

2021 年气候特点为气温偏低，降水偏多，日照偏少。

【水文】 清苑区地处太行山北部平原前缘，水文地质条件比较复杂，根据省地质部门的资料，清苑第四季含水层可分为四个含水组：

第Ⅰ含水组 底界埋深 20~50 米，西浅东深，岩性自西向东由粗变细，西部为粗砂加砾石，中部和东部为中砂和细砂。自西向东层数逐渐增多，单位厚度逐渐变薄，富水性也随之变弱。含水层厚度一般为 10~30 米，单位涌水量为每小时5~20立方米，为全淡水，矿化度 0.5~1 克/升，个别地方大于 1 克/升。

第Ⅱ含水组 底界埋深 100~150 米，含水层岩性以中粗砂夹砾石为主，单位涌水量每小时 10~50 立方米，矿化度 0.5~2 克/升。该层与第Ⅰ含水组水力联系密切，为清苑主要开采区。

第Ⅲ含水组 底界埋深 200~300 米，含水层岩性以砾卵石及风化砾卵石为主，局部含泥砾及风化长石砂，东部逐渐变细，以中细砂为主。单位涌水量为每小时20～30立方米，矿化度0.5～2克/升。

第Ⅳ含水组　底界埋深300～500米，含水层岩性为半胶砂及风化砂，局部含泥砾。单位涌水量为每小时10～21立方米，矿化度0.5～1.5克/升。

清苑区主要有唐河、清水河、府河、漕河等河流。漕河为清苑、徐水界河，入境量很少，省略不计。府河因为保定市工业污水长期流入，严重污染了清苑沿河地带的水源，故不能作为水资源计算。因而只计算唐河、清水河的过境水资源量，又因两河均为季节性漂流及无据可考，故清苑区没有过境水资源。

【资源】

水资源　根据近年降水统计，清苑区平均降水量为451毫米，主要集中在6—9月。由于年内降水分配极不均匀，形成了易春旱、秋涝的特点。全年平均水面蒸发量为1785.3毫米，约为年降水量的1.85倍。一年中，5月、6月蒸发量最大，月平均蒸发量分别为282.1毫米和292.9毫米；12月最小，月平均蒸发量为39.1毫米。各季蒸发量相比，以夏季最大，春秋次之，冬季最小。

矿产资源　清苑区属于平原地区，矿产资源较少。据勘测，何桥一带地下3000米左右有煤炭资源，储量未探明。清苑区地热资源丰富，具体数据尚未明确。

植物资源　清苑区境内植物资源主要乔灌木树种有毛白杨、毛新杨、107杨、新疆杨、速生杨、垂柳、馒头柳、金丝柳、国槐、金枝槐、金叶槐、龙爪槐、刺槐、香花槐、榆树、臭椿、香椿、白蜡、合欢、五角枫、栾树、杜仲、法国梧桐、青桐、紫叶李、海棠、榆叶梅、碧桃、紫薇、女贞、小檗、黄杨、泡桐、银杏、酸枣、楸树等。公园里也有木槿、丁香、迎春、毛桃、冬青等。果树有苹果树、梨树、李子树、桃树、杏树、柿子树、葡萄、山楂树、核桃树、石榴树、桑树等。主要农作物有小麦、玉米、花生、棉花、薯类等。

野生动物资源　清苑区境内鸟类中候鸟主要有家燕、白骨顶鸡、白头翁、老鹰、大雁、鹞子、百灵等。留鸟主要有麻雀、鸽子、喜鹊、猫头鹰、斑鸠、啄木鸟、乌鸦、野鸭、野鸡、鹦鹉等。主要兽类有野兔、鼹鼠、黄鼬、草蛇、蝙蝠等。

历史人文

【建置沿革】　清苑古地，开发甚早，地处要冲、四达之衢，人民辏集，为历代统治者所重视。西周昭王时期至战国周安王二十二年（公元前380年）为燕国辖地。齐伐燕取桑丘后，一度沦为齐国领地。周慎靓王五年（公元前316年），燕王哙禅让给国相子之。周赧王元年（公元前314年），燕国内乱，齐宣王乘机攻燕，中山国相司马喜亦率军对燕作战，境域始为中山国辖地。周赧王二十年（公元前295年），赵约燕、齐之师灭中山国，燕、赵重新划定疆域，境域为燕南赵北界区。秦王政二十五年（公元前222年）秦灭赵国，属邯郸郡。秦始皇二十六年（公元前221年）中国统一后，境域属恒山郡。西汉元朔二年（公元前127年），封中山靖王之子刘朝平为将梁侯，置将梁侯国（治所在今清凉城），属涿郡。元朔五年（公元前124年），封中山靖王之子刘修为樊舆节侯，置樊舆侯国（治所在今御城），属涿郡；封中山靖王之子刘忠为广望节侯，置广望侯国，属涿郡；封赵敬肃王之子刘终古为柏陵侯，置柏陵侯国（位置不详），属中山国。东汉时期，置阳城县（治所在今阳城），属中山国，后省入蒲阴县（今顺平县）。三国魏时，为魏北新城、蒲阴两县地，属河间郡。西晋泰始元年

（265年）置樊舆县，不久废，改置乐乡县，属高阳国。十六国时期，先后为赵、前燕、前秦、后燕之地。据《魏书·地形志》载：“北魏太和元年析新城置清苑。”境域属高阳郡。清苑县名称从此见于史。此后，朝代频更，易名改属，升州赐郡，或为边陲，或为畿辅，沿革变迁，历尽沧桑。北齐天保七年（556年），废清苑入永宁县，后改称乐乡县，属高阳郡。隋开皇十八年（598年），改乐乡县为清苑县，属河间郡。唐武德四年（621年），属蒲州。武德五年（622年）更属蠡州。武德八年（625年）废蠡州还蒲州。武德九年（626年）复属蠡州。贞观元年（627年）改属瀛州。景云二年（711年）属鄚州。开元十三年（725年）改属莫州。天宝元年（742年）改属文安郡。至德二年（757年）还属鄚州。五代后唐初年在清苑县治所置奉化军，清苑属之。后唐天成三年（928年）三月，升奉化军为泰州，以清苑故城为治所。后晋开运元年（944年）年初，辽军陷泰州。三月，晋将马全节收复泰州，复失。开运二年（945年），顺国节度使杜威复克泰州，徙州治于满城，仍领清苑县。后汉乾祐元年（948年），清苑为义武节度使辖区。后周显德六年（959年）改隶鄚州。五代之后，清苑为宋北部边陲军事重地，朝廷常派驻重兵。北宋建隆元年（960年），因宋太祖赵匡胤祖籍在今清苑县境，故在清苑治所（今保定市）设保塞军（有保卫边塞之意）。太平兴国六年（981年）改清苑县为保塞县，升保塞军为保州，治所在保塞县。淳化三年（992年）李继宣知保州，筑城关，浚外壕，葺营舍一千五百处，故城始具都市规模。景德年间，满城并入保塞县。政和三年（1113年），徽宗赐郡名清苑。靖康二年（1127年），金兵陷故城，仍沿旧制。金天会七年（1129年），于故城设顺天军，保州为顺天节度使辖区，属河北东路。大定十六年（1176年）改保塞县为清苑县。大定二十八年（1188年）由清苑析置满城县，清苑仍属保州。贞祐元年（1213年）蒙古军攻陷故城，屠其民，焚城为废墟，遂移州治所于满城县境。贞祐二年（1214年）赐名清苑郡。蒙古成吉思汗二十二年（1227年）降蒙金将张柔，因满城地方狭小，遂移州治于故城，令副帅贾辅、毛正卿重建城郭，画市井、建衙署、定居民；疏浚一亩、鸡距二泉，以通舟楫；招募流亡，营建城池，使故城成为燕南一大都会。蒙古窝阔台十一年（1239年），改顺天军为顺天路，故城为路治，辖清苑县。至元十二年（1275年）改顺天路为保定路。自此，保定之名始见于史。明洪武元年（1368年）九月，改保定路为保定府，辖清苑县，县治所在今保定市永华南街路小学院内。清因之。清康熙八年（1669年）直隶巡抚由正定移至故城，治所始为直隶省会。清苑县属保定府。

民国成立之初，沿清代直隶省建制，保留保定府，撤销清苑县。1913年，直隶省会由故城迁驻天津，恢复清苑县建制，撤销保定府，置范阳道，治所在故城，辖清苑。1914年改范阳道为保定道，辖清苑县。1928年6月28日，废直隶省，建立河北省。同时废道级行政机构，改为省县两级制，清苑县隶属河北省。1935年，省会迁驻故城。1936年，始设置行政督察区。1937年，清苑县属河北省第一督察区。

1937年7月7日，日军发动卢沟桥事变。9月24日，日军攻陷县城，全县先后沦为日军统治区。中国共产党为加强对抗日救亡运动的领导，于1938年2月在北王力成立了清苑县抗日民主政府。同年3月迁驻王盘。4月1日，冀中区建立，清苑县属冀中区。9月，属冀中四专区。1940年夏至秋属冀中区十专区。1941年1月，为适应抗战形势的需要，经冀中区委批准，以张登、保定公路为界分为清苑、之光两县，路西为清苑县，属冀中区十专区。1944年10月，为集中领导抗日战略大反攻，冀中九地委决定清苑、之光两县合并，称之光县，属冀中区第七专区。1945年8月，改称清苑县。9月2日，日本签字

投降，国民党政府接管故城。1948 年 9 月，华北人民政府成立，清苑县属华北行政区冀中区九专区。1948 年 11 月 22 日，故城解放，国民党清苑县政府解散，清苑县人民政府始统全县。保定、清苑分治。

1949 年 8 月 1 日，河北省人民政府在保定宣告成立，设 10 个专区，清苑县属保定专区。1958 年 10 月，国务院决定撤销清苑县，唐县、望都、清苑（臧村人民公社划归保定市）三县合并，称唐县，县治望都县城。同年 12 月 24 日，清苑析出唐县，成立清苑区，治所南大冉，属保定市。1960 年 3 月，国务院决定恢复清苑，以清苑、完县、满城三区的行政区划为清苑县的行政区划，县政府迁驻原满城县城，属保定市。1961 年 5 月 23 日，恢复原清苑建制，改属保定专区。1970 年，保定专区改称保定市，仍辖清苑县。1986 年 5 月，划为保定市辖县。2015 年 5 月，撤县改区，改称保定市清苑区。

治所沿革　北魏太和元年（477 年）析新城置清苑，治所在今保定的省监狱一带。明洪武元年（1368 年）九月，县治所在今保定市永华南街路小学院内。1938 年 2 月在北王力成立清苑县抗日民主政府，同年 3 月迁驻王盘，由于斗争形势需要，后又迁驻李庄、温仁。1949 年 8 月 1 日，县政府从温仁迁驻中冉。1952 年 10 月迁驻南大冉。1958 年 10 月，唐县、望都、清苑三县合并，称唐县，县治望都县城，同年 12 月 24 日，清苑从唐县析出，成立清苑区，治所南大冉。1960 年 3 月，恢复清苑县，县政府迁驻原满城县城。1961 年 5 月 23 日，恢复原清苑建制，治所迁回南大冉。

【行政区划】　2021 年，全区辖 8 个乡、10 个镇，有 265 个行政村、1 个城区办事处、12 个居委会。18 个乡镇分别是清苑镇、冉庄镇、阳城镇、魏村镇、温仁镇、张登镇、大庄镇、臧村镇、望亭镇、东闾镇、白团乡、北店乡、石桥乡、何桥乡、李庄乡、北王力乡、阎庄乡、孙村乡。

【人口】　2021 年年末，全区总户数 222154 户，总人口 691336 人，当年出生 3178 人，出生率为 4.7‰；死亡 2428 人，死亡率为 3.6‰；自然增长人数 750 人，自然增长率为 1.1‰，出生人口性别比为 103.8。

【民族】　2021 年年末，全区有汉族、满族、回族、蒙古族、维吾尔族、藏族、壮族、朝鲜族、苗族、土家族、布依族、彝族、侗族、傈僳族、瑶族、达斡尔族、白族、黎族、锡伯族、水族、哈尼族、纳西族、仡佬族、畲族、佤族、羌族 26 个民族。汉族人口占总人口的 99.2%，少数民族人口占总人口的 0.8%。

【文化名片】

东安宋祖陵遗址　赵匡胤，宋朝开国皇帝，史称宋太祖。其祖籍清苑区望亭镇东安村，位于保定市东南 15 公里。保新路穿村而过，南临新唐河，东流 40 余公里入白洋淀。

东安宋祖陵遗址位于东安村南 300 米处，当地村民称为“御坟”，历史上又称“宋三陵”，直到 2003 年 12 月 31 日，清苑县人民政府将御坟列为县级文物保护单位后，才改称东安宋祖陵。

东安宋祖陵指以赵匡胤之高祖赵朓、曾祖赵珽、祖父赵敬的陵墓为主体的赵宋皇家祖坟。赵匡胤称帝后追谥其高祖赵朓为文献皇帝，庙号僖祖，墓为钦陵；曾祖赵珽为惠元皇帝，庙号顺祖，墓为康陵；祖父赵敬为简恭皇帝，庙号翼祖，墓为定陵（后改为靖陵）。其父赵弘殷为昭武皇帝，庙号宣祖，墓为永安陵。赵匡胤的四位先人除其父赵弘殷葬在河南巩县宋陵外，其余三人均未入宋陵，早期葬于故里清苑县。1958 年，东安村民深翻土地时曾在此挖出石门、石桌、石人等。1997 年，村民在此取土时发现一对石虎。2003 年 8 月和 12 月，河北大学宋史研究中心教授对宋祖陵遗址进行实地考察，又相继出土石象、石人等。《河北日报》以《清苑出土赵匡胤祖陵石像生》为题在头版头条进行报道，引起社会各界广泛关注。

宋祖陵被公布为县级文物保护单位之后，市、县文物部门进行小范围试掘，并逐级申报：申请对遗址进行大的勘探挖掘，得到国家文物局批准后，于2008年4—5月进行了大规模的勘探挖掘，出土了大量的珍贵文物。2008年10月7日，河北省政府公布东安宋祖陵为第五批省级文物保护单位。2015年3月5日，宋祖陵被中华人民共和国国务院批准为第七批全国重点文物保护单位。

冉庄地道战遗址　冉庄地道战遗址是第二次世界大战中中国人民抗击日本侵略者的一处重要战争遗址，位于清苑城区西南15公里处的冉庄村。

抗日战争初期，冉庄一带人民群众出于单纯防御的目的，从1938年开始，各家各户在村里村外开挖隐蔽洞，称为“蛤蟆蹲”。随着斗争形势的发展，逐渐把隐蔽洞加长，再把单口洞改为双口洞，成为地道的雏形。后来，村民在当地党委领导下，又将民用地道改造成军用地道，筑起了各种形式的作战工事和地道口，最终挖成户户相连、村村相通、四通八达、上下呼应、能打能藏、可攻可守、进退自如的地道，成为主动打击敌人的战斗地道网。

冉庄地道以村内十字街为中心，向东、南、西、北挖成4条干线地道，东西支线11条，南北支线13条，长达16公里。地道一般宽0.7～0.8米，高1～1.5米，顶距地面约2米，分为群众隐蔽地道和军用作战地道两种。抗日战争时期冉庄村有450户，有405个地道口，几乎每户都有，其中用于作战的地道口30个，通往外村突围的地道口3个，其他地上作战工事140处。地道结构复杂，设计巧妙，有总指挥部、厨房、饭厅、休息室、储粮室、秘密室、厕所等，还有防毒设备和翻板陷阱；出口多设在锅台、碾台、牲口槽、风箱、井口等不易被敌人发现的地方，还与水井相连，既可以通气，又便于取水。地道的作战工事包括设在各路口房屋上的高房工事、建于地面上的地堡和建在小庙、碾台、柜台、墙角、墙根、暗室等处的地道口工事或射击口。除此之外，沿着大街小巷的墙壁上均设有暗枪眼，由此形成了一个十分隐蔽的立体作战网。

1956年，冉庄地道战遗址被河北省人民委员会公布为省级文物保护单位后，清苑县于1959年建立冉庄地道战纪念馆。1961年3月4日，遗址被国务院列为全国首批重点文物保护单位。1994年8月被命名为河北省爱国主义教育基地，1995年1月被共青团中央确定为全国青少年教育基地。1997年6月被命名为全国百家爱国主义教育示范基地。2003年9月被河北省政府、省军区命名为第一批省级国防教育基地。2005年被列入全国首批百家红色旅游经典景区之一。2007年被列为全国“十大完美旅游线路”之一。2009年被命名为全国首批国防教育示范基地。

哈哈腔　哈哈腔大约形成于明末清初，是清苑人艺术欣赏的主要对象之一。

哈哈腔的唱腔用清苑方言演唱，其旋律为五声音阶的宫调式。唱腔上、下句句尾的落音，均落主音“1”。句尾落音在节奏上的眼落或板落，是区分唱腔上、下句的主要标志。在保定地区，哈哈腔也称“呵呵或喝喝腔”。这一称谓是指唱腔上、下句尾音均落“合”（工尺谱）的意思。在明代盛行的古音阶中，徵调式的音列，其音与音之间的关系，用现代新音阶的概念来听，就是宫调式的音列。“合合腔”的这种叫法，既体现了这个剧种在唱腔上的调式特征，又体现了这个剧种的悠久历史。

哈哈腔最鲜明的特点是文场伴奏和唱腔中的托腔。文场主奏乐器是板胡、竹笛、笙的三层叠置的织体，各乐器从不演奏同一个旋律。在伴奏上，具有“拙笙、巧弦、浪荡笛”的特点。“笙”忠实地演奏与唱腔完全相同的旋律，托腔保调、调和音色、稳定音准、稳定节奏，是“三大件”中的基本声部；“弦”是指板胡

（又称大弦）围绕笙的旋律进行加花，引起音程、节奏的局部变化，并时常作装饰性的即兴演奏，成为“三大件”中的加花声部；“笛”运用“抹、滑、飞、颤、垛”等多种演奏技法，灵巧地在板胡旋律的基础上自由发挥，成为“三大件”中的色彩性声部。哈哈腔最富特色的托腔手法，是吸收民间吹歌艺术的音型化伴奏，即在一定的时间里，把旋律和节奏都游离于唱腔之外，以一种固定的节奏音型不变化地连续使用，俗称“小抬杠”。

哈哈腔积累了近200个传统剧目和现代剧目，创造了丰富的表演程式和艺术技巧，涌现和造就了不少出类拔萃的演员和乐手，是一座丰厚的艺术宝库。清苑哈哈腔剧团自1955年建立以来，多层次、多渠道地培养专业队伍，设立研究机构，在继承传统的基础上，锐意创新，多出戏，出好戏，先后获省级以上奖励20多次。

2006年5月，哈哈腔被列入国务院公布的第一批国家级非物质文化遗产名录。1955年建立的清苑哈哈腔剧团，是全国唯一的哈哈腔专业表演艺术团体。

经济和社会发展

【主要经济指标】 2021年，全区生产总值（GDP）完成160.5亿元，比上年增长7%。其中，第一产业增加值35.8亿元，比上年增长9.5%；第二产业增加值50.5亿元，比上年增长2.3%；第三产业增加值74.2亿元，比上年增长8.5%。人均GDP完成25704元。三次产业比例由上年的24.3∶27.1∶48.6，调整为22.3∶31.5∶46.2。

【人民生活、社会保障】 2021年城镇居民人均可支配收入38375元，比上年增长8.6%，农村居民人均可支配收入23142元，比上年增长11.3%。

2021年，参加基本养老保险单位2176个，参保职工34341人。企业基本养老保险扩面新增2984人；参加基本养老保险的离退休人员11561人，发放基本养老金58033.6万元，确保了参加基本养老保险的离退休人员基本养老金按时足额发放。

大事记

◎1 月

◎2 月

◎3 月

◎4 月

◎5 月

◎6 月

7 月

8 月

9 月

10 月

11 月

12 月

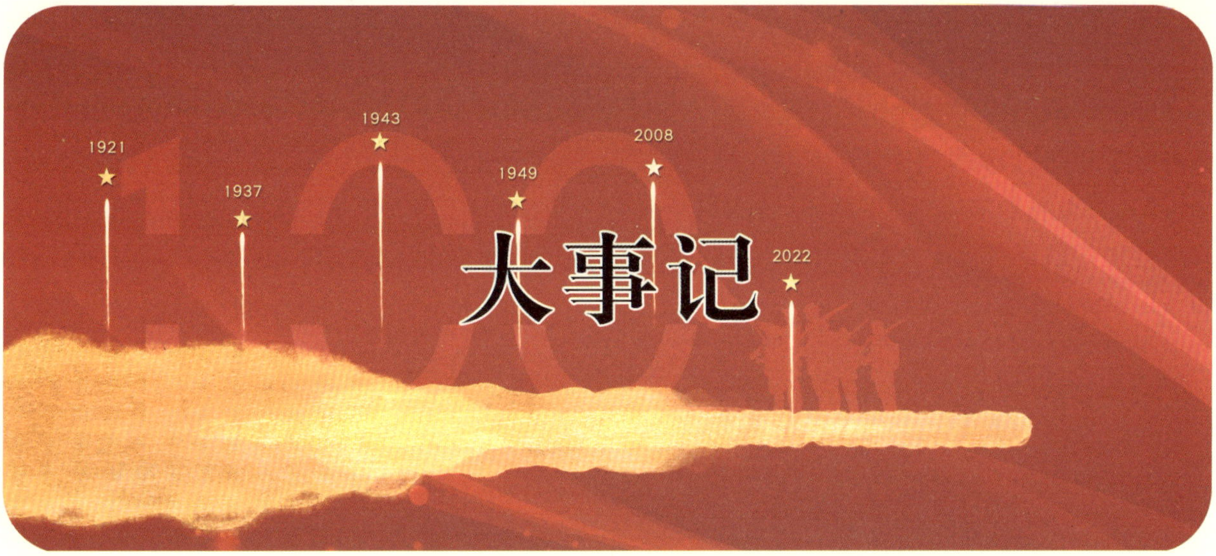

1月

6日　疫情防控工作调度会召开。区委书记崔建民强调：一要坚持政治站位，高度重视疫情防控；二要坚持以防为主，外防输入内防反弹；三要加强宣传引导，及时报告发布信息；四要拧紧责任链条，全力抓好工作落实。

13日　中国共产党保定市清苑区第二届委员会第八次全体会议召开。就学习贯彻中央经济工作会议和省委、市委全会精神，全力推动清苑创新发展、绿色发展、高质量发展，确保“十四五”实现良好开局，区委书记崔建民强调：一要深入学习贯彻中央经济工作会议和省委、市委全会精神，进一步坚定前进方向；二要强势推进各项事业，为清苑“十四五”新征程开好局起好步；三要加强党的全面领导，为圆满完成全年目标提供坚强保障。

14日上午　市委常委、常务副市长李国勇到清苑调研煤炭供应和生产经营情况。

20日上午　副市长曹海波到清苑调研重点企业疫情防控和生产情况。

2月

4—5日　政协保定市清苑区第二届委员会第五次会议召开。

5日　区纪委二届五次全会召开。区委书记崔建民强调：一要坚持政治站位，深入学习贯彻习近平总书记重要讲话和中央、省纪委全会精神；二要强化政治监督，压实“两个维护”重大政治责任；三要坚持人民至上，强化“十四五”新征程作风保障；四要坚持标本兼治，不断巩固深化反腐败斗争压倒性胜利；五要坚持党的领导，推动管党治党责任全面覆盖。

18日　全区领导干部大会暨“三重四创五优化”活动动员部署会召开。区委书记崔建民强调：一要迅速动起来，立刻进入工作状态。要迅速收心拢神，要持续抓好作风建设，要立即推动工作。二要迅速干起来，确保工作强势开局。要迅速开展“三重四创五优化”活动，要坚持系统深化基层治理和开展“三基”建设年活动，要努力增进民生福祉，要确保实现首季“开门红”，要全力做好区“两会”安保工作，要持续统筹推进疫情防控常态化。三要迅速严起来，推动工作落地落实。要严格责任抓落实，要严肃作风抓落实，要严明奖惩抓落实。

23日 全区巡察工作会议二届区委第九轮巡察动员部署会召开。区委书记崔建民强调：一要统一思想，认清形势，坚决贯彻落实上级新要求新部署；二要精准定位，突出重点，全力以赴推动巡察工作取得实效；三要担当作为，务实重行，汇聚新时代巡察工作磅礴力量。

3月

4日 乡镇（城区）党委书记、区直党（工）委书记抓基层党建工作述职评议暨全区组织工作会议召开。会议总结了全区各项组织工作，肯定了一年来全区各项组织工作成绩。围绕抓好2021年基层党建重点工作，区委书记崔建民强调：一要提高政治站位，在新的历史起点上推动组织工作高质量发展；二要以“三基”建设年为抓手，夯实基层党建基础；三要突出政治标准，着力打造高素质干部人才队伍；四要坚决扛起管党治党责任，确保党建各项工作落地落实。

8日 全区领导干部大会召开。会上统一安排部署了党史学习教育、常态化创城工作、政法队伍教育和开展优环境促发展坚决整治群众身边“微腐败”专项行动四项重点工作。区委书记崔建民强调：关于党史学习教育工作，一要坚持政治站位，深刻认识党史学习教育重大意义；二要坚持突出重点，准确把握党史学习教育核心任务；三要坚持学以致用，全面推动党史学习教育融入工作；四要坚持党的领导，强力保障党史学习教育取得实效。关于政法队伍教育整顿工作讲了五个问题，包括为什么开展政法队伍教育整顿，怎样开展政法队伍教育整顿，政法队伍教育整顿要达到什么成效，如何推动教育整顿成果长效保持，如何为教育整顿推进提供坚强保障。关于开展优环境促发展坚决整治群众身边“微腐败”专项行动，一要提高政治站位，充分认识整治群众身边“微腐败”的重要性；二要坚持问题导向，从严从实整治群众身边“微腐败”；三要坚持狠抓落实，确保整治群众身边“微腐败”取得明显成效。

22日 区人民医院新院区项目建设2021年第一批重点项目集中开工活动。

4月

13日 政法队伍教育整顿领导小组全体会议暨查究整改推进会议召开。区委书记崔建民强调：一要肯定成绩，认清形势，以高度的政治责任感推动教育整顿走深走实；二要把握关键，靶向用力，以自我革命的精神抓实抓细查纠整改；三要加强领导，压实责任，确保查纠整改取得实实在在的成效。

17日 省统计局局长杨景祥一行到冉庄地道战纪念馆开展党史学习教育。

28日 中国共产党保定市清苑区第二届委员会第九次全体会议召开。会议宣读了《关于召开中国共产党保定市清苑区第三次代表大会的决议（草案）》并作具体说明，表决通过了《关于召开中国共产党保定市清苑区第三次代表大会的决议》。

29日 区政法队伍教育整顿领导小组全体会议暨查纠整改工作推进会召开。区委书记崔建民强调：一要强化政治站位；二要深化学习教育；三要加强排查整治；四要强化责任落实；五要强化查纠整改；六要强化宣传造势。

5月

6日 副市长王月衡、市政协副主席崔坤军就东石桥村防洪整治工作开展座谈。

11 日　副市长王月衡就东石桥村防洪整治工作开展座谈。会后就地主持召开全区东石桥村防洪整治工作调度会。

13 日　省长许勤一行调研督导府河截洪导排工程木欠庄泵站备汛情况。

18 日　全区领导干部大会召开。市政协副主席、党组成员崔坤军受市委委托宣布清苑区党政主要领导的职务调整决定，对崔建民和王涛二人的工作给予充分肯定，向大家介绍了闫向阳和李英英。

18 日　东石桥村搬迁推进大会召开。市长闫继红、市委副书记杨建文、副市长王月衡专门到清苑区指导调度东石桥村搬迁工作，副市长王月衡宣读了组建市级东石桥搬迁工作专班的有关情况。区委书记闫向阳强调：一要坚决挺起政治担当；二要坚决密切联系群众；三要坚决带头推动落实；四要坚决按期完成任务。

20 日　2021 年第二批重点项目集中开工活动举行。此次集中开工项目，总投资 8.01 亿元，涉及装备制造、新材料、环保、农业和基础设施等领域。

21 日　省政协副主席徐建培一行观摩省政协教科卫体委员会“学党史、办实事”卫生下基层活动，并参观冉庄地道战遗址。

是日　常务副省长袁桐利一行调研西林水村新民居建设和旧村址利用情况。

31 日　副市长王月衡就东石桥村搬迁工作进行座谈。

6 月

5 日　区农业农村局举行区乡村振兴局揭牌仪式。

10 日　市长闫继红一行到东石桥村督导调研搬迁工作。

18 日　冉庄地道战纪念馆展厅前小广场举行全市万名女性绣党旗接力活动收针暨赠旗仪式。

29 日　副市长杨伟坤一行在清苑就新冠疫苗接种工作进行座谈。

30 日　庆祝中国共产党成立 100 周年座谈会召开，区委书记讲党课。区委书记闫向阳强调：一要深入抓好党史宣传教育，激励全区矢志不渝听党话、感党恩、跟党走，始终同以习近平同志为核心的党中央保持高度一致；二要深入抓好新中国史宣传教育，引导全区充分认识党团结带领人民取得的伟大成就，为实现中华民族伟大复兴不懈奋斗；三要深入抓好改革开放史宣传教育，引导全区上下立足新发展阶段、贯彻新发展理念、构建新发展格局，把改革开放伟大事业进行到底；四要深入抓好社会主义发展史宣传教育，引导全区上下充分认识中国特色社会主义制度的显著优势，切实增强道路自信、理论自信、制度自信、文化自信。

7 月

7 日　省水利厅、省自然资源厅、省住建厅组成的河道内村庄防洪整治核查工作组到东石桥村现场核查，调度防汛工作。

15 日　中国共产党保定市清苑区第二届委员会第十次全体会议召开。会议审议通过了二届区委报告（草案）、二届区纪委工作报告（草案）和全区党费收缴、使用、管理情况报告。通过了中国共产党保定市清苑区第三届委员会委员、候补委员候选人预备人选名单、中国共产党保定市清苑区第三届纪律检查委员会委员候选人预备人选名单。圈选确定了出席保定市第十二次党代会代表候选人预备人选。通过了《关于中国共产党保定市清苑区第三次代表大会召开时间的决议（草案）》。

18 日　市委常委张贵宝一行在冉庄地道战纪念馆调研。

20—23 日　中国共产党保定市清苑区第三次代表大会召开。大会议程为听取和审查中共保定市清苑区第二届委员会报告，审查中共保定市清苑区第二届纪律检查委员会工作报告，审查中共保定市清苑区第二次代表大会以来全区党费收缴、使用和管理情况的报告，选举中共保定市清苑区第三届委员会，选举中共保定市清苑区第三届纪律检查委员会，选举出席中共保定市第十二次代表大会代表。在大会开幕式上，区委书记闫向阳代表中国共产党保定市清苑区第二届委员会向大会作了题为《树牢新理念 抢抓新机遇 勇担新使命 谱写新篇章 为加快建设保定品质生活之城贡献清苑力量》的报告。闫向阳强调：一、过去的五年，全区砥砺前行，各项工作取得新成绩；二、树牢新理念，抢抓新机遇，凝聚接续奋斗的思想共识和强大力量；三、勇担新使命，谱写新篇章，为加快建设保定品质生活之城贡献清苑力量；四、全面从严管党治党，持续深化作风建设，为清苑高质量发展提供坚强保障。

23 日　中国共产党保定市清苑区第三届委员会第一次全体会议召开。会议通过了《中国共产党保定市清苑区第三届委员会第一次全体会议选举办法》和监票人名单，选举产生了中国共产党保定市清苑区第三届委员会常委、书记、副书记，通过了中国共产党保定市清苑区第三届纪律检查委员会第一次全体会议选举产生的清苑区纪律检查委员会常委、书记、副书记和《中国共产党保定市清苑区第三届委员会第一次全体会议决议》。区委书记闫向阳强调：一要强化政治站位，做信念坚定、对党忠诚的表率；二要勇于担当担责，做真抓实干、激情创业的表率；三要践行人民至上，做为民谋利、为民办事的表率；四要保持步调一致，做增进团结、和谐共事的表率；五要永葆政治本色，做清正廉洁、干净干事的表率。

26—28 日　政协保定市清苑区第三届委员会第一次会议在清苑宾馆召开。

8 月

4 日　省文化和旅游厅副厅长郭勇一行在好梦林水书房进行工作座谈。

9 日　中国水利水电第十一工程局有限公司北方公司总经理李晓光一行 3 人就全区农村生活水源江水置换项目进行座谈。

9 日　市政协副主席崔坤军到清苑调研疫情防控工作，督导土地批而未供和闲置土地处置工作。

13 日　平安建设、法治建设、涉法涉诉信访积案集中治理百日攻坚行动誓师动员大会召开。区委书记闫向阳强调：一要统一思想认识，切实增强开展好“三个百日攻坚行动”的责任感和紧迫感；二要明确目标任务，不断增强三个百日攻坚行动的针对性和实效性；三要压实工作责任，确保三个百日攻坚行动不断走向深入。

9 月

9 日　围绕清苑区残疾人就业工作，中国残联党组成员、副主席、副理事长程凯，省残联党组书记、理事长贾永清一行到清苑区调研残疾人就业工作。调研组深入立中四通轻合金集团股份有限公司，重点对残疾人就业情况进行了调研，对清苑区残疾人就业工作给予充分肯定。

28 日　市委常委政法委书记赵韶峰调研清苑区涉房领域信访工作。

10 月

4 日　新冠肺炎疫情防控工作调度会召开。

区委书记闫向阳强调：全区各级各部门务必要充分认清当前面临的严峻形势，进一步提高政治站位，挺起政治担当，自觉增强紧迫感和责任感，坚决抓好疫情防控常态化10项30条措施，切实当好首都政治“护城河”：一要加大人员排查力度；二要紧盯重点区域防控；三要维护社会稳定。

5日　新冠肺炎疫情防控工作调度会召开。区委书记闫向阳强调：全区各级各部门要充分认识当前疫情防控工作的极端重要性和紧迫性，坚决落实省10个常态化30项防控措施，争分夺秒加快排查隔离和管控，做到底数清、情况明、责任实，坚决守住“外防输入、内防反弹”防线：一要做到全面摸排、不留死角；二要做到严格隔离管控；三要做好院感防控工作；四要做好防疫物资保障工作；五要做好疫苗接种工作。

10日　省生态环境厅副厅长赵军一行在望亭镇实地调研府河膳马庙断面水质情况。

11月

1日　市委书记党晓龙到清苑区国有林场、东利机械制造股份有限公司、立中四通轻合金集团股份有限公司、中南高科·清苑新经济产业园等地进行调研检查，并主持召开座谈会。

5日　2021年第四批重点项目集中开工活动举行。此次集中开工活动共5个项目，总投资21.87亿元，涉及新材料、民生及基础设施建设等领域。

19日　市委常委、政法委书记赵韶峰到清苑检查指导工作。

12月

11日　保定市清苑区撤销东闾乡，设立东闾镇。

17日　区委书记闫向阳到清苑区第一中学宣讲中共十九届六中全会精神，并作思想政治理论课辅导。区委书记闫向阳强调：如何认识党的百年历史？——希望大家以青春的担当深刻感悟党的百年奋斗重大成就和历史经验，坚定不移听党话、感党恩、跟党走，始终保持成长成才的正确政治方向。如何认识清苑？——希望大家以青春的热情，充分了解清苑、拥抱清苑、扎根清苑、建设清苑，与清苑共成长、共奋斗。如何认识自己？——希望大家以青春的作为，德智体美劳全面发展，努力成为担当民族复兴大任的时代新人。

19日　黄埔再生资源利用有限公司董事长陈光标一行到清苑区考察对接项目建设和招商引资合作。

29日　市委副书记商黎兵一行对清苑区东石桥村搬迁、重点项目建设等工作开展调研。

是日　区委议军会议暨党管武装述职评议会。区委书记闫向阳强调：一要突出政治引领，坚决扛起党管武装的政治责任；二要聚焦主责主业，持续提升新时代国防建设水平；三要弘扬优良传统，持续巩固军政军民团结。

30日　中国共产党保定市清苑区第三届委员会第二次全体会议召开。全会一致通过了我区出席中国共产党第二十次全国代表大会代表推荐人选。

中共保定市清苑区委员会

◎区委机构

◎全区重要会议

◎区委重要决策

◎区委综合协调工作

◎组织工作

◎宣传工作

◎统一战线

◎网信管理

◎机构编制管理

◎区直机关党建

◎巡察工作

◎信访工作

◎老干部工作

◎党校教育

◎档案管理

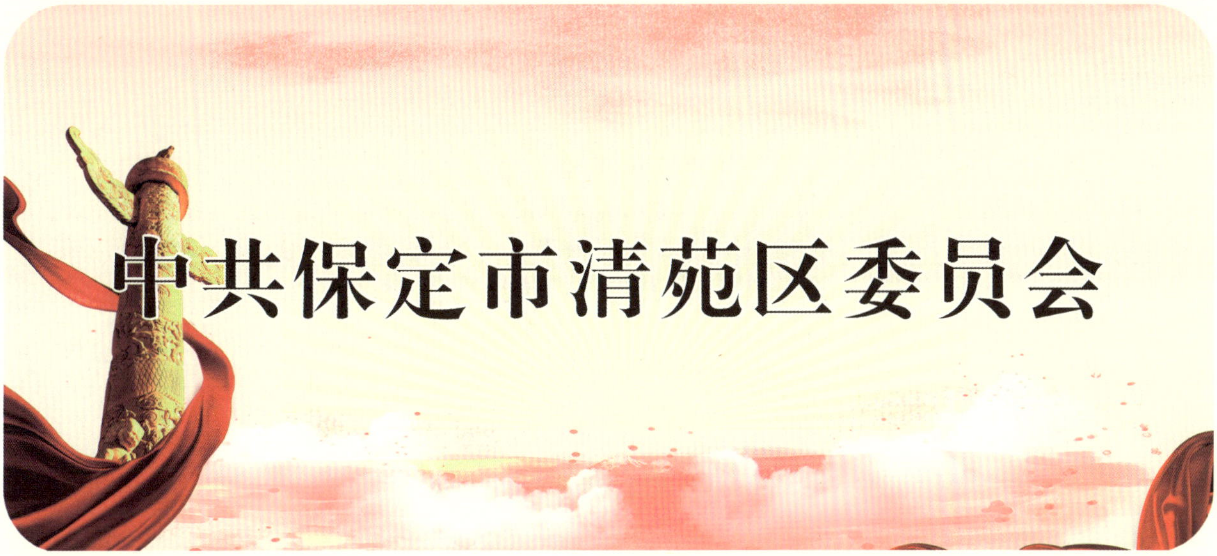

中共保定市清苑区委员会

区委机构

【中共保定市清苑区常务委员会成员】 2021年，中共保定市清苑区第二届委员会有书记1人、副书记2人、常委6人。

书　记　崔建民

副书记　王　涛

　　　　张东兵

常　委　甄会龙　赵永建　王占京　李海涛

　　　　刘　丹（女）　薛飞虎（1月离任）

2021年，中共保定市清苑区第三届委员会有书记1人、副书记2人、常委8人。

书　记　闫向阳

副书记　李英英（女）　王文刚（11月任职）

　　　　张东兵（11月离任）

常　委　赵永建　组　刚（6月任职）

　　　　王文刚（6月任职）

　　　　王春雨（6月任职）

　　　　陈　栋　刘洪刚（6月任职）

　　　　王占京　丁　磊（6月任职）

【区委工作机关】 中共保定市清苑区委工作机关设有中共保定市清苑区纪律检查委员会（保定市清苑区监察委员会）、中共保定市清苑区委办公室、中共保定市清苑区委组织部、中共保定市清苑区委宣传部、中共保定市清苑区委统一战线工作部、中共保定市清苑区委政法委员会、中共保定市清苑区委网络安全和信息化委员会办公室、中共保定市清苑区委机构编制委员会办公室、中共保定市清苑区委区直机关工作委员会、中共保定市清苑区委巡察工作领导小组办公室、保定市清苑区信访局、中共保定市清苑区委老干部局。

区委直属事业单位：中共保定市清苑区委党校、保定市清苑区地道战遗址文物保护管理委员会办公室、保定市清苑区档案馆、保定市清苑区农村基层组织建设联席会议办公室、保定市清苑区融媒体中心。

设在相关部门的区委议事协调机构的办事机构：中共保定市清苑区委全面深化改革委员会办公室（设在区委办）、中共保定市清苑区委全面依法治区委员会办公室（设在司法局）、中共保定市清苑区委国家安全委员会办公室（设在区委办）、中共保定市清苑区委财经委员会办公室（设在发改局）、中共保定市清苑区委外事工作委员会办公室（设在政府办）、中共保定市清苑区委审计委员会办公室（设在审计局）、中共保定市清苑区委教育工作领导小组秘书组（设在教体局）、中共保定市清苑区委农村工作领导小组办公室（设在农业农村局）。

【区委工作部门主要负责人】

部门	负责人	职务
纪委监委	常志超	副书记
区委办	王松坡	常务副主任
组织部	孙立利	常务副部长
宣传部	刘红伟	常务副部长
统战部	任新军	常务副部长
政法委	付世明	常务副书记
网信办	李铁军	主任
编办	杨浩	主任
区直工委	韩改茹（女）	常务副书记
巡察办	冉精华	主任
信访局	崔启正	局长
老干部局	段同占	局长
党校	宋文德	常务副校长
地管办	周明慧（女）	主任
档案馆	高艳敏（女）	馆长
电视台	樊树旺	台长
团区委	赵心恬（女）	书记
工会	赵永刚	副主席
妇联	崔建梅（女）	主席
科协	王秋良	主席
工商联	李志国	党组书记
文联	刘新芳（女）	主席
融媒体中心	樊树旺	主任

【基层组织机构】 2021年，全区有基层党组织834个，比2020年增加3个。有基层党委27个，比2020年减少3个；有党总支18个，与2020年相比无变化；有党支部789个，与2020年相比增加6个。

全区重要会议

【区委二届168次区委常委会（扩大）会议】
2021年1月9日召开，会议学习传达省、市、县三级疫情防控工作视频会议精神，听取全区疫情防控工作汇报；学习传达全省农村工作会议，研究贯彻落实意见；学习传达市委十一届十一次全会精神，研究讨论召开二届八次全会有关事宜；研究讨论区《关于进一步加强招商引资和项目建设的实施意见》。

【区委二届169次区委常委会（扩大）会议】
2021年1月19日召开，学习传达中央、省、市疫情防控调度会精神，听取区疫情防控工作汇报；研究区“两会”有关事宜；研究讨论《关于认真做好全区村（社区）“两委”换届工作的实施意见》；研究干部有关事宜。

【区委二届170次区委常委会（扩大）会议】
2021年1月27日召开，学习传达十九届中央纪委五次全会精神，研究贯彻落实意见；学习传达县（市、区）委书记动态考核月点评会会议精神，研究贯彻落实意见；听取关于“三无三百”平安创建活动的情况汇报；研究讨论《2020年度民主生活会区委常委班子对照检查材料》。

【区委二届171次区委常委会（扩大）会议】
2021年1月28日召开，研究讨论区财政局荣清国控关于整合平台公司相关情况的汇报；研究干部有关事宜。

【区委二届172次区委常委会会议】 2021年2月3日召开，学习传达省纪委九届六次全会精神，研究讨论区纪委全会工作安排和工作报告；听取区委2020年意识形态工作专题报告。

【区委二届 173 次区委常委会会议】 2021 年 2 月 8 日召开，学习传达省委书记王东峰在全省党政主要领导干部学习贯彻中共十九届五中全会专题研讨班上的讲话精神；学习传达市“两会”精神，研究贯彻落实意见；学习传达市纪委全会精神，研究贯彻落实意见；研究讨论区《关于建立各乡镇、区直各部门动态考核月点评制度的方案》；听取疫情防控工作情况汇报；研究讨论《2021—2022 年农村生活水源江水置换项目实施方案》；研究部署当前重点工作。

【区委二届 174 次区委常委会（扩大）会议】 2021 年 2 月 18 日召开，学习贯彻习近平总书记给河北省平山县西柏坡镇北庄村全体党员的回信及中共河北省委《关于开展“团结就是力量”专题学习教育活动的通知》文件精神，研究贯彻落实意见；研究讨论《关于拟向市推荐“七一勋章”和全国“两优一先”的意见》。

【区委二届 175 次区委常委会（扩大）会议】 2021 年 2 月 22 日召开，学习贯彻全省开展“三重四创五优化”活动暨 20 项民生工程动员部署会议精神，研究区贯彻落实意见；学习传达市委《关于召开 2020 年度市委常委民主生活会情况的通报》精神，研究贯彻落实意见；听取疫情防控工作汇报，安排部署下一步工作；听取信访工作情况汇报，安排部署下一步工作。

【区委二届 176 次区委常委会（扩大）会议】 2021 年 3 月 2 日召开，学习传达全国脱贫攻坚总结表彰大会精神，研究区贯彻落实意见；学习传达省委书记王东峰在全省党史学习教育动员大会上的讲话精神，研究全区贯彻落实意见；学习传达全省市县乡领导班子换届工作动员部署会议和全省加强换届风气监督工作会议精神，研究贯彻落实意见；学习传达全省政法队伍教育整顿动员部署会议精神，研究部署贯彻落实意见；学习传达全省深入推进北京冬奥会冬残奥会筹办决战决胜动员部署大会精神，研究区贯彻落实意见；学习传达全市品质生活之城建设暨“三重四创五优化”和“三基”建设年活动动员大会精神，研究讨论区《关于深入开展“三重四创五优化”活动扎实推动“十四五”开好局起好步的意见》和《关于开展“三基”建设年活动的意见》；学习传达全市思想作风纪律整顿总结暨优环境、促发展坚决整治群众身边“微腐败”专项行动动员大会精神，研究讨论区《关于优环境、促发展坚决整治群众身边“微腐败”专项行动工作方案》；学习传达全市信访工作暨全国“两会”维稳安保工作动员部署会议精神，听取全国“两会”安保工作安排部署情况。

【区委二届 177 次区委常委会（扩大）会议】 2021 年 3 月 15 日召开，学习传达全国“两会”和全省学习贯彻全国“两会”精神领导干部会议精神，研究区贯彻落实意见；传达省委第十巡视组反馈意见，研究讨论区《省委第十巡视组巡视清苑区反馈意见整改工作方案》《省委第十巡视组巡视清苑区反馈意见选人用人整改工作方案》《省委第十巡视组巡视清苑区反馈意见巡察整改工作方案》《省委第十巡视组巡视清苑区反馈意见意识形态整改工作方案》；学习传达全市宣传部长会议精神，研究贯彻落实意见；研究讨论区《招商引资“双千工程”专项行动实施方案》；听取全国“两会”安保维稳工作总结；研究讨论《关于荣清国控增加注册资本金的请示》；研究干部调整有关事宜。

【区委二届 178 次区委常委会（扩大）会议】 2021 年 3 月 30 日召开，学习传达省委书记王东峰在全省巡视巡察工作会议暨九届省委第十轮巡视动员部署会上的讲话精神，研究贯彻落实意见；学习传达第五次县（市、区）委书记动态考核月点评会会议精神，研究贯彻落实意见；学习传达全市县乡领导班子换届工作动员部署会议和全市加强换届风气监督工作会议精神，研究贯彻落实意见，区委书记与全体区领导、各乡镇（城区）党委书记进行集体谈心谈话；学习传达全市集中治理重复信访、化解信访积案“百日攻坚”调度会议精神及贯彻落实意见；学习传达全市党史学习教育动员部署推进会精神，研究贯彻落实意见；听取东石桥村党支部换届工作情况汇报，分析研究当前形势，安排部署下一步工作；研究讨论区《关于常态化推进省级文明城区创建工作的实施意见》；研究全区科级领导班子和领导干部2020年度考核初步定档意见。

【区委二届179次区委常委会（扩大）会议】2021年4月4日召开，研究干部有关事宜。

【区委二届180次区委常委会（扩大）会议】2021年4月6日召开，研究干部有关事宜。

【区委二届181次区委常委会（扩大）会议】2021年4月10日召开，学习传达全省雄安新区建设发展工作会议主要精神，研究贯彻落实意见；学习传达全省2021年度省级总河（湖）长暨河湖治理工作会议主要精神，研究贯彻落实意见；学习传达全省扫黑除恶专项斗争总结表彰大会精神，研究区《关于常态化开展扫黑除恶专项斗争的工作意见》；学习传达全市禁毒工作暨禁种铲毒工作会议精神，研究区贯彻落实意见；学习传达省第七指导组到清苑区指导政法队伍教育整顿活动指导意见；听取学习教育环节整体情况汇报，安排部署下一步工作；学习传达市委常委、纪委书记、监委主任杨建文和市政府副市长王月衡重要讲话精神，听取东石桥村防洪整治工作进展情况，安排部署下一步工作；研究讨论《关于召开中国共产党保定市清苑区第三次代表大会的建议方案》；研究讨论《关于认真做好乡镇领导班子换届工作的通知》《关于成立清苑区换届工作领导小组的通知》；研究讨论《关于对乡镇党委召开第三次党代会的请示进行批复的情况说明》；研究讨论《关于拟向市推荐全省优秀共产党员、优秀党务工作者、先进基层党组织、优秀基层党组织书记的意见》；研究讨论《区委常委巡视整改专题民主生活会班子对照检查材料》。

【区委二届182次区委常委会会议】 2021年4月20日召开，学习传达全省、全市市县乡三级人大换届选举工作部署会议精神，研究贯彻落实意见；研究讨论区《关于落实保定市2021年“1511”重大项目集中攻坚行动实施方案》；研究讨论区2021年京津冀协同发展工作要点、实施意见和工作制度；研究讨论《关于支持高校毕业生和技能人才在清苑就业创业的若干措施》。

【区委二届183次区委常委会（扩大）会议】2021年4月26日召开，学习传达全省经济工作推进会暨开发区和服务贸易高质量发展大会会议精神，研究贯彻落实意见；学习传达全市“走遍保定”生态文明教育实践行动巩固提升年活动动员部署会会议精神，研究贯彻落实意见；学习传达县（市、区）委书记动态考核月点评会会议精神，研究贯彻落实意见；学习传达河道内村庄搬迁现场调度会精神，安排部署下一步工作；研究讨论《关于依法制止“五月东闾朝圣”暨开展“双防”活动月工作实施方案》《动员部署会议筹备方案》；研究讨论《关于召开区委二届九次全会的安排方案》《关于召开中国共产党保定市清苑区第三次代表大会的决议（草案）》《〈关于召开中国共产党保定市清苑区第三次代表大会的决议（草案）〉的说明》《关于成立区、乡党委换届筹备工作领导小组的通知》；研究讨论《关于调整全省优秀党务工作者推荐人员的意见》；研究干部有关事宜。

【区委二届184次区委常委会（扩大）会议】2021年5月6日召开，学习传达全省脱贫攻坚总结表彰大会精神，研究全区贯彻落实意见；学习传达全省党史学习教育推进会精神，研究贯彻落

实意见；学习传达省市政法队伍教育整顿工作推进会精神，研究贯彻落实意见；学习传达市委书记党晓龙调度东石桥村搬迁工作会议精神，安排部署下一步工作；研究讨论《关于调整充实区委巡察人才库情况》；研究乡村换届有关人事问题。

【区委二届185次区委常委会（扩大）会议】2021年5月18日召开，宣布市委关于干部调整的决定。

【区委二届186次区委常委会（扩大）会议】2021年5月25日召开，学习传达市委、市政府和市纪委监委主要领导在《关于对清苑区东石桥村搬迁开展政治监督的报告》上的批示精神，研究贯彻落实意见；学习传达省市四项联动监督会议精神，研究区《关于开展四项联动监督的工作方案》；学习传达市纪委监委《关于汲取涞水县违规接待问题教训进一步强化中央八项规定精神落实狠刹“四风”的情况通报》；研究讨论《关于中国共产党保定市清苑区第三次代表大会代表选举工作的方案》；研究讨论《关于拟向市推荐全市优秀共产党员、优秀党务工作者、先进基层党组织的意见》。

【区委二届187次区委常委会（扩大）会议】2021年5月30日召开，传达学习全省信访稳定暨安全生产工作会议精神，研究贯彻落实意见；传达学习县（市、区）委书记动态考核月点评会会议精神，研究贯彻落实意见；传达学习全省政法队伍教育整顿工作培训会、省市联合下沉指导动员部署会议精神，听取中央第二督导组来清苑督导情况汇报、省第七指导组来清苑督导指导情况汇报、政法队伍教育整顿查纠整改环节工作汇报，研究讨论全区政法队伍教育整顿组织机构人员调整情况；研究讨论《关于开展2021年“两优一先”表彰活动的工作方案》；传达学习市东石桥村搬迁工作调度会精神，安排部署下一步工作；传达学习全国巡视工作会议暨十九届中央第七轮巡视动员部署会会议精神和《关于深入贯彻落实全国巡视工作会议精神持续推进全省巡视巡察工作高质量发展的通知》《关于加强巡视巡察上下联动的若干措施》文件精神，研究贯彻落实意见；研究讨论《中共保定市清苑区委统战部关于区政协换届有关问题的实施意见》；研究其他事宜。

【区委二届188次区委常委会会议】 2021年6月5日召开，听取《关于清苑区第三届人民代表大会代表候选人初步人选建议名单的情况报告》，研究讨论《清苑区第三届人民代表大会代表候选人初步人选建议名单》；研究其他事宜。

【区委二届189次区委常委会会议】 2021年6月10日召开，研究讨论《关于省委第十巡视组巡视反馈意见整改进展情况的报告》《关于省委第十巡视组巡视反馈选人用人专项检查意见整改进展情况的报告》《关于省委第十巡视组巡视反馈巡察工作专项检查意见整改进展情况的报告》《关于省委第十巡视组巡视反馈意识形态工作责任制专项检查意见整改进展情况的报告》；研究讨论保定市第十四届政协委员推荐人选；安排部署东石桥村搬迁工作；研究其他事宜。

【区委二届190次区委常委会（扩大）会议】2021年6月15日召开，传达学习习近平总书记对湖北省十堰市张湾区艳湖社区集贸市场燃气爆炸事故重要指示和国务院总理李克强对救援工作批示精神，研究贯彻落实意见；传达学习全省水资源保护暨地下水超采综合治理工作会议、全市防汛抗旱暨白洋淀上游综合治理电视电话会议精神，研究贯彻落实意见；安排部署全区“三夏”工作；安排部署全区新冠疫苗接种工作；研究当前全区信访稳定有关工作；研究东石桥村河道搬迁有关工作。

【区委二届191次区委常委会（扩大）会议】 2021年6月21日召开，传达学习市委、市政府、市纪委监委主要领导在市纪委监委《关于对清苑区东石桥村搬迁开展政治监督情况的报告》上的批示精神和市纪委监委主要领导在《东石桥村防洪整治工作专报》上的批示精神，研究贯彻落实意见；传达学习省委《关于深入学习宣传贯彻〈中国共产党统一战线工作条例〉的工作方案》文件精神，研究讨论《关于深入学习宣传贯彻〈中国共产党统一战线工作条例〉的工作方案》；传达学习全省党史学习教育领导小组办公室专题会议精神，听取党史学习教育工作情况汇报；传达学习省委办公厅《关于当前全省意识形态领域形势的通报》文件精神，听取2021年上半年意识形态工作汇报；传达学习省委《关于进一步加强基层组织建设扎实推进深化宗教治理的意见》文件精神，研究讨论清苑区《关于进一步加强基层组织建设扎实推进深化宗教治理的意见》；传达学习省委书记王东峰讲专题党课精神，研究贯彻落实意见；传达学习市委《党晓龙、闫继红、杨建文在县（市、区）领导班子换届干部调整集体谈话会议上的讲话》文件精神，研究贯彻落实意见；传达学习省委、省政府《关于认真贯彻落实习近平总书记在推进南水北调后续工程高质量发展座谈会上重要讲话精神全力推进全社会节水工作的实施意见》文件精神，研究贯彻落实意见；传达学习市委办公室、市政府办公室《关于进一步深化改革开放推动高质量发展的若干措施》文件精神，研究贯彻落实意见。

【区委二届192次区委常委会（扩大）会议】 2021年6月21日召开，研究讨论《关于研究确定中国共产党保定市清苑区第三次代表大会代表候选人预备人选的意见》；研究讨论《中共保定市清苑区委“两优一先”表彰决定》和《中共保定市清苑区委“两优一先”表彰大会安排方案》；研究对有关干部的纪律处分意见。

【区委二届193次区委常委会会议】 2021年6月27日召开，传达学习《李克强总理关于促进粮食生产稳定发展提高粮食安全保障能力的讲话》精神，研究贯彻落实意见；传达学习全省雄安新区建设发展工作现场会会议精神，研究贯彻落实意见；传达学习第八次县（市、区）委书记动态考核月点评会会议精神，研究贯彻落实意见；传达学习全市政法队伍教育整顿总结大会会议精神，研究贯彻落实意见。

【区委二届194次区委常委会会议】 2021年6月27日召开，听取区公安分局关于政法队伍教育整顿“补课”情况的汇报；研究讨论《关于区领导班子换届人事安排方案》。

【区委二届195次区委常委会（扩大）会议】 2021年6月30日召开，研究全区第三届区委委员、候补委员候选人初步人选；研究第三届区纪委委员候选人初步人选；研究其他事宜。

【区委二届196次区委常委会（扩大）会议】 2021年7月8日召开，传达学习习近平总书记在庆祝中国共产党成立100周年大会上的讲话和中共中央办公厅《关于认真学习贯彻习近平总书记在庆祝中国共产党成立100周年大会上的讲话的通知》、省委书记王东峰在河北省庆祝中国共产党成立100周年大会上的讲话、市委书记党晓龙在保定市庆祝中国共产党成立100周年座谈会上的讲话，研究贯彻落实意见；传达学习省领导在《保定市委、市政府关于清苑区石桥乡东石桥村防洪整治情况的报告》上的批示，研究贯彻落实意见；传达学习中共中央办公厅、国务院办公厅《防范和整治统计造假、弄虚作假督察工作规定》和省政府《关于邢台市及其下辖内丘县、原桥西区统计违法案件的通报》文件精神，研究贯彻落实意见；传达学习省纪委机关、省委组织部、省监察委员会《关于严肃全省市县乡领导班子换届选举纪律的通知》文件精神，研究贯彻落实意

见；传达学习省委办公厅、省政府办公厅《关于加强新形势下重大决策社会稳定风险评估机制建设的若干措施》文件精神，研究贯彻落实意见；传达学习省委农村工作领导小组《关于健全防止返贫动态监测和帮扶机制的工作方案》和市委农村工作领导小组《保定市关于健全防止返贫动态监测和帮扶机制的工作方案（试行）》文件精神，研究贯彻落实意见；传达学习省委办公厅、省政府办公厅《关于建立健全生态产品价值实现机制的实施意见》文件精神，研究贯彻落实意见；传达学习市委办公室、市政府办公室《保定市高质量发展综合绩效评价实施办法（试行）》文件精神，研究贯彻落实意见；传达学习市委办公室、市政府办公室《关于做好深化应急管理综合行政执法改革工作的通知》文件精神，研究讨论《关于做好深化应急管理综合行政执法改革工作的通知》；传达学习全市建设新时代美丽保定暨生态环境治理重点工作推进会议精神，研究贯彻落实意见。

【区委二届 197 次区委常委会会议】 2021 年 7 月 8 日召开，研究确定出席中国共产党保定市第十二次代表大会代表候选人初步人选；研究讨论区政协委员推荐人选名单。

【区委二届 198 次区委常委会会议】 2021 年 7 月 8 日召开，传达学习市委办公室《刘彭芝、党晓龙、杨勇、闫继红在全市教育创新发展大会上的讲话》文件精神，研究贯彻落实意见；传达学习全市组织部长会议精神，研究贯彻落实意见；研究中国共产党保定市清苑区第三次代表大会、中国共产党保定清苑区第二届委员会第十次全体会议有关事宜；听取区政协第三届委员会常务委员推荐人选的情况汇报；听取区第三届人民代表大会常务委员会组成人员推荐人选的情况汇报；研究讨论《关于调整部门领导职数的方案》；研究其他事宜。

【区委二届 199 次区委常委会会议】 2021 年 7 月 15 日召开，研究确定出席保定市第十六届人民代表大会代表候选人初步人选。

【区委二届 200 次区委常委会（扩大）会议】 2021 年 7 月 18 日召开，研究讨论区人大、政协“两会”有关事宜。

【区委二届 201 次区委常委会会议】 2021 年 7 月 19 日召开，传达学习保定市全面净化清苑区政法系统政治生态动员会会议精神，研究贯彻落实意见。

【区委三届 1 次区委常委会会议】 2021 年 8 月 3 日召开，传达学习全市战略务虚会暨市级领导干部党史学习教育专题读书班主要精神，研究贯彻落实意见；传达学习市委书记党晓龙在各县（市、区）换届结束后对各县（市、区）党委书记提出的要求，研究贯彻落实意见；听取全面净化政法系统政治生态专项整治工作情况报告；研究其他事宜。

【区委三届 2 次区委常委会（扩大）会议】 2021 年 8 月 6 日召开，传达学习近日省、市疫情防控工作系列会议精神，研究贯彻落实意见，讨论区委、区政府《关于优化调整清苑区应对新冠病毒肺炎疫情工作领导小组暨成立全区疫情防控工作总指挥部的通知》；传达学习省、市领导在《河北省水利厅、河北省自然资源厅、河北省住房和建设厅关于对保定市清苑区东石桥村搬迁工作核查情况的报告》上的批示精神，研究贯彻落实意见；传达学习市委《贯彻落实党中央、省委加强对“一把手”和领导班子监督的若干措施》文件精神，研究贯彻落实意见；研究其他事宜。

【区委三届 3 次区委常委会会议】 2021 年 8 月 6 日召开，传达学习省委干部考核领导小组办公室印发《2021 年度考核指标评价细则》文件精神，研究贯彻落实意见；研究讨论《关于建立安全生产监督管理全覆盖工作机制的汇报》；研究其他事宜。

【区委三届4次区委常委会（扩大）会议】2021年8月13日召开，传达学习中共中央政治局《关于改进工作作风密切联系群众的规定》和省委办公厅、省政府办公厅《关于贯彻落实中央八项规定实施细则的实施办法》，研究贯彻落实意见；传达学习河北省乡村振兴系统建设和工作推进会议精神，研究贯彻落实意见；传达学习第九次县（市、区）委书记动态考核月点评会会议精神，研究讨论《关于县（市、区）委书记动态考核月点评指标体系及完成情况的汇报》；传达学习市纪委《2021年1至6月保定市第四种形态有关情况的分析报告》文件精神，研究贯彻落实意见；研究讨论《关于解决一批群众“急、难、愁、盼”问题维护社会稳定依法处置信访突出问题的工作方案》；听取近期疫情防控工作汇报，安排部署下一步工作。

【区委三届5次区委常委会（扩大）会议】2021年8月19日召开，传达学习中国共产党保定市第十二次代表大会和中国共产党保定市第十二届委员会第一次全体会议精神，研究贯彻落实意见；听取当前疫情防控工作情况和下一步工作安排；传达学习全省深化“放管服”改革暨推动民营经济发展工作会议主要精神，研究我区贯彻落实意见；传达学习省委办公厅、省政府办公厅《关于认真贯彻落实〈河北省节约用水条例〉的通知》文件精神，研究贯彻落实意见；传达学习中共保定市委统一战线工作领导小组办公室《关于集中整治宗教领域各类非法培训班的通知》；听取当前全区信访稳定工作情况和下一步工作安排。

【区委三届6次区委常委会（扩大）会议】2021年9月5日召开，传达学习全省领导干部电视电话会议精神，研究贯彻落实意见；传达学习2021年度上半年省绩效目标评估结果，研究贯彻落实意见；传达学习省委办公厅、省政府办公厅印发《关于邢台市临城县和保定市易县私挖滥采破坏生态环境问题有关情况的通报》精神，研究贯彻落实意见；传达学习保定市第十六届人民代表大会第一次会议和政协保定市第十四届委员会第一次会议主要精神，研究贯彻落实意见；传达学习第十次县（市、区）委书记动态考核月点评会会议精神，研究贯彻落实意见；传达学习市委办公室、市政府办公室《关于进一步夯实筑牢农村基层党组织战斗堡垒防范和整治“村霸”问题的若干措施》文件精神，研究贯彻落实意见。

【区委三届7次区委常委会会议】 2021年9月5日召开，研究确定出席中国共产党河北省第十次代表大会代表推荐人选。

【区委三届8次区委常委会（扩大）会议】2021年9月13日召开，传达学习全省办好人民满意的教育暨职业教育大会主要精神，研究贯彻落实意见；传达学习全省抓党建促乡村振兴暨基层党建工作会议主要精神，研究贯彻落实意见；传达学习全市全面推开排查整顿农村发展党员违规违纪问题工作会议精神，研究贯彻落实意见；传达学习全市地下宗教势力综合治理专项行动动员部署会暨全市统战部长、民宗局长会议精神，研究讨论《关于在全区开展天主教地下势力综合治理专项行动的工作方案》；传达学习省委办公厅、省人民政府办公厅《关于做好2021年中秋节和国庆节期间有关工作的通知》文件精神，研究贯彻落实意见；听取开发区110千伏邓阮线高压线迁改工作汇报，研究下一步工作安排。

【区委三届9次区委常委会（扩大）会议】2021年9月29日召开，传达学习中央民族工作会议和省委常委会会议关于民族工作主要精神，研究贯彻落实意见；传达学习政法队伍教育整顿

中央第二督导组到清苑延伸督导精神，研究贯彻落实意见；传达学习省委办公厅、省政府办公厅《关于进一步减轻义务教育阶段学生作业负担和校外培训负担的实施方案》文件精神，研究贯彻落实意见；传达学习第四届保定市旅游产业发展大会精神，研究贯彻落实意见；传达学习第十一次县（市、区）委书记动态考核月点评会会议精神，研究贯彻落实意见；传达学习保定市创建文明城市和卫生城市工作推进视频会议精神，研究贯彻落实意见；传达学习全省巡视巡察工作培训会议精神，研究讨论《中共保定市清苑区委巡察工作计划》。

【区委三届 10 次区委常委会（扩大）会议】 2021 年 10 月 19 日召开，传达学习新修订的《中华人民共和国安全生产法》主要精神，研究贯彻落实意见；传达学习省纪委监委提示函精神，研究贯彻落实意见；传达学习河北省政法队伍教育整顿领导小组《关于开展“加强政治建设营造风清气正政治生态”专项行动的方案》和《关于开展“加强作风建设弘扬党的优良传统和作风”专项行动的方案》文件精神，研究贯彻落实意见；传达学习河北省信访工作联席会议办公室《关于深刻反思压实责任严格有效控制进京上访的通知》，听取当前信访工作情况汇报；传达学习 10 月 8 日保定市化解涉房地产领域信访突出问题集中攻坚行动动员部署会和 10 月 15 日攻坚行动领导小组第一次会议精神，听取工作进展情况，安排部署下一步工作；传达学习保定市领导干部及时报告个人有关事项培训会会议精神，对填报工作进行安排；通报《国庆假期前工作纪律和假期期间值班带班督查情况》，安排部署区直单位思想作风纪律教育整顿活动下一步工作；传达学习保定市常青集团问题专题调度会会议精神，听取工作进展情况，安排部署下一步工作；听取开发区基础设施建设项目推进情况汇报，研究下一步工作安排。

【区委三届 11 次区委常委会会议】 2021 年 10 月 19 日召开，传达学习市委统战部《关于进一步完善管控教育转化天主教地下势力攻坚行动“一人一策”台账的通知》文件精神，研究区领导包联和教育转化专班贯彻落实意见；研究讨论《关于中共保定市清苑区第三届委员会常务委员会委员工作分工的通知》。

【区委三届 12 次区委常委会（扩大）会议】 2021 年 10 月 26 日召开，传达学习第十二次县（市、区）委书记动态考核月点评会会议精神，对相关考核点评指标进行安排调度；听取全区近期疫情防控工作情况汇报，安排部署下一步工作。

【区委三届 13 次区委常委会（扩大）会议】 2021 年 12 月 2 日召开，传达学习中国共产党第十九届中央委员会第六次全体会议精神和中共中央办公厅《关于做好中共十九届六中全会精神学习宣传的通知》文件精神，研究贯彻落实意见；传达学习河北省委人才工作会议主要精神，研究贯彻落实意见；传达学习省委、省人民政府《关于以铸牢中华民族共同体意识为主线推进新时代党的民族工作高质量发展的实施意见》文件精神，研究贯彻落实意见；传达学习省、市巩固脱贫攻坚成果后评估动员部署会会议精神，研究贯彻落实意见；传达学习省委办公厅、省人民政府办公厅《关于印发〈白洋淀生态环境综合治理考核评价与追责问责工作机制〉的通知》文件精神，研究贯彻落实意见；传达学习保定市抓党建促乡村振兴暨基层党建重点任务推进会主要精神，研究贯彻落实意见；传达学习保定市深化宗教治理工作推进会和保定市宗教界深化“双创四进”活动推进会主要精神，研究贯彻落实意见；听取秋冬季大气污染防治工作进展情况汇报，安排部署下一步工作；听取全区民生实事和民生工程工作进展情况，安排部署下一步工作；听取保密工作开展情况，安排部署下一步工作。

【区委三届 14 次区委常委会会议】 2021 年 11 月 19 日召开，研究其他事宜。

【区委三届 15 次区委常委会（扩大）会议】 2021 年 12 月 11 日召开，传达学习河北省委九届十四次全会精神，研究贯彻落实意见；传达学习中国共产党河北省第十次代表大会精神，研究贯彻落实意见；传达学习中央人大工作会议和中共河北省委人大工作会议精神，研究贯彻落实意见；传达学习 2021 年前三季度省绩效目标测评结果，研究贯彻落实意见；传达学习全国、全省拓展新时代文明实践中心建设工作电视电话会议精神，研究讨论全区 2022 年创建省级文明城区工作思路；传达学习第十三次县（市、区）委书记动态考核月点评会会议精神，研究贯彻落实意见；研究讨论《保定市清苑区认真学习贯彻中共十九届六中全会精神集中宣讲工作方案》；听取迎接省级卫生城镇创建技术评估准备工作情况汇报，安排部署下一步工作。

【区委三届 16 次区委常委会会议】 2021 年 12 月 11 日召开，研究其他事宜。

【区委三届 17 次区委常委会会议】 2021 年 12 月 16 日召开，研究其他事宜。

【区委三届 18 次区委常委会（扩大）会议】 2021 年 12 月 20 日召开，传达学习市委十二届十七次常委会（扩大）会议精神，听取省委第十巡视组巡视清苑区反馈意见整改工作情况汇报，安排部署下一步工作；传达学习全市基层党建“三清两提”行动专题调度会会议精神，研究贯彻落实意见；听取区人大、区政府、区政协、区法院、区检察院党组工作情况汇报；听取安全生产工作情况汇报，安排部署下一步工作；研究其他事宜。

【区委三届 19 次区委常委会（扩大）会议】 2021 年 12 月 29 日召开，传达学习中央经济工作会议和河北省经济工作会议精神，研究贯彻落实意见；传达学习河北省党建工作暨政治性警示教育大会精神，研究贯彻落实意见；传达学习河北省抓投资上项目促发展工作会议精神和省委办公厅、省人民政府办公厅《关于抓投资上项目促发展的意见》的通知文件精神，研究贯彻落实意见；传达学习第十四次县（市、区）委书记动态考核月点评会会议精神，研究贯彻落实意见；传达学习保定市委人大工作会议精神，研究贯彻落实意见；听取全区 2021 年党政班子工作总结汇报；听取全区 2021 年落实全面从严治党主体责任情况报告；听取全区 2021 年度国家安全工作总体情况及 2022 年工作思路汇报；听取全区 2021 年意识形态工作专题汇报；研究确定区出席党的二十大代表推荐人选；研究职级晋升相关工作；研究其他事宜。

区委重要决策

【概况】 2021 年，中共保定市清苑区委坚持以习近平新时代中国特色社会主义思想为指导，深入学习贯彻中共十九大及历次全会精神，认真落实中央、省、市系列重要会议精神，重点对全区经济工作进行总结和安排，全力推动清苑高质量发展，确保全面建成小康社会和“十四五”良好开局，先后开展“三重四创五优化”活动、“三基”建设年活动、“抓党建、抗疫情、惠民生、保安全、促发展”活动、“党史学习教育”、落实 2021 年招商引资“双千工程”专项行动、全区政法队伍教育整顿、“团结就是力量”专题学习教育活动、区直单位思想作风纪律教育整顿活动，全区经济社会发展各项事业迈出了新的步伐。

【“三重四创五优化”活动】 为深入贯彻习近平新时代中国特色社会主义思想和中共十九大及十九届二中、三中、四中、五中全会精神，省委九届十一次、十二次全会精神，市委十一届十次、十一次全会精神和区委二届七次、八次全会精神，全面落实习近平总书记重要指示批示和中央、省、市决策部署，推动“十四五”开好局、起好步，加快创新发展、绿色发展、高质量发展，清苑区以品质生活之城建设为抓手，在全区开展“三重四创五优化”活动，于3月29日制定印发《关于深入开展“三重四创五优化”活动扎实推动“十四五”开好局起好步的实施意见》。意见要求：坚持政治站位，深刻认识开展“三重四创五优化”活动的重要意义；坚持把握总体要求，确保“三重四创五优化”活动正确方向；坚持举全区之力实施重大国家战略，奋力开创清苑发展新局面；坚持持续用力抓好重大项目建设，为高质量发展提供有力支撑；坚持集中力量推进重大民生工程，巩固提升全面建成小康社会成果；坚持大力推进创新驱动发展，全面打造经济社会发展新优势；坚持调整优化经济结构，加快建设现代化经济体系；坚持营造浓厚创业氛围，切实增强市场主体活力竞争力；坚持统筹抓好城市创建工作，不断提高城市承载力和宜居度；坚持加快平安清苑法治清苑建设，筑牢拱卫首都安全的钢铁长城；坚持持续优化政治生态，扎实推进全面从严治党和反腐败斗争向纵深发展；坚持标本兼治优化自然生态，建设天蓝地绿水秀的美丽清苑；坚持以更大力度优化营商环境，打造具有广泛影响力吸引力的投资热土；坚持系统深化基层治理和开展“三基”建设年活动，全面加强基层组织、基础工作、基本能力建设；坚持加强组织领导，推动“三重四创五优化”活动取得扎实成效。

【“三基”建设年活动】 根据中共河北省委、河北省人民政府《关于开展“三基”建设年活动的意见》（冀发〔2021〕7号）和中共保定市委、保定市人民政府《关于开展“三基”建设年活动的意见》（保发〔2021〕9号），清苑区在全区深入开展“三基”建设年活动，全面提升基层组织、基础工作、基本工作能力建设，于4月20日制定印发《关于开展“三基”建设年活动的实施意见》。意见的总体要求：坚持以习近平新时代中国特色社会主义思想为指导，全面贯彻中共十九大和十九届二中、三中、四中、五中全会精神，深入落实习近平总书记系列重要指示批示和党中央、国务院决策部署，认真落实省委、市委和区委全会精神，坚持稳中求进工作总基调，立足新发展阶段、贯彻新发展理念、构建新发展格局，牢固树立大抓基层的鲜明导向，以完善基层组织体系为基础，以推动资源政策向基层倾斜为重点，以深化改革创新为动力，以满足人民群众日益增长的美好生活需要为根本目的，统筹常态化疫情防控和经济社会发展，抓住用好扩大内需战略机遇，大力实施“三重四创五优化”和“品质生活之城”建设活动，坚持不懈抓重点、补短板、强弱项，全面提升基层组织、基础工作、基本能力建设水平，为清苑创新发展、绿色发展、高质量发展提供有力保障，以优异成绩庆祝中国共产党成立100周年。意见的主要原则：坚持政治引领，强化党的领导；坚持人民至上，增进民生福祉；坚持精准施策，实施重点突破；坚持改革创新，加强制度建设；坚持统筹兼顾，注重分类指导。意见的重点任务：加快构建城乡基础设施一体化格局；加快提升基本公共服务均等化水平；加快推动产业体系现代化发展；加快实施人居环境洁净工程；加快推进基层社会治理法治化进程；加快促进基层组织建设科学化、规范化、制度化。

【“抓党建、抗疫情、惠民生、保安全、促发展”活动】 根据《“抓党建、抗疫情、惠民生、保安全、促发展”活动实施方案》的通知要求，结合全区实际，清苑区就深入开展“抓党建、抗疫情、惠民生、保安全、促发展”活动，于3月4日制定印发《关于在全区深入开展“抓党建、抗疫情、惠民生、保安全、促发展”活动的实施方案》。实施方案要求以习近平新时代中国特色社会主义思想为指导，全面贯彻落实中共十九大和十九届二中、三中、四中、五中全会精神，坚持党的全面领导，坚持人民至上、生命至上，增强“四个意识”，坚定“四个自信”，做到“两个维护”，切实把思想和行动统一到习近平总书记关于疫情防控重要指示批示精神上来，统一到中央和省市区的部署要求上来，统筹推进全区疫情防控和经济社会发展，为全力推动清苑创新发展、绿色发展、高质量发展，积极融入京雄保一体化发展新格局提供坚强保证，以优异成绩庆祝中国共产党成立100周年。实施方案确定的重点任务：深入推进抓党建“红色领航”；坚决筑牢抗疫情“红色防线”；努力当好惠民生“红色管家”；持续铸就保安全“红色盾牌”；着力打造促发展“红色引擎”。

【党史学习教育】 为更好地从党的百年伟大奋斗历程中汲取继续前进的智慧和力量，深入学习贯彻习近平新时代中国特色社会主义思想，巩固深化“不忘初心、牢记使命”主题教育成果，激励全区党员干部满怀信心推动清苑创新发展、绿色发展、高质量发展，根据习近平总书记在党史学习教育动员大会上的重要讲话精神和中央、省委、市委相关文件要求，清苑区切实在全区开展好党史学习教育工作，于3月16日制定印发《关于在全区开展党史学习教育的通知》。通知要求：强化政治引领，深刻认识党史学习教育重大意义；把握总体要求，准确领会党史学习教育深刻内涵；要抓好重点任务，推进党史学习教育深入开展；要加强组织领导，确保党史学习教育取得扎实成效。

【落实2021年招商引资“双千工程”专项行动】 为全面落实市委、市政府招商引资“双千工程”工作要求，加快推进全区招商引资工作，经区委、区政府研究，于3月17日制定印发《保定市清苑区落实2021年招商引资“双千工程”专项行动实施方案》。实施方案的指导思想是坚持以习近平新时代中国特色社会主义思想为指导，深入落实习近平总书记对河北对保定工作重要指示批示和中央经济工作会议精神，按照省委九届十二次全会工作，市委十一届九次、十次、十一次全会和区委二届八次全会暨经济工作会议精神，旗帜鲜明地唱响发展是第一要务、项目是第一支撑，奏响招商引资促发展最强音，在全区掀起重点项目引进和建设高潮，为推动清苑创新发展、绿色发展、高质量发展提供强力支撑。实施方案要求要提高重视程度，加强组织领导，强化协调服务，强化督导考核。实施方案明确了保定市清苑区2021年招商引资“双千工程”任务分配，制定了《清苑区招商引资“双千工程”专项行动考核细则（试行）》，下发了保定市清苑区招商引资项目基本情况表。

【全区政法队伍教育整顿】 为打造一支信念坚定、执法为民、敢于担当、清正廉洁的过硬政法队伍，根据党中央《关于开展全国政法队伍教育整顿的意见》、中共河北省委《关于开展全省政法队伍教育整顿的实施意见》和中共保定市委《关于开展全市政法队伍教育整顿的实施意见》，结合当前工作实际，清苑区于3月17日制定印发《关于开展全区政法队伍教育整顿实施方案》。实施方案的总体要求是坚持以习近平新时代中国特色社会主义思想为指导，深入贯彻习近平法治思想，深入贯彻中共十九大和十九届二中、三中、四中、五中全会精神，深入贯彻习近平总书记关于加强政法队伍建设的重要指示和训词精神，深入学习贯彻习近平总书记在党史学习教育动员大会上的重要讲话精神，增强“四个意识”，坚定“四个自信”，做到“两个维护”，突出筑牢政治忠诚、清除害群之马、整治顽瘴痼疾、弘扬英模精神“四项任务”，抓好学习教育、查纠整改、总结提升“三个环节”，为建设更高水平的平安清苑、法治清苑，坚决当好首都政治“护城河”，提供坚强组

织保证，以优异成绩庆祝中国共产党成立100周年。要求遵循以下原则：坚持党的领导；坚持从严见效；坚持以上率下；坚持问题导向；坚持群众满意；坚持标本兼治。实施方案的目标任务是通过教育整顿，着力解决政法队伍存在的政治不忠诚、执法不公正、司法不廉洁、遇事不担当、作风不过硬等问题：筑牢政治忠诚；清除害群之马；整治顽瘴痼疾；弘扬英模精神。实施方案的环节举措为从2021年2月底开始，时间为4个月左右，6月底基本结束。教育整顿总体上分为学习教育、查纠整改、总结提升3个环节。要把学习教育、边查边改、建章立制贯穿始终，把警示教育与自查自纠、发现问题与总结提升结合起来。突出抓好“六查六看六改”，即查政治建设，看政治忠诚，整改政治不纯问题；查执法司法腐败，看公正司法，整改违法违纪问题；查顽瘴痼疾，看为民用权，整改侵害群众合法权益问题；查班子建设，看担当作为，整改软弱涣散班子问题；查责任落实，看正风肃纪，整改失职失责问题；查制度建设，看管理水平，整改管理混乱问题。学习教育环节突出政治教育引领；查纠整改环节突出“自查从宽、被查从严”；总结提升环节突出总结评估、建章立制。

【“团结就是力量”专题学习教育活动】 为把习近平总书记的亲切关怀、殷殷重托和重要指示转化为推动经济社会高质量发展的强大精神动力，按照《中共河北省委关于开展“团结就是力量”专题学习教育活动的通知》（冀发〔2021〕6号）要求，区委决定，为认真学习贯彻习近平总书记重要回信精神，于3月24日制定印发《关于开展“团结就是力量”专题学习教育活动的通知》。通知的总体要求为坚持以习近平新时代中国特色社会主义思想为指导，以更加紧密团结在以习近平同志为核心的党中央周围、汇聚实现中华民族伟大复兴中国梦的磅礴力量为目标，通过多种方式，大力弘扬团结就是力量优良传统，深化思想认识，传承红色基因，凝聚发展共识，解决突出问题，教育引导全区各级党组织和广大党员、干部增强“四个意识”、坚定“四个自信”、做到“两个维护”，切实提高政治判断力、政治领悟力、政治执行力，更加团结奋进和奋发有为做好工作，不断巩固发展团结奋斗的良好工作局面和政治生态，为开启新征程、奋进新时代，为全区“十四五”时期发展开好局、起好步提供有力保证，以优异成绩庆祝中国共产党成立100周年。通知明确的任务举措为原原本本学，迅速掀起学习贯彻习近平总书记重要回信精神热潮；重温党史学，教育引导党员干部准确领会“团结就是力量”的政治意义和时代意义；丰富载体学，进一步增强专题学习教育的实效性和针对性；联系实际学，切实把回信精神转化凝聚成团结奋斗、众志成城的强大发展合力。

【区直单位思想作风纪律教育整顿活动】 为深入贯彻落实中央、省、市关于干部思想作风纪律教育整顿系列要求，进一步提高全区各级干部政治觉悟、提振精神士气、转变工作作风、严肃各项纪律，力促各项工作创先争优，确保区第三次党代会各项要求落地、落细、落实，经区委研究，决定在区直各单位开展思想作风纪律教育整顿活动，于9月29日制定印发《保定市清苑区区直单位思想作风纪律教育整顿活动实施方案》。实施方案的指导思想为坚持以习近平新时代中国特色社会主义思想为指导，全面贯彻党的基本理论、基本路线、基本方略，深入贯彻落实习近平总书记重要讲话精神和中央、省、市有关作风纪律建设各项安排部署，增强“四个意识”、坚定“四个自信”、做到“两个维护”，紧紧围绕区第三次党代会目标任务，抓班子、带队伍、严纪律、正风气、促发展。通过集中教育整顿，整出区直单位班子的新气象、干部的精气神、各项工作的新进步，为加快建设保定现代化品质生活之城贡献清苑力量提供坚强作风纪律保障。实施方案的基本原则为坚持思想先行，坚持实事求是，坚持问题导向，坚持建章立制，坚持领导带头。

实施方案的主要任务为以建设“五个清苑”为目标，认真解决区直单位干部队伍思想作风、工作作风、工作纪律等方面存在的突出问题，努力实现理想信念更加坚定、思想境界更加纯洁、干事创业更有担当、执行落实更加有力、纪律作风更加过硬的工作目标。重点整治以下问题：在树牢大局意识方面存在的突出问题，在争先进位方面存在的突出问题，在担当尽责方面存在的突出问题，在宗旨意识方面存在的突出问题，在作风纪律方面存在的突出问题。

实施方案的工作步骤为从2021年9月29日开始到2022年1月底结束，时间4个月，分为强化学习提升、深入开展解放思想大讨论、全面查找问题、狠抓整改落实、持续巩固提高等5个阶段，按照“六有”原则（有计划、有措施、有效果、有体会、有交流、有氛围），各阶段有序衔接，压茬推进，确保实效。

区委综合协调工作

【概况】 中共保定市清苑区委办公室是区委综合办事机构，承担为区委和区委领导提供文字、政务、事务服务，确保区委机关高效运转的重要职责。内设秘书股、综合股、行政股、区委信息中心、区委督查室、区委值班室、区委研究室、技术网络管理股、保密机要综合股、保密机要业务股、档案股、区委国家安全办公室、区委深化改革办公室、群众工作办公室、社情民意股，共15个股室。2021年，区委办公室紧紧围绕全区中心工作，扎实苦干，开拓创新，全力做好综合文字、会务组织、督导落实、后勤保障等工作，圆满完成承担的各项目标任务。

【开展党史学习教育】 始终把学习教育作为全室人员的必修课。坚持规定动作做标准，自选动作有创新，精心制订学习计划、安排学习内容，严格执行办公室每周五集体学习制度，在深入学习了中共十九大、十九届历次全会以及省、市、区一系列重要会议精神的基础上，深入开展党史学习教育和四史学习教育，进一步增强“四个意识”，坚定“四个自信”，做到“两个维护”，在思想上政治上行动上同以习近平同志为核心的党中央保持高度一致，不断提高政治判断力、政治领悟力、政治执行力。把提升“三服务”水平作为办公室开展学习教育的重要抓手，在加强理论学习的同时，结合办公室业务工作，认真开展办公室培训活动，组织办公室领导班子成员讲课，谈认识、提要求，组织办公室科股长交流研讨，就如何提升综合、信息、督查、行政、后勤等工作水平，谈体会、教方法，不断强化工作室人员综合素质。

【疫情常态化防控工作】 坚持疫情就是命令，防控就是责任，在思想上高度重视，行动上迅速有力，按照区委统一部署，充分发挥区委办公室协调、指挥、调度的作用，疫情反复时坚持第一时间落实区委各项疫情防控指示，有力有序推进全区疫情防控工作，为全区疫情防控作出积极贡献。同时，全面做好区委办办公环境日常消杀与工作人员健康监测、请销假报备工作，确保人员健康安全。

【综合文字工作】 围绕疫情防控、河道整治、经济运行等重点工作，坚持紧贴领导思路，把握领导意图，严格办文程序，提高办文质量，共组织起草区委领导讲话70余篇、工作汇报等文字材料50余篇，特别是经过精心撰写，反复推敲，多次修改后完成了区第三次党代会报告，得到区委主要领导的充分肯定。同时，对办公室制发的各类公文层层审核把关，确保严谨规范。截至年底，共审核制发各类文件221件，实现零差错。上报省委涉冀热点、外省市社会热点等各类信息780余条，上报市委长篇、网络热点等各类信息2300余条，被省委、市委采用信息300余条，其

中长篇信息《用实干践行人民至上理念——看清苑区孙村乡大堤口村搬迁如何实现三个百分百》被市委采用，共承办人民网省委、市委书记线上交办留言104条，区委书记留言板留言89条，市委线下交办留言12条，编发《清苑快报》82期，编发并上报领导动态52期。

【调研工作】 把调研工作作为宣传、展示清苑形象的重要载体，围绕经济发展、疫情防控、信访稳定、农业农村等领导关注、群众关心的热点问题，深入一线开展调研，组织起草的《从中南高科看清苑招商引资》在《保定日报》头版发表，较好地展示了清苑形象。

【督导检查工作】 聚焦全区中心工作和阶段性重点任务，针对新冠肺炎疫情防控和新冠疫苗接种、“五月制非”、“三重四创五优化”、思想作风纪律教育整顿活动、省委巡视反馈意见整改、区委书记批办件、县委书记动态考核月点评会问题整改等重点工作和区委重要会议议定事项开展专项督查。共上报《督查专报》40期、区委主要领导重要批办事项落实情况4期，报送全区重点工作进展情况月报6期，承办省市重点工作和临时交办重要任务29件，上报材料32份，按期办结率和上级满意率均达到100%。

【会务组织工作】 坚持高标准、严要求，不断创新工作思路，认真做好组织协调工作。2021年组织区委常委会会议、区委常委会（扩大）会议53次，成功组织了区第三次党代会、区委三届一次全体会议、全区思想作风纪律教育整顿工作会议等一系列会议，没有出现任何纰漏。

【深化改革工作】 以人民至上为改革价值取向，以“三重四创五优化”活动为抓手，系统推进“9+8+6”综合改革，推动全区改革与发展深度融合。结合清苑实际，将改革主要举措、亮点创新点纳入《深化改革工作动态专刊》，为领导决策提供参考。组织召开全面深化改革委员会会议9次、改革专项调度会2次，审议改革相关文件21个，组织开展改革工作“回头看”4次；深入推进“深化改革增动力 创先争优助全局”活动，全区改革工作取得新突破，扎实推进“一业一证”、四社联动等6个改革试点和2项改革专项评估工作；《河北清苑开展我为群众办实事“大实践”》2021年4月9日在人民日报客户端河北频道刊登；《清苑区创新举措推动“两新”组织党建工作高质量发展》《清苑区创新园区管理机制助力高质量》等在市委《改革动态》上刊登；印发《深化改革工作动态专刊》3期，对“一业一证”、党建教育方式创新、开发区管理机制创新等先进典型进行总结宣传，在全区营造创优争先的改革氛围，凝聚起推进改革发展的强大合力。2021年深化改革工作在县委书记动态考核月点评中排名第六。

【机要保密工作】 按照习近平总书记“两个确保”的指示精神，围绕“保密、优质、高效”的要求，收发各种明密电报4425份36522页。2021年以来，协同国安办对全区200多名保密领导干部进行了保密安全知识培训；配合国家保密局对全区各单位保密主管领导进行保密知识培训；对区财政局、区政府办等重点单位进行保密宣传培训；结合区委网信办网络安全教育，对全区近300名基层干部进行保密基本技能培训；结合微信专项整治工作，对全区保密干部进行联合培训，切实提高全区干部保密意识。

【群众工作】 坚持人民至上，进一步完善举措，不断提升工作水平。一是信访接待工作。共接待到区委大院来访群众480多人，处理信访案件51批次，确保了区委机关的正常办公秩序。二是群众工作站工作。配合上级完成了阎庄乡、臧村镇、温仁镇、张登镇、冉庄镇、阳城镇、北店乡7个乡镇10个村的督导检查工作，得到了市群众工作中心的充分肯定。

【国家安全工作】 区委国安办牵头组织召开了区委国安委会议，专题研究部署全区国家安全工作。上报《清苑国安信息》专刊89期，牵头组织有关部门开展12次月度风险综合研判，及时对全区涉国家安全突出风险、处置应对情况及相关工作建议进行梳理汇总。2021年清苑区国家安全工作在保定市22个县市区中进入优秀行列。

【“三重四创五优化”活动工作】 按照省市文件要求，组织制发了清苑区实施意见和15个专项工作方案等系列文件。建立联系人制度，简报、月报制度，督导考核制度，组织各单位及时总结上报各自承担的任务进展、创新举措、经验亮点、受奖励情况等。区委办、区政府办督查室和大督办将活动重点工作事项纳入督查范畴，定期督导要账，并提出工作指导意见。活动开展以来，清苑区共制发了简报29期，在市“三重四创五优化”活动简报上发表了3篇文章，突出了工作亮点。

主　　任　张东兵（6月离任）
　　　　　组　刚（6月到任）
常务副主任　王松坡

（撰稿：李萌）

组织工作

【概况】 区委组织部主要职责是承担区委党的建设工作领导小组（区委农村基层组织建设联席会议）办公室工作职责。统一管理区委机构编制委员会办公室，归口管理区委老干部局。完成区委交办的其他事项。内设机构12个，包括办公室、研究室、组织指导股（党代表联络室）、组织员办公室、区委非公有制经济组织和社会组织工委办公室、干部一股（干部监督股）、干部二股、干部三股、公务员股、干部考核办公室（区级机关目标绩效管理领导小组办公室）、人才股、基层党建股（联系办）。2021年，清苑区组织工作坚持以习近平新时代中国特色社会主义思想为指导，以党的政治建设为统领，全面落实新时代党的建设总要求，深入贯彻中央、省委、市委、区委系列重要会议精神，突出三个坚持（坚持围绕中心、服务大局，坚持聚焦主业、务实担当，坚持精准施策、争创特色），围绕四大主业（重培养、提素质，选干部、强班子，抓基层、打基础，优环境、聚人才），实现三个提升（提升工作质量效益，提升政治服务保证能力，提升自身建设水平），为开创新时代清苑发展新局面提供坚强组织保证。

6月30日，保定市清苑区庆祝中国共产党成立100周年座谈会召开

【党员队伍建设】 高标准做好党员发展工作，先后召开调度会6次，15次深入有关乡镇和重点区直单位，督导党员发展工作。新培养入党积极分子1200名，发展新党员1151名。解决18个三年以上不发展党员村问题。深入开展农村发展党员违规违纪问题排查整顿工作。严格党员队伍教育管理，七一前夕，组织开展全区“两优一先”评选表彰活动，组织全区833个基层党组织开展“学党史、知党情、跟党走——庆祝中国共产党成立100周年党史知识竞赛”。认真落实“三会一课”制度，对19个乡镇、69个区直单位的党支部工作手册进行了检查。进一步严肃党内政治生活，组织全区751个党支部，召开了专题组织生活会，组织全区800余名党员领导干部讲专题党课，深入开展习近平总书记七一重要讲话集中宣讲活动。6月23日，在冉庄地道战纪念馆举行

清苑区"光荣在党50年"纪念章颁发暨新党员入党宣誓仪式，中央电视台在庆祝中国共产党成立100周年盛典直播间对此次活动进行了报道。广泛开展"圆梦群众微心愿，品质服务党旗红"活动，为107名受援助对象圆了微心愿。

6月23日，保定市清苑区举行"光荣在党50年"纪念章颁发暨新党员入党宣誓仪式（一）

【基层组织建设】 圆满完成村（社区）"两委"换届工作。4月19日，全区277个村（社区）"两委"换届全部完成，实现书记、主任"一肩挑"100%，村"两委"干部平均年龄47.65岁，较上届下降6.4岁，圆满完成了省市提出的任务目标。

认真做好村（社区）"两委"换届"后半篇文章"。积极推进"5+3+N"村级组织体系建设，村级各配套组织已组建完成。加强村领导班子管理考核，指导新一届村（社区）"两委"班子制定了任期及2021年度职责目标。积极开展"开门一件事"活动，全区全年共完成335件"开门一件事"。狠抓新一届村（社区）干部培训。组织277个村（社区）"两委"干部，先后参加全省"农村干部专题网班""万人示范培训班"和市"千人示范培训班"，举办了市第十二次党代会精神网络视频培训班，累计培训农村干部5200余人次。

常态化开展软弱涣散村党组织整顿工作。按照省市要求，共排查确定14个历史遗留问题突出、村集体经济薄弱、3年以上未发展党员等三种类型软弱涣散村党组织。积极落实"四个一"整顿机制，安排12名区领导包联，14名乡镇干部包村，从区直部门选派42名优秀干部任第一书记和工作队队员，一村一策制定举措，开展工作。已全部实现转化。

深入推进村级集体经济"清零消薄"行动。一方面抓整体提升，全区已全部消灭集体经济空壳村，年集体收入5万元以上的村224个（占全区村总数的84.2%）。另一方面抓试点推进，2021年12个集体经济试点村项目中，2个村（西郎庄村、谢庄村）已完工，其他10个村正在建设中。

扎实做好乡村振兴工作队管理和红色村试点建设工作。从区直单位精心抽调31人，选派到全区9个乡村振兴任务重的村任第一书记和工作队员，严格落实考勤、请销假、工作报告等制度，并按要求开展工作。冉庄镇冉庄村被列为红色村试点工作，区委组织部结合冉庄镇党委、冉庄村党支部认真编制了工作实施方案，多次召开专题会议进行研究推进，五大工程（党支部标准化规范化提升工程、文化广场提升工程、红色教育工程、红色支部组织史展馆建设工程、村容村貌工程）建设有序有力推进。

6月23日，保定市清苑区举行"光荣在党50年"纪念章颁发暨新党员入党宣誓仪式（二）

统筹做好"两新"组织和社区党建工作。深入推进"两个覆盖"，2021年，全区476家非公企业、168家社会组织，通过建立党组织、选派党建指导员，实现党的组织和党的工作全覆盖。把落实《河北省社区工作者管理办法》作为加强社区党建工作的重要抓手，召集组织、编制、人事、民政、财政5个部门进行专题研究，制定了具体推进方案。确保社区56名工作人员实现"应纳尽纳"，并落实薪酬待遇。

稳步推进"三基"建设年活动。将"三基"建设年活动作为全区基层党建的统领性工程来抓，制定《"三基"建设年活动重点工作责任目标分解表》，起草全区《关于城乡基础设施一体化建设的实施方案》等6个实施方案和城乡基础设施建设等6个考核办法，先后3次组织召开重点任务调度会。

【干部管理】 干部选任工作更加规范。围绕区乡换届和事业发展需要，严把日常考察、动议提名、推荐考察关，为区委科学选人用人提供准确依据。全年共调整干部9批325人，提拔53人，重用26人，提拔"85后"42人、"90后"19人，进一步激发了干部队伍整体活力。

从严抓好干部监督管理。持续用好提醒、函询、诫勉等组织措施，加大对不担当不作为干部的组织处理力度，保证干部以严的作风、实的干劲履职尽责，推动工作。全年诫勉谈话2人，谈话提醒1人。深入开展"裸官"自查，进一步规范国家工作人员因私出国（境）登记备案工作，加强出国（境）证件管理，做到应备尽备、应交尽交，共收集出国证件184本，将2名私自出国（境）干部移交区纪委处理。

全面加强知事识人体系建设。实行日常研判、一线考察、重点督查、年终考核相统一的干部考核评价机制。疫情防控期间，由部务会成员带队，先后2次到基层一线考察班子、了解干部，激发干部工作热情，保证疫情防控工作顺利开展。围绕市、县动态考核月点评，进一步完善绩效考核目标体系，制定下发《清苑区领导班子和领导干部平时考核办法（试行）》《清苑区2021年度省考核指标任务分解表》，压实部门工作责任，激励干部担当作为，促进工作争先进位。充分发挥重点工作大督查"利器"作用，围绕疫情防控、安全生产、信访、民生实事等重点工作开展督查148轮次，印发通报简报40期，高标准办结省市交办、转办问题清单40件、问题线索64条，推动了全区各项重点工作的落地落实。

干部教育培训工作更加高效。围绕"中共十九届五中全会精神""党史学习教育""习近平总书记七一重要讲话精神""市第十二次党代会精神"等主题，通过线上、线下相结合的方式，累计开展线上培训5期，培训干部6800余人次，举办线下培训2期，培训干部1200余人次。完成省市调训任务33期，累计调训干部173人次。在培训规模和培训层次上实现新突破。

【人才和知识分子工作】 充分发挥牵头抓总作用。认真落实"人才保定"新要求，印发《清苑区2021年人才工作要点》，组织全区82个单位召开人才工作绩效考核指标部署会，加强日常调度，促进工作落实，确保人才工作取得实效。持续提升管理服务水平。认真做好区管优秀专家推荐评选及服务保障工作，组织全区22名区管专家进行健康体检，激发了全区优秀人才的工作热情。进一步完善党委联系服务专家制度，组织14名区领导与26名市、区级优秀专家人才实行对接包联，关心生活，关注工作，激发动能，促进创新。进一步优化人才工作环境。不断健全完善人才政策体系，优化全区人才发展环境，组织人社、财政等部门制定了清苑区"人才十条"及配套措施，制发了《清苑区区级人才发展准备金管理办法（试行）》，为吸引更多的优秀人才到清苑建功立业奠定了坚实基础。

【党员电化教育】 2021年组织拍摄的《红色基因代代传》电教片被中组部中心资源库、省IPTV远程教育平台采纳。为保证远程教育收视率和收视效果，将电教工作开展情况作为年底基层党建考核的重要指标，加强工作督导，强化网络保障，全区297个站点运行良好，平均点击量

在全市名列前茅。

【其他工作】 组工信息工作位居全市第三，外宣工作处于全市前列，在省、市组工信息、《共产党员》、《保定党建》等市级以上内刊媒体发表稿件96篇。

部　　长　甄会龙（2021年1—6月）
　　　　　赵永建（2021年6月—）
常务副部长　孙立利

（撰稿：李明月）

宣传工作

【概况】 中共保定市清苑区委宣传部是清苑区委主管意识形态方面工作的职能部门。内设办公室、新闻理论股、文化版权股、文明股、国防教育办公室，机关行政编制13名，正副部长3名，股级领导职数5名。下辖股级事业单位电影文化宣传服务中心。2021年，区委宣传部坚持以习近平新时代中国特色社会主义思想为指导，紧紧围绕庆祝中国共产党成立100周年和党史学习教育两件大事，着力推动实施“三大工程”（意识形态强基固本工程、文明创建深化拓展工程、新闻舆论提质增效工程），为精心打造品质为先、宜居宜业新清苑提供坚强思想保证和强大精神力量。意识形态工作年度绩效考核全市排名第四。省级文明城区创评全市排名第一。

【理论工作】 积极推进党委（党组）理论学习中心组学习。创新、丰富学习形式，采用专家辅导、观看专题片等方式增强学习实效。区委理论学习中心组2021年度共组织14次集体学习，重点学习了习近平总书记在党史学习教育动员大会上的重要讲话精神、习近平总书记在全国“两会”期间重要讲话精神、习近平总书记在庆祝中国共产党成立100周年大会上的重要讲话、习近平《论中国共产党历史》、《中国共产党简史》、《习近平新时代中国特色社会主义思想问答》、《习近平在浙江》、省委书记王东峰在河北省庆祝中国共产党成立100周年大会上的讲话、市委书记党晓龙在保定市庆祝中国共产党成立100周年座谈会上的讲话等内容。其中包含专家辅导1次，观看专题片2次。进一步强化交流研讨。区委理论学习中心组每次集体学习（除专家辅导外），均包含成员交流研讨环节，每次会上作重点发言的成员数不少于5人，其他成员向秘书组报送交流研讨材料。拓展区委理论学习中心组学习范围。6月以来，区委理论学习中心组组织集体学习时，各乡镇、区直相关部门主要负责也加入其中，区委理论学习中心组（扩大）学习成员扩大到70人左右。

强化推进意识形态工作责任制落实。3月、6月两次召开当前全区意识形态领域风险问题分析研判会议，对全区重点区域、重点行业、重点部位意识形态风险隐患进行系统分析研判，形成工作台账。意识形态工作纳入2021年3月、4月开展的二届区委第九轮、第十轮巡察，按照省委意识形态工作责任制“监督检查清单”要求，对被巡察单位的意识形态工作责任制落实情况进行专项检查，检查结果列入巡察报告，对所发现问题进行限期整改。

积极推广使用“学习强国”学习平台。通过定期调度、定期统计整改进度、点对点盯办等方式，督促各单位推广使用“学习强国”学习平台；并将“学习强国”学习平台推广使用工作纳入宣传思想文化工作考核、意识形态年度考核、意识形态专项督查等考核体系，全面加大推广使用工作力度。2021年，全区注册学员总数达13.15万人。增加供稿链路，持续供应图文、视频、音频等各类稿件，全年向“学习强国”学习平台供稿共50余篇。

【思想道德建设工作】 加大学雷锋志愿服务活动引领力度，市民参与创建显著增加。印发了《新时代文明实践志愿服务工作方案》，成立区志愿服务总队和区志愿服务促进中心，在全区掀起学雷锋志愿服务高潮。2021年，全区志愿服务队伍达到389支，志愿者达到96464人。组织开展2021年度志愿服务先进典型评选活动，表彰区级优秀志愿者24人、先进志愿服务组织3个、志愿服务示范社区2个。加大先进典型培树宣传力度，群众性文明创建广泛开展。完成2020年度“清苑好人”和2019—2020年度“清苑区道德模范”评选表彰工作，表彰“清苑好人”17名、好人群体2个、“清苑区道德模范”10名（组），并在清苑公园设置了道德模范广场，在户外公益广告和各类公共场所、文明单位、窗口单位、村镇、社区普遍设立了善行功德榜，宣传展示道德模范、身边好人的模范事迹，引导广大市民崇德向善、见贤思齐，全面提升文明素养。

【社会宣传工作】 深化宣传引导，营造舆论氛围。深入宣传阐释习近平总书记关于党史学习教育、疫情防控等工作的系列重要讲话和指示批示精神，深入贯彻落实省委要求和省委、市委宣传部各项安排部署，完善新闻应急响应机制和宣传舆论工作机制，充分利用电视台、新媒体联动，组织18个乡镇、266个村大喇叭广播系统播放党史学习教育、疫情防控、新冠疫苗接种、中共十九届六中全会精神、秸秆禁烧、防范非法集资等多项宣传内容10万余条次。区融媒体中心推出《百人百天 读党史》专栏，从普通党员中选取“主播”，突出参与性和互动性，取得了良好的宣传效果。推出抖音系列短视频《百年瞬间》，展现“二七大罢工”“秋收起义”等100个百年党史中的里程碑事件，总播放量超42万次。推出《我为群众办实事》《坚持人民至上 解决群众关心的实际问题》等专栏，集中展现了清苑区各行业在“我为群众办实事”大实践中各项为民举措的推进情况。开辟《坚持人民至上 筑牢防疫屏障》等专栏，大力宣传坚定信心、同舟共济、科学防治、精准施策的总要求，积极回应社会关切，引导群众科学防范疫情。

【宣传报道】 精心组织正面宣传报道。策划推出清苑区第四届西（甜）瓜文化节、庆祝中国共产党成立100周年歌咏大会等系列主题宣传、成就宣传和典型宣传等。邀请中央电视台资深记者到清苑区进行对上新闻工作培训，提高了全区各级宣传干部新闻素养和发掘新闻亮点的能力；邀请中新社记者到清苑区采风，刊发通稿《探访中国国家级“非遗”清苑传统制香技艺：香飘海外33年》，稿件被巴西《南美侨报》采用；走出去加强与央媒驻冀记者联系，积极与央视频、《人民日报》、人民网等中央媒体对接。2021年，在中央级媒体发稿196篇，省级媒体发稿471篇，市级媒体发稿269篇。

【文化文艺工作】 组织庆祝中国共产党成立100周年系列活动。组织“唱红歌 颂党恩”红歌快闪活动。3月17日，在冉庄地道战遗址景区拍摄《唱支山歌给党听》红歌快闪，全国人大代表李素环、清苑区人民医院支援武汉护士、冉庄镇政府干部、冉庄地道战纪念馆全体讲解员、冉庄老党员、中小学生等近300人参与。组织“风雨苍黄忆百年 翰墨光影颂华章”庆祝中国共产党成立100周年主题书画摄影展，展出200余幅书画作品、70余幅摄影作品。组织“百年荣光闪耀，诗文逐梦远航”庆祝中国共产党成立100周年主题诗歌散文征文活动，共收到作品200余篇。组织“我们一起读书吧——世界读书日”活动，采用线上与线下相结合的方式，享受读书乐趣。组织“跟着老电影学党史、红色文化进校园”活动，通过情景舞蹈、快板、朗诵、红色故事讲述、知识问答、讲解专题展览等丰富多彩的形式，让红色文化走进校园。组织“学党史、知党情、跟党走——庆祝中国共产党成立100周年党史知识竞赛”，采取线上答题形式，来自全区

58个代表队174人参加竞赛。组织“永远跟党走”——庆祝中国共产党成立100周年歌咏大会，清苑区30个单位参与演出，歌咏大会现场直播视频浏览量超过127万次。组建电影放映队到乡镇机关、农村、社区免费放映，全年共放映农村公益电影3192场。

大力支持文化企业发展，推动文化产业高质量发展。推荐红色记忆冉庄特色旅游项目、河北馨城文化发展服务有限公司新建年产3万箱保府系列文创工艺品新材料项目申报2021年度市级文化产业发展引导资金。河北古城香业集团股份有限公司获评“2020年河北省‘知名文化企业30强’”，该公司总经理杨雪明获“2020年度保定市文化产业领军人才”“2020年度河北省十佳文化企业家”称号。清苑菩提制香有限公司古城莲花清香系列产品被评为“2021年度保定市特色文化产品”，获得奖励资金8万元。组织河北古城香业集团股份有限公司等企业参加第十七届深圳文博会、第三届保定文化产业博览会。

【“扫黄打非”工作】 通过召开工作会议、印发通知、组织培训等方式，组织指导全区“扫黄打非”和新闻出版工作，进一步净化文化市场空间，维护新闻传播秩序。深入组织实施“正道”“新风”集中行动，坚决防范遏制政治性有害信息和出版物渗透扩散。加大专项治理和日常监管工作力度，组织区文广旅局、区公安分局、区市场监督管理局等成员单位开展文化市场专项集中检查行动，依法依规打击各类涉黄涉非出版传播活动，持续扫除文化垃圾，维护文化市场的安全稳定。盯办重点案件，定期跟踪统计案件进展。“永泰印刷有限公司涉嫌侵犯著作权案”于11月23日作出终审裁定。组织开展2021年印刷企业年度报告、复制单位年度核验和国家印刷复制示范企业年度考核工作及2020年度印刷、发行行业统计年报工作、2021年出版物发行单位年度核验、2021年新华书香节大型惠民书市活动、2021年实体书店扶持资金项目申报、“发现乡村阅读榜样”推荐等工作。

【政工专业职称评聘】 印发《关于组织2021年度政工专业职务人员组卷有关工作的通知》，组织政工专业职务人员认定工作，全区共8人被认定为具备政工师、助理政工师、政工员资格，分别为事业政工师1人、事业助理政工师5人、企业助理政工师1人、事业政工员1人。

【精神文明创建工作】 加大常态长效机制落实力度，文明创建持续推进。印发《关于常态化推进省级文明城区创建工作的实施意见》《关于进一步完善创建省级文城区网格化责任制暨街长制的通知》；区委、区政府主要领导3次在全区干部大会上安排部署创城工作，对常态化创城提出了明确要求；制发《督导专报》4期、督办卡201份；区级媒体曝光不文明行为108条，有效推进了常态化创建；组织开展创城网格化责任制、街长制，主要路口文明交通志愿服务星期五集中行动31次。加大城市基础设施投入力度，城区颜值显著提升。总投资1.7亿元的城市“双修”二期二标段工程基本完成。新增公共停车位1025个，城区内公共停车场停车位达到10620个，居民小区停车位达到8758个；改造老旧小区6个，城区内新改建公厕4座；对城区152个节点建筑进行了美化亮化，对迎宾路、莲池南大街等主干道460块门头牌匾进行了统一更换，对兴苑市场等400余处违法建筑进行了依法拆除；新建口袋公园4个、主题公园1个，改（扩）建口袋公园7个，创建三星级游园1个；全面实施城区主要道路和公共场所公益广告提质行动，新增公益广告景观小品88处、铁艺公益广告牌340个，城市“颜值”大幅提升。加大城市精细化管理力度，环境秩序有效改善。开展流动摊贩、马路市场、店外经营“三大占道现象”专项整治行动，拆除违建20余处，面积共6845平方米；拆除违法建设广告牌匾共240余块，面积共19996平方米。对非法营运三轮车聚集点进行彻底清理，警告非法营运三轮车400余辆，查扣45辆。加大非法小广告治理力度，整治各类影响市容行为6000余起，清理乱堆乱放、乱贴乱画6500余处。查处违法停车21674辆，城区停车秩序大为改观。加大新时代文明实践中心（所、站）建设力度，乡村德治工程全面推进。印发了《全面推进新时代文明实践中心、所、站建设实施方案》，组织召开了全区创城、创卫暨新时代文明实践工作推进会议，建成区实践中心及五大分中心，18个乡镇、1个城区全部建成了实践所，212个行政村、11个城市社区建成了实践站，同时建成实践基地21个、村史馆7个、文明实践广场237个，具备了开展实践活动的基本条件。

【党史学习教育】 协调推进全区党史学习教育。制发“清学组发”文件18个、“清学办发”文件17个、内部明电6个，召开协调会3次，组织4个巡回指导组到各级各部门进行实地督导。高度重视简报编发和信息报送工作。编发党史学习教育工作简报50期，广泛涵盖全区各级各部门召开动员大会、组织集体学习、举办特色活动、开展“我为群众办实事”大实践等内容，受到市委党史学习教育领导小组办公室通报表扬。邀请省委党史学习教育专家宣讲团祁刚利，保定市委党史专家宣讲团成员孔文华到清苑开展党史学习教育专题宣讲。持续推动“我为群众办实事”实践活动落实落地，制定“我为群众办实事”重点民生项目清单台账，将城市“双修”、老旧小区改造等13个项目纳入清单，明确完成时限，实行挂账督办，每月调度推进情况。征集“我为群众办实事”民生微心愿和群众微心愿项目2200余个。不断加强党史学习教育对上宣传力度。以党史学习教育为主题，在国家级媒体发文46篇，在省级媒体发文218篇，在市级媒体发文65篇。其中多篇报道点击量都达到“10万+”。

部　　长 赵永建（2021年1—6月，兼）
　　　　　　刘红刚（2021年6月—）
常务副部长 刘红伟

（撰稿：刘云硕）

统一战线

【概况】 2021年，在上级部门的有力指导和清苑区委、区政府的领导下，清苑区委统战部坚持以习近平新时代中国特色社会主义思想为指引，认真贯彻落实中央、省委、市委关于统战和宗教工作的系列决策部署，工作上求深、求新、求实，不断推动各项工作迈出新步伐，跨越新台阶。区委统战部有行政编制9名，其中正、副部长职数3名，股级职数3名。内设3个职能股（室）：办公室、统战综合工作股、民族宗教工作股。

【宗教工作】 确保宗教领域持续和谐。一是加强党对宗教工作的全面领导，坚持三级书记抓宗教，各级党组织认真履行主体责任，对宗教工作的重视程度越来越高。多次召开宗教工作专题会议，确保上级重大决策部署在清苑落地落实。二是开展非法宗教活动专项治理，积极稳妥解决了一批宗教领域突出问题。三是深化“双创四进”活动。坚持两手抓，进一步巩固“双创四进”成果。一手抓硬件建设。为宗教活动场所及时更换“四进”展板20多块，购置《中华人民共和国宪法》、《中华人民共和国民法典》、“四史”学习相关书籍等500余本，新增社会主义核心价值观景观2处。一手抓教育引导。先后组织全区宗教界人士到晋察冀边区革命纪念馆、骆驼湾进行参观学习，到国公营观音寺、东闾教堂开展“双创四进”观摩活动。积极引导教职人员自觉将“四进”内容融入讲经解经之中，内化于心，外化于行，推动全区“双创四进”活动走深走实。四是全力做好宗教领域疫情防控。坚决落实各项防控举措，严防涉宗教疫情传播扩散。

【换届工作】 一是全力做好工商联换届工作。3月31日上午，召开了工商联（总商会）第三届

会员代表大会，会员代表 137 人参加大会。大会审议通过了《工作报告的决议（草案）》《选举办法（草案）》。根据《中国工商业联合会章程》规定，按照法定程序选举产生了清苑区工商联（总商会）第三届执委会委员 49 名、主席（会长）1 名、副主席 12 名、副会长 6 名、秘书长 1 名（兼任）。二是全力做好政协换届工作。根据保定市关于政协换届工作的文件精神，结合清苑区实际，制发《关于第三届区政协委员推荐提名工作方案》，明确区政协规模数量、界别设置、人选条件、名额分配和推荐提名程序。经过各单位提名推荐、相关部门资格联审、组织考察、公示等程序，上报区委常委会研究通过，最终确定 244 名第三届区政协委员名单，为第三届区政协会议的圆满召开奠定了坚实的基础。

【统战工作】 加强对民建清苑支部、民革清苑支部两个民主党派成员、新的社会阶层人士、工商联代表、党外知识分子和无党派人士等清苑区统战成员的教育引导，凝心聚力服务清苑发展。一是加强思想引领，广泛凝聚共识。通过创新活动载体，激发组织活力，引导统战成员更加自觉地团结在党的周围、跟党走。结合庆祝中国共产党成立 100 周年和党史学习教育开展系列活动。组织基层统战干部到徐水区安庄村和莲池区西高庄参观学习；谋划组织民建、民革、新联会和知联会共 50 余名统一战线成员召开迎接中国共产党成立 100 周年党史学习交流会，两次邀请党史专家进行党史、《中国共产党统一战线工作条例》、习近平总书记七一重要讲话和中共十九届六中全会精神专题授课；指导新的社会阶层人士积极参加“风雨苍黄忆百年　翰墨光影颂华章”庆祝中国共产党成立 100 周年主题书画摄影展、“永远跟党走”歌咏大会等活动；联合区文广旅局对全区部分重点村文艺骨干开展中共十九届六中全会精神宣讲并进行文艺培训。二是汇聚党外智慧，助力清苑发展。充分发挥统一战线“智囊团”“人才库”的优势，多次召开统战各领域成员座谈会，引导他们围绕区委、区政府决策部署献计出力；政协人大换届期间，协助有关部门推荐新阶层人士、无党派人士、民主党派成员、工商联代表等 100 余名统战成员担任市区人大代表、政协委员，引导他们积极参政议政、建言献策、正面发声；组织民主党派成员、工商联成员和无党派人士代表参加清苑区换届人选民主协商会，征求意见和建议，调动统战成员参政议政积极性。三是集聚爱心力量，助力帮扶工作。探索建立服务社会的长效机制，引导统战成员关注社会民生、履行社会责任。组织民建、民革和新阶层人士，在建党前夕深入城区新兴、红星社区和清苑镇东顾庄、吴家辛等乡村开展慰问老党员活动；重阳节前夕深入魏村镇光荣院开展慰问活动；为群众购置血压计体温计，满足群众“微心愿”；配合区政府办对支援石家庄医护、流调人员 53 户家属进行慰问；扩大社会关爱面，组织民建支部、民革支部、新联会积极捐款，购置价值 2 万余元的慰问品，对区公安分局、区医院疫情防控一线卡点进行慰问。

部　　长　赵永建

常务副部长　任新军

（撰稿：贺丛芝）

网信管理

【概况】 2021 年以来，区委网信办深入贯彻落实中央和省委、市委、区委关于网信工作的各项部署，进一步强化网络综合治理能力，扎实做好网络意识形态领域有关工作，坚决当好网上首都政治“护城河”，网信工作取得新成绩。

【妥善处置重点网络舆情】 着力完善工作机制，加强网络舆情研判、处置，切实防范重大风险，2021 年共编发《舆情信息专报》26 期。8 月 25 日协调处置东闾镇南王庄村学生欺凌事件。

【召开区委网信委第三次会议】 9月30日，区委书记闫向阳主持召开区委网络安全和信息化委员会第三次会议。会议传达了省、市网信委会议精神，审议通过了《中共保定市清苑区委网络安全和信息化委员会2021年工作要点》，并对2022年全区网信工作重点进行安排部署。

9月30日，区委书记闫向阳主持召开区委网信委第三次会议

【开展2021年度网络安全宣传周活动】 10月11—17日，组织相关单位开展校园日、电信日、法治日、金融日、青少年日、个人信息保护日等6个主题宣传活动日，发放宣传材料40000余份，线上线下参与人数包括卫生系统、教育系统、金融系统、电信系统、群团组织等20余万人。

【积极做好网络社会工作】 加强网络社会组织建设，4月29日，由区委网信办牵头成立清苑区自媒体联盟，并通过推荐提名方式产生首任理事长，由王航远担任。开展“清苑好网民”评选活动，讲好清苑故事，2021年共向上级网信系统推荐清苑好网民27名，其中王素琴、田佳琪、周明慧、王丽红、崇晓朋5人被评为保定好网民。

【统筹推进网络安全工作】 开展网络安全大核查工作。6月23日，对区委办、区政府办、区委宣传部、区委组织部、区人武部进行网络和数据安全专项检查；11月10日，对区财政局、区农业农村局、区自然资源和规划局等单位进行网络安全专项检查。按照市委网信办工作指令，协调做好相关单位网站漏洞修复工作。6月29日，协调保定裕东医院完成网站跨站脚本漏洞修复；7月20日，协调区人民医院完成网站漏洞修复；12月15日，协调区法院完成庭审直播网漏洞修复。

【加强网络综合治理】 实施“清朗”专项行动，坚持依法治理、协同治理，对14家涉嫌违法违规网站负责人进行了约谈。4月14日，约谈某太阳能安装公司和某儿童娱乐公司网站负责人；7月21日，约谈某汽车用品网站负责人；8月5日，约谈某铸造厂和某起重机械制造有限公司网站负责人；8月23日，约谈某园林景观工程有限公司和某通信器材有限公司网站负责人；9月6日，联合区公安分局网安大队对某公司网站负责人进行约谈。

【扎实开展党史学习教育】 6月2日，配合开展“党史冀忆 百年征程”走进冉庄地道战纪念馆网络直播活动。活动由省委网信办指导，新华网河北频道、新华网客户端、百度、快手联合主办。

【受表彰情况】 5月，在“清朗保定·燕赵净网2020”网络生态治理专项行动中区委网信办被市委网信委评为先进集体。

主任 郝卫军

（撰稿：许明昭）

机构编制管理

【概况】 中共保定市清苑区委机构编制委员会办公室（简称区委编办）为区委机构编制委员会的办事机构。作为区委工作机关，机构规格为正科级，承担区委机构编制委员会日常工作，归口区委组织部管理。内设2个行政股室，即综合股、事业单位登记管理股（河北省保定市清苑区

事业单位登记管理局）。2021 年，区委编办认真贯彻执行机构编制政策，较好地完成了各项工作任务。

【规范机构设置工作】 一是对区人大机关的工作机构进行了调整，设 2 个办事机构、3 个工作委员会和 2 个专门委员会，印发了新的“三定”规定。二是扶贫工作职责由区民政局划入区农业农村局，在区农业农村局加挂了区乡村振兴局牌子；加强文物保护管理，在区文化广电和旅游局加挂了区文物局牌子；强化档案管理职责，在区委办公室加挂了区档案局牌子。三是整合应急管理领域有关行政执法职责，实行“局队合一”，设立区应急管理综合行政执法大队，不再保留副科级事业单位区安全生产监察大队。四是 2 个部门增设了内设机构（区委办公室增设了社情民意股、司法局增设了法律援助工作管理股）；2 个部门调整了内设机构（区水利局、区民政局），对 11 个事业单位有关机构编制事宜进行了调整；按照“撤一建一”的原则，设立事业单位 2 个（区防止返贫工作中心、清苑镇北大冉幼儿园）。五是落实中央、省、市关于中小学教职工编制达标的有关要求，从初中、小学、幼儿园 40 所学校共调剂出 58 名事业编制充实到 4 所高中。六是新增人员入编，2021 年新招录的 4 名选调生及 69 名公务员办理了入编手续。加强部门之间人员调配，办理编制使用核准手续 26 批次。

【编外人员专项调查工作】 根据中央编办、省委编办通知要求，市委编办统一部署，4 月开展编外人员专项调查工作，重点统计各部门编外人员数量、岗位类别、工资来源等情况，为进一步健全机构编制统计体系、制定机构编制相关政策提供数据支撑。

【继续深化综合行政执法改革】 一是做好区应急管理综合行政执法改革。按照上级文件要求，将区应急管理局有关危险化学品、烟花爆竹、矿山、工贸等行业领域安全生产监管，以及地质灾害、水旱灾害、森林草原火灾等有关应急抢险和灾害救助、防震减灾等方面的行政处罚、行政强制职能，区安全生产监察大队的行政执法职责整合，组建了区应急管理综合行政执法队伍。在区应急管理局加挂区应急管理综合行政执法大队牌子，实行“局队合一”体制，以区应急管理局名义统一行使应急管理综合行政执法职责。8 月，印发了中共保定市清苑区委机构编制委员会《关于设置区应急管理综合行政执法机构的批复》（清编字〔2021〕15 号）。二是深化乡镇综合行政执法改革。在 2020 年完成乡镇改革的基础上，继续深化乡镇综合行政执法工作。为切实加强乡镇与区直行政执法部门和区直部门派驻机构的协作配合，提高乡镇综合行政执法效能。8 月，机构改革领导小组办公室印发了《乡镇综合行政执法协调配合机制》和《乡镇与区直部门派驻机构协调配合机制》（清机改办〔2021〕1 号）。

【事业单位登记及统一社会信用代码管理工作】 2021 年，完成事业单位年度报告公示 348 个，设立登记 4 个，变更登记 267 个，证书补领 4 个，重新申领证书 2 个，注销 2 个；完成统一社会信用代码赋码 20 个。

【完成权责清单编制工作】 按照省、市统一部署和区委办公室、区政府办公室《关于印发〈保定市清苑区全面开展政府部门权责清单编制工作方案〉的通知》（清办字〔2020〕27 号）要求，对 23 个区政府工作部门及 18 个乡镇上报的权责基础清单进行了审核规范，共拟定区政府 23 个部门权责事项 1907 项（其中行政许可 217 项，行政处罚 1223 项，行政强制 64 项，行政征收 4 项，行政给付 51 项，行政检查 143 项，行政确认 88 项，行政奖励 25 项，行政裁决 2 项，其他类 90 项）；18 个乡镇权责事项均为 214 项（其中行政许可 26 项，行政处罚 155

项，行政强制0项，行政征收0项，行政给付7项，行政检查0项，行政确认19项，行政奖励0项，行政裁决0项，其他类7项)。经区权责清单编制工作领导小组审核后，报区政府常务会议审定通过。

【全区第二次机构编制核查工作顺利推进】 根据中央、省、市统一部署，从10月开始，对全区所有机关事业单位开展机构编制核查工作，主要是查清机构设置、编制核定、领导职数、人员配备、主要职责等情况。召开机构编制核查安排部署会议，区委编委印发《关于深入开展第二次全区机构编制核查工作的实施方案》，通过单位自查、群众监督、数据比对、实地核实等环节，对全区所有机关事业单位进行全面核查，整理核查档案110卷，达到了机构清、编制清、领导职数清、实有人员清。对存在的问题，如机构未挂牌、姓名或身份证号不一致、超编等问题建立了台账，针对问题类别积极推进整改。

【推进东闾乡撤乡设镇工作】 根据上级行政区划调整的统一安排，积极做好东闾乡撤乡设镇工作，完成《关于对东闾乡行政区划调整地方机构调整和人员编制控制的认定意见》，根据省民政厅《关于同意保定市清苑区撤销东闾乡设立东闾镇的批复》(冀民函〔2021〕52号)，区委编委印发《关于变更东闾镇机关事业单位机构名称的通知》(清编字〔2021〕20号)，对东闾镇辖区机关事业单位的机构名称进行了变更。

【机关事业单位人事管理“一网通办”改革】 机关事业单位人事管理“一网通办”改革是省委编委会议确定的重要工作，主要任务是构建机构编制、组织、人社、财政等部门工作动态实时联动及信息共享机制。6月，河北省召开了“一网通办”改革领导小组第二次会议，对有关工作进行了安排部署。根据省、市要求积极推进，完成“一网通办”信息系统平台搭建，省、市、县(区)编制系统已在新平台正常运行。

主任 杨 浩

(撰稿：李斐然)

区直机关党建

【概况】 中共保定市清苑区委区直机关工作委员会(简称区委区直机关工委)为中共保定市清苑区委派出机构，统一领导区直机关各部门党的工作。作为区委工作机关，机构规格为正科级。共有行政编制6名，股级职数1名。2021年，区直工委以习近平总书记在中央和国家机关党的建设工作会议上的重要讲话精神和中共十九届六中全会精神为指引，引领机关党组织把学习党史同总结经验、观照现实、推动工作结合起来，同践行“三个表率”结合起来，同贯彻落实省、市、区党代会精神结合起来，不断开创机关党的建设新局面。

【思想政治建设】 强化党员干部理论学习，担当政治责任。建立理论学习长效机制，制订年度学习计划，明确学习内容。党史学习教育以来，班子进行集体宣讲12次，组织观看教育影片3次，写出心得体会12篇。

以开展活动为抓手，突出党性锻炼。与区供销社36名党员到西柏坡红色革命教育基地开展教育活动，接受党史学习教育；组织11名新党员到冉庄地道战纪念馆进行入党宣誓活动，教育新党员自觉践行入党誓词；制定下发《关于在区直机关深入推进抓整改、夯基础、促提升、助力“十四五”强势开局活动的实施方案》，并积极推动活动开展。

加强党员干部业务培训，提升整体素质水平。2021年，共组织党务干部培训3次，培训党务干部500余人次，把习近平新时代中国特色社会主义思想和党务知识作为重要培训内容，进一

步提升党务干部工作水平和政治理论素质。

【党员队伍建设工作】　一是加强党员队伍建设，做好发展党员工作。严把发展对象“谈话关，政审关、审批关”，确保机关党员发展质量。2021年，确定培养积极分子240名，确定发展对象33名，预备党员转正33名，发展预备党员24名。二是规范党费收缴工作。要求各党支部按月足额收缴党费，不能做到按月收缴党费，采取每季度收缴党费的，党支部要及时召开专题党支部会议进行研究，并交上级党委备案。全年共收缴党费105万余元。三是组织召开区直机关党建观摩暨经验交流会，通过参观学习税务局活动场所规范化建设情况，切实增强了建设模范机关的责任感、使命感。四是开展党建示范点创建活动。通过活动的开展，有效推进全面从严治党和机关党建工作规范化标准化的建设，切实提升机关党建工作整体水平。

【基层组织建设工作】　压紧压实管党治党责任。建立党建联系人制度，每名负责人联系20个左右的单位党组织，加强日常联系，做好督促指导。严肃党内政治生活。结合区委组织部制定了党支部工作手册调阅制度，采取集中调阅或实地查看等方式，坚持每季度调阅至少20个党组织的党支部工作手册，做到年度全覆盖。

结合实际规范工作内容。针对入党申请人、入党积极分子备案不及时的问题，制定出台《关于进一步规范入党申请人、入党积极分子备案制度的通知》；针对党员组织关系接转出现的具体问题，印发《关于规范党员组织关系接转工作的通知》，规范党员组织关系接转工作。

实行机关党组织书记党建述职评议制度。每年开展2次基层党建述职，加强对支部书记履职尽责情况监督。

书记　韩政茹（2020年12月至2021年8月）

书记　翟　刚（2021年8月任职）

（撰稿：董夏）

巡察工作

【概况】　清苑区委巡察机构于2017年3月成立，2019年1月明确为区委工作部门，设“一办四组”，有16个行政编制，其中办公室4人，每组3人。2021年4月增编至18人，即办公室由4人增加为6人。2021年共开展3轮常规巡察和1轮粮食系统专项巡察，完成了二届区委全覆盖，共发现问题560个，完成整改555个，整改率99.1%；移交纪委处理的问题线索11个，涉及14人，给予党政纪处分3人。

【高质量完成二届区委巡察全覆盖】　按照《二届区委五年巡察工作规划（2017—2021年）》，从2017年5月至2021年6月共开展10轮巡察，其中巡察区直单位53个，国有企业1个，乡镇18个，共72个；共巡察村、社区277个，其中村266个，社区11个。其中，2021年开展的第九轮、第十轮巡察共发现问题560个，完成整改548个，整改率97.8%；移交纪委处理的问题线索11个，涉及14人，其中涉及科级干部4人，给予党政纪处分3人。高质量完成二届区委巡察全覆盖。

【进一步深化政治巡察】　切实提高政治站位，进一步增强政治自觉思想自觉行动自觉。坚决贯彻落实中央、省委、市委、区委关于巡视巡察的新精神新部署新要求，不断提高政治判断力、政治领悟力、政治执行力，全力推动全面从严治党向纵深发展、向基层延伸，为确保中央、省、市和全区各项决策部署的贯彻落实提供坚强的政治保障。进一步强化思想政治引领，全面贯彻“发现问题、形成震慑，推动改革、促进发展”工作方针，扎实推进三届区委巡察工作，力促各级党组织始终在思想上政治上行动上同以习近平同志为核心的党中央保持高度一致，确保把上级精神转化为清苑发展的实际行动。

【推动巡察监督与其他监督贯通融合】 发挥巡察办统筹协调职能，进一步推进巡察监督与纪律、监察、派驻监督系统衔接，健全完善与宣传、政法、审计、财政、信访、统计等部门的协作协同机制。2021年，先后制定完善与纪委监委、组织、信访等部门协作配合制度4项。5月，召开清苑区推进巡察贯通融合工作座谈会，进一步有效推动了巡察监督与其他监督贯通融合。

【统筹谋划并推进三届区委巡察工作】 按照区委巡察工作领导小组对巡察工作的总体目标要求，在《三届区委五年巡察工作规划（2021—2025年）》出台前，根据巡察工作需要，对全区18个乡（镇）及城区、开发区，50个区直单位，7个区属事业单位，1家国有企业，277个村（社区）先行制订《中共保定市清苑区委巡察工作计划（2021—2025年）》，并经区常委会通过。在此基础上制订每年巡察工作计划，确保全面完成三届区委巡察全覆盖任务。根据省市县三级上下联动的要求，对清苑区粮食和物资储备局和清苑区省级粮食储备库进行了专项巡察，共发现问题16个，发现问题线索3个，给予党政纪处分4人。11月中旬至12月底，开展三届区委第一轮巡察，对区财政局等6个区直单位党组织开展常规巡察，确保了三届区委巡察工作稳步推进。

【进一步提升巡察规范化水平】 一是深入做好省委巡视关于巡察专项整改工作。针对省委第十巡视组专项检查反馈意见共梳理出的7个方面，17个具体问题，按要求全部整改完成，并健全完善长效制度机制46项。同时做好省委巡视整改工作，2021年巡察办配合区委召开了3次省委巡视反馈意见整改落实工作督导调度会，全力把省委巡视反馈问题整改落实好，确保取得实效。二是积极主动配合做好市委指导督导工作。4月13日至5月12日，市委第五指导督导组对清苑区委巡察工作开展指导督导。8月10日，针对清苑区巡察指导督导工作情况进行了反馈通报，按要求全部完成整改。三是举一反三全面提升巡察工作规范化水平。坚持问题导向，以省委巡视整改和市指导督导为契机，全面深刻剖析问题根源，逐一查找缺项和不足，做到举一反三，补齐短板，堵塞漏洞，健全机制，完善制度。2021年，共健全完善各项制度机制52项，5月编印了共48项制度机制的《保定市清苑区巡察实务制度汇编》，全面规范了巡察工作各个环节程序，对推动全区巡察工作全面规范提升起到了重要作用，进一步促进了全区巡察工作高质量发展。

主任 冉精华

（撰稿：李颖）

信访工作

【概况】 保定市清苑区信访局为区委工作机关，机构规格为正科级。内设办公室、综合股、接待室。2021年，在区委、区政府的坚强领导下，区信访局坚持人民至上理念，忠诚履行为民解难、为党分忧的政治责任，充分发挥信访工作联席会议机制作用，深入开展社会矛盾纠纷大排查、大化解，强化领导干部接访下访和包案工作机制，强力推动重复访治理、化解信访积案专项工作，有利维护了群众合法权益，群众满意度和信访公信力不断提高。

【落实信访责任】 区委、区政府高度重视信访稳定工作，区委常委会多次专题研究信访工作，定期听取信访工作汇报，对全区信访工作作出重大决策、重要部署。区领导与各乡镇（城区）、区直部门主要负责人签订2021年度工作责任书，压实主要领导负总责、分管领导直接负责、其他领导"一岗双责"的信访工作责任，建立起一级抓一级、层层抓落实的信访工作责任体系。坚持区领导"信访接待日"制度，区信访局每月制定清苑区党政领导接访表，保证每个工作日都有一

名区领导坐班接访，及时化解信访案件，方便群众面见领导表达诉求愿望，大大减少信访积案的发生概率。2021 年，区领导共接待群众来访 512 批次 1225 人次。

【大力推行“无接触式信访”】 2021 年，为减轻新冠肺炎疫情对信访工作的影响，引导群众通过写信、电话、互联网等“无接触式信访”反映诉求或提出建议意见，9 月，推行信访群众给区委书记、区长及区直各部门写信免邮费的做法写入河北省信访局经验交流材料，并在国家信访局《部分省区市办信工作座谈会发言材料》刊发推广。全年通过网信、电话第一时间受理、转办、督办信访事项 2015 件，网信占比达到 73.60%，及时受理率信访部门达到 100%，责任单位达到 100%；按期办结率达到 99.86%，群众对信访部门满意率达到 98.11%，对责任单位满意率达到 98.21%。

【开展集中治理重复信访化解信访积案专项工作】 聚焦中央、省、市联办集中交办的重复信访事项，按照“三到位一处理”工作要求，通过建立台账、倒排工期，深入研究、逐案施策，中联办第一批第二批交办的 217 件、省联办第一批第二批交办的 137 件重复信访事项，全部按时化解。省、市、县（市、区）领导包联信访事项第一批涉及清苑区 60 件，第二批涉及清苑区 20 件，全部按时化解。自行开展集中治理重复信访、化解信访积案“百日攻坚”行动，共梳理出信访案件 312 件，化解 297 件，化解率 95.2%；彻底息诉 263 件，息诉率达到了 84.3%。通过专项行动，推动全区重复信访率大幅下降，重点领域和重点群体突发矛盾明显缓解。

【开展化解涉房地产领域信访突出问题集中攻坚行动】 10 月初，开展化解涉房地产领域信访突出问题集中攻坚行动，针对上级交办的 16 个涉房地产领域信访案件，逐一成立专班，不同问题分类施策。包案区领导通过房地产领域信访问题接待窗口，先后 27 次约访 353 名购房户代表；区联席办组织住建、自规、审批等部门先后 21 次现场办公，主动约访业主，通报情况，协调解决问题。区公安分局对 2 个项目 2 名合伙人进行刑事拘留。涉房地产领域信访案件 10 月底全部化解。在全区开展房地产市场秩序专项整治工作，对上级交办的、“12345”政务服务平台反映的各类房地产开发企业违法违规行为，第一时间核查，问题属实的一律严肃处理，坚决遏制新增。

【抓好重大活动、重要会议期间的保障工作】 在中国共产党成立 100 周年系列庆祝活动、各级“两会”、中共十九届六中全会、省市区各类大型活动等期间，做到超前谋划，认真对待。坚持抓早、抓小、抓苗头，把排查矛盾纠纷作为提高工作主动性的重要环节，超前预防化解，加大风险隐患排查预警和攻坚化解力度。2021 年，共开展信访隐患大排查 12 次，并分别建立台账，落实区领导包联，有效预防和减少了信访问题的产生。密切关注重点利益群体涉稳动向，特别是涉房地产、涉集资融资、涉疫情等群体。实行“日排查、日汇总、日研判、日汇报”工作制度。坚持每天对信访问题进行全面收集，对重点问题进行随时上报，随时处置。各类活动会议期间，全区未发生一起有影响的信访事项。

局长 崔启正

（撰稿：徐丙杰）

老干部工作

【概况】 区委老干部局为清苑区委工作机关，机构规格为正科级。内设办公室，有老干部服务中心和关心下一代工作委员会办公室 2 个下属事业单位。归口区委组织部管理。全区共有离休干部 33 人，曾任县级实职老干部 32 人。2021 年，全区老干部工作，围绕区委中心工作，以维护老干部根本利益为出发点，认真开展中共十九大精神和习近平新时代中国特色社会主义思想的学习、认真做好新型冠状病毒防控工作等活动，不断强化和提高机关工作人员的服务意识，认真贯彻落实全国、省、市老干部工作会议精神，老干部的政治待遇和生活待遇得到很好落实。由区委老干部局负责，区老促会牵头组织编纂的《清苑革命老区发展史》丛书于10月出版。11月，“清苑区永春社区老党员驿站”正式在永春社区挂牌建立。

【发挥老干部参政议政的优势作用】 区委老干部局在定期组织曾任县实职老领导集中阅文学习的同时，实行每月征求离退休老干部意见、建议的制度。4月15日，组织曾任县级实职老干部对区部分重点项目进行集中观摩，并召开座谈会。

6月24日，好梦书房“风雨苍黄忆百年 翰墨光影颂华章”主题书画摄影展举行

【落实老干部生活待遇】 认真落实三项保障机制，在确保离休干部离休费按时足额发放的基础上，报销2020年下半年医药费70.37万元，报销2021年上半年药费50.84万元。妥善处理丧葬事宜6人。离休干部因生活长期完全不能自理提高护理费1人。同时，认真落实对离休干部的特困帮扶机制，对特困离休干部进行了帮扶，帮扶资金1万元。4—8月，协商区残联和区人民医院，组织开展“助行幸福路 帮听和谐声”活动，共为17名离休干部配发助听器，为13名生活不能自理离休干部配发轮椅。

【关心下一代工作】 为深入贯彻中共十九大精神，清苑区围绕立德树人的宗旨，以培育和践行社会主义核心价值观为主线，以扣好人生第一粒扣子为主题，经过宣传发动，层层推荐，严格审查，认真遴选，经网上公示，最终20名少年获2021年度清苑区“新时代好少年”称号。7月13日，保定市清苑区关工委、清苑区教体局承办了清苑区“新时代好少年”先进事迹发布会。组织全区中小学生书画爱好者，参加6月24日“风雨苍黄忆百年 翰墨光影颂华章”主题书画摄影展活动，近百幅中小学生作品参展，进一步激发了全区中小学生爱国、爱党的热情。

【举办庆祝中国共产党建立100周年系列庆祝活动】 6月10日，清苑区老年大学合唱团参加保定市“永远跟党走——庆祝中国共产党成立100周年群众歌咏展演”活动，获歌咏比赛“最佳演唱奖”。6月23日，举办“庆祝中国共产党成立100周年”京剧演唱会。6月24日，联合区政协、区委宣传部、区委统战部、区文联在好梦书房开展“风雨苍黄忆百年 翰墨光影颂华章”主题书画摄影展活动。7月3日，区老年大学举办“永远跟党走 再创新辉煌”主题文艺会演。

【疫情防控工作】 按照区疫情防控指挥部工作要求，强化干部履职尽责，严格疫情防控措施，推进疫情预防工作。在做好卡点疫情防控工作的同时，着力做好机关所属人员和小区人员的核酸检测、新冠疫苗接种工作，所辖范围内的人员核酸检测和疫苗接种全覆盖。

局长 段同占

（撰稿：耿纪永、张亚娟）

党校教育

【概况】 清苑区委党校是在区委直接领导下培养党员领导干部的学校，是区委的重要部门。

《中国共产党党校工作条例》将新时代党校职能界定为“干部培训，思想引领，理论建设，决策咨询”四个方面。2021年，清苑区委党校紧紧围绕区委、区政府中心工作和发展战略，以习近平新时代中国特色社会主义思想为指导，认真学习贯彻宣讲中共十九大及十九届四中、五中、六中全会精神和习近平总书记七一讲重要讲话精神以及市委十二次党代会精神，积极开展党史学习教育，充分发挥党校干部学习教育主阵地和党性锻炼大熔炉作用，凝神聚力，积极创新，各项工作迈上新台阶。

【干部培训】 全力开展中共十九大及十九届三中、四中、五中、六中全会精神、党史教育和习近平新时代中国特色社会主义思想的党员干部教育培训。全年共举办理论干部培训班、思想政治意识形态培训班、“两委”干部培训班、中共十九届五中及六中全会精神培训班、党史学习教育专题培训班、入党积极分子培训班、国家安全、国防教育培训班共11场，参训人数2017人次。

【教研科研和决策咨询】 2021年，在国家、省、市级各类报刊共发表文章6篇。申报省委党校课题1项，省委党校科研课题结项1项，市委党校科研课题结项1项。参加市委党校举办的建党百年征文活动，5篇文章获奖，其中一等奖1名，二等奖3名，三等奖1名。紧密围绕区委的中心工作，坚持用学术讲政治，加强对全区重点工作中出现的各种热点、难点问题的研究，开展决策咨询，共完成决策咨询课题4项。报送的创新案例《创新学习形式，推动学习教育走“新”更走“心”》被评为2020年度保定市宣传思想文化工作创新案例。

【巡回宣讲】 2021年，区委党校组织宣讲团，围绕习近平新时代中国特色社会主义思想、党史专题、习近平总书记七一重要讲话、中共十九届五中全会精神，深入基层，进乡村、进机关、进校园、进社区、进企业进行宣讲，宣讲22场，参训人数1020人次。

【党史】 2021年，克服疫情影响，积极开展清苑地方史两卷本的编纂工作。30万字初稿基本完成，正在做细节的修改审核。同时，围绕党史学习教育，充分利用清苑红色资源和党校阵地，多层面、多形式开展党史学习教育。

常务副校长 宋文德

（撰稿：赵萌、刘政凯）

档案管理

【概况】 区档案馆为区委直属事业单位，机构规格为正科级。2021年，清苑区档案馆在区委、区政府的坚强领导下，立足本职，努力进取，不断提升档案管理水平和服务水平，档案工作取得了一定的成绩。11月被省委办公厅、省人力资源和社会保障厅评为河北省档案工作先进集体。

【档案收集接收工作】 充分发挥新馆作用，进一步扩大档案接收范围。4月，接收区委办档案2000余件，同时完成了相关电子档案的接收工作。积极参加省档案局举办档案业务培训，加强对脱贫攻坚新的档案业务知识的学习，在脱贫攻坚档案移交过程中严格审核把关、认真指导，确保档案完整准确。7—12月，共接收区扶贫办、区环保局、区水利局、区住建局等10个单位1711件及孙村乡455件脱贫攻坚档案，接收贫困户档案35卷入馆。

【档案查询利用工作】 先后为区委组织部、区委纪检委、莲池区公安局、莲池区樊庄村等多个单位和群众提供查档服务。积极加入河北省档案馆民生类档案异地跨馆查询利用平台，实行了民生类档案异地跨馆查询利用，实现档案信息的资源共享。同时，安装了河北省档案馆建立的河北省馆藏红色档案目录异地跨馆查询系统，方便群众异地查询。

【强化发挥档案史料展厅作用】　盘活红色资源，传承革命精神，充分展示清苑人民在中国共产党领导下，在社会主义革命时期和社会主义建设时期取得的伟大成就。4—7 月，共接待区委办、区政府办等 30 多个单位 800 余人参观，并为其进行了详细的讲解，激发了广大党员干部热爱家乡、建设家乡的工作热情；4 月和 9 月分别接待市方志办、黄骅市档案馆到展厅参观，为宣传清苑贡献力量。

4 月 22 日，保定市方志办向清苑区方志馆赠书仪式举行

【全力做好《冉庄镇志》编纂后期工作】　协调区、市党史研究室对《冉庄镇志》出具了审读意见，并积极与方志出版社协调沟通，关注了解审批进程。通过积极协调、努力争取，《冉庄镇志》被审核通过，并被列入 2021 年度中国名镇志丛书出版计划。

【加强档案安全管理】　始终把档案安全作为工作的底线和生命线，不断加强档案安全体系建设，坚持落实人防、物防、技防“三位一体”的档案安全防护体系；加强全体人员档案安全教育，提高安全意识。定期实地检查档案库房内的安全情况，4 月对库房防虫药品全部进行了更换；专门对档案库房的防雨、防渗、防潮湿等情况进行检查；5 月、11 月通过市档案馆联系专业人员两次对馆内消防设施和器材进行了检查，12 月检修了消防主机，进行了调试，消除了隐患，确保了档案的安全。

【深入学习宣传】　结合“6·9”国际档案日配合区委办公室开展《中华人民共和国档案法》宣传活动，印制了宣传资料，发放到群众手中，提高了《中华人民共和国档案法》的知晓度，为不断推进档案法治化进程、促进档案事业向更高水平发展发挥了积极作用。

【疫情防控工作】　一是 1 月组织分包富强园小区的 1000 多名居民进行了全民集中核酸检测。二是多次开展入户排查工作，摸清小区居住人口情况，做到底数清楚；及时对重点地区、省外、有外出史来清返清人员进行全面排查，建立了中高风险地区来返人员台账；对居民新冠疫苗接种情况进行摸底调查，多方宣传发动群众，全力做好疫苗接种工作。三是克服人员少任务重等困难，严格落实 24 小时卡点值班工作，为做好疫情防控工作奠定基础。

【创城创卫工作】　一是倡议宣传，呼吁居民爱护小区环境。为紫光园小区制作张贴公益宣传牌 11 张。二是多次组织人员对小区杂草、垃圾、小广告、楼道杂物等进行清理整治。三是为小区购置消防器材，规划停车位，小区面貌得到很大改善。

馆长　高彦敏（女）

（撰稿：李靖）

保定市清苑区人民代表大会

◎人大常委会机构

◎人大重要会议

◎人大常委会主要工作

人大常委会机构

【保定市清苑区第二届人民代表大会常务委员会组成人员】

主　任　刘春林（2021.1—2）
　　　　甄会龙（2021.2—）
副主任　刘书勤（女）　苏秀义（女）
　　　　连凌柱　吴建军
委　员　于砚杰　马向光　王秋合　王海滨
　　　　王德彪　左常发　龙国军　冉新社
　　　　冯艳光　刘国文　齐文良　李　强
　　　　杨秀科　杨雪峰　张会良　张兴堂
　　　　张宝启　张海永　陈兵权　赵峻青（女）
　　　　赵新房　高士勇　高铁林　臧立根
　　　　王占军　陈建辉　李志彬

【区人大常委会工作机构及领导名录】

办公室
主　　任　陈建辉（2021.1—7）
副 主 任　魏会军（2021.1—7）
　　　　　段　蕾（女，2021.1—7）
主任科员　苏新江（2021.1—7）

代表室
主　任　龙国军（2021.1—7）

法制室
主　任　王海滨（2021.1—7）
副主任　杨福田（2021.1—7）

【保定市清苑区第三届人民代表大会常务委员会组成人员】

主　任　甄会龙
副主任　吴建军　孙立利　董翔宇
　　　　周明惠（女）
委　员　于砚杰　王占军　王海滨　石　峰
　　　　龙国军　史艳青　冯艳光
　　　　许红艳（女）　杨雪峰　张海永
　　　　陈兵权　陈建辉　邵俊岭（女）
　　　　郎志勇　赵心恬（女）　赵峻青（女）
　　　　高士勇　崔建梅（女）　臧永奕

【区人大常委会工作机构】

办公室
主　　任　陈建辉（2021.7—12）
副 主 任　段　蕾（女，2021.7—12）
主任科员　苏新江（2021.7—12）

代表室
主　任　龙国军（2021.7—12）

法制室

主　任　王海滨（2021.7—12）

副主任　杨福田（2021.7—12）

人大重要会议

【概况】　人大重要会议包括人民代表大会、人大常委会会议。2021年，清苑区召开人民代表大会2次、人大常委会会议10次。

【人民代表大会】　保定市清苑区第二届人民代表大会第五次会议于2021年2月4日以主会场加分会场方式举行。主会场设在区人大四楼会议室，分会场设在区政府二楼会议室和各乡镇会议室，应出席代表234名，因事因病请假代表31名，实际出席代表203名，符合法定人数。会议听取和审查了《政府工作报告》，审查和批准了《清苑区国民经济和社会发展第十四个五年规划和二〇三五年远景目标纲要》，审查和批准了《清苑区2020年国民经济和社会发展计划执行情况及2021年国民经济和社会发展计划（草案）的报告》，审查和批准了《清苑区2020年全区及区本级财政预算执行情况和2021年全区及区本级财政预算（草案）的报告》，听取和审查了《清苑区人大常委会工作报告》《清苑区人民法院工作报告》《清苑区人民检察院工作报告》。会议表决通过了关于清苑区人民政府工作报告的决议、关于清苑区国民经济和社会发展第十四个五年规划和二〇三五年远景目标纲要的决议、关于清苑区2020年国民经济和社会发展计划执行情况及2021年国民经济和社会发展计划报告的决议、关于清苑区2020年财政总预算和区本级预算执行情况及2021年区财政总预算和区本级预算报告的决议、关于清苑区人大常委会工作报告的决议、关于清苑区人民法院工作报告的决议、关于清苑区人民检察院工作报告的决议，表决通过了关于代表议案及建议、批评和意见的审查报告，表决批准了区政府2021年民生实事项目。会议选举了清苑区人大常委会主任、清苑区监察委员会主任和清苑区第二届人大常委会委员3人。

保定市清苑区第三届人民代表大会第一次会议于2021年7月27—29日在清苑宾馆举行，应出席代表259名，因事因病请假代表10名，实际出席代表249名，符合法定人数。会议听取和审查了《政府工作报告》《清苑区人民代表大会常务委员会工作报告》《清苑区人民法院工作报告》《清苑区人民检察院工作报告》，选举了清苑区第三届人民代表大会常务委员会主任、副主任、委员，清苑区人民政府区长、副区长，清苑区监察委员会主任，清苑区人民法院院长和人民检察院检察长，出席保定市第十六届人民代表大会代表。设立了清苑区第三届人民代表大会法制委员会、财政经济委员会、城乡建设和环境保护委员会、教育科学文化卫生委员会、社会建设委员会。会议还表决通过了《关于清苑区人民政府工作报告的决议》《关于清苑区人大常委会工作报告的决议》《关于清苑区人民法院工作报告的决议》《关于清苑区人民检察院工作报告的决议》，表决通过了关于代表议案及建议、批评和意见的审查报告以及代表质询案处理情况的报告，表决通过了清苑区第三届人民代表大会法制委员会组成人员名单、清苑区第三届人民代表大会财政经济委员会组成人员名单、清苑区第三届人民代表大会城乡建设和环境保护委员会组成人员名单、清苑区第三届人民代表大会教育科学文化卫生委员会组成人员名单、清苑区第三届人民代表大会社会建设委员会组成人员名单。

【人大常委会会议】　保定市清苑区第二届人大常委会第三十次会议于2021年1月14日在区人大四楼会议室举行。会议听取和审议了区政府关于2020年16项民生事实办理情况的报告、区二届人大四次会议代表议案、建议办理情况的报告，并对这两项报告进行了满意度测评。根据测评结果，上述报告予以通过。会议听取审议了区政府2020年1—11月财政预算执行情况的报告、2020年本级政府债务核定新增限额和新增政府债务项目及部分新增债务项目调整的报告；批准了区政府关于2020年财政预算的调整意见。会议强调，要全力做好民生实事和代表议案建议办理工作，要全力做好经济和财税工作，要全力做好人代会筹备工作。会议最后进行了人事任免事项，并举行了被任命人员向宪法宣誓仪式。

保定市清苑区第二届人大常委会第三十一次会议于2021年1月20日在区人大会议室举行。会议首先表决通过了个别区人大常委会组成人员辞去所任职务的请求，表决通过了个别市人大代表辞去代表职务的请求。会议根据《中华人民共和国全国人民代表大会和地方各级人民代表大会选举法》规定，补选了清苑区出席保定市第十五届人民代表大会代表。会议听取了区人大常委会副主任、代表资格审查委员会主任委员吴建军所作的区第二届人民代表大会第五次会议代表资格审查情况的报告。作出了关于召开保定市清苑区第二届人民代表大会第五次会议时间的决定。会议表决通过区二届人大五次会议议程草案、日程草案及主席团秘书长、主席团常务主席、执行主席分组、副秘书长、议案审查会员会、财政预算审查委员会的建议名单。审议并原则通过《保定市清苑区人大常委会工作报告（征求意见稿）》《清苑区人大常委会关于区二届人大四次会议代表议案、建议办理情况的报告（征求意见稿）》，决定将这两个报告提交区二届人大五次会议审议。会议表决通过了区二届人大五次会议关于民生实事项目的票决办法（草案）。会议还授权主任会议，根据需要视情对区二届人大五次会议日程、议程等作出相应调整。会议强调，开好区人大二届五次会议，对进一步凝聚全区上下的智慧力量，推动清苑创新发展、绿色发展、高质量发展向更高水平迈进，具有十分重要的意义。“视频+分会场”的组织形式，在清苑人代会历史上是第一次，也给会议的筹备组织提出了更高要求。会议要求，常委会机关工作人员，特别是牵头领导，要精心组织，周密安排，要注意细节，特别要在视频调试、会场沟通、资料报送、决议表决、会议纪律、后勤保障、防疫安排等方面高度关注，确保此次会议环环相扣，避免出现疏漏，圆满完成各项议程。

保定市清苑区第二届人大常委会第三十二次会议于2021年4月9日在区人大会议室举行。区人大办公室主任陈建辉首先学习传达十三届全国人大四次会议精神。会议听取和审议了区财政局局长王东海受区政府委托所作的关于综合性国有资产管理情况报告和区生态环境分局局长杨立志受区政府委托所作的关于2020年环境状况和环境保护目标完成情况报告，并对这两项报告进行了满意度测评。根据测评结果，上述报告予以通过。会议听取了区财政局局长王东海受区政府委托所作的关于对保定市荣清国控集团有限公司增加注册资本金列入财政预算的报告，会议以按电子表决器的方式，批准了区政府关于对保定市荣清国控集团有限公司增加注册资本金列入财政预算的报告。会议审查了区公安分局对两名区人大代表采取强制措施的提请，并以按电子表决器的方式，决定许可区公安分局对两名人大代表采取取保候审强制措施。会议进行了人事任免事项，区人大常委会主任甄会龙向被任命人员颁发了任命书。会议强调，一要深入开展党史学习教育；二要认真学习十三届全国人大四次会议精神；三是加强国有资产和资金监管；四是持续抓好生态环境保护工作；五是强化法治意识，带头遵纪守法。会议最后举行了被任命人员向宪法宣誓仪式。

保定市清苑区第二届人大常委会第三十三次会议于2021年4月22日在区人大常委会会议室举行。会议作出关于成立保定市清苑区选举委员会的决定，作出了关于任命乡、镇选举委员会和城区选举工作领导小组成员的决定。会议审议通过了《保定市清苑区区、乡人大换届选举工作方

案》，区人大办公室主任陈建辉就方案（草案）进行了说明。会议作出了关于区、乡（镇）第三届人民代表大会代表选举时间的决定，由区、乡选举委员会分别公告。根据新修订的选举法，会议作出了关于重新核定乡（镇）人民代表大会代表名额的决定。会议还表决通过了个别区人大代表辞去代表职务的请求。会议要求，一要提升政治站位，要从进一步夯实党的执政基础的高度来认识这次区、乡人大换届选举工作；二要严把关键环节，要按照换届选举工作方案的要求，提前谋划，压茬推进各个关键节点；三要强化工作责任，各乡、镇（城区）党委和人大主席团要在区委的统一领导和区人大常委会的具体指导下，周密安排，把握关键环节，依法扎实推进。

保定市清苑区第二届人大常委会第三十四次会议于2021年5月22日在区人大会议室举行。会议首先听取和审议了区人大常委会法制室主任王海滨所作的关于区人大常委会2020年度规范性文件备案审查工作情况的报告，经过表决，会议通过了这个报告。会议审议了区民政局受区政府委托提交的关于撤销东闾乡设立东闾镇行政区划的调整方案，会议批准了这个方案。会议以举手表决的方式，分别决定接受王涛、陈福星、钟振生三人的辞职请求，报保定市清苑区人民代表大会备案。钟振生的辞职，同时由保定市清苑区人民检察院报经保定市人民检察院检察长提请保定市人民代表大会常务委员会批准。会议任命李英英（女）为保定市清苑区人民政府副区长，决定其为代理区长；任命李梅（女）为保定市清苑区人民法院副院长、审判委员会委员、审判员，决定其为代理院长；任命徐文科为保定市清苑区人民检察院副检察长、检察委员会委员、检察员，决定其为代理检察长。会议最后举行了被任命人员向宪法宣誓仪式。

保定市清苑区第二届人大常委会第三十五次会议于2021年7月19日在区人大会议室举行，会议听取通过了区人大常委会副主任、代表资格审查委员会主任委员吴建军所作的关于清苑区第三届人民代表大会代表资格的审查报告，作出了关于召开保定市清苑区第三届人民代表大会第一次会议时间的决定。会议分别表决通过了区三届人大一次会议议程（草案）、日程（草案）及主席团秘书长、主席团常务主席、执行主席分组、副秘书长、议案审查会员会、列席人员、特邀人员名单（草案）。会议讨论通过了《保定市清苑区人大常委会工作报告（征求意见稿）》。会议进行了人事任免事项。会议就开好区三届人大一次会议提出要求：一是周密准备。对人代会各项筹备工作要认真梳理，细之又细，责任到人。严格落实相关法律要求，严格按程序召开会议。二是严肃纪律。要严肃政治纪律、组织纪律、会议纪律和生活纪律，落实好疫情防控要求，确保大会顺利召开。

保定市清苑区第三届人大常委会第一次会议于2021年8月6日在区人大会议室举行。会议首先学习了习近平总书记在庆祝中国共产党成立100周年大会上的重要讲话精神。会议进行了人事任免事项。就做好疫情防控工作，会议强调，一要坚决挺起政治担当，把做好疫情防控工作作为重要政治任务，从严从紧做实做细各项防控工作。二要坚守岗位职责，坚决打赢疫情防控人民战争、总体战、阻击战，用疫情防控的实际成效保障经济社会有序发展。三要严格遵守相关规定，要带头严格遵守相关法律法规和疫情防控各项措施要求，坚决阻断病毒传播，确保健康安全。会议最后举行了被任命人员向宪法宣誓仪式。

保定市清苑区第三届人大常委会第二次会议于2021年9月24日在清苑宾馆第七会议室举行。会议首先通报了区第三届人大常委会主任、副主任工作分工。会议表决通过了《关于设立区第三届人大常委会代表资格审查委员会的决定》。会议听取和审议了区财政局局长王东海受区政府委托所作的关于2020年财政决算的报告和区审计局局长赵汉文受区政府委托所作的关于2020年财政预算执行和其他财政收支情况的审计工作报告。会议对区政府2020年财政预算执行工作和审计工作表示满意，同意决算报告和审计报告，决定批准区政府 2020 年财政决算。会议听取和审议了区财政局局长王东海受区政府委托所作的关于 2021 年 1—8 月财政预算执行情况的报告和区税务局局长张忠义受区政府委托所作的关于 2021 年 1—8 月税收情况的报告，听取和审议了副区长王永辉所作的区政府关于 2021 年民生实事项目进展完成情况的报告。听取和审议了区法院院长李梅所作的区法院关于民事执行工作情况的报告。会议对 2020 年财政决算、审计工作、2021 年 1—8 月财税工作、区政府民生实事办理工作和区法院民事执行工作进行了满意度测评。根据测评结果，以上报告予以通过。会议进行了人事任免事项，并向被任命人员颁发了任命书。会议最后举行了被任命人员向宪法宣誓仪式。

保定市清苑区第三届人大常委会第三次会议于 2021 年 11 月 25 日在区人大会议室举行，会议学习中共十九届六中全会精神和中央人大工作会议精神。会议听取和审议了区委常委、常务副区长王春雨代表区政府所作的关于四项重点工作开展情况的报告，听取和审议了区应急管理局党委书记樊文志受区政府委托所作的关于安全生产工作开展情况的报告、区公安分局政委郭磊受区政府委托所作的关于打击电信网络诈骗犯罪情况的报告、区检察院检察长徐文科所作的区检察院关于控告申诉检察工作开展情况的报告。会议对区政府四项重点工作和区政府安全生产工作、打击电信网络诈骗犯罪工作、区检察院控告申诉检察工作进行了满意度测评。根据测评结果，以上报告予以通过。会议听取和审议了区财政局局长王东海受区政府委托所作的关于 2021 年财政预算调整情况的报告。会议以举手表决的方式，批准了区政府 2021 年财政预算的调整意见。区第三届人大常委会代表资格审查委员会副主任委员龙国军就个别代表暂时停止执行代表职务向常委会进行了说明。会议最后举行了区三届人大一次会议当选的区人民检察院检察长向宪法宣誓仪式。

保定市清苑区第三届人大常委会第四次会议于 2021 年 12 月 29 日在区人大会议室举行。会议学习了省委和市委人大工作会议精神。会议听取和审议了区政府办受区政府委托所作的关于 2021 年民生实事项目办理情况的报告和区二届人大五次会议、三届人大一次会议代表建议办理情况的报告。会议对区政府 13 件民事实事项目逐项进行了满意度测评；同时，分别对区二届人大五次会议、区三届人大一次会议代表建议办理情况进行了满意度测评，根据测评结果，以上报告予以通过。议听取和审议了区财政局局长王东海受区政府委托所作的关于 2021 年本级政府债务核定新增限额和新增政府债务项目的报告，会议以举手表决的方式，批准了该报告。会议听取和审议了区财政局局长王东海受区政府委托所作的关于不编制国有资本经营预算情况的报告，会议以举手表决的方式，批准区政府不编制国有资本经营预算。会议听取和审议了区财政局局长王东海受区政府委托所作的关于 2021 年 1—11 月财政预算执行情况及 2021 年财政预算调整意见的报告，会议以举手表决的方式，批准了区政府关于 2021 年财政预算的调整意见。会议以举手表决的方式，批准了个别区人大代表辞去代表职务的请求。会议进行了人事任免事项，并向被任命人员颁发了任命书。会议最后举行了被任命人员向宪法宣誓仪式。

人大常委会主要工作

【监督工作】 一是开展四项联动监督。制定监督方案，成立监督小组，要求区政府组织各相关部门对照任务要求进行自查，边查边改，建立“四清单一台账”。对参与监督工作的各级人大代表和工作人员进行培训，共培训人大代表和工作人员 119 人次。组织各级人大代表，对四项重点工作进行监督检查，实地检查 19 处。专题听取区政府开展四项重点工作的报告，逐项进行满意度测评。二是开展民事执行监督。制定开展民事案件执行专项监督方案，成立了监督专班。组织部分市、区两级人大代表和律师，深入法院实地检查民事执行工作开展情况。召开区人大常委会会议，专题听取区法院民事执行工作情况报告，并组织人大代表参加“集中执行百日攻坚”行动。三是开展重点领域监督。组织各专项监督小组，通过听取专项汇报、查阅资料、实地检查等方式，开展“6+1”联动监督“回头看”。专题听取区政府安全生产工作报告、综合性国有资产管理情况报告、2020年环境状况和环境保护目标完成情况报告、2021年财政预算执行和税收完成情况报告，提出了具体审议意见。四是开展民生专项监督。区人大常委会先后两次听取区政府13项民生实事项目办理情况报告，并进行满意度测评，同时组织人大代表实地视察办理情况。开展司法工作监督，专题听取打击电信网络诈骗犯罪情况和控告申诉检察工作情况报告。

【代表工作】 一是做好代表选举工作。区人大常委会按照《中华人民共和国全国人民代表大会和地方各级人民代表大会选举法》《中华人民共和国地方各级人民代表大会和地方各级人民政府组织法》和省市人大常委会要求，结合往届换届选举的成功经验和新的形势特点，制定了《区乡人大换届选举工作方案》，认真落实“九个严禁、九个一律”的要求，严格人选资格条件，综合部门对候选人逐一审查把关，坚持每一个环节都做到依法依规，依法选举产生区第三届人民代表大会代表259名、乡镇人民代表大会代表1249名。二是发挥代表模范作用。面对疫情的影响，各级代表各负其职，为筑牢疫情防控屏障做出突出贡献。面对严峻的经济形势，企业界人大代表为全区经济发展做出了自己的努力。依托人大代表维稳联盟，各级代表发挥人脉广、资源多的优势，化解了大量的矛盾纠纷，用实际行动维护了社会的和谐稳定。三是提升代表履职能力。区人大常委会领导带头，深入一线走访代表，全年走访市人大代表23名、区人大代表57名、乡镇人大代表79名。依托“代表之家”，组织开展丰富多样的活动。邀请人大代表列席区人大常委会、区政府常务会，建立了人大代表优化营商环境监测点。加强全方位、多层次的代表培训，活化培训方式，增强培训效果，全面提升代表履职能力。加强对乡镇人大的指导，提升乡镇人大主席、副主席做好代表工作的能力和水平。四是办好代表议案建议。区二届五次人代会提出代表建议34件，区三届一次人代会提出代表建议32件，区人大常委会高度重视代表议案建议办理工作，及时交办，跟进督办，办复率达到100%。在66件代表建议中，已经解决或基本解决的34件，28件已经着手工作或列入规划，4件受政策或客观因素限制已向代表做出解释说明。

【人事任免和重大事项决定】 坚持党管干部与依法任免有机结合，严格履行法定程序，确保市委、区委人事意图圆满实现。一年来，任免国家机关工作人员85人次，均全票通过。坚持被任命人员做任前表态发言，向人大代表承诺，用实际行动践诺，让岗位责任内化于心、外化于行。坚持向宪法宣誓，强化被任命人员宪法精神、法治理念，努力做到依法行政、依法监察、依法司法。坚持依法决定重大事项，审议批准了政府债务核定新增限额和新增政府债务报告、关于东闾撤乡设镇的调整方案、2021年财政预算调整报告。

【自身建设】 一是抓好“四个机关”建设。认真学习贯彻中央、省委、市委人大工作会议精神，按照“四个机关”要求加强自身建设。按照“人要精神、室要整洁、话要和气、事要办好”的十六字要求，结合全区思想作风纪律整顿，干部精神风貌明显改观，机关整体效能显著提升。二是抓好会务保障工作。针对疫情防控的特殊形势，创新会议形式，以主会场加分会场的方式，顺利召开区第二届人民代表大会第五次会议，圆满完成了包括选举在内的各项任务。坚持提前谋划，依法核定代表名额，周密做好各项工作，确保了区第三届人民代表大会第一次会议的顺利召开。同时，指导各乡镇开好新一届人代会。共召开常委会会议10次、主任会议15次，听取“一府两院”报告22项，做出决议、决定18项。三是抓好文件备案审查。召开区人大常委会会议，专题听取2020年规范性文件备案审查工作情况报告。加强专门人员培训，强化规范性文件备案审查的日常督促和检查，对《关于河道管理和水利工程管理与保护范围划定成果的通告》等5件规范性文件进行了备案审查。四是抓好人大宣传工作。在通过电视台等常规媒体宣传的基础上，区人大常委会重点抓了人大微信公众号宣传，开辟了代表风采、人大动态、法律法规多个专栏，全方位宣传人大工作、代表履职等内容，已推送41期。在《保定人大工作》上刊发代表事迹和工作动态5篇。

11月25日，保定市清苑区第三届人大常委会第三次会议召开

（撰稿：罗岳）

保定市清苑区人民政府

◎政府机构

◎施政辑要

◎区政府综合协调工作

◎行政审批

◎人力资源管理

◎退役军人事务工作

◎应急管理

◎消防救援

保定市清苑区人民政府

政府机构

【区政府领导名录】

保定市清苑区人民政府区长、副区长

区委副书记、区长：王　涛（2021.5 离任）

区委副书记、代区长：
李　英（2021.5—7）

区委副书记、区长、党组书记：
李　英（2021.7—）

区委常委、党组副书记、常务副区长：
刘　丹（2021.5 离任）

区委常委、党组副书记、副区长候选人：
王春雨（2021.6—7）

区委常委、党组副书记、常务副区长：
王春雨（2021.7—）

区政府副区长：刘　爽（2021.5 离任）

区政府党组成员、副区长：张国文

区政府副区长人选：常　征（2021.6—7）

区政府副区长：常　征（2021.7—）

区政府党组成员、副区长、区公安分局局长：
张　毅（2021.11 离任）

区政府党组成员、副区长人选、区公安分局局长：
李　啸（2021.11—12）

区政府党组成员、副区长、区公安分局局长：
李　啸（2021.12—）

区政府党组成员、副区长人选：
彭彩红（2021.6—7）

区政府党组成员、副区长：
彭彩红（2021.7—）

区政府党组成员、副区长人选：
王永辉（2021.6—7）

区政府党组成员、副区长：王永辉（2021.7—）

区政府党组成员、副区长：
王文刚（2021.5 离任）

区政府党组成员、副区长：
纽　刚（2021.5 离任）

区政府党组成员：魏洪海（2021.11 离任）

【区政府工作部门主要负责人】

贺　强	区政府办公室
马瑞军	区发展和改革局
张文利	区教育和体育局
王占龙	区工业和信息化局
冉红星（女）	区民族宗教事务局
辛凯亮	区民政局
宋旭旺	区司法局
王东海	区财政局
史经利	区人力资源和社会保障局

张宏伟	区住房和城乡建设局
丁红彬	区城市管理综合行政执法局
吴宏伟	区水利局
樊茂盛	区农业农村局
武全乐	区商务局
雷艳群	区文化广电和旅游局
王　琴（女）	区卫生健康局
王建功	区退役军人事务局
樊文志	区应急管理局
赵汉文	区审计局
段杏娟（女）	区市场监督管理局
郭　新	区市场监督管理局
杨铁勇	区统计局
王鹏飞	区行政审批局
马艳莲（女）	区医疗保障局

施政辑要

【概况】 2021年是清苑发展历史上极不平凡的一年，是“激情奋进‘十四五’、再造一个新保定”的开局之年，是全面开启建设社会主义现代化国家新征程、向第二个百年奋斗目标胜利进军的关键一年。清苑区委、区政府在市委、市政府坚强领导下，深入学习贯彻习近平新时代中国特色社会主义思想，坚决落实中央和省、市、区各项决策部署，始终坚持政治站位和政治引领，切实把拥护“两个确立”、做到“两个维护”贯穿政府工作的各领域全过程；始终唱响坚持人民至上主旋律，用心用情用力解决群众关心的实际问题；始终坚定不移贯彻新发展理念，加快城市转型、产业转型，以系统观念引领高质量发展，以小胜积大成，赢得了发展主动，全区经济综合实力得到提升。全区地区生产总值完成160.5亿元；一般公共预算收入完成9.3亿元；固定资产投资完成50.4亿元；规模以上工业增加值完成22.5亿元；社会消费品零售总额完成57.4亿元；城乡居民人均可支配收入分别达到38506元和23294元。

【项目建设成效显著】 依法组织征地540余亩。经济开发区“双九通一平”基础设施建设扎实推进，完成220千伏高压线路迁改，申报3个园区托管45.7平方公里。成立河北清开启创产业发展有限公司。实施企业入园评审，开发区主营业务收入达到183亿元，同比增长39.03%；固定资产投资实现翻番，税收收入增速超过50%。大堤口村整村拆迁改造稳步推进，雄忻高铁保定南站建设前期工作有序开展。项目建设提质提速，新华世纪中学、冀昌电气等3个项目竣工投产，正迪欢乐世界文化创意园、泽龙国际教育城等6个项目达到序时进度，首衡农产品批发市场一期、博远电气等5个项目全部开工，程成超声、辰力索具等14个项目加快推进。坚定不移抢抓机遇，主动谋势借势，服务京津、联动雄安。全年谋划储备项目109个、总投资407亿元，京津冀协同发展合作项目达到27个、总投资212.4亿元。

【产业升级步伐加快】 成功举办第四届西瓜节和2021中国农民丰收节暨乡村文化旅游节。粮食生产实现“十九连丰”，农业标准化生产覆盖率达到72.39%，第一产业生产总值全市第一。新建市级精品园区2家，市级以上现代农业园区达到15家；4个省级农业创新驿站、3个太行山农业创新驿站顺利通过省级验收。成功创建万亩特色农产品优势区和蔬菜特色优势区，瓜菜种植面积位居全市第一，大棚西瓜总产量连续5年位居全省第一。“清苑西瓜”被评为省级区域公用品牌，东闾被评为首批全国种植业“三品一标”基地，南王庄村被评为2021年全国乡村特色产业亿元村。工业质量效益双提升，完成工业技改投资5.19亿元，新增规模以上工业企业18家、高新技术企业18家、科技型中小企业136家。四通新材获“省级绿色工厂”称号，入选全国第三批“专精特新”“小巨人”企业。北特机械科技在河北股权交易所正式挂牌。服务业支撑力持续增强，新增入统服务业企业1家、批零企业6家，预计增加值完成72.3亿元，同比增长5.1%。高新技术产业增加值占规模以上工业增加值比重达到35.4%。三次产业结构比为22.3∶31.5∶46.2，产业结构持续变绿变轻，清苑的发展活力和势能越来越足。

【城乡面貌日益改观】 坚持产城融合，泽龙国际教育城部分投入使用，区医院新院区一期完成部分主体施工，区妇幼保健院新建住院病房楼和妇孺国医堂项目开工，职业教育园区落户清苑、完成选址。城市“双修”二期二阶段改造提升道路8条，振清街南延至保障房小区道路竣工通车，教育园区新建道路完成部分路段施工。加快城市有机更新，新建街角绿地、口袋公园10个，建成区绿地率达到39.13%，人均公园绿地面积达到14.68平方米。阳光国际A区被评为省级园林式居住小区。重点打造迎宾路、莲池南大街两条示范街，对城区重要节点建筑进行亮化，实施春节氛围布景，装点浓郁节日气氛。仅用10天时间依法拆除兴苑市场违建370余处、房屋167间。文明城区创建工作在省级年度测评（复检）中获全省通报表扬。规范城市发展秩序，盘活利用闲置土地875亩，清理违法违规占地270余亩，还清增减挂钩历史欠账2190亩。全力推动乡村振兴，建成乡村振兴示范区2个、市级以上美丽乡村20个。农村生活水源江水置换项目一期完成主管网铺设481.84公里，改造农村低压电网278.9公里，新（改、扩）建农村道路56.66公里。北王力乡获评省级“四好农村路”示范乡。整治提升农村人居环境，新建农村公厕145座，改造农村户厕6000座，创建清洁示范村157个。成功创建“全省村庄清洁行动全域示范县”。东闾撤乡改镇和大堤口村改居如期完成，全区常住人口城镇化率达到42.7%。

【三大攻坚成效显著】 推进巩固拓展脱贫攻坚成果同乡村振兴有效衔接，843户1864名建档立卡脱贫户无一返贫。坚持科学精准依法治污，高标准完成全国重点城市空气质量排名“退后十”硬性目标。空气质量综合指数和PM2.5浓度改善率排名全省前列，空气优良天数达到242天，增加25天，天朗气清正在成为常态。加强白洋淀上游流域综合治理，府河下游清淤整治工程（莲花闸至望亭中学段）和府河导排区加固工程如期完工，大庄污水处理厂达标运行，冉庄污水处理厂和温仁污水处理厂进展顺利。全区有水河流断面水质考核均达到Ⅲ类及以上标准，为20年来最好水平。完成地下水压采1197.8万立方米，地下水位同比上升1.23米。温仁小村新村建设和村民返迁按时完成，东石桥村防洪整治工作取得阶段性成效。深入开展农信社专项工作百日攻坚行动，政府债务保持在合理区间。清苑高质量发展的底板更加厚实，底色更加鲜亮。

【发展活力持续释放】 对178项改革任务立项分解。推出“标准地”改革、“一业一证”、“无感审批”等一批创新举措，审批事项网上可办率达到100%，711项政务服务事项实现“全流程网办”，12项服务事项实现与雄安和保定市域各县（市、区）“跨域通办”。政府投资类、社会投资核准类、社会投资备案类项目从立项到取得施工许可分别由45个、38个、35个工作日压缩至39个、33个、31个工作日，企业和群众办事更加便捷。落实“保定人才十条”优惠政策169人，获批燕赵英才卡94人。常态化开展企业家早餐会活动，突出治理“小鬼难缠”行为，政商关系既“清”又“亲”。全年新增市场主体6603个，民营企业达到1.1万余家，个体工商户达到2.7万余个。新增省级技术创新中心2家，达到6家，市级以上创新平台3家，达到16家。区乡村振兴局正式挂牌。清苑区被确定为全省构建基层行政决策公众参与机制试点单位。

【社会事业全面进步】 在财政异常困难的情况下，投入民生领域资金占一般公共财政支出的

85%以上，办成一大批惠民实事好事，以看得见的点滴变化回应群众期待。教育体育全面进步。高考成绩继续稳居全市第一平台。新（改、扩）建学校4所，改造提升中小学运动场4座。招聘农村中小学和幼儿园教师100名。规范民办义务教育发展，推动“双减”政策落实。清苑代表队在保定市第三届冰雪运动会上取得奖牌总数第一和团体总分第一的成绩。清苑区被国家疾控中心评为“全国优秀健走示范区”。文化事业繁荣发展。完成区美术馆、区文化馆、区图书馆改造挂牌。传统香制作技艺入选第五批国家级非物质文化遗产。清苑被命名为“河北省民间文化艺术之乡”。成功举办第五届广场舞大赛、第六届戏曲艺术节和庆祝中国共产党成立100周年系列文艺演出。保障水平稳步提升。常态化开展新冠肺炎疫情防控。紧密型医共体建设成效显著，清苑被评为“全市医改先进县（市、区）”。积极推进乡村卫生服务一体化管理，中医药事业全面发展。基本医疗保险参保率达到100%。城镇登记失业率控制在4.5%以内。完成老旧小区改造6个，棚改区集中安置稳步推进。殡葬管理所改（扩）建项目一期临时建筑投入使用，完成东闾德康老年公寓和裕东养老服务中心消防改造。累计发放城乡低保、社会救助等社会兜底保障资金1.05亿元。社会大局和谐稳定。推进“扫黑除恶”专项斗争常态化。建成智慧安防小区180个。食品药品和安全生产形势持续向好，全年未发生一般及以上工矿商贸企业生产安全事故和有较大影响的火灾事故，群众幸福指数不断提升。

【政府自身建设得到加强】　扎实开展党史学习教育、“四史”宣传教育和政法干部队伍教育整顿，严格落实中央八项规定精神和省、市各项禁令。坚持大事难事一起扛，急事要事一起上，强化干事创业的担当和导向。对中央和省委巡视、国家和省扶贫考核、中央环保督察和省市大督查等各方面反馈意见全力整改。坚持依法行政，自觉接受人大法律监督、政协民主监督、监委监察监督、社会舆论监督和人民群众工作监督，66件人大代表建议、56件政协提案全部办复。健全政务服务热线“接诉即办”机制，全年受理群众诉求1.7万余条，办结率达到96.2%。同时，统计、司法、方志、档案、共青团、工会、妇女、残联、人民武装等多项工作也都取得了新成绩，为全区经济社会事业发展做出了积极贡献。

区政府综合协调工作

【概况】　保定市清苑区人民政府办公室是区政府综合管理全区经济建设和社会事业发展、承担区政府日常政务工作、实施行政指挥和监督、参与全区经济宏观调控的部门。主要负责起草区政府文件、工作报告和领导讲话，以及区领导交办的其他文字综合材料；承担区政府文电的收发保密工作，负责文电的批办、承办、催办工作；保证区政府各项专题会议会务质量，做好重大活动组织安排；协调区政府领导处理各部门、乡镇反映的重要问题。同时督导检查区政府各部门工作部署的执行情况和区委、区政府领导重要指示的落实情况，围绕区委、区政府的重大决策和重点工作，收集信息，为领导科学决策提供有价值的依据。

2021年，区政府办公室紧紧围绕全区中心工作，秉持“忠诚、干净、干事、担当”理念，以服务群众、服务基层、服务企业、服务领导为己任，充分发挥参谋辅政、综合协调、督查检查、服务保障职能作用，在疫情防控、河道搬迁、环境保护等大仗硬仗中，迎着困难上、顶着压力干，抢星夺旗，事争一流，圆满完成了年初既定目标任务和上级交办的各项重点工作。2021年，区政府办公室党支部获评先进基层党组织；区金融办获评全省地方金融监管系统“争创人民最满意的公务员集体”十佳集体；牵头推动清苑区被评为保定市唯一的全省构建基层行政决策公众参与机制的试点区、县；区热线办人民网网民留言办理工作被省政府评为2021年度全省政府系统先进单位，全省仅4个县（市）、区。

6月28日，区委副书记、区长李英英七一讲党课

【公文起草与承办】　公文起草精益求精。强化“身在兵位、胸为帅谋”意识，准确把握领导意图，紧盯领导关注问题，确保公文起草有思想、有站位、有高度。全年组织起草《政府工作报告》、区委全会讲话等各类讲话材料200余篇，政府常务会、政府党组会、区长碰头会等会议纪要100余篇，特别是《政府工作报告》等一系列重要文稿和讲话稿得到区政府主要领导的充分肯定。公文制发秉持高标准。进一步完善公文发文审核、签发、印刷流程，力求文件制发观点准确、格式规范、逻辑严谨、准确及时。2021年，共印发政府红头文件220余份、各类会议纪要100余份、办公室红头文件230余份。公文流转坚持高效率。将全部文件纳入定笺分类管理，实行文件流转全程留痕、精准到分，保证每份文件“去向明确，有迹可循”。2021年，全面升级OA办公系统，将各乡镇政府、区直单位近70家部门整合到电子办公管理模式中，切实提高文件承转信息化水平。全年OA系统共收文6405件，发文9789件，累计流转文件12775次。

【会务接待工作】　始终把“接待无小事”牢记心头，把精益求精、事争一流贯穿到接待工作的全过程。协调承办了国家和省市各级电视电话会议120余次，均严格做到会前周密准备、会中细致服务、会后狠抓落实，并对会议纪律抓好督查，做好通报。圆满完成省长许勤、副省长袁桐利、市委书记党晓龙到清苑调研考察的服务保障工作，以及中钢研、中南高科等战略投资的接待洽谈工作。

【信息调研工作】　围绕全区中心工作、重大决策部署，聚焦重点项目建设、大气污染防治、疫情防控、农民工工资支付等工作，深入基层开展实地调研，找准问题，分析措施，为领导提供决策参考。2021年，共编发区内信息刊物50期，上报信息51条，其中《关于农村公路建设和管护工作问题及建议》《关于农业面源污染治理工作问题及建议》《关于电子证照跨地、跨部门应用问题及建议》等13条信息被市以上采用。

4月13日，区政府办开展党史宣传进社区活动

【督查工作】　聚焦上级决策部署，聚焦区政府重点工作，聚焦群众关心关注的问题，真督实查，跟踪督导，保障各项决策部署落实到位。同时，对年初人代会确定的13项民生实事、《市政府工作报告2021落实方案》中涉及全区的64项重点工作、《区政府工作报告2021年工作落实方案》确定的134项重点事项纳入“年初建账、明账，年中查账、对账，年底算账、要账”的模块化管理模式，每月督导，年终考评，推动各项工作取得扎实成效。全年，共编发《政务督查专报》16期，呈报其他督导反馈材料100余篇，有力促进了各项重点工作顺利推进。

【综合协调工作】 坚持原则性和灵活性相结合，建立由协调主任牵头、协调人员带头、全体工作人员参与的协调服务机制，形成上下贯通、左右衔接、协调联动的大协调服务格局。同时，强化全体人员的兜底意识，对职能交叉的工作，始终做到补台不拆台、到位不越位、作为不乱为，各项工作相互衔接、形成合力，区政府办工作作风、工作质量和工作效率实现新提升。

【人大代表建议、政协提案办理工作】 扎实做好人大代表建议、政协提案承办工作，全年承办市政协提案 4 件、区政协提案 56 件、区人大代表建议 66 件，按时办复率、走访率、答复函规范化率、满意率均达到 100%，切实解决一批人大代表、政协委员和人民群众关心关注的问题。清苑区政府被市政府办公室评为优秀承办单位。

【智慧政务建设工作】 充分发挥政务公开在法治政府、服务型政府创建等方面的促进作用。2021 年，动态更新政务类信息 1800 余篇，共收到 8 件政府信息公开申请，公开解读材料 21 篇，处理咨询投诉求助 150 余件，处理期限均在 5 个工作日之内，做到事事有回音、件件有落实。

【企业服务工作】 积极搭建政银企平台，全力解决企业融资难、融资贵问题。深入推进“百行联千企”活动，精准确立 11 家银行机构和 113 家小微企业的包联关系。截至 2021 年年底，对包联企业放贷率达到 83.88%，累计放贷 8.78 亿元。强力助推企业上市，北特机械科技股份有限公司在河北股权交易所成功挂牌。开展秋冬季大气污染防治集中攻坚督导帮扶活动，积极引导企业做好重污染天气应急响应，指导和帮助企业做好应急减排工作。最大程度降低重污染天气，应及响应对企业生产经营影响。

【群众服务工作】 充分发挥金融在巩固拓展脱贫攻坚成果中的支撑作用，稳步推进小额信贷工作，累计发放小额贷款 11 户，共 29.39 万元，累计发放贴息资金 19592.22 元，推动乡村振兴工作提质增效。全力做好防范和处置非法集资工作，开展预防非法集资宣传活动，发放宣传册 1000 余份；全面掌握以涉众型非法金融活动为主的金融风险底数，做到一案一策，一案一专班，定期排查化解，确保监测到位、化解到位，守护好人民群众的“钱袋子”。

【后勤保障工作】 强化机关安保工作，升级智能门禁系统，实行 24 小时值班和来访人员登记制度，切实维护机关正常办公秩序。新建机关大院食堂，解决职工吃饭难题，守护职工“舌尖上”的幸福感。新建可容纳 160 余人的高标准多功能会议室。

5 月 7 日，区政府办开展志愿服务活动

【机要保密工作】 定期开展保密知识培训，做到逢会必讲，重要时间节点重点提示，强化办公室全体人员保密意识，从根源上消除失泄密隐患。严格网络及计算机等保密管理，克服经费紧张，购置保密设备和检查工具软件，并定期开展保密检查。强化涉密文件管理，在流转过程中详细登记、专夹传送，在下发过程，实施统一编号、密封发放。组织涉密专项检查，结合区委网信办、区保密机要局对办公室保密开展自查，发现漏洞及时整改，确保不发生失泄密事件。

【机关事务工作】 推广公共机构节能和垃圾分类处理，更换自动感应水龙头，设置垃圾分类投放点，加强节水节电宣传，推进绿色办公。全力推进公车服务平台建设，合理调配车辆，提高车辆利用效率，顺利保障四大班子及区直单位公务出行5000余次。完善“三化”管理，确保全区295辆公务用车北斗定位设备2G升级为4G、全区165辆公务用车更换新标识。实行“三定”管理，对平台车辆全部实行定点维修、定点加油和定点保险，严控节约车辆费用，全年节约车辆经费25万元。

【方志工作】《保定市清苑年鉴（2020）》取得优异成绩，获评保定市一等年鉴、河北省县级类三等年鉴。《保定市清苑年鉴（2021）》创新了年鉴组稿审稿方式，拓展年鉴编纂、类目设置内容，全方位反映全区发展风貌，首次采取彩色印刷技术，提升了保定市清苑年鉴编纂质量，并在全市率先出版发行。同时，如期保质完成了《河北年鉴（2021）》和《保定年鉴（2021）》清苑区部分的资料报送工作。

【大气污染防治工作】强力推进大气污染防治，重点开展督导调度，对上级部门交办的信访案件等工作开展全方位督查，不留一处死角，不放过一个漏洞，不留下一处盲点，持续加大排查整治力度。2021年以来，印发区政府红头文件6件、大气污染防治领导小组文件2件、大气办红头文件42件、生态办红头文件7件、督办通知10个、督查专报42期。持续推进宣传教育，深入巩固“走遍清苑”生态文明教育实践宣传活动成果，组织“世界地球日”宣传活动。

【白洋淀上游流域生态环境治理和保护工作】紧盯白洋淀上游流域生态环境治理和保护工作，组织专班督导组定期对8条入淀河流沿线进行督导检查，针对督导检查出来的问题下发督办通知。对18个乡镇及6个部门水环境污染问题进行联合检查，挂账督办，整改销号。制定印发《保定市清苑区白洋淀流域水质提升约谈问题整改方案任务分解表》《〈白洋淀生态环境治理和保护条例〉分工落实方案》《关于保障辖区河流断面和入河排污口达标方案》等通知，加强重点工作的协调联动，建立沟通协调机制，明确责任单位，制定工作任务清单，确定完成时限，统筹推进各项工作和重点项目工程。

【意识形态工作】充分发挥意识形态工作统一思想、凝聚人心、汇集力量的作用。切实加强新媒体管理，利用好政府网站、清苑微信公众号、清苑微博等新媒体，做好信息发布和政策解读。规范有效应对各类电话访，严格执行信息报告制度，及时移送网信、宣传、公安和职能部门积极稳妥处置。守好理论文化学习阵地，加强全员精神文明建设。

10月28日，区政府办党支部开展“在职党员进社区党员活动日”活动

【党建工作】扎实开展党史学习教育和全员能力提升活动，打造一支信念坚定、业务精湛、作风硬朗、纪念严明的干部队伍。一是强化思想政治建设。成立政府机关党组党史学习教育领导小组，制订政府办党史学习教育集中学习计划和自学计划，并做到“四有”：有个人学习计划、有学习内容、有学习笔记、有学习心得。充分发挥“学习强国”“河北干部网院”等学习平台作用，丰富党史学习资源。通过理论学习中心组“领”学、读书班“研”学、平台“辅”学、党员干部“活”学、红色资源“悟”学的“五学”联动丰富党员干部理论学习形式，形成线上线下互动、重要节点带动的立体化学习模式。二是激发干事创业激情。实施岗位激励制，经常性、常态化、多层次开展谈心谈话，掌握思想动态，保持

工作状态。三是丰富集体活动，激发工作热情。开展为期两个月的全员能力建设活动，旨在切实增强全体党员干部履职能力；持续开展“科长讲业务”，就公文写作、值班制度、会务组织、政务接待、公文运转、政务信息等方面进行业务培训，形成主任带动科长、科长带动一般人员、科股室全体人员带动新入职人员的良性传导机制。四是深入推进“我为群众办实事”活动，筹集7000余元善款，资助2名品学兼优的困难学生。五是加强党支部队伍建设，选好配强支委会成员，切实发挥基层党组织战斗堡垒作用和共产党员先锋模范作用。

4月9日，区政府办开展党史学习教育

【值班工作】 一是组织值班人员轮岗培训和跟班锻炼，提升值班人员整体水平。发挥老同志“传帮带”作用，确保新同志快速熟悉业务、掌握政策。二是大力开展“三个一”活动（一张笑脸、一句您好、一杯热水），将“办公室工作人员文明用语”上墙，严格规范接待用语和接待流程。全年共接待来访群众170余次，均做到了积极稳妥处置。三是严格执行信息报告制度，及时准确全面报告重要紧急情况和突发事件信息，做到第一时间收集、第一时间研判、第一时间呈报，确保不出问题。

【疫情防控工作】 调派3名科级干部和多名工作人员到疫情防控工作专班、大数据专班、外事专班，充实疫情防控队伍。结合实际起草制发各类文件100余份，并及时解答乡镇部门政策咨询，协调领导小组成员单位、各工作组和乡镇落实防控措施，做好重点人员服务管理。及时关注国内中高风险地区情况变化，指导各乡镇、有关单位调整排查范围，确保排查管控工作有序开展。全力做好疫情防控，发布《致全区境外人员的一封信》，做好政策引导，妥善应对关切，同时对在清苑区内的外籍人士密切关注，提供相关信息和外事保障服务。

主任 王永辉（2021年7月离任）
贺　强（2021年8月到任）

（撰稿：王志远、谭菲）

行政审批

【概况】 清苑区行政审批局成立于2017年9月，设办公室、政策法规股、勘查服务股、投资项目审批股、企业设立审批股和社会事务审批股6个股室，下设1个事业单位：清苑区政务服务中心（公共资源交易中心）。2021年，区行政审批局全面落实区委、区政府部署，围绕“四项建设”，深化“三项改革”，打造“线上＋线下”两种服务模式，努力为企业和办事群众提供更加便捷的服务环境。全年共完成各类审批10115件次（其中含2022年1月审批770件次），不打烊办件1944件次，完成档案整理核对、入档11631户，为政府有关单位、个人提供档案查询39906户次。2021年，共受理“12345”热线转办单46件（其中含2022年1月受理3件），均已按时反馈，满意率100%。

【围绕“四项建设”，创优政务服务环境】
一、健全政务服务标准化事项库建设。为深入推进“放管服”改革，全面提升政务服务标准化、规范化水平，按照省、市统一安排部署，全面推进全区政务服务事项标准化梳理工作，组织相关部门对照省下发的行政许可标准化清单，分批次按工作任务时间节点，确定各自部门行政许可事项目录清单，在省政府服务事项管理平台完成事项认领、完善实施清单、发布等工作。同时，持续深化减时限、减材料，与法定时限相比，承诺时限压减70%以上，进一步压减申请材料，申请材料做到“有示例、有标注、有下载、有备注”，进一步优化办理流程，实现办事要件和办事指南标准化，同一事项无差别受理、同标准办理。根据上级安排逐步调整完善“五级四同”政务服务事项清单。完成在省政务服务事项管理平台32个区直部门及18个乡镇277个村（社区）6740项政务服务事项的认领及完善实施清单工作。

12月23日，区行政审批局副局长史春静在区行政审批局会议室召开乡镇业务培训会

二、推进村（社区）综合服务站提升工程。按照省、市民生工程建设方案要求，全区村（社区）综合服务站提升工程扎实稳步推进，按建设标准和时间要求，全区277个村（社区），建成基础型村（社区）综合服务站220个、示范型村（社区）综合服务站57个，评选出10个样板站点，将清苑镇大福村综合服务站作为星级村综合服务站评选站点上报市政务办，村（社区）综合服务站提升工程建设圆满完成。

三、全面推进社会信用体系建设。1. 落实联合奖惩、信用承诺、“双公示”案例归集报送。推动信用承诺制改革，加大多领域信用承诺信息归集报送。2021年，区联合奖惩案例共报送961条，其中联合惩戒案例122条、联合奖励案例839条，信用平台公示信用承诺18329条。信用平台“双公示”数据8796条，其中行政许可7737条、行政处罚1059条。2. 积极开展“信易贷”工作。印发《保定市清苑区社会信用体系建设领导小组办公室关于推动企业入驻全国中小企业融资综合信用服务平台的通知》、保定市清苑区人民政府办公室印发《关于推动企业入驻全国中小企业融资综合信用服务平台的通知》。召开清苑区金融机构“信易贷”工作推进会。2021年，清苑区信易贷平台注册企业2253家，成功授信78笔，授信额度2.85亿元。3. 开展信用修复工作。区信用办两次召开信用修复专题培训，积极引导行业诚信自律，促进企业合规发展，营造清苑区经济社会诚信发展的良好氛围，2021年以来通过信用办为企业办理信用修复23家。4. “信易+”场景应用。区信用办印发《保定市清苑区“信易+”守信激励工作方案》，积极拓展多领域“信易+”应用场景。2021年共推行“信易批”“信易游”“信易医”“信易+招投标”“信易阅”“信易行”“信易+就业服务”“信易购”“信易+法律服务监管”9个应用场景。5. 信用宣传培训。区信用办印发《保定市清苑区关于开展诚信宣传活动的通知》（清社信办发〔2021〕12号），要求相关部门在各自区域内开展信用体系建设宣传教育活动，开展诚信宣传进机关、进企业、进学校、进社区、进农村、进医院、进市场等诚信活动，并在区信用平台公示。开展“诚信宣传进机关”“诚信宣传进社区”“诚信宣传进学校”“诚信宣传进医院”“诚信宣传进企业”“诚信宣传进农村”等宣传活动共28次。

四、打造公共资源交易中心透明化建设。按照“应进必进”“平台之外无交易”的要求，同时为进一步优化营商环境，简化流程，缩短办事时间，不再接收纸质资料，所有政府采购、工程建设项目招投标已经实现“文件电子化、标书网上传、开标不见面、监督信息化、过程全留痕”，国有产权、国有土地出让已实现发布网上公告，实现保证金专用账户和河北省公共资源交易服务平台网上对接，做到网上保证金收退付，实现电子保函在招投标活动中的应用。2021年，在交易平台进行招投标项目185个，国有产权交易4个，完成7宗国有土地挂牌出让工作，总交易额

51.27 亿元，节约资金 4136 万元。

【深化“三项改革”，打造政务服务新引擎】

一、深入推进“放管服”改革。坚持为企业“松绑”，不断打造更加快捷的准入准营环境。一是实行企业开办“4 小时办结”标准化服务，进一步优化审批流程、压缩审批环节。2021 年，市场主体总量 38965 户，同比增长 19.37%（2020 年同期 32642 户），企业开办线上办结率达 100%。二是全力推进简易注销登记改革，全区共办理内资企业简注销总数 729 户，简易 404 户，简易注销比例 55.41%。

二、深入推进行政审批制度改革。1. 深入推进“一业一证”改革。推进“一业一证”改革，选取便利店、面包店、药店等 7 个行业试点推行“一业一证”改革，通过再造行业管理架构、审批流程、审批导引方式、行业审批条件、许可审核程序，实现“一次告知、一套材料、一窗受理、一同核查、一网联动、一证准营”。2021 年自 4 月开始实施“一业一证”改革工作以来，共发出行业综合许可证 53 个，涉及理发店、书店、超市、饭店、药店、便利店 6 个行业。2. 深入推进“无感审批”改革。通过办事群众和数据信息归集共享，对服务对象相关信息进行分析研判感知，并将办理提示和办理申请材料推送至服务对象进行审批确认，让企业群众在“无感体验”中办成事。共计办件数量 26 个，其中涉及食品经营许可 13 个，卫生许可 4 个，生鲜乳准运证明 9 个。3. 推进行政审批改备案试点工作。按照市审改办《关于开展行政备案事项梳理工作的通知》及市政务办《关于征询〈公布第一批行政备案事项的通知〉意见的通知》，以“放管服”改革协调小组办公室名义印发《关于开展行政备案事项梳理工作的通知》，组织全区相关部门在全面梳理摸清备案事项底数基础上，按照通知要求，初步提出保留、取消、调整等意见建议。经征询清苑区相关部门意见建议，初步确定清苑区第一批行政备案事项共 76 项。

三、深入推进工程项目审批制度改革。聚焦企业群众需求，推进项目全阶段“一链办”、项目“一站式”、全流程“网上办”服务体系。严格落实并联审批要求，将项目建设涉及的立项、规划、施工等许可事项，以及供水、供电、燃气、排水等市政公用服务全部入驻政务服务大厅，设立投资项目综合服务专区，制定清苑区《关于推进工程建设项目审批增速提效的实施方案》，在“拿地即开工”的基础上，进一步精简、规范审批事项和申报材料，优化审批程序，将政府投资类、社会投资核准类、社会投资备案类三类项目从立项到取得施工许可由 45 个、38 个、35 个工作日分别压缩至 39 个、33 个、31 个工作日内。

2 月 10 日，清苑经济开发区 2022 年第一批项目“拿地即开工”手续办理协调会召开

【打造“线上 + 线下”两种服务模式，政务服务更加规范高效】 一、打造线上“互联网 + 政务服务”服务模式。1. 深入推进“网上办理”。建立“数据共享平台”，推进“一网通办”。区乡村三级政务服务事项实现网办，网上可办率 100%，全流程网办率达 100%。推进 711 项政务服务事项实现全流程网办。清苑区水、气、暖报装已经全部上线“冀时办”，共 11 项。缴费类：供水缴费方面，荣投水务供水公司已经和建行签订悦生活，省建行和供水公司系统正在对接中；燃气缴费方面，滨海燃气已与建行签订悦生活，其总公司正在与建行进行缴费对接。2. 强化电子证照推广应用。共归集电子证照 82 种，合计

1712个，涉及14个区直部门。大力推广电子证照及审批结果电子化，指导办事群众通过冀时办App、政务服务网领用电子证照；35个区直部门已报送电子签章共80个，18个乡镇行政综合服务中心已报送电子签章共36个，各村（社区）已报送电子签章共277个，全区共备案电子签章393个。推广电子签章使用，培训各区直部门使用电子签章并对使用情况进行了测试，确保电子签章可以正常使用。3. 做好“互联网+监管”工作。深入开展监管行为信息录入和监管动态信息录入工作，清苑区共认领监管事项369项，其中已覆盖290项，覆盖度为78.60%。2021年，全区共录入监管行为5732条，报送监管信息46条。4. 深入推进“跨域通办”改革。已完成与望都、安国等11个区县签订了政务服务事项跨区域通办工作协议，制定了跨区域通办事项实施细则，优化了通办审批流程。审批流程人员设置到位、运行顺畅，能够自主展开与其他县（市、区）互通互办工作。2021年，共办件314件。

二、打造线下政务服务中心“一站式+不打烊”服务模式。为方便群众办事，在场地受限的情况下，政务服务中心设置了投资项目专区、企业开办专区、综合受理窗口、自助服务窗口、政务公开专栏，领办帮办专职人员帮助群众进行网上自主申报的咨询指导，提供资料打印复印无偿服务，实现“前台综合受理、后台协同审批、统一窗口出件”的审批模式。中心政务中心实行“非工作日”不打烊服务，自开展不打烊服务以来，共办理不打烊业务1944件次。

局长 王鹏飞

（撰稿：孙林楠）

人力资源管理

【重点业务】 人事工资福利。完成全区2020年度政府系统事业单位工作人员和机关工勤人员的考核及奖励工作。完成全区事业单位2021年度奖励性绩效工资审批工作。为全区事业单位11038名在职人员正常晋升工资，人均月增资91元。配合区教育体育局公开招聘农村教师100名。

中、高级工晋升申报工作。共申报中级工155人，申报高级工352人，为企业考核认定初级职称583人。完成教育系统职称聘任工作，完成2020年度取得职称人员的聘任工作。

局长 史经利

（撰稿：唐丽伟）

退役军人事务工作

【概况】 保定市清苑区退役军人事务局为区政府工作部门，机构规格为正科级。行政编制10名，科级领导职数5名，股级领导职数3名。下属3个事业单位。2021年实有工作人员28名，其中局长1名、副局长2名，另有其他行政人员7名，事业编制17名，实有事业编制人员17名。

【健全组织机构】 2021年，根据工作需要，为进一步加强全区烈士纪念设施保护管理工作，在保定市清苑区双拥工作服务中心加挂“保定市清苑区烈士纪念设施保护中心”牌子，成立区烈士纪念设施保护中心。

【意识形态领域建设工作】 高度重视抓部署。制定《清苑区退役军人事务局党史学习教育活动实施方案》，组织全体工作人员、退役军人代表及区各乡镇（城区）退役军人服务站召开党史学习教育动员部署会，对党史学习教育进行安排部署。丰富形式提热情。组织全局工作人员及部分退役军人代表前往区档案馆参观清苑区革命史，重温入党誓词，以史明志，激发工作斗志。邀请区退伍老兵宣讲老兵故事，分享参战经历，铭刻

初心信念。真抓实干铭初心。切实将党史学习转化为工作实绩，党史开展以来，组织前往区烈士陵园清明祭扫，弘扬爱国主义精神。积极发挥区关爱退役军人基金会作用，帮扶救助符合条件的困难退役军人。挖掘退役军人先进典型，创作革命历史题材文艺作品等。

【退役军人权益维护和思想政治工作】　一是重新调整区领导“五包一”年度包联工作。调整区委退役军人事务工作领导小组领导成员和成员单位名单，发放提示卡120余张，狠抓责任落实，靶向精准施策，合力攻坚，全力维护退役军人的合法权益。

【优抚工作】　一是保障优抚对象各项抚恤金发放到位。2021年，退役军人事务局为退役军人组织发放了各类优抚金、门诊护理费，为重点优抚对象缴纳了城乡医保。二是组织优抚对象全面核查和体检疗养工作。5月，组织重点优抚对象（除涉核人员）参加一年一度的健康体检。7月，筛选有代表性的退役军人在荣军医院疗养，拓展优待抚恤的广度。

【褒扬纪念工作】　一是积极开展“把党的关爱送到老兵心中”主题慰问活动和走访慰问烈士遗属活动。2021年春节、七一中国共产党成立100周年、八一前，组织慰问退役军人党员、退役军人老党员和烈士遗属，建军节为全区广大退役军人印制慰问信，发放慰问金数十万元。二是为立功受奖现役军人送喜报并发放奖金、光荣牌。三是提升烈士纪念设施水平，对全区18个乡镇及城区范围内的散葬烈士墓整修，零散烈士纪念设施整修。四是举办退役军人返乡欢迎培训会。9月23日上午，在区退役军人创业孵化基地组织开展“清苑区2021年度自主就业退役士兵返乡集中欢迎大会”和2021年度自主就业士兵适应性培训及技能性培训。

【双拥工作】　一是做好新一届省级双拥模范城（县）申报推荐工作。2021年5月，在区武装部附近中心街打造完成“拥军一条街”，省拥军线上系统录入商家97家。二是组织退役军人代表参加市优秀退役军人党员代表主题活动。挖掘整理多名最美退役军人、最美拥军人物和组织先进事迹进行宣传报道，掀起拥军高潮。三是建成“拥军优属拥政爱民”的特色双拥主题公园，成为保定市首个双拥主题公园。四是组织百余名退役军人及退役军人工作者开展中共十九届六中全会培训会，积极组织各乡镇和区直单位对优秀退役军人进行推荐，并联合区委宣传部对评选的优秀退役军人颁发荣誉证书。

【就业帮扶工作】　一是建立退役军人就业需求、培训需求、岗位需求台账，完善区、乡镇两级职业技能培训工作机制。分别开展退役自主就业士兵适应性培训和实用性技能培训、符合政府安排工作条件的退役士兵适应性培训。二是加强与用人单位、中介公司全方位对接。创新推行了自主就业退役士兵推荐工作介绍信制度、符合政府安排工作条件退役士兵专项岗位介绍信制度、用人单位星级管理储备库制度等。三是积极推进退役士兵专项岗位工作，2021年分5批办理了专项岗位。

【安置工作】　首推待安置期间实习制度。一是不断提高安置质量，实行公开选岗，阳光安置。严格按照省市安置安排，在规定时间内完成各项安置任务。召开了公开选岗大会，坚持公开公平公正、阳光安置的原则，严格按照规定程序按照排名依次选岗，真正做到了安置政策、安置计划、安置办法、安置程序、安置结果“五公开”，军队转业军官和符合政府安排工作条件的退役士兵均选到了满意的岗位，达到了选岗率和安置率的100%。二是首推2020年度符合政府安排工作条件的退役士兵在待安置期间到区直单位或乡镇实习工作3个月，帮助新退伍的人员尽快转换角色，熟悉地方工作。

【持续加强乡、村两级退役军人服务站建设工作】全国乡镇（街道）示范型退役军人服务站抽检中全部达标。2021 年上半年，乡村站添置了电话打印机等硬件并对乡级服务站进行了三次服务清单解读培训，2021 年的村级组织换届中培树出多名“兵支书”“兵委员”并实现全部建档立卡培训。清苑区一体化平台村级设备操作培训，开展“真情送暖——关爱困难退役军人党员活动”。

【军休干部服务管理工作】 强化全方位、保姆式服务保障，认真落实军休干部“两个待遇”。一是切实落实好政治待遇。按时足额为每名军休干部发放退休金及各类补贴。为军休干部订阅了《人民日报》《河北日报》《解放军报》《环球时报》等报刊阅读学习。及时学习传达上级军休工作文件。八一、春节区领导到军休干部家中走访慰问并组织召开两次专题座谈会。二是切实落实好生活待遇。坚持定期走访和联络员制度，坚持每月至少进行一次家访，对伤残、重病、高龄等军休人员，及时入户了解情况，征求意见，积极帮助他们解决在日常生活中遇到的实际问题。每年为军休干部安排一次健康体检，认真建立和完善军休干部健康档案，实施分类管理；及时探望生病住院老同志，提升军休干部的生活幸福指数和生命健康指数。

【区现役军人立二等功情况】 冉庄镇小张庄村现役军人张东红于 2021 年 2 月立个人二等功；温仁镇西南佐村现役军人霍宗民于 2021 年 11 月立个人二等功；李庄乡郝王力村现役军人温红勇于 2021 年 12 月立个人二等功。

局长 王建功

（撰稿：葛艳绯）

应急管理

【概况】 区应急管理局内设办公室、安全生产股、应急救援指挥中心、综合减灾股、地震和火灾股、财务股 6 个股室。加挂区应急管理综合行政执法大队牌子，实行“局队合一”体制，共设置 5 个执法中队，即执法一中队、执法二中队、执法三中队、执法四中队、执法五中队，主要负责应急管理综合行政执法工作。同时加挂保定市清苑区安全生产委员会办公室和保定市清苑区地震局牌子。2021 年，区应急管理局认真贯彻落实省、市、区安排部署，牢固树立红线意识，强化底线思维，全面做好安全生产、应急管理、防灾减灾等各项工作。全年未发生一般及以上工矿商贸企业生产安全事故，全区安全生产形势总体稳定。

【安全生产责任体系】 一是落实安委会“双主任”制度。区委书记、区长分别担任安委会第一主任、主任；区委副书记担任安委会第一副主任；常务副区长分管安全生产工作，并担任安委会常务副主任。区安委会成员单位从原来的 31 个增至 35 个，强化行业监管力量。二是完善安全生产责任制。修订完善各级党政领导干部安全生产责任清单和重点行业领域安全生产监管责任清单，进一步明确各层级安全职责，做到尽职照单免责、失职照单追责。三是严格落实领导包联制度。实行区领导包乡（镇）、乡（镇）领导包村制度，14 家重点高危企业由区委、区政府领导包联，其他企业由行业主管部门和乡镇（城区）、开发区党政领导包联，实现包联责任全覆盖。四是层层签订责任书。区政府与各乡镇（城区）、开发区和区安委会成员单位分别签订了 2021 年度安全生产目标管理责任书，形成了健全的安全生产目标管理体系。五是完善网格化管理。将全区 10 人以上企事业单位全部纳入监管视野，制定网格化管理台账，逐一明确了监管单位和责任人。六是健全长效机制。制定印发了《关于建立安全生产监督管理全覆盖工作机制的总体方案》和12个行业专项方案、8个行业综合方案，在全区20个行业领域建立安全生产监督管理全覆盖工作机制，并将监督检查情况形成月报，定期呈报区委、区政府主要领导。

【安全生产考核问效】 一是落实会议制度。2021年，共召开季度防范安全事故会4次、安全生产调度会21次，及时对各阶段和重要时期的安全生产工作进行部署、调度。二是加大推进力度。将安全生产重点工作列入《〈政府工作报告〉2021年工作落实方案》，实行“年初建账、年中查账、年底对账”，坚持月督查，有效推进工作落实。三是强化民主监督。9月28日，区政协组织开展“迎国庆、保安全”安全生产专题视察活动，调研3家企业并召开座谈会，组织政协委员积极为安全生产建言献策；11月25日，区第三届人大常委会举行第三次会议，听取并审议区政府关于安全生产工作开展情况的报告，进一步强化人大常委会对安全生产的监督促进作用。四是严格目标考核。区安委会7月对各单位上半年工作进行专项考核，12月对各单位全年工作进行综合考核，并将考核结果纳入领导班子总体考核成绩，与党政领导干部履职评定直接挂钩。

【重点行业专项整治】 危险化学品整治。一是开展危险化学品大排查、大整治行动。共检查危化企业70家，排查整改隐患141处，督促企业自查整改隐患123处，行政处罚28.2万元。二是严厉打击非法“小化工”。共排查相关企业11家，生产项目均与备案一致，不存在非法行为。三是深化化工行业整治攻坚。共排查相关企业问题隐患11处，已全部整改。四是开展加油站“啄木鸟行动”。聘请专家，对55家加油站进行了全面检查，发现并整改隐患156处。五是加强信息化建设。组织金诺制香、一诺日化等2家化工企业将检测监控数据接入了安全生产风险检测监控预警系统，实现风险自动预警；组织5家医药化工企业接入了全省化工企业云视频调度系统，进一步提升了化工企业可视化、点对点监管水平。

工贸行业整治。一是开展深井铸造专项整治。聘请专家，对5家深井铸造企业存在的7个方面隐患问题进行了全面彻底整改，并通过了应急部专家和省、市专家联合验收，得到了省、市肯定。二是开展打击假冒政府网站制售假冒安全生产证书专项行动。共检查单位20余家，检验相关安全生产证书50余份，未发现假冒伪造行为。三是强化工贸行业执法检查。2021年，共执法检查工贸企业194家次，发现并整改隐患256处，立案29起，共处罚款65万元。

有限空间整治。一是摸底建账。全区共有涉有限空间企业239家，有限空间数量3714个，全部建立台账，落实监管责任。二是专题培训。9—10月，分乡镇、分行业召开有限空间专题部署会、培训会，强化事故警示教育，集中开展人员培训。全区累计培训有限空间从业人员1756人，印发有限空间作业培训资料手册5000册。三是严格执法。深入开展有限空间作业隐患排查整治行动，共出动督查和执法组48个，检查企事业单位132家次，发现并整改隐患116处。

【重要时期安全防范工作】 一是开展元旦、春节大排查大整治、“两会”执法检查等专项行动，共检查企事业单位852家，排查整改隐患223处，确保元旦、春节、全国“两会”特殊时期安全稳定。二是开展“防风险、除隐患、保安全”安全生产大排查大整治行动，全力确保中国共产党成立100周年安全稳定。共组织918家企事业单位进行了自查，自查整改隐患1664处。三是汲取“7·28”白沟事故教训，组织开展生产经营单位安全生产基础条件排查整治，共检查企事业单位664家，排查整改隐患184处。四是汲取石家庄市平山县“10·11”通勤班车涉水倾覆事故教训，在全区深入开展安全生产隐患排查和执法检查，共成立检查组68个，检查企事业单位314家，排查整改隐患208处。

【安全宣传教育】 一是组织观看《生命重于泰山》专题片，学深悟透习近平总书记关于安全生产重要论述精神，自觉对标对表推进工作。二是深入开展主题宣传日、安全隐患排查、应急救援演练、事故警示教育等一系列活动，组织13家单位70余人集中开展“安全生产宣传咨询日”活动，发放宣传资料2000余份，接受群众咨询150余次。三是深入开展“‘5·12’防灾减灾宣传日”“防震减灾知识宣传周”“安全宣传五进”等活动；组织4万余人次参加了全省应急知识网络竞赛、一路向前知识竞赛和应急普法知识竞赛；加强应急管理新媒体平台建设，微博、微信公众号全年推送信息500余条。四是强化安全培训，共培训企业主要负责人91人、安全管理人员122人、特种作业人员370人。同时，开展“开工第一课”“开学安全第一课”网络直播培训，受众达9万余人次。五是加强新修订的《中华人民共和国安全生产法》宣传贯彻。通过以会代训、入企宣传、印发新修订的《中华人民共和国安全生产法》宣传册等多种形式，加大对新修订的《中华人民共和国安全生产法》宣传贯彻力度。2021年，共召开新修订的《中华人民共和国安全生产法》培训会3次，发放新修订的《中华人民共和国安全生产法》宣传册5000余册。

【应急管理机构建设】 一是深化改革。组建了区应急管理综合行政执法队伍，实行“局队合一”体制。18个乡镇均成立了应急管理办公室和综合行政执法队，14项安全生产行政处罚事项已下放各乡镇执法队。二是分级分类。制定了《保定市清苑区安全生产分类分级执法方案》，明确了区乡两级安全生产执法事权，并多次对乡镇应急干部进行业务培训。三是加强督导。8—10月，对18个乡镇进行了全覆盖督导，实地查看乡镇应急管理办公室和综合行政执法队建设情况，并对各乡镇进行帮扶指导，确保应急管理工作在乡镇一级得到有力支撑。

【防灾减灾救灾】 一是开展自然灾害综合风险普查。全区应急系统自然灾害风险普查调查工作共完成调查数据2713条，其中承灾体调查525条，减灾能力调查1471条，历史灾害调查717条。数据已通过市普查办质检核查。共组织培训会8次，培训人数293人次，组织宣传活动21次，覆盖群众数量25000余人。二是对区森林草原防灭火指挥部、区减灾委员会、区抗震救灾指挥部进行了人员调整，进一步加强对防灾减灾救灾工作的组织领导。三是对自然灾害信息员进行人员调整和信息更新。全区自然灾害信息员共594人，已全部调整到位。四是对全区10类房屋设施抗震设防信息进行统计，共录入城区新建住宅楼44栋、危房改造工程项目85户，各乡镇民居149户、电力线塔信息1处。五是向区政府申请划拨34.095万元经费，按每名公民1元的标准投保政府救助保险；向省政府和区政府申请配套资金并已列入2022年财政预算，为广大农村住户投保全省政策性农房保险。

党委书记、应急管理综合行政执法大队大队长
樊文志

（撰稿：金鹏飞）

消防救援

【概况】 清苑区消防救援大队是以消防救援人员为主体，地方政府专职消防员为补充，非营利性质的公共组织。2019年12月31日，清苑区消防救援大队举行挂牌仪式，开启改革转制后的崭新篇章。2021年，清苑区消防救援大队忠实践行训词精神，持续掀起党史学习教育强劲热潮，大力提升综合应急救援能力，圆满完成中国共产党

成立 100 周年、中共十九届六中全会等系列重大安保任务，全力维护了辖区消防安全形势稳定。

4 月 14 日，清苑区组织召开消防安全委员会联席会议暨全区消防工作推进会

【灭火救援】 2021 年，清苑区消防救援大队参与区政府情景桌面推演 1 次，组织开展大队级演练 12 次、中队级演练 52 次，修订完善预案 52 份。全区共接处警 227 起，其中火灾 167 起，抢险救援 47 起，社会救助 13 起。共出动消防车 681 辆次，出动消防救援人员 3405 人次，抢救被困人员 24 人，抢救财产价值 3500 万余元，未发生较大以上火灾事故，无人员伤亡，全区火灾形势平稳向好。

【监督执法】 2021 年，清苑区消防救援大队建立健全社会化火灾防控形式，利用“双随机、一公开”系统，多次联合公安、应急、住建等相关部门开展双随机监督执法工作。全年共检查单位 1090 家次，发现并整改火灾隐患 1113 处，下发责令改正通知书 831 份，提升社会化火灾防控水平，为辖区火灾防控工作奠定了坚实基础。2021 年，大队以“防火和灭火”两项工作为重点，落实消防安全专项整治三年行动和消防安全集中攻坚年行动等相关工作任务，分行业、分领域、分类别开展高层建筑、大型商业综合体、老旧小区、人员密集、易燃易爆等重点场所消防安全专项治理工作，打牢乡村地区火灾防控基础，积极推进农村消防基础设施建设，落实农村燃气安全管理工作，同时加大对辖区“三合一”场所的消防安全整治，建立完善消防工作约谈和问责机制，着力提高社会火灾防控整体水平。

2 月 26 日，清苑大队开展消防安全夜查行动

【消防宣传】 深入推进消防宣传“五进”工作，研究制定“五进”工作实施方案，明确了属地政府、行业部门和社会单位职责任务。利用“119”宣传月，大力开展消防安全进企业、进学校、进农村、进家庭、进社区活动，加大防火宣传投入。大队联合清苑电视台制作《清苑消防》栏目 48 期，于每周五、六、日在清苑生活频道播出。携手美团、饿了么外卖、区邮政局、顺丰快递，在全区 600 余辆次快递车上展示消防宣传公益广告，打造消防知识媒体宣传新阵地。结合当前农村、社区火灾特点，印刷制作《全民防火安全公约》《消防安全告知书》《消防安全教育身边的 119 小卫士》宣传海报共 2.5 万份、《预防家庭火灾告知书》6 万份，大力开展进村入户宣传。截至年底，共对 18 个乡镇，200 余个农村，11 个小区，300 余所中小学校、幼儿园开展宣传工作，受众人数达 30 余万人。

11 月 9 日，清苑大队走进辖区新华世纪中学开展消防安全教育培训

大队长 梁 旭

（撰稿：李嘉琳）

政协保定市清苑区委员会

◎政协常委会机构

◎政协重要会议

◎政协常委会主要工作

◎政协机关工作

政协保定市清苑区委员会

政协常委会机构

【概况】 2021年，区政协在中共保定市清苑区委的正确领导下，在区人大、区政府和社会各界的大力支持下，始终高举习近平新时代中国特色社会主义思想伟大旗帜，认真贯彻落实中共十九大及十九届历次全会精神和全国政协、省政协、市政协工作会议精神，紧紧围绕全区中心大局，坚持发扬民主和增进团结相互贯通、建言资政和凝聚共识双向发力，展现了新时代人民政协的新面貌、新气象，为推动清苑高质量发展做出了积极贡献。政协常委会机构包括政协领导机构、政协工作机构。政协保定市清苑区第二届委员会设主席1名、副主席4名、秘书长1名，于2021年7月完成换届。政协保定市清苑区第三届委员会设主席1名、副主席4名、秘书长1名。机关工作机构设有办公室、经济科技委员会、学习提案委员会、农业农村委员会和文教体卫委员会。

【2021年7月换届前领导名录】

主　　席： 韩拴宝（2021.2—7）

副 主 席： 税国芳（女，2017.2—2021.7）

李志芳（女，2017.2—2021.7）

张　琳（女，2017.2—2021.7）

刘永发（2017.2—2021.7）

秘 书 长： 任新刚（2020.1—2021.7）

常务委员： 于小改（女）　王　超　卢建华

田永菊（女）　白志芹（女）

刘　红（女）　刘　静（女）

杜琳燕（女）　李　明　李志国

李明晓　李依帆（女）

李素环（女）　李福祥　杨大水

杨文山　杨雪玲（女）

武军生　苑新春　罗政民

庞建鸥（女）　胡玉海　姜俊强

贾宏英（女）　夏永章　郭星辉

郭彦会　葛长璞　葛凤娟（女）

臧永建　霍鹏彪

在政协保定市清苑区第二届委员会第五次会议上补选了卢建华、霍鹏彪、贾宏英、杨文山等4人为政协常务委员会委员。政协保定市清苑区第二届委员会常务委员会组成人员已于2021年7月完成换届，产生新一届政协组织机构。

【2021年7月换届后领导名录】

主　　席： 韩拴宝（2021.7—）

副 主 席： 苏秀义（女，2021.7—）

张　琳（女，2021.7—）

刘永发（2021.7—）
张宏图（2021.7—）
秘书长：任新刚（2021.7—）
常务委员：于　亮　于跃龙　王　芳（女）
王　颖（女）　刘　静（女）
刘向阳　刘保胜（女）
齐智超　孙　雍　苏　浩
李志芳（女）　李志国
李素环（女）　杨　珊（女）
杨雪艳（女）　宋志强
陈洪涛　罗政民　周　杰
赵建章　贾宏英（女）
夏永章　郭彦会　郭星辉
崔向光　康新颖　葛长璞
葛凤娟（女）　臧永建
谭建辉（女）　霍鹏彪

【区政协工作机构及其领导名录】

办公室
主　任：任新刚
副主任：王立明　杨小丰（1月任职）

经济科技委员会
主　任：申亚军
副主任：霍　娜（女）

学习提案委员会
主　任：王兵旺
副主任：岳志英（女）

农业农村委员会
主　任：庞玉柱
副主任：赵树伟（1月任职）

文教体卫委员会
主　任：
副主任：张　琼（女，1月任职）

政协重要会议

【政协保定市清苑区第二届委员会第五次会议】
2021年2月4—5日，政协保定市清苑区第二届委员会第五次会议召开。大会采取“主会场+分会场”视频会议形式召开，大会设主会场1个、分会场21个。会议应到委员283名，实到委员251名。区政协领导韩拴宝、税国芳、李志芳、张琳、刘永发出席会议。崔建民、王涛、刘春林、甄会龙、张东兵、李海涛、赵永建、刘丹、陈栋等区领导参加会议。会议听取讨论了区委书记崔建民的讲话；听取并审议区政协副主席税国芳所作的区政协第二届委员会常务委员会工作报告，区政协副主席李志芳所作的提案工作报告；列席了清苑区第二届人民代表大会第五次会议，听取并讨论了保定市清苑区人民政府工作报告，保定市清苑区人民法院工作报告，保定市清苑区人民检察院工作报告；协商并讨论了清苑区2020年国民经济和社会发展计划执行情况及2021年国民经济和社会发展计划（草案）的报告，清苑区2020年财政总预算和区本级预算执行情况及2021年财政总预算和区本级预算（草案）的报告，2020年区政府民生实事候选项目及形成情况的报告，国民经济和社会发展第十四个五年规划（草案）的报告；大会补选了韩拴宝为区政协第二届委员会主席、卢建华等4人为常务委员；审议通过了会议有关决议。

【政协保定市清苑区第三届委员会第一次会议】
2021年7月26—28日，政协保定市清苑区第三届委员会第一次会议在清苑宾馆召开。会议认真学习和讨论了区委书记闫向阳在区政协三届一次会议开幕会上的重要讲话。会议审议通过了区政协主席韩拴宝代表政协保定市清苑区第二届委员会常务委员会所作的工作报告，审议通过了副主席张琳代表政协保定市清苑区第二届委员会常务委员会所作的提案工作报告。会议选举产生了新一届政协领导班子，韩拴宝当选主席，苏秀义、张琳、刘永发、张宏图4人当选副主席，任新刚当选秘书长，于亮等31人当选常务委员。与会人员列席了保定市清苑区三届人大一次会议，听取并讨论了代区长李英英所作的《政府工作报告》及其他报告，并对以上报告表示赞同并给予高度评价。

【区政协 2021 年历次常委会会议】 1 月 22 日，清苑区政协组织召开区政协二届十九次常委会会议。会上，协商通过区政协第二届委员会部分委员调整增补建议名单；协商通过二届五次全会筹备情况；集中学习中央经济工作会议精神，习近平总书记在全国抗击新冠肺炎疫情表彰大会上的讲话精神，省委九届十一次、十二次全会精神，省农村工作会议精神，市委十一届十次、十一次全会精神和区委二届七次、八次全会精神。

2 月 5 日，清苑区政协组织召开区政协二届二十次常委会会议。会上，协商通过区政协主席等人选；审议通过增补政协保定市清苑区第二届委员会常务委员人选；协商选举办法（草案）、总监票人和监票人建议名单；听取各小组讨论情况；审议通过各项决议（草案）；审议通过区政协换届时间调整相关事宜。

3 月 29 日，清苑区政协组织召开二届二十一次常委会会议。会议协商通过了《区政协 2021 年工作思路和工作要点》《区政协 2021 年协商工作计划》；通报了区政协二届五次会议提案立案情况；传达学习近期国家和省市有关会议精神及全国“两会”精神、省委书记王东峰在全省党史学习教育动员大会上的讲话精神、全市思想作风纪律整顿总结暨优环境促发展坚决整治群众身边“微腐败”专项行动动员大会精神、全市品质生活之城建设暨“三重四创五优化”和“三基”建设年活动动员大会主要精神；协商通过有关人事事项。

7 月 19 日，清苑区政协组织召开二届二十二次常委会（扩大）会议。区政协主席、副主席、秘书长和全体政协常委出席会议，机关干部和各乡镇副书记列席会议。会议协商通过了政协保定市清苑区第三届委员会委员和会议主席团建议名单；研究通过了三届一次会议筹备工作相关事宜；审议通过了常委会工作报告（草案）、提案工作报告（草案）等会议资料；集中学习了习近平总书记在庆祝中国共产党成立 100 周年大会上的讲话精神、省委书记王东峰在河北省庆祝中国共产党成立 100 周年大会上的讲话精神和市委书记党晓龙在保定市庆祝中国共产党成立 100 周年座谈会上的讲话精神、习近平总书记在庆祝中国共产党成立 100 周年“七一勋章”颁授仪式上的重要讲话精神、习近平总书记在参观“不忘初心、牢记使命”中国共产党历史展览时重要讲话精神、习近平总书记在 6 月 25 日中央政治局第三十一次集体学习时的重要讲话精神。

11 月 10 日，清苑区政协组织召开三届一次常委会会议。会议协商讨论了关于委员提案办理情况的通报和全区重点项目和招商引资情况以及经济运行情况的通报；协商通过了《政协保定市清苑区第三届委员会“全员入委”工作方案》《政协保定市清苑区第三届委员会专委会组成工作方案》《关于加强和改进政协宣传思想工作的实施意见》《关于设立区政协专门委员会功能型党支部和乡镇党员委员活动小组的工作方案》《区政协党组成员联系功能型党支部、党员委员联系党外委员制度》《政协保定市清苑区第三届委员会建设参政议政人才库工作方案》等相关文件；听取了 2021 年以来清苑区政协工作开展情况的汇报；进行了集中学习。

政协常委会主要工作

【坚持思想政治引领，在筑牢政治基础中坚定政协方向】 把牢政治方向。区委始终高度重视和支持政协工作，把人民政协事业纳入党委整体工作布局，积极为政协开展工作创造便利条件、营造良好氛围。区政协始终做到旗帜鲜明讲政治，坚定不移跟党走，深刻感悟“两个确立”的决定性意义，不断增强“四个意识”、坚定“四个自信”、做到“两个维护”，团结带领全体政协委员在政治立场、政治方向、政治道路上，始终同以习近平同志为核心的党中央保持高度一致。在工作中，坚决服从区委统一领导，坚决落实区委对政协工作的有关要求，坚持重大事项、重要活动及时向区委请示报告，一切重要工作安排都在广泛征求意见的基础上，报请区委批准同意后实施，确保了政协事业在党的领导下始终沿着正确政治方向前进。

深化理论武装。坚持以理论学习中心组为引领，积极推进政协党组会、主席办公会、政协常委会、机关班子会等各个层面的理论学习，扎实开展党史学习教育、“四史”学习教育和“永远跟党走”群众性主题宣传教育，通过集中宣讲、交流研讨、专家辅导、领导讲课等方式，持续笃学深悟习近平新时代中国特色社会主义思想，深入学习领会中共十九届六中全会精神，专题学习习近平总书记在庆祝中国共产党成立100周年和纪念辛亥革命110周年大会上的重要讲话精神，全年共组织各类学习活动24场次，进一步增进四个认同，夯实了团结奋斗的共同思想政治基础。

加强政协党建。深入贯彻《中共中央办公厅关于加强和改进新时代市县政协工作的意见》，报请区委研究出台了《清苑区关于进一步加强新时代人民政协党的建设工作的若干措施》，修订完善《区政协党组工作规则和议事规则》等文件。经区委批准召开了全区政协系统党建工作推进会，依托专委会探索建立了4个功能型党支部和20个党小组，102名党员委员全部编入功能型党支部，实行“组织关系一方隶属、参加双重组织生活”，自上而下搭建五级政协党组织架构，建立健全“三联三带”工作机制，实现党的组织对党员委员全覆盖、党的工作对政协委员全覆盖。严格履行全面从严治党主体责任，高质量完成省委巡视交办问题整改，全力支持区纪委监委派驻机构履行监督责任，着力营造了政协系统风清气正的政治生态。

【坚持服务中心大局，在助推高质量发展中贡献政协力量】 政治协商建真言。围绕区第三次党代会“加快建设品质生活之城”决策部署和“五个清苑”奋斗目标，健全了“以全体会议为龙头，以专题协商会、协商座谈会和协商式监督为重点，以对口协商、界别协商、提案办理协商为常态”的协商议政格局。三届一次全会期间，聚焦“加快建设品质生活之城”重大课题，通过分组学习、交流发言等形式，积极协商建言，并从产业发展、城市建设、生态环境等6个方面，提出50余条意见建议。保定市第十二次党代会和区“两会”胜利召开后，聚焦“激情奋进‘十四五’、再造一个新保定”工作主线，第一时间召开主席办公会、政协常委会进行协商议政，进一步完善协商计划和重点工作安排，确定城市“新颜值”、重大项目和产业发展、乡村振兴等重点议题，为建设现代化品质生活之城献计出力。

民主监督促落实。围绕全区重点工作，科学制定民主监督计划，扩大民主监督覆盖面。组织委员对“重修省道蠡野路（张登至阳城段）”“整修京港澳高速阳城涵洞路面”等进行专项视察督办，推动相关问题的解决。选派政协机关1名正科级干部，常态化参与全区重点工作大督查。组织25名委员参加政法队伍教育整顿座谈会，对政法系统相关单位进行评议监督，客观反映社会各界意见。组织20名委员参与思想作风纪律整顿活动，对职能部门实施民主监督。组织30名委员参加全区年终考核评议活动，为行风政风建设和政府公信力的提升发挥积极作用。

参政议政献良策。区政协各位主席及部分委员，利用列席区委常委会会议、政府常务会、党政联席会议等契机，积极参政议政、建言献策，促进党委政府决策优化。围绕“统筹推进疫情防控和经济社会发展双胜利”，召开专题议政性常委会会议，协商听取全区重点项目、招商引资和经济运行情况通报，梳理出“加强指标分析研

判、加大招商引资和项目建设力度、持续优化营商环境”等5条意见建议，得到了区政府及有关部门的重视采纳。遴选“巩固拓展脱贫产业成果，大力促进农民增收”“加快高效设施农业发展”等课题，组织农业界委员深入调研协商，从巩固产业扶贫、农业科技推广应用、农业技术人才引进等方面，提出意见建议6条，积极助力清苑区乡村振兴战略实施。围绕常态化疫情防控、创城、创卫等主题，扎实开展视察调研、座谈交流等履职活动，诸多成果转化为区委、区政府决策参考。

【坚持为民履职尽责，在促进民生改善中体现政协优势】 视察调研关注民生。扎实开展政协系统“我为群众办实事”活动，聚焦区第三次党代会确定的“十项惠民措施”，聚焦区政府年初确定的民心实事，定期开展专题视察，推动了民生项目落地实施。坚决完成区委交办的“加快乡村道路环境整治，全力打造政协示范路”重大工作任务，克服困难、转变思想，组织委员和镇村干部到高阳、安国、固安等地观摩学习，参照省相关标准要求，对张望路、魏村路两条“政协路”，逐村逐段逐点位进行视察监督、整治提升，以群众出行环境的显著改善助力推动乡村振兴战略的实施。聚焦办好人民满意的教育，组织教育界委员开展加强中小学德育工作调研视察活动，通过实地走访、问卷调查、座谈交流等方式，全面了

12月20日，区政协主席韩拴宝带领区政协领导班子成员实地检查魏村路和清苑镇、白团、魏村、阳城段环境卫生整治情况

解全区中小学校德育工作现状，并从宣传引导、丰富载体等4个方面提出了针对性建议，取得了教育部门的认可采纳。围绕“防范化解安全风险，着力建设平安清苑”，重点开展平稳安全度汛、“迎国庆保安全促发展”、文物古建筑消防安全等系列视察调研活动，形成了“提高思想认识、加强隐患排查治理”等6条意见建议，获得相关单位的高度重视。

委员提案化解民忧。委员提案是政协履行职能的重要形式和载体。2021年，共收到委员提案114件，经整理合并为96件，审查立案56件，转部门建议40件，其中涉及道路交通、教育医疗等民生提案38件，约占立案提案的68%。在提案办理过程中，区委、区政府高度重视，区政协班子成员重点督办，相关委员积极参与，承办部门认真采纳委员建议。截至2021年10月底，所有委员提案全部办结，按时办结率、答复函规范化率、委员满意率均达到了100%，有效解决了一批事关民生的问题。

社情信息表达民意。坚持把反映社情民意作为联系群众、为民代言的重要抓手，密切关注“12345”政务服务便民热线、人民网地方留言板等平台，组织委员开展多层次、多角度的履职活动，广泛收集人民群众的愿望和诉求，为党委、政府了解民意、集中民智提供真实信息。2021年，共收集整理反映“城区车辆乱停乱放、富强路占道经营、农贸市场私搭乱建”等社情民意信息21篇，为区委、区政府决策提供重要参考，促使一批群众高度关注、社会反映强烈的问题得到有效治理。

投身公益温暖民心。政协领导班子成员、机关干部多次深入包联帮扶的农村、社区、企业，为群众解难事、办实事。各界委员积极参与社会公益，捐资助学、送医送药、扶危济困，通过各种途径捐资捐物折款120万余元。5月，区政协联合省市政协、省市中医院，组织40余名医疗专家，开展“学党史　办实事”卫生下基层活动。活动当天，举行了专家带诊、大型义诊、健

康体检、保健知识讲座、入户送医送药等系列活动，直接受益群众3000余人，赢得了广大群众的点赞好评。

5月21日，省政协组织省、市中医院医疗专家到清苑区开展“学党史 办实事”卫生下基层活动，在清苑冉庄村集中义诊

【坚持广泛凝心聚力，在深化团结合作中发挥政协作用】 深化党派团体合作共事。充分发挥人民政协统一战线组织功能，对区委研究出台的重大决策部署，区政协第一时间组织各民主党派、各界别委员学习研究形成共识，第一时间组织开展调研、献计献策。依托“委员之家”和“专委会功能型党支部”，积极邀请、组织各民主党派、政协参加单位“来政协协商”，共商政协重要履职活动，共议全区发展大事要事，营造了“求同存异、体谅包容、平等议事、民主和谐”的良好氛围。

深化社会各界联谊交流。持续扩大与党外知识分子、各族各界人士的沟通联系，经常性开展谈心谈话、走访看望，进一步宣传政策、解疑释惑、理顺情绪、增进共识。在东石桥防洪整治工作中，坚决拥护执行区委决策部署，政协各名主席以身作则、率先垂范，各参加单位积极参与、一线工作，与群众面对面沟通交流，晓之以理、动之以情，较好地完成了区委交办任务。在维护社会和谐方面，广大委员发挥群众威望高、影响力大的优势，协助党委、政府化解处置信访矛盾纠纷30余件。在加强各级各地政协组织联谊交流方面，保持与省政协、市政协的经常性联系，热情接待陕西、江苏、辽宁以及河北唐山、江苏南通、浙江安吉等地政协学习考察13次，组织市区两级委员先后赴阜平、安国、高阳、固安等地参观学习，开拓了思路，拓展了视野，促进了工作。

深化宣传思想文化工作。准确把握新时代政协宣传思想工作的方向重点，组织召开全区政协系统宣传思想工作座谈会，围绕党史学习教育、习近平总书记七一重要讲话、中共十九届六中全会精神等内容，开展集中宣讲、座谈交流活动20余场次，努力把党的主张转化为社会各界的共识。加强与区委宣传部、区融媒体中心的联系沟通，第一时间宣传报道政协重要会议和履职活动。精心组织策划了“风雨苍黄忆百年 翰墨光影颂华章”庆祝中国共产党成立100周年书画摄影展览，展出各类作品300余幅，从多个侧面、不同角度，集中展现了广大干部群众投身疫情防控、民生保障等方面的感人事迹，传播了社会正能量，唱响了时代主旋律。创办了机关刊物《清苑政协》，开通了“清苑政协”微信公众号，及时向社会各界传递政协声音，展示委员风采，扩大了政协的影响力。

【坚持强化自身建设，在持续改革创新中提升政协活力】 完善政协工作制度。新班子、新气象，换届后第一时间修订了《政协常委会工作规则》《政协委员守则》《关于加强委员队伍管理推行委员述职考核的意见》等制度文件，编辑成册后印发至专委会和委员活动小组，供其认真学习执行，完善委员管理、履职、考核、进退等机制，不断推进政协工作制度化、规范化。

探索履职平台创新。实施“全员入委”，充实完善农业农村等4个专门委员会，组建了20个委员活动小组，所有委员全部编入专委会开展履职活动，实现对委员的有效服务管理。建立“人才库”，从委员中择优遴选了40名行业专家，组建了清苑区参政议政人才库，涵盖了农业、经济、教育、医疗等10个领域，为人民政协建言

资政、发挥作用，提供智力支撑。建设“委员之家”，坚持“高标准、高质量、全覆盖”的总要求，在18个乡镇和城区、开发区，建成了20个“委员之家”，软件硬件设施完备齐全，全部达到“六有”标准，为委员知情明政、参政议政，提供交流平台和活动阵地。

深化委员教育管理。针对换届后新委员较多的实际情况，先后组织政协常委及委员活动小组负责人专题业务培训、政协系统“全员培训”，同时通过参加会议、走访委员、印发学习资料等方式，经常性开展政治理论和政协知识培训，进一步提升委员的政治素质和履职能力。加强委员服务管理和述职考核，建立委员履职档案，实行政协常委向常委会述职，评选出40名优秀政协委员予以通报表彰，努力打造“懂政协、会协商、善议政，守纪律、讲规矩、重品行”的委员队伍。

加强政协机关建设。围绕建设“政治型、学习型、创新型、服务型”机关，深入开展思想作风纪律整顿，严格机关管理，完善规章制度，政协机关的组织协调、后勤保障、管理服务水平进一步提升。同时，全力争取区委支持，新增机关行政编制2个，提拔调入年轻科级干部2人，通过购买服务方式聘请优秀大学生2人，有效扭转了机关干部队伍“老化”现状，为更好地适应新时代政协工作新要求，更好地发挥政协职能奠定了基础。

政协机关工作

【强化理论学习，全面提升理论水平】 加强政治理论学习，进一步提升政治站位。持续笃学深悟习近平新时代中国特色社会主义思想，特别是习近平总书记关于新时代加强和改进人民政协工作的重要思想，专题学习中共十九届六中全会精神、习近平总书记在庆祝中国共产党成立100周年大会上的重要讲话和在纪念辛亥革命110周年重要讲话精神，以及省、市、区党代会精神，增进四个认同，不断夯实团结奋斗的共同思想政治基础，政治站位进一步提升。

加强业务知识学习，进一步提高履职能力。深入学习中央、省委、市委、区委政协工作会议精神，学习上级政协领导的讲话精神，时刻把握政协工作新思想、新理论、新方法，不断提高政协委员的业务理论水平，全面增强了履职能力。加强党的组织领导，进一步把牢政治方向。始终坚持在区委和区政协党组的领导下开展工作，一切重要活动围绕区委中心工作开展，一切重要安排在广泛征求意见的基础上报区委审定，努力把思想和行动统一到区委中心工作和决策部署上来。

【认真履职尽责，圆满完成各项工作任务】 会务组织工作。机关班子经过精心组织，周密部署，圆满完成了区政协二届五次和三届一次2次全会、4次常委会会议、10次主席办公会议的会务组织工作。特别是自6月起，经过与区委组织部、统战部的密切配合，有序筹备，最终圆满完成了新一届政协的换届工作，各项会议得到顺利召开，没有出现任何纰漏，得到了领导及各界委员的一致好评。

积极参与区委中心工作。扎实做好分包社区疫情防控工作，严格落实排查、登记、测温、消毒等各项防疫工作举措，昼夜坚守在社区防控一线，确保各项防控措施落实到位，切实做到了守土尽责。积极参与全区文明城、卫生城创建工作，努力做好分包路段和分包小区的环境卫生整治、车辆乱停乱放、小广告清理等工作。

扎实开展党史学习教育。按照区委统一部署，第一时间成立了党组书记任组长的领导小组，多次召开政协党组（扩大）会、主席办公会、政协常委会，集中学习“四史”以及人民政协发展史，做到学史明理、学史增信、学史崇德、学史力行。组织市区两级部分政协委员和机关全体干部，赴阜平城南庄、骆驼湾开展党员活动日，重温入党誓词，感悟革命洗礼。5月，联合省市政协、省市中医院，组织15名省级医疗专家和40余名医护人员，开展卫生下基层实地帮扶活动。活动当天，分别开展专家带诊、基层医务人员培训、大型义诊、健康体检、知识讲座和入户送医送药等活动，直接受益群众3000余人，赢得了广大群众的点赞好评。

4月8日，区政协主席韩拴宝带队组织市区两级政协委员赴阜平接受革命传统和爱国主义教育

强化政协提案办理工作。围绕人民群众普遍关心的热点、难点问题，组织委员协商讨论提案议题，为增进民生福祉献计献策、尽责出力。区政协二届五次全会以来，政协委员共提交提案114件，经整理合并为96件，提交主席办公会审查立案56件，转建议40件。截至2021年10月，政协提案已经全部办结，办复率、委员走访率、满意率均达到100%，一批事关发展、事关民生的问题得到有效解决。

加强文史宣传工作力度。创办了机关刊物《清苑政协》，开通了清苑政协微信公众号，及时向社会各界宣传政协履职成效，展示广大政协委员风采，提升了清苑政协工作影响力，得到了区委、区政府、区人大以及离退休老领导的充分肯定；精心策划了“风雨苍黄忆百年　翰墨光影颂华章”庆祝中国共产党成立100周年书画摄影展览活动，展出文化作品300余幅，从多个侧面、不同角度，集中展现了全区党员干部群众积极投身抗击疫情、民生保障、乡村振兴等方面的感人事迹，进一步传播了社会正能量，唱响了时代主旋律。

深入开展调研视察活动。聚焦防范化解安全风险、着力建设平安清苑，组织界别委员和行业专家，重点开展平稳安全度汛、“迎国庆保安全促发展”、文物古建筑消防安全等系列视察监督活动，切实增强人民群众的安全感。着眼“三农”问题，遴选了“巩固拓展脱贫产业成果、促进农民增收”“如何加快高效设施农业发展”等议题，组织农业界委员开展调研视察，助力清苑区乡村振兴战略实施。围绕“加强中小学德育工作、办好人民满意教育”，组织开展“全区中小学德育工作调研视察”活动，积极构建德智体美劳全面培养的教育体系。

加强政协系统联谊交流。先后接待省市政协考察调研5次，接待陕西、江苏、辽宁及河北唐山、江苏南通、浙江安吉等地政协学习考察10余次，组织市区两级委员先后赴涞水、定兴、阜平、安国、高阳、固安等地进行参观学习，开拓了思路，拓展了视野，促进了工作开展。

扎实推进“委员之家”和功能型党支部建设。积极推行“全员入委”工作，在全区设立了20个委员之家，把全区244名政协委员全部纳入4个委员会和20个“委员之家”，为委员履职尽责提供平台，加强了委员管理。探索建立4个功能型党支部和20个党员委员活动小组，102名党员委员实行一方隶属、参加双重组织生活。自上而下搭建了“政协党组—机关党组—专委会功能型党支部和机关党支部—党小组—临时党组织”的五级党组织架构，建立健全“政协党组成员（机关党组成员、功能型党支部成员）联系带动党员委员，党员委员带动党外委员制度，政协委员联系带动界别群众”的“三联三带”工作机制，实现党的组织对党员委员全覆盖、党的工作对政协委员全覆盖。

（撰稿：张琼）

纪检 监察

◎综　述

◎纪检监察工作

纪检　监察

综　述

【概况】　区纪委监委机关设18个内设机构：办公室、组织部、党风政风监督室、信访室、案件监督管理室、第一至第八监督检查室、第九至第十一审查调查室、案件审理室、纪检监察干部监督室，行政编制73名。设立5个派驻纪检监察组：驻区委办公室纪检监察组、驻区政府办公室纪检监察组、驻区教育和体育局纪检监察组、驻区财政局纪检监察组、驻区卫生健康局纪检监察组，行政编制15名。2021年，清苑区纪委监委紧扣稳中求进总基调，忠实履行党章和宪法赋予的职责，持之以恒正风肃纪，坚定不移惩贪治腐，驰而不息优化政治生态，为扎实推进品质生活之城建设提供坚实的纪法保障。

【工作机构】　区纪律检查委员会与区监察委员会合署办公，实行一套工作机构、两个机关名称，履行纪检监察职能，负责全区党风廉政建设和反腐败工作。

【中共保定市清苑区纪律检查委员会】

书　记　陈　栋

副书记　常志超　刘晓阳（7月任职）

常　委　刘　哲　冉精华（7月任职）

冉海超（7月任职）

马　腾（女，7月任职）

【保定市清苑区监察委员会】

主　任　陈　栋

副主任　常志超（兼任）

刘晓阳（兼任，8月任职）

委　员　刘　哲（兼任）

冉海超（兼任，7月任职）

刘立铁　杨建华

纪检监察工作

【强化政治监督，坚决扛起“两个维护”重大政治责任】　围绕增强“四个意识”、坚定“四个自信”，督促全区各级党组织把学习贯彻习近平新时代中国特色社会主义思想作为首要政治任务，深入开展党史学习教育和“四史”宣传教育，不断夯实“两个维护”的思想根基。围绕县乡村换届，加强换届纪律和换届风气监督，廉政

把关236批13386人次，换届期间派出专项监督组全程跟进，对落实不力的作风问题和责任问题，及时提醒纠正，严肃追责问责，确保换届风清气正。围绕现代化品质生活之城建设，聚焦巡视整改、优化营商环境、大气污染防治、东石桥防洪整治搬迁、人居环境整治等开展专项监督，严查工作中的作风问题和腐败问题，以责任追究推动问题整改落实、工作提质提效。围绕人民群众健康安全，督促落实常态化疫情防控措施，突出落实“四方责任”，建立日常监督检查机制、日报告机制、联络沟通机制和问题线索处置机制，累计监督502次，检查点位2818个，发现问题489个，约谈领导干部5人，以监督责任撬动主体责任，筑牢疫情防控安全屏障。

【保持高压态势，坚定不移深化反腐败斗争】 2021年共立案274件，处分331人，留置3人，移送审查起诉3人。四种形态占比分别为70.1%、19.5%、5.5%、4.9%。一是统筹推进专项行动。全力配合区委开展政法队伍教育整顿。先后召开3次政法系统教育整顿警示教育大会，通报典型案件16起，处置问题线索61件，立案15件，处分19人，运用第一种形态处理34人，2名政法干部主动投案。对供销社系统腐败问题、粮食购销领域腐败问题、教育系统乱收费、一人多证等开展专项整治，共发现各类问题线索79个，处分8人，运用第一种形态处理33人。二是持续深化以案促改。充分发挥纪检监察建议堵漏洞、治根本、管长远的作用，全年制发纪检监察建议书50份。拍摄警示教育片《正风肃纪永远在路上》，用身边事教育身边人。三是高质量开展审查调查工作。健全完善审查调查安全工作制度，落实安全首课和领导首谈制度，不断强化事前事中事后全过程监督，规范措施使用，严格监督检查，确保办案质量和安全。在全市案件质量评查中获得优异成绩。

【坚决落实中央八项规定精神，持续纠治“四风”】 紧盯重要节点和重点领域，开展明察暗访和专项监督，严查违规吃喝、收送礼品礼金、发放津贴补贴等行为，查处违反中央八项规定精神问题4件，处分5人。推进全区思想作风纪律教育整顿工作，发现并督促整改纪律、作风问题40余个，推动全区各级党员干部进一步提振士气、转变作风、严肃纪律，为加快建设现代化品质生活之城贡献清苑力量。广泛开展廉政教育活动，12月，集中两周时间，以作风纪律、担当作为、打通“中梗阻”为重点，班子成员分别到包联乡镇、机关，对中层以上干部开展集体谈话暨警示教育43场，各乡镇纪委也将警示教育延伸到村，让广大党员干部学纪法、知敬畏、存戒惧、守底线。

【坚持人民至上，持续整治群众身边腐败和作风问题】 一是高质量做好纪检监察信访工作。主动回应群众关切，对信访检举控告坚持做到“存量清零、增量随清”，全年共受理信访检举控告271件，同比下降58%，办结率100%。其中，重复举报123件，同比下降73%。制定《重复信访举报化解办法》，形成化解重复举报的长效机制。二是开展优环境、促发展，坚决整治群众身边“微腐败”专项行动。对18个乡镇和23个职能部门权责清单进行梳理，实行“两清单、两台账”，明确权责类别212类，监督各部门整改问题294个，建章立制219项，处置问题线索31件，处理29人。三是开展“我为群众办实事”活动。中纪委交办群众诉求类问题2批共5件，均已全部办结，反映人表示满意。对13批175件民生实事，通过发函督办、当面交办、实地督查、挂牌督办等方式，层层传导压力，对问题严重的坚决追责问责，推动落实到位。四是常态化开展扫黑除恶专项斗争。成立4个专班，对信息网络、自然资源、工程建设、交通运输四大行业领域专项整治跟进监督，针对突出问题，制发纪检监察建议书6份，不断强弱项补短板，实现长效长治。

深化体制机制改革，推动形成常态长效的监督机制。一是推动责任落实。出台关于加强对“一把手”和领导班子监督的若干措施，签订责任状，督促“一把手”和领导班子履行管党治党责任。坚持区纪委书记与下一级党委书记谈话、区纪委监委班子成员包联乡镇制度，促动全区各级党组织按照区委要求，落细落实全面从严治党的各项工作任务。二是理顺管理机制。实施“室组地”联动监督、联合办案，全区纪检监察机关“一盘棋”，协作配合更加顺畅。三是打通监督“最后一公里”。在全区各乡镇（城区）按程序配备293名村级专职纪检员，把基层监督的“探头”延伸到村。在全区选取18个村作为提级监督试点村，聚焦“五个必捉”构建和完善对农村基层干部权力运行的监督体系，提升乡村治理法治化水平。

【坚持严管严治，建设过硬队伍】 区纪委常委会带头加强政治建设，强化理论武装，将政治理论学习作为区纪委常委会第一议题和中心组学习首要内容，以理论上的清醒保持政治上的坚定。持续深化全员培训，坚持周五学习日、每天学习一小时，领导领学，以考促学，以能定岗，使每名纪检监察干部把学习当成一种责任、一种习惯。开展违规办案专项教育整顿，强化“办案质量终身负责制”的理念，查、纠、建并举，不断提高全区纪检监察系统规范、安全、文明办案水平。

（撰稿：林靖涛）

群众团体

◎区总工会

◎共青团保定市清苑区委员会

◎区妇女联合会

◎区科学技术协会

◎区工商业联合会

◎区文学艺术联合会

◎区残疾人联合会

群众团体

区总工会

【概况】 2021年，清苑区总工会在市总工会和区委的正确领导下，在区政府的大力支持下，围绕中心服务大局，不断推进工会和产业工人队伍改革，工会各项工作都有了新的突破，疫情防控也取得阶段成果。

【经济技术】 积极推进产业工人队伍改革。选树培育不同所有制企业作为产改试点，以“三型”产业工人队伍建设为目标，大力开展劳动竞赛和职工技能大赛。2021年，区总工会联合教体部门开展教师技能大赛，选派优秀选手参加市总工会组织的九项职工技能大赛，均取得优异成绩，其中雨虹餐饮公司的尤美芳夺得面点第一名，获保定市五一劳动奖章和金牌工人称号，许金钟等三名选手获保定市能工巧匠称号，清苑代表队夺得计算机应用遥控机器人、院前急救三项团体第一名和最佳第一名，获得多项集体奖与个人奖。

积极争取谋划劳动公园建设。清苑区劳动公园是区总工会2021年重点工程，劳动公园位于朝阳路南大街与发展西路交会处西北角，碧桂园·清苑新城项目一区东侧，占地面积5000余平方米。经过半年谋划，在保定市率先开工建设，投入资金66万余元，对公园进行了全面提升改造，使其成为一处集教育、游览、休憩、健身于一体，历史与现代并存、劳动与文化共享的主题公园。

积极应对疫情，助力经济恢复。针对当前疫情形势，区总工会充分利用职工服务网和微信公众号等互联网平台，共发布职工招聘等服务信息20余条，与人力资源和社会保障局等部门开展网上招聘活动，为就业困难人员推荐就业岗位。

【宣传教育】 强化干部职工的政治思想引领。在中国共产党成立100周年期间，组织工会全体工作人员开展党史学习教育，引领广大职工听党话、跟党走。一是结合党员活动日，开展红色教育，先后赴区档案馆、区文化馆、冉庄地道战纪念馆进行党员宣誓活动，激发党员爱岗敬业、勇于奋斗的精神。二是组织优秀工会干部和劳动先锋观看爱国主义主题教育电影《革命者》，进一步了解建党百年峥嵘岁月，传承红色基因，为推动全区工会事业发展汲取精神力量。三是多方联合宣传、教育、妇联、共青团等部门，充分发挥工会优势，组织发动广大职工积极开展职工诵读、党史知识竞赛、书画作品展、主题宣讲等活动，报名参赛作品达百余份。

大力弘扬劳模精神、劳动精神、工匠精神。建立了劳模培养库，培树劳模 21 名；关心关爱劳模，组织劳模进行体检，建立健康档案，对患病劳模逐一搜集病例资料，向省市工会申报生活救助共 10 万余元，解决劳模生活困难，对省级以上劳模发放慰问金 3 万余元，把党和政府对劳模关心爱护送到劳模的心坎上。

积极推进“冀工之家”等网络服务平台宣教工作。2021 年，在市总工会的领导下，清苑区网上平台建设取得进步与提升，会员认证数达 7680 人，认证率 65%，基层工会入驻数 713 家，活动情况上传 300 篇。清苑区总工会以“冀工之家”平台为突破口，积极参与市总工会宣教部发布的职工“随手拍”活动，截至 12 月底，图片上传 300 余张；积极开展线上运动会活动，参与人数达 2064 人，获得保定市第二名，得到市领导充分肯定。

【维权服务】 一是开展送福活动，在元旦、春节期间筹资 3 万余元为职工免费发放春联 2 万余副，为职工送去新春祝福。二是开展“我为群众办实事，工会夏日送清凉”活动，筹集资金 11 万元购买白糖、矿泉水、毛巾、茶叶等防暑物品，分三次慰问战斗在防疫、防汛、高温环境的一线职工 2000 余人；筹资 1.5 万元慰问帮扶和慰问新业态职工 300 余人。三是开展“清苑区医务工作者”慰问活动，先后慰问清苑区人民医院、清苑区妇幼保健院、清苑区城区社区卫生服务中心，送去矿泉水、冰红茶等消暑物资 2000 余份。四是结合五一、七一、十一等重要节点，先后开展乒乓球比赛、象棋比赛、篮球比赛、健康达人选拔赛等文体活动，参与职工 4500 余人。通过丰富多彩的活动组织与开展，提升了职工的文化品位和精神素养，增强了单位的凝聚力与活力。五是进一步加强工会法律服务工作，续签了冀清律师事务所法律服务合同，为职工提供法律援助服务；开展《中华人民共和国工会法》《中华人民共和国劳动法》等法律法规宣传活动，利用艾滋病日和宪法日开展系列法律法规宣传活动，发放宣传品 2000 余份。六是积极开展第十期“职工互助一日捐”活动，387 家基层工会参与活动，覆盖职工 12000 余人，互助金额 63 万元，2021 年救助患病职工 300 余人，发放救助金 80 万元，创历史新高。七是结合儿童城市创建，协调资金建设 3 所爱心妈妈小屋，为特殊群体提供服务。

12 月 1 日，清苑区总工会开展法律宣传活动

【基层组织建设】 一是助力乡村振兴，组建清云速电子商务有限公司等 18 家企业新业态工会组织，新建百人以上企业 2 家，到 2021 年年底建会率达到 85%。二是进一步加大网上工会建设，加大会员网上实名注册入会和基层工会网上注册力度。截至 2021 年 10 月，清苑区总工会共有基层工会组织 713 家、职工总数 67525 人、会员总数 66587 人、专职工会干部 78 人、兼职 902 人。三是在建设完善省级示范点魏村镇和市级示范点望亭镇的基础上，选树孙村乡和臧村镇为市级示范点，同时年内规范提高基层工会 40 家。四是 2021 年签订集体协商企业新增 45 家，覆盖企业 80 余家，同时签订区域性、行业性劳动安全卫生专项集体合同、女职工专项集体合同 5 家。

主　席　连凌柱

副主席　赵永刚

（撰稿：卜建国、舒梓一）

共青团保定市清苑区委员会

【概况】 2021年，共青团清苑区委（以下简称团区委）紧紧围绕构建“凝聚青年、服务大局、当好桥梁、从严治团”四维工作格局，按照新形势下党对群团工作新的要求，围绕清苑经济社会改革发展和精准扶贫中心大局，紧扣全区青少年成长发展需要，履职尽责，开拓进取，推动全区团的事业迈上新台阶。2021年，团区委共有下级团组织54个，其中学校、区直领域团委30个，乡镇街道（城区）团委19个。全区共有共青团员11503名。2021年新发展团员1407名。

【突出思想政治引领】 持续推进“青年大学习”网上主题团课，全年组织学习30期，超50万人次参与，团员参学率130%，稳居全市第一。

深入开展党史学习教育。成立党史学习教育领导小组，制定周密方案，开展集中学习43次；印发《关于推动全区基层团组织组织化开展党史学习教育的工作提示》，组织全区各级团干部面向团员青年讲党史主题团课，课程线上录入率达100%；充分挖掘利用清苑区丰富的红色资源，组织全区各级团干部60余人瞻仰参观冉庄地道战遗址，接受红色教育；两次开展党史学习教育专题宣讲，并面向全区团干部开展党史学习教育专题培训；利用新媒体平台，开设“那年今日——党史上的今天”党史学习教育专栏，通过每日更新党史信息，广泛普及党史知识；组织全区团员青年和少先队员深入学习贯彻中共十九届六中全会、省第十次党代会、市第十二次党代会、区第三次党代会精神，强化理论武装，提升理论修养。

抓住“雷锋日”“清明节”“五四青年节”等特殊时间节点，开展主题教育活动近40次。其中，“清明祭英烈 传承爱国心”主题活动近万名团员青年和少先队员祭扫全区18座烈士陵园；“我们正青春”——五四主题演讲比赛连续4年在五四青年节举办，打造了清苑区共青团品牌活动；“唱响青春旋律 致敬百年风华”清苑区青少年献礼建党百年主题文艺会演，全区近500名少先队员参与，影响广泛，深入人心，直播点赞超5万人次。

6月11日，“唱响青春旋律 致敬百年风华”献礼建党百年主题文艺会演举行

【青春助力脱贫攻坚】 关心关爱青少年群体，开展有针对性的帮扶教育活动，整合社会资源，连续8年开展“新春圆梦微心愿”项目，筹集价值22万元物资，打造清苑区青力助学品牌活动；完成“抗击疫情 共青团在行动”专项捐款任务，资助全区7名受疫情影响较大的青少年学生每人1000元。

【弘扬志愿服务精神】 清苑区“志愿汇”注册志愿者近11万人，团属微信群组织管理大学生志愿者近千人；举办“画美人生”志愿服务、“全民戴口罩”志愿服务、“为奉献者奉献 为守护者守护”防“疫”志愿等志愿服务活动60余场，切实发挥了青年志愿者的青春力量。

疫情防控期间，团区委招募青年志愿者1087人次参与文明劝导行人佩戴口罩、防疫宣传、大数据流调、“两码”核查、体温测量、秩序维护、消毒消杀等工作，其中“全民戴口罩”行动中，400余名志愿者连续值守14天，累计向行人发放医用口罩25000余个。

【广泛联系服务青年】 推动青年发展相关内容在清苑区“十四五”规划中单列专节；组织召开保定市清苑区中长期青年发展规划联席会议第三

次全体会议；建立清苑区中长期青年发展规划联席会议简报制度，为清苑区青少年事业发展提供有力保障；同复旦大学就如何发挥青年在乡村振兴中的重要作用开展调研座谈。

开展青年创业帮扶，组织清苑籍大学生参与2021年“大学生返家乡”社会实践活动；实施“冀青云 易展翅”保定市青年就业启航行动；联合清苑区就业局开展“百日千万网络招聘专项行动”，为全区广大青年扩宽求职就业渠道。

【少先队工作】　2021年，举行全区少先队辅导员培训会2次，有效推动了少先队辅导员职业化进程，提高了少年儿童和少先队工作科学化水平。

7月21日，2021年清苑区大学生“返家乡”社会实践活动定岗培训会召开

【大抓基层组织建设】　按照团中央、省、市部署安排，结合全区实际，研究确定清苑区2021年发展团员计划，严格按程序打好发展团员入口关，做好团员指标的发展工作，从确定发展批次、严格发展流程等环节，形成分批次发展、考核具体化、培养有衔接、细节仪式化的新局面；推进完善“智慧团建”系统平台，加快基础数据库建设，全区学生团员全部入库；规范学社衔接流程，要求各乡镇团委建立团员档案，做到一人一档，团员不失联；紧抓部署清苑区团组织换届工作，及时下发《村团组织换届工作参考手册（2021年版）》，明确换届工作“路线图”及“时间表”，规范开展换届选举工作，切实做到严肃纪律，严格程序。同时，严格人选条件，坚持把政治标准放在首位，严把年龄关、学历关，鼓励从社会组织负责人、专职化村书记、返（在）乡创业人员、农村致富带头人当中选拔优秀青年党（团）员担任农村（社区）团干部，干部队伍结构进一步优化。2021年，清苑区229个村（社区）团组织已全部完成换届；规范入团仪式流程，以清苑中学和职教中心新发展团员入团仪式为范例，在全区推进入团仪式规范化；自制团员档案遗失证明、团员证补盖钢印情况说明等统一模板，规范了基础团务工作手续，严格规范补办团员证、补办入团志愿书等项目的相关流程，做到专人证明、专人负责，进一步畅通了基层团组织的运行机制，统一了工作标准；着手起草清苑区推优入党工作机制，并就该项工作积极与区委组织部、区直工委进行沟通协调，为推优入党落地见效提供实施前提和组织保障。

书记　赵心恬（女）

（撰稿：郭雪茵）

区妇女联合会

【概况】　清苑区妇联主要职责是团结动员全区妇女积极投身和谐清苑建设和社会经济发展，组织开展促进妇女儿童健康发展的各项活动，代表和维护妇女权益，促进男女平等，协调和推动社会各界为妇女儿童办实事、办好事。区妇联有5个行政编制，有主席、副主席各1名。设办公室、综合股。区妇联另有所属股级参照公务员法管理事业单位清苑区人民政府妇女儿童工作委员会。该委员会为参公事业编制，紧紧围绕中心、服务大局，组织带领各级妇联组织开展丰富多彩的党史学习教育，积极履行组织妇女、发展妇女、服务妇女和维护妇女儿童合法权益的职责，扎实有效地开展工作。

【加强妇联自身建设】　一是深入学习党史、习近平总书记七一重要讲话、中共十九届六中全会精神，学习习近平新时代中国特色社会主义思想，学习河北干部网络学院和“学习强国”学习平台上内容。二是组建以妇联干部、妇联执委、优秀妇女典型为成员的巾帼党史宣讲团，开展宣讲活动100场。线上推出“巾帼心向党、每日一题学党史”学习专栏，共推出100期。三是通过组织“世界读书日红色经典诵读会”、“绣党旗、感党恩、跟党走”保定市万名女性绣党旗接力和收针赠旗仪式、参加“清苑区庆祝中国共产党成立100周年歌咏大会”等活动，营造全区学党史、颂党恩、跟党走和喜迎中国共产党成立100周年的浓厚氛围。四是动员各级妇联深入开展“巾帼百场大宣讲”活动，县乡村三级妇联干部、执委带头讲，巾帼宣讲员深入讲，深入基层、面向妇女、贴近家庭，开展分众化、对象化、互动化宣讲活动100余场。五是提升基层妇联阵地建设水平。在河北百思特电气有限公司、河北顺泽医药两家单位和区执法局成立妇联组织。高标准打造北辛店村省级“示范妇女之家”。六是圆满完成基层妇联换届工作。在全市率先完成277个村级（社区）、18个乡镇妇联组织换届选举工作。基层妇联队伍文化程度、年龄结构、整体活力得到很大提升和优化。七是推进“网上妇联”建设，“清苑妇联”微信公众号发布信息170条。2021年，在清苑妇联公众号发布各种活动、法律知识、家庭教育、疫情防控等内容文章180篇，在搜狐、网易、豆瓣等各大媒体平台刊发文章12篇，在燕赵女性、河北频道、河北共产党网等省级媒体刊发文章5篇，在人民网、《中国妇女报》等全国性媒体刊发文章5篇。

【开展妇女儿童各项活动】 开展丰富多彩的庆“三八”活动。一是组织召开“三八”妇女节暨庆祝中国共产党建立100周年座谈会。来自各行业不同领域、不同岗位的10名优秀妇女代表作了发言。二是“三八”节期间，南王庄李素环瓜果蔬菜合作社负责人李素环获“全国巾帼建功标兵”称号，清苑区29个、名先进集体和个人及2户五好家庭受到了市妇联的表彰。为清苑区249个先进集体和个人颁发了奖牌和证书。在微信公众号开设“讲优秀巾帼事迹展”专栏，连续发布6期公众号。三是为20名爱心人士、女企业家赠送牌匾20块，为获得省级荣誉的“五好家庭”“百优美丽庭院”“维护妇女儿童权益先进集体”“最美绿色家庭”送去奖牌和证书。

深入家庭文明建设。一是开展寻找“最美家庭”“绿色家庭”“最美孝顺好儿女”等活动，共推选出市级典型家庭6户、国家级最美家庭1户、省级最美家庭1户。“三八”期间，评选表彰40户区级最美家庭，并发放了荣誉证书。二是6月1日，区妇联、区读书协会、清苑第三幼儿园等联合开展“长在红旗下，书香幸福家”寻找最美朗读者亲子活动。三是传承好家风、好家训。在清苑妇联公众号平台推出“习近平家语”专栏，共发布13期。四是建设儿童友好城市。成立由46个成员单位组成清苑区建设儿童友好城市领导小组。起草《清苑区建设儿童友好城市五年（2021—2025年）实施方案》和《清苑区建设儿童友好城市工作方案》及其任务目标分解表。进行全方位宣传，发布公众号和视频号20期，在主要路口、公园LED大屏滚动播放宣传口号，设置公益展示牌20多块。组织开展“我为建设儿童友好城市代言”、“儿童不友好自查”、世界儿童日等主题活动。

开展巾帼建功活动。一是7月20日上午召开重点工作暨巾帼家政技能培训推进会，为清苑区巾帼家政培训服务示范基地揭牌。二是开展“燕赵家政、河北福嫂”大宣讲，线上线下免费培训650余人，带动327名妇女就业。

开展一系列送温暖活动。一是春节期间，组织开展“一对一”结对帮扶活动，通过走访慰问、微信视频、一封信、发微信红包等形式传递爱心；2月3日，组织开展“全民戴口罩、关爱困境妇女儿童活动”，看望贫困学生和妇女19户。二是七一前夕，区妇联及各乡镇妇联对开展“致敬老党员，永远跟党走”走访慰问活动，慰问新中国成立前46名女党员，为她们佩戴党徽，

与党旗合影。三是开展重阳节慰问活动，深入清苑区光荣院、清苑区民政局事业服务中心大李各庄分院开展爱老敬老活动。为两所敬老院的老人们送去价值0.74万元羽绒马甲，为老人们包饺子、理发、表演节目。四是通过劝募活动、企业捐赠等共筹集助学款4.08万元，此款项用于建档立卡贫困户高中生。五是联合区妇幼开展“两癌”免费筛查，全区200余名妇女接受免费检查。六是对生活困难的农村“两癌”妇女进行摸底统计上报，筛选27名妇女，每人发放救助金1万元。2021年共为困难女童、“两癌”妇女、敬老院老人、困境妇女等争取下发救助慰问金32.82万元，为历年来最多。

【维护妇女权益工作】 一是开展法律宣传活动。举办线上“木兰有约普法微课堂”法律宣传活动，在清苑妇联微信公众号上发布《中华人民共和国反家庭暴力法》《中华人民共和国妇女儿童权益保障法》《中华人民共和国婚姻法》《中华人民共和国国家安全法》等相关法律法规共30期公众号。二是深入清苑公园、乡村等通过发放宣传资料、现场咨询等形式开展宣传活动，共发放宣传资料1500余份，接受群众咨询200余人次。三是12月17日下午组织召开《中华人民共和国反家庭暴力法》《中华人民共和国家庭教育促进法》宣讲培训会。各乡镇（城区）、区直单位、村妇联干部及“四新组织”妇联负责人共90余人参加了培训会。邀请专业律师结合当前一些社会现象和家庭教育现状，详细讲解《中华人民共和国反家庭暴力法》和《中华人民共和国家庭教育促进法》。2021年，共接待来信来电来访11件，处理11件，办结11件。

【围绕中心服务大局工作】 做好疫情防控工作。一是组织开展“出门戴好口罩”劝导志愿服务活动2次，共发动志愿者130余人，发放口罩4500余个。二是加强宣传引导，在微信公众号上发布抗疫典型人物、疫情防控等内容11期。

推进美丽庭院创建。一是通过召开美丽庭院创建推进会及清苑妇联微信公众号、大喇叭广播、微信群、抖音等平台宣传美丽庭院创建的标准、意义、成果等，营造浓厚氛围。二是开展“晒晒我的美丽庭院”活动，共发布抖音视频120余条，成果展示在微信公众号上发布4期。三是开展“美丽庭院创建我来帮”志愿服务活动，深入500余户家庭，结成“一对一”帮扶对子260个。四是组织全区乡镇妇联主席开展美丽庭院创建观摩活动，以此提高全区美丽庭院创建质量。五是12月21日下午，区妇联组织召开各乡镇（城区）妇联主席“巾帼建功、美丽家园”清洁行动推进会。会后，各级妇联组织充分发挥妇联独特优势，迅速安排部署，广大妇联干部和妇女群众对村内公共场所和生活困难的家庭积极开展清洁活动。2021年，创建美丽庭院21000户、精品庭院4200户。三是积极参与文明城区创建。通过清苑妇联微信公众号广泛宣传防疫、垃圾分类等知识。组织各单位人员对网格化责任区、卡点小区不明行为进行劝导，进行清扫美化环境。

主席 崔建梅（女）

（撰稿：赵丽华）

区科学技术协会

【概况】 保定市清苑区科学技术协会是科学技术工作者的群众组织，内设综合股。2021年，区科协围绕区委、区政府中心工作，主动作为，加强联动，坚持线上线下相结合，扎实做好疫情防控、科普宣传、科技下乡、全民科学素质等工作，以实际行动为建设经济强区、美丽清苑贡献力量。

【疫情防控工作】 积极落实联防联控举措，全力推进疫情防控工作。一是认真安排社区卡点值守，深入社区开展摸排，做好包联小区的消毒通风、测温登记、日报告、零报告等防控措施，加强外来人员监测，重点防止出现人员聚集。二是全力做好新冠疫苗接种工作，加快构建免疫屏障，加强正面宣传引导，凝聚群众共识，营造社会氛围，做到单位全体和包联小区群众应接尽接。三是积极发挥科协职能，加大防疫宣传力度，通过活动将新冠肺炎防控手册、防疫物品发放给群众。1 月 27 日，联合区妇联、区团委、区残联、区文联、区工商联等单位开展“上街劝导全民戴口罩”志愿活动，组织志愿者对群众讲解佩戴口罩的重要性和佩戴方法，共发放口罩 1500 个、酒精湿巾 200 包、消毒手套 200 副。

【科普宣传工作】 坚持线上与线下相结合，扎实开展科普宣传工作。线上通过运营科协微信公众号，普及科学知识，传播科学思想，不断提升公众的科学素质。2021 年，根据不同的时间节点和网络热点，发布科普文章 170 余篇，内容涵盖意识形态、疫情防控、农业种植、健康养生、安全、科技、环保、军事等方面；线下积极组织参与科普宣传活动。5 月 26 日，参加由区工信局主办的全国科技活动周活动。通过设立咨询台、悬挂横幅、发放宣传册等形式开展宣传，活动现场发放科普图书 300 册、宣传折页 400 余份。9 月 15 日，在清苑公园组织开展全国科普日宣传活动，活动以“百年再出发 迈向高水平科技自立自强”为主题，展出展板 8 块，发放各类资料 500 余份、手提袋 100 个。

【科技下乡工作】 积极发挥科协职能，深化和拓展科技下乡工作，认真完成单位业务职能目标，践行“三农”服务承诺事项。通过开展有针对性的科技培训和科普宣传活动，普及科学知识，推广科技成果，提高农民科学素质，促进经济发展和助农增收。5 月 14 日，联合区工信局、区司法局开展“学党史 送科技 科协在你身边”——科普宣传进农村活动，走进东闾村，宣传内容涵盖党史、疫情防控、农业种植、法律知识、用电用气安全等方面。活动共发放科普口袋书 500 册、宣传折页 1000 余份、科普手提袋 150 个。

主席 王秋良

（撰稿：刘彦锋）

区工商业联合会

【概况】 清苑区工商联是保定市清苑区委领导下的群团组织，核定编制 2 人。2021 年，区工商联以习近平新时代中国特色社会主义思想为指导，进一步解放思想，把握市场经济规律，开拓创新，努力拼搏，为打造经济强区、魅力清苑做出应有的贡献。2021 年 3 月 3 日完成换届。有会员 147 家，有不驻会主席 1 名、驻会副主席 1 名、副主席 11 名、副会长 6 名、执委 30 名。

6 月 24 日，工商联会员企业参加企业家沙龙活动（李志国摄）

【积极参政议政】 参政议政、建言献策是工商联的基本职能。2021 年，区工商联带领广大会员围绕区委、区政府的中心工作，提出了有价值的提案、议案 12 件，积极反映全区民营经济发展过程中存在的难点、热点问题，较好地发挥了人大代表、政协委员的参政议政作用。

【服务民营企业发展】 全面提高会员素质，组织民营企业参与人才招聘活动。5 月 15 日，在清苑公园北广场，人社、工商联等六部门联合举办

“职在民企就有未来”2021年民营企业招聘月活动，四通、顺泽医药、虹宝画苑、兰天购物商场等15家有招聘需求的民营企业参与了活动。12月15日，联合区人社局等相关单位，在就业服务大厅，召开“2021年高校毕业生专场招聘会”，48家企业、300余名2021年高校毕业生参与招聘活动。

为民营企业提供税收普惠政策。6月16日，通过工商联会员微信群转发传达《河北省2021年助力小微企业发展“春雨润苗”专项行动》文件精神。7月20日，与区税务局相关部门到中南高科现场发放资料200余份，并与企业共同解读政策精神。

在民营企业中开展法律宣传活动。8月2日，根据全国工商联、司法部、全国律协《关于建立“万所联万会”工作机制的意见》，面向区工商联会员企业开展“万所联万会”活动，区工商联多次深入古城香业、顺泽医药、立中集团等民营企业，为企业送去《中华人民共和国宪法》《中华人民共和国民法典》等法律书籍100余套。

组织引导民营企业参评2021年河北省民营企业百强活动。8月，在河北省发布的民营企业百强名单中，清苑区两家民企上榜。其中，立中四通轻合金集团股份有限公司以产值133.91亿元列河北省民营企业百强第43位，制造业百强第35位；顺泽医药列服务业百强第28位。此外，立中四通轻合金集团股份有限公司位居全国民营企业制造业五百强第399位、河北省科技创新发明专利民营企业百佳第11位。大大提升清苑区民营企业的知名度、信誉度和美誉度，为企业进一步的发展增添了信心和动力。

2021年年初，组织民营企业参加线上培训9次、线下培训4次，赴复旦大学、四川大学参加学习培训2次，主题涵盖“聚焦双循环 创新‘十四五’”“数字驱动 产业赋能”“劳动法进民企暨企业规范用工云讲堂”“稳企业、稳岗位、促和谐、促发展”“骨干企业管理人才培训班”、民营经济标准大会等内容。参加培训的民营企业80多家，600多人次参与。

2021年年初，组织民营企业参加多场实地参观交流活动，包括在博野智博保温材料有限公司、满城郴尧物流、保定广维传媒、吉祥胤农场学习参观交流，考察和观摩安国市第四届旅发大会筹备项目等。

区工商联分别在立中集团、北京绅宝、古城香业等民营企业召开座谈会，针对企业环保升级、增资扩产、区域营商环境的改善、城市交通功能完善、成立直播销售协会等问题进行讨论，部分重要意见建议准备作为人大代表或政协委员的提案，向区人大、区政协会议提出，为区委、区政府的决策提供参考。

1月4日，开展2020年度民营企业劳动关系状况监测调查；1月19日，开展春节期间保定市疫情防控与援企业稳岗调查问卷；从1月起至10月中旬，开展4次民营企业运行状况调查。在上述活动中，区工商联均较好地完成市工商联交办的调查任务。

积极鼓励和大力宣扬区工商联会员单位“清苑区爱心志愿者协会”的爱心行动。2021年，清苑区爱心志愿者协会组织了4期“爱心助老”入户慰问活动，每期均采购爱心慰问品及生活必需品等爱心物资对区内19户30多名孤残老人进行入户慰问看望；开展两期“助学”活动，20余名志愿者到8个乡镇的中小学，每期均慰问了15名贫困家庭的学生；组织开展“风‘豫’同舟和衷共‘冀’”活动，组织志愿者7人，分两批到达河南郑州参与抢险救灾及消杀工作。

巩固脱贫攻坚成果，倡导区工商联会员企业响应号召，为扶贫工作贡献力量。12月6日，工商联发出《凝聚民企力量巩固脱贫成果》致全区工商联会员企业倡议书，倡导会员企业“响应国家号召，创新帮扶模式，做大做强企业，为参与活动积聚力量”。12月8日，区工商联发出《消费扶贫，我们在行动》消费扶贫倡议书，根据《保定市清苑区县际间结对帮扶工作方案》，与涞水县结对帮扶关系，倡导会员企业主动参与消费帮扶，全面参与消费扶贫，合力推动消费扶贫。

积极配合完成全区重点工作。在东石桥村汛期撤离工作中，顺利完成区委、区政府交办的任务，任务内的搬迁户全部签署协议。做好疫情防控工作。机关工作人员及近亲属全部完成新冠疫苗接种，分包区人民医院小区平房10户21人，除1人身体不适合接种，其余全部完成新冠疫苗接种。按规定做好创城创卫工作。

副主席（驻会） 李志国

（撰稿：李志国）

区文学艺术联合会

【概况】 2021年，保定市清苑区文学艺术联合会（以下简称区文联）团结引领全区各文艺家协会和文艺志愿者，从基层文联工作实际出发，立足清苑特色，以繁荣艺术创作、多出精品为己任，结合庆祝中国共产党成立100周年和新时代文明实践文艺志愿服务工作，组织开展一系列丰富多彩的文化活动，不断满足人民群众的精神文化需求，全力推进全区文化文艺工作落地落实。区文联被河北省文联授予“省文联系统争创人民满意的公务员集体”十佳集体称号，被保定市委宣传部授予“2020年保定市宣传思想文化工作创新案例”证书，被保定市文联授予“2021年度先进文联”称号。

【文化活动蓬勃开展】 2021年年初，联合区妇联、团区委等单位开展“上街劝导全民戴口罩”志愿活动。在公园、超市门口等人流量较大的公共场所，对不佩戴或未正确佩戴口罩的行人讲解佩戴口罩的重要性和佩戴方法。引导行人朗读“防疫宣传顺口溜”，用轻松有趣的文艺形式宣传普及防疫知识，提高防范意识。共发放口罩1500个、酒精湿巾200包、消毒手套200副。

春节前夕，组织书法家进农村、进社区送春联、送福字活动，义务为群众书写春联300余副、“福”字400余个，送到社区、乡镇、村群众和执勤卡点防疫人员手中。

3—6月，举办“风雨苍黄忆百年　翰墨光影颂华章”书画摄影展、“百年荣光闪耀，诗文逐梦远航”诗歌、散文征文活动。评选出200幅书画作品、100幅摄影作品入展并颁发优秀证书。评选出诗歌、散文一等奖1篇、二等奖2篇、三等奖3篇，优秀奖20篇，并结集印制1000本“百年荣光颂——清苑区庆祝建党百年征文获奖作品集”，为庆祝建党百年营造浓厚氛围。

4月23日是世界读书日，区文联携手区委宣传部、区融媒体中心发起“我们一起读书吧”特别节目。读书爱好者、文艺工作者和本土作家现场朗诵《乡土谣》《英雄冉庄》《为中华之崛起而读书》等作品，倡导全区广大居民朋友感受阅读力量，共建文化清苑。

5月，市、区、清苑镇、大福村四级摄影家协会，联动举办庆祝中国共产党成立100周年大福村摄影展，从社会发展、群众生活、村容村貌等方面，立体式呈现全国文明村的风貌。

9月29日，组织区书法、美术文艺志愿者参与农民丰收节活动中“感恩党·丰收节里‘画’丰收”活动板块。创作近300幅书画作品，献礼丰收节。区摄影家协会文艺志愿者现场拍摄文艺演出、农民趣味运动会、乡镇长现场推介家乡特产等上千个精彩瞬间，用镜头定格丰收喜悦，用照片展现清苑乡村新风采。

重阳节期间，组织开展“情系桑榆晚，爱满重阳节”文艺志愿服务活动，文艺志愿者走进魏村光荣院为老人带来歌曲《幸福中国一起走》、西河大鼓《偷吃年糕》、哈哈腔《地道战》选段和舞蹈《孝心到永远》等精彩节目，丰富老年人的精神文化生活，让他们感受到社会各界的关爱和温暖。

12月6日，区文联联合魏村镇文联、魏村镇书画协会同聚福堂书画院开展《魏村镇书画集》进校园活动，为镇内8所中小学校送出书包40

余个、文具100余份、《魏村镇书画集》300本，发扬和传承家乡书画文化。

【中国、省、市文联调研基层文联建设和新时代文明实践文艺志愿服务工作】 5月26日和6月8日，中国、省、市文联先后两次到清苑区开展调研。调研组听取大福村、冉庄镇、冉庄村文联建设基本情况和新时代文明实践文艺志愿服务工作情况汇报，并与区委主要领导、区、乡镇、村文联主席座谈交流。同时实地考察乡镇、村文联文艺志愿服务和文化活动开展情况，与当地书法、美术、舞蹈等文艺爱好者亲切交流，了解他们在活动中的感受和变化。调研组一行对清苑区文联的工作给予充分肯定，并要求继续保持积极奋进的工作作风，认真学习借鉴经验做法，主动创新思路方法，广泛组织发动群众积极参与新时代文明实践文艺志愿服务活动，实现“文艺惠民、文艺为民、文艺乐民”。

【联合建行开展“文艺+裕农通”活动】 2021年7月以来，利用文联与建行各自领域资源和优势，创新服务模式，立足清苑实际，以新时代文明实践中心建设和“我为群众办实事”大实践活动为切入点，开展“文艺+裕农通”活动，以文化甘露与金融活水灌溉乡村沃土，助力乡村振兴。在保定市首个试点单位大福村举办深入学习习近平总书记七一重要讲话精神“文艺+金融”书画笔会活动，在大福村、南王庄举行“信用村”授牌仪式。组织编创“文艺+裕农通”文艺作品，发动区文艺志愿者结合本土曲艺特点，开展文艺创作，完成哈哈腔唱段《建行裕农颂》、西河大鼓《上学堂》、快板书《文艺+裕农通》和三句半《建行惠农好事多》等“文艺+裕农通”原创作品，让农村群众在享受文艺节目中理解和接受乡村振兴政策，使文化和金融服务产生“矩阵效应”，让群众既富了“口袋”，又富了“脑袋”。

【用文艺宣讲党的精神】 自3月23日起，举行“百天读党史”活动，组织干部通过微信平台，每天向区各文艺家协会会员及乡镇、村文联成员诵读《中国共产党简史》，掀起文艺界人士学党史的热潮，坚定跟党走的信念。

联合魏村镇文联举办《魏村镇书画集》发布仪式暨学习贯彻中共十九届六中全会精神书画笔会活动。区文联主席刘新芳向魏村镇书画工作者、爱好者40余人宣讲中共十九届六中全会精神，阐述其重大意义、主要精神和丰富内涵，并号召全区广大文艺工作者、爱好者认真学习贯彻全会精神，立足清苑实际，创作出更多更好的作品服务社会、服务群众，推动全会精神深入人心、走深走实。众多书画爱好者们挥毫泼墨，用笔墨丹青宣讲全会精神。

【利用新兴媒体平台，提高文联影响力】 区文联建立“清苑文联”抖音账号和微信视频号一年来，充分利用新兴媒体平台，报道文联动态，展示清苑文艺人风采，向社会传递文艺资讯，弘扬正能量。累计抖音粉丝数量达2138人，浏览量达上百万次，单篇点赞最高值达11.1万次，进一步扩大了区文联的影响力和号召力，为助推文化强国建设贡献清苑力量。

主席 刘新芳（女）

（撰稿：田佳琪）

区残疾人联合会

【概况】 保定市清苑区残疾人联合会是中国残疾人联合会的地方组织，是将残疾人自身代表组织、社会福利团体和事业管理机构融为一体的全区性残疾人事业团体。区残联由区政府领导联系，业务上接受政府有关部门对口指导。内设1个职能股室综合股。2021年，区残联以党史学习教育为抓手，以助残服务工程为重点，提升素质，开拓进取，残疾人各项工作稳步推进。

【残疾人医疗康复】 围绕“残疾人人人享有适宜康复服务”，全面推进残疾人康复工程。一是结合区疾控中心，委托保定唯仁精神病医院为490名精神残疾人免费发放药品，价值20万余元。二是结合区卫健局，完成1375名残疾人个性化家庭医生签约工作，并按照康复需要开展体检等履约活动。三是开展0～6周岁残疾儿童康复工作，已经对44名残疾儿童开展康复服务。四是积极开展假肢安装，完成15个假肢、9个儿童矫正器安装；为残疾人适配普通轮椅200辆、助行器24个、拐杖40副、坐便椅60个，提高残疾人生活质量。五是积极承办保定市精准康复专业技术人员培训班，为更好地服务残疾人员，得到有效康复奠定基础。

5月16日，区残联组织开展第三十一次全国助残日活动

【残疾人生活保障】 一是深入贯彻落实中央两项补贴政策，及时有效地协助民政部门，将困难残疾人生活补贴和重度残疾人护理补贴发放到残疾人手中，做到应发尽发。享受生活补贴的残疾人3937人，发放补贴3118104元，享受护理补贴的残疾人5707人，发放补贴4109040元，实现两项补贴应享尽享。二是深入开展“阳光行动”，救助生活困难残疾人。元旦、春节期间深入开展“阳光行动”，市、区两级投入42.5万元开展“阳光行动”，救助生活困难残疾人850名。

【残疾人服务工程】 为834名残疾人开展康复医疗和康复训练服务，其中为44名残疾儿童开展基本康复服务，为9名残疾儿童适配矫正鞋；为261名残疾人适配辅具；委托保定残校为82名残疾人进行种植技术培训；委托保定华中技校和保定残校为57名残疾人开展职业技能培训。通过推荐和对接中介、劳务派遣公司等实现19名残疾人就业；委托保定唯仁精神病医院和保定仁济养老服务中心等机构，为60名残疾人开展寄宿式和居家托养服务；组织项目施工单位为16户残疾家庭改造坡道、扶手、厕所等项目；为72名提供康复体育进家庭服务；为当年考入高等院校的59名残疾大中专以上学生及残疾人家庭子女大中专学生进行资助，让残疾人学生及残疾人子女得到有效救助，安心学习。

【残疾人特殊教育】 积极主动对接区特教学校，加强对55名残疾儿童的教育。支持开展送教上门一对一帮扶，对176名残疾儿童开展上门教学。

【残疾人劳动就业工作】 鼓励引导全社会推进按比例安排残疾人就业和扶残助残的浓厚氛围，加大社会各界消化吸收残疾人就业的培育力度。对接“用人大户”四通新材料有限公司和裕东医院等十几家企事业单位，及时补充残疾人就业。2021年，四通公司、鸿通公司、鑫日公司等就安置14名残疾人就业。对接河北凯瑞悦等三家劳务派遣公司，宣传国家新的优惠政策，推荐安置残疾人就业，已推荐残疾人20人。对接杰薪前程人力资源公司等三家中介公司，优先推荐安置残疾人就业。协调人社部门，通过设立残疾人专门岗位等方式，推动用人单位招录符合条件的残疾人就业。积极参与河北省第十五届残疾人就业招聘会暨网络招聘会，组织23人参加，实现就业意向5人，1人签订协议。进一步加强当年高校毕业残疾学生的跟踪回访，积极为其提供就业机会，12人中9名高校毕业生分别在大唐清苑热电厂、南京隧道局、美团石家庄分公司等单位就业。加大企业年审力度，2021年网上年审企事业单位97家，已安置各类残疾人414人，利用年审机会，新增储备就业岗位20个。围绕清苑区残疾人就业工作，中国残联党组成员、副主席、副理事长程凯，省残联党组书记、理事长贾永清一行到清苑区调研残疾人就业工作。调研组深入立中四通轻合金集团股份有限公司，重点对残疾人就业情况进行调研，对清苑区残疾人就业工作给予充分肯定。

【残疾人动态更新工作】 利用两个月的时间，组织270多名调查员对全区13041名残疾人进行残疾人基本服务状况调查，全部录入了全国残疾人服务管理系统，圆满完成省市任务。

【其他工作】 一是协同裕东医院、自然之声耳聋助听器验配中心开展全国爱耳日活动。解答群众咨询130余人，通过一对一形式发放助听器21台。此次活动增强了群众爱耳护耳意识，为听障患者提供了解决渠道，取得良好的效果。二是积极开展“残联干部走基层、送温暖、办实事”调研活动，全体职工全员参与，走访慰问60户贫困残疾人，为他们解惑释疑，发放辅具35件。三是协同区人社局、城区办等单位在清苑公园开展第三十一次“全国助残日”活动。悬挂扶残助残条幅20条，发放宣传册200多份、明白纸500多张，接待咨询群众200多人，免费义诊100余人次。四是开展残疾人健身周活动，与四通公司承办保定市第十一届残疾人健身周活动，体现了残健融合，150多人参加了13个项目的体育健身活动，进一步丰富了残疾人的文化体育活动。组织53名残疾人参加省级运动员选拔，有18名残疾人得到选拔组的认可。五是加强残疾人维权工作，及时处理解决来信来访5件，维护了残疾人合法权益。

3月3日，区残联组织开展残疾人爱耳日活动

理事长 刘欣永

（撰稿：刘欣永）

法治

◎政法工作

◎公　安

◎检　察

◎法　院

◎司法行政

法 治

政法工作

【概况】 中共保定市清苑区委政法委员会（以下简称区委政法委）为区委领导政法工作的职能部门。机构规格为正科级，内设机构5个：办公室、政治处、综治督导室、维稳协调室、反邪教协调室。核定行政编制22名。其中，正科级领导职数1名，副科级2名，股级领导职数5名。2021年，区委政法委紧紧围绕上级要求和区委、区政府的安排部署，积极开展政法队伍教育整顿，坚决推进扫黑除恶、维护社会稳定、法治建设、平安建设、反邪教等重点工作，维护了全区社会稳定的政治局面。

【综合治理工作】 聚焦全国“两会”、中国共产党成立100周年安保维稳工作，统筹安排，圆满完成2021年维护安全各项任务。

集体访隐患主要集中在房地产领域、涉集融资、涉众利益诉求群体等方面。经过全市房地产领域信访问题集中攻坚，集中化解了16件涉房地产领域信访突出问题，全市排名靠前。

扎实做好疫情防控维稳工作。一是周密部署，完善各类应急预案，加强应急处置能力。为切实做好常态化疫情防控期间维稳工作，及时制定《疫情防控常态化社会稳定工作方案》《疫情防控常态化处置突发事件应急工作预案》《关于切实做好疫情防控和打击跨境犯罪相关工作的通知》《关于防范化解疫情后重大风险维护国家安全社会稳定的工作方案》，牵头组建了由各部门抽调精干力量160人的应急处置分队。二是强化信息研判预警。疫情防控期间，组织维稳成员单位，成立专门研判小组，坚持日研判日报告机制，特别围绕新冠肺炎疫情对全区社会稳定、经济社会发展产生的影响、问题、风险等方面，未雨绸缪、强化预判，形成高质量专题报告15期。三是深入开展矛盾排查化解。充分发挥综治中心和城乡社区网格化服务管理在疫情防控中的重要作用，广泛动员专职巡防力量、平安志愿者、网格员等群防群治力量，及时排查、上报疫情苗头隐患，努力把各类不稳定因素发现在萌芽、化解在基层。四是严厉打击违法犯罪。严厉打击非法经营药品以及生产、销售假药、劣药和不符合卫生标准的医用器材等犯罪行为，严厉打击破坏事关民生和疫情防控工作重要设施的犯罪行为，及时查处各类造谣滋事、恶意污蔑攻击等违法行为，切实维护社会大局持续稳定。

倾力做好全国“两会”、中国共产党成立100周年等时期安保工作。一是高规格统一指挥。

成立全国“两会”、中国共产党成立100周年安保联勤指挥部，区委书记、区长任总指挥，区委副书记任总指挥长，区委常委、政法委书记，区委常委、区委办主任，副区长、区公安分局局长任副总指挥，各乡镇（城区）、区直各单位党政主要领导为成员。二是全方位制度保障。制定全国“两会”、中国共产党成立100周年安保维稳工作方案、三道防线工作方案、敏感期“六护”专项实施方案等，围绕工作重点，分别明确指导思想、工作目标和工作举措，提出具体要求。三是高频次调度研判。组织区信访局、区公安分局、区退役军人事务局等26个单位启动日报告、日研判、日督办、日反馈机制，对相关情况分析研究。同时，以《安保情报专刊》为主要抓手，对研判出的各类问题和上级推送的信息，及时对乡镇、区直单位下达工作指令，点对点督办，共刊发《安保情报专刊》25期，有力地推动了安保工作进行。四是强化篦梳式“三道防线”。加强搜集，第一时间掌握相关信息。

强力开展重点领域、突出问题专项治理。为妥善处置化解清苑区涉房地产、涉金融、涉法涉诉、涉征地拆迁等领域突出问题，进一步规范清苑区信访秩序，端正信访导向，确保全区社会持续稳定，按照区委、区政府要求，制定《关于维护社会稳定依法处置信访突出问题的工作方案》，主要针对涉房地产、涉金融领域、涉法涉诉、涉土地征拆四个领域存在的信访突出问题分别成立依法处置涉房地产领域、涉金融领域、情报信息研判处置、依法处置非法信访问题、依法处置涉法涉诉案件、依法处置土地征迁问题六个专班，明确组织机构和任务目标，开展专项治理，确保案件依法彻底解决，实现利益诉求群体依法依规按程序解决问题，防止发生在案件解决过程中出现个人极端行为等现象，维护全区和谐。

【政法队伍教育整顿工作】 积极开展政法队伍教育整顿。按照中央、省、市、区的方案，从2021年2月底开始完成3个环节，即学习教育、查纠整改、总结提升3个环节。其中，学习教育环节30天，查纠整改环节75天，总结提升环节15天，6月底基本结束。主要工作：一是加强顶层设计，组织领导有序有力。成立由区委常委、区委政法委书记任组长的政法队伍教育整顿领导小组，强化组织领导，压紧压实主体责任，确保教育整顿取得实效。二是突出政治引领，学习教育贯穿始终。积极开展专题讲座、政治轮训、党史学习教育、网络大讲堂、警示教育、英模教育、廉政教育等多种形式的学习教育，保证全体政法干部充分认清开展教育整顿的重要性，以高度的思想自觉、政治自觉、行动自觉投身到教育整顿中来。三是坚持问题导向，自查自纠精准到位。深入开展思想发动，开展三轮谈心谈话，召开专题民主生活会1次，梳理汇总5个方面的问题，提出意见建议等14项，提出解决思路举措15项（条）。四是核查顽瘴痼疾，组织查处注重实效。组织区委政法委全体干部于4月底、5月初、5月中旬开展三轮政法单位（干警）自查事项报告表填报工作，填报率为100%。完善常态长效机制，建立健全根治顽瘴痼疾规章制度1项。五是加强宣传引导，弘扬先进英模精神。在区委门口、区委政法委办公室门口LED屏幕上设置宣传标语，区政府大院门口东西两侧悬挂条幅300余条，在清苑区主要路口设立宣传牌，同时在公众号上发布舆论宣传信息。六是践行服务宗旨，满足群众法治需求。以区社会矛盾调处中心为依托，全力抓好乡镇联合调解中心、矛盾纠纷易发地、治安隐患集中地工作，围绕化解社会矛盾、推进社会治理创新等内容，共为群众解决问题17件，其中区社会矛盾调处中心调节社会矛盾8件，深入基层入户走访宣传2件。七是实施惠民实事，进一步践行为人民服务宗旨。区委政法委持续深入开展“我为群众办实事”主题实践活动，以区社会矛盾调处中心为依托，切实解决群众关切的热点难点问题，从解决贴近人民群众切身利益的难题上下功夫，创新举措，办出成效。为巩固为民办实事成效，7月30日，区委政

法委到白团乡南营村开展“走基层、听民意、解民忧”大下乡活动。活动中，工作人员与村干部进行座谈并深入临街商铺、街道、群众家中，向群众发放《人民安全感和政法队伍满意度调查问卷》50余份，围绕社会治安环境，征求基层干部群众的意见，把群众反映的问题清单作为履职清单，切实为群众办实事、办好事，提升政法队伍的群众满意度。

政法队伍教育整顿“回头看”。6月30日至7月10日，深入开展政法队伍教育整顿“回头看”。7月6日，区委主要领导组织召开全区政法队伍教育整顿总结暨整改落实和“回头看”推进会议。区委政法委组织政法各单位紧紧围绕5项检验标准，聚焦5项工作内容，对中央第二督导组和省第七指导组反馈的6类27项问题照单全收，制发《清苑区全国政法队伍教育整顿中央第二督导组和省第七指导组反馈意见整改落实方案》，区委政法委对政法各单位进行多次督导检查，做到应改尽改。

严格推进政治生态专项整治。7月15—30日，深入开展政法系统政治生态专项整治。针对清苑区被中央督导组点名整改的原公检法“小三长”典型问题，市委抽调人员组成市派驻工作组进驻清苑区督导指导，对上级反馈意见全面认领、照单全收、立行立改。区委政法委牵头制定《关于解决一批群众“急、难、愁、盼”问题维护社会稳定依法处置信访突出问题的工作方案》。围绕全区平安建设情况、社会治安状况等18个方面设计群众满意度调查问卷，面向基层发放500余份。

认真开展政治建设和作风建设专项行动。按照省、市教育整顿领导小组通知要求，结合清苑区工作实际，制定《关于开展“加强政治建设营造风清气正政治生态”专项行动的工作方案》《关于开展“加强作风建设弘扬党的优良传统和作风”专项行动的方案》《关于加强政法系统政治建设和作风建设、推进政法队伍教育整顿常态化、持续优化政治系统政治生态的实施意见》，并组织单位全体党员干部按照方案要求组织开展各项活动，全面推进政法队伍教育整顿常态化。

【扫黑除恶工作】 2021年，按照扫黑除恶专项斗争常态化的工作要求，区委政法委牵头抓总，不断强化运行机制和工作体系。区委常委会、区政府常务会定期研究部署、调度推动，将扫黑除恶纳入领导班子绩效考核、平安建设、法治建设等多项考核内容，严格落实“党政一把手负总责”“属地管理，谁主管谁负责”工作责任制。全面做好线索核查和依法严惩。扫黑办和政法各部门分别设立热线电话、电子邮箱、微信公众号等举报渠道，年内共收到线索18件，办结13件。线索办理中，落实核查“公检法三长负责制、核查结论终身负责制”，确保查准查透。公安机关打掉10个恶势力团伙，判决8件37人，另2件正在审理中。2021年公安机关打掉恶势力团伙2个，抓获团伙成员7名，提起公诉1件。把扫黑除恶工作与反腐败和基层组织建设紧密结合。纪检与政法机关实行案件线索双向移交机制，对重点案件做到超前介入、同步立案、同步调查、成果共享。坚持扫黑除恶与重点整治同步发力。深入开展信息网络、交通运输、自然资源、工程建设四大行业领域集中整治，确保乱点乱象整治全部“清零”。

【三大攻坚】 区委政法委组织召开全区平安建设、法治建设、信访积案集中治理百日攻坚行动动员大会，并传达清苑区《关于开展重复信访和信访积案“百日攻坚”专项治理行动实施方案》《关于在全区开展涉法涉诉信访积案集中治理百日攻坚行动的实施方案》《关于在全区开展“百日攻坚·普法同行”主题宣传活动方案》《关于在全区开展法治建设百日攻坚行动的实施方案》及《关于在全区开展平安建设百日攻坚行动的实施方案》。区委政法委制定《保定市清苑区法治建设、平安建设、涉法涉诉信访积案集中治理百日攻坚行动督导工作方案》，成立4个督导小组，对相关责任单位和乡镇（城区）全面督导指导。

涉法涉诉信访百日攻坚。涉法涉诉信访百日攻坚启动后，组织召开案件调度会18次，市交办的15件案件全部办结。全国“12337”平台交办的6批26件线索全部办结上报，得到市委政法委充分肯定。

平安建设百日攻坚。印发《平安建设百日攻坚行动实施方案》，向32个单位一把手下发工作提示函，召开2次情况分析会，推动平安建设扎实开展。一是维稳情况，区委政法委从2021年7月开始，对各乡镇（城区）稳定情况进行细化、量化，做到一月一汇总，一月一排名，每月形成《全区社会稳定评价报告》，并将评价结果纳入年度平安建设考核之列，督促指导各单位做好社会稳定工作。二是社会治安情况，全区治安案件发案数量871起，与2020年同期相比下降13%；刑事案件发案数量1176起，破案率为32%，与2020年同期相比上升8%。三是公共安全情况，清苑区未发生重大食品药品安全事件，未发生一般及以上工矿商贸企业生产安全事故，无甲类传染病，未发生突发公共卫生事件。四是基层基础情况，充分发挥网格员作用，对排查化解的矛盾纠纷登记建档，及时录入综治信息系统。截至2021年10月25日，清苑区共排查录入矛盾纠纷2219件，结案2211件。加强“雪亮工程”建设，聘请省海康公司技术人员到清苑区解决区综治中心与区公安分局视频点位共享链接断开的技术问题，恢复信号传输，并完成向市综治中心推送。

法治建设百日攻坚。一是依法执政方面，印发《中共保定市清苑区委全面依法治区委员会关于进一步推动落实党政主要负责人履行推进法治建设第一责任人职责的实施意见》，制定党委、政府主要负责人履行推进法治建设第一责任人职责清单。各乡镇、区直各部门也制定主要领导推进法治建设第一责任人职责清单。调整依法治区委员会组成人员及各协调小组组成人员名单，由区委、区政府主要领导任委员会主要领导，形成“委员会统揽、办公室统筹、协调小组归口、部门承办”的工作格局。制定中共保定市清苑区委全面依法治区委员会《2021年工作要点》，并对《工作规则》《协调小组工作规则》《工作细则》进行修订。区人大常委会牵头按照《中华人民共和国宪法》及有关规定开展任职宪法宣誓。2021年，区人大常委会进行了6次人事任免，组织对任命的74人进行宪法宣誓。加强法律顾问建设，共有38个单位配备了法律顾问。二是依法行政方面，制定清苑区《2021年法治政府建设工作要点》。深入推进乡镇综合执法改革，下放第二批行政处罚事项72项。制定并印发《保定市清苑区人民政府关于乡镇开展行政执法工作的通知》，明确各乡镇自2021年2月1日起正式开展行政执法工作。编制《保定市清苑区乡镇综合行政执法人员工作资料汇编》和《保定市清苑区乡镇综合行政执法人员工作手册》，获全市推广。区编办制定印发《乡镇综合行政执法协调配合机制》和《乡镇与区直部门派驻机构协调配合机制》，强化工作合力和工作效果。区司法局与区委编办、区政府办、区行政审批局、区人大法制室组成权责清单审核小组，对全区30多个行政部门的权责清单逐项进行审核，提出修改意见。扎实开展行政复议和行政应诉工作。2021年，共受理行政复议案件6件，办结6件，行政应诉1件。对清苑区29个部门、18个乡镇符合申领、换证条件的1000余名执法人员按照程序进行申报。组织开展罚没许可证办理和年检工作，借助保定市“行政执法云监督平台”，首次网上年检。三是公正司法方面，2021年8月完成清苑区乡镇人民调委会换届工作，新一届乡镇人民调解员共949名，共调解上报各类矛盾纠纷“以案定补”案件1530起，落实“以案定补”补贴19330元。区公安分局开展警情审核专项行动，制定出台《执法办案管理中心运行规范》，完成执法音视频管理平台升级，全区“110”警情审核率达到95%的要求；区检察院突出检察官办案主体地位，实行检察官办案终身负责制，严格执行检察干警三项规定填报，每月月底前全院干警全部在网上填报违

反三个规定情况，实现全员如实填报；区法院全面实现网上办案，网上诉讼服务功能已经全面覆盖立案、缴费、退费、送达、质证、开庭、保全等众多环节。抓好审判执行主责主业。2021 年，收案 3868 件，结案 3248 件，结案率 83.97%；执行案件收案 2103 件，结案 1720 件，结案率 81.78%。审判质效较上月在全省法院排名上升 23 名，执行质效较上月在全省排名上升 40 位。四是全面普法方面，制定《关于在全区开展“百日攻坚·普法同行”主题宣传活动方案》和《关于开展“三项攻坚行动”宣传工作的实施方案》，由区委政法委、区法院、区检察院、区公安分局、区司法局确定一名分管领导任队长，并抽调普法骨干成立 5 个普法宣传小分队，进机关、进单位、进农村、进社区、进家庭、进企业、进市场、进学校、进景区、进媒体，开展 13 场次普法活动。各乡镇（城区）也成立相应的普法宣传小分队，对各乡镇（城区）所有村（社区）开展系列普法活动，全区形成浓厚的法治宣传氛围。

【政法队伍建设】 积极开展党史学习教育。按照《关于在全区开展党史学习教育的实施方案》的要求，结合各单位实际，制定学习教育方案，成立党史学习教育领导小组，并于 2021 年 3 月 26 日召开党史学习教育动员部署会，充分结合党史学习教育和政法队伍教育整顿，组织政法委全体机关干部学习习近平总书记对政法工作的重要指示批示精神，继续巩固近年来开展的作风纪律整顿专项活动成果，结合政法队伍教育整顿制订学习计划，采取集中学习和自学相结合的方式，记好笔记，撰写心得体会。

深入开展党支部各项活动。一是组织开展网络大讲堂及书记专题党课活动。政法系统集中学习观看全省政法网络大讲堂“学党史、跟党走”专题党课，共集中观看 5 期（第一期至第五期），增强了学习教育效果。区委常委、政法委书记，常务副书记（党支部书记）分别为全体机关干部上专题党课，结合工作实际，切实把党史学习教育转化为真抓实干、攻坚克难的行动力。二是定期开展党员活动日活动。认真学习党章党规，撰写心得体会，组织部分党员干部前往冉庄地道战遗址纪念馆开展“重温入党誓词，坚定理想信念”主题党日活动。三是延伸“我为群众办实事”实践活动，以“圆梦群众微心愿、品质服务党旗红”活动为契机，以党支部活动作为建设过硬党员队伍的重要举措，用心用情用力为群众办实事。联合西城社区党支部为家庭困难、行动不便的老人王新福送去轮椅，解决实际困难。

积极开展从严治党，加大内部监督力度。党支部成员严格遵守“四大纪律、八项要求”和领导干部廉洁从政各项规定，廉洁奉公，率先垂范。进一步落实党风廉政建设责任制，加强党员干部的廉洁自律。认真贯彻《中国共产党党内监督条例（试行）》、《中国共产党廉洁自律准则》、《中国共产党纪律处分条例》、中央颁布的《建立健全教育、制度、监督并重的惩治和预防腐败体系实施纲要》，把握基本精神。自觉执行党的民主集中制的各项制度。同时，区委政法委根据区纪委要求严查“突击花钱”现象和“四风”问题的通知精神，召开专题会议研究部署自查工作，并重点对照三个重点问题进行自查，严格按上级要求认真执行，严肃财务纪律，坚决贯彻中央八项规定，健全完善单位内控和审批制度，无“突击花钱”现象产生。

查摆“微腐败”问题并整改落实。根据区纪委《关于优环境、促发展坚决整治群众身边“微腐败”专项行动工作方案》的要求，积极开展政治理论学习，利用全体机关干部大会及时传达学习专项治理工作的相关安排部署和工作要求，组织全体干部认真学习党代会精神，充分结合政法队伍教育整顿工作和党史学习教育的开展，进一步加强干部廉洁教育。持续加强反面案件警示教育，及时传达中纪委监察部每月通报、区委和区纪委下发的警示教育资料，用身边事教育身边人，形成持续震慑。全面开展自查点评。收集第一手“微腐败”问题资料，紧密结合政法队伍教育整顿的自查自纠工作，组织机关全体干部填写自查事项报告表并及时封存以备检查。依法公开问题台账。将单位和个人“微腐败”问题自查情况在一定范围内公开公示，并实行台账化管理。制定整改落实阶段工作方案，确保相关工作按照时间节点扎实推进。召开动员大会进行整改落实阶段工作安排部署，进一步强化思想发动，按照既定工作部署和时间安排，认真完成好各项任务。

认真开展深化改革各项工作。加强机关建设，不断规范和完善政法系统工作制度和工作纪律，认真学习贯彻《中国共产党政法工作条例》、习近平总书记的训词精神。提高政法队伍的凝聚力、战斗力。于9月完成1项深化改革任务，其余5项工作平稳推进。

区法学会积极开展“双百活动”各项工作。结合省法学会下发的《2021年“百名法学会百场报告会”法治宣讲活动实施方案》的通知要求，区法学会会同各单位，结合实际工作，明确专人负责，认真开展活动，落实好中央和省委“两个文件”精神，重点在学习习近平法治思想、开展法治宣传活动、法律服务方面以及特色工作开展工作，通过与全区平安建设、综治、反邪教等宣传活动相结合，运用新媒体等多种形式，广泛开展法治宣传教育，全面推动“双百”活动高质量完成。

健全完善新媒体信息工作。开通单位官方微信、微博、抖音、今日头条、一点资讯新媒体注册工作，并利用新媒体积极宣传。组织清苑政法网军完成市委政法委转评论任务4条，上报市委政法委信息3篇，向区委信息科、党史学习教育报送信息30余条，《清苑快报》、党史信息采用5条。

大力弘扬见义勇为行为，构建法治文化体系。工作中加大宣教力度，传播正能量，弘扬传统美德。一是进一步建立完善支持、帮助见义勇为人员的长效机制，完善见义勇为规章制度和工作程序。二是大力关爱见义勇为人员和群体。区委政法委于2021年2月9日在区委政法委会议室专门组织清苑区见义勇为英模慰问，区委政法委常务副书记将24000元慰问金分别发放给8名见义勇为人员，同时传达中央、省、市关于见义勇为的批示及精神要求。三是发扬见义勇为精神。采取多种形式，加大见义勇为宣传力度，营造关心、关爱、关注见义勇为英雄的良好社会氛围。

开展意识形态工作。按照区委意识形态工作领导小组办公室《关于召开全区意识形态领域风险问题分析研判会议的预通知》要求，区委政法委结合工作实际，对涉及的各项重点工作进行分析研判，形成台账，撰写分析报告。同时，定期参加区意识形态领导小组召开的调度会，对区委政法委意识形态工作开展情况进行汇报。

【反邪教工作】 充分利用区、乡两级维稳协调员的优势和力量，实行分包和责任捆绑责任制强化法制宣传教育和日常管理。开展法治宣传9次，营造了良好的社会环境。

区委常委、区委政法委书记 王文刚

常务副书记 付世明

（撰稿：杨晨曦）

公 安

【概况】 保定市公安局清苑区分局（以下简称区公安分局）是负责全区公安工作的区政府工作部门，内设20个职能科室，下辖19个基层派出所、6个责任区刑警中队。2021年，区公安分局领导班子在区委、区政府和上级公安机关的坚强领导下，始终坚持以习近平新时代中国特色社会主义思想为指导，以中国共产党成立100周年安保为主线，围绕打造平安清苑，超前谋划，精心组织，强力推动各项工作扎实开展，取得了明显成效。

【安全保卫工作】 坚持把庆祝中国共产党成立100周年安保维稳作为首要政治任务，全力防风险、保稳定，圆满完成春节、全国“两会”等安保任务，高标准完成中国共产党成立100周年安保工作。建立规范的指令落地核查、源头稳控、按时反馈的闭环运行工作体系，落实300余条线索的核查反馈，为维护全区政治安定提供有力支撑。强化安检查控，安保启动京港澳保北口和清苑口警务站勤务，逐车、逐人、逐物严密检查，剔除了一批风险隐患。强化整体防控，安保期间持续开展安全生产检查、交通安全整治和危爆物品管理，会同武警开展武装巡逻，强化社会面治安管控，确保安保期间未发生重大案事件和重大事故，有效提升了人民群众安全感。强化信访攻坚，部署开展信访突出问题攻坚化解行动，公安部交办的重点疑难案件10起，省公安厅交办的14起案件，中联办交办的46起案件，省联办交办的5起案件，均全部化解。依法规范信访秩序，严厉打击非法上访行为。2021年，刑事拘留涉访犯罪嫌疑人4人，行政拘留14人。

【打击犯罪工作】 相继开展“燕赵—砺剑铸盾2021”和“保民生、破小案”，打击电信诈骗违法犯罪等专项行动，始终对各类违法犯罪保持高压打击态势。2021年共破获刑事案件626起，刑事拘留432人，行政拘留483人，刑拘和行政拘留较2020年同期上升14.3%和20.7%。严打电信诈骗犯罪，打掉团伙8个，破案93起，其中破获重特大案件8起（3起百万元案件，5起市督案件），抓获电信诈骗犯罪嫌疑人员171人，冻结涉案资金89.3万元，返还涉案资金20万余元。全力侦破现行命案，组织力量昼夜攻坚，6起现发命案全部侦破，侦破率100%。深化扫黑除恶专项斗争，成功打掉以张某为首的5人恶势力团伙、赵某某等聚众斗殴犯罪团伙、桑某某等寻衅滋事犯罪团伙、邢某某等系列抢劫犯罪团伙，有力净化了社会治安环境。加大黄赌毒违法犯罪打击力度，共刑事拘留黄赌犯罪嫌疑人31人，打掉赌博团伙1个，行政拘留黄赌违法人员374人。围绕全区中心工作开展重点打击，着力清除影响清苑经济社会发展的违法犯罪问题。相继侦破常青、嘉坤、福苑运通等一批非法吸收公众存款案；成功查办葛某等人非法采矿案、刘某某等人污染环境案、王某等人非法阻工案等一批破坏发展环境案件。

【维护社会稳定工作】 紧紧围绕平安清苑建设，不断提升人防、物防、技防水平，压发案、保民生，提升群众安全感。2021年，区公安分局共接有效“110”警情5917起，同比下降15.04%。大力开展反诈、防诈宣传，结合“百万警进千万家活动”，共印制宣传资料30余万份，开展与群众面对面的宣传活动200余场次，注册“国家反诈中心”App完成108017个。上线运行“指尖”“决明”“耀斑”三个预警劝阻系统，第一时间止付挽损，2021年共完成预警劝阻6000余条，止付涉案资金1.33亿元。深入开展禁种铲毒工作，提前谋划部署，各乡镇及禁毒委各成员单位全员参与，通过悬挂条幅、张贴海报、喇叭广播、微信提示、重点警示和无人机航测等多种形式，营造禁种铲毒的强大声势，顺利通过省禁毒委的实地航测检查。扎实开展打击涉房领域违法犯罪行为专项行动，对全区因“五证不全”项目违法售房、小产权项目违法售房等行为，造成无法交房、无法办理产权证的18个重点项目，逐一开展核查。刑事立案2起，刑事拘留犯罪嫌疑人2人，有力形成震慑违法犯罪态势，助推全区房地产领域信访突出问题实质解决。不断夯实平安清苑建设根基，全区中小学、幼儿园全部建成“护学岗”，落实“一键报警”，确保校园和重点场所部位遇事警力到位、有效处置；高标准建设公园警务站，加强重点部位的管理，提高繁华区域的见警率；智慧安防小区建设稳步推进，圆满完成招投标工作并展开施工建设，于10月20日全部完成180个小区智慧安防建设，进入后期调试及整改等后续工作。

【服务经济发展】 扎实推进品质生活之城建设。做好疫情防控，面对内蒙古、黑龙江、甘肃，以及河北石家庄、江苏南京、河南郑州等地的新冠肺炎疫情，严格落实区委、区政府各项防控工作要求，迅速启动战时机制，全力开展大数据核查、流调追踪、分包小区防控、“三道防线”安检查控、隔离点安保、内部防控等六条战线工作，累计接收推送数据3万余条，开展流调核查180余次，派驻隔离点警力160余人次，为打赢疫情防控攻坚战做出了积极贡献。保障中心工作，常态化推进“创城”工作，强化行业场所管理整治，大力整治城区交通秩序，全力做好分包街道、小区的环境整治，取得明显成效；强力推进烟花爆竹禁限放工作，聘请专业公司，对收缴的各类烟花爆竹3998件进行安全无污染式集中销毁，彻底消除烟花爆竹安全隐患。全力投入东石桥村搬迁应急处置和秩序维护工作，在参与搬离动员工作的基础上，派驻警力维护搬迁秩序，严厉打击影响搬迁的违法行为，有力保障了搬迁工作顺利进行。维护公共安全，坚持把控风险、严守底线，持续开展道路交通、涉枪涉爆、寄递物流等领域的隐患排查整治，及时捣毁一非法制造雷管窝点，确保了全区没有发生重大交通、火灾事故，进一步创优了经济发展环境。优化“社会民生”服务，奋力推进“三重四创五优化”，创新推出《清苑区公安分局爱民服务55条措施》，在证照办理、业务受理、户籍迁办、线上服务等方面明确工作举措、时限要求，最大限度为群众提供便利。

【开展党史学习教育】 严格落实“学党史、悟思想、办实事、开新局”标准要求，狠抓党史学习教育各项任务落实落地。完善《局党委理论学习中心组学习制度》《坚决维护党中央集中统一领导的规定》《贯彻落实新时代党的组织路线若干措施》等规章制度，先后召开3次党委会研究推进党史学习教育、17次党委理论中心组学习会议，以“关键少数”带动“绝大多数”，带动全警向学向上、同频同步。丰富学习载体，组织民警参观党史展，开展局党委书记、党支部书记做党史专题宣讲，组织参加先进事迹报告会4场、警示教育会5场，带领全警进一步坚定“不忘初心、牢记使命”的宗旨观念，进一步夯实忠诚核心、拥护核心、跟随核心、捍卫核心的思想根基，强化“公安姓党”的根本政治属性。注重成果转化，围绕群众急难愁盼问题，开展“我为群众办实事”“我做的群众最满意的一件事”主题实践活动，累计为群众办事930条（件），收到群众送来锦旗8个、表扬信6封。

【开展政法队伍教育整顿】 聚焦“四项任务”，抓实“三个环节”，突出“六查六看六改”，成立专项领导小组，明确了“一办、六组、十五个专班”，划定“路线图”和“施工表”，坚持“学、查、改、治、建”同时发力，通过个人自查、组织查处和开门整顿等途径，排查整改各类问题323个，有2名民警主动向纪委监委投案，101名民警主动向单位党组织说明情况，切实维护了公安队伍健康。

【锻造公安铁军】 一是抓党建促队建。深入开展“基层党支部标准化”创建活动，采取领导分包、结对帮扶等方式，推动落实主体责任，规范组织生活，提升创建水平，以高水平的党建活动有力带动民警队伍建设。二是培树先进典型。立足基层一线选典型，坚持公安核心业务和主责主业在哪里，典型推树工作就推进到哪里，从基层一线单位民警选树秦亚辉、王少武等4名先进民警、辅警典型。8月30日，成功举办清苑区公安分局“我为群众办实事”实践活动主题报告会，8名优秀的基层民辅警做了精彩的报告，让民警做到“常学习、常感动、常受教育”，有效激发了全局民警立足岗位做贡献、尽职尽责当先锋的内生动力。强化专项培训提升素质。扎实开展实战大练兵，采取专题讲座、集中培训、日常培训

等方式，分系统岗位技能开展练兵，明确训练、考核对象、内容、方式方法，有力提升了分局全体民、辅警应对新形势的能力水平。

副区长兼党委书记、局长

张　毅（2021 年 11 月调离）

李　啸（2021 年 11 月调任）

党委副书记、政委　郭　磊

（撰稿：景文奎）

检　察

【概况】　清苑区检察院内设办公室、第一检察部、第二检察部、第三检察部、第四检察部、第五检察部、综合业务部、政治部（含司法警察大队）。在编人员 51 名。有检察长 1 名，副检察长 3 名，政治部主任 1 名，检察委员会专职委员 2 名。2021 年，清苑区检察院以习近平新时代中国特色社会主义思想为指导，深入学习中共十九大和十九届历次全会精神，认真贯彻落实中央及省、市、区各项决策部署，将政法队伍教育整顿工作贯穿全年工作，坚持宪法定位、深耕主责主业，提升监督能力、主动破解难题，扎实开展党史学习教育，各项检察工作实现新突破。

【服务发展大局】　凝心聚力顾大局，坚定不移护航清苑经济发展。持续推动“三号检察建议”落地落实，突出惩治非法集资等涉众型经济犯罪，有力维护金融安全。为乡村振兴助力，严厉打击农村黑恶势力违法犯罪，依法督促相关部门加大对涉农扶贫资金补贴、乡村基础建设、农村环境资源等领域监管力度，服务保障乡村法治建设。为美丽清苑添彩，严厉打击破坏生态环境犯罪，坚持以办案为中心，完善协作配合机制，多渠道摸排线索，全力打好“蓝天、碧水、净土”三大保卫战。法治是最好的营商环境，坚持“能不捕的不捕、能不诉的不诉”，彰显检察温度，努力让民营企业家放心投资、安心经营。突出真诚服务，认真落实党中央“六稳”“六保”重大决策部署，深入企业送政策、送法律、送服务、送信心，零距离为企业纾困解难，尽全力解决企业涉法涉诉难题。

【疫情防控】　坚持自身防疫与依法履职两手抓，用法与情写就清苑检察抗疫故事。保障诉讼安全，充分利用网络视频、远程庭审等新方式办案，扎实做好案件移送、群众接待工作，坚持疫情防控值班制度，充足保障防疫物资，确保信访群众自身安全。加强联防联控，选派干警 1000 余人次入驻分包小区，沉入一线开展疫情防控。

【扫黑除恶】　持续推进扫黑除恶常态化。牢牢把握扫黑除恶专项斗争常态化工作目标。强化办案攻坚，严格依法把关，始终保持客观公正立场，把“是黑恶犯罪一个不放过、不是黑恶犯罪一个不凑数”原则落到实处。全力深挖彻查，严格落实“一案三查”“两个一律”要求，将摸排“保护伞”“关系网”线索作为办案的必经环节，立足对黑恶势力打早打小。

【信访工作】　主动助力社会风险防范。积极化解社会矛盾，践行新时代检察“枫桥经验”。开展矛盾隐患大排查 48 次，参加区委政法委联合接访 52 次。扎实开展集中治理重复信访、化解信访积案专项行动，稳妥化解信访积案 8 件，全力维护社会大局和谐。全面落实“群众来信件件有回复”制度，认真贯彻最高人民检察院“7 日内程序回复、3 个月内办理过程或结果答复”要求，接待群众来信来访 63 件，接待上访群众 50 人次，全部按时妥善办理。加大对因案致贫、因案返贫等困难当事人的司法救助，办理王某萱等人司法救助案件 8 件，发放救助金 4 万元，一定程度上缓解了被救助家庭的经济困难。

【社会治理创新】 持续做大做强清苑检察特色品牌，不断增强新时代清苑检察工作的生命力、创造力。一是充分发挥“两法衔接”平台作用，加强与行政机关沟通，完善协调介入机制，以“两法衔接”平台的广泛深入应用，促进行政机关规范履职。督促行政机关录入行政处罚案件617件，行政机关主动移送公安机关8件，为平安清苑贡献力量。二是深化派驻公安检察室工作。充分利用与公安机关建立的各项机制，通过检警无缝衔接，实现由附带化监督向全覆盖监督、被动化引导向主动化引导、书面监督向信息化监督转变，确保实现“双赢多赢共赢”的目标。三是持续深化未成年人检察工作，扛起未成年人保护检察责任，不断创新工作方式，扩展监督领域，完善制度机制。认真贯彻宽严相济的刑事司法政策，在办理未成年人涉罪案件中，认真落实各项特殊检察制度，全年落实法律援助1次，落实法定代理人及合适成年人到场8次。持续化、常态化推动“护蕾工程”，狠抓最高人民检察院“一号检察建议”，区检察院检察长带头到清苑小学为学生们讲授宪法知识。共开展法治进校园活动5次，向1000余名学生讲授防止侵害和自我保护相关常识，培养未成年人法治意识。

【推动法律监督提质增效】 改革创新谋发展，坚定不移构建法律监督新格局。一是刑事检察提质增效。切实履行刑事检察职能，受理提请批准逮捕225件363人，批准逮捕207件301人，不批准逮捕62人，列出继续侦查提纲299人。受理移送审查起诉624件847人，提起公诉501件681人，不起诉142人，出庭支持公诉473次，提出量刑建议614人，被法院采纳537人，适用认罪认罚555件702人。加强刑事诉讼监督，依法对刑事立案、侦查、审判活动实行监督，坚决纠正有案不立、有罪不究、量刑明显不当等问题，监督侦查机关立案5件、撤案2件，书面监督纠正侦查活动违法18件，纠正遗漏同案犯51人，纠正遗漏罪刑22人。对认为有错误的刑事裁判提出抗诉6件，建议办案机关释放或变更强制措施2人。加强刑事执行监督，书面监督纠正监外执行和社区矫正监管活动违法14人。二是民事检察提档升级。认真学习宣传贯彻《中华人民共和国民法典》，办理各类民事监督案件21件。加强生效裁判结果监督，办理不服生效裁判监督案件5件。加强民事审判和执行活动监督，立案16件，向法院发出执行监督检察建议10份，审判程序违法监督检察建议6份，促进法院严格规范诉讼与执行程序。加强虚假诉讼监督，加强与法院、公安、司法行政部门沟通，建立线索移送、联合查办、结果反馈等合作机制，办理虚假诉讼监督案件2件，向公安机关移送虚假诉讼犯罪线索1件，加大虚假诉讼惩治力度，维护司法权威和司法公信力。加大对弱势群体保护，办理支持起诉案件7件，支持农民工追索劳动报酬近17万元，有效保护农民工合法权益。三是行政检察做实笃行。强化“府院联动”，充分发挥行政检察“一手托两家”的双重监督作用，促进依法行政和司法公正。强化行政非诉执行监督，办理行政非诉执行案件15件。聚焦群众反映强烈问题，办理社会综合治理类案件7件，着力纠正行政不作为、慢作为，促进依法行政。四是公益诉讼精准发力。积极回应人民群众对公益保护的呼声，当好区委、区政府法治助手。主动发挥“守护人”作用，加大办案力度，行政公益诉讼案件立案41件，其中发出诉前检察建议41份，已全部收到回复。印发《保定市清苑区关于全面推行“河长＋检察长”工作机制的意见》，进一步提升清苑区河流治理法治化、现代化水平。拓展公益诉讼检察工作范围，积极探索开展“等”外领域公益诉讼检察工作，充分保障和维护人民群众切身利益。严打食品、药品、环境领域犯罪，审查批准逮捕5件7人，审查起诉32件35人，刑事附带民事公益诉讼立案4件，发出诉前公告4件，向法院提起诉讼3件，筑牢食品、药品、环境安全防护网，让群众吃得放心、过得安心。

【队伍建设】 一是政治建检不动摇。深入学习贯彻习近平新时代中国特色社会主义思想、习近平法治思想，深入组织开展习近平总书记七一重要讲话和中共十九届六中全会精神集中培训，深入学习领会“两个确立”的决定性意义，不断强化理论武装，确保树牢“四个意识”，坚定“四个自信”，做到“两个维护”，提高政治判断力、政治领悟力、政治执行力。二是教育整顿不畏难。坚持最高站位、最快节奏、最实举措，紧紧围绕“五个过硬”要求，注重突出“三大主题”，聚焦“四项任务”，坚持“三个导向”，紧盯学习教育、查纠整改、总结提升、补课、反馈意见整改落实、政治生态专项整治、补课“回头看”、教育整顿常态化等环节，做到规定动作做到位、自选动作有创新。三是党史学习教育不懈怠。认真贯彻落实习近平总书记在党史学习教育动员大会上重要讲话精神和上级决策部署，扎实开展党史学习教育和“四史”宣传教育。围绕党的百年历史，制定《党史学习教育实施方案》，通过赴冉庄地道战纪念馆开展革命传统教育，制作学党史微视频，重温入党誓词，召开党史学习教育专题民主生活会等多种形式，帮助干警继承和发扬党的优良传统，不断提高党性修养，做到学史明理、学史增信、学史崇德、学史力行。四是素质强检不松劲。落实司法责任，院领导带头办理疑难案件，直接办理案件372件。完善检察官权力清单、责任清单和管理清单，确保办案权力与责任相统一。发挥考核作用，扎实推进检察官业绩考评，促进办案质量和效果双提升。加强素能提升，全院干警积极参加各类业务培训，充分运用最高人民检察院“检答网”开展业务学习，深化学习成效。在全院掀起学习、培训热潮，累计参加培训干警达6000余人次，有效提升了工作能力和水平。五是从严治检不止步。坚持“严”的主基调，层层签订党风廉政责任状和执法责任状，积极践行“一岗双责”机制，严格执行各项条规禁令。从会风会纪、值班备勤等细节抓起，狠抓纪律作风建设，切实做到真管真严、敢管敢严、常管长严。坚持挺纪在前，充分运用“四种形态”，重点围绕办案关键节点、廉政风险关键时段，严惩司法腐败，坚决做到失责必问、问责必严。

党组书记、检察长 徐文科

（撰稿：樊梦媛）

法 院

【概况】 2021年，清苑区法院深入贯彻习近平法治思想，全面贯彻中共十九大和十九届历次全会精神，紧紧围绕“努力让人民群众在每一个司法案件中感受到公平正义”目标，坚定信心，实干笃行，展现司法担当、发挥司法职能、提升司法作为、彰显司法温度，各项工作实现新突破、取得新进展，为清苑区经济社会发展提供了有力的司法服务和保障。2021年共受理各类案件8123件，同比增长71.12%，结案7789件，同比增长37.12%。审判和执行质效相比2020年排名，由全省末位等次快速提升到中等位次（全年赶超全省60余家县级法院），颜珺法官先进事迹及创新举措被省级电视台宣传报道；政治部立市中级人民法院集体三等功，陈树锋等4名干警立市中级人民法院个人三等功，办公室党支部获得清苑区先进基层党组织称号；在全市法院系统“我为群众办实事”活动中，清苑区法院列第1名，收到锦旗102面、感谢信65封，法院工作得到人民群众的高度赞誉。

【刑事案件审判】 2021年审结刑事案件466件，同比增长103%，对595名被告人依法判处刑罚。严厉惩处危害人民群众人身权利和财产权利的犯罪行为，审结故意杀人、故意伤害等暴力犯罪案件58件，审结盗窃、诈骗等侵财犯罪案件48件，审结危险驾驶、交通肇事等案件206件。严厉打击非法吸收公众存款、集资诈骗等涉众型经济犯罪，最大限度挽回人民群众的财产损失。扎实开展常态化扫黑除恶专项斗争，共审结涉恶案件2件，判处14人，结案率100%。切实维护未成年人合法权益，开展预防未成年人犯罪法治宣传活动5次，成立少年法庭，更加有力地保护未成年人健康成长。

【民事案件审判】 2021年审结民商事案件4255件，同比增长66.53%。积极回应加快乡村振兴战略司法需求，妥善审理农村土地所有权、承包权、经营权纠纷案件13件。聚焦房地产行业纠纷，妥善化解清苑区某开发商与20余名购房户之间的矛盾。深化家事审判改革，促进和谐家庭建设，审结婚姻家庭、抚养、赡养、继承等案件764件。正确贯彻实施《中华人民共和国民法典》，充分服务法治化营商环境建设。以实际行动服务于经济社会发展，依法审理的河北某公司与北京某公司买卖合同纠纷一案，在审理过程中，法官从企业生存发展的角度能动司法，耐心细致地开展调解，最终案件得到圆满解决，真正做到案结、事了、人和。

【执行工作】 坚持公正执行、善意执行、文明执行。2021年执结案件2698件，同比增长39.93%，实际到位金额1.3亿元。公布失信被执行人信息770条，保持“一处失信、处处受限”的高压态势。推行网络司法拍卖，网络拍卖230次，成交额2750万元。积极开展“集中执行百日攻坚”行动，司法拘传32人，拘留11人，扣押车辆12辆，执行到位总金额216.3万元，打出执行攻坚的强大声势，对“老赖”起到明显震慑作用。

【推进行政非诉执行】 走出去支持行政机关依法行政，在办理行政非诉执行案件中，积极落实府院联动机制工作要求，既严格对申请执行的材料进行合法性审查，又积极对工作中发现的问题提出意见和建议。同时，对其中的非法占地类行政处罚案件，注重做好行政争议化解工作，将矛盾消化在萌芽阶段。2021年共受理申请行政非诉执行案件191件，全部审查终结，同比增长近9倍。

【服务区委中心工作】 认真落实区委各项工作要求，做好“六稳”工作，落实“六保”任务，推进疫情防控常态化，开展“送法进企业”，保障企业复工复产。依法审结某金融机构金融借款合同纠纷107件，保护了金融机构的合法权益。参与依法处置某集团系列企业非法集资等问题，助力清苑区防范和化解金融风险工作。法院干警勇挑重担、冲锋在前，始终站在安保工作第一线、疫情防控第一线、创建文明城市第一线。

【司法为民】 坚持有诉必理，有案必立，打造便民利民诉讼服务中心，为当事人提供“一站通办、一网通办、一号通办、一次通办”的诉讼服务。依托“12368”诉讼服务热线设立院长接待日，倾听人民群众来电，主动回应群众诉求，共接听群众来电6400余起，群众满意度达100%。发放司法救助金38万元，彰显司法人文关怀。加强人民法庭基础设施建设，优化法庭布局，调整优秀干警到法庭任职，依托“冀时调”等平台开展在线调解工作，共在线受理调解案件5798件，调解成功3241件，实现“小事不出村、大事不出乡、矛盾不上交”。持续深化“我为群众办实事”实践活动，出台“司法便民措施20条”，共为群众办实事158件，省级媒体累计刊登清苑区法院“我为群众办实事”信息32篇，在市中级人民法院“我为群众办实事”排行榜中位列第一。通过上门立案、上门调解、设置意见箱和便民服务箱、上线24小时自助法院、规划当事人停车位等措施，积极回应人民群众新期待。

6 月 18 日，清苑区法院 20 天快速执行到位 32 万元工伤赔偿款，当事人送锦旗表示感谢

【司法改革】 优化司法职权配置，完善法官、合议庭责任制和专业法官会议、审委会制度，全年召开审委会 16 次，对疑难案件进行集体“会诊”。落实宽严相济刑事政策，依法适用认罪认罚从宽制度判处罪犯。深化“分调裁审”机制改革，组建速裁审判团队，让人民群众切身感受案件审理的“速度和温度”。充分利用河北移动微法院、云间互联网庭审系统等灵活多样的方式进行线上立案、调解和庭审，推进法院各项工作有力、有序、有效开展。利用一体化审判权监督制约等平台，重点跟踪监测质效指标，引导各业务庭不断改进弱势指标。通过开展“鏖战 20 天，冲刺三季度”等专项活动，建立常态化会议机制，审判执行质效大幅提升，得到市中级人民法院和区委、区政府的充分肯定。

【队伍建设】 深入开展党史学习教育，大力弘扬建党精神。扎实开展政法队伍教育整顿，深刻汲取清苑区原公检法“小三长”违纪违法案件教训，引以为戒，警钟长鸣，筑牢拒腐防变思想防线。教育整顿期间，召开 15 次警示教育大会，树立 16 名英模，推出 20 条司法便民措施，健全完善 45 条规章制度，全院干警政治忠诚不断筑牢，攻坚克难、干事创业的热情有效激发，司法公信力进一步提升，法院工作作风、精神面貌明显转变。打造学习型法院，组织干警参加《中华人民共和国民法典》、人民法院大讲堂等培训 56 次，选拔优秀干警加入上级法院组建的写作研讨小组和调研人才库，成立课题攻关小组，下发各类法律实务书籍百余本。提升干警积极性，做好先进典型和成功经验的宣传，积极营造“比、学、赶、超”的浓厚氛围，全面推动法院干警业务能力提升。

党组书记、院长 李　梅

（撰稿：胡丽娟）

司法行政

【概况】 2021 年，区司法局坚持以习近平新时代中国特色社会主义思想为指导，紧紧围绕区委、区政府中心工作，以群众需求为导向，积极发挥司法行政职能，创新服务方式，以服务高质量发展为主线，以公共法律服务体系建设为总抓手，统筹兼顾，突出重点，真抓实干，各项工作成效明显。

【依法治区】 一是充分发挥区委全面依法治区办的统筹协调作用，制定《中共保定市清苑区委全面依法治区委员会 2021 年工作要点》（清依法治区办〔2021〕5 号）、《2021 年法治政府建设工作要点》（保清依法行政办〔2021〕8 号），明确 2021 年全区法治政府建设的总体要求、工作重点和责任单位。为全面推动落实清苑区各级党政主要负责人履行法治建设第一责任人职责，印发《关于进一步推进落实党政主要负责人履行法治建设第一责任人职责的实施意见》（清依法治区委〔2021〕2 号），制定党委、政府主要负责人履行法治建设第一责任人职责清单。为进一步推进全区法治建设，打造更高水平的法治清苑，牵头制定《关于在全区开展法治建设百日攻坚行政的实施方案》（清依法治区委〔2021〕1 号），为建设“五个清苑”提供坚强的法治保障。二是建立党政机关法律顾问制度有力推动依法行政，清苑区向各部门下放《关于切实加强党政机关法律顾问工作的通知》（清依法治区办6号）和《关于报送法律顾问专题报告的通知》（清依法治区办7号），全面安排部署全区法律顾问工作和数据统计报送工作。全区各部门基本建立了法律顾问队伍和制度，形成了《清苑区法律顾问队伍清单》《清苑区法律顾问工作专题报告》。

【普法宣传】 2021—2025年是开启全面建设社会主义现代化国家新征程、向第二个百年奋斗目标进军的起步期，也是贯彻落实保定市第十二次党代会“激情奋进‘十四五’、再造一个新保定”精神、全力推进现代化品质生活之城建设的关键期，更是法治建设开拓进取、发展突破的决战期。根据中央和省委、市委、区委的统一部署，结合清苑区实际，区司法局在认真征求相关部门的意见建议后，起草《关于在全区公民中开展法治宣传教育的第八个五年规划（2021—2025年）》，并由区委、区政府转发各部门组织实施。规划紧紧围绕省委、市委、区委总体要求和工作思路，明确全区普法工作的任务书、施工图，以打造法治建设高地、服务现代化品质生活之城建设为主线，以“法律十进” “法治十建”为载体，坚持普治并举，提升全民法治意识和法治素养，为构建京雄保一体化发展新格局，打造现代化品质生活之城，营造更加安全稳定的社会环境和公平正义的法治环境，为建设实力清苑、美丽清苑、和谐清苑、文化清苑、廉明清苑提供法治保障，全面开启清苑区“八五”普法新征程。

12月30日，保定市清苑区“八五”普法动员部署会召开

【法治工作】 为推动乡镇综合执法改革工作落地，司法局制发《保定市清苑区人民政府〈关于下放第二批乡镇行政处罚事项的通知〉》（〔2021〕5号），下放第二批行政处罚事项计72项，制发《保定市清苑区人民政府〈关于乡镇开展行政执法工作的通知〉》（〔2021〕6号），明确各乡镇自2021年2月1日起正式开展行政执法工作，要求各乡镇、有关部门、区直单位开展联合执法、搞好业务培训、加强联动协作以推进乡镇执法工作顺利开展。同时，对乡镇执法工作中各类工作制度、清单、流程图等进行完善，编制《保定市清苑区乡镇综合行政执法工作资料汇编》和《保定市清苑区乡镇综合行政执法人员工作手册》，发放到每名乡镇执法人员手中用以指导乡镇执法，汇编和手册得到保定市依法行政工作领导小组办公室的充分肯定，并在全市推广。

【社区矫正及安置帮教】 按照上级要求，结合当地实际，成立社区矫正委员会，由副区长、区公安分局局长任主任，区委政法委、司法局、政府办相关领导任副主任，区公安分局、区检察院、区法院、区教体局、区人社局、区民政局等单位相关领导为成员，办公室设在区司法局，办公室主任由区司法局局长兼任。社区矫正委员会的设立，标志着清苑区党委政府统一领导、司法行政机关组织实施、相关部门密切配合、社会力量广泛参与，多种主体协同共治的社区矫正工作领导体制和工作机制初步形成，对于协调、解决社区矫正工作中的困难和问题，促进全区社区矫正工作持续规范健康发展具有重要意义。

【人民调解工作】 一是在2021年8月完成清苑区乡镇人民调委员会换届工作，更新人民调解员花名册，新一届乡镇人民调解员共960名。二是区司法局协同区人民法院共同出台《关于建立人民调解与司法调解对接联动机制的实施意见》，推动人民调解、行政调解、司法调解三调有序、有效衔接，遏制基层信访问题和恶性民转刑案件

的发生。三是不断巩固完善乡镇、村居调解组织，与乡镇综治中心建设紧密结合，选择矛盾纠纷多，基础条件合格的冉庄镇、阳城镇、臧村镇建立乡镇联合调解中心，安排人民调解员入驻并开展工作，充分发挥人民调解在预防矛盾纠纷方面的基础性作用。

【法律援助服务】 一是结合“我为群众办实事”实践活动，在法律和政策允许的范围内，进一步扩大法律援助覆盖范围，简化办理流程，提高办案质量，做到应援尽援、应援优援。2021 年 3 月，臧村镇中臧村农民工高某某因追索劳动报酬到法律援助中心咨询法律问题，由于家庭困难，希望通过法律援助中心寻求帮助。司法局立即开通农民工讨薪绿色通道，上门调查情况、收集相关证据，并当天办理法律援助手续，指派执业经验丰富的律师帮助代理案件，做到让当事人只跑一趟。该案于 4 月 6 日立案，于 5 月 6 日调解结案，被告于年底前付清当事人的工资，当事人对办案结果非常满意，该案被区电视台报道。二是 2021 年通过电话咨询、现场来访等方式接待妇女群众 200 余人次，办理为妇女维权法律援助案件 10 余件，多次上门为农村妇女提供法律服务，取得良好社会效果，得到受援人的好评和上级单位、区妇联等部门多次表彰，被省妇联授予“维护妇女儿童权益先进集体”称号。

【公证服务】 清苑公证处为实现当事人“最多跑一次”，创新服务模式，除提供电话咨询、预约服务外，创新性开通“河北省保定市清苑公证处”服务号，实现公证服务事项网上咨询、申请受理、材料提交、预约环节网上办理等，采取线上与线下相结合的服务模式，为办事群众提供便利。

党组书记、局长 宋旭旺（2020 年 12 月任职）

（撰稿：张秀茹）

军事

◎人民武装

◎人民防空

军 事

人民武装

【概况】 保定市清苑区人民武装部是地方军事领导指挥机关，为正团职建制单位，既是区委的军事部门，又是区政府的兵役机关，受中国人民解放军保定军分区和清苑区委、区政府的双重领导。主要负责清苑区的兵役、动员和民兵工作。机关设军事科、政治工作科、保障科3个科室，基层设18个乡镇武装部和1个城区武装部。2021年，区人武部坚持以习近平新时代中国特色社会主义思想为指导，深入学习贯彻习近平强军思想，突出政治引领，抓实练兵备战，确保安全稳定，强化务实落实意识，强化争比进位意识，认真推进各项工作落实，单位建设保持积极健康、稳中有升的发展势头，被省军区表彰为“安全管理先进单位”。

【政治工作】 区人武部坚持把思想政治工作摆在首位，教育引导干部职工积极适应新形势新任务新要求，不断提高政治判断力、政治领悟力、政治执行力。坚持每月组织党委理论学习中心组带领机关理论学习，定期组织思想政治、党的纪律、安全保密、形势战备、“四反”等学习教育。根据党中央和中央军委统一部署，扎实开展党史学习教育，统一购置指定学习书籍20套，每名干部职工制定自学计划，坚持在读原著、学原文、悟原理上下功夫，系统学习百年党史。以军队党史学习6堂精品辅导课为基本教材，拓展延伸内容，组织集中教育。充分利用驻地红色文化资源，6月组织干部职工和专武干部到冉庄地道战纪念馆，重温入党誓词、追忆红色足迹，进一步筑牢信仰高地。广泛开展“我为群众办实事”实践活动，着力纠治形式主义、官僚主义，为基层减负减压。

【军事工作】 始终把备战打仗作为第一要务，不断提高战备训练水平和完成任务能力。坚决贯彻习主席开训动员令和军委军事训练会议精神，全年召开7次议战议训会议分析训练形势、解决训练难题，拉动值勤分队7次，组织指挥处置演练12次，进一步破除和平思想、和平做派、和平套路，强化忧患意识、危机意识、打仗意识。区人武部年度军事训练成绩在保定军分区排名第四。

【征兵工作】 积极适应“一年两次征兵”新形势新要求，以兵员质量为核心，以大学毕业生征集为重点，广泛深入宣传发动，严把体检政考关口，严密组织役前教育，依法依规科学定兵，圆满完成年度征兵任务。年内先后4次召开党委会、10次召集各专武部部长研究调度和推进征兵工作。始终保持廉洁征兵高压态势，坚持集中教育、分系统分层次教育和社会面教育并举，深入开展警示教育，先后组织6次廉洁征兵隐患排查，未发现廉洁征兵方面的问题。圆满完成2021年全区男兵征集任务。

（撰稿：冯朝阳）

人民防空

【概况】 2021年，区人防工作积极贯彻省、市人防工作会议精神，按照“长期准备、重点建设、平战结合”的人防建设方针，以服务全区经济建设为中心，以人防法律法规为保障，“不忘初心、牢记使命”，统筹谋划，开拓创新，实现全区人防事业又好又快持续稳定发展。

【稳步推进人防工程建设】 一是做好已有人防工程开发利用工作，在5月底前通过公开竞拍招租的方式，对某人防工程公开对外出租，全年平战结合总收入一直居全市县级第一。二是切实加强对两个直属人防工程的监督管理，建立直属人防工程管理巡查制度，加强人防设施运行、维护管理，督促人防工程使用单位严格按要求规范使用，确保人防工程正常运转。三是加强在建人防工程质量监督工作，进一步规范报监资料审核，交底会、工程实体现场质量抽查、竣工验收等程序，保障在建人防工程质量。

【进一步完善人防指挥体系】 一是加强警报器检修维护管理。按照“充分准备、扎实细致、万无一失”的工作要求，在6月底前组织技术人员对以前的安装警报器进行检修、维护，确保警报器鸣响正常运转。二是加强操作知识培训。聘请北京专家对警报器操作进行专业性的培训，同时还不断加强自学，使每名工作人员做到对程控设备熟识熟知，熟练操作。三是依法依规抓好七种人防专业队伍建设，组织落实人防指挥部组成人员实名化，建立训练演练常态化机制。构建合理的人民防空救援体系，提高城市防护和应变能力。四是开展重要经济目标、疏散地域、信息设备等数据采集和战时综合保障数据收集整理工作。五是城市防护能力得到提升，指挥通信实现与省、市互联互通。完成京津冀无线通信协同训练，完成市下达的训练演练任务。

【大力开展人防宣传教育】 坚持日常宣传和集中宣传相结合，坚持政策法规宣传和人防常识宣传相结合，不断创新宣教形式和方法，在全区开展多层次、全方位的宣传教育活动，有效地增强了全民的人防意识。一是宣传对象注重多层面。通过向区领导多请示、多汇报，让领导了解和认识人防，逐步引起领导对人防工作的重视和支持；通过组织召开人防工作座谈会，与兄弟部门交流与沟通，取得他们对人防工作的协助和配合；通过向居委会、企业、社会团体发放人防宣传品，强化舆论氛围，赢得他们对人防工作的理解和参与。二是宣传内容注重多角度。结合纳凉送爽、“5·12”、“7·7”、“9·18”、“10·31”、“12·4”等重要时间节点加强人防宣传教育，不断拓展人防宣传教育的深度和广度。三是宣传方式注重多渠道。充分发挥舆论宣传的导向作用，扎实开展“5·12”防灾减灾日宣传周活动、“7·7”防空警报日，利用清苑区电视台、冉庄地道战纪念馆LED音视一体大屏幕和城区内4块大型LED显示屏，循环滚动播放人防宣传标语；利用“清苑微讯”“清苑融媒”等微信公众号平台，转载人防法规政策，介绍人防防空防灾知识；在区政府广场、汽车站设立宣传点，张贴宣传标语，悬挂宣传条幅，发放宣传图册，设置临时人防宣传咨询台，现场接受群众咨询累计2000人次，讲解人防知识、普及防空防灾技能。5月

12日，区人防办联合区应急管理局、区教育局、区气象局等单位，在清苑公园广场开展防灾减灾宣传活动，普及防灾减灾知识，收到良好社会效果。利用集市对“7·7”警报试鸣日进行宣传，按照省、市统一安排部署，7月7日上午10时利用固定警报、LED音视一体化警报器、便携式电声警报器、车载警报，以及电视、广播等多种手段同步发放防空袭警报信号，不仅检验了清苑区警报的覆盖率、鸣响率和统控情况，同时使广大居民熟悉了警报器报警的特点，提高了人民群众的国防观念和人防意识，也警示广大市民要铭记历史、勿忘国耻、居安思危、砥砺奋进。两次活动共悬挂条幅80余条，陈列展板30余块，发放宣传彩页6000余份、宣传折页5000余份、防空防灾知识宣传手册6000余份，出动宣传车辆2辆、人员7人。

【人防宣教基地取得扎实成效】　人防宣教基地通过区住建局工程质量竣工验收和布展项目专家组评审验收。展馆布展分序厅和四个宣传单元，分别是居安思危识人防、国家战略铸人防、未雨绸缪固人防、着眼未来创人防，通过环形沉浸式影院、空袭来临互动体验墙、地震体验平台等寓教于乐的形式，融科普性、趣味性、体验性于一体，成为全省面积最大、标准最高的县区级人防宣教场所，对全省县区级宣教基地起到一定示范引领作用。

受疫情影响，2021年只在小范围内进行了试运营（机关单位、社会团体及学校）。分批邀请区委宣传部、区方志办、区民宗局、区财政局等单位及部分中小学生入馆参观。10月14日，省人防办二级巡视员叶跃群一行3人在市人防办人员陪同下到宣教基地调研，确定参观路线、筹备全省观摩活动。

【严格规范人防行政执法】　对全区人防工程进行巡查，对直属工程建立月巡查制度，一月至少巡查一次，其他人防工程每半年巡查一次，巡查结果形成文字材料。对锈蚀、维护保养不及时的人防工程，督促相关单位立即整改并进行了复查，全年共出动50人次，确保人防工程运行安全。同时，严厉查处未批先建、少批多建和不按规定标准建设的项目，有效防止结建费的跑、冒、滴、漏。

（撰稿：冉志华）

经济综合管理

◎发展改革

◎统　计

◎审　计

◎市场监督管理

◎财　政

◎国有资产监督管理

◎税　务

经济综合管理

发展改革

【概况】 保定市清苑区发展和改革局（以下简称区发改局）为区政府工作部门，机构规格为正科级，加挂保定市清苑区粮食和物资储备局牌子。内设办公室、项目投资股（大项目办公室）、发展规划股（政策法规股）、能源管理股、价格管理股、粮食和物资储备股（粮食质量安全监管股）6个职能股室。

【发展计划编制】 2021年，区发改局完整准确全面贯彻新发展理念，坚持贯彻中央、省、市重大决策部署，聚焦“六个一”总体工作思路，统筹推进稳增长、促改革、调结构、治污染、惠民生、防风险等各项工作，为建设保定品质生活之城贡献清苑力量。2021年，在各部门的配合下，先材料收集、基础调研、广泛座谈、征求建议，最后经区委、区政府批准编制印发《保定市清苑区国民经济和社会发展第十四个五年规划和二〇三五年远景目标纲要》。

【计划调控】 区发改局承担的市考核指标和任务主要有4项，包括国内生产总值、固定资产投资、万元GDP综合能耗三个指标及重点项目建设。面对新冠肺炎疫情，区发改局主动作为，全面推动，确保全区经济稳定运行，努力完成相关指标任务。2021年，国内生产总值160.5亿元，增速7%。固定资产投资完成50.4亿元，增速16.1%，名列全市第五，超额完成8%的指标任务。万元GDP综合能耗全年降低4.95%，超额完成下降3%的指标任务。重点项目完成投资21.62亿元，完成率106.4%。名列全市第五。同时，在12月23日全市县（市、区）委书记动态点评会上，招商引资、重点项目建设、固定资产投资三项工作综合评比中，名列全市第三。

【价格监督检查】 按照省、市、区有关要求，会同区财政局对全区已有行政事业性收费项目、依据、标准进行全面梳理，结合全区实际编制《保定市清苑区行政事业性收费单位清单》《保定市清苑区行政事业性收费项目清单》《保定市清苑区行政事业性收费标准清单》，经区政府批准后在区政府网站向社会公布。认真落实区政府加强房地产市场管理的意见，严格商品房价格监管，继续对商品房价格进行备案管理，对12个楼盘进行商品房价格备案。按照省政府、市政府和区政府的工作部署，对停车管理领域违法违规行为进行排查整治。配合区教育局、区市场监管局对全区教育系统乱收费行为进行专项检查。完成幼儿园收费管理、义务教育阶段学科类培训费、养老服务收费、城市公共交通价格管理等专题调研。清理规范供水供电供气供暖行业收费行为，研究制定当地具体实施方案，细化目标任务，明确责任主体，确保清理规范政策措施落实到位。

【双代工作】 2020年，全区实现清洁取暖全覆盖后，根据2020—2021年采暖季实际用气户数和用电户数统计，全区18.37万户气代煤用户，有用气记录用户为17.57万户，占全部用户的95.65%。2.18万户电代煤用户，有用电记录用户为2.11万户，占全部用户的96.79%，用户实际率均在95%以上。根据省市气代煤、电代煤政策补贴政策标准，省市级拨付的全区补助资金已及时拨付相关企业和用户，区级补贴按照与企业的合同约定，列入区财政预算逐年拨付，用户运行补贴根据用户实际用气电量按照标准进行拨付，2021年已拨付9824万元。

【项目建设】 2021年，全区项目建设加速推进，省、市重点项目达28项（省重点含前期函项目6项），总投资178.21亿元，当年计划投资26.47亿元。其中，续建项目8项（含建成投产项目2项），总投资83.85亿元；新开工项目6项，总投资56.24亿元；前期项目14项，总投资38.12亿元。

党组书记、局长 马瑞军

（撰稿：李浩）

统 计

【概况】 保定市清苑区统计局是主管全区统计和国民经济核算工作的区政府工作部门，内设办公室、政策法规股，下有城镇经济调查队、农村经济调查队、普查中心3个事业单位。2021年，区统计局紧紧围绕区委、区政府的中心工作，以强化统计工作职能、提高服务水平为目标，求真务实，与时俱进，圆满完成各项任务。

【提升统计服务水平】 区统计局充分发挥经济指标专班作用，强化措施，提前发力，坚持稳中求进工作总基调，真实反映经济运行情况，及时提供统计数据服务，促进经济持续健康发展。充分尊重专业和部门数据，努力做到行业增加值与行业数据趋势、总量指标相匹配。

【做好统计监测与预警】 围绕真实反映经济运行情况，及时提供统计监测与预警服务。充分发挥参谋助手作用，加强统计分析。2021年，上报省、市统计局统计信息及统计分析317篇，被省统计内网刊登4篇，被国家统计内网刊登1篇。其中，《清苑区前三季度经济运行分析》等5篇分析报告得到区委、区政府主要领导的批示。

【提高统计数据质量】 依托一套表平台，认真开展重点领域统计数据自查自纠，对同比、环比波动较大的企业、投资项目逐一进行查询，利用历年数据分析对比。2021年，共完成核查规模以上工业企业50家、规模以上服务业企业10家、贸易企业14家、建筑业企业18家、房地产企业13家，进一步纠错纠偏，统计数据质量进一步提升。认真开展“双随机”抽查工作，随机抽取清苑区6家限额以上企业，进一步提升企业对统计工作的认识，规范企业统计基层基础工作，提高统计数据质量。把握时间开展“准四上”企业筛查，严格按照上级要求，推动24家符合要求的“小升规”企业入统。通过积极主动地为企业服务，得到群众和业主的肯定，在全区窗口单位和重点行业工作作风群众满意度测评中以98.49分的成绩位居区直单位第一。

【第七次全国人口普查】 在区委、区政府的正确领导和各级普查机构、普查人员的共同努力下，全区第七次全国人口普查圆满完成，全面查清全区人口数量、结构、分布等情况，为全区制定经济社会发展规划提供准确信息支持。在人口普查期间，全区上下精心组织、广泛动员、严格标准、力争一流，在普查各个阶段的省市工作排名中均名列前茅，并在全市工作大会上做了典型发言，省统计局领导在对全区人普调研时给予高度评价。2021 年，清苑区统计局被国务院第七次全国人口普查领导小组授予“第七次全国人口普查先进集体”称号，为全区赢得荣誉。11 月 3 日，区委书记闫向阳、区长李英英对区统计局报送的《关于我局被授予国家级“第七次全国人口普查先进集体”荣誉称号的报告》做出批示：予以充分肯定，在抓好本职工作的同时，创先争优，为区争光。经区委、区政府研究，以清苑区人民政府名义印发红头文件向全区进行通报表扬。区统计局 10 人获省级先进个人表彰，12 人获市级先进个人。

【全面推进依法治统】 一是按照《中华人民共和国统计法》及有关规定，强化企业统计基础工作，建立健全电子统计台账和资料交接等制度，真实、准确、完整、及时地提供统计调查所需的资料，四通、伊和生物被全省统计局列入 10 家试点企业，试点推进企业基层报表工作。二是依法指导企业规范报表，按照国家统计局要求，对全区 73 家规模以上企业进行核查，进一步提升基层统计人员业务水平和统计法治意识。三是做好国民经济核算，确保数据准确。扎实推进地区生产总值统一核算，按照下算一级的要求，配合上级做好地区生产总值核算工作。

局长 杨铁勇

（撰稿：彭子彦）

审　计

【概况】 保定市清苑区审计局为区政府工作部门，机构规格为正科级，内设办公室（秘书股）、经济责任审计股、综合审计股。全年共审计项目 12 个，其中预算执行情况审计 3 个，领导干部经济责任、自然资源资产离任审计 4 个，专项审计 5 个，移送相关部门事项 4 件。配合上级审计部门审计 4 个项目。配合区委、区政府中心工作，完成 5 个项目的审计工作。2021 年 3 月 30 日，中共保定市清苑区委审计委员会第四次会议召开，学习传达全国、全省、全市审计工作会议精神，通过《保定市清苑区 2021 年审计项目计划》。

【预算执行情况审计工作】 完成 2020 年度区本级预算执行、决算草案及其他财政财务收支情况审计，重点审查预算收支、决算草案编制的真实性、完整性和合规性，财政支出结构，专项转移支付资金分配，财政存量资金管理等情况。完成区财政局和区卫生健康局的预算执行、决算草案及其他财政财务收支情况审计，重点审查了预算收支、决算草案编制、预算绩效管理、“三公”经费和会议费、培训费管理使用等情况。

【领导干部经济责任、自然资源资产离任审计】 完成对区科协、温仁镇、张登镇离任领导干部任职期间经济责任履行情况的审计，并进行科学、客观评价，揭示了存在的问题。完成温仁镇领导干部任职期间自然资源资产管理和生态环境保护情况审计，揭示存在的问题，按规定提出整改建议。

【专项审计工作】 按照审计署统一部署、市审计局要求，完成全区 2021 年新冠肺炎疫情防控资金和捐赠款物管理和使用情况审计。重点审计政策落实情况、财政资金筹集分配拨付及使用管理情况、社会捐赠款物分配使用情况，延伸审计慈善组织、区卫健局、区人民医院、区疾病控制中心等政府机构和单位。揭示存在的问题并督促整改，确保有关资金物资全部及时用于疫情防控。

以就业政策落实为抓手，完成2020年度促进就业优先政策落实情况审计。通过对就业资金（基金）的分配、拨付、支出使用情况以及援企稳岗、创业带动就业、重点群体就业援助等稳就业相关政策措施贯彻落实情况的审计，揭示了就业相关资金滞留闲置等问题，深入分析原因并提出建议，促进了资金拨付到位，保障了重点群体就业。

贯彻党中央、国务院和省、市关于脱贫攻坚的决策部署，根据审计署审计工作要求，完成对全区2021年度扶贫政策落实跟踪审计。发挥扶贫审计的监督与服务职能，督促各单位对扶贫政策的落实，对仍然存在的问题及时纠正和改进，并提出合理化建议。

贯彻省委、省政府，市委、市政府，区委、区政府关于洁净煤工作的决策部署，对全区2020年度农村地区冬季洁净取暖政策措施落实情况进行跟踪审计。揭示了问题，并督促整改。

完成区2018年度至2021年度新增政府债券项目落实情况跟踪审计，重点审查了2018年度至2021年度清苑区地方政府新增债券资金安排使用、清苑区政府新增债券资金管理等情况，揭示了资金筹集和使用、项目绩效方面的问题，并提出了合理化建议。

【配合区委、区政府中心工作】 按照区委、区政府要求，抽调业务骨干完成220千伏龙—孙Ⅰ、Ⅱ回线路N2—N19区段审计、区广播电视台大楼债务审计、冉庄镇人民政府职工自贷货款形成不良贷款的调查报告、区妇幼保健院停车场和区人民医院停车场的停车管理情况审计、清苑区妇幼保健院新建住院病房楼和妇孺国医堂项目审计。

【配合上级部门审计工作】 抽调业务骨干，配合市审计局完成安可替代工程专项资金使用情况审计、保定市主城区城中村连片开发项目之大堤口村征迁改造项目跟踪审计、全区一级预算单位财务数据采集转换工作、重大疫情防控体系建设和运行情况专项审计调查。通过配合市审计局工作，提高了审计人员的业务能力。

局长 赵汉文

（撰稿：刘雨）

市场监督管理

【概况】 保定市清苑区市场监督管理局（以下简称区市场监督管理局）成立于2015年7月。2019年1月19日，根据上级机构改革要求，原保定市清苑区市场监督管理局与原保定市清苑区质量技术监督局合并，组建新的保定市清苑区市场监督管理局，机构规格为正科级，挂保定市清苑区知识产权局牌子，是保定市清苑区人民政府直属机构。内设机构编制数18个，有派出机构8个，依法负责全区相关市场监督管理、行政执法和质量技术监督工作，承担区政府食品安全委员会日常工作以及承办区政府及区食安委会办公室交办的其他事项。

2021年，区市场监督管理局面对严峻复杂的疫情防控形势，面对高质量发展的机遇挑战，面对生活品质之城建设更高更新的使命担当，市场监管局紧紧围绕区委、区政府中心工作，结合党史学习教育和“三重四创五优化”活动，不畏难、不怵硬，讲大局，讲奉献，团结一心，奋力攻坚，圆满完成了市场监管各项工作任务。

【新冠肺炎疫情防控】 疫情常态化防控。巩固夯实常态化防控。网格化管理主城区沿街门店，

共巡查督导12071户次，责令整改526户，扎实做到每店必督导；餐饮单位严控群体性聚餐，加强从业人员健康管理，累计检查1000余家次，关停11家，约谈7家大型餐饮单位，2家外卖平台（美团、饿了么）。强化社区流动服务保障，5个分包责任小区卡点，全天24小时双人双岗轮岗值守，累计上岗人员3080人次，排查流动人员30147人次。加强药店哨点监测，对“四类”药品销售情况不间断检查，全年共检查药店200余家，约谈药店25家。强化宣传引导营造浓厚氛围，发放2万余份《疫情防控明白纸》《疫情防控九条措施》，利用微信公众号推送100余条防疫防控类公告、提示、告诫书、指南、规范等信息，全面营造疫情防控浓厚氛围。从严从紧抓冷链食品防控。常态化排查风险隐患，累计排查市场主体7271家，冷链食品9646公斤，未发现安全隐患。精准有力执行核酸检测，累计开展核酸检测143批次，采样20919份，结果均为阴性，并开展进口冷链食品疫情防控应急处置桌面推演活动，促使各相关部门进一步熟练掌握疫情应急响应流程，检验并有效提升应急处置能力。

【企业信用监管】　2021年，全区被列入经营异常名录34条，主动纠正错误并申请移出218条，查办无照经营案件185件。

【“双随机、一公开”】　双随机监管实现抽查全覆盖、常态化，累计开展双随机抽查81次，抽查对象数3068户，通过实施差别化管理和失信联合惩戒，处置问题户1240户，组织业务培训累计10次，培训人数180人。

【知识产权管理保护运用】　全区全年授权专利693件，其中有效发明90件。共检查3家知识产权代理机构，办理商标侵权案件3起，撤回非正常申请专利118件。开展2021年知识产权宣传周活动，发放宣传材料500余份。

【合同管理】　全年对电信、4S店、房地产格式条款中“霸王条款”重点检查，共检查电信单位4家、4S店5家、房地产企业24家、蛋糕房21家、加油站6家、洗车场5家，对存在“霸王条款”的1家加油站、1家洗车场依法依规进行处罚。

【消费维权】　畅通投诉举报渠道，全年共受理转办各类投诉举报1368件，办结率100%。消费环境更加安全放心，创建127家省级、市级、区级“放心消费创建示范单位”。开展线上线下“3·15”国际消费者权益日宣传活动，共发放各类宣传资料5800余份，接受232人次现场咨询。

【食品药品监督管理】　**筑牢食品安全底线**　开展“群众最关心的食品安全问题”征集活动，专项整治食用农产品、“山寨”食品、芝麻油等，组织“你点我检”食品快检活动，落实“我为群众办实事”。全年共检查超市1500家次、食品生产企业70家次，规范食品经营单位31家，责令31家限期整改，完成1361份食品安全责任险，抽检食品（含食用农产品）2215批次，合格率98%。综合治理餐饮单位，突出“一大一小两集中”，对照“八查八看”，强管理、防风险，除隐患。开展餐饮“你我同查”主题活动，推进食品安全社会共治。全年共检查餐饮单位1100家次，查封无证无照私立幼儿园食堂17家，完成3所校园食堂“省级示范校园食品安全标准”创建工作，签订校园食品安全承诺书195份。

守好药械安全防线　成立区药品安全领导小组，开展药品领域专项整治，全年共检查药店337家次，停业整顿13家，责令改正药械经营单位89家，行政约谈5家药品经营单位，查办案件31起，完成8批次药品抽检，合格率100%。全区280家药店纳入省药监局推广的药品流通追溯系统。全区全年未发生系统性食品药品安全事故。

【特种设备安全管理】 落实领导包联机制，通过开展特种设备安全专项整治三年行动，全面消除各类风险隐患，有效防范遏制安全事故发生。全年共检查特种设备使用单位138家、特种设备276台。企业自查排查隐患59处，全部整改。

【产品质量管理】 强引领抓提升，全面推进质量强区战略，通过持续推进政府质量奖评选活动、质量法规集中宣传等活动，提升全区质量水平。全年全区通过强制性产品认证企业41家，通过各类认证789个，抽检产品174批次，配合省、市开展专项产品质量抽查124批次。河北四通新型金属材料股份有限公司获河北省政府质量奖。

【质量监督检验】 开展执法专项治理。全年共巡查企业500余家次，排查、检查日用消费品、校服、消防产品、食品相关产品、检验检测机构100余家次。配合上级市场监督管理局进行监督抽检53批次，合格率98%。

【计量管理】 标准化管理。发挥标准化引领作用，全区共制定、修订国家标准17项、行业标准3项，330家企业产品标准上网公示，累计公开标准1327项，涉及产品2167种。计量服务水平提升。发挥计量惠民惠企优势，帮助31家企业完成“诚信计量承诺单位”，2家公司申报省级企业“标准领跑者”示范点。计量监督提质增效，加大涉及民生的计量器具监管力度，共检查84家加油站加油机的使用、维修及检定，12家粮食购销单位计量器具。全年共检定各类计量设备5949台（块、枪）；检验燃香样品36个、起重样品257台，合格率100%。

【行政执法】 行政执法行为有效规范，“三项制度”落实到位，办案程序得到规范，法治审核监督完备，全年集体讨论行政处罚案件9起，办理立案结案案件485起，无行政复议和行政诉讼案件。

【创城创卫工作】 创城创卫精细化管理，力促品质之城建设。实施全覆盖式“双创”包干，紧盯点位区域，对标对表，开展创建检查，落实评估工作标准，督促其规范达标。大力推进沿街门店亮化工程，组织开展志愿服务和爱国卫生运动，营造干净整洁的城区环境。

【大气污染综合治理】 全面提升散煤管控力度，全年共排查居民、商铺等15万余户，清缴散煤19.225吨，没收散煤27.04吨，全区原煤炭经销网点全部清零。强化成品油质量日常监管，全年抽检成品油152批次、车用尿素11批次，结果全部合格。

党组书记 段杏娟

局　　长 郭　新

（撰稿：孟捷）

财　政

【概况】 清苑区财政局下设11个内设机构，分别是办公室（信息股）、预算股、政府债务管理股、国库股、治税管理股（非税收入管理股）、行政事业资产管理股（政府采购管理股）、行政事业股（社会保障股）、农业股、经济建设股、预算绩效评价股（会计股）、国有企业资产监督管理办公室。根据清苑区机构编制委员会办公室《关于清苑县财政局所属事业单位机构编制事宜的通知》及区政府办公室等单位对事业单位的更名等通知，区财政局所属事业单位5个，分别是保定市清苑区控购服务中心、保定市清苑区财政事务服务中心（保定市清苑区预算编审中心）、保定市清苑区财政集中支付中心、保定市清苑区财政投资评审中心、中华会计函授学校保定市清苑区函授站。

2021年，区财政局坚持以习近平新时代中国特色社会主义思想为指导，紧紧围绕京雄保一体化发

展新格局，主动发挥财政职能作用，坚持从危机中寻找机遇，从压力中提炼动力，结合党史学习教育的开展，进一步转变工作作风，以强有力的举措狠抓开源节流、增收节支，加大资金争跑力度，为全区经济社会发展提供了坚强的财力支撑。

【公共预算财政收入】 2021 年，全区财政总收入完成 15.73 亿元，同比增长 7.44%。其中，一般公共预算收入完成 9.34 亿元，同比增长 9.05%，比全年收入目标超收 47 万元。分部门完成情况为：税务部门完成一般公共预算收入 5.96 亿元，同比增长 14.26%；财政部门完成一般公共预算收入 3.38 亿元，同比增长 0.95%。

【公共财政预算支出】 2021 年，全区一般公共预算支出累计执行 34.36 亿元，占调整预算的 97.01%，较上年减少 5.26 亿元。主要是土地出让收入减少 7.01 亿元，影响基金调入一般公共预算较上年减少 4.56 亿元，不得不压减非“三保”类项目支出。

在区财政收支矛盾异常严峻的形势下，努力筹措资金，保障了公教在职人员和离退休人员工资、自收自支人员经费补贴，保障了疫情防控、东石桥村搬迁、“双代”项目、大气污染防治、“两高”绿化、乡镇污水处理厂建设、落实企业优惠政策等重点项目支出。

【财政管理】 根据职责分工，区财政局不断提高财政管理科学化水平。一是加强预算绩效重点评价工作，对全区社会关注度高、涉及民生的预算项目进行重点评价，对清苑区民政局特困人员救助供养项目、清苑区民政局农村低保项目、清苑区退役军人事务局中央财政补助优抚对象项目、发展和改革局大气污染防治项目、清苑区妇幼保健院新建住院病房楼和妇孺国医堂项目、清苑区民政局高龄老人补贴项目、清苑区退役军人事务局 2020 年市级财政自主就业退役士兵一次性经济补助金项目、清苑区卫健局基本公共卫生服务项目等 4 个部门 8 个项目相继组织开展财政重点绩效评价，并出具绩效评价报告，进一步提升了清苑区预算绩效管理水平。二是加强政府债务管理，在新增政府债务限额内举借债务，全年共申报发行新增政府一般债券 1.5 亿元、政府专项债券 12.42 亿元，分别用于农村公路、水利工程、市政建设、医疗卫生及教育领域建设，有力支持了社会公益事业发展；将还本付息资金足额列入年初预算及调整预算，按年度化解计划完成政府隐性债务化解，确保不发生债务风险。三是加强治税管理和非税收入管理，大力推进财税大数据平台建设，同时严格落实减税降费政策，全年实现减税降费共 12666 万元。四是加强财政监督检查，区财政局严格贯彻落实《中华人民共和国预算法》，深化绩效预算管理改革，将财政运行全过程纳入法治化轨道。结合实际，研究制定并印发《保定市清苑区财政资金审批实施办法》。单独或会同有关部门开展财政专项扶贫资金检查、5 项专项资金绩效评价工作、2021 年会计信息质量专项检查、扶贫资金专项检查等多项财经监督检查，取得良好效果，确保了财政资金安全高效运行。五是加强政府采购管理，规范政府采购操作规程，扩大政府采购范围。2021 年，实际采购规模达 110697.19 万元，节约资金 3735.09 万元，资金节约率为 3.37%。六是加强财政投资评审，规范评审业务流程。2021 年完成评审大小项目 140 个，项目总造价 11 亿元，审减额 1.2 亿元。评审中心充分运用工程造价专业技术手段，规范评审业务流程，不断增加评审业务总量，不断提高评审业务质量，严格把关，细致审核，做到了求真务实，注重实干。

【其他工作】 2021 年，通过加大争跑力度，为清苑区经济建设提供坚实的资金后盾，争取上级专项转移支付 11.91 亿元，改善民生条件。惠及领域主要包括：一是加大农村综合改革力度，集中资金用于村级道路硬化、村内亮化、村民饮排水、田间工程等项目，改善农村生产生活条件；

二是推进教育事业的发展，落实各项补助政策，确保校安、薄改等各项工程顺利实施；三是统筹推进医疗卫生事业，全面落实国家基本药物制度改革、基本公共卫生服务和重大公共卫生服务等补助资金，进一步健全基本医疗保障体系和城乡卫生服务体系；四是提升城乡居民养老保险、医疗救助、城乡低保补助、农村“五保”户补助资金、优抚对象补助资金等社会保障水平。

局长 王东海

（撰稿：刘玉倩）

国有资产监督管理

【概况】 清苑区国有企业资产监督管理办公室于2019年挂牌成立，根据区政府授权依照《中华人民共和国资产法》《中华人民共和国公司法》等相关法律法规对区荣清公司履行出资人职责，管理出资企业的国有资产，负责指导国有企业建立制定管理规章制度，贯彻推进国有企业改革和重组，落实国家有关国有资产管理的法律法规及区政府交办的有关事项，逐步完善企业国有资产的管理工作。

【国有企业职工家属区“三供一业”维修改造】 按照保定市剥离办和区政府的要求，组织相关企业完成国有企业职工家属区“三供一业”维修改造资金决算报表、报告工作；2021年6月底前完成区联通分公司职工家属区维修改造资金决算及报告工作，并将相关报告资料上报市剥离办。

【国有企业退休人员社会化管理】 按时限要求国有企业与接收单位已全部签署分项移交协议，并移交退休人员档案等相关资料，接收单位初步完成常态化工作流程、机制建设等工作。

【国资国企改革三年行动】 按照国资国企改革三年行动方案和中共保定市清苑区委全面深化改革委员会关于印发《中共保定市清苑区委全面深化改革委员会2021年工作要点的通知》（清改发〔2021〕1号）要求，2021年11月提请区政府批准清苑区省级粮食储备库企业改制工作，严格落实国家企业改革政策。

【国有企业不编制国有资本经营预算】 2021年底，按照国家政策对市（区、县）国有企业较少、规模小的不编制国有资本经营预算的政策要求，经区人大常委会批准国有企业不编制国有资本经营预算。

【区企业性国有资产管理情况报告】 按照国家政策对市（区、县）国有企业较少、规模小的不编制国有资本经营预算。按照区人大关于召开二届三十二次人大常委会的会议要求，区财政局局长王东海受区政府委托，向区人大常委会报告2020年区企业性国有资产管理情况。

【行政事业单位国有资产管理】 一是完成报表编报。包括2020年度全区行政事业单位国有资产报表、报告编报、2021年行政事业单位国有资产月报编报工作。二是做好2021年度行政事业单位国有资产购置计划及国有资产购置、处置、调拨、捐赠等日常审批工作。其中，资产购置审批2737万元，49000件常用资产。资产处置审批2300万元，110000件常用资产。资产调拨审批113万元，235件常用资产，主要是卫健系统车辆调拨80多万元，区委办涉密电脑调拨。处置公务用车审批24辆，其中报废6辆，拍卖18辆，处置收入7.3675万元。国有资产公开出租9笔，年租金收入56万元上缴财政。三是认真开展预算绩效管理改革，完成项目新增资产购置计划表审核工作。四是为加强行政事业单位国有资产管理，印发《保定市清苑区财政局关于深入学习贯彻〈行政事业性国有资产管理条例〉及做好

2021年政务公开工作的通知》（清财字〔2021〕97号），完成全区各行政事业单位2020年度国有资产报表公开工作。五是按时向区人大常委会报告行政事业性国有资产管理工作。2021年4月9日，受区政府委托，区财政局向区第二届人大常委会第三十二次会议报告《保定市清苑区行政事业性国有资产管理情况的报告》。

局长 王东海

（撰稿：杨帆、葛会朋）

税务

【概况】 国家税务总局保定市清苑区税务局于2018年7月20日揭牌成立，坐落于保定市清苑区新华东路51号。设14个内设机构和7个派出机构，内设机构分别是办公室、法制股、税政一股、税政二股、社保和非税收入股、收入核算股、财务管理股、征收管理股、风险管理股、人事教育股、纳税服务股、纪检组、机关党委、信息中心，派出机构分别是第一税务分局、第二税务分局、城区税务分局、何桥税务分局、白团税务分局、望亭税务分局、温仁税务所。行政编制190名，有干部196人。2021年，在区委、区政府和市税务局的正确指导下，清苑区税务局以组织收入为中心，落实减税降费，筑牢防疫战线，加强风险管理，优化纳税服务，狠抓班子队伍和党风廉政建设，各项工作任务稳步推进。

【组织收入】 坚持用法治思维和法治方式推进税收工作。一是强化法治意识。通过开展税收法规政策培训及《中华人民共和国民法典》《中华人民共和国宪法》等法律讲座，增强干部法治观念和依法行政能力。二是依法科学组织收入。严格按照收入原则组织收入，加强重点税源管理及综合治税，强力推进稽查积案清理。2021年，完成全口径税收收入132145万元，完成一般公共预算收入59654万元。三是深入落实减税降费政策，助力企业复产扩能。2021年，减税降费完成6975.4万元。

【征管改革】 一是认真学习《关于进一步深化税收征管改革的意见》，开展“智慧税务大讨论”，成立区税务局意见落实领导小组及智慧税务工作落实领导小组，制定工作方案，落实工作部署。二是建设线上税费服务支持中心和远程问办中心，全面推进网上受理、后台流转模式，弥补电子税务局不能办理的20多项涉税业务短板，线上税费支持中心运行以来，日均接听办理涉税咨询电话150余次，远程协助办税100余件，获得纳税人好评，同时极大地减轻了基层工作压力。三是积极推行电子发票，截至年底，发行Ukey730块，核定电专票228户，接受电专票103户466份，金额4022.86万元，税额452.56万元；开具电专票83户239份，开具金额925.78万元，税额103.52万元。

【纳税服务】 一是加强办税厅工作人员管理，严格执行市税务局《办税服务厅工作人员考核办法》，规范人员管理，提升工作积极性。二是强化外部监督，聘请23名纳税服务体验监督员，定期召开座谈会，向纳税人发放《致纳税人的一封信》，宣传纳税服务新模式及税收新政策，并征集纳税人意见建议，及时发现问题，解决问题。三是建设24小时自助办税服务厅，弥补办税窗口8小时以外及节假日的服务盲点，日均人流量40余人次，办理涉税业务70余笔。

【疫情防控】 一是积极开展疫情防控。实行“双重负责制”，领导对包联单位负责，各单位负责人对各单位负责。重点做到三个聚焦：聚焦重点场所，对机关办公区、办税大厅、食堂等场所严格管控。聚焦重点人群，对机关所有人员管理全覆盖，严格请销假管理。聚焦重点工作，核酸检测常态化，一周一测，不落一人；新冠疫苗接种，应接尽接；对出市人员逐人逐户进行排查。二是统筹工作，推进税收业务开展。积极开展“非接触式”办税，并发挥税务部门大数据优势，对企业复工复产情况、各行业营收变化进行全面分析，向区委、区政府报送分析报告，并得到区领导肯定性批示。

【队伍建设】 制订清苑区局人才培养计划、培养办法，召开青年干部座谈会，组织干部参加“夯基固本 岗位成才”测试年活动及学习兴税平台测试等各类考试。有序开展职级晋升、轮岗交流、干部选拔等工作，选拔分局长1名、正股级干部5名、副股级干部13名、3名青年干部到基层分局锻炼，干部队伍结构进一步优化。

局长 张忠义

（2020年11月任职，2021年12月离任）

（撰稿：胡飞）

农业农村工作

农业农村工作

综　述

【概况】　2021年，清苑区坚持把乡村振兴战略作为“三农”工作的总抓手，推动农业高质高效、农民富裕富足、乡村宜居宜业。粮食生产实现“十九连丰”，南王庄被评为全国乡村特色产业亿元村，东闾镇西瓜被评为全国种植业“三品一标”基地，清苑区获评全省村庄清洁行动全域示范县，成功举办第四届西（甜）瓜文化节和“中国农民丰收节”，多人获得国家、省、市表彰、奖励。全区实现农林牧渔业总产值593799万元，可比价增速10.5%，一产增加值357813万元，增速9.5%。农村居民人均可支配收入23142元，排名全市第6，增速11.3%，排名全市第16。

【粮食产量持续增加】　全面落实粮食安全责任制，坚持藏粮于地、藏粮于技，大力发展各类农业，确保粮食种植面积稳定在100万亩以上，全面推广粮食机收减损技术，全面保障夏粮丰收到手、颗粒归仓。6月15日，“中国农业银行杯”全国粮食机收减损技能大比武活动在清苑区召开，清苑籍4名机手获评“河北省粮食机收减损之星”，2名机手被评为“全国粮食机收减损之星”。农业农村部、省农业农村厅、市农业农村局有关专家及领导参加活动，农影频道进行直播。此活动在人民网、人民科技官方账号进行报道。

【农业节水建设工程稳步推进】　扎实推进旱作雨养项目，组织实施主体进行技术培训，指导农民选用适合当地种植的抗旱耐旱高效作物和品种，向农民推介适宜的旱作雨养种植模式和技术，确保农民“水改旱”后种植收益不减少。2021年，全区2.8万亩任务已落实到乡、到村、到户，涉及17个乡镇75个村3252户，完成封井582眼。聘请第三方对实施地块及清册逐乡、逐村、逐户核实。

【农业结构调整不断优化】　严格贯彻落实乡村振兴工作要求以及《保定市2021年推进“四个农业”工作实施方案》等文件精神，扩规模、建园区、创品牌、抓科技、强服务，大力发展经济作物种植，全力推进畜牧业发展，农业结构调整各项工作全面落实并取得实效。完成甜糯玉米0.3万亩，完成任务数的150%；优质蜜薯0.15万亩，完成任务数的150%；蔬菜新增面积0.16万亩，完成任务数的160%；设施蔬菜新增面积

0.16万亩，完成任务数的160%。瓜果新增面积1万亩，完成任务数的100%，其中设施新增面积完成任务数的250%；调优替代面积5.2万亩，完成任务数的104%。

【都市型农业发展壮大】 坚持因地制宜原则，大力发展瓜果种植，力争将清苑农产品打入京津雄大型商超。2021年清苑区瓜菜种植面积30多万亩，其中蔬菜15万亩，草莓1万亩，麻山药3万亩，特别是特色主导产业西瓜种植，面积达15万亩，年产量60万吨，产值12亿元，占全区农业总产值的18%。清苑区还被评为特色产业（西瓜）优势区。同时，积极开展品牌创建和“两品一标”认证工作，“清苑西瓜”区域公用品牌正式启用且被评为河北省区域公用品牌，有机转换认证7个（沃翠源农场的小麦，吉祥胤家庭农场的大白菜、西瓜、韭菜，龙旺果园的梨、葡萄、桃）和绿色农产品认证3个（宏泽的红薯淀粉、粉条，轩伟农业的麻山药）。

【园区建设势头良好】 清苑区立足实际，着眼未来，本着大力促进一、二、三产业融合发展的理念，在全区范围内鼓励发展园区建设，全区有市级以上现代农业园区15家、河北省农业创新驿站4家和太行山农业创新驿站3家。同时，持续推进农民专业合作社、家庭农场建设，大力培育龙头企业发展，全面提高农民收入水平。全区共有农民专业合作社560家、家庭农场102家、省级龙头企业4家（河北新清源实业有限公司、河北宏泽食品有限公司、河北水润佳禾现代农业科技股份有限公司、古城香业集团股份有限公司）、市级以上龙头企业达到16家、县级农业产业化联合体5个（其中1个为市级农业产业化联合体）。

【动养殖场行为逐步规范】 对所有畜禽养殖业深入开展以春秋季防疫行动。以非洲猪瘟防控为重点开展“五排查五整治”行动，即排查防疫，整治防疫覆盖不到位问题；排查用药，整治违规用药问题；排查饲料，整治非法添加问题；排查粪污污染，整治乱排乱放问题；排查检验检疫，整治检疫不规范问题。对发现的问题立行立改，确保不发生重大动物疫病，确保饲料、兽药投入规范，不出现一起食品安全事故。一年来，没有出现一起食品安全事故。

【畜牧业生产稳定向好】 清苑区是传统养殖大区。奶牛存栏2.2万头，年产鲜牛奶9.56万吨；蛋鸡存栏328万只，年产鸡蛋4.8万吨；肉鸡存栏196万只，年出栏980万只；生猪存栏12.86万头，年出栏20万头以上；肉牛存栏0.9万头，出栏1.05万头；肉羊存栏5.57万只，年出栏7.2万只。肉产量总计达到4.85万吨。畜牧业总产值14.5亿元，占农业经济总产值的32%。

奶业振兴取得阶段性成效。争取性控冻精补贴项目62.6175万元，奶牛胚胎移植项目245.4万元，奶牛“家庭牧场”建设资金420万元，粮改饲补贴资金419.7万元，助力清苑区奶牛养殖场的转型升级。在河北省青贮饲料评鉴大赛获得金奖1个、银奖1个，促进草畜动物养殖场粗饲料当地化。

（撰稿：王芳）

农村工作

【美丽乡村建设】 具体工作中做到“六个强化”：一是高度重视，强化组织领导。区委副书记和区政府主管副区长具体负责美丽乡村创建工作。4月6日，区人居办印发《保定市清苑区2021年美丽乡村建设行动实施方案》，按照每个乡镇至少1个村的标准，确定20个省级美丽乡村创建村，分村制定实施方案和年度工作目标和工作计划。2021年，区委、区政府4次召开专题会议安排部署和工作调度，其中乡镇一把手参加的会议2次，充分提高了各乡镇的重视程度，确保全区美丽乡村建设有序进行。二是点面结合，强化环境整治。一方面加大对保洁公司的监管考核力度，确保辖区内全部垃圾日产日清。同时，结合爱国卫生运动、村庄清洁行动、秸秆垃圾清零等活动，对村内死角全面彻底清理。三是增加投入，强化阵地建设。中林水、北蛮营、史庄、胡指挥等村对综合服务大厅进行改造提升，配备必要的办公设备和便民用品，提高了为民服务能力；大福村以党建、法治和休闲为主体，投资600多万元，完成占地30多亩的党建文化公园建设一期建设。四是因村制宜，强化美化提升。在抓好“五清三建一改”的同时，各创建村积极筹资筹劳，广泛开展净化、绿化、美化、亮化工作，利用闲置场地建设文体广场，村庄面貌明显提升。五是统筹协调，强化项目支持。投资380万元，由区农业农村局牵头，重点支持美丽乡村村内的小游园、小菜园、小停车场建设。建设小游园13232平方米、停车场6100平方米、公共绿地4090平方米。冉庄村依托特色文旅小镇建设项目已完成冉庄乐园一期、物业中心、文化广场、农业采摘园建设。六是全民动员，强化群众参与。通过广播、标语、微信公众号、融媒体和召开党员、村民代表会等形式，加大宣传发动力度，积极鼓励和引导社会力量参与，动员群众筹资筹劳，形成工作合力。通过一年的精心打造，20个美丽乡村创建村基础设施、人居环境、产业提升、乡村文明等各个方面都有较大提升，较好地完成了年初制定的任务目标。

【厕所革命】　一是积极推进农村无害化卫生户厕改造工作。印发《保定市清苑区农村改厕实施方案》，对2021年农村改厕工作进行全面部署，发动乡村两级和广大群众的积极性进行改造。同时，筹措资金1200万元，积极推进农村无害化卫生户厕改造项目，以全区20个美丽乡村为重点，共完成户厕改造6000座。二是超额完成农村卫生公厕建设任务。区政府出台《保定市清苑区2021年农村公共厕所建设加快推进工作方案》，区财政对新建公厕进行奖补，2021年完成农村卫生公厕145座，超额完成130座的公厕建设任务。三是健全改厕后续服务长效机制建设。与保定超宇建筑工程有限公司签订协议，建立农村户厕维修服务站，负责全区财政支持改造的户厕的维修。加强基础设施建设。共投入118.98万元采购抽粪车38辆，投资28.8万元建立智能化长效管护平台，投资380万元新建粪污处理站14个。与河北益民生物制品有限公司签订协议，将财政资金购置的抽粪车和建设的粪污处理站交由该公司进行市场化运营和智能化、信息化管理。四是全区各村按要求张贴三级监督电话告知书，维修电话、抽粪电话和举报电话保持畅通，确保户厕坏了有人修、粪液满了有人抽，群众各项诉求及时处理。

【村庄清洁行动】　深入开展村庄清洁行动示范县创建工作，高标准完成“五清三建一改”任务。年内完成示范村创建157个，清理历史积存垃圾堆放点214处，清理农村生活垃圾216336立方米，清理村内塘沟191处，清理畜禽养殖粪污等农业生产废弃物57278立方米，清理残垣断壁231处；创建美丽庭院21000户、精品庭院4200户。

（撰稿：王芳、刘东超）

【乡村振兴】　统筹推进好梦林水生态休闲综合示范区和高铁片区示范区创建工作。重点打造“好梦林水”观光大道建设和旅游路改造提升工程，实现好梦林水特色小镇与冉庄地道战遗址景区的有机串联，打造一条城郊旅游精品路线，推动当地经济发展。高铁片区打造以北孙村、南孙村、钟家营等为主的宜居宜业宜游美丽乡村片区，建成融生态文明、农耕文明于一体的白洋淀大道。

高标准完成农业产业化和疫情防控等重点工作。2021年，清苑区东闾镇南王庄村被农业农村

部评为第十一批全国“一村一品”特色产业亿元村，水润佳禾孵化实训基地被农业农村部评为“全国农村创业园区基地”。同时，市级农业产业化龙头企业由原来的12家增加到16家，净增4家，省级农业产业化龙头企业由原来的1家增加到4家，净增3家，进一步提升壮大了清苑区农业产业化进程。

（撰稿：王芳、刘海涛）

【农业生产社会化服务】　经区政府批准，2021年引进农业生产社会化服务项目，通过4—5月的招投标、组织实施及验收，全区完成小麦“一喷三防”32万多亩，为农民节约资金280多万元，有效带动了全区农业生产社会化服务提档升级。

【集体产权制度改革】　完成全区266个农村股份经济组织牌匾及证书发放工作，基本完成全区股权证书打印及发放工作。建设农村“三资”管理平台，加强农村“三资”管理，降低农村金融风险。中国建设银行股份有限公司保定市清苑支行、中国银行股份有限公司保定市清苑支行、中国农行股份有限公司清苑支行已和清苑区266个农村股份经济合作组织建了银农账户，2021年陆续开通。通过此“三资”管理平台，能有效监督农村资金流动，防范金融风险。

【土地承包】　全区完成250个应确权村中的237个村，占比95%，全区应确权户数134151户，已颁发土地承包经营权确权证122786户。多次组织开展土地流转培训，指导完善土地流转合同100多家，流转面积1万多亩。

【宅基地改革】　积极推进农村宅基地改革，树立清苑镇大福村、阳城镇郑各庄等2个典型。加强农村宅基地审批政策宣传，指导18个乡镇宅基地审批和办理流程，严格落实农户“一户一宅”政策。加强农村宅基地管理，加大日常巡查力度，防止耕地“非农化”“非粮化”。

（撰稿：王芳、侯建强）

农作物种植

【粮食作物生产】　2021年，全区粮食作物播种面积105.03万亩，种植的粮食作物包括小麦、玉米、谷子、豆类、薯类。总产量478547吨，其中夏粮总产212316吨，秋粮总产266231吨。其中小麦播种面积46.6万亩，平均亩产452公斤，总产210565吨；玉米播种面积56.7万亩，平均亩产455公斤，总产258012吨；谷子播种面积30亩，平均亩产180公斤，总产4吨；豆类播种面积3150亩，平均亩产211公斤，总产665吨；薯类播种面积14130亩，平均亩产2230.4公斤，总产31516吨。

【水果生产情况】　2021年，全区果园面积17163亩，总产量53148.07吨。其中，苹果2181亩，平均亩产2670.49公斤，总产5824.34吨；梨1566亩，平均亩产4329.16公斤，总产6779.47吨；桃1236亩，平均亩产1559.26公斤，总产1927.24吨；葡萄11845亩，平均亩产3167.5公斤，总产37519吨；其他水果335亩，总产1098.02吨（总产包括柿子及枣）。

（撰稿：王芳、曹荣君）

【农作物病虫害防治】　农作物病虫害监测预报、技术培训指导和防控工作。完成河道管理范围外延15米内严禁施用农药；农药利用率达到40%以上；主要农作物病虫害防治180万亩次，专业化防治面积96.6万亩次，小麦、玉米统防统治覆盖率分别达到55%和52%，绿色防控覆盖率达48%。农作物农药使用减少到554吨。全区拥有植保无人机130多架，持有操作手合格证书的160人，植保无人机日作业能力达到8万多亩。

2021 年，专业化统防统治服务明显提档升级，有效控制了各种病虫害的发生和传播。

检疫工作：检疫对象包括农业部牵头的农业外来入侵所有物种，重点是草地贪夜蛾、马铃薯甲虫、苹果蠹蛾、红火蚁等重大危害种植业生产外来物种，水葫芦、福寿螺、鳄雀鳝等水生外来入侵物种和危害农业生态环境的紫茎泽兰、豚草等外来入侵恶性杂草。5 月 20 日，在冉庄镇三房村李锁忠家院内发现列当属检疫性对象，发生面积 120 平方米，发生程度 3 级。发生地点不属于基本农田，且四周封闭。

监测和防治工作：2 月 12 日开始调查小麦草害发生情况，3 月 12 日开始组织服务组织和农户防治小麦草害，到 3 月底小麦草害防治面积全部完成，达 50 万亩次。

2 月中旬制定《2021 年清苑区“虫口夺粮”保丰收行动方案》，确定小麦中后期病虫害的防治对象、用药种类、喷洒时间等。

3 月 15 日开始，对全区小麦病虫害进行调查。小麦蚜虫、麦蜘蛛发生早、偏中重度发生，对石桥乡张村的小麦吸浆虫进行淘土调查，轻度发生。

4 月 15 日，组织开展乡镇主要领导、技术站长、种植大户和服务组织小麦病虫害防治技术培训会议，聘请保定市农业农村局植保站站长对清苑区小麦病虫害防治工作进行指导。组织 4 架植保无人机，在林水召开一喷三防示范现场会。6 家植保服务组织对小麦病虫害进行防治，防治面积达 100 万亩次，专业化统防统治面积 55 万亩次，使小麦病虫危害总体损失率控制在 5% 以下。

到 4 月 20 日，清苑电视台 3 次播放小麦病虫害防治节目，通过手机、微信公众号发放 100 多条宣传监测防治信息，发放小麦重大病虫害技术要点 500 多份，发放技术图册 15000 多份，大喇叭广播和田间地头培训农民 50 万人次。

5 月 14 日，按照省委书记王东峰等省领导在省委办公厅《信息专报第 127 期“小麦条锈病在我省蔓延”》上的批示，组织各乡镇主管领导和技术站长、种植大户和飞防组织在南林水召开小麦条锈病防治现场会，安排部署防治工作，本着发现一点防治一片、发现一片防治全田的宗旨，当天对全区 5 个零星发病点及周围 1000 亩的小麦条锈病进行防控。共出动 10 架植保无人机，有效防治了 1 万亩次，完全控制了小麦条锈病的发生和扩散。

7 月初期开始，开展草地贪夜蛾、黏虫、棉铃虫、穗腐病、南方锈病等玉米重大病虫监测预警，突出抓好玉米穗虫穗病防控，解决制约全区玉米产量和品质的穗虫、穗病、穗腐难题，实现玉米“一控双提”，确保秋粮丰产丰收。主要病虫害防治面积达 80 万亩次，专业化统防统治面积 41.6 万亩次，使玉米病虫危害总体损失率控制在 5% 以下。

疫情防控期间，保定市清苑区金丰农业服务有限公司、保定腾硕农业科技有限公司等植保服务组织，积极义务投入新冠肺炎疫情的防控工作，发挥植保无人机等机械智能高效优势，进行村庄疫情消杀 200 多个。

（撰稿：王芳、刘淑香、李学会）

【推广化肥减量增效技术】 以测土配方施肥技术推广为重点，全面推进化肥减量增效，助推化肥使用量零增长。一是做好土壤样品采集检测。全区共采集检测土壤样品 66 个，获得有效数据 898 个。二是科学制定施肥配方。邀请省、市、区专家对全区主要粮食作物小麦和玉米召开测土施肥配方体系研讨会，建立 2 个施肥指标体系，制定发布 6 个施肥配方（小麦玉米各 3 个），提出合理施肥建议，为全区农业工作提供可靠的依据。三是利用多种形式，广泛宣传测土配方施肥技术。共发放测土配方施肥技术问答等技术资料 3000 份，测土配方施肥技术建议卡等资料 10000 份。全年全区测土配方施肥技术推广面积 100 万亩，推广缓控释肥、生物有机肥等新型肥料 22 万亩，化肥减量 162 吨（折纯），超额完成市里下达的化肥减量增效的任务目标。

【做好耕地质量监测保护和耕地质量评价】 一是跟踪监测点田间管理，做好耕地质量年度监测工作。制定《清苑区2021年耕地质量监测与保护提升行动实施方案》，对16个监测点开展长期、定位、规范监测，按时完成监测点年度监测和取土化验等工作，取得有效数据498个。汇总分析施肥、产量和耕地质量等监测数据，掌握耕地质量、培肥效果现状和变化趋势，查找存在的问题，编制年度监测报告，提出耕地保护提升对策建议，指导农业生产。二是开展耕地质量等级变更评价。完成2020年的耕地质量评价工作，更新2021年的耕地质量评价数据库，摸清不同区域耕地质量变化现状。积极推广耕地质量提升保护技术，全区耕地质量等级逐年提高。玉米收获前对60个监测点进行土样采集、化验等工作，统筹开展县域耕地质量等级年度变更评价，摸清不同区域耕地质量变化现状。为粮食安全省长责任制考核，自然资源负债表编制和耕地资源环境承载能力评价等工作提供技术支撑。

【受污染耕地安全利用和严格管控】 在2020年基础上，4月26日，根据全区实际制定《清苑区2021年受污染耕地安全利用工作方案》，方案涵盖可行的安全利用措施、具体的完成时间节点以及任务落实的保障措施等，经区政府盖章报省市备案。将符合条件的优先保护类耕地作为永久基本农田，实行严格保护；对安全利用类耕地（Ⅱ类）和严格管控类耕地（Ⅲ类），实施分类管理。严格管控类耕地2020年经区政府批准已划定为特定农产品禁止生产区域，并继续实施流转。除已有林木、沟渠、厂房外，新增草坪种植129.67亩，其余为休耕状态。安全利用类耕地根据方案对种植的小麦、玉米综合采取低累积品种替代、优化施肥、农机深松、部分喷施叶面阻控剂、阻断重金属污染物入田途径等技术措施。进入农作物收获季，对该区域内小麦和玉米进行网格式布点采集，经第三方对植株样品中重金属含量检测和数据分析，均低于国家食品卫生标准，达标率100%。11月，委托河北省农林科学院农业资源环境研究所进行了全面评估，全区受污染耕地全部实现安全利用。评估报告经专家签字和区政府盖章后已报送省市农业农村部门。

（撰稿：王芳、郝艳茹、王洪来）

畜牧养殖

【概况】 2021年，全区畜牧养殖工作坚持以转变生产方式为主线，以建设现代畜牧产业体系和保证畜产品有效供给为重点，着力发展规模养殖，努力推进畜禽标准化创建和养殖大户培育，积极推动畜禽规模养殖禁养区专项整治，强化科技培训与服务，加强动物疫病防控，推行健康养殖。到12月底，存栏生猪12.032万头、肉牛0.82万头、肉羊5.48万头、肉鸡260.5万只；出栏生猪18万头、肉牛0.88万头、肉羊7.67万只、肉鸡1108.68万只；禽蛋产量4.78万吨，肉总产量4.685万吨。奶牛存栏2.14万头，年产奶9.37万吨。

【创建农业农村部及河北省标准化示范场】 奶牛养殖场积极创建部省标准化示范场，完成创建农业农村部部标准化示范场1家、河北省标准化示范场4家，创建河北省标准化冻精改良站1家。完成建设14家奶牛养殖场的家庭牧场建设，助力河北省奶业振兴。

【饲料管理】 2021年，区农业农村局和饲料生产企业签订安全生产责任状，为保障清苑区饲料生产企业安全生产、质量安全及生物安全提供有力支撑。清苑区保定伊和生物科技有限公司和保定伟昌饲料加工有限公司等3家饲料和饲料添加剂生产企业列为市级龙头企业，饲料生产量及质量位居保定市前列。

【新技术推广】 运用“性控精液”和“胚胎”移植的高科技技术，清苑区奶牛群实现快速扩群。清苑区存栏奶牛达2.24万头，产量超过10万吨。助力清苑区奶业振兴，为打造保定市奶牛优势“黄金奶源带”奠定坚实的基础。清苑区电视台6次报道全区的先进技术推广工作，人民网对清苑区的奶牛养殖场的“智能化”牧场的升级进行报道。

【检测工作】 按照市里下达的清苑区检测计划及飞行检测任务，完成送检和检测生鲜乳330批次、鲜鸡蛋46批次、猪肉45批次、猪尿573批次、饲料48批次，圆满地完成检测任务，动物产品检测合格率100%，保证了人民群众舌尖上的安全。保定市清苑区动物产品检验检测中心获河北省农业农村系统先进集体称号。

【粪污资源化利用】 制定《保定市清苑区畜禽粪污整治和资源化利用再提升行动实施方案》，巩固深化2020年畜禽粪污资源化利用专项大整治行动成果，持续提升全区畜禽粪污综合利用水平，促进养殖业绿色健康可持续发展，推进养殖场粪污处理设施建设水平，全区302家规模养殖场一级水平191家、二级水平111家。畜禽规模养殖场粪污处理设施配套率100%，资源化利用率达到96.81%。

【“粮改饲”工作】 “粮改饲”工作是贯彻落实中央一号文件精神，推进农业供给侧结构性改革的一项重要举措。为促进清苑区种植业结构调整步伐，清苑区实施保定市“粮改饲”整市推进试点项目，通过推广玉米全株青贮，实现玉米过腹转化，带动快速调减籽粒玉米生产，推动草畜养殖场标准化规模化发展进程，实现种养双赢目标，增加农民收入。清苑区45家奶牛、肉牛养殖场及专业青贮机构共收割完成13.15万吨，收割青贮面积6.005万亩。在2021年度河北省青贮饲料质量评鉴大赛中获得金奖1个、银奖1个。完成保定市下达任务的146%，清苑区“粮改饲”工作在保定市排第一名。省农业农村厅对清苑区的全株玉米青贮工作给予表彰。

（撰稿：王芳、孙庄建）

【动物疫病防控】 对高致病性禽流感、高致病性猪蓝耳病、猪瘟、口蹄疫、布病、小反刍兽疫等动物重大疫病进行强制免疫，采取春季、秋季集中免疫及日常免疫相结合的方法，做到应免尽免，免疫密度100%。根据要求，动物疫病预防控制中心对免疫效果及时做了免疫抗体监测，各种动物的免疫抗体水平均达80%以上，保障清苑区各种动物不发生重大动物疫病。

【非洲猪瘟防控】 为坚决打好非洲猪瘟防控持久战，在推进“三式管理”（养殖企业“密罐式”、屠宰企业“高压式”、官方兽医“问责式”管理）、“三大行动”（大清理大清洗大消毒活动、生物安全知识大培训、生猪运输车辆大监管活动）基础上，强化五个环节防控（养殖环节、屠宰环节、调动环节、病死猪无害化处理环节、综合管理环节），落实落细十二条常态化防控措施（“密罐式”管理常态化、疫情排查常态化、自检阳性处置常态化、防控水平提升常态化、“高压式”管理常态化、“问责式”管理常态化、调运监管常态化、无害化处理严管常态化、预防消毒常态化、部门抽检常态化、疫情处置报告常态化、宣传培训常态化），严防疫情发生，助力生猪生产全面恢复。

【奶牛场“两病”检测】 按照省、市奶牛场布病防控三年行动计划的要求，要求各奶牛养殖场、小区自行对各养殖场、小区内的奶牛进行“两病”监测，推动奶牛“两病”净化工作的开展，由基层站人员包片进行督导。全区有21个奶牛养殖场，共存栏2.02万头，奶牛养殖场在基层分站的监督下自检，检测完成后由疫控中心抽检。

【强制免疫"先打后补"】 对符合条件的养殖场，依照国家和河北省动物强制免疫计划自主采购疫苗实施强制免疫后，国家按照政府采购疫苗等价值给予经费补助。通过实施"先打后补"政策试点，进一步探索创新重大动物疫病强制免疫补助机制，最大限度发挥财政补助政策对动物防疫工作的促进作用，同时充分发挥市场机制作用，满足养殖场对强制免疫疫苗的多样化需求，促进企业依法落实动物防疫主体责任，提高禽流感、口蹄疫等重大动物疫病防控能力。"先打后补"按照自愿参与的原则，由申请参与试点的规模养殖企业向清苑区农业农村提交申请材料，区农业农村局按照要求进行审核，发放直补资金。

【疫苗管理】 强制免疫疫苗由专人负责管理，制定完善疫苗管理制度，规范接收疫苗，建立疫苗出入库制度并严格遵守，定期盘存、日清月结、账物相符、账账相符，由专人使用河北省动物疫苗网络发放疫苗，合理定购疫苗，避免疫苗浪费。

（撰稿：王芳、高芳明）

【动物检疫】 产地检疫。为进一步规范和加强动物检疫工作，防范动物疫情跨区域传播风险，清苑区严格遵循过程监管、风险控制、区域化和可追溯管理相结合的原则开展检疫工作，切实做到临栏检疫、有报必检，并严格凭免疫耳标和在有效期内的免疫合格证明出具产地检疫合格证明。同时，按要求进行"瘦肉精"检测，有效降低动物疫病等动物卫生及动物产品安全风险。截至12月31日，全区产地检疫生猪12.5563万头、牛0.2853万头、禽1143.7880万只。

屠宰检疫。全区有生猪定点屠宰场2个、肉鸡屠宰场1个，每个屠宰场都有官方兽医驻场，全面实施同步检疫，随宰随检，严把"四关"，即进场关、屠宰关、出场关、处理关，不放松一个环节。真正做到随宰随检，不漏检，不误检，确保肉食品卫生安全。严格监督生猪屠宰企业执行"瘦肉精"自检和官方兽医抽检，对检查出的病害动物及其产品，严格执行不准宰杀、不准食用、不准出售、不准转运等措施，确保上市动物产品质量安全。截至12月31日，全区屠宰检疫生猪24.0439万头、肉鸡1135.0406万只，没有发现病害动物。

【冷链食品生产经营（屠宰企业）新冠肺炎疫情防控】 一是进一步摸清畜禽屠宰企业销售进口畜禽产品底数，经过基层分站对全区三家屠宰企业调查，这三家屠宰企业无加工进口畜禽肉品情况。二是监督屠宰企业做好员工日常健康监测，完善从业人员健康管理制度。加大屠宰企业冷链食品生产经营者人员出入管理和健康监测，建立全体员工健康状况台账和风险接触信息报告制度，落实测温、登记、消毒，查验健康码、行程码等防控措施。三是监督畜禽屠宰企业加强对场区、环境、运输车辆等消毒，有效杀灭环境中的病原菌。四是监督屠宰企业严格落实扫码、测温、登记、戴口罩、"一米线"、"对人、车、物、环境进行检测、消毒"等防控措施，切实做好新冠肺炎疫情防控工作。五是加大对屠宰企业人员核酸检测、环境采样核酸检测，每周人员核酸检测一次，环境采样核酸检测一次，并及时把人员核酸检测结果、环境采样核酸检测结果报监督所。

【病死畜禽无害化处理监管】 一是严格落实相关责任。按照地方人民政府对病死畜禽无害化处理负总责，畜禽养殖场（户）对病死畜禽无害化处理负主体责任的要求，推动落实病死畜禽无害化处理属地管理责任，监督辖区内的养殖场户建立健全养殖档案，详细记录畜禽发病、死亡和无害化处理情况，按要求处理病死畜禽。二是落实网络管理，完善集中无害化处理体系。全区建设3个病死畜禽无害化收集点，分别是冉庄病死畜禽无害化收集点，石桥病死畜禽无害化收集点，臧村病死畜禽无害化收集点，指派2名官方兽医专门负责全区病死畜禽无害化处理收集点的全面工作。全区九个基层分站每个分站均按要求指派专人负责各自辖区的病死畜禽无害化处理相关工作。三是落实病死猪无害化处理补助政策。严格落实省农业农村厅、省财政厅确定的养殖环节病死猪无害化处理分段补助标准，统筹中央和省市县资金，足额安排补助资金，将生猪养殖场户均纳入财政补助范围。四是全区2021年能繁母猪承保5936头，育肥猪承保123618头。2021年能繁母猪理赔678头，金额112.0500万元；育肥猪理赔26868头，金额1083.8200万元。五是强化监督管理。加强对随意抛弃病死畜禽等行为的排查，加大对大型养殖场户周边、养殖密集区、乡村交界区、坑塘、沟渠及偏僻地带等重点区域和动物疫病高发期等重点时段的排查力度和频次，发现病死畜禽无害化处理情况异常的及时核查处置。强化生猪收购贩运主体基础信息登记管理，清苑区由专人负责生猪运输车辆备案管理工作。加强收购贩运环节风险防范，全区备案的60辆生猪运输车辆均加装GPS定位，可随时查询，并且按上级要求。全区每月按生猪运输备案车辆的20%进行抽查，抽查内容包括生猪运输备案车辆79号公告落实情况，装载前卸载后消毒情况等进行检查，并进行非洲猪瘟环境采样检查，对检查不符合要求的，限期整改。截至12月31日，全区共无害化处理病死猪4.1437万头。六是严格"大清洗、大消毒"。在全区范围内包括生猪饲养场（户）、生猪屠宰厂（点）、动物经营单位等，包括车间库房、外环境、运输车辆，有关用具物品等开展大清洗大消毒活动。开展得全面彻底，不留死角，并规范科学地选择、交替使用有效消毒药品，确保消毒质量。有效地消灭传染源，杀灭病原体，切断动物疫病传播途径，为非洲猪瘟等重大动物疫病防控、新冠肺炎疫情防控打下良好基础。实行大清洗大消毒日报制度，基层分站每天把辖区内养殖场、小区、兽药经营企业等消毒情况汇总上报办公室。七是全区三家屠宰企业就屠宰环节中摘除的"三腺"等不可食用部分的无害化处理与无害化处理中心签订无害化处理协议。

（撰稿：王芳、耿保东）

农业项目建设

【概况】 2021年，深入贯彻落实区委"项目强区"战略，清苑区以项目建设为抓手，用项目优化结构、提升水平、推动发展。着眼京雄保协同发展，加强与京雄保农业产业项目对接，积极争取中央、省项目资金支持，项目建设取得新进展。

【田间工程项目】 投资7334.1万元实施6万亩清苑区2021年高标准农田建设项目。其中，阳城镇片（财政渠道）高标准农田建设项目建设地点为阳城镇正各庄村、石庄村、沈百户村、高台村，魏村镇的马罗侯村、李罗侯村、西洪义村、新史庄村，白团乡的白团北街和白团西街，张登镇的河北王庄和河北李庄，清苑镇的西福村共5个乡镇13个行政村。该项目建设内容：土壤改良14419亩，机井换泵507眼，配套井首装置管灌583套、喷灌26套，管灌2.78万亩，铺设输水管道308.89公里，安装出水口10320个，喷灌2500亩（喷灌机6台、套），田间机耕道整修29.575公里。

东闾镇片（发改渠道）高标准农田建设项目建设地点为温仁镇的大兴庄村、南和庄村，东闾镇的东闾村、翟庄村，北店乡的李八庄村、牛庄村，大庄镇的徐庄村，阳城镇的王辛力村，白团乡的白城四村、白城五村、樊庄村共6个乡镇11个行政村。项目建设内容：土壤改良30900亩，机井换泵673眼，配套井首装置管灌667套、喷灌6套，管灌8166万亩，铺设输水管道77.3公里，安装出水口2580个，喷灌270亩（喷灌机2台、套），田间机耕道整修35.948公里。

（撰稿：王芳、崔雷雷）

现代农业园区建设

【概况】 2021年，清苑区新创市级精品园区2个，即清苑吉祥胤现代农业园区、樱桃树下现代农业园区；市级现代农业园区1个，即清苑牛庄果蔬现代农业园区。创建“清苑西瓜”河北省区域公用品牌1个。河北省保定市清苑区东闾镇西瓜被农业农村部办公厅评为首批全国种植业“三品一标”基地。清苑区水润佳禾现代农业园区被农业农村部评为2021年度全国农业农村信息化示范基地。佳禾孵化实训基地被评为全国农村创业园区。

【清苑吉祥胤现代农业园区】 清苑吉祥胤现代农业园区位于白团乡东壁阳城村东南，集种植、养殖、粮食深加工于一体，规划面积10000亩，其中核心区200亩，辐射区5000亩，示范区4800亩。园区以现代科技为依托，打造清苑西瓜地标产品，已初具规模。梳理出清苑臻西瓜“七年等一回”的传统农耕加现代科技的种植定位，主打西瓜品种“红袖添香”高端产品，融入高端市场，带动周边农民集中种植，保障供应链，起到示范带头作用。

吉祥胤农业园区采取“公司+农户”的运营方式，坚持把提高农业综合生产能力作为规划区发展现代农业的主攻方向，坚持环保、绿色、生态、节水、可持续的发展理念，以市场为导向、以科技为支撑、以效益为中心、以园区为平台、以产业为抓手、以农民为主体、以企业为龙头，科学规划，合理布局，加快发展，充分利用已有资源，大力推进农业科技创新、设施更新、机制创新和品牌创新，将文化和农业结合，坚持遵守自然法则，积极推动传统生态农业实践。“吉祥胤”品牌农产品产业链条基本形成，清苑的淳朴民风、红色文化和历史底蕴，正通过“吉祥胤”品牌的特色农产品走进千家万户。

【清苑樱桃树下现代农业园区】 清苑樱桃树下现代农业园区位于清苑区白团乡白团东街，规划面积10000亩，其中核心区1217亩，辐射区8783亩，辐射白团东街、南街、北街、西街、中街、北白团、西壁阳城、樊庄8个村，是集绿色无公害农产品生产及休闲、科教于一体的生态农业休闲园区。园区有设施面积800亩、大樱桃300亩、大棚西瓜300亩、苗圃300亩、优质粮食种植区5000亩，主导产业具有相对完善的产业体系。

园区紧紧围绕推进农业供给侧结构性改革、培育新动能这条主线，立足于京津冀城市群、紧抓雄安新区成立机遇，以“都市+共享”为切入点，以农林产业基础、秀丽田园环境、清苑农业文化为依托，以循环农业、创意农业、智慧农业等为主导，以农旅融合示范、田园生活体验、清苑文化传承等为特色，集农业生产、研学教育、田园休闲、创新创业等于一体，聚焦做大做强特色果品等农业产业，强化联农带农，坚持产业、企业融合，促进了农业生产、加工、物流、研发、示范、服务等相互融合和全产业链发展，创新了农民利益共享机制，带动和引领域内农业农村经济发展转型升级，农民收入大幅度提升。

【清苑牛庄果蔬现代农业园区】 清苑牛庄果蔬现代农业园区位于北店乡牛庄村，集种植梨、蔬菜、冷藏物流于一体，规划面积10000亩，其中核心区2000亩，辐射区4000亩，示范区4000亩。园区以现代科技为依托，打造高品质梨园及蔬菜种植、分拣、包装、仓储物流，增加农产品附加值。核心区建有高标准梨园300亩，种植品种共有5个，即鸭梨、雪花梨、黄冠、香蕉梨、元黄；建成高标准设施农业600亩，同时建有蔬菜冷藏库30间，主要进行蔬菜分拣、包装、预冷，蔬菜冷藏后销往广州、福建等地，可实现日处理蔬菜1000吨，增加产品附加值，实现增收。梨园的梨主要销往北京、香港、广东、广西、福建、天津，部分出口欧洲。

园区紧紧围绕推进农业供给侧结构性改革、培育新动能这条主线，以“四个农业”为抓手，科学规划，合理布局，聚焦做大做强特色果蔬等农业产业，强化联农带农，促进农业生产、物流、研发、示范、服务等相互融合和全产业链发展，创新农民利益共享机制，带动和引领域内农业农村经济发展转型升级，农民收入大幅度提升。

【“清苑西瓜”区域公用品牌】 “清苑西瓜”因原产于保定市清苑区而名。清苑西瓜有400多年的种植历史，清苑是省农业厅命名的“河北省西瓜之乡”。“清苑西瓜”生产地域范围为保定市清苑区，以南王庄为中心，辐射带动周边7个乡镇76个村的西瓜特色产业种植。全区西瓜种植面积近15万亩，年产量60万吨，产值13.5亿元。

“清苑西瓜”最典型的特殊品质：一是瓜皮呈淡黄色，瓜纹如虎纹，栩栩如生；二是瓜瓤粉红偏橙色，瓤肉无白色肉带，沙粉感特强，含糖度13°以上，口感特别脆特别甜；三为瓜瓤带有菠萝清香味。其他特征：瓜体适中，单瓜质量3.6～7.8公斤；蒂部向里凹，瓜型规整美观，以椭圆形居多，果形指数1.00～1.47；瓜皮薄，最厚不超过0.08厘米；瓤色鲜红，几乎无籽；含糖量在13°以上，可溶性固形物含量梯度小，糖分分布均匀。每100克“清苑西瓜”含蛋白质1.9～2.2克，含总糖13.0克以上，总糖中葡萄糖含量为3.57～3.84克，蔗糖含量为1.77～2.18克。

【“三品一标”种植基地】 2021年，东闾镇西瓜获评全国种植业“三品一标”基地，基地规模3万亩。近年来，基地坚持品种培优、品质提升、品牌打造和标准化生产，构建起“1+N”品牌农业体系，打造“清苑西瓜”区域公用品牌。基地实行生产“六统一”（统一品种、统一管理、统一标准、统一检测、统一标识、统一销售），推动标准化生产、产业化经营，优良品种覆盖率100%。基地西瓜注册“亿润”牌商标，推广节水、节肥、节药绿色先进生产技术模式，产品质量稳定，带动辐射带动周边7个乡镇、76个村的西瓜特色产业种植。

【清苑区水润佳禾全国信息化示范基地】 清苑区水润佳禾现代农业园区被农业农村部评为2021年度全国农业农村信息化示范基地。基地企业河北水润佳禾现代农业科技股份有限公司主要从事现代农业物联网系统的研发和制造、承接“现代农业建设+运营”一体化运营，拥有精准智能水肥一体化系统的核心技术研发和设备制造、工程施工等业务。企业拥有300亩农业技术研发示范推广园区。

园区建设各种类型的温室设施，有荷兰Venlo型玻璃温室2500平方米，屋面半开启型、双型薄膜连栋温室2栋、双弦装配式骨架阴阳日光温室10栋，大跨度薄膜温室2栋，园区智能管控中心1座。温室内配备各种无土栽培种植系统，主要包括空中草莓种植系统、悬挂式番茄工厂、高架草莓栽培系统、移动盆式栽培系统、鱼菜共生系统、槽式无土西瓜栽培系统等。园区所有种植管理高度智能化，水肥管控、数据采集、温室控制均采用智慧物联网系统集中管控，种植全过程实现智能化、精准化、可控化。

企业拥有国家专利15项，参与编制完成河北省地方标准2项，获批河北省重点研发计划项目1项，获得“河北省农业科技小巨人”“河北省科技型中小企业”等省市级荣誉，被列入农业部农业培训基地、水利部节水压采观测实验站、河北省农业创新驿站、太行山创新驿站、河北省农业产业化重点龙头企业、市级精品园区、河北省巾帼示范基地、河北农业大学园艺院实习实践就业基地等。

（撰稿：王芳、赵香莲）

农产品质量安全管理

【概况】 对全区3家畜禽屠宰企业（2家生猪屠宰、1家肉鸡屠宰）、487家种植养殖企业、21家生鲜乳生产企业、13家饲料生产企业、582家农资经营门市，全部落实主体监管名录制度，建立“黑名单”制度、安全责任、屠宰企业建立肉品流向登记等制度，建立追溯点45个，指导企业开具农产品纸质合格证1500个、电子合格证1783个。采取集中培训、现场指导等方式，定期开展巡查，并逐户、逐企签订农产品质量安全责任状、农产品质量安全承诺书、告知书等，充分履行企业创建的主体责任。加强标准制定，将全区标准化覆盖率提高到72.385%。

【检验检测】 依据河北省农业农村厅、保定市农业农村局及清苑区农业农村局农产品质量安全监测计划的通知，切实加强农产品检测工作，全部完成省市要求的送检任务和速测任务。根据清苑区蔬菜水果生产特点，在蔬菜水果集中上市期间和节假日前后，从园区、基地、种植大户、合作社、家庭农场、市场等产地，多批次抽取蔬菜水果样品进行农药残留检测工作，主要有西瓜、草莓、麻山药、白菜、西红柿等品种，省市级园区抽样检测做到全覆盖。2021年共快速检测瓜菜样品465个，合格率100%。市级抽检蔬菜水果样品49个，省级抽检蔬菜水果样品36个，省市抽检样品合格率100%，保障了全区蔬菜生产的质量安全。

（撰稿：王芳、王翠彦）

【综合执法工作】 将兽医兽药（含动物卫生监督）、畜禽屠宰、饲料、种子（含种畜禽）、化肥、农药、农机等分散的内设机构的行政处罚及与行政处罚相关的行政检查、行政强制职能剥离，组建农业综合行政执法大队，划分6个中队。深入开展“利剑”和农资打假“春雷”等一系列行动，围绕禁用限用农兽药使用、非法添加、制假售假、私屠滥宰等突出问题，保持高压态势，严厉查处打击违法违规行为，查处率达100%。共出动执法人员560人次，查处违法案件34起，罚没款24万元。

（撰稿：王芳、高永兴）

农业机械化

【概况】 2021年年底，全区农机装备总动力580397千瓦，其中大型拖拉机1320台、136820千瓦，中小型4893台、120385千瓦，机耕、机播、还田等配套机具14556台（套），小麦收割机920台、72600千瓦，玉米收割机960台、86569千瓦，全区主要农作物机械化率达到99%。2020年，争取并完成农机补贴资金1503万元、农机深松资金180万元，农机补贴和农机深松工作多年来位于全市先进行列。

【农机购置补贴】 引进中央农机购置补贴资金1503万元，共补贴小麦联合收割机、大中型拖拉机、玉米播种机、旋耕机、秸秆还田机等共611台（套）。通过购置补贴工作的实施带动清苑区农民投资3800多万元，增加农机手收入1400多万元。清苑区农机购置补贴工作位居全市前列。

【农机深松】 清苑区的耕地多年浅耕造成了犁底层坚硬板结，通过中央和省级农机深松作业补贴，发展大型动力机械和配套深松作业机具的作用，实施深松作业，可以打破坚硬的犁底层，加深耕层，降低土壤容重，提高土壤通透性，提高土壤蓄水保墒农作物抗旱防涝能力，促进作物生长发育，实现作物稳产增产。作物增产普遍在10%左右；大大减少地表径流，形成地下“土壤水库”，增加土壤贮水量15%，减少较低次数

1～2次，有效节约水资源；可迅速提升清苑区农机装备水平，促进农机服务组织发展壮大，受到农民群众的普遍欢迎。引进深松作业补贴资金180万元，共完成深松作业8.7万亩，其中补助6万亩，示范带动2.7万亩。

【农机安全生产】 加强农机安全生产宣传，全年共发放宣传材料及书籍3600份、册，悬挂条幅280多幅，开展专场宣传5次，加大农机安全巡查力度，全年出动检查车辆120多次，出动检查人员400多次，纠正违规80余次，年内未发生重特大农机事故。全年共向197名驾驶员、操作人员考试发证，共检验拖拉机、收割机1200台，发放号牌434台（套）。

区委农办主任，农业农村局党组书记、局长

樊茂盛

（撰稿：王芳、王洪占、许川江）

工业和信息化

◎综　述

◎工业经济

◎科技工作

工业和信息化

综　述

保定市清苑区工业和信息化局（以下简称区工信局）主抓全区工业和信息化工作。设工信股、科技股、综合股3个股室，2021年正式成立盐政执法大队。2021年，区工信局认真学习贯彻中共十九届五中、六中全会精神和省、市、区党代会精神，以优化营商环境为主线，以加快聚集创新资源、激发创新活力、壮大创新主体为目标，着力推动创新创业平台建设，促进工业企业转型升级，全面推动工业经济高质量发展。

工业经济

【规模以上工业增加值持续增长】　2021年，面对新冠肺炎疫情的影响和工业运行中诸多困难的形势，区工信局采取强有力的工作举措，创新思路、强化服务，确保工业经济整体运行态势稳步增长。全区75家规模以上工业企业全年完成工业总产值115.7亿元，同比增长17.8%；全年完成规模以上工业增加值24.12亿元，同比增长8.6%，居全市第15位。全年工业投资累计完成10亿元，同比下降1.3%，居全市第12位；工业技改投资累计完成5.3亿元，同比增长68.1%，居全市第5位。

【扎实推进工业技改工作】　按照河北省工信厅《关于做好2021年省工业企业重点技术改造项目申报工作的通知》要求，产业结构调整加速推进。积极组织冀中生物、立元铜件、长发铝业、核力同方、河北新立中等11家重点企业申报省、市级“千项技改”技改项目，其中成聚模具、宇雕起重获得市级技改奖励资金127.1万元，冀中生物、中士包装申报省级技改项目通过市级审核。进一步推动工业企业上档升级，加快企业新旧动能转换。

【培育“专精特新”中小企业】　按照《关于做好省级“专精特新”中小企业培育工作的通知》要求，金桥纺机、恒辉电气、安保能等5家重点工业企业获得省级“专精特新”中小企业称号，四通新材获得省级绿色工厂称号，入选工信部第三批专精特新“小巨人”企业。

【推动企业研发机构建设】　组织五星电气、莱盛打印、英特盛鬃刷等5家工业企业，创建市级以上的企业研发中心，组织东利机械和奥琦圣创建省级（A级）企业研发中心，组织古城香业积极开展工业科技成果转化，切实增强了企业的自主研发和自主创新能力。

【推进工业企业向绿色、数字化发展】 推动企业向“互联网+”发展。全年完成5家企业数字化改造，即保定立元铜件制造有限公司、保定成聚模具冲压有限公司、保定华岳汽车零配件制造有限公司、保定市金桥纺机配件制造有限公司目前已完成企业上云ERP等数字化改造工作。组织英特盛鬃刷申报省级绿色产品设计、省级质量奖，立中四通申报国家级绿色工厂。古城香业和立元铜件申报省级单项冠军企业，进一步促进企业发展。

【推进铸造产能核定和铸造产能置换】 按照省《关于严格铸造产能管理的通知》要求，在核定铸造产能的基础上，持续开展40余家企业铸造产能可置换工作，21家企业申报可置换铸造产能，通过市工信局审核，推动了全区铸造行业向高端、智能、绿色方向转型发展。

【稳步推进“四个一批”】 按照《保定市推进工业企业“四个一批”工作方案》的要求，有序推进“四个一批”工作（淘汰关停一批、搬迁入园一批、就地改造提升一批、做优做强一批），2021年对列入“四个一批”的企业完成评估分类，为下一步工作打好基础。

【指导企业做好疫情防控，保障企业正常生产】 充分发挥企业专班的协调联动机制作用，全力解决企业难点、堵点、痛点问题。持续深入企业走访服务，通过多种途径，积极宣传疫情防控知识，下发《工业企业疫情防控工作指南》和《企业员工冬春季疫情防控须知》，积极指导企业科学防控。指导工业企业落实好科学防控各项措施，规范企业积极开展消毒、测温扫码、规范佩戴口罩等员工个人防护等相关工作，为企业做好疫情防控和生产经营提供坚强保障。

【新增规模以上工业企业培育】 年内，全区共有规模以上工业企业75家，按照市规模以上工业企业“倍增计划”，清苑区任务目标是2021年度规模以上工业企业达到87家。区工信局结合区统计局、区税务局对全区1—11月营业收入超过2000万元以上的多家中小微企业调研走访，建立“小升规”重点企业培育库。2021年全区新增18家规模以上工业企业，规模以上工业企业达92家。

10月，区工信局组织“专精特新”和上市业务培训

科技工作

【开展“三创四建”活动】 区工信局负责“三创四建”活动组织协调工作。一是成立“三重四创五优化”活动办公室，明确专人负责，全力做好组织协调、情况收集、信息报送等相关工作。二是制定《关于推进创新驱动发展的实施方案》和《科技创新重点工作目标任务分解方案》，对工作重点进一步细化，明确时间节点、完成进度及预期目标。三是积极贯彻落实《河北省县域科技创新跃升计划》，起草下发《保定市清苑区县域科技创新跃升三年攻坚行动方案》和《关于成立县域科技创新工作专班的通知》，对清苑区科

技跃升工作任务进一步进行分解，明确完成时限，确保各项任务目标落地、落细、落实。制定《清苑区县域科技创新跃升计划奖励资金管理办法》和《清苑区科技创新跃升奖励资金安排方案》，确保科技创新跃升奖励资金规范使用。制定《关于加快实施科技强区行动的实施意见》，以高质量科技供给推动高质量发展，力促清苑科技创新能力显著提升。

【高新技术企业培育工程】　建立高新技术企业后备培育库，在科技型中小企业中，将符合国家重点支持的高新技术领域的企业纳入培育范围，并应企业要求，优先向其推荐业绩突出、企业认可度较高的科技服务机构，提高认定成功率。2021 年，完成高新技术企业认定 18 家，超额完成市下达的新增 7 家任务目标，全区高新技术企业达 71 家。

【科技型中小企业成长计划】　在市科技局指导和安排下，联合科技服务机构，深入乡镇、企业，手把手帮助企业进行认定资料的整理和填写，提高科技型中小企业的数量、质量和认定进度。2021 年，完成科技型中小企业认定净增 136 家，超额完成市下达的新增 60 家任务目标，全区科技型中小企业达 658 家。

【创新平台建设】　加强创新平台建设和服务力度，组织企业申报各类创新平台，提升企业自主创新能力，激发、调动科技人员创新创业激情。协调市级平台建设主管部门，全力解决企业在申报各类创新平台过程中遇到的各类问题，为企业提质增效服好务。通过专家评审，新增 2 家省级技术创新中心：东利机械、冀中生物，1 家市级技术创新中心：雨农水务。

【创新园区、基地建设】　按照《农业科技园区管理办法》中规定的条件，积极推荐南王庄李素环瓜果蔬菜专业合作社和保定万泰兴农业科技有限公司申报市级农业科技园区。经市级专家评审，南王庄李素环瓜果蔬菜专业合作社被认定为清苑区南王庄农业科技园区。

【创新创业服务机构建设】　突出企业主体，整合科技资源，着力搭建科技合作、科技成果转移转化服务平台，支撑科技创新高质量发展。同时积极协调市级主管部门，全力解决企业在申报过程中遇到的各类问题，为企业提质增效服好务。全年新增省级“星创天地”1 家：清苑区滕硕植保星创天地（保定滕硕农业科技有限公司），新增市级科技孵化器 1 家：河北香绎创新创业中心（河北香绎孵化器管理服务有限公司）。

【科技特派员活动】　精准选派科技特派员，主动对接省内外高校院所专家，争取加入县域科技特派员队伍中，提升科技特派员层次和质量，壮大科技特派员队伍。在选派过程中，尽量选派专业对口优秀科技特派员。乡镇科技特派员主要选派在乡镇从事经济相关工作的在编在岗公务员和事业编制人员，并且了解当地产业创新和企业发展等情况。农业科技特派员主要选派懂技术、善经营、会管理的农业科技人才，涵盖动物检疫、园林果树、农业水利工程、设施农业、植物保护等领域。企业科技特派员主要是熟悉企业生产领域相关的大专院校的专家，提升基层科技创新管理和服务能力。2021 年，选派 17 名区级乡镇科技特派员、42 名农业科技特派员、5 名企业科技特派员，设立科技特派员工作站，为特派员提供工作保障。由乡镇政府建设，为科技特派员深入基层开展服务提供保障，保障科技特派员深入基层一线开展精准服务。2021 年，在东闾镇、望亭镇、北店乡、张登镇 4 个乡镇设立工作站，每个工作站争取省级建站资金 5 万元，共 20 万元。

【科普宣传活动】　一是政策宣传。主动宣传，组建工作群，通过工作群将上级政策第一时间通知到相关企业，让企业及时了解上级支持企业发

展的政策，提升企业优惠政策的知晓度和普惠度，营造良好的创新生态和政策环境。上门宣讲，深入企业开展政策宣讲，加强对高新技术企业、科技型中小企业等各类创新主体的科技政策指导，提升科技创新政策宣传的覆盖率，推动科技政策落实落地落细，激发、调动全区企业的创新创业激情。集中解读，开展科技政策专题培训，组织相关工业企业的科技和财务主管，进行科技项目资金申报、平台建设、科技创新奖补、研发费用加计扣除、研发投入归集与统计等政策的宣传培训，激发企业科技创新的主观能动性，提高企业科技创新政策的运用能力。二是组织科普大集活动。以“弘扬科学、传播文明、服务群众”为宗旨，以“百年回望：中国共产党领导科技发展”为主题，5 月 20 日，结合区科协、区司法局，在东闾村开展科普大集活动，通过悬挂条幅、摆放展板、发放科学资料等方式，现场向村民宣传科学知识，旨在使广大群众自觉加入弘扬科技的队伍中来，引导企业进一步坚定“沿着党的指引永攀科技高峰”的信心和决心，让“科技自立自强”成为全民自觉行动。5 月 26 日，组织农业科技园区、区科协、区司法局、区应急局、区市场监督管理局、区水利局、区住建局、区卫健局等单位，在清苑公园开展“科技活动周”活动，积极向过往群众展示科技产品，宣传农业实用技术、医疗卫生、疫苗接种等科学知识，并在现场认真解答群众关心的问题，努力营造尊重科学、尊重人才的良好氛围。三是组织科普进校园活动。5 月 22 日，在青少年活动中心开展科技周“科普航模 科技强国”活动，课上观看科技视频，认识科学家，激发孩子学科学、爱科学、动手实践的热情。5 月 25 日，通过钉钉直播形式开展航模教师培训。四是组织专题授课活动。围绕帮扶区域特色农业产业发展，坚持扶贫与扶智相结合，组织御丰源、洪泽食品、水润佳禾、好梦林水 4 家农业科技园区在水润佳禾农业科技园区，聘请专家开展设施小型西瓜无土栽培综合管理技术培训。通过科技宣传的深入推进、生产技能的提高以及实用技能的拓展，增强广大群众依靠科技致富的能力。

【上级支持与奖励】 2020 年，清苑区在全省科技创新能力监测评价中，由 C 类县升为 B 类县，获得省科技厅科技创新跃升奖励资金 200 万元；河北新立中集团有限公司产业技术创新联盟争取省级资金 50 万元；保定市创途创业科技孵化中心争取市级资金 20 万元；清苑南王庄农业科技园区争取市级资金 20 万元；河北省植物熏香产业技术研究院争取市级资金 20 万元；保定市打印机通用设备技术创新中心争取市级资金 10 万元；保定市智能提升装备技术创新中心争取市级资金 10 万元；保定市功能中间合金材料分析技术重点实验室争取市级资金 10 万元；河北雨农水务科技有限公司申报智慧农业科技创新人才队伍建设项目争取市级资金 10 万元。在第十届中国创新创业大赛（河北赛区）暨第九届河北省创新创业大赛中，河北水润佳禾现代农业科技股份有限公司获得成长组二等奖。

局长 王占龙

（撰稿：王炜）

商贸服务业

◎商　务

◎供销合作社

◎烟草专卖

◎荣清国控集团有限公司

商贸服务业

商　务

【概况】　区商务局内设办公室（对外经济股）、商业物资流通股（市场秩序股）。2021年，区商务局全体干部职工团结协作，真抓实干，开拓创新，促进了全区商务业务的发展和商业系统的稳定。

【招商引资】　积极进行招商引资项目洽谈，筛选储备项目，为全区经济发展提供后劲。截至12月，会同开发区、区发改局共梳理完成入库项目66个，圆满完成了市政府确定的50个入库项目的任务目标。

【引进外资】　2021年，市下达全区实际利用外资任务5600万美元，1—12月全区实际利用外资完成957万美元。

【社会消费品零售总额】　2021年，市核定全区限额以上社会消费品零售额增速为10%。2021年1—12月，全区完成限额以上社会消费品零售额20.67亿元，同比增长12.4%。

【外贸进出口总值】　2021年，全区外贸进出口市核任务目标为13.7633亿元。1—12月进出口累计完成18.52亿元，同比增速53.05%，完成额占全市的4.79%。积极扶植外贸企业发展。深入开展“走千企、访万户、解难题、促发展”活动，严格落实国家的“六稳”“六保”的各项政策措施，帮助外贸企业克服疫情影响，积极拓展国际市场。年内，为河北立中四通、中节能环保能源有限公司等5家企业申请落实外经贸发展资金89.69万元。

【商务执法工作】　2021年，全区有成品油零售经营企业85家，其中加油站58家，农村加油网点27家。区商务局按照成品油市场秩序整治常态化的工作要求，始终保持对黑加油站（点）、流动售油车打击的高压态势。2021年，共发现查处取缔黑加油站（点）2个，查扣加油车1辆，扣压油品9.09吨，相关当事人由公安机关依法行政拘留，做到动态清零。同时，结合区商务局工作职能，认真落实大气污染综合治理有关要求，督促县城建城区内加油站调整卸油作业时间，在确保安全的前提下，每年5—9月高温期间，除保障民生供应的油品装卸作业外，各加油站卸油操作时间调整到晚8时至次日6时，努力减少卸油过程中挥发性有机物污染排放。深入贯彻落实“党政同责、一岗双责、齐抓共管、失职追责”及“管行业必须管安全、管业务必须管安全、管生产经营必须管安全”的总要求，结合商务工作实际，认真开展商贸企业安全生产隐患排查治理，年内未发生任何安全生产事故。

【市场监测工作】 充分发挥市场供应监测的主体作用，及时掌握市场生活必需品、日用品的储备、供应及动态价格，严格监控，及时反馈，按时上报监测数据的同时，认真做好市场供应分析，为上级决策提供依据，确保了市场供应的稳定。

【巩固拓展脱贫攻坚成果同乡村振兴有效衔接工作】 一是继续推进消费帮扶专区建设，促进“三专一平台”建设运营。组织保定建国商贸有限公司、河北巨达商贸有限公司、誉隆商厦等商贸流通企业，设立消费帮扶专区推介、展示、销售特色扶贫产品，2021 年消费帮扶专区销售额累计达 277 万元。二是加强结对帮扶。按照“脱贫不脱政策”要求，继续对领导干部包联的已脱贫户加强帮扶，巩固脱贫成果，防止脱贫后返贫。

【稳定工作】 加强对下属公司遗留问题的处置，积极帮助企业职工解决退休、养老等问题。妥善解决原物资总公司遗留多年的 6 名干部职工去世后抚恤金问题。

【夜间经济工作】 根据市政府办公室印发的《关于促进夜间经济发展实施方案》要求，结合全区实际，研究印发《保定市清苑区促进夜间经济发展实施方案》，确定围绕“‘两商（誉隆商厦、巨达商场），三园（清苑公园、正迪欢乐世界游乐园、好梦林水观光园），三街（友谊路小吃一条街、正迪欢乐世界风情一条街、振兴路餐饮一条街）’”，着力打造以夜景、夜游、夜健、夜购、夜食、夜娱为主题的夜经济集聚区。通过多方努力，全区夜间经济集聚区已初具规模，各类商业业态经营形式丰富多彩，尤其是好梦林水基础设施日趋完备，景色优美，吸引周边众多群众来休闲娱乐，极大地丰富了居民夜间生活，促进了全区夜间经济发展。

【疫情防控工作】 一是结合疫情防控形势及工作实际，重新修订商务部门工作方案，进一步加强组织领导，充实人员力量，明确工作责任。二是加强商场、超市、汽车 4S 店等商贸流通企业疫情防控督导指导，局主要领导和主管领导深入一线，面对面指导企业做好疫情防控工作，并通过微信群及时将当前疫情防控有关信息和要求传达给企业负责人，增强疫情防控的自觉性，确保各项措施落实到位。2021 年，按要求组织指导巨达、誉隆、建国、兰天等 4 个大型商场完成 21 轮全体员工核酸检测。三是切实做好生活必需品供应。引导组织大型超市备足货源，做到存货在店、存货在架，随时掌握各大超市生活必需品供应情况，如遇集中抢购脱销断档等异常情况，第一时间组织企业补充货源保障供应，避免引起居民心理恐慌和不良炒作。四是认真做好分包小区的疫情防控工作。严格落实双人双岗及各项防控要求，及时排查疫区返回人员，督促小区居民进行疫苗接种，做好小区环境整治，确保分包小区不出问题。

党组书记、局长 武全乐

（撰稿：刘丽）

供销合作社

【概况】 2021 年，清苑区供销合作社有 18 个基层社、13 个分社，直属企业 8 家，分别是棉麻公司、清华旅社、盐业公司、金桥农资配送中心、烟花爆竹公司、日杂公司、工业品公司、贸易公司（除盐业公司、金桥配送中心经营外，其他公司没有正常经营）。供销社机关设办公室、

基层科、财务科、人事科。2021 年，区供销社深入贯彻落实习近平总书记关于供销社工作的重要指示精神和中央省、市、区的安排部署，紧紧围绕“继续深化供销社综合改革”这一主线，紧扣“改造自我，服务‘三农’”改革主题，完善体制机制，拓展服务领域，扎实推进各项工作稳中求进，不断开创供销合作事业新局面。

【系统业务工作】 搭建为农服务综合平台。为深入贯彻中共十九大精神，全面提升公共服务能力，有效推动农业供给侧改革，建立健全数字农业、数字供销服务平台。12 月初，供销社与区政府签订《保定市清苑区为农服务综合平台项目合作协议》，力争成为清苑区委、区政府新时代“三农”工作的总抓手，助力乡村振兴战略的有力实施。

加强资产管理。为加强社有资产监督管理工作，供销社对系统内社有资产及基层社资产进行登记摸底，并将《河北省供销合作总社〈关于转发中华全国供销合作总社关于印发供销合作社社有资产监督管理办法〉的通知》发放到各公司、基层社，合理有效地保持了资产的保值增值，同时优化了资产配置。

完善农村产权交易服务体系。继续完善农村产权交易服务体系，利用乡镇、行政村服务站（点），建立体系完整、管理规范、服务高效、上下贯通的农村产权流转交易服务体系。积极引导农户进场交易，落实村集体资产和村集体建设项目招标等农村产权“应进必进”，确保场外无交易。年内交易中心完成 6 笔交易，金额达 313 万余元，大力推进了区农村产权交易市场发展。

土地托管服务。在区政府的大力支持下，按照“改造自我、服务农民”的要求，区供销社积极推广“供销社 + 农民专业社 + 村两委 + 农户”的土地托管模式，将碎片化农地集中起来，开展联耕联种，推动服务手段，开展保姆式土地托管，年内与农户签订土地托管协议达 3.5 万多亩，且合作顺利。

巩固购销网络，构建服务平台。1. 农资供应网络体系建设。区供销社以金桥配送中心和贸易公司为龙头，运用现代管理及信息手段，构建上联厂家确保货源，中联系统或网络，下联农户占市场的农资供应网络，通过发展农资商品直营连锁店，对原有的农资经营网络进行打造整合。已发展连锁配送网店 260 家，2021 年销化肥 3 万吨以上，市场占有率达 70%。在全区形成一个以经济利益为纽带、上下贯通、物流畅通、科学管理、规范经营的农资连锁经营网络，达到党委政府、农民群众、供销社三满意的效果。2. 本着让政府放心、让农民受益的原则，充分利用供销社贴近“三农”、服务“三农”的优势，积极发挥供销社农资供应的主渠道、主力军作用，努力做好物资的储备供应工作。一是切实抓好农资供应工作，确保农资数量供应充足，价格稳定，服务到位。二是发挥全区 22 所庄稼医院和 20 家专业合作社的作用，加强科技服务，指导农民科学用肥，合理用药，通过技物结合，使农民增收。疫情以来，积极利用网络优势推行“不见面”技术服务。3. 依托电子商务构建农村产品购销网络。供销社以农民专业合作社为纽带，加大供销社科盛电子商务有限公司与省“八方联采”、农交汇等大型平台对接，实行网上网下购销，发布购销信息。大力组织特色农副产品加工销售，年内销售各类瓜果、蔬菜、粉条等 3 万余吨，产品畅销京津等地区，提高了农民收入。

深化供销改革。1. 按照“五个一批”（改造一批、新建一批、提升一批、巩固一批、做强一批）的要求，扎扎实实搞好基层社分类建设与改造，全面夯实基层基础，探索组建村级供销合作社，年内提升做强基层社 7 家，组建村级供销社 1 家。2. 打造集金融、医药、美容美发、日杂品、农资供应于一体的社区综合服务中心，重点打造李各庄供销社社区中心，增强供销社的服务功能，推进城乡公共服务的均等化，逐渐使之成为农村流通的主渠道。3. 借助省财政扶持村级集体经济发展项目，采用供销社职工自主经营，开放办社等方式，建设供销社超市。

保障食盐供应。按照上级食盐体制改革精神，供销社一方面成立加快盐业改革领导小组，制定盐业改革方案，积极协调区政府与相关部门完成盐业改革任务；另一方面本着稳步推进、保障供应的总方针，以原有的2000多个食盐销售点为基础，加大食盐配送力度，保障百姓能够吃上安全、放心食盐。同时，按照上级文件要求，区供销社积极筹建县级食盐储备工作。

做好鞭炮清零后稳定工作。烟花爆竹库存商品按要求完成清零工作后，5月初，联系有资质的第三方机构将执法部门收缴的及各乡镇上缴的4000余件鞭炮全部集中销毁。

【人事、信访工作】 扎实做好人事日常工作。一是努力做好干部管理和人事调配工作；二是协调人社部门为33名到龄人员办理退休手续，为9名职工发放丧葬费和遗属补助；三是建立退役军人包联制度，明确包联干部、工作人员，通过加强与包联对象联系，切实做好政策宣传、服务保障等各项工作；四是积极协调相关部门，为系统内退役军人争取福利待遇，并组织退役军人申领补充医药报销蓝卡。

积极协调政府相关部门按三定方案进行事业单位改革；按照“一社一策”原则，对各基层社人员按照为农服务意识强、业务能力水平高、有强烈的事业心和政治责任感的标准进行调整。东吕、中冉、臧村三个基层社已完成人员调整，其他基层社正在逐步配齐领导班子队伍。

继续做好信访工作，建立健全信访工作责任制，落实信访工作一把手负总责，分管领导具体抓，一级抓一级，层层抓落实的信访领导责任制。年内共接待各类来访人员30余人次，处理各类案件6起，解答各类问题100余条，及时化解了矛盾。

【疫情防控工作】 一是严格按照区委、区政府要求做好新冠肺炎疫情防控常态化工作。抽调43人在岗值守，实行24小时值班值守制度，对小区出入人员和车辆严格落实登记、扫码、测温等把控工作。二是通过打电话、建立小区微信群等方式向小区居民推送消息，利用上门发放明白纸，张贴防疫宣传资料等方式，巩固宣传宣传成果，提高居民的防控意识，营造良好的疫情防控氛围。三是积极组织、动员在职、退休职工及家属按时接种新冠疫苗，做到逐一摸排，不漏一人，同时帮助行动不便的老人进行疫苗接种，为建立全民免疫屏障做出了较大的贡献。

党组书记、主任 刘宏建

（撰稿：段静）

烟草专卖

【概况】 保定市清苑区烟草专卖局、河北省烟草公司保定市公司清苑分公司［以下简称清苑区烟草专卖局（分公司）］，集烟草专卖行政执法与卷烟经营职能于一体，属政企合一单位，受上一级烟草专卖行政主管部门和本级人民政府的双重领导。内设机构调整为办公室、党建工作科、营销服务科和专卖监督管理科4个科室。2021年，清苑区烟草专卖局（分公司）紧紧围绕全年目标任务，迎难而上、积极作为，各项工作取得扎实成效。

【卷烟经营】 经济运行情况。2021年，累计销售卷烟18457.85箱，单箱销售收入27376.69元，同比增长1712.88元；累计销售省产卷烟5763.84箱，省产卷烟单箱销售收入19371.87元，同比增长2759.31元。

零售终端建设情况。一是扎实开展“我与客户共成长”主题营销活动。成立党员志愿服务队，建立6个党员联系点，对全区困难零售户进行结对帮扶。开展“我与客户共成长”“我的客户我辅导”“我的终端我维护”等主题实践活动，对零售户进行全面辅导，对现代终端建设、终端系统应用、诚信互助小组运行、零售客户基础信息四项工作进行评估、反馈、核实。

加强农网建设，助力乡村振兴。成立农网终端建设提升小组，采取“线上 + 线下”调研方式，开展农网市场摸底排查，了解市场真实情况。依据终端建设标准，选择店面形象好、经营能力强、配合程度高的客户，加强服务和引导，强化终端形象维护意识，引导农网客户自觉做好明码标价和店面形象提升工作，不断提升客户经营能力和赢利水平。共有零售户 1993 户，已全部纳入 179 个诚信互助小组。

【专卖管理】　日常监管。一是采取灵活多变的检查方式，对零售户进行差异化分类管理，推进零售市场网格化监管，有效打击零售户的违法违规行为，净化辖区卷烟市场，切实做到市场监管上水平。二是开展保护未成年人“守护成长”专项行动，严格查处向未成年人售烟违法行为，切实履行烟草部门监管职责，保护未成年人免受卷烟侵害，为未成年人健康成长营造良好的社会氛围。三是开展“严厉打击物流寄递涉烟违法活动”“金叶使命 2021”“专项治理烟叶烟丝”等专项行动，集中力量打击各类涉烟违法行为，维护辖区市场的良好秩序。

打假打私。一是开展烟叶烟丝非法加工、销售、储存窝点调查摸底工作，深入摸排烟丝非法加工、非法销售储存窝点的具体情况，并分类登记造册，进而确定重点监控和打击的对象，为集中行动取得实效提供保障。二是加强宣传，提高零售户和消费者的法治意识。利用“3·15”“12·4”等宣传节点进行普法宣传，充分调动群众参与意识，加强社会监督。三是内外联动，狠抓打假破网工作。抽调精干力量组成突击队，展开全方位排查清理，遏制烟丝烟叶非法外流势头；积极争取地方党委政府支持，推动烟草打假纳入多部门联合监管，凝聚内外合力，巩固共管格局，扩大执法合力。

2021 年，共查获各类涉烟案件 43 起，其中 5 万元以上案件 7 起。查获涉案卷烟 2458 条，涉案烟叶烟丝 64758 公斤、烟梗 2920 公斤、烟片 2970 公斤，案值总额达 235.49 万元。

党组书记、局长、经理　高义勇

（撰稿：段晔）

荣清国控集团有限公司

【概况】　荣清国控集团有限公司成立于 2015 年 12 月 31 日。公司业务涵盖美丽乡村、市政基础设施、旅游开发、商贸、供水、公交、环卫、软件开发等领域。2017 年 2 月 3 日，荣清国控集团以全资、控股子公司为成员设立保定市荣清国控集团有限公司，下设 9 个子公司，分别为保定市荣投水务有限公司、保定荣畅公共交通有限公司、保定市荣之锦园林绿化有限公司、保定市清建城市建设投资有限公司、保定市清欣美丽乡村建设有限公司、清泰（保定）创新产业发展有限公司、保定市荣之旅文化旅游管理有限公司、保定市荣汇文化旅游管理有限公司、保定市荣尚环境科技有限公司。涵盖美丽乡村、市政基础设施、旅游开发、商贸、供水、公交、环卫等领域。荣清国控集团有限公司下设 5 个职能部门，包括风控合规部、战略投融部、财务管理部、人力资源部和综合办公室。

【冉庄文旅特色小镇建设】　红色记忆·冉庄文旅特色小镇总占地面积约 5000 亩，规划总建筑面积 295000 平方米，计划总投资约 22 亿元，包含商业服务、红色文旅、军事主题体验、红色田园度假等板块。项目建成后，预计年接待游客数量 500 万人次。2021 年，完成冉庄道路及外立面改造项目、窑坑范围综合体验区域建设、田园综合体一期项目，致力于打造一个“不变色、不变味、不变调，有情调、有特色、有味道”的冉庄文旅特色小镇。

【好梦林水景区建设】 好梦林水景区于2021年11月20日被授予保定市首批“儿童友好试点单位”称号。自承接以来，根据景区规划和营业计划，公司快速推进，相继建成国标足球场、好梦书房、好梦工坊、好梦乐园、室内真冰场、卡丁车、射箭馆、儿童马场、好梦中餐厅、火车餐厅、帐篷烧烤、观影停车场等项目，完成招商投入运营。同时为提升景区景观、亮化、游览体验，完成湖光花海区、十亩方塘、智慧跑道等项目建设。

【荣投水务公司】 作为2020年民生实事项目之一，投资3000万元建设11公里城区供水管网扩建项目已全部完工。此项目结余资金和区财政整合冉庄至大李各庄林场项目债券存量资金已用于实施二期项目，项目规划将城区剩余老旧小区约6000块水表更换为物联网智能远传水表，完善智慧水务系统，南水北调管网互联工程，运行泵房及水厂基础设施等，项目已基本施工完成。新业务形式——桶装水项目充分发挥自身产业优势，建成并投产的桶装水及瓶装水于2021年1月1日投放市场，至2021年11月底，累计生产桶装水7.6万桶、小瓶水22.64万瓶，通过微信小程序下单客户7800余户；新业务形式——物业家政项目已承接“新苑枫华天诚”小区和“阳光新城一期、二期”小区的物业管理服务。截至2021年11月底，累计服务客户420户，服务内容包括家电及地暖项目423项、日常保洁89项、甲醛治理18项。日常保洁面积达到6597平方米。

【城市电动公交】 清苑区城市电动公交项目总投资预计5000万元，城区内开通运营线路6条，线路总长度64.7公里，日投入运营车辆50辆，日均发车500趟次，日均运营里程5000公里，设置公交站点99个，建设公交站亭57个，自2018年12月运营以来共行驶410万余公里，实现清苑城区的全覆盖，安全运营零事故。同时公司开发了智慧公交系统及微信小程序，并且根据客流量及路况信息，合理科学地安排车辆运营，努力实现绿色环保与智慧公交的完美融合。

2020年11月5日，中标“保定市清苑区公务用车服务平台汽车租赁单位入围项目”，将对外租赁车辆纳入河北省公务用车监督管理服务平台，对外租赁车辆共29辆，累计服务个人客户过千家，企、事业单位近百家，签约合作单位几十家，是目前清苑区配套设施最全、最具有规模的大型汽车租赁企业。为满足广大群众安全、经济、低碳、绿色的出行需求，积极响应国家新能源汽车产业发展规划，加速推进全区绿色新能源充电站体系建设。2020年12月，通过公开招标的形式荣畅公交承接了区政府后院代建充电站（一期）工程项目建设，项目总造价2119533.22元，共完成120千瓦国标通用直流双枪充电桩10台，已正式投入运营。该充电站是清苑区第一座面向社会车辆开发的新能源电动汽车充电站，最大程度为全区新能源电动汽车充电提供便利。

【清泰公司】 保定市清苑区高铁片区启动区项目完成立项及招标工作，项目合同已于2020年9月4日在区公共资源交易中心签订完成。已与邯郸银行接洽，由市国控作为担保方申请三年期流动资金贷款，取得邯郸银行授信。

常青文化墓园根据保定市清苑区人民政府《关于由保定市荣清国控集团有限公司代管常青文化墓园的决定》（〔2021〕62号）精神，清泰公司作为荣清国控集团有限公司控股子公司，根据荣清公司安排，具体负责常青文化墓园的代管工作。接到代管工作任务，清泰公司抽调精干力量组成代管工作小组，组织专题研讨会，详细地对了解的情况进行沟通，对日后代管工作方向形成初步意见，并对常青文化园各类资产进行逐项盘点。

【荣尚环境】 积极履行社会责任，通过增派垃圾收集车，加大垃圾清运频次，对负责区域内的垃圾桶、箱进行多次巡回清运，强化垃圾清运巡回检查考核力度，实行全天巡回检查、考核，及时发现问题，解决问题，确保垃圾随产随清。2021年，清苑城区垃圾转运项目共转运垃圾3.4万吨，迎接检查共273次；清苑区农村环卫市场化服务项目共转运垃圾约6.55万吨；组织巡查共186次。除日常工作外，还多次圆满完成上级交办的各类突击任务，在人员少、任务重、事务杂的情况下，所有人员团结一心，密切协同，坚持认真负责的服务理念圆满完成全年工作计划。

【保定郊野公园建设】 谋划建设保定郊野公园一期，借鉴雄安郊野公园经验，结合主城区路网设计统筹规划，努力把林场打造为高品质保定郊野公园，为建设现代化品质生活之城贡献清苑力量。

8月31日下午，区委书记闫向阳到大李各庄林场调研指导工作

【美丽乡村建设】 省级项目已完成工程结算审核，已拨付决大部分资金，仅剩余决算审计费，根据省国控公司统一安排再进行拨付，并将资产移交到当地政府。市级项目已按流程向承包商拨付50%的工程款，清苑区财政局已聘请第三方对该工程结算审计，审计完毕后，按合同约定向施工单位付款。

【220千伏电改】 荣清国控集团配合开发区，对220千伏原龙—孙Ⅰ、Ⅱ回线N2—N19区段输电线路进行迁改。2021年，根据区政府统一安排，与原施工单位解除合同，经与开发区、区财政局、区审批局等部门积极沟通，通过竞争性谈判方式确定剩余工程的施工单位，并签订合同。经多方密切配合，完成了新线路的所有建设工作，于5月28日新线路通电投入运行。

【誉隆商厦】 完成商厦供暖、电梯、电力、供水等设备的交接管理，启用备用电源。重启工作组，推进地下停车场等遗留问题。地下停车场维修改造施工已经完成。

党支部委员会书记、董事长 魏海军

（撰稿：王璇）

开发区 产业园

◎清苑开发区

◎保定市高铁东站智慧创新产业园党工委（管委会）

开发区 产业园

清苑开发区

【概况】 2021年，清苑开发区党工委、管委会秉承为企业服务的理念，扎实推进招商引资、项目建设、服务企业、党的建设等各项重点工作。项目建设取得重大进展。招商引资工作取得较好成绩。各项经济指标运行良好。党的建设实现较大突破，全市首批开发区党群服务中心高标准运转。园区平台公司实现良好运营。开发区四项改革取得实质性进展。承担的重点工作任务圆满完成。

2021年，清苑经济开发区获评2021年度全省经济开发区综合考核重点开发区类A等次第三名，资金奖励500万元；获评2021年度保定市省级开发区综合考核一类开发区A等次第三名，资金奖励50万元；2021年被市委、市政府评为开发区建设工作先进集体。

2021年，清苑经济开发区生产总值499130万元，工业总产值922200万元，营业务收入1830000万元，税收总额67195.22万元，实际利用外资859万美元，固定资产投资375329万元，基础设施投资40565万元。

【招商引资】 2021年，开发区全面发力抓招商，一是围绕产业规划精准招商。2021年，共组织招商活动109次，其中外出考察12次，累计招商对接项目91个，签约项目60个。项目重点集中在高端装备制造和新材料等产业，其中高端装备制造项目41个、新材料项目2个、节能环保及超低能耗建筑项目3个、新能源及能源装备项目3个、新一代信息技术项目3个、其他项目8个。完成项目备案40个，总投资110.93亿元。备案项目中，10亿元以上项目2个，5亿~10亿元的2个，1亿元以上项目21个，亿元以下项目15个。二是丰富招商引资渠道。大力推行委托招商模式，联合中南高科在北京建立联合招商中心，依托专业的第三方平台资源，全面掌握第一手信息资源，借力发力，提高招商效率。三是严格落实领导包联制度。举办项目预审会2次、项目评审会2次，明确领导干部专人包联，对拟入园项目进行指导，确保好项目、大项目一次过审。四是精准对接央企京企项目。积极筛选与清苑区主导产业一致的北京意向疏解企业、高校、科研院所。已与100余家企业、高校和科研院所取得联系，签约19家，合同引资40多亿元，与5家高校、2家科研院所进行技术合作。中钢研保定合金新材料产研基地项目3栋厂房钢结构主体已建成，2022年一季度即可投产，特乐意建筑材料集采平台正在推广，项目积极稳妥推进。

【项目建设】 2021年，开发区开足马力上项目。一是启动开工一批，完成神力索具、鼎固人防等项目评估，征地工作正在扫尾，组卷工作同步进行。二是加快建设一批，首衡农产品一期项目A1～A12、A14、A15号楼已完成主体验收，外墙正在施工，B1～B3主体正在施工，A16正在做基础处理；中南高科项目一期全部开工，其中15栋楼完成工程总量的95%；9栋楼主体验收完成，外墙抹灰完成3栋；5栋楼基础施工完成；3栋楼正在基础施工阶段。三是建成投产一批，冀昌电器两个车间已投产，办公楼和综合楼主体完工，正在装修；正迪欢乐世界文化创意园3号、4号、5号主体验收完工，正在装修；老年活动中心正在做主体，公寓楼、科创中心正在做基础。四是谋划储备一批，2021年开发区省、市重点项目共15个，其中省重点项目4个：首衡、中南高科、程成伟业、神力索具，市重点项目11个：古城、中尊、正迪、冀昌、中钢研、博远、神力索具、辰力、鼎固人防、绿建二期和平泰电器。开发区有项目27个（其中省重点3个，市重点12个），其中前期项目12个，在建项目15个（含续建项目12个，新开工项目3个）。

11月30日，保定市清苑区2021年第四批重点项目集中开工活动举行

【园区建设】 一是加快基础设施建设。开发区通过申请专项债券的形式修建兴郎路、迎宾街西延、新华街西延断头路，建设园区标准厂房。一期已申请专项债券5000万元修建兴郎路，招投标完成；二期拟申请2022年专项债券10500万元，待资金落实后启动具体工作。二是紧盯扩区调区工作。开发区扩区（调区）托管的资料已报省、市，审批后，将按照要求开展相关工作。三是力促高压线路迁改。220千伏龙—孙Ⅰ、Ⅱ回线路N2—N19区段改造工程新线路于2021年5月底建成并切改投入运营，旧线路于10月基本拆除完毕。110千伏高压线（邓阮线）已经完成可研、备案，3000万元债券资金已到位，和保定国网公司签订110千伏（邓阮线）高压线迁改工程货币补偿合同，工程本体款项已拨付到市国网公司，申请2022年一般债券910万元，谋划实施110千伏高压线（南赵线）改迁工作，确定规划路由，开展工程设计。四是大力发展总部经济。调整产业布局，新确定高端制造装备、新材料、商贸物流和都市农业为主导产业，围绕总部经济、智能制造等产业发展，谋划《清苑开发区招商引资优惠政策》，已征求各部门意见，并做出针对性修改，拟提交区政府常务会研究决议后实施。

【服务企业】 一是强力开展“清疙”行动。通过市场化运作、司法拍卖等方式对锋盛铸造、锋华物流、中汽零三家共356亩低效用地进行盘活；对华威汽配40亩土地进行市场化运作，规划为住宅用地，实现土地收益9000万元，并为其重新安排等量工业用地；为河北绿建投资股份有限公司、保定市汉金电力设备制造有限公司、德顺地毯厂区引进北京中科巨匠建筑科技有限公司、保定希尔亿朋轨道交通装备有限公司等5家优质企业，提高了68.48亩土地的产出效益。二是强化“亩均论英雄”理念。制定《开发区“亩均效益”评价机制和股权转让、土地转让审查机制》，以“亩产效益”为核心，以市场化配置为导向，以差别化措施为手段，完善激励倒逼机制，优化产业政策，促进优胜劣汰，不断增强经济创新力和竞争力。在2021年全市“亩均论

英雄”考核中，排全市第8名。三是全程领办帮办代办。明确专人包联负责，为企业提供全周期、全过程服务。明确专人承接审批下放职能，设立开发区政务服务大厅，完善审批机制。

【产业转型升级】 激发创新创业动力，依托产业链布局创新链，促进产学研深度融合，为实现转型升级奠定基础。2021年3月8日，经过多方联系和积极运作，中钢研先进金属材料涂镀国家工程实验室与保定奥琦圣新型金属材料制造有限公司合作共建的中国钢研先进金属材料涂镀国家工程室保定合金新材料产研基地项目签订协议，并于3月24日完成摘牌。项目建成后，可进一步增强清苑开发区科技水平和科研实力。

壮大支柱产业实力，培育战略性新兴产业增长引擎。积极支持以四通新材为龙头的战略性新兴产业示范基地建设，加强政策引导，提供精准金融帮扶等政策，助力战略性新兴产业做大做强。河北四通新型金属材料股份有限公司年产2.5万吨高效铝晶粒细化剂产业化项目已经验收。

扶持骨干企业。积极落实惠企政策，加强政策引导与支持，重点支持四通、东利等骨干企业突破技术限制。通过宣传鼓励和企业自身发展需要，保定市东利机械制造股份有限公司拟转板上市。该公司已聘请中介机构，推进企业在深交所创业板上市工作。东利机械在深交所创业板上市已辅导验收合格。

大力升级产业集群。组织企业加大研发投入，全力助推企业研发机构建设，同时配合相关部门组织企业申报省、市级“专精特新”中小企业，增强企业自主创新能力，推动工业企业上档升级。截至年底，以立元铜件、博远电气等极具成长性的先进制造业产业集群，以河北绿建、绿生环保为代表的绿色建材产业集群，以百威啤酒、味群食品为代表的食品加工业产业集群都得到进一步发展和提高。开发区有高新企业21家、科技型中小企业达45家、科技企业孵化器及众创空间3个、创新平台20余家，高新技术企业营业收入占比不断攀升。

【党建工作】 坚持推动党建工作上档升级。一是强化企业支部建设。2021年以来，新建非公企业党支部2个，新增市级党建“星火”示范点2个。开发区着力抓好24个非公企业支部建设，积极开展系列党员活动，分别赴狼牙山、西柏坡开展重温入党誓词活动，企业支部开展党日活动的特色做法在河北共产党员网刊发20余条。二是做好党员教育工作。指导企业开展党史学习教育，抓好动员部署、组织学习、深入推进等环节，让党史学习教育在企业中丰富开展；组织企业党员参加保定市第十二次党代会精神宣讲会，及时将上级的精神传达到企业，促进党建工作的顺利开展。三是做好党员发展工作，坚持高标准、高质量的发展方针，培养入党积极分子20余名，新发展党员15名。开发区党工委所辖企业党支部已从2015年的2个增加到23个，8个企业党支部被市委组织部评为市级党建示范点，开发区党群活动中心代表全市接受省委组织部的检查，并被充分肯定。

区委常委、开发区党工委书记、管委会主任

丁　磊（2021年6月）

（撰稿：吕丛丛）

保定市高铁东站智慧创新产业园党工委（管委会）

【概况】 保定市高铁东站智慧创新产业园党工委（管委会），原名为白洋淀科技城清苑园党工委（管委会），经清苑区委、区政府批准于2016年7月4日成立，2020年11月9日更为现名。机构地址为清苑区迎宾西街48号，内设综合办公室1个职能股。2021年，党工委、管委会按照区委总体安排和区政府具体要求，全面对接服务上级部门规划项目落地清苑，全力推动高铁东站智慧创新产业园启动区项目大堤口征迁安置工作，全员上岗抓好常态化疫情防控，全面履行从严治党主体责任，全方位配合区委、区政府中心工作。

【招商引资和项目建设】 做好国际医疗基地项目的对接服务。2021 年 5 月，市委、市政府规划国际医疗基地项目东区在高铁片区启动区站西组团范围内，管委会主动对接市有关部门，紧密配合国际医疗基地项目落地清苑。发挥组织协调职能推动大堤口拆迁改造，协助完成大堤口村征迁安置签约，完成前期征拆安置补偿投资 6.05 亿元，配合完成大堤口安置区重新选址，推动安置房建设相关手续办理。

【防疫工作】 扎实开展疫情防控工作，严格按照区委要求开展疫情防控，确保疫情防控不出问题，经济社会发展不停步。党工委、管委会全员参与疫情防控，经费优先保障疫情防控。认真落实区疫情防控有关精神和具体要求，扎实做好各单位新冠肺炎疫情防控工作。严格落实防控措施。扎实开展分包区医院宿舍小区疫情防控工作，全员参与进行住户摸底调查、疫情防控教育宣传、卡点值班值守等工作。严格落实重点风险地区人员返乡排查政策，确保不出问题。持续跟踪督促分包小区居民的疫苗接种情况，保障居民的生命健康。

【其他工作】 严格落实创城工作职责，营造文明城区浓厚工作氛围，为创城工作添砖加瓦。组织志愿者服务队伍清扫 30 余次，垃圾分类知识宣传 10 余次，走进社区和责任区，清扫街道垃圾，清理社区小广告与杂物，设计制作垃圾分类宣传材料，规范车辆停放，广泛宣传引导居民群众，营造干净整洁的城区卫生环境。

党工委书记 刘永发

党工委副书记、管委会主任 刘立会

（撰稿：刘鹏）

基础设施建设

◎交通运输

◎供　电

◎电　信

◎移　动

◎联　通

◎邮　政

交通运输

【概况】 保定市交通运输局清苑区分局（以下简称交通运输分局）负责全区范围内公路、航道、港口、码头和公路客货运站点等交通基础设施的建设、养护与管理，负责全区公路客货运输、水上运输、汽车维修、驾驶培训的行业管理，负责全区交通运输行业安全生产监督管理。设综合股、规划建设管理股、路政管理股3个职能股。辖清苑区交通运输管理站（挂牌清苑区地方海事处）、清苑区出租汽车和城市公交管理站2个股级事业单位。2021年，全局上下积极应对疫情，按照“三个圆满收官”总体要求，坚持疫情防控以及交通各项工作双抓双促进，取得了良好工作成效。

【公路建设】 市交通运输局下达区农村公路建设任务55.8公里。实际完成建设项目共56.657公里。

全区公路总里程1272.832公里，分别是：高速公路2条共58.205公里，其中，京港澳高速36.18公里、保沧高速22.025公里；国道2条共38.42公里，其中，保定至台山（原部分保衡、里野线）28.091公里，天津至神木（原保静线）10.329公里；省道4条共48.775公里，其中，温仁至北漳淮（原部分保衡）5.518公里，保定至沧州（原津保南线）8.839公里，里野线20.255公里，白洋淀大道14.163公里；县道2条共16.644公里，其中，何蠡线12.123公里、温安线4.521公里；乡道35条共381.551公里；村道729.237公里。通车里程、通达水平、通行质量逐年提高。

【公路养护】 制订《清苑区2021年县公路养护工作计划和清苑区2021年县乡村公路日常养护计划》，适时对管辖范围内农村公路进行环境整理。日常管养工作。对重点农村干线公路开展季节性养护以及日常清洁保养工作，根据区委、区政府统一部署以及大气污染防治要求，及时对朝阳路南延伸、和平大街开展精细化养护。累计清运垃圾3万多立方米，挖补路面坑槽10余处。养护工程。开展农村公路安防工程、农村路的集中养护作业。

【行业管理】 铁路沿线落实安全监管工作。积极发挥铁路沿线环境安全监管联席会议办公室牵头作用，根据市、区统一要求，协调有关乡镇及时开展铁路沿线安全隐患排查整治工作。2021年

推送整改安全隐患 176 处，基本完成整改工作。

大气污染防治及创城创卫工作。一是按照有关要求，落实大气污染防治各项管控措施，重点落实“四管控一治理”。二是积极落实“退后十”工作任务。对朝阳大街南延辅路、和平大街辅路以及县道洒水降尘、环境卫生综合治理，24 小时开展进入城区货车冲洗工作。三是圆满完成承担的卫生区、责任小区以及分管行业、责任点位的创建工作目标。四是在创城创卫以及大气污染防治工作中，落实和平路、朝阳路辅路道路环境综合整治。

【疫情防控】 疫情防控、复工复产取得阶段性胜利。1. 始终保持运输保障行业核酸检测疫苗接种不放松。按照核酸检测有关要求，克服交通运输行业以及从业人员分散，流动性大的现状，每周组织完成运输服务保障行业的核酸检测工作。在加强核酸检测的同时，把疫苗接种工作作为重要工作内容，通过宣传发动，入企摸排等多种方式，确保了运输行业从业人员疫苗接种应接必接。2. 始终保持疫情防控行业监管不放松。全面落实“外防输入、内防反弹”防控策略，聚焦“内防反弹”。一是严格执行最新版《客运场站和交通运输工具新冠肺炎疫情分区分级防控指南》有关要求，指导客运行业、货运行业、汽车修理行业、驾培学校以及快递物流行业落实各项疫情防控常态化举措。二是监督检查常抓不懈，确保管控措施落实到位。通过定期不定期深入运输企业、上路抽查抽检等方式，对交通运输行业疫情防控措施落实情况进行全面掌握，对发现的问题，坚持立行立改，紧盯整改。3. 始终保持坚守“三道防线”不放松。进一步完善《关于全面强化通道疫情防控检查检测工作的预案》，按照区政府指令，圆满完成京港澳清苑上道口、保北上道口展开 24 小时不间断防疫检查工作。

【交通运输管理】 农村客运班线共 17 条，客运车辆 142 台，主要由 3 家客运公司及个体运营；隶属保运集团管辖的班线 9 条，客运车 97 台。乡村覆盖率达 98% 以上，基本实现村村通客运，满足了群众的出行需求。全区拥有 168 辆出租车。群众乘车环境显著提高，客运车运营秩序进一步规范。

分党组书记、分局长 张宏图

（撰稿：王森）

供 电

【概况】 国网保定市清苑区供电公司系国家电网公司一流县级供电企业，内设 8 个职能部门、2 个业务实施机构，有 13 个供电所。全区境内共有 500 千伏变电站 1 座、220 千伏变电站 2 座、110 千伏变电站 6 座、35 千伏变电站 9 座、10 千伏开关站 1 座，供电能力 43.2 万千瓦。担负着 298 个行政村（全区 266 个行政村和保定市郊 32 个行政村）、31.07 万户、73 万人的供电任务，供电面积 867 平方公里。

【管理创新】 2021 年，主汛期全区降水量比往年同期偏多 114%，公司坚持“防大汛、抗大灾、保民生”的行业高标准，全力做好电力先行。面对电力行业经济发展的巨大压力，公司班子从管理创新着手，细化制定年中 63 项重点工作任务，114 个时间节点，领导督办重点工作事项 75 项，形成路径清晰、责任明确的任务书和作战图，一个问题一个问题跟进解决，一个方案一个方案有序推进，一个节点一个节点扎实落地，在党和人民最需要的时刻，彰显人民电业为人民的企业宗旨，圆满完成全年各项工作任务。

推动业绩指标实现新突破。供、售电量实现双增长。供电量 22.19 亿千瓦时，同比增长 13.94%；售电量 21.06 亿千瓦时，同比增长 14%；供电量、售电量指标均居市公司第六位；各级线损率持续优化。综合线损率 5.09%，同比降低 0.05%，电费回收率继续保持 100%。电网最大负荷持续攀升。2021 年清苑电网整体运行平稳，1 月 6 日 17:50 达到 45.6 万千瓦，两创历史新高，为历史最高水平，同比 2020 年最大负荷增长 8.4%。精准电网负荷预测，连续三年实现“无拉路、不限电”，电力保供取得阶段性成效。

推动经营管理新路径。打好配网双降、线损治理、提质增效“三大攻坚战”组合拳，紧盯落后指标，迎难而上，总结经验，打破默认的保守思想、按部就班的被动状态，努力争先创优。从查找问题到措施制定分解，逐级、逐项、逐条地地毯式攻坚，为公司发展提速开拓管理新路径。在“百县千所”指标体系中取得省公司一档第 19 名，供电所较起跑线名次上升 388 名。

推动品牌担当新形象。“四个突出”全力以赴护航建党百年保电的出色完成。组织开展 31 项应急预案演练，积极应对恶劣天气，全力以赴抗击“7·11”暴风雨、“7·21”东闾龙卷风、“11·7”寒潮暴雪 3 次大面积停电黄色应急响应，保障受灾的 42 条 10 千伏线路、近 10 万户居民生活用电迅速恢复。顺利完成元旦、春节、全国“两会”、中共十九届六中全会、高考、全国研究生考试等重要保电任务。特别值得一提的是，公司组建驰援河南抢修队，勇敢担当、迎难而上，出色完成了全部抢修、恢复送电工作。得到了省市公司、区委及区政府的高度肯定。

【安全生产】 2021 年，公司从“实”上强基础，筑牢安全坚实桩。一是压实安全责任。拧紧安全责任螺丝钉，完成公司 62 个组织、215 个岗位共 1635 条安全责任清单的修订、审核、发布，签订安全生产责任书 23 份、安全承诺书 69 份、安全保证书 70 份。二是加强现场安全管控。严格落实国网公司“四个管住”工作要求，完成 7 个外协施工队伍资质审查，组织主业、润民公司和施工单位共 736 人的安全准入考试。大力开展“线上 + 线下”现场督查，严格落实《国网保定供电公司安全“驾照”管理办法》，对出现违章的施工单位和责任人进行违章积分，对 7 个供电所、8 个外协施工单位共 60 余人进行安全警示约谈。严格落实安全责任履责监督与考核，稽查作业现场 181 个，公司稽查队共查出违章 239 处，考核现场典型一般违章 35 个，落实违章责任追究经济处罚 7.36 万元。被省公司通报 6 起，被市公司通报 14 起。三是深化隐患排查治理。认真落实“隐患就是事故”的安全观念，扎实开展春（秋）季安全大检查、安全生产专项整治、建设施工“查风险、治违章、抓落实”安全大检查、迎峰度夏、消防安全性评价、特种设备三年专项整治等工作，将隐患排查治理工作与安全风险“双控”机制建设相结合，累计排查防触电、防高坠、防火灾等各类隐患 658 处，治理 645 处，18 处“三跨”线路隐患得以消除。四是强化电网安全运行。合理优化电网运行方式，执行停电计划 48 项，配合政府工程、民生工程，开通绿色通道 206 个，保证工程的如期完成。五是抓好安全用电宣传。积极开展“安全生产月”“五进”等活动，累计发放宣传资料 2.9 万份，出动宣传车 75 辆次，受理客户咨询 216 人次，提高群众安全用电意识。六是全力守牢抗疫阵地。面对疫情复杂多变，全体干部职工不畏艰险、冲锋在前、以铁军风采守护万家灯火、点亮抗疫明灯，在大战中增强了战斗力与向心力，在大考中彰显了“顶梁柱”的责任和担当。

【电网建设】 2021 年，公司从“线”上抓延伸，从电网提升发狠力。科学推进“十四五”电网规划，优化综合计划管理体系，实施电网与经济社会和谐发展。加强工程前期及协调工作力度，统筹开展电网项目规划，服务民生经济发展，提供可靠的电力保障。一是服务大局主动作为。圆满完成年度电网建设属地协调任务。新建北大冉 110 千伏输变电工程线路工程顺利开工，北大冉变电站征地手续已取得土地划拨手续。保热九期 220 千伏线路工程顺利开工，主动与政府沟通，为电网建设创造了良好的建设环境，为清苑区经济发展提供坚强保障。二是“煤改电”补强工程圆满收官。投资4891万元完成10千伏“煤改电”电网补强工程，新建改造10千伏线路214公里；投资911万元完成南王庄等4个村低压电网改造工程，新建10千伏线路1.2公里，新建改造配变6台，改造低压线路80.63公里。三是电网建设投入再创新高。完成老旧小区改造、过载设备治理、业扩应急、充电桩、雄安应急中心配套、灾后恢复、大修技改以及煤改电补强等10个批次的配网建设项目，完成资金6484万元，共完成项目19个、单体工程90项，完成新建改造10千伏线路82公里，新建改造0.4千伏线路225.76公里，新建改造配变63台、新增容量2.36万千伏安；煤改电清苑10千伏冉庄511线路冉庄村配变新建工程评为省公司精品优质工程。四是配网双降行动有序开展。制定《配电线路巡视标准》和《巡视重点项目清单》。累计清理主网线路树障164处、2.8万余棵，配网线路树障770处、2.4万余棵，完成119条线路树障清理，完成所有用户的入户走访工作。

【优质服务】 2021年，公司从“做”上求突破，打好服务大旗帜。一是供电所管理持续提升。狠抓供电所综合评价工作，修订乡镇供电所综合指标评价体系33项，阮庄供电所、大冉供电所、魏村供电所相继“夺旗”。大力开展乡村电气化项目建设，完成保定市奔腾农作物农民专业合作社冷库扩建项目建设。二是营商环境持续优化。成立优化电力营商环境工作专班并有序运转，在清苑区政务大厅设置供电服务窗口，实施阳光业扩，积极推进业务办理“三省”“三零”服务，累计受理高压业扩175个，累计容量15.09万千伏安；低压业扩15106个，累计容量14.83万千伏安，其中小微企业9户，容量803千伏安，实施低压小微企业业扩配套工程4户，为客户节约资金50万余元；网上国网业务办理情况接单率99.50%，线上办电率99.96%，高压业扩接电时长44.14天，低压业扩接电时长由平均2.96天减少为2.86天。获得电力指标完成100%，营业服务类零投诉。三是电能替代持续深入。完成替代电量5711万千瓦时；开拓能效公共服务和市场化服务，完成设备购销合同9个、电管家签署14个、共享电站3个、超市化采购1笔，综合能源社会化收入1378.79万元，完成市公司下达任务的104.45%。四是治理线损持续加强。从设备运行情况、户变关系核对、反窃查处、计量采集消缺等多维度对连续异常台区和线损波动台区进行联合会诊、集中治理。完成3.2万个卡表改造任务，实现远程费控智能表全覆盖；完成1005个台区13万余个HPLC模块升级改造，宽带覆盖率达91.25%，较上年增幅47.03%，日均采集成功率稳定100%，日补抄量减少至百余个，降幅达80%，低压全量数据采集成功率达到95%以上，提升了计量异常数据筛查能力和反窃电分析精准率。五是投诉治理持续改进。紧盯“班前会”工作要求，严格落实督导机制，坚持日点评、每日一题，充分发挥“日排查、日提醒、日告诫”作用，每日管控业扩报装、营业厅及现场服务、配网抢修等工作中的服务风险隐患，切实将“四问五提醒”预控措施有效落地，公司班前会质效得到省市公司的好评；修订投诉治理工作方案，出台工单管控措施，加大考核问责力度，全年公司发生投诉10件，较2020年同期40件下降30件。六是营销稽查持续加大。累计处理省、市公司稽查工单209个，查实问题42个；处理省公司线下专项稽查任务274件，查实问题10件。累计堵漏增收102.8万元。七是代理购电服务持续改革。走访高压工商业用户逐户告知，责任层层压实，严格履行“三个100%”工作要求，发送宣传材料4000余份，历时10天全量完成3594户高压工商业户电价“一合同两书”签订工作，为工商业电价市场化改革稳步推进打下了坚实基础。完成计量采集专业6000余块电能表调整峰谷电价及时段工作，对表计故障、时段偏差常态化监控，确保曲线数据采集成功率平稳，为代理购电新经营模式平稳运行提供可靠支撑。

总 经 理 石 峰

党委书记 兰敬敬

（撰稿：李宁）

电 信

【概况】 中国电信集团公司清苑分公司是中国电信集团公司的全资下属分公司，主要经营固定电话、移动通信、卫星通信、互联网接入及应用等综合信息服务。2021 年年底，公司在册员工 43 人，其中各类专业技术人员和管理人员 13 人。清苑分公司拥有各类机房 60 多个，各类通信设备 490 余套。

【产品发展】 2021 年，清苑电信以智家产品、智能监控设备为主打，全年发展智家产品 2396 余户，丰富老百姓工作和生活所需，提升全融合业务使用。平安乡村交付 58 个，覆盖 17 个乡镇。疫情期间与各乡镇、村委共同建立疫情防控平台，监控画面实时上传到保定市疫情防控中心，为疫情防控起到基石作用。2021 年，清苑有 5G 现网 196 个物理站点，新增站点 7 个，其中激活运行站点 182 个，14 个站点未激活运行。2021 年创城工作中，清苑分公司积极配合政府工作完成清苑区清饮转角楼线路、沿街线路、老旧小区进行线路整改，中士胡同的日常卫生维护。

【企业上云】 2021 年，实施政企医疗机构远红外线测温项目，公立医疗机构安装 304 家，民营医疗机构安装 280 家。

分公司经理 宋超（2016 年 11 月任职）

（撰稿：张清）

移 动

【概况】 中国移动通信集团河北有限公司清苑分公司（简称清苑移动公司）设有综合部、市场部、政企客户部、网络部 4 个职能部门。下设城区东城网格，城区西城网格，何桥、臧村、魏村、温仁、冉庄 5 个乡镇网格及 2 个自办营业厅。主要经营移动电话通信业务（包含话音、数据、多媒体等）及互联网接入服务。

2021 年，清苑移动公司全力抓好“网络、服务、防控”三个保障，同时围绕省、市公司战略重点及转型要求，积极应对形势变化，克服困难稳中求进，从客户满意度提升出发，深化网格运营，不断强化内部管理，努力提升网络质量及支撑能力。

【市场经营】 以客户需求为导向做好保拓经营，个人市场总体平稳。聚焦高价值融合发展，以高品质网络、高品质装维为核心，打造“千兆宽带 + 智能组网 + 爱家 TV + 智能家居硬件”的家庭市场高端产品生态体系，家庭市场不断做优做强。强化“宣传 + 服务 + 销售”一体化运营，推动渠道向提升客户服务、业务销量、价值运营全面发力，触点能力不断提升。优化、细化网格工作，建立网格争先进位体系，深化网格运营，网格运营能力，渠道销售能力的提升，网格运营成效明显。服务短板持续改善，整体服务工作有序向好。结合代理商业务发展情况进行星级评定，定期进行实名制自查与暗访。深入落实“断卡”行动维护人民群众的财产安全和切身利益。

【宽带发展】 通过基站设备扩容、升级，聚类市场建设，宽带盲区覆盖率得到提升。针对不同需求群体优化和丰富资费政策，推出单宽、融宽以及宽带提速等多种选择方式。深入开展“爱家行动”，通过“宽带义诊”修复质差光猫、质差路由器客户，提升客户感知。丰富家庭产品体系，以智能组网为主，“家庭安防＋智能音箱＋语音遥控器”为辅，持续打造全生态智慧家庭。面向清苑区大、中、小企业，党政机关的政企专线，资费多样、价格优惠、上网速度快。政企专线发展规模不断增大，大型专线服务已覆盖清苑区各主要党政机关，企事业单位。

【网络运营】 坚持需求导向，加快网络转型，网络支撑能力不断增强。多专业协同开展基础综资梳理，有效降低故障处理时长；装维服务快速响应，有效提升快装快修率；持续优化、扩容提升网络承载能力，降低了网络故障发生率，提高客户感知。根据5G网络建设规划，加快5G基站建设，实现城区党政机关及重点商圈、热点区域5G信号覆盖。通过基站设备扩容、升级，聚类市场建设，宽带盲区覆盖率得到提升。不断提升网络应急响应能力，圆满完成各类活动应急通信保障任务。

【社会责任】 疫情防控。常态化落实市公司和区政府疫情防控工作各项工作要求。监测排查，定期对办公场所、重点场所消毒。阳光馨苑、清馨园、支农胡同等包联小区24小时常态化值守，多次对各小区内约700户居民开展疫情排查工作，动员居民进行新冠疫苗接种并对接种情况进行登记。各部门抽调责任心强的员工组成专组对接区防控办疫情数据排查组，协助排查疫情区来清人员信息。文明城市创建。常态化开展文明城市创建活动。对外服务窗口张贴、悬挂创建文明城市各类宣传物品，营造创建文明城市人人有责的氛围。在城区交通拥堵道路协助交警指挥交通，提示群众文明出行。对包片小区进行卫生清扫，清理广告，粉刷墙面等整治小区环境。

乡村振兴。结合区政府推进乡村振兴加快农业农村现代化的实施意见，清苑移动公司2021年加紧施工建设，持续扩大宽带覆盖及4G、5G信号覆盖。2021年12月“平安乡村”项目在何桥乡范郭桥村落地。“智能云平台＋安防设备＋云存储等服务”的一体化乡村治安防控系统，用于防偷防盗、看家护院等场景的同时助力乡村治安管理，提升村民的安全感和幸福感。平安乡村惠民补贴和上门安装售后服务，让村民用得起、安装方便、售后无忧。“平安乡村”项目的落地助推乡村振兴上新台阶。

扶贫工作。以脱贫不脱政策为指导方针，坚持脱贫不脱帮扶的原则，继续与帮扶户对接。定期到帮扶户家中走访并送去慰问品，为其解决生活中的问题。

服务群众。以学习先进模范，争当岗位先锋，优质服务客户为切入点，2021年党员突击队队员们，深入社区、学校、乡镇，围绕网络优化、免费体验、手机安全、电信反诈、电子服务、透明消费、客户互动等方面服务群众。

总经理 靳晓斌（2021年3月离任）
张洪洲（2021年3月到任）

（撰稿：王海燕）

联　通

【概况】 中国联合网络通信有限公司清苑区分公司（以下简称清苑联通）设有综合部、公众客户营销中心、客户响应网格3个职能部门。下辖政企客户中心、城区营业部、营业网格以及东安营业部、东闾营业部、何桥营业部、冉庄营业部、魏村营业部、温仁营业部。2021年，公司坚持“强基固本、守正创新、融合开放”新战略，坚持“数字信息基础设施运营服务国家队、网络强国数字中国智慧社会建设主力军、数字技术融合创新排头兵”新定位，坚持“大连接、大计算、大数据、大应用、大安全”主责主业，坚持“客户为本 团队共进 开放创新 追求卓越”的企业文化，以打造“客户信赖的智慧生活创造者”为己任。主要经营移动电话、固定电话、宽带、IPTV等基础通信产品和技术创新业务、信息应用、信息内容、系统集成等综合信息服务产品，并担负着重要通信保障任务。

2021年，公司员工努力拼搏，锐意进取，聚焦公司发展战略，结合公司实际，探索创新党建新模式，以党建引领各项中心工作有序开展，以高质量党建促进高质量发展。

【市场业务发展】 清苑联通在重点业务上实现重点发展，以聚焦收入为中心，以互联网创新业务思维为指引，实现公司业务稳定发展。一是以收入为中心，聚焦重点业务发展。深入落实三个一切经营理念，提升市场份额，细化存量用户清单，重视驻地网建设，聚焦高价值融合业务，聚焦5G和千兆宽带等重点业务发展。二是加强服务管理，提升服务感知。以降低普通投诉率、控制升申诉数量、减少重复投诉和提升用户满意度为出发点，做好网络线移网固网双压降工作，认真落实首问负责制，提升服务感知。三是创新营销模式。聚焦渠道拓展，扩大触点延伸，加强对渠道的帮扶和业务提升。四是准确把握行业数字化转型机遇，以大数据、云计算等为关键能力，着力发挥政务云、智慧旅游、智慧教育、智慧医疗、工业互联网等行业应用在“信息强政、信息兴业、信息惠民”等方面的产品优势，为打造清苑品质之城建设贡献力量。完成河北明大高级中学智慧校园项目、区公安分局公共视频项目、住房和城乡建设局智慧供热平台项目、数字乡村36户，中标智慧社区项目，完成政府中标项目的红外线测温设备461台。

5月27日，智慧新城项目签约仪式在开发区展览馆举行

【建设维护】 积极贯彻“支撑以客户感知为中心”的宗旨，不断推进5G网络全域全覆盖。按要求做好机房腾退工作，配合政府完成城市“双修”、创城攻坚等项目。一是做好5G建设及信号优化，新建5G基站光缆12000米，开通移动5G基站、室分共168座，关停2G基站71台、3G基站50台，信号差的区域进行信号测试并优化，保障信号质量，实现城区5G网络全覆盖。二是加强驻地网的建设，对未进线小区进行梳理，及时协调小区物业和住建局进行驻地网进线事宜。三是加快接入机房整治工作。四是顺利完成政府云视频会议、金融等多个重要保障项目。五是配合政府完成城市“双修”、省级文明创城等重点工作。

【工会事业】 充分发挥工会桥梁作用，增强员工的归属感、幸福感和安全感。一是组织员工积极参加上级举办的各项工会活动，5月16日参加市公司举办的中国共产党成立100周年健步行活动，清苑联通取得团体第二名，诠释了清苑联通的激情与速度，彰显了清苑联通团结协作、誓争第一的信心和勇气。二是关心关爱员工，在员工生日当天送上生日蛋糕，夏送凉爽、春节慰问一线员工。三是开展节日问候，三八妇女节、六一儿童节、七一建党节、八一建军节、冬至开展形式多样的慰问活动。四是对病、困员工走访慰问，体现组织的关心关怀，凝聚了民心民意。中秋节慰问退休员工。完成对困难会员的帮扶申报工作。五是在上级工会的帮助下，对职工活动室进行改造和提升，给员工提供一个能够放松心情的空间，使员工的满意度大幅提升。六是为全面筑牢疫情防控防线，切实保障全体员工的人身健康和生命安全，每周组织全员核酸检测。

【社会责任】 助力疫情防控，履行国企担当，积极为政府、乡镇、各企事业单位高质量安装红外线测温仪设备461台。配合区公安分局严厉打击非法集资、新型网络电信诈骗等各种违法犯罪

行为，依法做好不同利益诉求群体问题的处置化解工作。在区委、区政府的统筹安排下，对接贫困户的帮扶工作，通过心理疏导、走访慰问送生活所需物资、政策引导，让贫困户彻底脱贫。

2月5日，在疫情防控常态化背景下，清苑两会采取“主会场+分会场”的视频会议形式召开，设主会场1个、分会场21个。清苑联通发挥云网融合优势保障清苑两会的顺利召开。

公司总经理 张晓冲

（撰稿：别红梅）

邮　政

【概况】 清苑区邮政分公司是以邮政、快递物流、金融、电子商务等为主业，实行多元化经营的国有独资公司，位于清苑区富强北路156号。下设综合办公室、市场营销部、金融业务部、集邮文化传媒部、渠道平台部、寄递事业部；下辖冉庄、大庄、何桥、东安、臧村、魏村、东闾、阳城8个邮政支局，中心街、富强路2个储蓄营业所及温仁综合支局。清苑区邮政分公司不断提高传统业务服务水准，创新其他业务和服务，满足广大用户工作和生活的需要。在2021年的工作中，清苑区邮政分公司以“三个视角”找差距，以“三大规律”促改革，全面剖析，认真分析，紧紧围绕市、区分公司的重点工作，积极投入经营发展，扎实开展各项工作，全面落实“服务质量提升年”“窗口服务标准化”的工作安排，创新工作思路，提高服务质量，推动清苑邮政高质量发展。

【普遍服务工作】 邮政普遍服务是国家基本公共服务的重要组成部分，是保障公民通信权利的基本措施。清苑邮政分公司根据普遍服务工作要点安排，深入开展普服网点达标活动，全区8个空白乡镇网点全部按要求对外营业，普遍服务局所乡镇网点覆盖率持续保持100%。开展邮政营业网点形象达标提升工作，魏村、阳城、东安3个自办基本网点全部达标，提升窗口服务形象，统一着装，统一服务标准，加强业务培训，提升服务技能，提高客户用邮体验。

【金融业务工作】 2021年，清苑区邮政分公司代理金融工作始终与省、市公司同频共振，明确各季度重点工作，围绕提升客户权益、积极外拓走访宣传。在风险管控方面，严格执行上级部门风险管控要求，按市公司金融从业人员岗位轮换制度对网点人员实行穿插轮岗制度，树立合规意识，每月组织全体金融从业人员进行合规培训。

【寄递业务工作】 严格落实收寄验视制度，对禁寄限寄物品严格把关。做好旺季疫情防控及安全生产工作，严密防范疫情通过寄递渠道传播扩散，坚决守住寄递渠道安全底线。按照上级要求对所有邮件严格核查身份证，确保安检邮件100%进行验视。

总经理 马志勇

（撰稿：贾泽昆）

城乡建设 环境保护

◎住房和城乡建设

◎城市管理综合行政执法

◎生态环境保护

住房和城乡建设

【概况】 清苑区住房和城乡建设局是区政府负责清苑区建设行政管理的工作部门，内设 2 个股室和 13 个股级单位。局机关行政编制 10 名，其中局长职数 1 名、副局长职数 2 名，股级职数 2 名，机关工勤人员编制 1 名。2021 年，在区委、区政府的正确领导下，区住建局认真学习习近平新时代中国特色社会主义思想，以党史学习教育为契机，坚决落实市十二次党代会和区“两会”精神，守正创新、善作善成，全面推进城市有机更新和品质提升，着力抓好建设工程安全、质量、扬尘治理，推动住房城乡建设事业高质量发展，在现代化品质生活之城建设中奋力展现住建担当。

新华路街角公园

【重点工程】 公共停车位建设。2021 年保定市下达清苑区城市公共停车位建设任务数量 1025 个，8 月全部建设完成。涉及城市双修二期莲池南大街、新华路、迎宾路停车场停车位 820 个，城市双修二期第二阶段一标段富强街停车场停车位 11 个、城市双修二期第二阶段一标段兴贸街停车场停车位 80 个、阳光国际 B 区停车场停车位 38 个、锦绣名门小区停车场停车位 26 个、碧桂园清苑新城二区停车场停车位 50 个，共 1025 个停车位。老旧小区改造。2021 年保定市下达清苑区老旧小区改造任务 6 个，涉及建华胡同小区、中凯小区、二中家属院小区、水利局小区、环财小区、育英胡同小区 6 个住宅小区 48 栋住宅楼 905 户居民。一是制定出台《保定市清苑区全面推进老旧小区改造工作的实施意见》，明确主要任务、改造范围、组织保障、落实资金等，健全完善政策体系。二是建立健全群众参与老旧小区改造工作长效机制，将群众满意度作为评价老旧小区改造实际成效的重要依据，2021 年老旧小区改造共征求 905 户居民意见，征求意见率达 80% 以上。11 月底，6 个老旧小区改造工作全部完成。改造小区内道路面积 19000 平方米，新建雨水管网 394 米、污水管网 2357 米、给水管网 944 米，安装单元门禁 119 个，外墙和楼道粉刷 37036 平方米，安装路灯 91 个。四是积极协调电、气、暖、通信等专营单位加大资金投入。区供电公司投资100万元，治理6个小区配房“飞线”，移动、联通、电信和广电集团公司投资约50万元，梳理弱电线缆或规整入地。

棚户区改造。2021年保定市下达清苑区棚户区改造任务为基本建成量818套。涉及区民政局与区公安分局住宅楼项目（尚层名筑三期）176套、博仕苑一期97套、官苑九号二期67套、中冉村改造项目（一期）478套。尚层名筑三期已分配入住，博仕苑一期项目竣工。官苑九号二期正在进行外墙保温、门窗施工。中冉村改造项目（一期）项目1号、2号、6号、8号、11号、12号、14号楼主体完工，正在进行外墙保温、门窗施工。

区民政局与区公安分局住宅楼棚户区改造项目（尚层名筑三期）前后对比照

城区生活水源置换。2020—2021年，保定市下达清苑区任务为建设11.09公里城市公共供水管网。该工程2020年11月已完成，正在竣工验收，预计年底完成。

城市双修二期二标段工程：主要涉及发展路、富强街、富华路、支农路、永春路、兴贸街、育丰胡同、新开胡同共8个主次干道和小街小巷配套供水、供电工程改造。改造内容主要包含道路工程、绿化工程、交通工程、电力工程、供水工程及莲池南大街无轨电车线杆迁移工程等。该工程于2021年3月进场施工，8条主次干道和小街小巷已经全部完工。

振清街南延至保障房小区道路工程：项目总投资5027.91万元，道路全长1290米，其中从和平大街向南至京石高速长750米，向西至保障房小区长540米，规划红线40米，建设内容包括道路、雨水、污水、绿化、路灯等工程。2021年2月22日进场复工，6月底工程全部完工。

清苑教育园区新建道路工程：项目总投资5952.99万元，全长2.794公里，共苑景西路、天华街、南大冉西路和惠民南街4条路，包括道路、雨水、污水、绿化、路灯等工程。工程于2021年2月17日进场复工。南大冉西路、惠民南街路段完成。

新建冉庄镇污水处理厂：冉庄镇污水处理厂及配套管网工程总投资5315.36万元，建设管网约37786米，提升污水处理能力。设计标准满足《大清河流域水污染物排放标准》（DB13/2795—2018）中大清河流域控制区四类水的排放要求。完成前期手续及招标工作，工程于8月1日施工。

冉庄污水处理厂

新建温仁镇污水处理厂：温仁镇污水处理厂及配套管网工程总投资6504.10万元，建设管网51479米，提升污水处理能力。设计标准满足《大清河流域水污染物排放标准》（DB13/2795—2018）中大清河流域控制区四类水的排放要求。完成前期手续及招标工作，工程于8月1日施工。

城区口袋公园建设：为做好城区美化工作，区住建局结合城市“双修”工程，投资463万元，改造振清街魏村路口花园、区交通局北侧花园、清苑街城关派出所花园、迎宾路街角公园、新华路公园、发展路口公园、莲池南大街与和平路口军人主题公园等7个口袋公园，公园内设有景观小品、长廊、景观石、景观灯、主题雕像、条凳、绿植花卉等，既改善了城区形象，也为居民提供了休闲娱乐场所。

莲池南大街和平路军人主体公园

【行业管理】　房地产监管力度加大。一是开展房地产清理规范“回头看”工作。对清苑区1995年以来房地产开发的137个项目再次进行核查梳理，涉及“办证难”“入住（回迁）难”“征收（拆迁）难”“烂尾楼”的项目已全部核查并解决到位。二是开展房地产预销售市场整治工作。针对清苑区所有房地产开发项目，开展规范房地产市场秩序行动，对清苑区18个开发项目进行摸排整改。预售合同网上登记备案2004套，备案面积217258平方米，2021年共办理房屋转移登记288起，租赁备案19个。三是住房

振清街魏村路口街角公园

保障工作，对享受补贴的10户家庭按照清苑区的补贴标准进行补贴发放，共发放2021年度的补贴款10350元，至年底已全部发放到各保障家庭账户。结合城区办事处对申请保障性住房的102户家庭进行数据比对核查，并在10月对82户审验合格的家庭进行集中分配。

建筑节能工作。一是全面推行建筑保温与结构一体化技术应用，经过三年的推广实施，一体化技术由示范引领到全面应用，取得较好应用效果。2021年，清苑区采用一体化技术的建筑工程项目达31.43万平方米。二是积极推进被动式超低能耗建筑建设，2021年8月23—29日全国节能宣传周，开展普及被动房的相关信息宣传活动。2021年9月2日区住建局联合区自规局和区民政局，签订清苑区殡仪馆办公楼建设被动式超低能耗建筑的协议，与奥润顺达集团对接，完成任务目标。三是装配式建筑发展情况。2021年，新建建筑开工建筑面积60.61万平方米，其中装配式建筑面积19.44万平方米，新建装配式建筑占新建建筑比例为32.07%。四是绿色社区创建工作。清苑区共有和谐社区、阳光国际、尚层名筑、旭升华庭、阳光新城5个社区参与创建绿色社区。2021年9月16日和谐社区、阳光国际社区、尚层名筑社区通过市住建局组织的绿色社区创建验收，2021年11月24日旭升华庭、阳光新城社区通过市住建局组织的绿色社区创建验收。

建设工程质量监管。建立健全工程竣工验收备案制度，完善工程竣工验收的法定程序，使工程技术资料更加齐全，施工手续更加完善。2021年新增在建工程37个，面积100余万平方米，竣工工程35个，竣工面积约49万平方米。

住建系统建筑工地扬尘治理。一是对建成区26个施工现场全部安装PM10在线检测设备，并全部联网，共安装PM10在线检测设备77台。二是将建成区26个施工现场全部纳入网格化监管，督促指导各项目成立扬尘治理机构，明确监管责任人和驻场人员，并落实施工工地“六个100%”。三是组织开展扬尘治理督导检查行动。

2021 年，区住建局采取专项检查、日常巡查以及夜查等方式开展建筑施工扬尘治理检查工作，采取专项检查、日常巡查以及夜查等方式开展建筑施工扬尘治理检查工作。对发现施工扬尘问题，共下发监督记录表 92 份、限期整改通知书 50 份，发现的扬尘问题全部整改完成。立案处罚 23 起，处罚金额 40 万元。约谈企业（项目）4 家、发通报 1 期。安装塔吊喷淋 53 台、围挡喷淋约 2440 米，增加覆盖面积约 21000 平方米。

住建系统安全生产工作。一是严格落实“一会一卡”“三定一表”制度。组织召开安全生产工作会议 9 次，发放安全生产提示指导卡 5 次。组织全体工作人员认真学习新修订的《中华人民共和国安全生产法》。二是认真落实“党政同责，一岗双责”制度，领导干部分包负责制度。定期对所分包项目进行安全监督检查，确保建筑施工安全形势稳定。三是与在建工程项目各方责任主体（建设、施工、监理企业）签订了 67 份《建设工程安全生产目标管理责任书》《建设工程消防安全目标管理责任书》。四是结合元旦、春节、全国“两会”、暑期汛期、“安全生产月”等重要时期以及建筑工地疫情防控、建筑施工安全生产标准化、安全专项整治以及安全教育培训工作等重点行动，推进“双控”机制建设，组织开展住建系统房屋建筑施工安全生产百日攻坚行动以及“防风险、除隐患、保安全”安全生产大排查大整治行动“回头看”。2021 年，共检查企业 12 家，发现隐患 73 项，已全部完成整改。共下发限期整改通知书 102 份，已全部整改完成；行政处罚 4.75 万元。

局长 张宏伟

（撰稿：马萌）

城市管理综合行政执法

【概况】 清苑区城市管理综合行政执法局（以下简称区执法局），是主管全区城市管理综合行政执法工作的区政府工作部门，负责全区园林绿化、城市监察、环境卫生等城市管理工作的组织领导、协调督导等工作，研究解决城市管理工作中的重大问题。区执法局机关设办公室、政策法规股，下设城管监察大队、环境卫生管理所、园林绿化所。

2021 年，区执法局对标品质生活之城建设的新要求，坚持把“品质为先、宜居宜业”理念贯穿工作始终，以“绣花功夫”改善人居环境、优化市容秩序、提升城市品质，生活垃圾处理、常态化维护、铁腕治尘、执法“形象岗”等工作亮点纷呈，整洁、有序、清爽、秀美的城市环境得到区领导的肯定和广大居民的好评。

【加强疫情防控勇担职责使命】 区执法局作为城市管理的主要部门，在疫情防控工作中，承担着重要的职责和任务。按照全区关于疫情防控工作的总体安排部署，区执法局站在对全区人民生命健康安全负责的高度，从自身职能出发，积极主动开展疫情防控工作，对各项工作任务明确职责、分工细化，确保在疫情防控阻击战中打好“主动仗”、赢得“主动权”。一是 24 小时卡点值守。全面加强对外来人员的排查，严格落实常态化防控各项措施，认真查验居民“健康码”“行程码”，发现中高风险地区人员及时上报。二是组织商超工作人员定期核酸检测。对管辖区域内的临街门店登记造册，组织商超工作人员每周在区执法局核酸检测。通过严密部署、细致工作，较好地完成自身承担的各项疫情防控工作。

【强化清扫保洁开展洗城行动】 一是机械清扫与人工清扫结合，全面消除卫生死角。坚持清扫高质量、保洁全天候、作业全覆盖、管理无缝隙的工作标准，对城区具备洗扫条件的主次干道每天至少洗扫 2 遍，对迎宾街、中心街、振兴路、清苑路、发展街、新华街等重点部位加大清扫频率，对道路污染严重的路面先冲洗再洗扫，达到干净整洁、路见底色、无泥沙尘

的标准。将城乡接合部等易扬尘、易反弹等适宜机械化洗扫部位纳入重点机械化湿扫作业范围，提高道路机械化作业面；实行不间断人工清扫保洁作业，尤其加大城区外环路（发展街、振兴路、迎宾街、建设路）、小街巷、农贸市场及城乡接合部等重点路段的巡回保洁力度。二是开展洗城行动。城区便道、道路护栏下、主街道、人行道等定期进行夜间冲洗；严格保证洒水频次。每天对城区主次干道、公共场所、重点部位等进行洒水降尘，并根据气温情况适时增加洒水频次，持续保持道路湿润，减少路面扬尘；每周对保洁公司服务成效进行检查，检查结果作为重要的评分依据。

【打击街面乱象优化市容秩序】 全面落实《市容和环境卫生管理条例》，积极开展流动摊贩、马路市场、店外经营“三大占道现象”专项整治行动，制定出台《城区内流动摊点规范管理规定》，不断提高科学化、规范化管理水平。2021年共拆除违建63处，面积9255平方米；拆除违法建设广告牌匾510余块，面积29393.5平方米。特别是对马路市场和流动摊点易反弹点位，采取专人专管，实行错时上岗。按照全区非法营运三轮车治理方案总体安排，联合区交警队、区交通局、区市场监督管理局联合执法，重拳对非法营运三轮车聚集点进行彻底清理，警告非法营运三轮车230余辆，查扣70余辆。加大非法小广告治理力度，整治各类影响市容行为8300余起，治理噪声污染53起，清理乱堆乱放、乱贴乱画9300余处。严格落实建筑工地“六个100%”，共查处违规渣土运输车17辆。区执法局依据职责，对城区便道以上违停车辆进行取证并上传至交管平台依据相关法律法规进行处罚，共对34796辆次车取证或警告，使城区停车秩序有了较大改善。

【提升绿化品质，激发城市活力】 积极开展城市园林绿化，2021年建成区绿地面积为609.01公顷，绿地率达到39.19%；公园绿地面积99.57公顷，人均公园绿地面积达到14.79平方米；植树4.06万棵。因地制宜创建综合性公园、社区公园、口袋公园等，提升公园品质，不断完善城市公园服务体系，加快推进口袋公园建设。2021年新建口袋公园7个，新建公园1个，改（扩）建口袋公园6个，创建三星级游园1个，为城区居民提供休闲、娱乐的绿色空间，增添了城区新景观，一个绿色、生态、优美的城市正在形成。围绕单位庭院、居住区绿化，开展绿化达标和创建园林式单位、园林式居住区活动，以建设“景观型、休闲型”为目标，2021年德顺地毯、清苑新城、新建检测中心等多个单位庭院、居住区完成绿化建设。清苑阳光国际居住小区被评为河北省园林式居住小区。

【提高管理效能，加强垃圾治理】 一是稳步推进生活垃圾分类工作。根据省、市、区要求，结合清苑区实际，继续推进垃圾分类工作，明确生活垃圾分类工作的分工和任务。充分发挥公共机构在全社会垃圾分类工作中示范表率作用，将区政府大院、区执法局、荣投水务公司等设为示范单位，将阳光国际社区、阳光新城社区、巨达超市等设为试点单位；加强督导工作，每月对党政机关和公共机构进行督导，督促完善垃圾分类设施，指导推进垃圾分类工作；充分利用舆论宣传阵地，设置多种宣传形式，面向广大机关干部开展宣传活动。二是实施“厕所革命”。2021年，根据省、市有关要求，城区内新建公厕4座，全部投入使用。城区内日常运行中的公厕维护保洁已经全部纳入市场化运营，由保定市亮城丽都环境科技股份有限公司和河北洪峰环保科技有限公司按照相关要求及标准负责全天候保洁维护。三是全面推进市场化运营。将城区内道路清扫保洁和生活垃圾清运、转运全部进行市场化运营，经招标确定服务公司，制定巡查、监督和考核办法，对道路清扫保洁和垃圾收运中存在的问题，及时整改，减少垃圾暴露，确保及时清运处置。

清苑区城区内生活垃圾的无害化处理率达100%。四是继续推进农村生活垃圾收运处置体系建设。2021年，农村环卫继续推行市场化服务，由市场化服务公司分别负责农村生活垃圾日常清扫、收集和清运工作。市场化服务公司根据清苑区实际情况，布置垃圾桶13500余个、垃圾箱400余个，有各类收转运车辆70余台，聘请保洁人员1700余人，并统一配备清扫工具和保洁车辆，每天由环卫保洁人员对生活垃圾进行清扫收集，由专业运输车辆全部运往中节能电厂焚烧发电进行无害化处置，形成“有清扫、有收集、有运输”的市场化服务体系。加大全区农村生活垃圾收运处置能力，对已建设完成的6座乡镇转运站（何桥、北店、张登、东闾、大庄、北王力）进行技改。2021年10月，区执法局结合城建部门完成6座转运站技改，全部投入试运行。

【规范行政许可，推进政务公开】 一是加强制度建设。在对已有制度分析的基础上结合其他单位先进做法，进一步完善行政执法相关制度和程序，重新整理编写《行政执法责任制》，系统梳理行政执法责任制相关资料，为全局建立健全各项规章制度打下坚实基础。二是规范行政许可。修改完善行政许可事项清单。为方便相关人员申请行政许可，完善行政审批告知承诺书，进一步规范行政许可受理工作。三是全面梳理权责清单中9项行政许可事项、38项行政处罚事项、11项行政监督事项、6项其他类事项和1项行政征收事项，明确每个行政许可、行政处罚等办理事项的实施依据、责任事项、追责情形等并在网上公布，方便相对人对照要点准备申请材料。四是对局政务网站有关政务公开和政府信息公开的栏目和内容进行改编和补充完善，2021年的全部案卷均按照上级有关部门要求上传至网上平台。

局长 丁红彬

（撰稿：仝月华）

生态环境保护

【概况】 根据保定市委、市政府印发的《保定市机构改革方案的通知》要求，组建保定市生态环境局，县（市、区）生态环境部门为市生态环境部门的派出分局，由保定市生态环境局直接管理，不再保留保定市环境保护局及各县（市、区）分局，2019年2月保定市生态环境局清苑区分局挂牌。

清苑环境监控中心为保定市生态环境局所属副科级事业单位，具体工作接受保定市生态环境局清苑区分局领导。主要职责：承担执法监测、污染源监测和突发环境事故应急监测，支持配合属地环境执法，同时按要求做好生态环境质量监测相关工作。经费形式为财政性资金基本保证，编制14名，领导职数2名（一正一副）。

根据保定市委、市政府《关于深化生态环境保护综合行政执法改革的实施方案》要求，保定市生态环境局清苑区分局及原保定市清苑环境执法大队实行“局队合一”体制，整合生态环境分局承担的污染防治、生态保护、核与辐射安全等方面的执法职责，地下水污染防治执法职责、流域水生态环境保护执法职责和县（市、区）自然资源和规划局（分局）承担的因开发土地、矿藏等造成的生态破坏的执法职责，对自然保护地内进行非法开矿、修路、筑坝、建设造成生态破坏的执法职责，组建生态环境综合执法队伍，在县（市、区）生态环境分局加挂“保定市清苑生态环境综合执法大队”牌子，负责县（市、区）生态环境综合执法工作。2019年12月，保定市清苑生态环境综合执法大队挂牌。经费形式为财政性资金零补助，编制20名，领导职数3名（一正二副）。

【环境污染治理】 大气污染防治。目标：2021年全区PM2.5年均浓度下降达到57微克/立方

米，下降6%；PM10浓度达到104微克/立方米，同比下降7%；空气优良天数比率达到62.1%，优良天数达到227天。完成情况：1月1日至12月31日，全区空气质量综合指数4.97（全省并列倒数第31名，全市并列倒数第8名），同比下降18.92%（全省第23名，全市第3名）；PM2.5浓度为46微克/立方米（全省并列倒数第17名，全市并列倒数第6名），同比下降24.59%（全省并列第29名，全市第3名）；PM10浓度为91微克/立方米（全省并列倒数第22名，全市并列倒数第6名），同比下降18.75%（全省第17名，全市第2名）；空气优良天数241天，同比增加24天，优良天数比率达到66.10%。

水源污染防治。目标：2021年5个跨界考核断面新金线河北大冉村断面（市考）、清水河范郭桥断面（市考）、府河膳马庙村北断面（国考）、漕河马庄断面（国考）、唐河北青断面（国考）1—7月达到地表水Ⅳ类要求，8—12月达到地表水Ⅲ类要求。

完成情况：新金线河北大冉村断面全年平均达到Ⅲ类水质，达标；府河膳马庙村北断面全年平均达到Ⅲ类水质，达标；漕河马庄断面全年平均达到Ⅲ类水质，达标；清水河范郭桥断面、唐河北青断面长期断流。

土地污染防治。目标：2021年土壤环境质量保持总体稳定，受污染耕地安全利用率、污染地块安全利用率完成下达任务。完成情况：2021年全区受污染耕地安全利用率达到100%，污染地块安全利用率达到100%，土壤环境质量总体稳定。

【生态环境保护】 气候资源保护。一是开展秸秆垃圾禁烧行动。持续加大禁烧宣传教育，密切监控全区燃烧火点，加强垃圾、秸秆禁烧巡查力度，加大对违法行为打击力度。2021年以来省市交办42个火点，处罚金额65875元。二是深化企业污染治理。推进重点排污单位开展清洁生产审核工作，完成清洁生产审核评估验收企业11家，下发清洁生产告知书20份。提高挥发性有机物企业深度治理水平，域内115家挥发性有机物企业在线报警装置联网，322家企业已安装分表计电系统，实现对排污单位动态污染治理设施运行过程的监控。118家涉挥发性有机物企业全部采取二级以上治理措施且完成一厂一策方案的编制工作。加强源头污染源管控，排放量较大的28家重点企业均完成深度治理改造任务。三是开展扬尘污染整治。强化施工现场动态监管，做到及时发现、及时处理。规范设置车辆清洗设施并严格执行车辆冲洗制度，对混凝土、沥青沙砾搅拌、预拌砂浆行业的扬尘防尘措施进行重点检查。采取有效洒水、喷雾措施最大限度降低扬尘量；充分利用视频监控、PM10在线监测等科技手段对施工扬尘污染实时有效监控。2021年共出动664人次，现场检查421次，针对扬尘严重问题，督促施工现场增加洒水次数，保持地面湿润，有效抑制扬尘。四是加强移动源污染防治。加强非道路移动机械、机动车、机动车检测线监管，对尾气超标排放车辆实施禁行管控；强化辖区内加油站的一、二级油气回收情况进行日常监督检查。重点对治理设施运行情况、改造是否规范、油气排放浓度是否达标进行详细排查，建立健全油气回收综合治理工作长效机制。2021年非道路移动机械出动443人次，检查591台，立案8起；重型柴油货车入户检查73家次，出动170人次，检查车辆584辆；检查加油站247家次，出动315人次，立案1起；路检路查出动597人次，抽测车辆4841辆，移交公安处罚尾气超标车辆2辆；检查汽车销售22家次，出动54人次，抽检车辆206辆；检查机动车检测线3家，出动96人次。五是强化散煤污染管控。加强大唐清苑热电有限公司、保定市磊弘热力有限公司等2家重点用煤企业煤质监测，3月、6月聘请第三方抽检，2家企业煤质均达标。加大村（社区）散煤巡查与管控，建立散煤复燃网格化监管体系，对劣质散煤，压实乡、村两级责任，动态排查，不留死角，不放区域，坚决杜绝散煤复燃。2021

年累计出动4476人次，检查82499户，无人机飞检1707次，未发现散煤问题。六是禁燃禁放烟花爆竹。配合公安部门开展禁止燃放烟花爆竹工作，持续开展禁止燃放烟花爆竹宣传工作，对分包片区、胡同进行宣传、巡查。特别是春节、元宵节、二月初二前后，对城区建成区范围内的所有小区及二中站点附近村庄进行全面管控，对城区所有小区进行全面宣传。2021年共出动672人次，车辆48辆次。七是加强清苑二中国控空气监测站点周边环境综合治理。严格落实清苑二中国控空气监测站点周边2公里范围内露天焚烧、扬尘管控、餐饮油烟治理、露天喷漆、燃放烟花爆竹等治理措施，监管企业稳定达标排放。2021年日间出动898人次，现场检查369次；夜间出动591人次，站点周边检查285次。

水资源保护。一是深化农业农村污水治理。坚持减量化、无害化、资源化，因地制宜与分类施策相结合，强化农村生活污水无害化处理同农村厕所改造相衔接，切实补齐农村生活污水无害化处理短板。完成2021年度农村生活污水18个村治理任务。全面排查全区18个乡镇266个行政村，未发现存在农村黑臭水体。二是加强断面水质及重点涉水企业水质监管。督导域内企业加强对水污染治理及污染物在线监测设施的管控，对出水水质进行实时监控，确保出水水质达标、稳定。加强集中式饮用水水源地和地下水水质保护，实行驻场员制度，安排18人分别驻扎18家污水处理厂和重点涉水企业进行盯管，确保出水水质达标排放；加强畜禽养殖禁养区划定和规范化管理，切实减少养殖业污染物排放；定期对域内地表水断面水质及污水处理厂排放口水质开展日常监测。三是强化河道水环境治理管控。加大辖区河道巡查力度，持续开展入河排污口排查、监测、溯源、整治，彻底封堵非法排污口。改善辖区河道水环境，打捞府河水系等有水河流外来入侵植物。2021年巡查白洋淀上游河道102次，出动车辆102次，出动252人次，打捞府河清苑与雄安新区交界处垃圾5次，打捞府河膳马庙断面漂浮物和水草2次，清理金线河北大冉断面漂浮物1次，确保白洋淀上游水质达标，不让一滴污水进入白洋淀流域。

土地资源保护。一是强化土壤环境监管。督促、指导、配合农业农村部门做好污染耕地的安全利用和风险管控。加强对污染地块再开发利用的环境监管，有序推进建设用地土壤污染风险管控和修复。严格建设项目土壤环境准入管理，加强对污染地块再开发利用的环境监管，出具保定市2021年度建设用地意见14次。二是深入开展危废排查整治。强化危险废物产废企业和经营企业监管，出动车辆232车次，出动人员510人次，共排查涉废企业161家，发现问题35个，全部整改完成。完成161家涉危废企业年度管理计划备案，完成4家一般固废申报。2021年产生危险废物共33947吨，处置29939吨，自行利用147吨，安全贮存4259吨。强化机动车维修行业危险废物管控，排查机动车维修拆解行业企业314家（二类以上汽修行业17家），全部建立台账，完成备案。

【人工环境保护】 应对气候变化和减排。开展重污染天气错峰生产及应急响应，积极推进企业绩效分级，2021年，清苑区绩效等级B级及以上和绩效引领企业49家，应急减排清单（工业源）完成修订共纳入企业341家。加强精细化差异化监控和定量管控，严防生态环境领域“一刀切”，动态更新环境监管正面清单，纳入河北省生态环境监管正面清单23家。2021年以来全区共启动应急预警10次，涉及响应企业3388家次，各项污染物减排量颗粒物15008公斤、二氧化硫2048公斤、氮氧化物8418公斤、挥发性有机物6344公斤，预警期间全区共出动执法车辆3805台次，执法人员12280人次，检查企业、工地及各类点位等共9070家次，现场立行立改整改问题216个，立案处罚企业10家，处罚金额10万元。

环境监察。一是加大执法监察力度。2021年，累计出动执法人员7489人次，检查企业

3191家次，立案处罚167件，罚款545万余元。二是深入推进环境网格化监管。安排24名环保专职网格员对秸秆禁烧视频监控系统进行24小时盯守。组织844名村级禁烧网格员不间断开展防火巡查。完善网格化环境监管工作考核管理实施细则，组织对各乡镇及相关部门落实网格化工作情况的考核，确保各部门各有关人员履职到位。三是加强科技化监管应用。充分发挥红外视频监控系统、分表计电在线监测、无人机飞检等科技化手段，与传统环境执法检查相配合，对辖区生态环境全方位进行监管。

环境监测。一是强化河流断面水质监测。2021年累积水质监测193次，出动人员462人次，确保断面及排放口水质稳定达标。二是加强集中式饮用水水源地和地下水水质保护。2021年4月对荣投水务3号井进行取水监测，各项指标均达标，8月对荣投水务7号井进行取水监测，各项指标均达标。

排污口设施管理。一是联合相关部门多次对金线河、南环堤河、黄花沟、府河等有水河流进行巡查，封堵拆除非法入河排污口2个。二是在全区重点河流沿线设立排污口标示牌。

项目审批。加快管理职能转变，由事前审批转为事中事后监管，多措并举强化行政审批事项事中事后监管。一是推进行政审批平台建设。建立健全各项办事制度，依法行政、阳光审批。二是材料审查与现场检查相结合。加强对审批上报的备案材料审查、存档资料审查、行政与非行政许可项目现场检查，督促审批部门严格按照环境保护法律法规和规章制度进行行政与非行政许可。三是加大纠错与责任追究力度。对审批在事项办理中存在的问题，及时督促进行限期整改、纠正。

【“散乱污”治理】　持续保持严厉打击“散乱污”企业摊点环境违法行为的高压态势，不间断开展“散乱污”排查整治行动，加大重点区域、重点行业及群众反映的环境问题的排查力度，采取暗查、夜查、错时检查等手段，结合热点网格、秸秆禁烧视频监控和红外报警系统监控、分表计电、无人机飞检等多项措施检查排查企业点位，发现一起查处一起，较真碰硬，决不手软，有效打击了各类环境违法行为。2021年累计出动执法人员5187人次，检查企业及点位3229家次，无人机飞检87次，夜查137次，实现“散乱污”企业动态清零。

【其他工作】　坚决打赢疫情防控阻击战。一是加强局机关及分包小区疫情防控。局机关实施24小时领导带班值班制度，做好人员管控，尤其是局机关外来人员要登记、测温。严格排查分包小区（环财小区、畅通园小区）人员进出，每天安排专人到小区门口24小时不间断值班排查。二是加密疫情期间应急监测。疫情以来，区生态环境保护局对清苑区人民医院医疗废水、清苑污水处理厂废水及荣投水务地下水开展监督性监测，达标率100%。对辖区内医院、企业及其他放射源单位进行日常检查和管理，实行周报、月报制度，达标率100%。三是加强医疗机构监督检查。疫情防控期间多次组织执法人员对医疗废物处置和医疗机构废水处置设施运行情况进行现场督导检查，规范医疗废物处置程序，准确掌握医疗废物处置情况。

开展乡村振兴重点村派驻帮扶工作。2021年，区生态环境保护局选派4名干部职工进驻北营村开展帮扶工作。北营村乡村振兴驻村工作队紧紧围绕乡村振兴职责，积极为民排忧解难。一是指导推进村基础工作，提升村级党组织组织力。二是持续帮助巩固脱贫攻坚成果，有效防止返贫致贫。三是发展壮大村级集体企业，指导企业完善手续，依据部门优势找出不足，做好长远发展规划，帮助健全完善村级相关制度，推动基层治理效能提升。驻村工作队以干事创业的工作作风为清苑区乡村振兴贡献了力量。

上级部门交办事项完成情况。2021年，受理中央、省、市信访案件155件，按期办结率

100%，无信访积案。2021 年，中央环保督察交办问题 4 件，全部完成整改，其中立案 3 件，罚款 31 万元；省级环保督察交办问题 83 件，整改完成 80 件，其中立案 12 件，罚款 44.5 万元；市级环保督察交办问题 175 件，全部完成整改，其中立案 10 件，罚款 15 万余元。

局长 杨立志

（撰稿：郑得昌）

土地 水利 气象

◎自然资源和规划

◎水　利

◎气　象

土地　水利　气象

自然资源和规划

【概况】　参照市自然资源和规划局机构设置，清苑区自然资源和规划分局暂设18个股室，分别是办公室（下设信访室）、综合法规股、自然资源调查监测和所有者权益股、自然资源开发利用股、耕地保护监督股、国土空间规划股、建设工程规划股、市政交通股、村镇规划股、国土空间生态修复股、地质矿产管理股、造林绿化与工程项目管理股、林业资源管理股、地理信息股、财务股、执法监察股、纪检监察室、不动产登记中心。下设6个基层中队，分别是温仁执法监察中队、大庄执法监察中队、冉庄执法监察中队、城区执法监察中队、臧村执法监察中队、石桥执法监察中队。2021年，区自然资源和规划分局瞄定“激情奋进‘十四五’，再造一个新清苑”任务目标，以起步即冲刺、开局即决战的姿态开拓创新、锐意进取、奋力拼搏，坚决贯彻落实中央和省、市、区决策部署，较好地完成了上级交办的各项任务目标，全区自然资源和规划系统工作迈上新台阶，为推动区域经济和社会健康发展提供了强有力的要素保障。

【要素服务保障】　持续保持“永动机”状态，挑灯夜战，全力以赴，全面做好要素服务保障工作。加快组卷报批速度，保障建设用地需求，对重点项目明确专人对接服务、跟踪盯办，对征地组卷材料“即来即办、受理反馈不过夜”；对上报省自然资源和规划厅的卷宗跟踪办理，以求最短时间拿到批复；全年共组卷以及上报卷宗13个批次，总面积1319.38亩，有效保障了大堤口安置区、殡仪馆改扩建、京石邯输气管道、北大冉变电站、张登农村村民住宅、平泰电力、神力索具等一大批省、市重点产业及民生项目用地。规范开展城乡建设用地增减挂钩工作。清苑区近10年的城乡建设用地增减挂钩历史遗留问题项目涉及13个乡镇、28个村庄，归还指标面积达2190亩，在地块分散、村情民意复杂的情况下，经多方论证分为4个批次逐级上报，并多次前往省自然资源和规划厅、市自然资源和规划局沟通、协调、补正，省政府于2021年11月底下达同意规划实施的批复，2021年3月开始施工。同时，已验收增减挂钩项目耕地等别不对等问题和已验收耕地三调为非耕地问题，按照省自然资源和规划厅要求已全部完成整改，并通过省自然资源和规划厅审核。

【土地盘活利用】　加强土地供应保障，积极破解用地难题，先后完成奥奇圣、辰力索具、久盛

房地产、鸿德房地产等重点项目用地供应。全年共完成 7 宗项目用地供应，出让总面积 352.89 亩，出让总价款 62796 万元，为全区的社会经济发展建设提供了强有力的资金保障。大力开展批而未供工作，2009—2018 年，市级下达清苑区批而未供土地总任务面积为 951 亩。截至 2021 年年底，已完成处置 1053 亩（含 354 亩高铁片区地块），盘活比例 110.79%，排名全市第 2。强力推进闲置土地处置工作，市级下达清苑区闲置土地总任务面积为 875 亩。截至年底，已全部完成处置，完成比例 100%。同时，动态监管系统的新增闲置土地均已完成处置，实现“动态清零”。

【土地监察】 工作中面对形色不一的群体、纷繁复杂的困难，秉公执法、坚持正义。一是从严推动土地例行督察发现问题整改工作，国家自然资源督察北京局共下发清苑区图斑 17 个 273.2 亩。截至年底，整改到位 16 个 261.6 亩；未整改到位 1 个 11.6 亩。二是从严推动 2016—2019 年土地督察违法占地问题整改工作，国家自然资源督察北京局共下发清苑区 58 宗 1018.34 亩。整改 49 宗 780.8 亩，剩余 9 宗正在积极推进。三是从严推动卫片执法监察工作，2021 年前三季度土地卫片执法图斑经内业研判、外业核查，确定清苑区违法图斑 126 宗面积 1868.37 亩。截至年底，整改到位 103 宗 1675.08 亩，剩余 23 宗 193.29 亩正在全力攻坚销号。四是从严推动农村乱占耕地建房问题整治工作，上级共下发图斑 5473 块 18224.97 亩。经核实，清苑区 2013 年 1 月 1 日以后耕地建房项目总数为 5396 个，面积 6780.51 亩。已全部纳入农村乱占耕地建房工作台账，待上级下达具体整改方案后立即整改。

【造林绿化】 以“三创四建五优化”活动为契机，把植树造林作为提高城市生态环境承载力、打赢蓝天保卫战的有效途径。2021 年，保定市下达清苑区造林绿化任务 0.53 万亩，其中人工造林 0.03 万亩，森林抚育 0.5 万亩，已超额完成了上级下达任务目标。

【省级森林城市创建】 按照上级专管部门对省级森林城市创建工作的安排，区自然资源和规划局经请示区政府同意，以区政府名义向市自然资源和规划局申请省级森林城市备案。区自然资源和规划局完成公开招投标，正在进行省级森林城市规划编制等工作，待规划编制完成后尽快通过省级评审。

【全面推进生态修复】 一是验收完成总投资 3033.73 万元的废弃露天矿山生态修复项目 2 个，面积 1756.58 亩；二是验收完成新增千亿斤粮食生产能力规划项目 2 个，建设总规模为 55208 亩，提质改造耕地面积为 19819 亩，核定新增粮食产能 202 万公斤，为区财政增加 1 亿多元的收入；三是通过省级审核并报部级备案砖窑复垦项目 2 个，总投资 732.79 万元，建设总规模 537.15 亩，新增耕地面积为 488.7 亩；四是验收完成总投资 2632.31 万元的保定市清苑区 2020 年土地综合整治项目，建设总规模为 39410 亩，提质改造耕地面积为 9495 亩，新增产能 94.95 万公斤。

【统筹推进生态保护】 聚焦主责主业，持续推进耕地保护。严格落实耕地和永久基本农田保护任务，着力加强耕地数量、质量、生态“三位一体”保护和永久基本农田特殊保护，落实最严格的耕地保护制度，坚守耕地保护红线，确保全区实有耕地数量稳定、质量提升；严格落实耕地占补平衡，全年完成补充耕地验收 670 余亩。同时，自然资源部下发清苑区耕地卫片图斑 14 个，均完成实地核查、举证，并上传到自然资源部，正在积极引导监督有关乡镇整改。常态化组织开展野生动植物保护，严格执行防控监测情况日报告、周报告及异常情况及时报告制度，对重点区域坚持日常巡护，加大野生动物保护法律法规宣传力度，严厉打击非法猎捕、交易、运输、利用、食用野生动植物等违法行为。全面推行林长制，按照市自然资源和规划局和区政府关于全面推行林长制工作的要求，制发《保定市清苑区全面推行林长制实施方案》。按照林长制实施方案规定，各乡镇也制定了乡镇林长制实施方案，并督促各村完善村级实施方案。全区18个乡镇266个村全部完成林长制的建设。同时，对上级下发的235个督查图斑进行全面核实调查，并按时上报调查报告。组织实施有害生物防治，完成美国白蛾第一代、第三代飞机喷药工作，GPS坐标点采集，飞防作业面积6万亩，阻隔法防治春尺蠖1500亩，较好地完成各项防治指标。

【创新服务管理】 深化不动产登记改革，推进“一窗办理、一窗办结”建设，实现不动产登记“六区联办、一城通办”。创新思维方式，不动产登记机构提前介入，开展权籍调查成果审核、信息维护入库等工作，通过信息共享或现场服务方式获取土地权属来源材料、税费缴纳凭证、用地单位身份证明等材料。积极探索实行多测合一，将规划核实测量和房产测量合并为综合性测绘项目，一次申请、联合测定，成果数据共享，全面实现“交地即交证”和“交房即交证”改革。2021年，共颁发不动产权属证书3209个、不动产登记证明1409个，办结查封登记业务219个，注销登记业务1063个，开具房产证明23230份，“一窗受理”系统受理转移登记业务578个，抵押登记业务120个。

【严格规范标准，完成数据整合】 清苑区农村宅基地确权登记发证工作测量、调查阶段已全部完成，并将发过证的宅基地档案进行了存量数据整合并上传省不动产登记平台，入库宗地数9.6873万宗，入库率100%。清苑区2021年推进乡村振兴战略任务清单中“规范开展房地一体宅基地日常登记业务工作”被上级部门评为满分。

党组书记　王福增

局　　长　王卫峰

（撰稿：李宁）

水　利

【概况】 清苑区水利局下设财务室、办公室、工程股、维稳办、地下水超采办公室、河道征费管理站、水政水资源综合管理办公室、水政监察大队、水旱灾情防御办公室、质量监督办公室、河长制办公室11个股室。2021年，区水利局按照“水利工程补短板、水利行业强监管”的工作总基调，统一思想，提高站位，团结一心，凝神聚力，在区委、区政府的正确领导和上级水利部门的指导下，高质量开展各项水利重点工作，并圆满完成年度各项工作。

【工程项目】 1. 府河导排区加固扩容工程。2021年，计划投资3700万元实施府河导排区加固扩容工程，做好控源截污、截洪导排工作，坚决确保不让一滴污水流入白洋淀。4月进场施工，6月完工。2. 保定市府河下游清淤综合整治工程。2021年，投资3037万元实施府河综合整治工程（莲花闸—望亭中学段），改善水环境，提升流域生态治理水平。该项目2020年年底开工，清淤作业于2021年6月底完成，其余附属工程2021年年底前全部完工。3. 清苑区水源置换项目。清苑区江水置换项目涉及18个乡镇265个村（其中大堤口村搬迁不涉及），受益人口65.36万人（其中省定置换任务目标为45.98万人），实现农村生活水源置换全覆盖。分两年实施，2021年（一期工程）计划完成537.04公里的主管网铺设工作，完成省定置换人口27.13万人的任务目标。水源置换项目3月初前完成审批立项、全过程咨询公司招选等前期工作；3月13日完成社会资本方的公示上网工作；5月12日在清苑区公共资源交易中心开标。因原有模式存在重大风险隐患，存在隐性债务风险，所以放弃原有模式改为EPC模式。后重新启动初步勘察、设计的招标工作，初步勘察、设计于2021年8月

13 日发布招标公告，9 月 6 日开标。EPC 和监理单位招标于 9 月 17 日上网，10 月 13 日开标。一期工程 2021 年 10 月 13 日完成招投标，进场施工，2021 年年底前完成主管网铺设。4. 自然灾害普查工作。该项目投资约 17 万元。完成 2021 年全区第一次自然灾害综合风险普查，编制完成洪水灾害隐患调查报告及干旱灾害危险性评估报告。

【节约用水】 3 月 22 日是第二十九个“世界水日”，3 月 22 日上午在清苑公园，区节水办、区河长办、区水利局组织开展了以“珍惜水、爱惜水”为主题的“世界水日、中国水周”节水宣传活动。活动现场设置展板、悬挂条幅、向过往群众宣传普及节约用水、安全用水、使用节水器具等用水常识。讲解水法、水土保持法、河长制等法律法规知识，宣传维护水生态环境的重要意义，希望有更多的人与水利系统携手共进，珍惜每滴水，共同提高公民节约用水意识。

清苑区县域节水型社会达标建设工作，以节水型社会达标建设为契机，提高水资源利用效率，创建节水型企业、公共机构、居民小区，对全区 19 家重点用水企业、7 家物业型小区、26 个公共机构其中包括 2 所学校、1 个公共场所开展节水型社会达标建设工作，全区用水总量得到有效控制，用水结构得到持续优化，用水方式得到明显转变，用水效率大幅提高。清苑区完成县域节水型社会达标建设后，2021 年被水利部评为第四批县域节水型社会达标建设县，在全区形成节水、惜水、护水的社会风气和良好氛围，推进全社会参与节水型社会建设。

【河道清理】 2021 年不定期对河道及河道两侧垃圾进行督导检查，发现问题交办到相关乡镇及时整改。拆除白洋淀上游大望亭村村南贾顺鸡场并进行整改。对境内漕河马庄水质监测国考断面下游 150 米处主河槽内挡坝进行了拆除。

【河长制办公室工作】 全面落实河长制，确保白洋淀上游流域生态环境持续改善，坚决确保不让一滴污水流入白洋淀。1. 任务目标。全面落实河长制，充分发挥各级河长巡河、管河、治河作用，督促河长履职尽责，真正做到“由名到实”的职能转变。区乡村三级河长巡河率达到 100%。将河道纳入城乡垃圾一体化管理。持续开展河道清“四乱”，确保河道长治久清。2. 完成情况。持续开展河道综合整治和清“四乱”，确保河道长治久清。2021 年，继续大力度开展河道综合整治，通过持续治理，确保白洋淀上游流域河道面貌有效改善。全面落实河长制，持续开展河道综合整治和清“四乱”专项行动，开展河道采砂专项整治，严控河道内新增污染源，确保河道长治久清。一是全面落实河长制，充分发挥各级河长巡河、管河、治河作用，督促河长履职尽责，真正做到“由名到实”的职能转变；二是加大水利工程建设力度，积极对接雄安新区防洪规划，谋划实施清水河、唐河、府河等主要河流治理工程项目，积极争取上级对白洋淀上游流域河道综合整治的政策资金支持；三是持续开展河道清“四乱”行动，完成河道监控设施安装运行工作，加大河道巡查管理频次和力度，发现各类问题及时交办，全部按照要求完成整改。累计发现并整改问题 285 个，共投入机械车辆 600 余台次、人员 1200 余人次，清理河道内垃圾 9000 余立方米，清理涉河违法建筑 3 处，清理树障 1 万余棵，打捞喜旱莲子草 1780 余立方米，疏通清理河道 20 余公里，埋设河道安全警示牌 200 余块。通过多措并举，确保了白洋淀上游流域生态环境持续好转，坚决确保完成了“不让一滴污水流入白洋淀”的任务目标。3. 工作措施。一是定期开展“爱河护河”实践活动。2021 年，清苑区将每月的 15 日定为“爱河护河活动日”，河长制责任部门和乡镇会自发组织干部职工、村“两委”干部、党员、学生等“红马甲”志愿者开展实践活动，通过在河边滩地捡拾垃圾、擦拭公示牌等实际行动，影响和带动更多的群众共同关爱家乡河。二是多措并举大力宣传河长制。通过在公园、广场等人流量大的场所悬挂河长制宣传条幅、发放河长制明白纸，在沿河村庄刷写墙体标语，利用乡村大喇叭进行广播，在电视台、电子公屏播放视频宣传片，在清苑区河长制微信公众号定期推送河长制及河流保护相关知识等一系列的措施，营造全社会参与河道保护、支持推进河长制落实的浓厚社会氛围，极大提升人民群众的知晓率和参与度。三是主要河流设置“民间河长”。2021 年，为了更好地落实河长制，增加群众参与度，调动群众管河、护河、爱河热情，在唐河、漕河、清水河、府河 4 条主要河流，面向社会聘请了 6 名“民间河长”，6 名民间河长均为所负责河流附近的热心群众，发现问题直接报区河长办，河长办第一时间进行核实处理，有力地推动了清苑区河流管理保护工作。

【扶贫工作】 责任落实情况：成立保定市清苑区水利局巩固拓展脱贫攻坚成果同乡村振兴有效衔接领导小组，组织 10 余次调度重点工作，确保巩固拓展脱贫攻坚成果和乡村振兴工作有力推进；印发巩固拓展脱贫成果及防贫监测 2021 年度工作方案；健全完善农村饮水安全管理责任体系，接受社会监督，为群众提供服务保障工作。政策落实情况：完善制定《清苑区农村饮水安全工程运行管护办法》《清苑区农村饮水工程经费使用管理办法》，成立 18 个乡级应急抢险队伍，配备抢修设备和供水车辆，确保发生供水突发事件时能够保障农村居民基本饮用水需求。工作落实情况：制定《农村饮水安全防贫返贫长效机制工作方案》和《清苑区水利局防止返贫动态监测和帮扶机制》。在全面排查的基础上，围绕脱贫村、季节性缺水村、脱贫人口和供水易反复人群，做好常态化监测。开展进村入户调研与农户面对面交流，了解饮水现状。巩固成效情况：为了解农村饮用水水质情况，对 25 个村、2 所学校的水样进行抽检，共抽检水样 52 份，经检测，抽检结果全部达标。

【防汛抗旱】 全力做好水旱灾害防御和防汛抗旱工作，确保全区安全度汛。重点抓好东石桥村防洪整治和安全度汛工作。汛期落实各项应急预案，确保群众全部搬离河道。

区委、区政府始终把东石桥村防洪整治工作作为重要政治任务，严格落实属地责任，细化、实化工作职责，调动全区精锐力量，派出 13 名区级领导、18 个乡镇、55 个区直部门等 600 余名干部，“5+2”“白+黑”开展工作，面对面与群众沟通，保障防洪整治工作顺利开展。在主汛期，进一步完善防汛应急预案，充实壮大巡逻防汛力量，加强汛期农业生产管理，全面提升灾害综合防控和应急救援能力，确保汛期群众全部搬离河道，切实维护人民群众生命健康和财产安全。2021 年 7 月 7 日，省水利厅、省自然资源和规划厅、省住房城乡建设厅组成的核查组到东石桥现场核查，经过核查，东石桥村 1423 户 4850 人全部搬离，保障了群众安全度汛，取得了阶段性成效。

【加强水资源管理】 1. 强化用水总量控制，严格下达年度计划用水指标。按照市水利局给清苑区下达的年度计划用水指标，结合清苑区地下水开发利用现状各个用水单位实际用水效率及未来发展需求，完成各取用水户 2021 年度计划用水申报及审批工作。2021 年，市水利局下达清苑区的地下水年度计划用水总量为 1.232 亿立方米，清苑区 2021 年总用水量为 0.9809 亿立方米。对纳入取水许可管理的 190 户工商业取用水户和供水管网内 6 户年取水量在 1 万吨以上的工业企业全部下达了年度用水计划，共下达 131.0349 万立方米，2021 年全年地下水用水量 53.5749 万立方米，未超出下达的计划用水总量。同时，加强对计划用水执行情况的监督管理和执法检查。对超计划取用水的，同步抄送区税务局，通过水资源税的税额变化，增强了用水单位的节水意识。

2. 积极开展水平衡测试工作。对超年度计划用水 20% 以上和管网存在漏损隐患的用水户，及时督促其开展水平衡测试工作，分析取用水现状，查找不合理用水需求或管网漏损点。2021年，挑选3户地下水重点监控用水单位开展水平衡测试工作，对用水现状合理化、评价用水单耗进行分析，挖掘单位用水潜力，制定出切实可行的管理措施和规划。

3. 完善重点用水单位和计量监控用水单位监督管理。通过梳理各取用水单位2020年全年用水量，将4户年取水量在1万立方米以上的地下水取用水单位、2户公共供水管网内用水单位和2户取用非常规水用水单位，增加纳入清苑区2021年重点监控用水单位名录。为提升水资源监管能力、确保水资源税纳税人取用水量及时、准确、足额核定，对重点用水大户实施取水在线计量监控。截至年底，对年取、用水量超1万立方米以上的用水单位建设在线监测站点15处。

2021年7月，按照省水利厅安排部署，在全区范围内选取正常使用且代表性较好的34眼农业灌溉机井，通过安装远程在线监测设备，实时采集农灌机井的取水量、用电量、机井水位以及管道压力等数据，上传至省级数据平台，通过对全年农灌数据跟踪，为省水利厅合理调整“以电折水”系数打下坚实基础。

4. 水资源税征管工作。为确保水资源税足额征收，准确掌握企业取水量，对各取用水户申报的用水量，认真审核、批准，上报，根据用水单位以往水量的数据，实施精准分类管理，针对不规范取用水问题，实行日常巡查和突击检查相结合的措施，有效促进水资源的规范化管理。通过强化“抓大不放小，以小补大”的措施，切实做到监管不放松和力度不放松，确保水资源税足额征收。2021年，全区共入库水资源税333万元，在疫情影响情况下，入库金额较2020年还有所提高。

5. 推进用水统计直报工作。多措并举开展推进用水统计调查直报工作。2021年是实施用水统计调查制度的第二年，区水利局落实岗位责任制，安排两名人员专门负责此项工作，同时，加强与省市领导和专家的沟通交流，掌握用水统计最新的技术要求和规范。2021年，对全区用水统计调查名录库作了增补和完善，并指导名录库所有单位完成用水统计调查直报管理系统统计表的填报和上报工作，完成率100%。

6. 水土保持监管。2021年，完成上级下达生产建设项目区域遥感监管图斑现场复核25个，其中非易发区20个，生产建设项目5个。2021年，清苑区行政审批局共审批了14家企业的水土保持方案报告书（表），通过了专家技术评审，形成了技术评审意见并出具了批复。在其水利局报备后，14家已全部录入全国水土保持信息管理系统。14家企业共缴纳水土保持补偿费945617.17元。

局长 吴宏伟

（撰稿：霍惠霞）

气　象

【概况】 清苑区气象局为科级单位，有职工7人，副科1人，地方编制2人。工作职能：为国家建设和社会生活提供气象管理与气象服务，承担常规地面气象观测、特种气象观测、天气预报服务、专业气象服务、气象防灾减灾等工作。2021年，清苑区气象局按照区委、区政府和保定市气象局工作部署，以提高气象事业发展质量和效益为中心，强化气象服务，推进气象基础业务现代化，并结合工作实际，认真谋划，克难奋进，确保业务工作安全平稳有效运转，质量稳中有升。

【基础业务工作保持稳定】 加强学习，提高业务质量。高度重视基础业务工作，始终把提高基础业务质量纳入议事日程。严抓各项规章制度，每周进行一次站内业务学习讨论，主要内容为对近期所遇业务问题进行讨论和疑误数据处理、观测设备维护维修、酸雨观测、报表的制作与审核等常规业务知识。业务人员按时参加业务科组织的市县互动交流培训、装备培训以及“真定”“天元”等各种业务系统培训，不断提高业务人员的业务水平和综合素质。同时积极组织业务人员备战全省业务统考，参与全省业务统考补充试题编制工作，进一步促进业务人员业务水平的提升，清苑区气象局实现观测质量无错情。

3月按时完成2020年年报审核反馈工作，同时完成2021年年鉴资料整理上报工作；5月6日完成第30次全国酸雨观测质量样品电导率和pH值测量上报；对照《地面气象观测场规范化建设图册》对标识牌（观测场外竖牌、业务室横牌、探测环境保护标牌）进行全面检查，确保所有标识牌符合要求。按要求准备内审材料，参加内审互审，对内审中发现的问题进行讨论整改。按要求对天气现象视频智能观测仪、冻土平行观测软件、ISOSS业务软件进行升级，进一步提升台站自动化观测水平和数据质量。不断完善天元系统中本站所有站点的基础信息，做到所有站点站号无误、区域站个数无误、监控状态正常。圆满完成2月27日至3月1日、6月28日至7月1日、11月7—8日地面应急加密气象观测工作。

加强维护，保障观测设备稳定运行。为充分发挥自动气象站在防灾减灾中的重要作用，保障仪器设备正常运行，观测数据传输及时准确，根据“真定”系统仪器场地维护要求，区气象局以周、月为时间节点对观测场地、仪器设备、信息网络、供电系统等进行日常维护，及时填写维护单。灾害性天气来临前增加设备巡检频次，保障灾害天气过程中设备的运行质量。同时做好土壤水分站、酸雨、区域站、大气成分、PM2.5、PM10、风脉动仪、风廓线雷达等仪器设备数据的监控管理，做好日常维护维修工作。根据不同时间节点顺利完成季节性业务切换及自动站检定工作，保障基础业务工作顺利开展。

加强制度建设，保障业务工作有序推进。修改完善《保定市气象站工作制度》《清苑区气象局工作制度》，结合气象站工作实际制定《保定市气象站2021年度研究型业务实施方案》，大力推进研究型业务创新发展，促进观测业务更加智能智慧，科研业务融合更加充分深入。

7月6日，区委常委、常务副区长王春雨到区气象局指导防汛抗旱和气象灾害防御工作

【周密部署，服务到位】 清苑区气象局以服务经济发展和人民福祉安康为宗旨，遵循“防灾减灾，气象先行”的发展理念，努力开展气象服务保障工作。

常规气象服务有序开展。一是面对复杂天气形势，区气象局严密监视，滚动预报，及时预警，为地方党委政府和社会公众防灾减灾提供科学依据，共发布天气预报预警信息237条，其中暴雨、雷电、高温、大雾、寒潮、暴雪等预警信号95条。积极主动做好决策服务，报送决策服务材料41期。

完善预警信息发布体系。根据保定市象灾害防御指挥部办公室下发的《关于重新上报部门应急联系人的通知》和《关于重新上报乡镇气象协理员和村级气象信息员的通知》要求，完成部门联系人、气象信息员更新备案工作，保障预报预警信息发布渠道畅通。与水利、农业、应急等部门形成多部门联动预警机制，成立气象灾害防御中心，防灾减灾能力得到进一步提高。

二是做好关键农时、节假日和重大活动气象服务保障。根据《保定市春耕春播气象服务方案》要求开展春耕春播气象服务，制作农业气象服务专报、高考专题气象预报等服务材料12期；同时做好中国共产党成立100周年庆祝活动气象

服务保障工作。

三是积极做好气象科普宣传工作。充分利用“3·23”世界气象日、“5·12”防灾减灾日开展气象科普和安全生产宣传活动，加大防灾减灾安全生产科普知识的宣传力度，提高群众及各企事业单位防灾减灾安全生产意识。积极参加保定市气象科普讲解大赛，并获得优秀奖。

努力做好汛期气象服务工作。为做好汛期气象服务工作，汛前对照省、市气象局汛前检查要求，结合业务工作开展情况对仪器设备维护维修、网络传输、供电保障、应急装备、防雷安全等进行自查，排除安全隐患。提前谋划，组织开展汛前业务演练，不断增强业务人员应对突发气象灾害天气过程的处置能力。入汛后严格落实24小时值班和领导带班制度，密切监视天气变化，加强天气会商，紧紧抓住灾害性、关键性、转折性天气做好预报预警服务，及时通过微信群、手机短信、电话、传真等方式向区委、区政府、区应急管理局、区农业农村局、各乡镇发布最新天气趋势和雨情信息等。汛期区气象局共发布气象信息快报22次、雷电黄色预警信号38次、冰雹橙色预警信号4次、高温橙色预警信号6次、大风预警信号8次、暴雨预警信号5次、重要气象专报6次、雨情快报43次。汛后及时做好灾情收集上报工作。汛期服务得到区委、区政府及相关单位的充分认可。

重要天气服务及时精准。切实做好7月11—12日大暴雨气象服务工作，发布《重要气象专报》1期、雷电黄色预警信号3次、暴雨黄色预警信号1次、大风黄色预警信号1次、城市内涝风险提示1次、雨情信息1次，在清苑区防汛抗旱工作群发布天气形势、雨情实况、雷达图等各种信息176条。与区委书记闫向阳通电话两次，微信语音通话8次，微信汇报天气形势、雨量信息、雷达图等信息50余次。同时微信向区长李英英，区委副书记张东兵，副区长王春雨、彭彩红、王永辉等区领导汇报雨情、雨量与天气形势等各种信息130余条。

【继续做好新冠肺炎疫情防控工作】 按区委、区政府及保定市气象局要求，持续开展新冠肺炎疫情防治工作。从严做好疫情常态化防控，加强应急值班、信息报送及核酸检测工作，加强人员管理阻断疫情传播链。

【继续开展共建帮扶活动】 加强与定点帮扶村党组织结对共建，依据村情实际，加强调研指导，扎实开展脱贫攻坚先锋行动，慰问付家营贫困户，了解贫困户生活情况，检查七上墙、政策包、扶贫手册，完善帮扶记录本。

【强化科研成效，落实干部人才政策】 积极与区政府、区财政局、区人社局沟通协调，招录气象灾害防御中心地方编制2人；发表《气象仪器设备的维护与维修研究》论文1篇。

【基础设施建设稳步推进】 对业务办公用房进行修缮，改善办公环境。稳步推进新建业务用房建设，10月完成外网工程，一楼气象灾害防御中心设计、施工已完成。

【全面加强党建和安全生产工作】 高度重视党风廉政建设和反腐败工作。严格落实中央八项规定精神及保定市气象局党组、区纪委党风廉政建设工作部署，切实履行领导责任制，党风廉政建设工作得到进一步加强。围绕“学史明理、学史增信、学史崇德、学史力行”，把党史学习教育作为全面从严治党、永葆党的生机活力的重要抓手。

安全生产工作常态化，清苑区气象局认真落实安全生产责任制，做好节假日期间和每周例行内部安全生产检查，及时上报安全生产检查表，确保各项工作顺利开展。

副局长 李海锋（主持工作）

（撰稿：任春颖）

金融保险

◎中国人民银行清苑支行

◎中国农业银行股份有限公司保定清苑支行

◎中国农业发展银行保定市清苑区支行

◎中国建设银行保定清苑支行

◎中国工商银行清苑支行

◎中国银行股份有限公司保定市清苑支行

◎保定市清苑区农村信用联社股份有限公司

◎邮政储蓄银行保定市清苑支行

◎河北银行清苑支行

◎保定清苑区邢农商村镇银行

◎中国人寿保险股份有限公司清苑支公司

◎中国人民财产保险股份有限公司清苑支公司

中国人民银行清苑支行

【概况】 中国人民银行清苑支行是中国人民银行的派出机构，位于保定市清苑区育红路35号。设综合办公室、金融管理部、综合业务部、纪检监察审计室，有职工27人。2021年，清苑支行坚持稳中求进工作总基调，贯彻新发展理念，稳字当头，抓住重点，全力服务地方稳企业保就业工作，努力推动支行各项工作再上新台阶。

【金融服务与管理】 认真贯彻执行稳健的货币政策，积极维护地方金融稳定发展。全年组织召开金融形势分析会、金融政策通报会、政银企对接会8次，参与企业113家，参与金融机构11家，走访企业631家，融资金额约7.86亿元，为包联企业放贷率达70%。有效支持了疫情防控和中小微企业复工复产。截至12月末，辖内金融机构各项存款余额369.95亿元，比年初增加47.07亿元，增长14.58%，存款余额位居全市第5；各项贷款余额124.32亿元，比年初减少1.29亿元，减少1.03%，贷款余额位居全市第11；存贷比33.61%，位居全市第17。

不断强化业务管理，扎实推进基层支行履职。截至2021年12月末，完成个人征信自助查询15434笔、企业征信查询431笔、司法查询9笔，共评出信用乡2个、信用村80个、信用户36952户，完成信用评定人数39777人，建档立卡农户35742户，已用信户数1426户，为“三农”产业发展、乡村振兴构筑持续有力的金融支撑。2021年，扎实完成了国库基础会计核算工作，及时、准确地完成了清苑区政府预算的收入及支付，其中收入231325笔，金额29.45亿元，预算支出67509笔，金额43.53亿元；退库10177笔，金额1.57亿元；更正98笔，金额1.48亿元。2021年国库资金安全，较好地服务了清苑地方经济的发展建设，及时开展国债巡查工作，督导辖内金融机构开展储蓄国债到期提醒兑付工作，使部分投资者尽早办理兑付已到期应兑未兑储蓄国债，防范化解国债兑付风险。全力做好人民币流通管理和反假货币宣传工作，共收缴假币面额10.66万元。

【内部管理和文化建设】 2021年，在严格内部管理的基础上，进一步推进单位文化建设，着力开展文明单位创建活动：一是修订完善健全支行各项规章制度，维护正常工作秩序，做好安全保卫和应急管理工作，做好科技工作和后勤保障工作，保证支行业务的顺利开展；二是继续开展文明单位创建工作，2021年中国人民银行清苑支行继续高标准严要求扎实推进文明单位创建工作；三是召开七届四次职工大会，充分发挥职工的主人翁意识；四是开展讲述英雄故事、央行案鉴等4期道德讲堂，对职工进行教育培训；五是开展丰富多彩的庆祝中国共产党成立100年活动；六是服从大局，在金融服务不间断的同时，积极参加社区联防联控，全力做好疫情防控工作，支行和辖区金融机构未发生因疫情停业情况；七是积极参与区创城创卫工作，在创建文明城市和卫生城市工作中贡献力量。

【积极开展“我为群众办实事”实践活动】　创新“志愿＋专业”服务模式，支行组织成立由区公安分局、区市场监管局、辖内银行业金融机构相关专业人员30余人参加的“反假人民币志愿服务队”，解决了宣传覆盖面窄、宣传不深入等问题，共收缴假币面额10.66万元。开设金融夜校，让普惠金融真正惠及老百姓。截至年底，常态化“金融夜校”已经走过革命老区——冉庄村、全国文明村——中林水村等8个村镇。通过播放视频、现场讲解、有奖问答等多种形式讲解金融消费者权益、国债知识、防范电信诈骗知识、人民币反假知识、征信知识等，真正打通普惠金融“最后一公里”。

【信息调研】　按照调研兴行理念，不断强化信息调研和创新工作。2021年，完成各类调研报告300余篇，被上级行转发101篇，为上级决策提供了重要参考。

【亮点工作】　2021年，被上级行务和地方政府肯定推广亮点工作6项，中国人民银行清苑支行志愿服队被保定市精神文明建设委员会办公室授予“保定市先进志愿服务组织”称号，被保定市总工会评为“2021年保定市职工职业道德建设标兵单位”。2021年6月，清苑支行党支部被中国人民银行天津分行评为先进基层党组织。

行长　张　辉

（撰稿：曹宇）

中国农业银行股份有限公司保定清苑支行

【概况】　中国农业银行股份有限公司保定清苑支行内设五个团队：对公业务团队、机构业务团队、个贷与专项分期业务团队、“三农”业务团队、综合业务团队；下辖4个营业机构：支行营业室、何桥支行（二级支行）、檀香园支行（二级支行）、振兴支行（二级支行）；离行式自助银行2个：东闾自助银行、清中自助银行。有员工73人。2021年，清苑支行坚持“四个融合”，以抓党建促发展为抓手，按照“两个确立”原则，精准落实“六稳”“六保”“六大改革”措施，尽全力支持实体经济发展，落实普惠金融措施，服务乡村振兴，积极履行政治责任和社会责任，助力疫情后经济的复苏发展。

【主要指标完成情况】　2021年年末，各项存款余额52.06亿元，较年初增长6.79亿元，增幅15%。个人存款余额44.36亿元，较年初增长5.75亿元。对公存款余额7.70亿元，较年初增长1.05亿元。各项贷款余额12.17亿元，较年初净增4.70亿元，贷存比23.37%，较年初提高6.88个百分点。全年实现中间业务收入1878万元，“四大行”中（工行、农行、中行、建行）位居第一，占比46.72%。全年未发现案件和事故，内控管理水平继续保持一类行。

【统筹疫情防控和业务经营】　严格按照区委、区政府防疫工作要求开展疫情防控工作，及时召开疫情防控专题会议研究部署，确保任务到人、责任到岗，各项防控措施不折不扣落实。同时，加强专项信贷资源配置及政策倾斜，对受疫情影

响较大的批发零售、住宿餐饮、物流运输、文化旅游等行业，以及有发展前景但暂时受困的企业，严格落实“不抽贷、不断贷、不压贷”。对受疫情影响的个人客户实施差异化信贷政策。对受疫情影响暂时失去收入来源的客户，灵活调整住房按揭、信用卡、农户贷款等个人信贷还款安排，合理延后还款时间。对涉及疫情防控的信贷业务，特事特办、急事急办、优先办理，即来即审。加大线上信贷产品服务力度，做好线上信贷产品的宣传推广服务，积极鼓励客户使用掌上银行、网上银行等线上渠道获取信贷支持和服务。

【精准把握区委、区政府工作思路】 积极与区委、区政府对接，深入研究区委、区政府各工作领域发展思路，精准把握清苑区经济工作会议精神，以传统公司类贷款为依托，瞄准纳税大户以发放纳税 e 贷、抵押 e 贷等线上产品为补充，大力延伸线上资产业务触角，全年共发放法人客户贷款 95 户 36853 万元，实现社会效益和银行自身业务的双提升。

【支持实体经济发展普惠金融】 建立专业服务团队，打通绿色通道，积极对接政府有关部门，重点围绕城乡基础设施建设、农业产业化龙头企业、新型工业园区、新型城镇化、县域旅游及幸福产业等中高端客户开展全方位金融服务。2021 年，实体经济贷款净增 2.54 亿元，普惠法人贷款余额 8733 万元，较年初增加 3923 万元，新增普惠法人客户 23 户。

【服务乡村振兴】 2021 年向市级农业产业化龙头企业河北古城香业集团发放流动资金贷款 5000 万元，带动就业 600 余人。2021 年向该公司省重点项目“香文化产业园”授信 3 亿元；向保定市防疫重点企业顺泽医药发放无追索权保理 4000 万元，保证企业日常经营周转，维持当地防疫物资供应稳定。与此同时，为支持小微企业复工复产，以“纳税 e 贷”为抓手，对全区纳税 A、B、M 类企业逐一产品对接，并严格落实减费让利政策，实行普惠利率，解决企业融资贵的问题。

【强化风险案件管理，防范金融风险】 严格落实对资产质量、内控合规、案件风险、声誉事件、流动性风险等管理责任，守住金融风险的底线。成立以支行行长为组长，副行长为副组长，各网点、团队负责人为成员的案件防控工作领导小组，逐级落实好管理责任和监督排查责任。关心关爱员工，引导员工依法合规操作，构建平安和谐的工作氛围。通过组织召开合规守法案例警示教育大会，选取身边典型案例进行剖析，深挖从违规到违法的性质发展规律和思想根源，营造案防合规文化建设浓厚氛围，为全年各项工作任务顺利收官提供思想保障。2021 年全行员工未发生道德风险和任何违背《银行业金融机构从业人员职业操守指引》和《员工行为守则》的现象。

行长 崔新凯

（撰稿：许志刚）

中国农业发展银行保定市清苑区支行

【概况】 中国农业发展银行保定市清苑区支行是清苑区唯一一家政策性金融机构。2021 年，农发行清苑区支行坚持政策性银行办行方向，把高质量服务乡村振兴战略作为新时代支农工作的总抓手、总任务，统筹推进党建、发展、管理各项工作，以党史学习教育为载体，以支持地方经济发展为己任，聚焦农业农村重点领域，在服务国家粮食安全、推进脱贫攻坚、疫情防控，促进全区经济发展等方面发挥了一定的积极作用。

【主要指标完成情况】 截至 2021 年 12 月末，农发行清苑区支行各项贷款余额 18485 万元，较年初增长 1957 万元；存款余额 10533.8 万元，较年初减少 3184.23 万元；各项业务收入为 858.78

万元，各项支出 844.54 万元，实现账面利润 14.24 万元，FTP 利润 -187.58 万元。

【主要工作开展情况】 践行履职意识，加快业务发展步伐。一是充分发挥政策性银行职能作用，积极支持地方经济快速发展。2021 年新审批发放县级粮食储备贷款 1325 万元，7 亿元首衡农产品批发市场项目通过省分行立项并完成审批准备。二是全力开展“大普查、大对接、大营销”活动，积极对接党政主要领导和各相关职能单位，宣介农发行清苑区支行信贷政策和支农成效，梳理摸排项目和对接企业。新营销储备污水厂提升改造、江水置换和地表水厂二期、品农时代小镇、昆仑能源燃气管线、大唐热电光伏等一批项目，为后续发展打下基础。三是履行社会责任，积极践行“我为群众办实事”活动。设立学雷锋志愿服务岗、学雷锋服务志愿者，开展金融知识宣传、防范非法集资宣传活动，增强社会公众金融知识与技能，提升风险识别与自我保护能力，提高金融消费者的风险意识，构建和谐稳定的金融环境。按照地方政府要求，积极履行社会责任，全力做好分包责任小区疫情防控和省级文明城市创建工作，切实保障小区居民的生命健康安全，共同打造干净、亮丽、和谐的家园。

加强内部管理，夯实发展基础。一是狠抓内控合规管理。持续开展“内控合规管理建设年”“信贷合规管理推进年”“作风建设年”活动，不断提高员工“人人事事讲合规、时时处处防风险”的合规意识，引导教育员工心有所惧、行有所止，消除侥幸心理，自觉遵纪守法。二是强化廉政教育。组织开展集中警示教育，通过观看警示案例教育片、一把手讲案防、集中警示教育答题等形式，增强员工纪律意识和规矩意识。三是认真开展案件风险排查工作。紧盯关键人、关键事、关键时，把中央八项规定精神作为铁规，贯穿于治行理政、谋事干事、履行职责全过程，有效防范违法违规行为发生。四是以党建带团建，发挥青年主力军作用。围绕市分行党委提出的“精进、自胜，团结、协作，赋能、晋位”十二字要求，制订青年员工人才培养计划，树立正确的选人用人导向，激励广大青年员工积极投身于高质量发展、高水平管理、高质效执行、高素质育人实践中，打造一支有活力、有实力、敢担当的青年队伍。

3 月 8 日，农发行组织女职工开展“诗”情“花”艺、献礼百年华诞“三八”妇女节活动

【企业文化建设】 一是 5—7 月开展“重走长征路”挑战赛活动，倡导“快乐工作、健康生活”理念，凝聚向心合力。二是春节前夕，慰问困难退休党员，送去慰问品和慰问金；七一到老党员家中慰问，送上“光荣在党 50 年”纪念章和慰问金，送上党和组织的关心、关爱。三是以人为本，倾力为民办实事。将党史学习教育和解决群众实际问题紧密结合起来，从群众最关心、最直接、最现实的问题入手，着力为群众办实事、办好事：在职工浴室添置热水器、洗衣机，食堂购置小厨宝，方便职工生活；维修会员活动室、职工餐厅照明设施，改善学习及用餐环境，提升职工幸福指数；对办公室空调进行清洗消毒、营业场所全面保洁，营造干净、舒适的办公环境。

行长 刘永胜（2021 年 1—8 月）

行长 黄军昌（2021 年 8 月任职）

（撰稿：吴兰荣）

中国建设银行保定清苑支行

【概况】 中国人民建设银行清苑支行成立于 1979 年，2004 年 9 月中国人民建设银行改制为

国家控股的股份制商业银行后，名称为中国建设银行股份有限公司清苑支行，2018 年 9 月名称变更为中国建设银行股份有限公司保定清苑支行，简称清苑建行。中国建设银行股份有限公司保定清苑支行承继原中国人民建设银行清苑县支行相关资产、负债和权益。位于清苑区建设北路 120 号，有从业人员 50 名，下设营业部、客户部、办公室、保卫部、个人贷款中心和振兴路支行。2021 年，建行清苑支行紧紧围绕“六个更加”，践行“三大战略”和“七字方略”，落实新理念、新策略、新打法，开启第二发展曲线，着力 G 端突破，突出战略引领和创新驱动，对标系统和同业先进，持续提升建行系统贡献度和市场竞争力；坚持“六个做表率”，全面履行职能，自觉服务全行大局和中心工作，营造了干事创业的良好氛围，圆满完成各项目标任务。

【各项业务】 截至 2021 年底，一般性存款日均余额 38.14 亿元，同业排名第三；一般性存款日均新增 5.03 亿元，同业排名第三；一般性存款时点余额 41.07 亿元，同业排名第三；一般性存款时点新增 4.33 亿元，同业排名第二。对公存款：截至 2021 年年末，对公存款日均余额 9.3 亿元，同业排名第二；对公存款日均新增 -0.53 亿元，同业排名第四；对公存款时点余额 9.97 亿元，同业排名第二；对公存款时点新增 -1.58 亿元，同业排名第三。个人存款：截至 2021 年年末，个人存款日均余额 28.84 亿元，同业排名第三；个人存款日均新增 5.55 亿元，同业排名第二；个人存款时点余额 31.1 亿元，同业排名第二；个人存款时点新增 5.91 亿元，同业排名第二。

截至 2021 年底，各项贷款（含信用卡透支）余额 14.71 亿元，同业排名第二；各项贷款（含信用卡透支）新增 3.14 亿元，同业排名第三。其中，对公非贴贷款余额 7.74 亿元，同业排名第一；对公非贴贷款余额新增 2.69 亿元，同业排名第一；个人贷款（含信用卡透支）余额 6.97 亿元，同业排名第三；个人贷款（含信用卡透支）余额新增 0.46 亿元，同业排名第四。普惠金融贷款达 480 余户，贷款余额 2.6 亿元。

【合规管理】 建行清苑支行领导班子认真落实“七个层次”内控案防体系要求，严格内部管理，抓好案件防控。一是认真落实全面风险管理进支部，在支委会上认真学习有关文件精神，认真分析各项业务风险隐患，抓小抓早，防患于未然；二是通过各种形式传导合规理念，要求各级人员从思想上注重道德风险，从行动上保证合规操作；三是对每一笔贷款都进行专题会议研究，有效遏制信贷风险；四是严肃问责机制，对发生的违规行为进行严肃问责，防微杜渐，让员工树立红线意识，做到警钟长鸣。全年无事故、无案件。贷款不良率在系统保持较低水平。

【按照区委、区政府要求开展各项活动】 创建精神文明城市。根据区委、区政府要求，建行清苑支行把巩固文明城市创建成果，保持文明城市创建长效常态作为工作重点，努力营造“整洁卫生、规范有序、温馨和谐”的良好气氛。扫黑除恶专项斗争利用营业网点电子屏、自助机具等各种形式的载体，通过布置展板、播放宣传视频、分发宣传材料等形式开展日常宣传，发放宣传彩页 5000 余份，利用官方网站、自助机具、网上银行、手机应用程序（App）、微博微信等线上渠道对该活动进行充分宣传。结合扫黑除恶专项斗争把“金融知识进万家”活动深入工作实际；组织骨干宣传力量，走近社会公众，进广场、进乡村，积极开展集中宣传活动，壮大宣传声势。切实做好疫情防控工作，助力企业复工复产。一是全力支持区委、区政府的疫情防控工作，坚决服从区委、区政府及上级行工作部署，全力做好网点疫情防护措施，认真做好政务值班和驻卡值班工作；同时为缓解企业受疫情影响造成的还款压力，充分利用上级行政策，对有经营困难的30余家企业办理延期，并及时转换LPR定价机制，大大降低小微企业利率，切实降低了企业成本，有力地支持了小微企业和民营企业的发展需要。全力推进乡村振兴工作，实施乡村振兴战略。建行与政府共同努力，借助“裕农通”综合服务平台，一方面加大乡村产业振兴信贷支持，在乡镇投入更多信贷资金，引金融活水进乡村，共同推进农业产业振兴；另一方面，大力推进乡村振兴综合服务，通过建设助农点、打造用卡环境、推动线上服务等措施，让建行各项产品深入农村、深入百姓，帮助农民增收致富，真正实现国有大行金融服务下沉。以“党建惠农贷”为敲门砖，以“党建+村委会+裕农通+裕农学堂”模式，全力打造南王庄乡村振兴示范点。2021年，建行清苑支行与村委会继续加强合作，加大对农户贷款的支持力度，在“党建惠农贷”的基础上，针对农户推出裕农快贷，手续更加简便。除此之外，建行清苑支行与保定市鑫天泰农业机械销售有限公司积极合作，为购买农机有需求的农机手提供信贷支持，为南王庄、大福村和农机手办理裕农快贷授信275户，授信2500万余元，贷款余额较年初新增1185万元，得到村民和农机手们的高度认可。

【扶贫帮困】 积极开展走访困难群众活动。建行清苑支行领导班子的结对帮扶是孙村乡大侯村贫困户一户和小侯村贫困户两户，每季度对贫困户组织走访慰问，盛夏送清凉、冬季送温暖向贫困户、贫困学生送去慰问品、慰问金，累计5000余元。

行长 闫　军（5月离任）

行长 张　贺（5月任职）

行长 张　贺（12月离职）

副行长（主持工作） 崔文勇（12月任职）

（撰稿：王宁）

中国工商银行清苑支行

【概况】 中国工商银行清苑支行（以下简称工行清苑支行）是隶属于中国工商银行股份有限公司的一级支行，位于保定市清苑区中心中路227号。工行清苑支行成立于1984年，2000年由于上级行机构调整予以撤并，2009年租赁经营场所恢复网点建设，2016年4月搬迁至原工行清苑支行旧址改造装修后的大楼。有物理网点1家，附行式自助银行1家；内设1个部（综合管理部）、2个室（办公室、营业室）；有在职人员31人。2021年，工行清苑支行全面贯彻“六个坚持、六个聚焦”工作安排，深化运用“三比三看三提高”工作方法，一手抓疫情防控不放松，一手抓经营发展不动摇，在不懈的努力下各项指标均完成良好，经营发展保持了平稳健康发展态势。

【业务指标完成情况】 截至2021年12月底，工行清苑支行人民币各项贷款余额18.11亿元，较年初增加4.79亿元。个人贷款余额15.09亿元，较年初增加3.49亿元，其中个人住房新增3.61亿元。对公存款余额3.93亿元，较年初增加1.39亿元，日均余额增加0.85亿元。资产业务实现迅猛增长。6月末成功为某高新技术企业续贷营运资金贷款3000万元，11月末又为清苑区某先进制造业企业发放首二项目贷款1.5亿元，实现自支行恢复以来为大中型公司发放营运资金贷款、项目贷款双突破。大力推动网贷通业务发展，继续做好E抵快贷拳头产品，全年发放40笔，金额2513万元。新开对公结算账户326户，其中新开有效账户269户，有效户转化率83%。日均金融资产1万元以上公司客户净增67户，日均金融资产5万元以上公司客户净增20户。代发工资户26户，较年初净增7户。网络金融特色优势继续保持，工银信使新增1903户，融e行净增动户数3330户，个人手机银行月均活

跃客户数11990户，三方绑卡净增2627户。

【业务开展】　1. 存款业务。以“客户服务质量提升年”专项活动为抓手，加强重点监督，对客户进行分层管理，针对客户的资产状况，完善不同层级客户的管理模式。发挥厅堂营销的阵地作用，督促网点员工服务要从细节入手，为客户提供有温度的服务，提高客户的满意度。加大新开个人、对公账户工作力度，加强公私联动，主管行长带队走访房地产客户和优质企业法人客户，争揽企业法人以及企业高管的个人资金，努力提升私人银行客户数，以对公客户促进个人客户的发展，以个人客户拉动对公客户活力，强化优势，补齐短板，实现客户“留、增、活”，进一步促进业务发展。持续加强同区财政局、区人社局、区审批局的密切联系，做好对公结算账户的开户和有效户转化。

结合“两校七局一资格”，乡镇、村级组织和智慧政务十二大领域营销目标，完成清苑区消防中队专户开立，并取得社保卡发卡资格。密切与工会联系，争揽保定市博远电气制造有限公司工会委员会、河北创亿电力工程有限公司工会委员会、保定市清苑区武术协会在工行清苑支行开户。密切同业关系，保定清苑区邢农商村镇银行股份有限公司在工行清苑支行开立结算性同业存款账户。切实推动国际业务营销，在上级行的支持与全体员工的努力下，2021年开立香港四通外币NRA账户、日本金属株式会社人民币NRA基本户与专户、牧田起重美元账户，努力打造外汇业务首选银行。

2. 贷款业务。积极响应国家金融政策导向，聚焦实体经济，深入开展精准营销。密切关注清苑区规划、承接、引进、开工的重大建设项目，拉列详细的项目清单，做到第一时间向上级行汇报项目规划和建设情况，积极争取政策支持和信贷支持。2021年，工行清苑支行公司贷款、个人贷款业务全面开花，为立中四通发放并购贷款2期1.5亿元，持续深化与其核心集团业务合作；积极拓展个贷市场，打造个贷特色精品工程，个人贷款余额增量位居同业首位。支行将“作风效能提升年”活动与“我为群众办实事”活动相结合，进一步加大普惠金融的工作力度，为急需资金的企业发放普惠金融贷款。同时着力信贷领域重点监督工作，督促支行加强贷后管理工作，对信贷关键岗位轮换和信贷领域案防进行督促提示，提升信贷从业人员的风险意识，确保信贷业务平稳有序发展。

【基础管理】　扎实开展“强风控、保双无”专项行动，对重点业务、重要风险环节进行专项治理，提升风险防控能力。通过认真剖析学习“违规案例”、《商业银行合规红线手册（2021年版）》、信贷主题警示教育短视频、反洗钱监管处罚情况通报及各类风险提示，员工警示教育完成率为100%，在线考试平均为90分。2021年支行未发生重大案件事故和违规违纪问题，实现“双无”目标。支行定期组织对营业网点进行安防、消防设施检查，对营业办公场所安全防范工作进行全面排查，每月进行防抢、灭火、逃生演练，完善消防设施，建立微型消防站，为突发事件的发生提供有力的防护武器。积极推进“断卡”行动，借助微信、海报等多种形式，宣传安全生产法规制度。同时认真落实疫情防控要求，营业网点落实防疫消杀工作，并积极配合清苑区政府，对到店未接种疫苗客户，督促其进行疫苗接种，落实“工行小区”各项防疫工作。

【企业文化】　工行清苑支行在“地道战文化”和特色廉洁“清”文化的基础上，重视青年员工队伍建设，组织支行“清青联盟”开展一系列青年活动。活动以“一周一主题，一月一突破”为原则，每周召开一次特色主题会议，每月开展一次专项活动竞赛。活动主题涉及营销竞赛、学习读书、业务技能、生活关爱等，全面提升支行青年员工的综合素质，激发青年员工的工作热情、责任感和使命感，力求建立一支职业素养一流、业务技能一流、岗位业绩一流的青年人才队伍，为支行发展注入新鲜血液。密切关注员工思想状况和心理状态，强化思想疏导工作，全年召开由班子成员、中层干部、网点负责人、扩大到员工代表参加的员工思想动态分析会3次，会议通过对工行绩效分配方案再次解读，征求员工多方面意见，并积极妥善加以解决。通过增配员工休息茶室、健身房、电子阅览室等，不断丰富员工文化体育活动；通过为宿舍加装保温窗，改善员工休息环境；通过征求员工对饭菜意见建议，改善员工餐厅伙食。支行力争从多角度多方面提升员工工作幸福感，使支行保持和谐、稳定的工作氛围。

支行行长 李丛辉

（撰稿：刘彦君）

中国银行股份有限公司保定市清苑支行

【概况】 中国银行股份有限公司保定市清苑支行成立于1992年12月22日。有员工52人，下辖一个二级支行——中国银行股份有限公司保定市清苑区清苑路支行。2021年，中国银行清苑支行立足新发展阶段，加快高质量发展，牢固树立“客户、争先、效益、创新、底线”的意识，持续坚持以效益为中心，抓队伍、抓发展、抓内控，取得较好的经营业绩。

6月11日，中国银行清苑支行开展送金融知识下乡活动

【年度荣誉】 河北省行2021年度开门红公司金融重点产品先进单位（养老金融业务先进支行）、公司金融重点产品先进单位（代发薪业务先进支行）、个金全量金融资产旗舰支行；2021年度河北省行先进基层党组织；2021年度河北省行迎冬奥业务技能比赛中，支行共有8名员工获奖，在保定各分行遥遥领先。

【业务发展】 截至2021年年底，人民币各项存款余额53.79亿元，较年初新增3.01亿元，其中人民币公司存款余额10.73亿元，较年初新增-3.66亿元；人民币储蓄存款余额43.01亿元，较年初新增6.95亿元。

人民币各项贷款余额8.88亿元，全年累计发放贷款7.15亿元。其中完成普惠金融贷款新增投放364笔，金额2.32亿元；投放中小企业贷款92户，共1.69亿元；为大公司客户发放贷款6笔，共0.9亿元。

各货币汇总资产总额56.11亿元，同比增长4.51%；各货币汇总负债总额55.50亿元，同比增长4.46%。

实现营业收入9591.56万元，实现税后利润6089.82万元。

【内控案防】 做实“五个强化”，严防内控风险关，落实考核要求，强化支行内控组织建设。支行内控案防工作领导小组负责支行整体内控案防工作，负责督导工作进展、评价成效等。做实规定动作，强化支行内控案防制度建设。补充完善相关制度，推进“人人有责”的内控案防体系建设，确保各项政策措施落实到个人。加强日常督导，强化支行安防建设。加强重点环节、重要部位安全管控，全面开展安防消防隐患排查，组织开展防火、防抢、防暴、防盗等应急预案演练，切实增强员工特别是一线员工应对处置突发事件的能力。优化基层考核，强化支行内控运营合规管理。一是持续加强支行操作风险合规管理；二是坚持合规操作学习；三是及时有效落实

操作风险问题整改。梳理岗位责任，强化岗位责任落实。

【社会责任】 一是针对清苑区委、区政府的创城、创卫工作安排，支行组织全体员工并号召全体党员，组织完成了一系列的创城、创卫工作部署，开展分包卫生区环境整治、交通志愿服务工作等，主动配合区委、区政府圆满完成创城、创卫工作验收的任务。二是严格落实疫情防控工作，严格做好三个疫情防控卡点的值守工作，强化卡点值班的管理，强化出入人员的管理；加强员工管理，做好疫情防控知识科普宣传，指导督促员工增强防护意识，严格落实个人防护要求。

行　长　冉　静（男，2020 年 9 月任职）

副行长　刘永超（女，2018 年 9 月任职）

（撰稿：潘红利）

保定市清苑区农村信用联社股份有限公司

【概况】 保定市清苑区农村信用联社股份有限公司（以下简称清苑联社）隶属于河北省农村信用社联合社，是经银行业监督管理机构批准设立，在工商行政管理局注册登记，取得营业执照，具有独立企业法人资格的地方性金融机构。全辖共有 50 个营业网点，其中信用社 23 个、营业部 1 个、分社 22 个、储蓄所 4 个，从业人员 444 人，是全区从业人员最多、营业网点分布最广的金融机构。2021 年，清苑联社以服务地方经济建设为己任，秉承“资金取之于清苑用之于清苑”的经营理念，聚焦主业、回归本源，服务县域、服务实体，坚定不移地支持“三农”、民营小微企业和县域实体经济发展，为广大城乡居民和经济发展提供优质、高效的金融服务。

【经营情况】 截至 2021 年年末，全辖各项存款 148.55 亿元，各项贷款余额 47.22 亿元。电子银行交易占比 97.34%，新型收单活跃商户 7458 户，市场拓展业务收入 630.4 万元，手机号码支付签约 3466 户，云闪付新增客户 18915 户，新聚合支付场景建设 3189 户，自助设备开机率 97.53%，金融便民店 134 家，乡村振兴综合体 22 个，乡村振兴卡发卡 11663 张。

【信贷投放】 加大信贷投放力度，助力地方经济建设。一是响应政府号召，积极参与“百行进万企”“百行联千企”活动，深入企业调研，解决企业资金需求。2021 年共包联企业 10 户，贷款余额 12480 万元。二是制定差异化金融服务措施，对受疫情影响较大的涉农主体不盲目抽贷、断贷、压贷，对到期还款困难的适当予以展期、延期、续贷或调整还款付息计划等，助力涉农主体渡过难关。三是深入推进“双基”共建农村信用工程，与培训公司合作，以“党建引领 +‘双基’共建”模式推进整村授信，助力乡村振兴发展。四个试点村先行，总结经验、方法，以点带面，在全辖 18 个乡镇全面铺开。截至 2021 年年末，全辖建档农户 40349 户，评定信用户 37405 户，已用信农户 3471 户，用信余额 10.47 亿元，农户申贷获得率 100%。四是做好社会民生工作。加大对建档立卡贫困户等弱势群体的支持力度。截至 2021 年年末，累计发放脱贫小额贷款 12 户，贷款金额 31.39 万元。

【惠民服务】 依托科技力量支撑，改善农村金融环境。一是扩大移动金融客户规模，推进移动支付便民工程建设，实现移动支付在农村地区的普及。截至 2021 年年末，累计发行信通卡 76.44 万张，开通手机银行 15.97 万户，交易量 39.55 万笔；开通短信业务 10.37 万户，开通网上支付 23.13 万户。二是加强农村地区基础金融设施建设，下沉金融服务，大力建设金融便民店和乡村振兴综合体，设置金融便民店 134 家，布放智能 POS 机 110 台、小额现金循环机 24 台，办理小额存取款、转账业务 18.81 万笔，金额 10757.32 万元。三是发展移动挎包银行业务，充实大堂经理及外拓营销队伍，发扬背包下乡精神，实行网格化服务，为乡村孤寡老人等弱势群体提供上门服务。四是大力发展聚合支付业务。截至2021年年末，发展聚合支付商户11147户，累计扫码支付984.40万笔，交易金额33.59亿元，为中小商户提供了更加安全、便捷的无现金支付方式。

【社会责任】 积极践行社会责任，提升农信品牌形象。一是贯彻执行疫情防控要求，研究部署疫情防控工作。加大网点防疫执行力度，定时对营业网点、自助服务机具等设施进行清洁消毒，做好疫情防控卡点分包工作。同时，加大疫情期间电子银行保障力度，确保网上银行、手机银行等电子银行渠道稳定运行，引导客户通过非柜面渠道办理业务。二是开展结对帮扶工作，时刻关注贫困群众的安危冷暖，针对实际情况，为其修缮老化房屋，并多次送去棉被、米、油等慰问品和慰问金。三是开展“我为群众办实事，金融夜校入村庄”专题活动9场，开展“志愿大清扫”“雷锋先锋志愿服务”等活动，取得了良好的社会效应。四是员工见义勇为先进事件1起，保定微头条对相关情况进行了报道，提升了清苑农信美誉度。

董事长 刘金鹏

（撰稿：刘金鹏、马喜增）

邮政储蓄银行保定市清苑支行

【概况】 中国邮政储蓄银行股份有限公司保定市清苑支行辖设综合管理部、零售金融部、公司金融部、风险合规部4个部门和2个银行自营网点，有职工50名。2021年，清苑支行狠抓工作落实，积极创新，突出重点，在严抓疫情防控的大背景下，以全面发展、重点突破为原则，以客户为中心，抓大促小，有效地促进支行党建和经营工作的开展。圆满完成收入指标。

【业务发展情况】 个金业务：2021年清苑支行储蓄时点净增8200万元，结余8280万元；代理保险当年累计销量1700万元；人民币理财日均保有量增量9116万元，当年新增1458万元；信用卡当年累计进件3567件，发卡2176张；新增收单客户198户。

公司业务：2021年清苑支行公司账户结余541户，时点余额1.3亿元，全年日均1.58亿元，开立机构类账户13个。

信贷业务：2021年清苑支行贷款净增12506万元，贷款结余共71501万元，其中“三农”贷款当年累计净增2072万元，贷款结余18985万元；综合消费贷当年累计净增835万元，贷款结余6098万元；房贷当年累计净增2705万元，贷款结余32802万元；车贷当年累计净增390万元，贷款结余390万元；“三农”普惠当年新增1434万元，小企业普惠当年新增1385万元。

【疫情防控常态化】 2021年，清苑支行认真贯彻落实区委、市分行关于疫情防控工作的各项决策部署，切实担负起属地防控责任，充分发挥基层党组织的战斗堡垒作用，建立健全疫情防控工作体系，做好疫情监测、排查、宣传等工作，构筑起干群同心、群防群治的严密防线。一是完成疫苗接种工作。积极动员全行职工及家属完成疫苗接种，不仅实现职工全员接种，同时也完成分包卡点振奋胡同全民接种工作。二是提高政治站位，做好疫情防控，排查单位员工的体温、外出等情况，每天做好全行尤其是网点的全方位、无死角的消毒工作，做好网点进出客户的登记、体温测量工作。三是充分发挥清苑支行党员干部在疫情防控中的先锋模范作用，派出党员、干部、职工到振奋胡同区域参与疫情防控工作，切实担负起振奋胡同的网格化管理服务工作，进行24小时两班倒的执勤工作，按照区委、区政府要求，进行全方位排查防疫工作。

【合规管理】　一是组织支行全员开展合规及警示教育培训，提升案件防控水平，全员签署安保与案件防控责任承诺书，督导全员履职尽责。二是组织全员开展各项安保、案件防控演练，始终把安全生产放在首要位置，2021 年全面改进升级全行消防硬件设施，聘请第三方检测机构对清苑支行机关办公楼、营业网点做消防检测，扎实推进安全生产专项整治三年行动集中攻坚，落实安全责任，推动安全发展。三是全面落实风险管控，按照反洗钱制度要求，各营业网点落实客户反洗钱调查职责，针对全体职工每季度展开风险排查，检查人员每月对网点及业务条线做合规检查。四是坚持落实消费者权益保护主体责任，优化工作流程，规范经营行为。将消费者权益保护融入公司治理各个环节，纳入全行企业文化、经营发展战略和全面风险管理体系，进一步明确营销宣传职责和流程，建立金融营销宣传“负面清单”，积极向社会公众普及存款保险等金融知识，充分发挥支行点多面广的特色优势，深入开展各类宣传活动。

【企业文化】　关爱员工身心健康，增强企业凝聚力。安排全体职工健康体检，逢节给职工发放慰问品，员工生日当天送蛋糕鲜花，积极开展员工、党员家访活动，针对困难职工进行关怀慰问，不定期组织工会活动，既活跃了职工文化生活，又增进了职工团结友谊，增强了企业的凝聚力和向心力，有力推动各项业务持续、快速发展。

行长　杨雪超

（撰稿：范奥然）

河北银行清苑支行

【概况】　河北银行保定清苑支行于 2017 年 1 月 12 日正式营业，支行为单网店运营，下设行长室、办公室、营业室、业务部，人员共 12 人，支行配备存取款机及取款机自助设备各 1 台。

【业务情况】　截至 2021 年年末，河北银行清苑支行存款余额 128007 万元，贷款余额 48310 万元，存贷比 37.74%。2021 年度河北银行清苑支行全年未发生任何责任事故和案件，并被保定市公安局评为“2021 年度全市企业事业单位安全保卫工作先进集体”，行政文秘获得“安全保卫先进个人”称号。

【履职情况】　加强内部管理。根据支行组织结构，完善强化内部各项制度，坚决落实各项政策规定，夯实制度管理，加强员工业务技能培训，努力提升业务操作水平，提高员工的团结性、向心力、战斗力和团队意识。

坚持合规经营。面对经济持续下行、金融案件高发等恶劣环境影响，强化以防范风险意识为基础，以坚持制度为前提，以坚持合规经营为中心的理念，努力提高全体员工的风险识别能力，把风险防范放到首位。

狠抓文明服务。通过学习教育和对照检查，抓好服务环境、服务形象、服务用语、服务态度、服务效率、服务质量等环节，提升支行服务水平，树立河北银行良好品牌形象。

推动业务发展。2021 年为河北银行清苑支行开业的第五年，也处于发展中的瓶颈期，在面临市场混乱、竞争激烈等客观因素影响下，通过充分发挥河北银行清苑支行的“享贷”“快速贷”“差别授权”等优势产品及政策，大力发展支持清苑区各项业务。

行长　王红军

（撰稿：李冲）

保定清苑区邢农商村镇银行

【概况】 保定清苑区邢农商村镇银行于2016年3月30日开业，是由河北邢台农村商业银行为主发起设立在保定清苑区的法人银行机构。自成立以来，保定清苑区邢农商村镇银行紧紧围绕县域经济发展大局，服务于金融供给侧结构性改革，通过金融支持为“三农”与小微企业赋能，提供便民、惠民、廉洁、高效的服务。保定清苑区邢农商村镇银行设有总行与5家支行，总行内设综合部、计划财务部、风险稽核部、营业部4个部，支行设有大福支行、高铁支行、大魏支行、石桥支行、东安支行，所辖的6家营业网点分布在6个乡镇，基本填补当地农村金融服务空白。截至2021年年末，银行员工共61人。

【经营范围】 吸收公众存款，发放短期、中期和长期贷款，办理国内结算，办理票据承兑与贴现，从事同业拆借，从事银行卡业务，代理发行、代理兑付和承销政府债券，买卖政府债券和金融债券业务，代理收付款项和保险业务，以及银行业监管机构批准的其他业务。

【2021年主要经营数据】 截至2021年年末，保定清苑区邢农商村镇银行资产总额10.67亿元，负债总额9.78亿元，各项贷款余额6.26万元，各项存款余额8.75亿元。存贷比71.54%，流动性比例为131.22%，资本充足率17.36%，农户和小微企业贷款合计占比100%，不良贷款率为0.13%，存贷比2.52%。

【2021年主要经营成绩】 2021年，保定清苑区邢农商村镇银行以严控风险、回归业务本源为目标，主要经营指标位居保定村镇银行系统前列，全年无风险无事故，较好地完成了年初各项工作计划。一是经区人民银行推荐，省、市级人民银行审核，成为清苑区唯一一家由中国人民银行石家庄中心支行授权的货币真伪鉴定机构。二是被保定市政府金融办评选为年度“百行联千企”活动先进集体。三是在市公安局安保工作评先活动中获评“安全保卫工作先进集体”。

【支农支小信贷业务】 一是积极参与“百行联千企”活动，包联企业获贷率100%。二是积极申请投放中国人民银行支农、支小再贷款，全年累计投放支农再贷款7776万元、支小再贷款1200万元。三是积极落实应延尽延，办理普惠小微企业延期还本付息涉及贷款金额5053万元。四是持续发力开展二手车贷、四季贷等特色信贷业务，与光伏新能源企业签署“光伏万家工程”合作协议，通过光伏贷支持农户建设光伏电站，实现稳定增收，全年投放光伏贷84户，投放金额1112.52万元。五是坚持通过开展复工贷、普惠贷业务落实好“六稳”“六保”政策，与政府合作，承担清苑区创业担保贷款业务。

【金融服务与营销工作】 保定清苑区邢农商村镇银行在债券与财税库银两项业务上创新突破。一是成为保定地区首家开办全国银行间债券市场业务的村镇银行，开办买卖政府债券、金融债券业务。二是上线财税库银横向联网系统，为对公纳税人提供金融、税务一站式服务。保定清苑区邢农商村镇银行努力培育具有“三农”情怀的村镇银行客户经理队伍，坚持全员走街串巷、驻村办公，服务清苑区西瓜节，组织金融知识下乡，参与保定市金博会、文博会，承办村镇银行金融专场直播，开展传统节日主题服务，积极展示村镇银行发展成果。

【内控与合规建设】 强化内控管理与合规建设，打造村镇银行特色案防合规文化。一是落实好各项监管工作要求，积极配合监管部门开展现场与非现场检查，保证在监管法规框架内的稳健经营。二是提升对各类风险的监测与防控力度，建立完善科学的疫情防控机制，开展风险压力测试，不断提升各类风险应对补偿能力。三是全年坚持加大各项风险监测工作力度不放松，开展各项风险应急处置演练，科学评估各类风险管理水平与处置能力，强化全员的底线意识，提升企业合规文化组织能力。四是不断梳理完善内控制度，制定完善银行卡业务、ATM 机管理、信贷管理、关联交易、案件追责、消费投诉等多条线业务规章制度。

行长 陈 超

（撰稿：李瀚）

中国人寿保险股份有限公司清苑支公司

【概况】 2021 年，中国人寿保险股份有限公司清苑支公司持续践行“家司共构，服务大局，力学笃行，追求卓越”的清苑国寿精神，以转变思维方式、工作方式为着力点，按照高质量发展理念，全体干部员工凝心聚力，共克时艰，全力聚焦高质量发展，一手抗击疫情，一手抓好业务发展，采取线上、线下业务服务督导，有激情，在状态，稳步推进高质量发展工作落实。

【保费收入】 公司完成保费总量 23645 万元，完成首年标保 868.41 万元，首年期交完成 2328.96 万元，10 年期及以上首年期交保费 932.03 万元，短期险保费 2239 万元，股份续期 18550 万元。2021 年赔款 3054 件，赔款金额共 3739 万元。

【积极支持地方经济发展】 疫情期间，按照区政府通知要求，分包东方骏景小区及育新胡同两个小区的防控任务。积极吸纳下岗职工，解决农村闲散劳动力就业，缓解社会就业压力，实现新增销售人员 127 人，解决了失业人员及无职业人员的再就业及就业问题。开展爱心捐助活动，中秋节前通过区妇联为贫困家庭送米、面等慰问物资。向当地税务局缴纳税款共 138.58 万元。

【诚信合规教育】 为进一步提升全公司及群众风险防范意识，组织开展防范打击非法集资集中宣传教育活动，在办公楼前进行现场宣传，公示举报电话和邮箱，承诺墙签名等活动。持续开展线上、线下销售队伍职业道德和诚信教育，确保依法合规经营。

【开展丰富多彩的客户线上线下活动】 开展线上空中客户服务介绍、“5·20”告白日、电子化通知随手查、小画家等增值线上服务活动，开展围绕“牵手国寿 绘聚幸福”主题，举办绘画评比客服活动，积极开展国寿小画家宣导与作品收集工作，共上报作品 80 件。建立与客户交流的机会，积累客户资源，增加客户黏性，提高客户信任度，增强客户优越感，在提升公司品牌形象、助力公司业务发展等方面起到了重要作用。

【热心公益事业，传播正能量】 赞助清苑区开展首届“中国人寿杯”乒乓球邀请赛及 2021 年清苑区“中国人寿杯”中学生男子篮球赛。为活跃员工文化生活，举办线上“庆三八经典诵读”演讲比赛、健步走、健身操、世界读书日员工诵读、文明创城志愿服务等系列活动。保证了员工健康工作，快乐生活，勇担社会责任，传播国寿大爱的良好形象。河北省保险行业协会网、网易新闻、今日头条以及《保定广播电视报》刊发了公司开展的系列活动。

4 月 18 日，中国人寿赞助 2021 年保定市清苑区“中国人寿杯”中学生男子篮球赛

党支部书记、经理 刘永涛

（撰稿：杨秀芹）

中国人民财产保险股份有限公司清苑支公司

【概况】 中国人保财险清苑支公司于1984年正式成立，公司经营范围涵盖车险、财产险、船舶货运险、责任险、意外险、健康险、信用保证险、农业保险、普惠金融、城乡居民大病保险等领域。承保涉及社会生产和人民生活的各个领域，在清苑区域财险市场上形成了核心竞争优势。

【保费业务】 2021年，公司实现保费收入8126.61万元，保费规模在清苑财险市场持续保持领先地位。公司始终履行国有骨干财险公司的责任担当，始终倡导“合规经营、诚信服务”，在服务经济建设、社会治理、民生保障、支农惠农、脱贫攻坚等各个领域做出应有的贡献。2021年，公司为经济社会发展提供了1375.33亿元的风险保障。全年处理各类赔案6200余件，支付赔款5300多万元，未决赔款准备金余额2453.88万元，有着充足的风险保障能力。2021年，公司缴纳各类税款208.07万元，代收代缴车船税1573.33亿元，充分发挥了经济发展的“助推器”和社会发展的“稳定器”作用，不断为清苑区经济发展发挥着金融助推保险护航作用。

【支持地方经济发展】 着力打造具有人保财险特色的产品体系和服务体系，在提供传统车险、农险、财产险、意外健康险等产品基础上，紧紧围绕国家政策，结合清苑区域特点和特色产业，在保险扶贫、防贫、乡村振兴、特色农业、普惠金融等方面加快创新，拓宽服务的深度与广度。一是积极服务交通运输安全。2021年为全区4.2万多辆机动车提供风险保障，化解车辆风险案件3890多件。同时，与公安交警部门深入开展“警保联动”，借助人保交通事故快处平台和交警事故处理平台，线上确定事故责任，开展远程定损，快捷高效处理车险小额事故，实理了快处快赔。在重点乡镇车流量较大的主干道，建设5个“交通安全劝导站”，宣传交通安全知识，发现并劝导纠正可能影响交通安全的行为，消除安全隐患，助力平安交通建设。二是积极服务政府治理体系建设。深入推进政府高度关注的环境污染责任险、安全生产责任险、食品安全责任险、精神障碍患者监护人责任险、政府救助保险、治安保险等重要领域、重点行业责任保险业务的发展。加快推进农房保险、高标准农田灾毁保险、风雨保险等，协助政府应对自然灾害等意外突发事故，提高社会救助处置能力，助力平安社会建设。三是积极服务卫生、教育等重点民生事业建设。加积极开展医责险、疫苗险、手术责任险、防疫保险、校责险、学幼险、校车险、校餐险、监护人责任险等医疗卫生领域和校园教育领域类险种，助力推进平安医院和平安校园建设。

【内控与合规建设】 清苑支公司持续加强内控管理与合规建设，打造有效监督的合规体系，深入人心的合规文化。一是严格落实各项监管要求，积极配合监管部门和上级公司的现场与非现场检查，保障公司在合规红线内的稳健经营。二是不断完善内控管理制度，定期开展内控自查，积极防范隐患发生。三是积极培育合规、廉洁文化，以合规思想引导合规行为。除合规专题会议外，每月开展不少于两期以合规和廉洁为主要内容的全员晨会，不断提高全员合规意识。四是创新监督形式，让权力在阳光下运行。由全体员工公推民选一名监察专员，监察专员列席支公司班子会议，代表员工对班子决策进行全面监督，创新了新的监督工作方式，进一步完善合规监督体系。

【勇担社会责任，助力美丽清苑建设】 一是坚决落实疫情防控常态化工作。除做好公司内部疫情常态化防控工作外，根据区委、区政府统一部署，清苑支公司承担两个小区和路口卡点的防疫

值班。购置两个移动板房，配备了长期值班各类设备，安排人员进行常态化防疫值班。二是积极落实精准扶贫政策。对公司分包的多个对口扶贫人员，按照脱贫不脱政策要求，定期组织开展慰问和帮扶，积极解决实际困难，确保稳定脱贫，并对接融入乡村振兴工作。三是开展亮化工程，为扮亮清苑做出贡献。根据区政府统一安排，清苑支公司积极争取上级公司支持，筹措资金，对公司办公楼实施全面亮化工程，让大楼更亮，城区更美，提升公司的社会形象。四是积极参与公益事业。投入近万元，在临街路旁设置公益小品。全年十余次参加创城和城区环境卫生治理活动，实施垃圾分类，不断提升和美化公共环境。高考期间，安排专人专车开展“爱心助考”活动。积极组织员工参加“每月一日捐”，奉献爱心，弘扬正能量。

经理 刘雪庆

（撰稿：刘雪庆）

文化广电旅游

◎文化和旅游

◎广播电视

◎有线网络

◎地管办

文化　广电　旅游

文化和旅游

【概况】　清苑区文化广电和旅游局是区政府主管文化、旅游、广播电视、文物工作的行政职能部门，设办公室、文化股（广电股）、旅游股（文物股）。下辖清苑区文化馆、清苑区图书馆、清苑区文化市场综合行政执法局、清苑区哈哈腔剧团、清苑区文物保护管理所、清苑区综合文化活动中心、清苑区戏曲研究室 7 个事业单位。2021 年，区文广旅局以创建文明城区为契机，紧紧围绕区委、区政府工作部署，立足文旅职能，贴近实际，贴近百姓，贴近生活，开展丰富多彩的文化活动，积极投入抗击疫情、创建文明城市工作，全力攻坚、高质量推进旅发大会筹备等工作中，繁荣发展区文化旅游和广电事业，为全区创建文明和谐社会环境做出应有的贡献。

【文化活动】　文化惠民，让群众享受高品质的文化生活，举办精品文化活动。一是举办少儿读书活动。在第二十六个“世界读书日”到来之际，为倡导全民阅读，营造书香氛围，丰富校园文化，在文化大院举办以“童声颂党恩”为主题的庆祝中国共产党成立 100 周年红色演讲活动。二是 4 月 29 日，在区文化馆举办 2021“唱红歌颂党恩、国乐飘香音乐会”文艺演出。三是 5 月在公园、18 个乡镇开展“学党史、感党恩、跟党走”红色文化惠民——西河大鼓演出 46 场次。四是 6 月 28 日至 8 月 31 日在各乡镇举办“庆祝中国共产党成立 100 周年双创双服”系列演出活动 31 场次，向群众发放文化惠民券 3 万余张。五是 6 月 29 日举办美术馆开馆仪式暨庆祝中国共产党成立 100 周年书画展，共展出 74 件作品，深受广大群众的喜爱。六是 6 月 30 日晚举办庆祝中国共产党成立 100 周年“永远跟党走、奋进新时代”红色戏曲晚会演出。七是 11 月组织举办品牌文化活动区第六届戏曲艺术节暨哈哈腔惠民演出、区第五届广场舞大赛活动，并创新形式将戏曲节暨哈哈腔展演、广场舞大赛搬上“云端”，做到疫情防控与文化惠民两不误。人民日报客户端、《中国文化报》两家媒体分别对区文广旅局举办的非遗哈哈腔云展演活动进行报道。八是 12 月 27—28 日，对全区重点村文艺骨干进行中共十九届六中全会精神以及广场舞知识的培训，培训结束后颁发了结业证及音箱、广场舞服装。九是 12 月 30 日在文化活动中心举办“清苑区国乐飘香新年音乐会”。

【公共文化服务体系建设】　一是增加图书馆、文化馆馆室面积。在原有文化馆、图书馆的基础上扩充馆室面积，增加了图书的馆藏量，更好地满足群众需求。二是美术馆、博物馆挂牌成立。新挂牌成立的美术馆、博物馆满足了老百姓更高层次的精神文化需求。三是打造高标准文化示范村。为弘扬社会主义先进文化，助力乡村振兴建设，区文广旅局经过为期半年的选址、打造，将北王力乡刘村建设成高标准文化示范村。高标准文化示范村的建成，改善了村内环境，村风、民风日渐和谐，面貌焕然一新，辐射带动了周边乡镇、行政村的文化建设。

【非物质文化遗产保护传承】　区文广旅局积极向上级申报非遗保护项目，促进区非物质文化遗产保护工作持续健康发展。4 月，戏剧（哈哈腔）代表清苑区参加“2021—2023 年度河北省民间文化艺术之乡”评审命名活动，经过 4 个月的评审、公示，省文化和旅游厅于 9 月命名清苑区为“河北省民间文化艺术之乡”。5 月，清苑区传统香制作技艺（清苑传统制香技艺）入选第五批国家级非物质文化遗产代表性项目名录。10 月，清苑区 4 个项目（清苑八极拳、清苑剪纸、清苑白氏西河大鼓、清苑乐器唢呐哨皮制作）入选第七批市级非物质文化遗产代表性项目名录。

【文化执法】　一是科学制定全年工作任务目标。年初，通过认真分析全区文化市场经营环境，研究制定《2021 年文化市场综合整治工作实施方案》，确定全年的工作任务目标，并分阶段和层次进行安排部署，保证文化市场执法工作有序开展。

二是深入开展“五个专项行动”。紧紧围绕“扫黄打非”“疫情防控”“平安建设”等重点工作，深入开展打击侵权盗版、查堵有害政治性出版物、治理学校周边环境等专项行动，有力净化了全区文化市场。

三是认真做好“双随机、一公开”工作。积极协同市场监管等部门，多次组织跨行业“双随机”联合检查，同时还经常组织单位内部各部门协同检查，并将检查情况及时予以公开。在 2021 年度清苑区“双随机、一公开”工作考核中，综合排名居清苑区首位。

四是大力整治互联网上网服务经营环境。经常组织召开互联网上网服务经营单位专门会议，教育各经营单位严格落实疫情防控的相关规定，努力做到守法经营。对违反疫情防控规定的经营单位，责令其停业整改；对违反《互联网上网服务条例》的经营单位，依法进行了行政处罚。

五是继续强化旅游市场的监督管理。采取不间断巡回检查的方式，经常对旅游行业经营单位进行监督检查。对旅行社和景区、景点的不规范经营行为，及时进行了纠正，确保了旅游市场的平稳运行。

【文物保护】　摸清底数，确保文物安全。一是全区文物资源和保存状况逐步摸清。二是全国重点文物保护单位、省级文物保护单位、县级文物保护单位管理工作不断落实。三是尚未核定公布为文物保护单位的不可移动文物保护措施取得很大进展。

【文化旅游】　全力攻坚，高质量筹备旅发大会。为切实将保定市第五届旅发大会办出水平、办成精品，办出特色，区文广旅局攻坚克难，全力做好旅发大会各项筹备工作。一是多次听取中建集团设计团队关于全市第五届旅发大会规划汇报，细化完善旅发大会整体规划。二是成立由区党委书记和区长任双组长，下设“一办九组”的高规格筹备工作领导小组。三是多次组织相关部门对旅发大会各点位进行实地调研，解决各点位遇到的问题。牵头组织召开相关单位和各点位负责人参加的协调会，要求各点位及相关部门进一步明确任务，制定措施，倒排工期，扎实做好旅发大会各项筹备工作。

坚持“扛红旗、走绿道、微度假、慢生活”的理念，聘请专业团队高标准规划设计，打造全时全季全域旅游新业态，全力构建以正迪欢乐世界文化创意园、冉庄地道战纪念馆及红色文旅小镇、好梦林水微度假体验区、大李各庄国有林场（保定郊野公园）为重点的观摩项目，形成优势互补，错位发展的旅游新格局，推动五个点位尽快落地。一是正迪欢乐世界文化创意园一期建设已初具规模，风情街3号、4号、5号楼基本竣工，预计2022年3月启动全面招商，项目展厅和沿街广场已对市民开放，广场绿化和夜间灯光亮化投入使用。康养中心、欢乐水世界、居住配套正在进行施工，计划2022年下半年部分场馆开园。二是红薯文化博物馆、实弹射击馆等主体完工，冉庄乐园、游客服务中心、停车场等正在建设，下一步将进行文创深化、内部装潢工作，博物馆和射击馆预计2022年5月1日开馆。三是好梦林水微度假体验区在原有基础上新增18项新旅游业态，改造网红图书馆，新增射箭馆、卡丁车、好梦工坊、萌宠乐园、室内真冰场、无动力乐园等项目，2021年12月28日综合活动中心开标，准备建设。文创展示及游客中心预计1月走完前期手续。项目大体建设预计8月前完成并投入使用。四是林场郊野公园，大李各庄林场对接天大规划设计总院，天大规划设计总院于11月23日出具规划方案效果图，并作了初步汇报。

局长 雷艳群

（杜彦伟撰稿）

广播电视

【概况】 保定市清苑区广播电视台位于清苑城区富强北街143号，经费形式为财政性资金基本保障。2021年，区广播电视台以习近平新时代中国特色社会主义思想为指引，深入践行建设“五个清苑”的使命担当，紧紧围绕区委、区政府的中心工作，牢牢把握正确舆论导向，唱响主旋律、弘扬正能量，努力讲好清苑故事，传播好清苑声音，较好地完成各项任务，实现舆论宣传有声势、服务发展有力度、媒体建设有亮点的工作目标。

5月30日，庆祝中国共产党成立100周年暨清苑区六一联欢会举行

【媒体宣传】 1. 紧扣中心，主题新闻宣传有声有色。紧紧围绕中国共产党成立100周年、“十四五”规划的开局之年以及区委、区政府中心工作，积极策划和部署各项主题宣传报道。传统媒体与新媒体统一发声、联合发力，在电视台、广播、微信平台、网站、“冀云清苑”App开办《奋斗百年路 启航新征程》《学党史、悟思想、办实事、开新局》《我为群众办实事》《我们的小康生活》《坚持人民至上》《聚焦两会》《五年看变化》《记者在项目现场》《创城进行时》等专栏。特别是在疫情防控、创建省级文明城区等工作中，提前做好宣传方案，采取新闻、通告、标语、录音等相结合的全方位宣传，引导全区上下形成浓郁的舆论氛围。全年共播发电视《清苑新闻》188期、《乡里乡村》104期，以及《清苑卫生》《清苑教育》《清苑警视》《美丽清苑人》《爱尚生活》《清苑消防》350期。飞扬调频自办节目《听见好时光》《下班路上》播出198期。2. 突出特色，对外宣传提质增量。从全台抽调精干力量10多人组成外宣工作专班，由总编辑牵头谋划选题，专班人员采访拍摄制作。突出全区庆祝中国共产党成立100周年、重点工程建设、乡村振兴、创建省级文明城区等工作特色，积极向国家、省、市级新闻单位供稿，全年在国家级

媒体上稿70余篇，创历史新高。分别在央视、人民日报客户端、新华社客户端、央视频、人民网、“学习强国”等国家级媒体以及河北电视台、河北新闻网、长城新媒体、今日头条、唐尧网、保定电视台等媒体上稿200多篇。3. 移动优先，新媒体推送及时有力。坚持“内容为王、移动优先”，8个平台协同发力，在疫情防控、庆祝建党百年、乡村振兴、创建省级文明城区等宣传战役中不断建功，内宣外宣体现了强大的传播力、引导力，电台1058保定飞扬调频成为保定车载电台听众首选，清苑融媒在“保定县级综合传播力指数”位居前列。清苑融媒新媒体矩阵粉丝总量超百万人，全年微信公众号推送图文信息8700余篇，编发、转发公益广告宣传430篇，开设《坚持人民至上》《聚焦两会》《五年看变化》《记者在项目现场》等专栏19个。新开通清苑融媒、清苑发布视频号，截至年底，发布原创作品538篇，努力占领舆论新高地。抖音号清苑融媒、清苑发布、FM1058保定飞扬调频，累计发稿总计约8900余篇，粉丝总计107.6万人，获赞约3205万次。

【经营创收】 1. 举办活动，展现能力实现双赢。面对经济下行和部门财政紧张以及疫情等不利影响，成立专题活动策划团队，统筹承办全区性各类文化活动、赛事、节会等活动品牌，在做好疫情防控的前提下，策划导演多场大型活动。成功举办“清苑区首届邻里文化节”“4·23世界读书日——我们一起读书吧”“清苑区第四届西甜瓜节”“在灿烂阳光下——庆祝中国共产党成立100周年暨六一联欢会”“清苑区中国共产党成立100周年党史知识竞赛”“永远跟党走——中国共产党成立100周年歌咏大会”“农民丰收节”等10余场大型文艺活动，活动经营已成为清苑融媒的支柱性产业，收到良好的经济效益和社会效益，充分展现了融媒体中心的能力和实力，得到区委、区政府主要领导和社会各界的好评。截至12月中旬，全年创收完成235万元，圆满完成全年创收任务。2. 视频直播，践行媒体责任担当。先后对清苑区党代会、区“两会”进行视频及图文直播；春节前夕，受疫情影响创造性地举办了2021年云上春晚特别节目，在元宵节期间组织“欢欢喜喜闹元宵——元宵节特别节目：我最喜爱的云上春晚节目评选”，受到群众的肯定和好评。与宏利通讯、巨达超市、蓝天文体、雨虹餐饮4家商家合作，组织4场直播带货活动，完成销售额9.6万元；与邢农商银行合作，直播保定金博会邢农商专场。特别是庆七一歌咏大会在冀云总平台直播当日浏览量达136.3万次，2021农民丰收节直播浏览量突破200万次，为宣传推介清苑发挥了非常好的作用。3. 政务服务延伸拓展广告经营。依托自身宣传及资源整合优势，通过打造品牌、搭建平台，聚合资源，完成区委组织部、区委纪检委、区创城办、区创卫办等单位9部专题片拍摄制作；与清苑消防、公安、教育、第五医院等部门合作，大力开展文旅、教育、医疗服务活动，进一步提升造血功能。

【媒体融合】 投资150万元，集指挥、协调、采编调度、信息沟通等功能于一体的“中央厨房”和新闻调度指挥中心于2021年1月1号正式建成投入使用；投资200万元建设的融媒中心全媒体演播室项目正调试试运行，项目涵盖主播区、访谈区等多个播报区域，引入LED大屏控制系统、音频系统、通话系统、时钟系统和周边系统等高清演播室关键技术，可实现多机位、可移动的呈现，投入使用后将为清苑融媒中心的节目制作提供更加清晰、更加丰富的制作环境，这也标志着清苑广播电视台媒体融合又向前迈进了重要一步。争取中央文化引导资金24万元，购置了IPTV播放器等器材。

【团队建设】 1. 加强政治理论学习。坚持把讲政治作为新闻工作队伍建设的立足点，把马克思主义新闻观作为新闻舆论工作队伍建设的思想基础，全年组织开展理论中心组学习、党史学习教

育、思想作风纪律整顿等20余次，教育引导新闻采编人员刻苦学习，领会党中央和各级党委的精神，努力提升新闻采编人员的政治素养。2. 开展业务能力培训。针对当前发生重大变化的舆论生态环境，顺应时代潮流，一方面经常性开展“走出去”“请进来”活动。争取到保定市全媒体人才培训经费10万元，通过外出考察学习、参加线上线下培训等多种方式，先后组织10次100人次到北京、湖南、浙江、天津宁河、长城新媒体等及省内先进融媒中心学习考察、跟班学习、参加融媒体业务培训，同时邀请业内媒体专家学者专题授课，受训人员300人次，全面提升业务素质和水平。另一方面，在中心内密集开展新闻采访写作和“一帮一”“老带新”业务帮带活动，努力提升采编队伍摄影摄像、新闻写作、微信、短视频制作等专项技能，通过实战操作，锻炼出一支过硬的全媒体采编团队，为传好“清苑声音”打下坚实基础。在2021年保定市总工会组织的职工职业技能大赛——计算机新媒体技能大赛决赛上获得团体第一名和最佳拼搏奖。新闻频道记者刘小萌获评保定市年度双十佳记者，刘宇腾获评保定市2021年度十佳节目主持人。3. 切实加强党的建设。把党员队伍建设作为重中之重，深入学习宣传贯彻中共十九大精神和习近平新时代中国特色社会主义思想，扎实开展“党史”学习和思想作风纪律整顿活动，认真落实党建工作责任，严肃党内组织生活，强化党员教育管理，全面加强党的政治、思想、组织、作风、纪律建设，机关党的建设工作迈上新台阶。年内共有6人发展为预备党员，5人列为入党积极分子。4. 掌握意识形态主导权。融媒体中心作为全区唯一官方媒体，始终坚持党媒姓党，绝对忠诚。深入学习贯彻《中国共产党宣传工作条例》，坚持正确导向贯穿于工作的各个领域、各个环节，严格执行节目“三审”制度，切实担负起意识形态工作的主体责任。

台长 樊树旺（2021. 1—12）

（撰稿：郭娜）

有线网络

【概况】 河北广电信息网络集团股份有限公司清苑分公司，是经河北省政府批准，以广电网络资产为基础，以资本为纽带，通过行政推动、市场运作的方式，由原清苑广播局有线网络部门改编成的网络公司，于2007年4月正式挂牌成立，主营全区广播电视传输基本业务和高清电视，交互电视、宽带、数据专网等增值业务。2021年，公司深入落实集团公司“两升一降”总基调和党媒政网、民生广电的企业理念，为区环保局在秸秆禁烧、企业污染视频监控系统提供服务。借助“保定市农村大喇叭广播平台”，自费在主城区主要交通路口及红色旅游教育基地冉庄地道战增设10个点位，为广大群众宣传党史学习教育、创城、疫情防控等多方面知识。

【宽带建设】 依托省广电网络“宽带乡村”战略部署，大力发展百兆农村业务，完成何桥乡17个行政村的双向网络全覆盖工作，加大数字电视与宽带业务对农村的覆盖。2021年2月底，完成宽带业务的千兆网络升级工作，主城区实现千兆网络全覆盖，为实现以千兆工程奠定坚实的基础。

【城区线路改造】 对城区范围内城区双向网覆盖的小区进行线路整理和光纤改造，降低故障率，持续提升用户的观看体验。按照区政府部署，配合道路双修提升改造工程，城区主干道内的线路进行入地改造，进行老旧小区线路的整理、改造、施工。

【安全传输】 2021年7月1日前，完成全区范围内电视电话会议信号覆盖工作，圆满保障中国共产党成立100周年的安全传输。广电网络成为省委、省政府重要会议传输的主渠道。2021年共保障省委、省政府重要会议80场，保障市委、市政府重要会议50场。为保证节目的安全传输，对全区范围内的线路和所有机房进行查看与检修，排查各种安全隐患，制定安全播出工作预案，为确保播出安全，加强对干线的防护，加强日常维护维修。

经理 丁润锋

（撰稿：冯鑫韵）

地管办

【概况】 2021年，地管办积极谋划，开拓创新，扎实开展党史学习教育，坚持疫情防控常态化，稳步推进景区综合水平提升、提高服务质量、红色文化“七进”及其他工作，各项工作进展顺利，成效显著。

【充分发挥基地作用】 2021年，地管办充分发挥爱国主义教育基地作用，推动党史学习教育。地管办开拓思路、创新形式，先后开展“学党史、颂党恩、跟党走”“唱支赞歌给党听”等13场主题教育活动。以“地道战红色文化宣讲报告会”为基础，承办保定市全市范围内的“跟着老电影学党史”启动仪式，整场活动线上线下受众29.37万人次，社会反响热烈。开展“跟着老电影学党史、红色文化进校园”系列活动，走进清苑一小、保师附校、高新区小学等。创新形式，从老电影《地道战》片段中提取党史知识，强化对青少年的教育，收到良好的宣传教育效果。和保定市妇联联合举办“巾帼心向党、跟着老电影学党史、唱支山歌给党听”主题教育活动；和冉庄镇及冉庄小学在冉庄烈士陵园开展“祭英烈 学党史 铸忠魂”活动。同时，与各大媒体对接，加大宣传力度，其中参加的新华网“党史冀忆 百年征程”直播栏目线上受众高达137.4万人次。至年底，到冉庄地道战遗址景区进行党史学习教育的团体1023批次（7.3万人次），线上线下累计受众人数达255.36万人次。

【安全生产】 落实“安全第一，预防为主”的方针，构建适合景区实际需求的安全应急体系，主抓防汛、防火、突发事故等旅游安全工作，开展联合大检查4次、应急演练2次，整治隐患5次，对景区游客经过地湿滑处进行刻槽或安装防滑条处理。

【疫情防控】 一是做好人员筛查。对安检处进行升级改造，提高安全检查筛查能力和筛查速度，增设智能人体测温仪，实现对游客非接触式体温测量。二是做好限流开放。制作使用网上分时预约平台，通过网上预约限制参观客流量，避免人员聚集。三是做好消毒工作。加大景区日常消杀力度，每天分三个时段，对景区进行全面消杀。四是做好巡查提醒，设定固定岗位，提醒游客注意做好个人防护，佩戴好口罩。

【房屋修缮】 根据保护区居民反映房屋漏雨、破损的问题，地管办迅速组织力量对破损民居进行摸底汇总，依据《保定市文化广电和旅游局农村房屋隐患排查整治工作组织实施方案》要求，对保护区内30处传统民居进行了维护保养。

【文物保护】 2021年2月26日，河北省文物局印发《关于公布河北省革命文物名录（第一批）的通知》（冀文物发〔2021〕39号），冉庄地道战遗址被收录到河北省不可移动革命文物名录（第一批）。馆内363件藏品中，有98件被收录到河北省可移动文物名录（第一批）。编制完成《冉庄地道战遗址12处文物建筑保护修缮项目设计方案》，已经河北省文物局批复同意。12月30日，冉庄地道战遗址被列入保定市不可移动革命文物名录（第一批）。全市共有124件文物被列入保定市可移动文物名录（第一批），其中98件为冉庄地道战纪念馆所有，占保定市总数的79%。

【数字化保护】 依据《中共河北省委办公厅、河北省人民政府办公厅关于印发河北省革命文物保护利用工程（2018—2022 年）实施方案的通知》《国家文物事业发展“十三五”规划》《“互联网＋中华文明”三年行动计划》，地管办制作了《冉庄地道战纪念馆数字化保护利用方案》，建成云计算平台、综合数据管理平台、资源数字化平台、智慧票务系统、智慧导览系统等多个系统。

【媒体报道】 2021 年，地管办创新形式，丰富载体，开展多种线上线下活动，并积极与各级媒体对接，先后被中央电视台、“学习强国”、网易新闻、《河北日报》、河北电视台、《河北青年报》、红色河北等多家媒体及网络平台报道，市级以上媒体报道 50 余篇次，2 次登上“学习强国”。地管办创新宣教形式被省委宣传部评为 2020 年度全省宣传思想工作创新案例。

【各项活动】 地管办与时俱进，举办了多场别开生面的活动，所有活动都是线上线下同步进行，收到良好效果。

1. 红色故事贺新春。春节期间，特别推出线上“红色故事贺新春”活动，让大家足不出户观赏冉庄的美景、听到冉庄的故事、感受冉庄的文化。

2. “学党史 猜灯谜 喜迎建党百年”活动。元宵佳节，地管办和荣清国控集团有限公司于冉庄文旅特色小镇，共同组织开展“学党史 猜灯谜 喜迎建党百年”活动。在欢度佳节的同时，让大家学习红色文化，回顾中国共产党的百年光辉历史，弘扬祖国传统文化。

3. “唱红歌、颂党恩”快闪。为庆祝中国共产党成立 100 周年，保定市党史学习教育之百场研学活动启动仪式于 3 月 17 日在冉庄地道战遗址景区举行，并于当日拍摄以“唱红歌、颂党恩”为主题的快闪视频。活动现场，全国人大代表李素环、清苑区人民医院援武汉护士、冉庄镇政府干部、冉庄地道战纪念馆全体讲解员、冉庄老党员、中小学生等近 300 人参与，合唱同一首歌——《唱支山歌给党听》，共同表达了对党、对祖国的祝福。

4. 清明祭英烈。4 月 2 日，冉庄镇干部职工、冉庄地道战纪念馆干部职工、冉庄村“两委”班子及部分学校师生共 300 余人，在冉庄烈士陵园开展“祭英烈 学党史 铸忠魂”活动。

5. “跟着老电影学党史”启动仪式。4 月 9 日下午 3 点，“跟着老电影学党史”启动仪式在冉庄地道战纪念馆举办。活动现场，高传宝扮演者朱龙广、牛娃扮演者胡自和两位表演艺术家亲临现场，向观众讲述 50 多年前在冉庄拍摄《地道战》时的情景，并现场还原电影中的经典片段，同时还对保定红色文化建设给予高度评价和期许。整场活动以线上线下同步进行的方式开展，现场驻保河北省人大代表、清苑区党员代表共 500 余人参加，在线观看人数达 29.32 万人次。

6. “绣党旗 感党恩 跟党走”——保定市万名女性绣党旗接力活动。6 月 18 日上午，由保定市妇女联合会主办，清苑区妇联、清苑区地管办、清苑区融媒体中心承办的“绣党旗 感党恩 跟党走”——保定市万名女性绣党旗接力活动收针暨赠旗仪式盛大启幕。保定市人民政府副市长杨伟坤出席活动。保定市妇联党组书记、主席段秀丽及其他班子成员和兼职副主席，清苑区区长李英英等清苑地区领导，市委办公厅、市委组织部、市委宣传部、市总工会、共青团市委等单位主管领导，各县（市、区）妇联主席，开发区妇工委主任，市直工委团工委书记、绣党旗接力单位代表及优秀女性代表等共 110 余人参加了此次活动。活动现场，杨伟坤、段秀丽、李英英、革命老战士褚永魁遗孀刘俊国一家三代人及京绣传承人梁淑平围聚在党旗周围，共同参与绣制。党旗绣制完成后，段秀丽将党旗正式赠送给冉庄地道战纪念馆。段秀丽表示，百年党史催人奋进、新的征程重任在肩，这面党旗将带着万千保定妇女的信仰和祝福、力量和勇气、智慧和担当，保留在清苑冉庄地道战纪念馆。

7. “光荣在党50年”纪念章颁发暨新党员入党宣誓仪式。6月23日，保定市清苑区在冉庄地道战纪念馆举行“光荣在党50年”纪念章颁发暨新党员入党宣誓仪式，为清苑区10名50年党龄的老党员颁发“光荣在党50年”纪念章，50名新党员代表集体宣誓加入中国共产党。仪式上，区委书记闫向阳现场为10名党龄达到50年的老党员代表颁发“光荣在党50年”纪念章并亲切握手，老党员深切感受到党组织的关怀。老党员代表为新党员代表佩戴党徽，激励新党员要时刻牢记入党初心，不断加强党性修养，时时处处起到党员模范带头作用。随后，闫向阳带领新党员入党宣誓，老党员重温入党誓词。新党员代表作了发言，分享奋斗历程，表达了对党的热爱和忠诚。

8. 纪念全民族抗战爆发84周年。7月7日，冉庄地道战纪念馆通过升国旗、唱国歌，防空警报试鸣，唱红色歌曲、讲红色故事、演红色节目，重温入党誓词，联合中国人民抗日战争纪念馆举办“中流砥柱——中国共产党抗战文物展”，联合地雷战纪念馆举办“重温红色经典——感受人民战争的力量、地道战、地雷战两战联展”等多种灵活多样的形式纪念全民族抗战爆发84周年，教育引导来访者勿忘历史、珍爱和平。

9. 国家公祭日。12月13日是纪念侵华日军南京大屠杀惨案发生84周年，为深刻悼念南京大屠杀死难者，大力弘扬以爱国主义为核心的民族精神，着力宣传强化民族历史记忆。冉庄地道战纪念馆举行公祭活动，活动在纪念馆广场进行。同时，纪念馆红色文化宣讲队走进冉庄小学开展“铭记历史 吾辈自强”国家公祭日主题教育活动。

10. 红色文化“七进”（进企业、进农村、进机关、进校园、进社区、进军营、进网络）。7月30日，冉庄地道战纪念馆在中国人民解放军某部举办了“军民鱼水情 共庆建军节——‘跟着老电影学党史、红色文化进军营’”文艺展演活动。

【荣誉奖励】 2021年4月，被保定市妇女联合会评为三八红旗集体。2021年7月，获得由河北省文化和旅游厅组织的河北省百集红色故事展播活动优秀组织奖。2021年7月入选河北省百幅红色楹联书法作品展优秀组织奖。2021年9月，被保定市国防教育协会评为国防教育先进单位。2021年12月29日，冀中冉庄地道战入选河北省文物局开展的2021年度“红色热土 英雄河北——庆祝中国共产党建党100周年”全省十大红色题材展览推介活动。2021年年底被中共河北省委宣传部评为2021年全省文化科技卫生“三下乡”活动优秀团队。

主任 周明慧

（撰稿：徐小红、刘亚宁）

教育和体育

◎综　述

◎教育结构

◎教师队伍

◎教育管理

◎教育机构

◎体育工作

◎校园简介

教育和体育

综　述

保定市清苑区教育和体育局为区政府工作部门，机构规格为正科级。区委教育工作委员会与区教育和体育局合署办公。区委教育工作领导小组秘书组设在区教育和体育局。区教育和体育局机关行政编制 13 名，股级领导职数 4 名。内设办公室（普教股、法制安全股）、人事股（德育股）、财务审计股（规划股）、体育股（职业成人教育股）。

2021 年，区教体局以办好人民满意教育为宗旨，全面落实立德树人的根本任务，持续推进队伍建设，保均衡，提质量，教育工作继续保持良好健康发展态势，各项工作均取得较好成绩：获得第二十八届全国青少年爱国主义读书教育活动组织优秀奖、河北省“百年荣光 百姓百展”优秀组织单位奖、第九届河北省青少年“阅·知·行”读书活动先进组织奖；被保定市教育局评为“保定市学校安全工作先进集体”和“2021 年保定市‘护苗·法律知识进校园’网络答题先进单位”；2021 年在保定市第三届冰雪运动会上获得“最佳组织奖”“体育道德风尚奖”“群众冰雪运动突出贡献奖”。

教育结构

【高中教育】　清苑区共有公办高中 4 所（清苑中学、清苑一中、李庄中学和臧村中学），在校学生 10086 人。2021 年，全区高考取得优异成绩，稳居全市第一梯队。清苑中学、清苑第一中学普通高考参考人数 2166 人，一本上线 916 人，较 2020 年增加 57 人，一本上线率 42.29%，较 2020 年提高 2.36 个百分点；本科上线 1806 人，较 2020 年增加 87 人，本科上线率 83.38%，较 2020 年提高 2.49 个百分点。高考总分 600 分以上 62 人，理科最高分 666 分，文科最高分 630 分。泽龙实验中学普通高考参考 398 人，本科上线 175 人，本科上线率 43.97%。李庄中学、臧村中学、职教中心也取得了优异成绩。

【义务教育】　全区共有公办初中 24 所，在校学生 15243 人；公办小学 135 所，在校学生 53026 人。2021 年，清苑区实施城区优质教育资源扩容增位、农村义务教育办学条件改善工程，推进义务教育薄弱环节改善与能力提升，推动学校寄宿条件、体育运动场地、现代教育手段等办学条件改善；开展全区学校管理现场会，改善中小学校

园环境和校园文化，形成一校一品。全区义务教育适龄儿童少年全部入学，义务教育入学率100%，巩固率100%。

【学前教育】 全区共有幼儿园272所，在园幼儿23858人，其中公办园140所，在园幼儿12446人。2021年，区教体局投资642万元新建民心工程项目南宋村幼儿园，增加学位180个，不断改善公办园办园条件；小学新增附属园18所，新认定普惠性民办幼儿园15所，农村学前教育覆盖率100%，公办在园幼儿占比52.16%，普惠率83.15%。

【民办教育】 全区共有明大高级中学和泽龙实验中学2所民办高中，在校学生3167人。2021年，明大高级中学招生979人，泽龙实验中学招生935人。民办初中2所（新华世纪中学和启辰中学），在校学生10718人；民办小学2所，在校学生1855人；民办幼儿园132所，在园幼儿11412人（其中普惠性民办园72所，在园幼儿7392人）。2021年，区教体局制定《全区规范民办义务教育发展专项工作推进方案》，按照“严格控制增量，逐步消化存量”目标，制定“六个一”工作路径，明确工作任务，全力破解难题，规范民办义务教育发展。加强民办学校党组织建设，向3所民办学校各派驻第一书记1名。

【成人教育】 以服务“三农”为宗旨，开展农村实用技术培训，发放资料15万余份，受益群众3.5万余人；依托乡镇成人学校积极推广社区教育，形成“一社一品”工作格局。10月19日，河北省社区教育老年教育观摩活动在温仁成人学校召开，得到省市领导高度评价。

【特殊教育】 清苑区特殊教育中心是清苑区唯一一所对听力、智力障碍儿童实施九年义务教育的全日制特殊教育学校。学校有7个教学班，其中1个聋哑班、6个培智班（5个小学班，2个初中班）。在校生56人，教师15人。教师岗位合格率和学历达标率均为100%。学校建有多感官教室、计算机室、美术教室、律动室、语音训练室、蒙氏室、图书室、感统训练室、情景教室等专用教室。三个教学教室配有电视电脑一体机。教室设施先进，布局整齐。

【职业教育】 2021年，职教中心完成招生1110人，毕业生就业率100%。对口招生升学率83.7%，美术绘画专业学生以659.5分获全省单招第一名，畜牧兽医专业学生以542分获畜牧类全省单招第一名。继续深化职教产教融合，推进校校联合和校企联合。学校与天津市第一轻工业学校、唐山职业技术学院开展合作办学，与河北鑫晨英硕图文设计有限公司、清苑信业汽车修理厂等企业开展联合办学。优势专业创品牌，努力提高办学水平，职教中心在2021年获评河北省第一批省级劳动教育试点学校、五四红旗团委，保定市安全文明校园，清苑区高中教育立功单位、职业与成人教育先进单位等。12名教师在省教学比赛、技能大赛中获奖，多名学生在省级技能大赛中获奖；职教中心哈哈腔《影误重圆》在国戏杯大赛中获银奖。

教师队伍

【学历结构】 2021年，清苑区共有在职教职工6337人（不含进修学校），其中专任教师5439人：小学教职工3079人，专任教师2752人，学历合格率100%；初中教职工1592人，专任教师1357人，学历合格率100%；高中教职工1017人，专任教师891人，学历合格率100%；幼儿园教职工649人，专任教师439人，学历合格率100%。

【年龄性别结构】 清苑区共有在职教职工6337人，其中50岁以上1350人，约占21%；40～49

岁3068人，约占49%；30～39岁1162人，约占18%；30岁以下757人，约占12%。其中男教师1201人，约占19%；女教职工5136人，约占81%。

【职称结构】 清苑区有正高级职称8人，副高级职称1757人，约占全区教职工的28%；中级职称3346人，约占53%；初级职称1121人，约占17%；未定职称105人，约占2%。

按照上级要求，职称评审向长期坚守乡村学校的教师实行职称评审、聘用倾斜政策。从2019年开始，在乡村学校任教累计满25年且仍在乡村学校任教的教师，符合规定申报条件的，可不受岗位比例限制，评聘高级、中级职称。

发挥教师补充长效机制，新招聘农村中小学幼儿园教师100名，全部分配到农村学校，进一步充实农村教师队伍。全区“区管校聘”工作初步完成。

教育管理

【“双减”工作】 严格落实“双减”政策。全面压减作业总量和时长，实行作业公示制度，减轻学生作业负担，让学生学习回归校园、回归课堂，探索出课堂教学、教研模式、素质提升改革新举措，实现“减负不减质，减负不减责”目标。落实“5+2”规定，完善“基本任务+特色活动”课后服务内容，满足学生个性化需求；145所中小学落实课后服务，做到学校全覆盖、学生全覆盖。落实中小学生作业、睡眠、手机、课外读物和体质检测“五项管理”，坚持“刚性约束”和“柔性管理”相结合，促进了学生全面发展；加强校外培训机构治理，对18家义务教育学科类培训机构，实行“营改非”“学转非”，注销16家学科类培训机构，坚决打击取缔隐性变异学科类培训机构，严格节假日排查，强化监管，做到不间断巡查，“双减”措施落实到位，净化了校外培训环境，切实减轻了学生校外培训负担。

【教育创新工作】 与天津南开中学建立振兴县域教育实验基地项目。7月16日，区委书记闫向阳带队赴南开中学对接考察，12月28日，南开中学三名专家进行线上专题讲座，全区366名校长参加。高中10个学科全部对接并开展线上同步教研、培训和论坛等活动30次。暑假期间，选派108名中小学校长、后备干部到保定市莲池区、竞秀区名校跟岗学习，提升理念和管理水平。与河北师范大学达成战略合作协议，开展小学种子骨干教师培训、小学教师全员培训5610人次；组织部分校长赴高阳、安国、曲阳参观考察、学习交流，校长办学理念得到提升。

【教研工作】 不断深化联盟体建设。实行质量检测、教学教研、教师培训、学生活动四个一体化，增强规模效应，全区8个联盟体开展教研36次、学生展示20次。课堂教学改革成效明显，小学实施“学讲模式”，初中确定5所课改实验校，推行“三段六步”教学模式，名师工作室开展送教下乡、送培到校23次，880名教师参与活动；组织120余名教师到石家庄观摩学习。12月30日，《人民日报》报道了清苑三小的“学讲课堂”。教师专业素养大赛活动蓬勃开展，区乡校三级联动，共1829人参与活动。

【法治安全】 全面维护教体系统安全稳定，抓好校园常态化防疫，严格落实河北省10项管理、30项防控措施。中小学幼儿园全部安装红外线人脸识别测温系统，严格落实测温、扫码、登记流程。推动疫苗接种工作，全区3周岁以上11.2万名学生和教职工全部接种新冠疫苗；强化校园周边环境治理。校园安防实现三个100%，一键报警装置与公安“110”联网运行，专职保安配备100%，学校、幼儿园全部安装防撞栏，城区

全部设置护学岗，实现校领导、安保人员校门口巡查巡护常态化。

【德育工作】 坚持“育人为本、德育为先”的理念，全区不断创新德育途径，精心打造活动载体，开展“从小学党史，永远跟党走”“童心向党”主题教育活动，“河北校外教育网”、“人民日报客户端河北频道”、《中国报道》杂志社先后报道德育活动8篇。组织中小学开展爱国主义教育读书活动，区教体局获爱国主义读书活动国家级优秀组织奖，1800多名学生分获国家级、省级一二三等奖和优秀奖。编印《红色记忆》，追寻红色印迹，讲述身边故事，丰富校本课程，推进红色文化进校园。全面推动思政课程和课程思政双育人，2021年12月，区委书记闫向阳和区长李英英分别到清苑一中和清苑中学宣讲中共十九届六中全会精神，为师生上思政课，推动学校思政课程深入开展。开展心理健康教育，全区配备专兼职心理教师1012名，采取线上线下形式，加强心理教师专业培训。建成学校心理咨询室167个，对存在心理困扰或心理障碍的学生，提供科学有效的心理咨询和辅导。

【民心实事】 加大投入力度，年内投资8989.28万元，新建三中宿舍楼、王盘中学宿舍楼、餐厅、育才小学综合楼、闸板口小学综合楼；新建北阎庄小学附属幼儿园活动楼、臧村镇第二幼儿园活动室；完成东闾幼儿园校舍维修工程、第三幼儿园分园改造、南大冉幼儿园维修改造、东臧村小学附属幼儿园改造、清凉城小学西王庄附属幼儿园改造；改造提升大魏庄中学、实验小学、孙村小学、张登中学运动场；利用政府专项债券资金3570万元，开工建设清苑一中体育馆项目；投资73.78万元，改善普惠性民办幼儿园办园条件。全区投入资金1000多万元，用于校园文化提升。

教育机构

【清苑镇总校】 清苑镇共有幼儿园5所，小学5所，初级中学1所，九年一贯制学校1所。清苑镇总校始终把安全工作放在第一位，将“双减”、课后服务和“五项”管理作为工作的重点，坚持立德树人，践行“五育”并举。在第二十八届读书教育活动中，2名学生获得国家级奖励，1名学生获得省级奖励，第四小学获得“书香校园”称号。加强课程建设，促进学生特长发展。在健美操（舞）比赛中，清苑镇获一等奖；在速度轮滑比赛中，清苑镇获团体总分第二名。

【冉庄镇总校】 冉庄镇有1所中学，9所小学，10所幼儿园。有初中在校生646人，小学在校生2731人，在园幼儿582人，教职工263人。冉庄镇总校以冉庄地道战爱国主义教育基地为依托，全面强化青少年思想道德建设，引导和教育学生树立正确的世界观、人生观、价值观，不断提高青少年的思想道德水平。坚持以教学为中心，通过联查联促，全面提高教学质量，力争做到“管理减负，落实轻负高质，教学减负，追求高效课堂，健康减负，促进全面的发展”。冉庄镇以“全员参与、丰富生活、展示个性、培养兴趣、开发潜能”为宗旨，开展丰富多彩的课后服务活动和社团建设。狠抓安全、法治和防疫工作，全年无安全事故发生。2021年，在保定市少工委组织的“童心向党”活动中，大张庄小学的歌曲《我的祖国》获得市级二等奖。在2021年清苑区青少年运动会中，冉庄镇小学代表队获得第九名，在教体局组织的其他体育比赛中，冉庄镇乒乓球代表队获得全区第六名，冰蹴球代表队获得全区第八名。

【魏村镇总校】 魏村镇有1所中学，7所小学，6所幼儿园，1所成教学校。有初中在校生556

人，教职工 76 人；小学在校生 2715 人，教职工 153 人；在园幼儿 832 人，教职工 90 人。全镇中小学幼儿园专任教师学历合格率达 100%。2021 年，各学校共硬化地面 11000 多平方米。粉刷教室、楼体 12000 多平方米。魏村小学、谢上小学建设了文化长廊。武罗侯小学打造了“一廊一亭”园林式学校。2021 年，魏村镇总校被区教体局评为“汉字书写工作先进单位”“电大招生工作先进单位”；魏村中学篮球队获清苑区男子篮球赛初中组冠军；魏村镇总校代表队在第三届冰雪运动中，获冰壶项目教职工组团体总分第一名。魏村小学、抄纸屯幼儿园、魏村东街幼儿园被区教体局评为“教育教学先进单位”。

【温仁镇总校】 温仁镇有幼儿园（含附属园）11 所，小学 10 所，九年一贯制学校 1 所，中学 1 所。2021 年秋季学期在园幼儿约 660 人，小学在校生约 3550 人，中学在校生约 1050 人，有在编教师 348 人。2021 年 10 月，河北省教育厅老年教育处带领各市负责社区教育的领导，对温仁镇成人学校进行教育观摩活动，得到领导的肯定。成人学校太极拳进社区项目，被河北省社区教育立项。在河北省教育厅举办的中国共产党成立 100 周年“百年荣光”“百姓百展”主题系列活动中，全镇共 13 人次获奖。成人学校被教体局评为成职教工作先进单位。2021 年中考成绩优异，尤其是王盘中学综合成绩排名居全区前列。辖区温仁小学、罗家营小学和半壁店小学被评为区级绿色学校，半壁店小学被评为区级文明校园；在乒乓球比赛中，获得小学女子组第五名、男子组第六名的好成绩；在校园健身操比赛中，获得二等奖；在第七届中小学生艺术展演中《竹竿舞》获得表演类一等奖；在第三届冰雪运动会冰壶比赛中获得小学组第六名。

【张登镇总校】 张登镇有 1 所中学，6 所小学，7 所公办幼儿园。张登镇总校始终坚持安全第一，德育为首的原则，以提升教学质量为中心，着力优化课堂教学，加强队伍建设，改善办学条件。2021 年，总校举办区级“加强常规管理 优化育人环境”现场会；总校推荐 5 名小学教师参加区教育和体育局组织的教师专业素养大赛活动，4 名教师获一等奖；推荐的 4 名小学教师在项目化学习成果展评中两名获一等奖；在区青少年运动会中张登中学获总分第一名；小学组获冰蹴球项目第三名。张登镇教育党支部获先进基层党组织称号。

【大庄镇总校】 大庄镇有 1 所中学，4 所小学，6 所公办幼儿园。2021 年 4 月，草桥小学承办大庄镇总校组织的第六届校园文化节。5 月，大庄镇总校选送教师参加区级联盟体教师基本功大赛，多名教师获奖。6 月，大庄镇师生热烈庆祝中国共产党成立 100 周年，积极参加区教体局组织的师生书画展，4 名教师获得二等奖，5 名教师获得三等奖，艺术展演活动中 4 名教师获奖，大庄镇总校获得清苑区第七届阳光下成长中小学生艺术展演优秀组织奖。7 月，杨庄小学获得“省级书香校园”称号。12 月，在第三届清苑区冰雪运动会陆地冰壶比赛中大庄镇 4 名教师获全区第五名。在清苑区中小学教师专业素养大赛“优质课说课”活动中大庄镇 6 名教师获二等奖。在“赢在未来家庭教育课堂”活动中大庄镇获得省级终身学习品牌项目，其中“亲子阅读知行课堂”获得省级一等奖。

【臧村镇总校】 臧村镇有 6 所完全小学、1 所教学点及 7 所幼儿园。2021 年增设东臧小学附属幼儿园和臧村小学附属幼儿园两所幼儿园，公办园占比增至 57%，与 2020 年调度数相比提升 21 个百分点，在园幼儿 997 人，为清苑区公办幼儿园在园幼儿人数最多的乡镇。2021 年臧村镇六年级取得区联考乡镇排名第四的成绩。在第 27 届青少年爱国主义读书教育活动中，1 名学生获国家级一等奖；1 名学生获省级优秀奖；1 名学生获市级优秀奖；7 月臧村小学获得省级“书香校园”称号。东臧小学、闸板口小学获得区级“书

香校园”称号，闸板口小学、育才小学、詹庄幼儿园获得区级“绿色学校”称号，育才小学获得区级“文明校园”称号。

【望亭镇总校】 望亭镇有公办幼儿园2所，小学8所，初级中学2所。望亭镇总校不断加强校园基础建设，优化育人环境；打造平安校园，筑牢安全之盾；抓常规促“双减”，讲实效提质量；注重教师专业化发展，深化素质教育，推进特色课程建设，《人民日报》对固上小学的武术、东安小学的农耕园作了专题报道。在清苑区乒乓球比赛中望亭镇获体育道德风尚奖，小学女子组第四名；健身操比赛总校获优秀组织奖，望亭中学获二等奖，臧庄小学获三等奖；第三届冰雪运动会获陆地冰壶小学组第二名，中学组第三名。望亭总校被评为2021年电大招生工作优秀单位。

【白团乡总校】 白团乡有6所小学，4所幼儿园，初级中学1所，教学点1所，教职工264人，初中在校生777人，小学在校生2334人，在园幼儿371人。2021年12月，白团乡总校被评为“2020年度教育脱贫攻坚先进单位”。白团中学获“教育教学工作先进单位”“教学评估先进单位”“安全稳定先进集体”“绿色校园”等称号，冰蹴球比赛获得第一名，轮滑比赛获得第六名，冰雪运动团体总分全区第五名。白团东街小学被评为区级书香校园，教育教学先进单位。白团成人学校举办种植养殖、家政服务、养生保健、家庭教育等培训15次，培训农民1500人次。每月汇编一期科技资料，及时发放到农民手中，全年刊登出版资料12期，共发放12000余份。全乡共有科技黑板12块，作为农村科技推广和信息传播永久性宣传专栏、指定专人负责，根据农时及时更换相应的内容，每月一期，全年刊登共12期。被评为“社区教育先进单位”。

【北店乡总校】 北店乡有中学1所，中学在校生449人；小学9所，小学在校生2165人，入学率100%；独立幼儿园4所，幼儿园在园幼儿768人，入园率99.4%。全乡专任教师213人，教师学历达标率100%，专科及以上学历教师比例为95.6%。2021年被评为教学评估先进单位；在全国爱国主义读书教育活动和省“阅知行”读书活动中5名教师和8名同学分获国家、省、市一、二等奖；全区健身操比赛获优秀组织奖，区轮滑比赛获得幼儿组第五名；5所校园获评区安全文明校园、绿色校园、教育教学工作先进单位。

【石桥乡总校】 石桥乡有中学2所，在校生682人；小学10所，教学点2个，在校生2829人，义务教育入学率巩固率均100%。公办幼儿园10所，在园生502人，私立幼儿园7所，在园生494人，入园率98%。全乡有教职工318人，学历全部合格。2021年，两所中学中考文综、理综成绩突出。张村中学获中学教师组冰壶第七名，石桥总校获小学组轮滑第10名，幼儿组第1名的好成绩。石桥中学获阅读书写工作先进单位称号。

【北王力乡总校】 北王力乡有小学6所，小学在校生1460人，入学率100%，巩固率100%；独立幼儿园2所，幼儿园在园幼儿568人，入园率99.5%；中学1所，学生398人。全乡中小学、幼儿园专任教师173人，教师学历达标率100%。2021年，大李各庄小学、大李各庄幼儿园、北王力幼儿园被评为教育教学先进单位，北王力中学、刘村小学、北王力小学被评为绿色学校。在小学教育教学科研工作中北王力乡两名教师获一等奖，第三联盟体阅读指导课教学设计评比中两名教师获一等奖，一名教师获区英语同课异构比赛一等奖。北王力乡报送的13幅百年荣光作品均获省级奖。在清苑区第三届冰雪运动会冰壶比赛中北王力乡获得教师组亚军；在中小学乒乓球比赛中，北王力中学男子组获区第七名；在轮滑比赛中，北王力乡获幼儿组全区第八名。

【李庄乡总校】 李庄乡有小学8所，在校生1573人；幼儿园6所，在园人数430人。全乡教职工173人，教师学历达标率100%。2021年，北李各庄小学、北辛力小学和李庄小学被评为教育教学先进单位，北李各庄小学和北段庄小学被评为绿色学校。在2021年举办的清苑区第三届“冰雪运动会”轮滑比赛中，李庄乡获得幼儿组第二名、小学组第四名；在冰蹴球比赛中获得小学组第四名；在清苑区“校园健身操比赛”中，北李各庄小学获得一等奖，北王力小学获得三等奖。2021年，在“双减”背景下，李庄乡总校制定“减负提质加减法之六加强两减少”的工作措施，狠抓安全防疫工作，无师德师风违纪行为。

【东闾镇总校】 东闾镇管辖公立中小学幼儿园19个单位，教师369人，学生5133人；私立幼儿园7个，教师82人，学生941人。东闾镇始终以规范管理为重点，以营造师生和谐的教学环境为手段，以培养学生自主学习、自主创新为目的的办学理念，培养学生个性，发展学生特长，坚持全面育人，全面发展，立德树人，强化学生意识形态领域教育，守住校园红色阵地，为学生健康成长奠基，为教师持续发展铺路。2021年东闾镇总校获评电大招生优秀单位；在青少年读书教育活动中，南王庄小学教师郭同彦辅导学生郭宇萱获省级二等奖，东闾镇总校获国家级优秀组织二等奖。今后，东闾镇会继续办好人民满意的教育，推进素质教育，为中国特色社会主义培养更多的合格人才！

【何桥乡总校】 何桥乡辖1所中学，7所小学，5所公办幼儿园，4所民办幼儿园。有初中在校生498人，教职工56人。小学在校生2217人，教职工131人。在园幼儿984人，教职工72人。

2021年，何桥乡总校被评为“自制玩教具工作先进单位”“电大招生工作先进单位”“汉字书写工作先进单位”。何桥乡成人学校被评为清苑区“职业与成人教育工作先进单位”“社区教育工作先进单位”。石头桥中学、史家桥小学、后铺小学被评为“清苑区教育脱贫攻坚先进集体”。石头桥中学九年级二班被评为保定市先进班集体。3月18日，何桥乡总校组织全体校（园）长到徐水区师昌绪学校参观学习。4月在清苑区中小学乒乓球团体比赛中何桥乡获小学组女子第三名、男子第四名，初中组女子和男子均获得第一名。5月在史家桥小学举行何桥乡“缤纷五月”艺术节。11月何桥乡5名教师参加清苑区教师素养大赛获4个一等奖，1个二等奖。12月在清苑区第三届冰雪运动会郭子睿获得第二名。12月9日史家桥小学迎接清苑区政协德育调研工作，调研组对学校德育工作给予了充分肯定。

【孙村乡总校】 孙村乡有小学3所，中学1所，公办幼儿园1所，校中幼儿园1所，民办公助园1所，民办幼儿园6所。在2021年7月清苑区组织的六年级期末调研考试中，孙村乡总校六年级成绩全区排名第五。9月孙村乡总校、孙村中学、大侯村小学均被评为“教育教学工作先进单位”。申报的非遗项目“清苑绣球龙灯的传承”被省教育厅评为河北省“终身学习品牌项目”。2021年度全乡116人次获省、市、区级奖励。

【阎庄乡总校】 阎庄乡有公办幼儿园2所，公办民助园1所，校中园2所，小学4所，初级中学1所。总校教职工9人。2021年，阎庄乡总校严肃政治纪律作风建设，认真履行教育职责，聚焦师德师风，整治有偿家教；狠抓校园安全及疫情防控相关工作；大力优化、美化校园环境；积极开展“五项管理”“双减”、课后服务、课程建设、常规管理、体教融合等各项教育教学活动，全面实施素质教育。获评2021年电大招生工作优秀单位、职业与成人教育工作先进单位。阎庄中学被评为“清苑区绿色校园”、教育教学工作先进单位、职教招生工作先进单位。侯郎营小学被评为保定市文明校园。在区乒乓球比赛中，阎庄乡乒乓球代表队获小学男子组第一名，

小学女子组第二名，中学女子组第三名，并获“体育运动道德风尚奖”。阎庄乡在清苑区轮滑比赛中获小学组第二名，幼儿组第四名的优异成绩。在清苑区第三届冰雪运动会中获小学组轮滑比赛团体总分第一名，初中组第八名。在清苑区首届“啦啦操”比赛中，阎庄乡代表队获区一等奖和优秀组织奖。

体育工作

【体育教学】 开齐开全体育课，实施阳光大课间活动，成立各种体育社团，培养学生体育兴趣，提高学生身体素质和竞技水平，丰富课后服务内容。新招聘体育教师 14 人，培训冰壶教练员、社会指导员 120 人，颁发国家三级教练员、社会指导员证书 118 人。

【体育活动】 组织召开青少年运动会，开展乒乓球、滑冰、篮球、广场舞、健美操、啦啦操等多项赛事和活动 30 多场次，推动学校体育和群众体育运动的开展，丰富了职工和群众业余生活。

【体育设施】 对城区具备条件的小区配备健身器材，建成冰蹴球场地 50 块，完善乡村健身场地 24 处。

【冰雪运动】 成功举办清苑区第三届冰雪运动会，通过“冰雪运动大篷车”、“小手拉大手”、冰雪运动赛事等形式，推动冰雪运动进校园、进社区、进乡村、进家庭，实现学校冰雪运动全覆盖，全区直接参与冰雪运动人数 11 万余人，间接参与冰雪人数 24 万余人。在保定市第三届冰雪运动会上，全区选派 72 名运动员，参加 5 个大项 80 个小项比赛，清苑代表队斩获 17 枚金牌 19 枚银牌 18 枚铜牌，是全市唯一 5 个大项全部获得金牌的代表队，以奖牌总数 54 枚、团体总分 1042 分的优异成绩，获奖牌榜和总分榜第一名，得到区委、区政府主要领导高度肯定和表扬。清苑区冰雪运动先后被《人民日报》、人民网、《经济日报》等国家、省、市级媒体报道。

党组书记、局长 张文利

（撰稿：张忠良、刘帅）

校园简介

【保定市清苑区职业技术教育中心】 河北省保定市清苑区职业技术教育中心（以下简称区职教中心）始建于 1984 年，前身为清苑农技校，是 1996 年国家教委首批确立、2004 年教育部重新认定的国家级重点中等职业学校。校园占地面积 94840. 17 平方米，建筑面积 35600 平方米，教职工 270 人（专任教师 233 人，硕士学历 7 人，本科学历 242 人，“双师型”教师 85 人），在校生 2915 人。开办计算机应用、计算机网络技术、绘画、汽车运用与维修、会计事务、数控技术与应用、作物生产技术、畜禽生产技术、戏曲表演（哈哈腔班）9 个专业，其中计算机应用专业为市级骨干专业，戏曲表演专业为学校的特色专业。

狠抓教学质量，提高教学水平。2021 年，共有 415 名学生参加高考，全部升入高校。其中，1 名学生获得第六大类全省单招第一名，6 名学生进入河北省单招前 50 名。在“第二十四届全国教育教学信息化大奖赛”河北赛区作品评选活动中，获 4 个二等奖、4 个三等奖。在河北省中等职业学校美育课教师信息化教学设计和说课交流活动中获 2 个二等奖。在河北省信息技术与教学融合优质课大赛中获保定赛区 1 个二等奖。在河北省第六届微课大赛中获 2 个一等奖、1 个二等奖、6 个三等奖。在保定市教学能力比赛中获 3 个团体三等奖。

坚持育人为本，注重德育工作。先后组织清明节扫墓、春季运动会、迎七一文艺会演、校园歌手大赛、新团员入团仪式、志愿者服务、拔河比赛等各类活动共8次，活跃课余文化生活，极大调动了学生参与学校建设、构建和谐校园的积极性。在清苑区第二届冰雪运动会轮滑项目比赛中，区职教中心获团体总分第二名，并获得2个单项亚军、2个季军、2个第四名。在保定市第三届冰雪运动会上，区职教中心8名运动员代表清苑区参赛，取得2枚金牌、2枚银牌、5枚铜牌的优异成绩。在清苑区第七届“阳光下成长”中小学生艺术展演活动中获得1个一等奖，2个二等奖，1个优秀组织奖。

积极开展联合办学。继续与河北鑫晨英硕图文设计有限公司、河北腾航航空零部件制造有限公司等企业合作，坚持“优势互补，资源共享，互惠双赢，共同发展”的原则，校企双方共建实习实训基地，促进产教融合，为学生零距离实习实训搭建平台，拓宽了毕业生实习、就业渠道。继续与天津市第一轻工业学校合作，招收计算机网络技术专业天津春季高考合作班，共注册40人，与唐山职业技术学院举办“3+2”初中起点联合办学，招收计算机应用专业“3+2”高职学生，2021年招生50人。

搞好实习就业。2021年，毕业学生637人，就业率100%；直接就业222人，直接就业率34.85%，其中对口就业183人，占直接就业学生的82.43%。升入高一级学校415人，占毕业学生的65.15%。

2021年，区职教中心获河北省五四红旗团委、河北省首批劳动教育示范校，清苑区高中教育立功单位、清苑区职业与成人教育先进单位、清苑区脱贫攻坚先进单位、清苑区文明校园等称号。10月，被确定为“保定市清苑区职业启蒙教育基地”；11月，通过“河北省绿色校园”验收；12月，被省级管理部门评定为“2021年度河北省中等职业教育质量提升工程项目名牌学校”。

【进修学校】 保定市清苑区教师进修学校位于清苑教育城。校园占地15亩，建筑面积7000平方米，由校本部办公楼、附属小学和教育教学实践基地组成，设办公室、教务处、语委办、总务处，承担着全区教师继续教育培训管理工作和全区语言文字工作。2021年被评为教育教学先进单位。

聘请专家组织开展献礼建党百年全区师德师风培训活动，共240余人参加培训。组织开展河北省第12届师德师风论坛征文及中华经典诵读写作品征集和报送工作，收到征文363篇、演讲视频38个、择优报市56篇、36人获奖。组织做好全区笔墨中国汉字书写大赛及河北省第四届汉字书写大会选拔工作获市级组织奖。

加强教师教育培训。通过再教育充分发挥培训职能，不断提升全区教师培训质量。认真落实“五年一周期”的教师资格定期注册制度，完成2020年参加“五年一周期”的教师资格定期注册教师的管理和服务工作，依照审批程序做好注册贴的发放和报批盖章工作。完成2021年教师资格定期注册教师的资料收集报送工作。坚持依托继教网抓好2020—2021年中小学教师远程教育培训，全区5000多名教师参加了远程培训学习，启动2021年度全员远程培训报名和信息上传工作。同时完成上网方式培训的注册，选课和下发资料等培训服务工作，并督促参训学员及时完成在线学习。2021年遴选推荐181人参加保定市中小学（幼儿园）骨干教师骨干校长（园长）培训，遴选推荐19人参加保定市骨干教师高级研修，推荐遴选5人参加省培项目学习，遴选推荐750人参加国培项目学习。

引进优质教育资源，推进名师工作室建设。邀请北京市名师李云会、保定市杨志超等名师工作室到清苑区开展送课下乡暨讲学交流活动，全区800多名教师参加观摩学习。联手教研室和电教仪器站组织小学、初中语文、数学活动27次。联手教研室开展全区性教育教研活动。组织小学语文、数学、英语三个学科线上教学研讨活动10

次，全区5260人参与教学研讨。借助全国创新人才教育研究平台，加快全区教育高品质高质量发展。与河北师范大学达成合作战略协议，确立小学骨干教师培训和小学教师培训2个项目，完成300名骨干种子教师集中培训，小学教师班主任、青年教师等全员培训线上培训18次，受训教师近万人次。

加强教科研工作。进修学校调研部2021年继续深入开展“研究、引领、指导、服务”调研活动。采用远程线上线下调研方式了解基层教师培训需求；进一步开展课题研究工作，有8名教师参加课题研究；组织调研部人员开展下乡调研6次，征集培训建议了解基层学校培训需求24条，为教师培训工作献计献策12次。办好《清苑教师教育》期刊。巩固省政府语言文字督导评估工作成果，进一步做好语言文字工作。

2021年，学校对公开招聘的100名新教师进行岗前培训，使新入职教师尽快适应教师掌握教学基本技能，适应教师角色；完成三年一周期的名师工作室考核；名师工作室进行全面考核，为全区建立梯队人才库奠定了良好基础。

【清苑中学】 清苑中学创建于1953年，位于清苑城区中心光泽路235号。校园占地120亩，2003年被评为省级示范性高中。学校2021年共有教学班48个，在校生3368人；教职工254人，专任教师198人。

2021年高考取得优异成绩：学校参加高考人数1062人，一本上线431人，上线率40.58%；本科上线932人，上线率87.76%。超额完成年度任务目标，被评为“清苑区教育教学工作先进单位”。

深入对接天津市南开中学，积极推动保定教育“三年大变样、六年大改观”。2021年7月5日，全市召开教育创新发展大会，清苑中学作为38个创新人才教育研究会振兴县域教育实验基地之一，与天津市南开中学开展帮扶对接工作。为此，区委闫书记带队前往天津南开中学进行实地考察。受疫情影响，各学科对接工作由天津南开中学主导，通过网络视频讲座、视频会议、微信交流等形式开展。经过不断的学习和磨合，学校将南开中学先进的教学理念，科学的办学方式逐渐本土化，灵活运用到实际教学中，促进学校教育教学的发展和提升。

注重学生自主学习能力的培养，关爱学生的身心健康，勇于探索与创新。2021年9月开始，学校把每天上午、下午调成各五节课，第三节课设为自习课以增加学生自主学习、归纳整理的时间。10月，高二开设心理健康教育课程，把心理健康教育正式纳入年度教学计划，为教育教学工作的顺利开展保驾护航。

以丰富多彩的文体活动为载体，提高学生的德育水平。学校组织开展庆祝中国共产党成立100周年歌咏比赛、五四文艺会演、军训、秋季运动会、国家公祭日、高三百日誓师等活动。积极开展爱国主义读书教育活动，在活动中多名师生获得国家、省、市、区级奖励。参加清苑区中学生篮球比赛，获清苑区中学生男子篮球赛高中组第二名。通过一系列活动的开展，厚植学生浓厚的家国情怀，提高学生的思想品德和组织纪律观念，培养学生的良好行为习惯。

学校秉承不让一个学生因贫困而失学的理念，积极开展贫困生资助工作。2021年共发放国家助学金58万元，资助学生622人次。享受“三免一助”学生152人次，免除学杂费共128525.4万元。校内资助奖助448人次，发放资助金157630元。

【清苑一中】 2021年，清苑一中在校生3883人，共59个班，在编教职工285人。有副高级职称80人，占教职工的28.1%；中级职称119人，占41.7%；初级职称86人，占30.2%。2021年8月完成高一招生工作，招收新生1286人，设置20个教学班。

2021年，清苑一中高考成绩优异，共1104人参加高考，强基上线人数482人，上线率

44%，其中物理组合366人，上线率57%，历史组合116人，上线率25%，本科上线903人，上线率82%。

校园建设：学校升旗广场及篮球场提升改造工程完工；完成路灯、校园广播系统安装及楼宇之间线路入地工程；学生食堂、餐厅及附属工程全部交工；6个实验室、1个录播教室、2个微机室改造完成；装修1个会议室、1个报告厅；体育馆开工建设。

教学交流：1. 2021年3月4日清苑一中教师听取保定市教科所所长冯洪做《八省联考分析》报告。2. 2021年3月23日清苑一中教师听取安徽省合肥市第六中学教师侯曙明关于《在对比中找方向 在变化中求发展》的讲座。3. 2021年4月7—9日，清苑一中教师进行业务考核工作。4. 先后3次组织教师进行新课标、新教材、高考复习备考的教学培训工作。5. 2021年6—12月组织教师进行保定市创新教育的培训工作，并组织各学科与南开中学对接交流活动。6. 2021年9月11日组织教师参与保定市大教研活动。7. 2021年12月与涞水祖冲之中学进行保定市课堂教学评价活动交流。

贫困生资助：国家助学金发放425500元，资助421人次；建档立卡发放92574. 33元，资助167人次；校内资助发放48902. 35元，资助185人次。

荣誉：中共保定市委授予清苑一中党支部“全市先进基层党组织”称号；中共清苑区委授予清苑一中党支部“全区先进基层党组织号”称号；区教体局授予清苑一中“2021年度保定市清苑区教育教学工作先进单位”“先进基层党组织”称号；在第九届河北省青少年“阅知行”读书活动中获清苑区“书香校园”称号。

清苑一中以“办好师生幸福、家长满意、政府放心的清苑教育事业”为宗旨，秉承“一切为了生命的幸福成长”的教育精神和“以生为本、博学厚积、勇于超越、和谐发展”的教学理念，坚持以立德树人作为清苑一中教育教学的根本任务，走“素质教育立校、名师团队兴校、教育科研强校”之路，深入推进教育教学改革，致力于培养德智体美劳全面发展的优秀青少年为己任，实现办学水平和学校核心竞争力的稳步提高。

【清苑二中】 保定市清苑区第二中学是区教育局直属初级中学。位于清苑区迎宾西街212号，建于1988年，占地面积38325平方米，校舍建筑面积17897平方米。有34个教学班，在校生1810人；教职工216人，专任教师193人。2021年，学校获评“清苑区教育教学先进单位”“保定市安全保卫工作先进集体”等。

坚持德育为首，全员育人。主要概括为“一个主题、两个习惯、四级榜样”。“一个主题”是指德育教育主题系列化，如感恩教育、爱国教育、励志教育、心理健康教育等；“两个习惯”：抓好行为习惯和学习习惯的养成；“四级榜样”：建立学校榜样、年级榜样、班级榜样、小组榜样四级学生榜样系列。抗击新冠肺炎疫情，通过书法绘画、录制小视频等形式，开展“共同抗疫，为祖国加油”活动。组织新生军训。举办“庆祝教师节暨开学典礼”。召开学校秋运会，组队参加清苑区教育和体育局举办的“中小学生秋季田径运动会”。组织拔河比赛、篮球赛和教职工冬季运动会。参加清苑区第三届冰雪运动会并获得“先进单位”。召开“法治教育大会”。举办迎新年师生书画展览活动。参加全国读书教育演讲比赛，两名同学分别获“河北省二等奖”“国家级三等奖”。

教育教学工作。继续加强教师学习培训，促进教师专业化提升；规范教学常规，坚持集体备课制度。坚持减负增质，精心打造“双师”课堂，督促教师转变学教方式，培养学生的自我管理和良好行为习惯。组织公开课、示范课，开展教学研讨，进行精品课、优质课评比活动。中考各项指标列全区第一。招收12个教学班，660名新生。开展教师专业素养大赛。召开“双师课堂”经验交流会。一名教师获全省优质课评比二

等奖。2021年，学校涌现出“河北省优秀班主任”“河北省师德标兵”“保定市名师”“保定市师德标兵”各一名。

【李庄中学】 李庄中学始建于1946年，前身是清苑师范，1954年改制为初级中学，1958年招收高中，成为清苑区一所普通高中。学校占地面积近60亩，建筑面积11600余平方米。学校有22个教学班。在校生人1636，教职工98人，专任教师93人。研究生学历6人，本科学历91人，专科及以下学历1人。

特色办学。李庄中学坚持特色办学思想和目标，3～5年时间将学校的艺术升学做大做强，提升本科入学率。

开放办学，创新发展。学校高二开设日语教学。2021年7月，学校与天津市南开中学成功携手对接。增强学校先进的办学理念，获取优质的教育教学资源。

分层次教学。对升学欲望强但文化相对中等的学生，进行特色专业培训，走艺术高考之路。单招升学，对于中等以下的学生，搭建平台、拓宽学生发展道路。

2021年3月，李庄中学被评为清苑区教育系统安全稳定先进单位；4月获清苑区中小学乒乓球初中女子组第八名、男子组第五名；5月在河北省第九届青少年读书活动中获清苑区“书香校园”称号；被共青团清苑区委员会评为“2021年清苑区五四红旗团委”；6月获2021年清苑区校园健身操（舞）比赛中学组一等奖和优秀组织奖；12月在清苑区第三届冰雪运动会中获高中组轮滑比赛总分第一名，冰壶比赛获中学组团体总分第二名。

【臧村中学】 臧村中学始建于1956年，是一所完全中学。学校占地46亩，建筑面积近2万平方米。有在校学生1700人，教职工118人。2021年取得优异成绩。教学方面：高考本科上线8人，初中考入清苑中学60人，考入普通高中100人。体育方面：获清苑区高中男子篮球赛第一名，初中啦啦操一等奖，高中冰壶比赛第六名，初中冰蹴球比赛第八名。

2021年度重点工作：1. 认真做好校园安全和疫情防控工作。2. 美化校园环境，重修150米围墙，粉刷校舍20间。3. 购置新桌椅300套、高低铺100套。4. 承担五校联盟体活动，开展并组织联盟体的“说题活动”和学生团体活动展示，书画展示专项活动。5. 大力推动教研改革，提升教师业务素质，加强与天津南开中学对接，组织全体教师与南开中学展开线上教研14次，共40人次参与网上教学研讨观摩活动。6. 积极组织学生参加中学生冰雪活动，在比赛中获奖得突出成绩。7. 开展多种形式的安全教育活动。8. 开展学生心理建设活动，增加心理教育特色教学。

【清苑小学】 清苑小学位于清苑主城区育红路27号，前身是清苑县子弟小学。学校占地20余亩。

清苑小学始终以学生为中心，具化学生培养目标。积极引导学生进行智慧思维，以具体成长目标引领学科和课堂教学。规范日常管理，促进学生行为养成，基本保证安全、纪律、卫生等工作的常态有序。推进课程建设。落实国家课程要求，提升学生专项学习力。开展第二课堂专长学习，一年级油画棒、二年级围棋、三年级书法、四年级小机器人、五年级素描、六年级篮球，使学生在多样的学习中，努力寻找培植兴趣爱好。利用课后托管时间开展班级社团活动，开设校级社团美术、合唱、舞蹈、书法、朗诵、英语、速叠杯、篮球等，丰富学生学习生活，促进学生全面发展和个性化成长。

开展主题教育月活动。4月体育嘉年华，体育专长展示、趣味体育活动和常规体育项目竞技，全校约90%的师生参与其中；5月艺术节，开展清小达人秀活动，书法、绘画、舞蹈、器乐、声乐、课本剧展演等；10月科技节，进行科普阅读并进行科学劳动教育。各种活动丰富了学生学习生活，开阔了眼界，锻炼了能力。

加强教师队伍建设。2021年清苑小学继续开展“我的课堂”磨课活动，以课堂为统领，使教师在对课堂反复琢磨中加深对课程标准、课堂目标、学生情况、教法学法的把控度，提升专业化水平。2021年第二学期，磨课采用“我在他班上节课”的形式，让教师去面对不同的学生，锻炼课堂组织能力，对比感受不同班级学生的学习能力，取长补短关注学生学习能力的课堂训练。

2021年学校教师参与区级送课下乡5节，在区级活动中讲座、上课10余人次，区级教师素养大赛中5人获奖，市基础教育提升大比武中12人参加且3名教师获一等奖。参加各类评比竞技活动获奖200多人次，3名学生参加保定市电教馆组织的人工智能大赛获市级一等奖，1名学生被评为保定市新时代好少年。

加强校园规范化建设，提升校园环境，更好地服务师生工作学习。2021年，对学校南院、主教学楼外墙、行知楼瓷砖、逸夫楼平台和行知楼楼梯、北平房活动场地进行改造提升；4个顶楼教室、活动室安装空调；购置数学、科学、绘本类读物3000多册，进一步提升了学校教育教学的承载水平。

【第二小学】 保定市清苑区第二小学建于1990年，毗邻清苑区第二中学，是一所全日制公办小学。学校占地10549平方米，校舍建筑面积5142.5平方米，有26个教学班，学生1361人，教职工85人，专任教师84人，全部为专科及以上学历，学历合格率100%。

学校有2栋教学楼、1栋综合实验楼、1栋办公楼。设有计算机教室、图书吧、图书阅览室、实验室、仪器室、体育器材室、音乐教室、音乐器材室、美术教室、少先队活动室、多功能教室等专用教室，有专人管理并充分利用。学校按规定配齐各科教师，教师岗位设置合理，能满足教育教学需要。

学校遵循教育规律，规范教学管理，对学生实行军事化管理，规范学生的行为习惯。开展“最美古诗词”活动，让学生感受诗词之美。

学校发展稳步提升，连续多年获评“清苑区教育教学先进单位”“教研工作先进单位”“教育教学质量优胜单位”“教育教学评估及常规管理先进单位”“课堂教学改革先进单位”。

坚持“快乐学习、健康成长”的办学理念，开设舞蹈、小兵、篮球、足球等多个社团。持续开展“我们的节日”“迎国庆经典诵读”、冰雪运动会等十几个大型活动。培养学生自主、合作能力，促进了学生全面发展。

学校严格管理，依法治校。没有校园欺凌和辍学现象，没有发生一起在职教师有偿家教问题。校园安全稳定，有力地维护了学校的教育形象。

2021年，清苑区第二小学被区武装部任命为“少年军校”，被评为教育教学优胜单位。

【第三小学】 清苑区第三小学始建于1995年5月。学校占地面积20646平方米，建筑面积10138平方米。学校有37个教学班，学生1906人。有专职教师98人，教师学历达标率100%。

2021年，相继打造“一园二廊一物”校园文化景观，一园是农耕园，二廊是读书文化长廊、英雄人物文化长廊，一物是校园吉祥物乐乐和悦悦。

学校秉承“生长教育”的办学理念，以校训“走好每一步，快乐每一天”为教育主线，让孩子们每天都有新的发现，每天都有新的成长。在“生长教育”理念的引领下，扎实开展“四季九节二礼”主题教育课程，强化“立德树人”的教育方针。举办了体育节、读书节、艺术节、合唱节、语言节、英语节、教学节等一系列活动。积极探索创建“1+N”课程体系，坚持推进素质教育，全面育人。开设空竹、舞蹈、哈哈腔、围棋、轮滑、武术、跆拳道、乒乓球、机器人、无人机、国学、文学社、书法社、朗诵社等23项

丰富多彩的课程，其中“哈哈腔小剧团”是国家非物质文化遗产哈哈腔剧种的人才培训基地，让孩子们在活动中学习、在拓展中探索、在快乐中成长。

学校在基础课程上围绕以学为中心的“学讲”课堂模式的探索与实践，坚持把时间还给学生，让学生充分地学；把课堂还给学生，让学生合作地学；把讲台还给学生，让学生尽情地讲；把创造还给教师，让教学充满智慧。构建“自主学习、小组讨论、交流展示、释疑提升、验标反思”五环节的学讲课堂模式。提升教师综合素养。学校坚持寒暑假和平时理论学习，开展教师读书笔记评比、读书论坛活动，切实提高教师思想理论素养。通过专题讲座、教师培训等方式，全面提高教师业务素质。实施“青蓝工程”，促进青年教师专业成长。

推进“名师工程”，充分发挥名师工作室名师的示范、引领和辐射作用，开展名师展示课堂、名师学期成果展示会活动。大力开展青年教师课堂教学大赛、生长课堂磨课、生长课堂展示汇报课、双师课堂等活动，推动课堂改革工作的普及和深化。

【第一幼儿园】　清苑区第一幼儿园始建于1981年。坐落于县城中心育红路9号，占地面积为2977.18平方米，1996年翻建，1997年被评为省级一类园。2016年7月，在园内后院位置新建一栋三层教学楼，建筑面积为1550.03平方米。清苑区第一幼儿园有前后两栋教学楼，分别为启智楼和启慧楼，总建筑面积为2756.9平方米。2021年被评为省级示范性幼儿园。有教职工50名。

办园特色：该园始终以《幼儿园工作规程》《幼儿园教育指导纲要（试行）》和《3～6岁儿童学习与发展指南》为办园指导思想，以“一切为了孩子”为办园宗旨，以“用爱养育、用心教育”为办园理念，以“严谨、敬业、爱幼、负责”的教风，以“文明、守纪、诚实、自信”的园风，以“好学、求异、参与、探究”的学风，用“爱幼儿、爱幼儿园、爱幼教”的三爱精神，让每个孩子在充满爱与自由的环境中，成为独特的自己，让每位教师成为幸福的园丁。2021年12月14日，清苑一幼高标准通过省级示范性幼儿园验收，评估组对该园的硬件建设、师资队伍、教育教学、园所文化等方面给予充分肯定，也对幼儿园远景发展规划及内涵纵向发展提出更高层次的要求。

丰富活动：2021年4月，在建党百年之际，为传承和发扬革命传统文化开展“红色记忆 长征精神”徒步拉练活动。此次活动锻炼了孩子体魄，培养了孩子吃苦耐劳的优秀品质，得到了上级领导的大力支持和好评。6月举行全园庆祝六一联欢会并得到家长和社会的认可。7月组织大班年龄组幼儿进行“走进小学”幼小衔接主题活动，帮助大班孩子全面、直观地了解小学的学习生活及环境，和小学生们近距离接触。11月举行大型消防演练活动，让幼儿了解安全自救常识和应急自救能力。12月举行庆元旦暨建园四十周年活动，全体幼儿及教师为幼儿园庆祝。12月市级课题“民间趣味游戏在幼儿园户外活动中的运用与创新的研究”顺利结题。

获得荣誉：2021年，幼儿园获得省级“示范性幼儿园”、市级“安全工作先进单位”、区级“三八先进集体先进单位”“教育教学先进单位”等称号。

【第二幼儿园】　保定市清苑区第二幼儿园是一所隶属于区教体局的省级示范园所，坐落于清苑城区东侧富强北路253号，2005年建园，占地面积9000多平方米，建筑面积4770平方米，共有11个教学班，500余名幼儿。该园秉承“忠诚践责、塑性启智、弘德明心、崇礼育人”的育人理念，以“爱心开启生命灵动、为孩子幸福成长奠基”为办园宗旨，勇于探索与实践，逐步形成自己的办园特色。

该园坚持以立德树人为根本，学习和贯彻保

定市教育创新发展大会精神，多措并举提高教师素质，提高教育质量。开展师德师风培训，利用教师节对优秀教师进行表彰，开展评优评模活动，提高教师的工作热情，开展教师专业培训，鼓励教师参加各项活动和比赛，在学习和实践中提高教学水平。

丰富户外活动场地和活动器械，在原有教育理念基础上大力加强体育教育，开展幼儿花样拍球运动，幼儿体能训练，冰雪运动进校园活动等丰富多彩的体育运动。6 月该园选拔 10 余名选手参加保定首届少儿体能挑战赛，并取得优异成绩。11 月园内开展迎冬奥绘画手工作品展，12 月参加清苑区第三届冰雪运动会轮滑比赛，幼儿组取得第四名的好成绩。

利用节日开展丰富的教育活动。清明节期间，孩子们了解清明节的传统文化，了解传统风俗，通过开展活动追念革命烈士。开展端午、中秋等活动，利用传统节日，传承中华文化，继承和发扬中华民族的优良传统，增强幼儿的民族自尊心和自豪感。利用三八妇女节、母亲节、父亲节、教师节、重阳节、感恩节等节日开展感恩教育，让孩子从小拥有一颗感恩之心，教育幼儿做一个善良有爱的人。利用读书日，开展教师幼儿读书活动，并在一日生活中渗透幼儿良好习惯教育，教育幼儿珍惜粮食、爱护环境、垃圾分类、节约水电、绿色出行、节约能源等，增强幼儿文明教育。

注重家园共育。因疫情原因家长不能进园，为让家长更好地了解幼儿在园成长情况，教师利用微信群，及时上传孩子在园活动情况和成长瞬间，利用网络平台及时和家长交流意见，通过家访了解和帮助家庭困难的幼儿。结合《中华人民共和国家庭教育促进法》的施行，利用线上和线下的方式，宣传家庭教育促进法，帮助家长掌握家庭教育知识和方法，促进家园共育。

该园始终将安全工作放在首位，开展安全教育，进行消防演练活动，利用旗下讲话和儿歌的形式进行防拐骗教育，通过给家长一封信和微信平台宣传教育幼儿防溺水等，采用多种方式，严抓安全，获得省领导高度评价。

【第三幼儿园】 清苑区第三幼儿园是直属区教体局的一所日托制公办幼儿园。建于 2009 年，位于中心西街，2010 年 9 月正式开园，占地面积 5400 平方米，建筑面积 3856.52 平方米，户外活动面积 3951 平方米，绿化面积 1250.26 平方米。幼儿园有教职工 57 人，专任教师 49 人，任职资格符合率和学历达标率均为 100%。有 12 个教学班，幼儿 528 名。

改善条件：2021 年，清苑三幼整体粉刷墙面，重新进行环境创设。三个楼层的楼道分别以“童心向党”“文化润心”“涵育梦想”为主题，采用多种材料制作美工作品进行装饰。组织教师从主题墙面、非主题环境、区角环境三方面进行班级环境创设。把旧的桌椅、儿童床全部换新。

教学科研：清苑三幼申报的省级课题“家庭式混龄教育提高幼儿合作能力的策略研究”顺利结题。加强教研活动，邀请专家到园指导，对全园 12 个教学班进行半日活动评比。

安全工作：坚持做好晨、午检工作；做好传染病预防工作；邀请清苑区医院医生给老师和幼儿讲解爱牙、护眼、急救技能等知识；定期检查室内外设施，发现问题及时整改；通过消防演练、日常教育提高师幼安全意识。

丰富活动：2021 年清苑三幼组织爱国主义系列活动，到冉庄地道战纪念馆进行红色教育；走进生态园，进行唱红歌、享自然，开展党史学习教育。组织“妙笔绘画下 童心颂党恩”庆六一美术作品展。7 月 1 日举行“童心向党 快乐启航”庆祝建党百年暨毕业典礼文艺会演。清苑三幼还组织了趣味运动会、师幼体操比赛、参观小学、丰收节现场绘画、读书节活动、冬至包饺子、庆元旦、迎新春等活动。

获得荣誉：2021 年清苑三幼获市级“安全工作先进单位”、区级“教育教学先进单位”“冰雪运动先进单位”等称号。

社会生活

◎民　政

◎社会保障

◎医疗保障

◎卫生健康

◎民族宗教事务

社会生活

民　政

【概况】　区民政局为区政府工作部门，机构规格为正科级，内设办公室、社会救助股、基层政权建设和社区治理股、社会事务股。下辖事业单位：民间组织服务中心、婚姻登记中心、社会福利有奖募捐服务中心、社会福利企业生产服务中心（低保家庭经济状况核查认定中心）、地名服务中心、殡葬管理所、光荣院、民政事业服务中心。2021 年，区民政局紧紧围绕区委、区政府各项决策部署，立足民政实际，扎实推进各项民政工作。

【社会救助工作】　一是加强兜底保障，严格城乡低保、特困管理，实现动态管理下的应保尽保。2021 年，全区农村低保户共 6649 户 9292 人，累计发放低保金 2688.33 万元；城镇低保 451 户 659 人，累计发放低保金 344.51 万元；城乡特困 2657 人，累计发放保障金（包括护理补贴）2043.51 万元。二是对临时因遭遇突发事件、意外伤害、罹患重病或其他特殊原因导致基本生活陷入困境的困难群众按政策实施临时救助。1—12 月临时救助 1094 人次，共发放临时救助金 79.4033 万元。三是防致贫巡查工作自 4 月底疫情缓和后继续开展，2021 年各乡镇累计排查低保户 12730 户、特困户 5283 户，未发现需要预警人员。四是全面摸排核实低收入人口底数，完善低收入人口数据，低收入人口库已建成，主要包括按照“单人保”纳入保障的家庭、近段时间申请未通过户、取消低保待遇家庭及乡镇通过审核符合政策的家庭。五是助孤工程。出台《保定市清苑区民政局助孤服务工程实施方案》，组织指导各乡镇（城区）对孤残人员进行摸排，共摸排重点残疾人 3984 人，60 岁以上老人 1007 人，18 岁以下未成年人 179 人。已纳入低保保障 129 人，特困 38 人，给予临时救助 27 人次。

【社会事务工作】　一是流浪乞讨人员救助工作。按照省、市关于《流浪乞讨人员救助管理服务质量大提升专项行动实施方案》，进一步提升救助服务水平，结合相关部门，做好流浪乞讨人员寻亲、落户等政策，共救助流浪乞讨人员 33 名，确保流浪乞讨人员有家可归，滞留人员得到安置，基本生活得到保障。二是残疾人两项补贴工作。及时将符合标准的残疾人纳入补贴范围，确保政策落实精准，2021 年，享受重度残疾人护理补贴 5706 人，发放资金 402.55 万元，享受困难残疾人生活补贴 3938 人，发放资金 314.08 元。

开通残疾人两项补贴资格认定申请“跨省通办”，申请人可以在任意地申请、不受户籍地限制，业务属地为申请人远程办理，方便群众办事。三是殡葬管理工作。2021 年，共火化遗体 1690 具；落实惠民殡葬政策，共免除 161 名城乡低保对象、特困人员、重点优抚对象等困难群众基本殡葬服务费用 74840 元。四是婚姻登记工作。依法开展婚姻登记工作，2021 年，共办理结婚登记 2534 对，离婚登记 697 对，补领结婚证 1426 对，补领离婚证 117 个，登记合理率达到 100%。

【养老服务工作】　一是三级养老服务网络建设。依托区民政事业服务中心建设养老服务指导中心，已成立并建设完成。魏村镇、孙村乡、白团乡、清苑镇、东闾镇、北王力乡 6 个乡镇各有一家公益性养老机构，公益性养老机构乡镇覆盖率达 33.3%。11 个社区养老服务设施已全部挂牌成立，并进一步完善软硬件建设和设施设备。其中红星社区依托仁济养老服务中心设立社区和居家养老服务中心，其他 10 个社区设立社区日间照料服务站。全区 5 家存量养老机构已全部通过消防审验。二是养老机构改造提升工作。投资 140 万元完成东闾德康老年公寓改造工作，新增床位 81 张；投资 50 万元完成清苑区裕东养老服务中心消防改造提升工作，并通过消防审验。三是养老服务资金发放工作。强化对失能、部分失能困难老年人口的保障，2021 年全区共有 770 名经济困难高龄失能、半失能老年人，共发放补贴资金 76.91 万元；共有 80 周岁以上高龄老年人 12177 人，共发放高龄津贴 428.283 万元；共有百岁以上老年人 55 人，共发放补贴 17.1 万元。

【儿童福利工作】　2021 年，清苑区共有孤儿 27 人，均为社会散居孤儿，事实无人抚养儿童 83 人，全年共发放孤儿和事实无人抚养儿童生活补贴 116.29 万元，保障其基本生活。强化动态管理，增强留困儿童监护责任。全区共有农村留守儿童 46 名、困境儿童 1215 名，共 1261 名。针对农村留守儿童均签订了《农村留守儿童委托监护责任确认书》，对农村留困儿童定期探访。未成年人救助保护三级机构建设。区未成年人救助保护中心依托于区民政事业服务中心挂牌成立。推进在乡镇（城区）、村（居）设立未成年人救助保护站和未成年人救助保护点，各乡镇（城区）未成年人救助保护站全部挂牌成立，277 个村（居）全部挂牌成立未成年人救助保护点。区、乡、村三级未成年人保护机构建设初步建成。严格程序，依法办理收养登记 3 对。

【社会组织管理工作】　一是提升社会组织党建工作质量。建成社会组织党群活动服务中心，社会组织党的组织和党的工作覆盖率达到 100%。二是加大社会组织扶持培育。全区备案的社区社会组织在 2020 年 1120 家的基础上，增加 284 家，增长 25%。

【基层政权和社区治理工作】　266 个村和 11 个城市社区完成村（居）委会换届选举，占 100%；实现村党支部书记和村委会主任一人兼的村（居）277 个，占选举成功村（居）的 100%。

【地名管理工作】　按照区委、区政府安排，2021 年重点推进东闾乡撤乡设镇工作。东闾乡积极开展道路硬化、路灯安装、垃圾清运等村容村貌整治，做了大量基础工作。5 月 21 日接待省民政厅验收组考察验收；5 月 31 日区政府向市政府提交正式申报文件；6 月 11 日市政府第 92 次常务会议研究通过包括东闾在内的 9 个县区 11 个乡区划调整方案。根据 9 月 22 日河北省民政厅《关于同意保定市清苑区撤销东闾乡设立东闾镇的批复》（冀民函〔2021〕52 号），省政府批准清苑区撤销东闾乡，设立东闾镇。

局长　辛凯亮

（撰稿：赵凯超）

社会保障

【概况】 清苑区人力资源和社会保障局综合管理全区的人力资源和社会保障工作。内设7个职能股室，下设4个直属事业单位。2021年，区人社局坚持以习近平新时代中国特色社会主义思想为指导，深入开展党史学习教育，全面贯彻落实区委、区政府安排部署，深入开展“三重四创五优化”活动，坚持以人民至上为工作统领，强服务惠民生，各项工作目标顺利完成。

【就业再就业工作】 持续落实强化就业优先政策。2021年，制定《保定市清苑区就业工作领导小组〈关于全力推进保障充分就业工作实施方案〉》文件。共召开线上招聘会35场，参与招聘单位310家，提供招聘岗位2725个，线上招聘会点击人数23914人。开展线下“民营企业招聘会”1场、“高校毕业生专场招聘会”1场，实现用人单位与劳动者的精准对接。完成城镇新增就业3744人，占任务的105.7%。完善困难人员就业援助机制。疫情期间实施失业补助金政策，为466人发放失业补助金145.94万元。为138家企业落实稳岗返还政策，共返还118.78万元。

拓宽高校毕业生就业渠道，扩大就业见习规模，2021年新增见习人员158人。强化创业带动就业，就业创业孵化基地入驻企业79家，带动就业110余人。发放创业担保贷款5笔共100万元。大力开展职业技能培训，推行“订单式”精准培训。累计完成补贴性培训4834人次，结合相关部门开展社会性培训3330人次。巩固拓展脱贫攻坚成果，对于未就业的建档立卡已脱贫劳动力提供就业帮扶，已实现就业504人。

【人才资源保障】 贯彻落实人才政策。积极推进“清苑人才十条”政策落实。根据实际，制定《关于支持高校毕业生和技能人才在清苑就业创业的若干措施》。2021年引进本科以上高校毕业生433人，硕士56人，博士1人。深入推进“燕赵英才服务卡”制度落地运行，为持卡人才提供落户、子女就学、交通出行等服务，全区共有燕赵英才A卡3人、燕赵英才B卡70人，这些人才主要分布在教育、制造业等行业。

人事人才工作，完成中、高级职称申报工作。开展中、高级工晋升申报工作，共申报中级工155人、高级工352人。优化营商环境，助力非公领域专业技术人才队伍建设，为企业考核认定初级职称583人。完成教育系统职称聘任工作，完成2020年度取得职称人员的聘任工作。

【社会保障】 全力推进社会保险扩面工作。成立工作专班，开展“送政策上门，送服务入户”，结合清苑开发区实际，组织由92家企业参加的座谈会，宣传参保缴费政策。2021年企业养老保险扩面1936人，完成任务的144%。工伤保险扩面2243人，完成任务的113%。失业保险新增参保人员2738人。城乡居民基本养老保险扩面新增参保14268人，完成任务的168%，全区已参保330386人，参保率99%，完成参保率95%以上的任务目标。1. 企业养老保险。参保职工人数（含灵活就业人员）20718人，新制度机关事业养老保险，参保人数12962人，全区社保管理的离退休人员养老金按时足额发放，6月底完成退休人员基本养老金调整并发放到位。2. 工伤保险。参保人数30710人，确保享受伤残待遇及工亡人员待遇拨付。3. 失业保险。新增参保单位249家，失业保险新增参保人数2738人，严格审核失业人员待遇享受。4. 城乡居民养老保险。为符合条件的城居保领取待遇人员发放养老金，发放率99.7%，完成了发放率达到98%以上的任务目标。对符合城居保参保条件的特殊人员进行参保登记、代缴，做到特殊人群参保率、代缴率、发放率三个100%。落实《清苑区被征地农民参加养老保险实施细则》，做好社保储备金和

风险金的征收、管理工作，对被征地农民符合参保条件的及时进行参保登记。5. 全面做好社保基金监督工作。深入推进落实“社会保险基金风险防控提质年”活动。部署开展社会保险基金管理风险排查活动。开展警示教育月活动，将社保基金安全作为人社领域风险防控的重中之重，强化举措，确保社保基金安全。6. 综合柜员制建设。统一筹建服务大厅，按照前台统一受理，后台分类审批、统一窗口出件的要求，对大厅设置进行科学设计，合理分区设置综合柜员岗。按要求设置综合柜员前台岗和后台岗。各险种经办机构人员经过统一培训已进驻大厅开展业务。

【劳动管理】 做好劳动监察治理欠薪工作和劳动仲裁工作，维护和谐劳动关系。1. 认真贯彻落实国家及省市保障农民工工资支付工作要求，提高政治站位，强化统筹协调，严格落实责任，以“解决存量，防范增量”为目标，力争做到“两清零”。完善治欠保支工作机制，建立健全农民工工资支付应急周转金制度，完善长效机制，努力形成齐抓共管的良好局面。全年先后开展清理整顿人力资源市场秩序、夏季根治欠薪、落实女职工产假等专项行动，共检查各类企业 205 家，受理农民工欠薪投诉 135 起，涉及 1293 人，追讨欠薪金额 2278.1636 万元。2. 充分发挥劳动人事争议仲裁在维护和谐劳动关系中的重要作用，调解仲裁工作质量进一步提升。共受理劳动争议案件 84 起，有效地维护职工的合法权益。克服疫情带来的影响，组织各类企业及劳务派遣公司人员办理培训班 4 期，培训 350 人次，促进了企业内部劳动关系和谐。

【重点业务工作】 人事工资福利。完成全区 2020 年度政府系统事业单位工作人员和机关工勤人员的考核及奖励工作。完成全区事业单位 2021 年度奖励性绩效工资审批工作。为全区事业单位 11038 名在职人员正常晋升工资，人均月增资 91 元。配合区教体局公开招聘农村教师 100 名。

局长 史经利

（撰稿：唐丽伟）

医疗保障

【概况】 清苑区医疗保障局综合管理全区医疗保障工作，设办公室、基金监管股、基本医疗保险服务中心。2021 年，清苑区医疗保障局统筹疫情防控和医保事业发展，以高质量服务为目标，积极履行服务、管理职能，不断创新管理机制和提升服务能力，各项工作取得扎实成效，人民群众获得感、幸福感进一步提升。

【医保参保工作】 积极谋划、周密部署、主动作为，扎实推进全民参保工作。2021 年度城乡居民基本医疗保险参保人员 585881 人，职工医保参保人员 40033 人，参保率达到 100%。其中，建档立卡贫困人口参保率 100%，参加城乡居民医保个人缴费部分，财政给予全额资助。

【医保民生工程】 一是推进城乡居民意外伤害调查界定工作。2021 年 6 月 21 日城乡居民意外伤害调查界定项目由中国人民财产保险股份有限公司清苑支公司承办，申报工作按新规定正式起动执行。二是对 2020 年度医疗支出困难对象开展医疗救助。经联合相关部门调查，符合医疗救助标准 70 人，共拨付医疗救助资金 391376.23 元。三是推动落实基本医保省级统筹门诊费用跨省直接结算工作。清苑区二级定点医疗机构已开通基本医保省级统筹门诊费用跨省直接结算业务。四是落实省内就医无异地政策。2021 年 9 月 1 日，参保人员可按规定在省内所有统筹区选择已开通异地就医住院、门诊费用直接结算定点医疗机构和定点零售药店就医购药，无须备案，实现省内异地就医直接结算。五是深化 DIP 医保支付方式改革。落实数据上传、政策宣传、业务培训、模拟付费、试运行等工作，持续跟进省市相关工作部署。六是门诊慢性病、门诊特殊疾病（简称门诊慢特病）网上申报。2021 年 7 月，门诊慢特病申报鉴定由线下鉴定改革为网上随时申报、医疗机构评审认定新模式。

【医保基金监管】 2021 年，清苑区医疗保障局在加强日常监管的同时，集中组织监督检查 4 次，出动检查组人员 185 人次，发现问题 123 条次，收回违规医保基金 271.35 万元，形成了对欺诈骗保行为的有力震慑。

【药品带量采购工作】 清苑区医疗保障局严格按照上级集采方案要求，落实预付资金及结余留用拨付、签约率配送率、完成率、报量准确率等工作。通过药品和医用耗材带量采购，以量换价，进一步减轻患者负担，节约医保基金支出，保障参保群众充分享受改革红利。

【巩固拓展医保脱贫成果】 一是防贫和防返贫工作情况。建立防贫监测对象台账，对合规自付费用达到预警线的患者和新增医疗救助受助对象信息，适时推送至相关部门。二是参保情况。建档立卡脱贫人口，参保率 100%。三是门诊慢性病鉴定情况。建档立卡脱贫人口鉴定通过门诊慢特病 901 人。四是省域内“一站式”结算情况。建档立卡脱贫人口省域内享受“基本医保＋大病保障＋医疗救助”“一站式”结算，兑现一站式服务、一窗口办理、一单制报销，县域内医疗机构“先诊疗、后付费”。

【疫情防控工作】 一是保证防治药品供应。维护药品招采平台正常运行，对清苑区卫生健康局确定的治疗方案中的重点药品，未挂网的及时挂网，已经挂网的加强维护，保证重点药品及时足额供应。二是保证及时开通定点。对防治新冠肺炎疫情设立的发热门诊、发热病房、新增科室按照特事特办的原则保证及时开通定点，联通信息管理系统，及时结算。三是将国家卫生健康委《新型冠状病毒感染的肺炎诊疗方案》覆盖的药品和医疗服务项目，全部临时纳入医保基金支付范围。四是新冠疫苗费用和接种费用由医保基金和财政共同负担。五是积极支持特殊疾病门诊用药“长处方”。疫情期间，实施“长处方”报销政策，支持医疗机构根据患者实际情况，合理增加单次处方用药量，减少病人到医疗机构就诊配药次数。六是购置医用防护口罩可由个人账户资金支付。七是新冠疫苗费用和注射服务费用由医保滚存基金和财政共同负担。

【其他工作】 1 月 1 日，国家组织冠脉支架集中采购中选结果和配套政策正式在保定市清苑区落地执行，同步执行医保支付标准。

3 月 8 日，区医疗保障局组织召开保定市清苑区医保支付改革培训会。

4 月 1 日，第二批国家组织药品集中采购第二个采购周期中选结果和配套政策正式在保定市清苑区所有公立医疗机构落地执行，同步执行医保支付标准。

4 月 20 日，区医疗保障局联合清苑区人民医院、清苑区仁润医院专家组在盛景园小区和清苑公园开展“慢性病鉴定、两病评定到家门——我为群众办实事”实践活动。

5 月 1 日，第四批国家组织药品集中采购中选结果和配套政策正式在保定市清苑区落地执行，同步执行医保支付标准。

6 月 21 日，城乡居民意外伤害调查界定项目由中国人民财产保险股份有限公司清苑支公司承办，申报工作按新规定正式起动执行。

7 月 1 日，门诊慢性病、门诊特殊疾病（简称门诊慢特病）申报鉴定由线下鉴定，改革为网上随时申报、医疗机构评审认定新模式。

9 月 1 日，区医疗保障局组织召开清苑区关于加强基金监管深化“假病人、假病情、假票据”专项整治行动推进会。

9月1日，参保人员可按规定在省内所有统筹区选择已开通异地就医住院、门诊费用直接结算定点医疗机构和定点零售药店就医购药，无须备案，实现省内异地就医直接结算。

12月1日，区医疗保障局组织召开保定市清苑区DIP医保支付改革培训会。

局长　马艳莲（女）

（撰稿：郭英龙）

卫生健康

【概况】　清苑区卫健局设办公室（信访室）、规划发展与信息化股、财务股、医改办、防保股、医政股（老龄健康办公室）、综合监督股、人口监测与家庭发展股、中医股等9个职能股室。2021年，在区委、区政府的坚强正确领导下，区卫健局认真落实上级各项决策部署，在全力抓好疫情防控工作的同时，扎实有序推进各项民生工程和民心事项的落实，全力维护全区广大人民群众身体健康。

【疫情防控工作】　充分发挥卫健系统疫情防控主力军作用，认真履行维护群众生命健康的神圣职责，继续把疫情防控作为工作的重中之重，严格落实“内防输入、外防反弹”的总要求，重点做到“四个强化”。

强化核酸检测能力建设。一是加强人员队伍建设。成立核酸检测专班，下设核酸采集及核酸检测两支队伍。核酸采集队伍共200组，600人；核酸检测队伍共14组，56人。清苑区共有5个核酸临床扩增实验室，每日单管检测能力为3.34万人，能满足500万人口两天完成全员核酸检测任务要求。二是加强重点人群检测。根据上级要求，及时制定33类人群核酸检测实施方案，已进行21轮核酸检测，每轮检测在摸底个案的基础上做到查漏补缺，及时补检，做到应检尽检、不落一人。

强化医疗救治和院感防控。各医疗机构严格落实首诊负责制，对发热门诊患者全部进行核酸检测，严格落实院感防控措施，预检分诊、住院患者探视、医疗废物管理等制度及医护人员防护等落实到位。建立完善医疗机构感染防控工作“四项机制”，开展感控全员培训、定期感控专项监督检查，高风险人员实行闭环管理、高频次核酸检测，定期组织开展环境消毒、重点区域消毒消杀，做到全覆盖、无死角。

强化医疗机构“哨点作用”。各级各类医疗机构均按要求设置预检分诊点，落实预检分诊制度。二级及以上综合医院规范设置发热门诊，严格落实24小时值班值守。18所乡镇卫生院设置发热筛查门诊，设置发热患者留观室。村卫生室、个体诊所及没有设置发热门诊的医疗机构，发现发热人员后，就近登记报告，闭环转运至定点医院或发热门诊。

【医改工作】　一是持续推进医共体建设发展。紧密型医共体建设完成“人财物”统一管理及心电、影像、质控等7个中心建设。强化“四医”联动，认真落实“京保协作五个一”行动。加快协同发展，深度对接合作。区人民医院、区中医院、区妇幼保健院、保定裕东医院均与北京医院对接科室合作，进一步提升了医院整体医疗服务水平。同时完成了省、市医改基层数据调查统计工作。

【创卫工作】　经区委、区政府批准统计上报《创建省级卫生城市点位责任清单》，制定全区《2021年度病媒生物防制工作方案》和《创建省级卫生城市专项整治集中攻坚行动实施方案》。全区上报了2个省级卫生乡镇、7个省级卫生村的综合申报材料。清苑区于2021年9月通过省级暗访评估，12月通过技术评估，达到省级卫生城市标准。

【中医工作】 持续推动落实河北省中医药强县创建和三所乡镇卫生院国医堂建设工作，扎实推进示范性乡镇卫生院和中医特色示范性村卫生室的创建。对全区各级各类医疗机构医务人员及国医堂从业中医药人员、家庭医生签约服务团队医务人员开展中医适宜技术线上培训，2021 年培训考核合格人员 104 人。推进中医药法制和中医药健康文化进机关、进单位、进社区、进乡村，积极动员中医医疗机构发挥主阵地作用。

【项目建设】 清苑区医院新院一期项目已办理施工证，并完成部分基础工程、主体工程。妇幼新建住院病房楼和妇孺国医堂项目，施工许可证已办理，开始负一层施工。同时，积极谋划实施区中医医院迁建项目和疾病预防控制中心能力提升工程建设项目。

【基层卫生工作】 一是按照基本公共卫生服务规范要求，对承担基本公共卫生服务的各医疗单位公共卫生服务项目开展情况进行全年两次绩效评价，落实奖优罚劣。二是推进家庭医生电子化签约工作，完成残联部门下达的 2021 年残疾人个性化签约服务任务。三是按照乡村一体化工作要求，对村卫生室实行“十统一”管理。四是认真落实健康扶贫大病救治各项政策，对具有健康医疗方面潜在返贫风险的重点人员进行排查摸底，制定有针对性的防贫解决措施，确保其健康医疗有保障。

【预防保健工作】 一是加强婚前免费检查、孕前优生等工作，管理率均达 85% 以上。二是加强传染病监测及计划免疫，截至年底没有重大传染病暴发流行。落实“健康中国·清苑行动”，制定“万步有约”工作实施方案。清苑区被评为“全国优秀健走示范区”，并获“最佳新秀奖”，区疾控中心被评为优秀组织奖。加强免疫规划管理，基础免疫接种率均在 95% 以上。

【医疗服务惠民工程】 推进乡镇卫生院标准化建设，冉庄镇中心卫生院、臧村镇中心卫生院全部达到国家优质服务基层行“推荐标准”，其中冉庄镇中心卫生院正在争创社区医院标准化建设，10 月 14 日接受省卫健委的评估验收工作。5 月 20 日清苑区接收 19 辆负压救护车并将车辆配发到 18 家乡镇卫生院及 1 家城区社区卫生服务中心，已经全部增编上照。

党组书记、局长 王琴（2021 年 8 月任职）

（撰稿：王海波）

民族宗教事务

【概况】 清苑区民族宗教事务局（简称区民族宗教局）为区政府工作部门，机构规格为正科级，归口区委统战部领导。区民族宗教局有机关行政编制 6 名，股级领导职数 2 名。2021 年，区民族宗教局全面贯彻落实中央、省、市决策部署，全力做好教育引导、阵地建设、民族团结等各项工作，按照“两个暂停”（暂停对外开放、暂停集体宗教活动）要求，提前谋划、强化举措、严密布控，有力维护了全区民族宗教领域的和谐。

【做好民族宗教领域工作】 “二月二”罗家营庙会、“三月三”国公营庙会实现“两无”（无一人上庙会、无一人烧香拜佛）目标。通过提前谋划，采取强力措施，相关部门通力配合，圆满实现既定目标。如“三月三”国公营庙会：一是加大宣传，营造氛围。起草印制《关于停办“三月三”国公营庙会的通告》3000 份，在全区广泛张贴。通过会议、广播喇叭、条幅、明白纸等形式，利用电视台、微信、公众号等主流媒体，加大宣传频次，利用城区内 LED 屏循环播放相关内容。以阎庄乡为中心，扩大到周边乡镇，辐射保定市主城区、徐水、高阳、安新、蠡县等周边

县市区，让广大人民群众应知尽知。二是筑牢防线，防止人员涌入。以国公营村为中心，共设置2道防线13个卡点，村内划分12个片区，2个重点部位。从11个区直部门抽调100多人，投入一线防控工作，24小时在岗在位。由区民族宗教局、阎庄乡总牵头，区公安分局1名副职带队，自带车辆。抽调10名干警，结合乡村干部成立治安巡逻队，负责及时制止打击寻衅滋事、烧香山、肆意闯卡等行为。

【少数民族工作成绩显著】 1. 清真检查。对辖区内清真生产企业、饭店、饮食摊点等进行定期检查，全年大检查4次，共66家，其中在2021年9月22日联合检查过程中，发现一起“清真不清”现象，为一家汉族人民开的清真饮食摊点。发现问题后，区民族宗教局高度重视，明确专人负责，立即联合区市场监管局等单位现场执法，责令该摊点立即整改，执法人员把所有涉及清真元素的包装物予以收缴，店内展板全部清除。由于牌匾不好拆除，责令其第二天上午清除清真元素。9月23日上午，经过现场检查，已清除清真元素，快速稳妥地处理了该次“清真不清”案件。2. 清真寺开斋节平稳度过。2021年5月13日是开斋节，区委统战部、区民族宗教局、区政保大队和清苑镇等相关单位领导及人员，到中冉清真寺参加开斋节庆祝活动。区委、区政府对穆斯林群众表示节日的慰问和诚挚的祝福，送去慰问金共2万元。3. 搞好宣传，推动民族团结进步。到少数民族村、清苑公园累计发放《中华民族一家亲，同心共筑中国梦宣传单》《宗教事务条例》等宣传资料2800余份、相关书籍1700余本，接待咨询群众600余次。4. 少数民族村义诊。2021年9月15日，区民族宗教局联合保定裕东医院到望亭镇御城村（满族聚居村）开展“民族团结一家亲，同心共筑中国梦”大型义诊活动，以实际行动践行“健康促团结”。对常见病、慢性病进行初步筛查、诊断和一般治疗，同时设立健康咨询台，根据群众的身体状况予以耐心详细的解答，宣讲健康常识，并提出合理化治疗和健康指导。活动当天，共接待义诊群众200余人次，接待群众咨询300余人次。5. 看望少数民族老党员。2021年9月18日，区委常委、组织部部长、统战部部长赵永建在区民族宗教局及清苑镇、中冉村有关领导的陪同下，深入少数民族聚集村中冉村看望家庭困难的回族老党员张文亮、白淑珍。赵永建详细询问两位老党员身体和家庭情况，并送去慰问品及慰问金，使其感受到区委、区政府的温暖与关怀。6. 积极争取少数民族发展资金。一是协调少数民族发展资金25万元，用于望亭镇御城村路面硬化。二是乡村振兴专项资金21万元项目，项目拆分为农业产业化项目11万元入股保定市荣汇有限管理公司，每年收益0.88万元，合约3年，共产生收益2.64万元。争取中央少数民族发展资金10万元、村自筹5万元，为村打造一条民族示范路，安装太阳能路灯73柱，让五星红旗飘起来，让村庄亮起来，切切实实为老百姓办实事、办好事。

【继续深化“双创四进”活动】 一是打造精品亮点。在实现宗教活动场所“双创四进”活动全覆盖的基础上，将国公营观音寺、东闾天主堂、中冉清真寺3个较大的场所列入重点打造对象，区乡结合，加强指导，场所为主，扎实推进，达到创建标准。4月21日，组织全区宗教团体和宗教活动场所负责人到国公营观音寺学习观摩“双创四进”活动，指导他们找差距、补短板、鼓士气、增活力，将全区“双创四进”活动推向深入。二是指导各宗教活动场所开展党史学习教育。4月21日，区民宗局组织开展五大宗教负责人及宗教界人士党史教育学习会议，共30余人参加。清苑区民族宗教局局长冉红星对党史学习教育进行宣讲。6月11日区民族宗教局组织区宗教团体、宗教活动场所负责人和部分信教群众分别到阜平县晋察冀边区革命纪念馆、骆驼湾村以及冉庄地道战纪念馆参观学习。12月31日区民族宗教局组织各乡镇（城区）人大主席、各驻基层治理工作队队长、各宗教团体、宗教活动场所负责人，共60余人参加，保定市民族宗教局副局长孙联伟及相关处室负责人出席，组织开展中共十九届六中全会、全国宗教工作会议精神学习宣讲暨宗教领域“双创四进”活动观摩交流会。三是为清苑区7处宗教合法场所统一更换国旗。为庆祝中国共产党成立100周年，持续深入推进宗教场所“双创四进”活动，区民族宗教局为7处宗教合法场所统一更换了国旗。四是“双创四进”宣传栏上档升级。对东闾教堂内宣传栏重新制作设计并更换新的展板，对清苑区7处宗教合法场所的“双创四进”内容展开自查，对场所内“双创四进”展板等相关内容陈旧、破损立即更新、位置摆放显著，并不断上档升级，“双创四进”相关书籍摆放在宗教活动场所明显位置。年内为宗教活动场所更换“双创四进”展板26块、报夹式宣传栏4块、宣传板6块，以宣传宪法、法律法规以及宗教政策和社会主义核心价值观为主要内容的宪法、民法典等材料600册。

【开展宗教活动场所联合检查督导工作】 各宗教场所安全隐患排查。统战、民宗、住建、公安、供电、消防等部门成立联合检查督导组，全区19个乡镇（城区）分成3片，由区民族宗教局牵头，联合区委统战部、区政保大队，每半月一次，重点检查督导房屋、燃气安全、电力设备设施安全、防汛安全、疫苗接种等。各部门根据职能对发现问题的宗教场所下达安全隐患整改通知书，限期整改完成。积极协调电力部门妥善处置电力线路老化问题。对7处宗教活动场所进行排查，存在19处安全隐患问题，各部门根据职能对发现问题的宗教场所下达安全隐患整改通知书，全部整改完成。全区宗教活动场所整改共投资18.7061万元，一是电力涉及隐患10处已全部完成，总投资10.2601万元。其中7处宗教活动场所物料费共投资2.0601万元，电力人工费7.2万元；二是消防处置隐患7处，总投资9341元，仅国公营观音寺就投资7086元。三是魏村基督教堂修缮加固、罗家营德泉寺修缮加固共投入75120元。

【完成道教协会换届任务】 2021年是道教协会成立5周年，也是道教协会换届之年。因为道教协会会长主动请辞，协会5、6月份工作任务较多，经局党组会研究，与原班子协商，一致同意在4月换届。2021年4月21日，在区应急管理局会议室召开保定市清苑区道教协会一届五次全会和二届一次会议，顺利产生了以赵宗源为会长的保定市清苑区第二届领导班子。

局长 冉红星（女）

（撰稿：王建政）

乡镇办事处

◎清苑镇
◎冉庄镇
◎阳城镇
◎魏村镇
◎温仁镇
◎张登镇
◎大庄镇
◎臧村镇
◎望亭镇
◎石桥乡
◎白团乡
◎北店乡
◎北王力乡
◎李庄乡
◎东闾镇
◎何桥乡
◎阎庄乡
◎孙村乡
◎城区办事处

清苑镇

【概况】 清苑镇位于清苑区北部，北面毗邻保定市莲池区，四面环绕清苑城区，地理位置优越，区位优势明显。京港澳高速公路、保沧高速公路、省道保衡公路、京石高铁、保清公路，均从清苑镇穿越，交通顺畅便捷。总面积 46.9 平方公里，总人口 43231 人。辖南大冉一村、南大冉二村、南大冉三村、南大冉四村、北大冉、吴家辛、西福村、大福村、中冉、中冉屯、东顾庄、西赵庄、郎庄、滕庄、西杨庄 15 个行政村，耕地面积 27288.5 亩。2021 年人均收入 19208 元，固定资产投资完成 14.4 亿元，规模以上工业总产值 51.2 亿元。主要产业为种植业、建筑业、商业、饮食服务业。全镇共有中学 2 所（清苑镇中学、中冉中学），小学 5 所（清苑四小、清苑区实验小学、中冉小学、滕庄小学、东顾庄小学），公立幼儿园 5 所（清苑四幼、北大冉幼儿园、郎庄幼儿园、中冉幼儿园、南大冉幼儿园），卫生院 1 所（清苑镇卫生院）。

【夯基固本，党建引领再深化】 率先完成“两委”换届工作。严格按照省市区各项要求，结合清苑镇实际，选出“两委”干部 118 人，其中新进村“两委”干部 31 人，村民代表 466 人，35 岁以下年轻干部 24 人，大专及以上学历 24 人，顺利达到年龄、学历、女干部、35 岁以下年轻干部等各项比例要求，在清苑区率先完成换届工作，组建了强大的干事创业的干部队伍。

干部培训全覆盖。在清苑区两次全覆盖培训的基础上，清苑镇通过聘请农大教授、参观红色基地教育、互看联查、举办座谈会等方式，对全镇 100 多名干部进行阶段性党性教育和业务培训 20 余次，让每一名干部在思想上明白自己是党的干部，在行动上弄清自己是人民的领路人，消除“本领恐慌”，不断提升自己，更好地服务群众、促进发展。

纪律整顿出实效。按照清苑区委、区纪委纪律整顿要求，清苑镇多次召开纪律整顿会议，亮职责、明身份，坚定不移加强制度建设。不断规范党员干部施政行为，持续强化党员干部“四种意识”。2021 年共查结问题线索 24 个，给予开除党籍处分 2 人、党内警告处分 6 人、严重警告处分 7 人，批评教育 1 人，谈话提醒 4 人，诫勉谈话 2 人。

深入开展党史学习教育。党史学习教育贯穿全年始终，先后组织理论中心组学习 17 次、支部集中学习 43 次、红色基地实践学习 5 次、互看联查座谈学习 2 次、专题讲座 4 次。通过学习，镇村党组织把党的意识形态工作牢牢抓在手上，同时也进一步践行了初心和使命。

【转变观念，城市建设再提升】 继区委书记闫向阳和区长李英英带领区四大班子成员在清苑镇召开城市座谈会之后，清苑镇党委第一时间统一思想，全体“两委”干部第一时间落实行动。2021 年 10 月，一大批街角公园迅速竣工，清苑镇政府大楼等一批建筑亮化效果凸显。同时，坚持多方协调，积极打通“中梗阻”，全力抓好“城市双修”三期、四期和振兴路南延项目保障工程；着力保障绿建二期、新发地项目施工环境；积极配合推进东三环南延、南三环、雄忻高铁项目建设；大力推动发展街东延、振清街北延、富强街南延、新华街西延等道路工程。坚决落实“施工零干扰、行政零收费、服务零距离、拿地即开工”原则，营造稳定、公平、透明的施工环境。

【深挖细排，平安创建再重视】 扎实推进平安创建工作。按照“一格一员”或“一格多员”标准实施三级网格管理，始终把信访工作记在心上、抓在手上、落在实处，围绕“抓早、抓小、抓苗头”原则，加大排查、化解和稳控力度。定期组织开展各类专项行动，对信访案件逐一完善“四书两证”，2021 年解决信访隐患 25 件，签订息诉罢访书 5 份，签订率达 90% 以上。

全面加强安全生产工作。清苑镇纳入安全生产网格化监管的企事业单位 40 家。共有工人 3808 人。清苑镇党委、镇政府班子成员对全镇安全生产经营单位实行“一对一”分包，并将其纳入清苑镇安全生产网格化监管体系。层层签订目标管理责任书。印制《保定市清苑区清苑镇安全生产目标管理责任书》200 余份，累计排查 171 次，排查问题涉及机械设备、安全标识以及消防等问题 139 项，全部整改到位，有效保障了企业安全生产的常态化保持。

【人民至上，民生保障再加强】 多措并举，大力开展“散乱污清零”行动。共签订责任状 200 余份，发放宣传页 10000 余张，硬化扬尘路 6000 多米，查封废品收购站 242 家；对已取缔的 36 家“散乱污”企业和省交办的问题全面做好回头看，同时按照“五到位”要求，加强对秸秆、垃圾禁烧工作的监管，强化散煤污染治理，9 月清理散煤 11.35 吨，真正实现清洁取暖。

严格落实河长制，加强白洋淀上游流域综合治理。持续抓好唐河、金线河、清水河综合整治，建立健全长效管理机制，持续巩固好河道清“四乱”战果，加强河道及周边区域管理，确保不让一滴污水流入白洋淀。

全镇上下总动员，常态化开展创城创卫行动。清苑镇地理位置特殊，创城创卫工作是全年工作的重头戏，始终坚持创城工作常态抓、抓常态，成立由党委书记、主管领导、包村干部、相关科室、农村党员干部共同参与的创城工作格局、对各个责任片区明确责任，定期督导。2021 年发放宣传页 40000 份，签订门前三包责任书 400 余份，对清苑南街及清苑北街、莲池南大街等实行分段包干，对“五小”行业进行详细调查，做到底子清、任务明，全面形成以党委为核心、各职能部门为基础、干部群众为主体，全域共同参与的创城大格局。

全域铺开，扎实开展人居环境整治专项行动。清苑镇 15 个村 100 多名“两委”干部表现出了敢负责、真担当的魄力，带领干部群众清扫房前屋后，不留死角，自行动开展以来，共动用铲车 40 余辆、清运车百余辆、人工 2000 人次，清运垃圾 800 车次。此次行动从前期干部的苦口婆心、宣传动员，到中期的全民动员、不遗余力，再到最后的完美收官、成功验收，体现出每个支部的战斗堡垒作用和每一名党员用实际行动践行初心使命。

慎终如始，坚决打赢疫情防控阻击战。清苑镇始终坚持人民至上、生命至上的理念，一线指挥，压实责任，持续抓好疫情防控工作，全面落实“十个常态化”30项防控措施，加大排查监测力度，坚持常态化、全覆盖、无死角，对国（境）外和国内中高风险地区返回人员，全面细致准确摸清底数，认真落实各项管控措施，持续强化疫苗接种，确保应接尽接，全力为全镇4万多名百姓的生命安全保驾护航。

党委书记 贺　强（2021年8月7日离任）
徐文斌（2021年8月7日任）

政府镇长 谭运涛（2021年8月7日离任）
樊小光（2021年8月12日任）

（撰稿：于曼丽）

冉庄镇

【概况】 冉庄镇位于保定市清苑区西南部，距清苑城区15公里，是地道战遗址保护区所在地。辖区内有省级公路——蠡野路（清苑段）东西横贯，县级旅游路纵穿，交通较便利。东临张登镇、北店乡，西临阳城镇，南连李庄乡，北接白团乡、魏村镇。全镇总面积6440公顷，辖冉庄、三房、小张庄、大张庄、靳庄、蒋庄、姜庄、羊庄、封庄、东孙庄、张马庄、北马庄、东马庄、西马庄、西辛庄、陈吴庄16个行政村。

2021年，冉庄镇总共9593户38674人，耕地总面积3812公顷，粮食产量45126吨，蔬菜产量31588.07吨，瓜果产量约33692.41吨。2021年猪存栏19535头，出栏21924头，羊存栏10270只，出栏8368只，肉类总产量4789吨，禽蛋总产量3944吨，人均纯收入18070元。全镇有中学1所，小学9所，幼儿园10所，在校生3949人。

【坚持政治引领，党的建设持续加强】 高标准完成村“两委”换届。冉庄镇社情复杂，历史遗留问题多，历届换届任务都十分艰巨。换届工作开展以来，冉庄镇旗帜鲜明把村“两委”换届作为一项打基础、利长远的工作来抓，坚持重心下移、力量下沉，严格选举程序，精心组织实施，于4月12日提前完成换届选举任务。冉庄镇16个村，党支部换届全部一次成功，村委会换届11个一次成功，共选举产生村“两委”干部99人，平均年龄48岁，较上届下降7.88岁；大专及以上学历25人，占比25%，较上届提升10.6%；100%实现“一人兼”，较上届提升87.5%，学历年龄实现“一升一降”，“两委”班子结构进一步优化，村干部队伍综合素质和战斗力明显提升。

开展党史学习教育。作为地道战遗址所在地，冉庄镇将党史学习教育作为一项重要的政治任务，率先行动、认真部署，求真务实、守正创新，推动党史学习教育有序有效展开。迅速组织启动。省市区动员大会后，第一时间召开动员大会，传达习上级会议精神，成立以党委书记为组长的教育领导小组及办公室，形成工作合力。制定《冉庄镇党史学习教育方案》，明确重点任务、时间节点，统筹开展学习教育工作。组织各村相继召开动员部署会议，形成了以上率下、示范带动、部署推进的工作格局。创新方式方法。在每周一组织镇村干部常态化举行升国旗仪式基础上，充分利用党委理论中心组、“三会一课”党员活动日等方式，组织党员干部开展集中学习、交流研讨等活动，切实增强学习教育的针对性和实效性。3月19日，组织全体机关干部、各村党支部书记，到地道战纪念馆开展重温入党誓词，学习冉庄革命历史；4月2日，组织辖区党员干部开展“学党史、祭英烈”祭扫革命烈士活动，聆听烈士事迹、擦拭墓碑、敬献鲜花；4月8日，组织全体“两委”干部开展集中宣讲活动。同时，从4月初开始，组织各村利用村大喇叭广泛宣传100个党史知识点，每天发布学习党史每日一题，在旅游路大张庄路段绘制一条近300米的党史文化墙，切实营造党史学习教育的浓厚氛围。办好为民实事。按照“切口小、发力准、效果好”的标准，组织精心安排“我为群众办实

事”实践活动，学习教育开展以来，累计解决群众关心的操心事、烦心事130余件，以实实在在的工作业绩检验了党史学习教育成效。

抓好党员教育管理。定期邀请高水平讲师，围绕政治理论、党史党纪等内容进行培训，切实提高了全镇党员的政治意识及业务能力。在每周一组织镇村干部常态化举行升国旗仪式基础上，在清明节、七一等时间节点，组织党员开展烈士陵园祭扫、重温入党誓词等活动，进一步提升全体党员干部的使命感、责任感。按照疫情防控常态化要求，组织党员成立71支疫情防控突击队，参加出入管理、村内巡逻、宣传消杀等工作，在疫情防控一线锤炼党员队伍。2021年，严格按程序和计划新发展党员16人，转正11人，冉庄镇无三年以上不发展党员的村，发展党员工作得到上级充分肯定。

推进党风廉政建设。始终把党风廉政建设工作作为“一把手”工程，摆在突出位置，充分发挥镇纪委“监督执纪问责”利器作用。2021年，围绕群众身边腐败和作风问题专项整治，组织纪检队伍查找问题线索17条，落实党纪处分2人，批评教育1人，进一步提升了镇村干部的纪律规矩意识。

【坚持稳字当头，社会局势明显好转】 着力维护社会总体稳定。严格落实领导干部包联化解信访矛盾制度，聚焦上级交办的重复信访事项，加强分类指导、日常调度和督查督办。全力做好重要时期信访工作，对全国“两会”、庆祝中国共产党成立100周年、中共十九届六中全会等重大活动期间，启动“日报告”和“日研判”机制，做到科学分析、准确把握、处置果断。

着力推进平安镇村建设。全力推进“国家反诈中心”App推广注册工作，充分利用LED电子屏、宣传车、新媒体平台等多种载体，向群众宣传安装“国家反诈中心”App的重要性和必要性，提高群众知晓度，引导群众主动下载、主动推广。同时组织村“两委”干部、村民代表等通过入户走访的形式，“面对面、手把手”教授“国家反诈中心”App软件功能，确保“安装一个、宣传一个、保护一个”，做实做强全民防诈。组织开展矛盾纠纷大排查大调处活动，充分发挥人大代表、政协委员、乡贤等群体作用，积极开展矛盾纠纷化解和教育管理帮扶等工作，最大限度地将矛盾化解在当地，解决在萌芽状态。2021年，累计排查化解矛盾纠纷300余件。始终保持对邪教活动的高压严打态势，坚持露头就打，不定期开展反宣品消除活动，制作固定宗教标语15条。

着力推动扫黑除恶常态化。及时调整充实扫黑除恶斗争领导小组及其办公室人员力量，完善工作机制，统筹协调各内部机构和力量，解决遇到的重大事项和问题。充分利用“魅力冉庄”微信公众号、宣传条幅、宣传栏、明白纸、黑板报、农村大喇叭等方式，加强扫黑除恶专项斗争宣传力度，在冉庄镇形成扫黑除恶无人不知、无人不晓的浓厚氛围。持续推进扫黑除恶线索摸排，在继续广泛动员群众参与举报基础上，进一步拓宽渠道，组织各村梳理信访投诉举报、对重点案件分析研判，扩大线索来源，对收集和摸排的相关线索及时移交区扫黑办。

【坚持产业带动，旅游发展势头良好】 文旅小镇建设有序推进。把小镇建设作为全镇的中心工作，严格落实属地责任，积极营造良好的施工环境，保证小镇建设的有序推进。截至2021年，冉庄乐园（滑雪场）、物业中心、雪具大厅等项目已完工；红薯文化博物馆完成主体建设，LED屏幕、电梯、外立面装饰墙及室外铺装基本完成，内展硬装正在施工；临时游客中心主体基本建设完成，外立面装饰装修工程完成，室内装饰装修正在收尾；停车场地面及道路基本完成，正在绿化种植、路灯安装，小镇建设初具规模，为市旅发大会召开奠定了基础。

景区治理水平得到提升。在春节、清明节、五一等旅游高峰期，组织镇村干部做好交通路口执勤、景区巡逻等工作，保证了旅游高峰期的平稳度过。同时，面对2021年景区接待任务多、接待级别高的实际情况，以冉庄村为中心，以张望路、旅游路沿线为重点，组织16个村党员干部持续做好环境卫生整治、防火禁烧等工作，进一步提升景区及周边环境。2021年，高标准完成省长许勤、省人大常委会副主任王会勇及省人社厅、省统计局、市政协等20余次接待任务。

【坚持生态优先，环境质量持续改善】 深入推进大气污染综合整治。加大工业企业管控力度，重污染天气，按照“一厂一策”，采取降低生产负荷、限产、轮流停产、停产、提高污染治理设施运行效率等措施，减少30%以上的大气污染物排放量，实现减排目标。强化餐饮油烟治理，联合市场监管部门，坚决取缔露天烧烤及煎炒烹炸摊点，辖区餐饮业全部安装油烟净化器，不定时检测油烟排放标准。加大监测点周边环境治理，对周边裸露地表进行苫盖，雇用保洁公司洒水车定期对周边道路进行冲洗，对学校内裸露地表进行种草绿化，抑制扬尘。5月以来，辖区空气指数全区排名靠前。

深入推进纳污坑塘综合治理。开展广泛社会宣传，细述纳污坑塘对环境造成的污染和对社会及人的生命财产造成的危害性，深入宣传和谐自然生态环境建设的重要意义，营造良好的整治工作氛围。为进一步加大水污染防治力度，成立冉庄镇纳污坑塘整治工作领导小组，全面落实整治工作责任，细化工作任务，专人负责工作推进，确保责任到人。落实各村的监管责任，督促其按照网格化管理原则，认真落实环境保护属地管理责任，建立纳污坑塘巡查检查机制，对排查出的纳污坑塘整改情况及时复查，防止纳污坑塘污染死灰复燃。

深入推进禁烧、禁炮、禁煤。加大宣传力度，开展多形式、全方位、立体式宣传，充分利用横幅、宣传栏、宣传车、大喇叭广播、标语、通告、明白纸、微信公众号等多种形式，宣传禁烧、禁炮、禁煤等法律法规，形成全社会关心、支持、参与秸秆禁烧的良好氛围。完善工作机制，坚持“党政同责、一岗双责”，成立以书记、镇长为组长，各包村干部及公安、环保、执法等多部门为成员的工作专班，制定工作方案、巡查方案、督查方案、约谈制度等，实行镇干部包村、村干部包片、网格员包地块的无缝隙管理，进一步压实工作责任。加大执法力度，充分利用禁烧平台、无人机巡查等方式，及时发现查处焚烧秸秆、燃放烟花爆竹等违法行为，从严从快处置，切实起到震慑、警示作用。2021年，累计收缴烟花爆竹200余箱，处罚嫌疑人6起，处罚5000元，给予4名干部党纪政纪处分。

深入推进河道综合整治。进一步压实属地责任及镇村河长责任，建立清“四乱”常态机制，及时发现和解决问题，做到持续排查、即查即改、动态清零。组织开展河道清理“红马甲行动”，由党政主要领导带队，组织镇村河长、巡河员、志愿者对河道周边环境进行彻底清理，以实际行动教育引导群众爱河、护河。2021年，累计出动各类重型机械60余台次，清理垃圾500余立方米，进一步改善了河道环境。

【坚持示范引领，乡村振兴稳步推进】 红色村组织振兴试点项目取得新进展。会同区委组织部，起草了《清苑区冉庄镇冉庄村红色美丽村庄试点项目实施方案》，并根据上级意见进行修改完善。深入实施五大工程：党支部标准化规范化提升工程，已确定提升内容和改造样式；文化广场提升工程，已确定红色主题雕塑的样式内容，正在选址；红色教育工程，6月8日组织村内67名党员到阜平城南庄进行红色教育参观学习；红色支部组织史展馆建设工程，已完成选择，初步确定四大板块；村容村貌工程，对村内5.9亩坑塘进行综合治理，清运垃圾400余立方米，并更换成新土以备后续种植树木，完成村内125盏太阳能路灯安装。

路域及人居环境整治取得新业绩。为加强国

道省道干线公路综合管理，进一步提升人居环境水平，按照区委书记闫向阳提出的“大干二十天，打造一条样板路”的工作要求，冉庄镇以张望路沿线为重点，扎实开展路域环境“大整治、大规范、大提升”专项行动。全面排查、摸清底数。张望路冉庄镇辖区长10.6公里，途经8个村庄，穿村路段长、临街商铺多、杂草垃圾堆积等问题十分严重，由于长时间缺乏有效管理，整治任务异常艰巨。按照镇党委“先摸排、再整治、后规范”的工作思路，组织镇村干部集中3天进行地毯式摸排，累计排查出大型广告牌62处、临时彩钢房67间、废品回收站3处、粮食摊点2处、铁丝网12处、厕所3处、各类喷绘及悬挂广告300余处，为集中整治奠定坚实基础。制定标准，集中整治。按照“统一指挥、分级负责、集中攻坚”的总体思路，制定集中整治标准，其中，两侧7米范围内边沟内杂草垃圾由各村负责清理；临街商铺、门店、企业严格落实“门前三包”要求，各村发放限期整改通知书，超期不整改或者整改不到位的由镇行政综合执法队依法处理；废品回收站、粮食摊点等经营场所，依法进行规范，有手续的场所本着美观的标准进行整改，没有手续的场所坚决取缔；残垣断壁、破旧房屋由各村统一集中拆除。近两周的集中整治，全镇累计出动镇村干部300余人次，机械30余台次，清理道路两侧生活、建筑垃圾90余处、3000余平方米，拆除违章建筑6处，拆除大型广告牌82块，清理乱扯、乱摆、乱挂50处，规范店外经营40余家，冉庄镇路域环境有了极大改善，群众对周边环境的满意度显著提升。规范提升，保持长效。坚持路域环境综合整治工作常态化，成立张望路两侧专项整治领导小组，由镇党委书记任组长，镇长为副组长，沿线各村包村干部、支部书记为成员，办公室设立在镇综合执法队，加强对张望路两侧重点领域的管控，做到及时发现、及时清理，形成制度化、常态化的工作机制，提升精细化管理水平，确保专项整治行动取得实效。同时，加大宣传力度，营造良好的舆论氛围，引导社会力量积极支持和参与。

村级综合服务站建设取得新突破。按照“标准化、规范化、便利化”要求，全力拓展村级政务服务功能，对全镇16个行政村综合服务站进行优化提升，打造示范性服务站4个、标准型服务站12个，全部做到“五个统一”，即统一名称标识，在醒目位置悬挂“河北政务服务”标识和统一规范的牌匾标识；统一服务事项，设置卫生、民生等4个窗口，主要开展行政确认3项事务，公共服务19项事务；统一柜台设置，设置敞开式柜台，高度以群众办事舒适为标准，并在柜台外配备足够的办事座椅；统一标准及流程，建立首问负责、限时办结等制度，并设置政务公开、去向公示等，方便群众监督；统一办公设备，配备电脑、打印（复印）机、高拍仪、档案柜及饮水设备、老花镜等便民设施，示范型服务站还配备了急救箱、手机充电桩、雨伞等补充服务设施。截至10月底，冉庄镇16个村级便民服务站全部完成提升工作，累计办理各类服务事项150余件，方便了群众办事，提高了办事效率和工作水平。

农村生活水源江水置换项目取得新成效。江水置换项目是推进地下水超采综合治理和乡村振兴战略的重要举措，也是提升农村供水保障和农村饮水安全水平的一项重大的民生工程。项目开展以来，镇党委、镇政府高度重视，多次召开专题会议研究部署，确保项目稳步有序推进。明确镇党委副书记专职负责，积极同设计、施工等方面做好对接。各村明确专人负责，切实落实主体责任，主动担当作为，积极与施工方、村民协调沟通，确保施工进度顺畅。同时，组织各村加大宣传力度，积极配合设计方做好江水置换的调度工作，确保按时完成施工任务。截至2021年年底，冉庄镇16个村已全部开工。

【坚持人民至上，群众福祉不断增进】 持续做好常态化疫情防控。深入贯彻落实中央、省、市、区决策部署，迅速行动，周密安排，切实保障辖区群众的生命安全。加强动态排查。对中高风险地区返乡人员进行全面排查、登记造册，实行日报告和零报告制度，每日填报《推送中高风险地区漫入数据核查情况表》，严防疫情发生和扩散。落实辖区境外人员排查管控，加强日常联系，掌握回国意向，做好应对准备。

加强疫苗接种。通过微信公众号、明白纸、大喇叭等多种形式，细致宣讲疫苗接种的安全性、必要性。根据接种进度，定期筛选出应种未种、到期接种人员名单，及时反馈各村。针对因服用禁忌药物、没时间接种等原因暂缓接种的人员，明确村干部为包联人，持续跟踪，待具备接种条件后及时接种，确保应接尽接。针对学生疫苗接种工作，通过致广大家长朋友一封信等活动，普及疫苗知识，调动接种热情，消除学生和家长疑虑。

持续推进民生工程。积极推进投资200万余元的羊庄村道路改造、投资60余万元的“一事一议”道路硬化等项目，完成5公里道路硬化，人民群众出行条件不断改善。结合冉庄镇总校，扎实推进投资60余万元的东孙庄小学地面硬化工程，进一步改善辖区办学条件。投资20余万元，在小张庄、靳庄等村修建公厕8个，年内预计完成改厕350余户。

持续巩固脱贫成果。成立以党委书记、镇长为双组长，分管领导为副组长的领导机制，切实加强对脱贫攻坚的领导。定期对建档立卡贫困户、特困供养家庭、低保户、贫困家庭进行遍访，确保及时发现致贫返贫问题，有针对性地给予救助。2021年，累计实施抗震改造8户，办理低保4户9人，办理残疾人护理补贴26人、生活补贴33人，发放残疾人辅具8件，发放临时救助5.3万元，有效防止了返贫现象的发生。

持续开展安全生产专项整治。深入开展安全生产专项整治三年行动和大排查大整治活动，突出重点环节、关键部位、重要时段和季节特点，紧盯消防、农村燃气、人员密集场所安全专项整治和隐患排查治理工作，着力建立安全生产长效机制，严防各类事故发生。在6月安全生产月活动中，组织开展“安全进万家”志愿服务，通过进村入户宣讲、入企执法检查等，向广大企业和家庭发放安全常识明白纸，切实提高他们自我安全保护常识和意识。

党委书记 王立恒

政府镇长 丁　静

（撰稿：李潇）

阳城镇

【概况】 阳城镇位于清苑区西南，距中心城区33公里，地处清苑、满城、望都、顺平四区（县）交界，面积67.9平方公里，辖阳城、邵庄、曹庄、刘指挥、沈百户、小魏庄、大魏庄、郑庄、唐庄、西孙庄东街、西孙庄西街、西孙庄南街、西郎庄、王胡庄、杨各庄、郑各庄、石庄、阎庄、高台、王辛力20个行政村。以种植玉米、小麦等大田作物为主。2021年，全镇有总户数10080户，人口39339人，耕地64728亩。粮食播种面积118685亩，产量50015吨，人均纯收入17210元。猪存栏7380头，牛存栏3653头，羊存栏2840只，家禽276700只，肉类猪肉696吨，牛肉260吨，羊肉33吨，禽蛋3644吨，牛奶12325吨。蔬菜播种面积2757亩，总产量14065吨。阳城镇有初中1所，小学12所，幼儿园12所。

【基层组织建设】 一是高标准完成换届工作。2021年是实施“十四五”规划的开局之年，是阳城镇经济跨越发展的关键之年，也是集中换届之年。搞好新一轮换届，选好干部、配强班子，对促进经济发展，乃至“十四五”时期的持续健康发展至关重要。阳城镇村“两委”换届后共有村干部138名，其中女干部22名，并全面建立村“两委”档案，以村为单位建立后备人才库，统筹各方面人才资源。20个村均实现党支部书记、村委会主任“一人兼”，新选任的35岁左右的书记有6人，大专及以上学历书记2人，并确保每个村至少有一名女性干部，换届后“两委”成员年龄平均下降11.27岁。二是严把党员发展关。科学规划阳城镇发展党员工作计划，严格程序，确保质量。2021年，全镇共发展党员3人，转正8人，“双推”积极分子140人。三是狠抓阵地建设，夯实基层基础。结合“三基”建设年活动，实施村级活动场所规范提升行动，按照“六有”建设标准，打造精品典型，形成一批特色明显的基层党建示范点，充分发挥典型示范引领作用。重点打造大魏庄、西孙庄西街、沈百户、阳城、正各庄、郑庄等6个党建示范点，严格按照“六有”标准创建，抓好阵地硬件提升，解决办公设施不足、上墙制度陈旧等问题。四是精心组织中国共产党成立100周年系列活动。做好颁发“光荣在党50年”纪念章相关工作，做好“两优一先”评选推荐工作，组织对新中国成立前老党员、困难党员等开展走访慰问，把党的关怀传达到基层。五是深入落实村党组织书记区级备案管理。抓好换届后村级班子建设，特别是村党组织书记队伍，建立村“两委”干部区级联审常态化机制，加强村“两委”干部日常监督管理。指导新一届班子厘清工作思路，制定任期目标，明确工作任务，开展好“开门一件事”活动，全面提升村“两委”班子的履职能力。六是盘活集体资产，壮大集体经济。实现村集体收入零的突破，消除集体收入白点村，阳城镇20个村全部实现有收入，为村内各项事业发展打下坚实的物质基础。集体经济在5万元以上的村19个，达到全镇总村数的95%。

【党史学习教育】　成立了以镇党委书记为组长的党史学习教育领导小组，进一步压实责任，细化分工。按照“规定动作到位、自选动作出彩”的学习模式开展全镇党史学习教育集中大学习。一是理论中心组和各党支部均制订学习计划，每周组织党史学习。二是构建大宣传格局。一方面营造浓厚氛围，书写标语40条，开设学习专栏，在古镇阳城公众号不定期发布学习内容；另一方面开展镇村理论宣讲，镇领导干部和各村党支部书记全部进行了党史学习教育集中宣讲。三是组织党史学习教育。组织了阳城镇党史知识竞赛，全镇23个党支部参加了竞赛。

7月9日，阳城镇庆祝中国共产党成立100周年党史知识竞赛举行

【疫情防控】　按照阳城镇疫情防控“一张网”的工作部署，共设置1个一级网格、20个二级网格、113个三级网格，配备网格信息员113名，对全镇进行全面摸排。对返镇人员严格按照“十个常态化，三十个工作举措”落实疫情防控措施。强力推进新冠疫苗接种工作，确保接种群众“应接尽接”，切实巩固防疫成果，有效构筑免疫屏障。

【人居环境整治】　一是全面开展农村问题户厕摸排整改工作。阳城镇2020年共实施改厕项目488座，2021年推进改厕项目180座。辖区内10个行政村按照上级工作要求，不等不靠，科学规划，统筹落实10个公厕建设项目。一是按照市人居办《关于切实做好农村户厕问题摸排整改工作的提示函》和市、区有关通知要求，阳城镇多次召开专题会议，对问题户厕摸排工作进行研究部署，在要求村内做好自查的基础上，成立专门督导组，对村内的摸排工作进行督导检查。截至2021年年底，阳城镇共排查出2013年以来各级财政支持改造的农村户厕511座，涉及刘指挥、沈百户、大魏庄、西孙庄西街、唐庄5个村，其中唐庄村改造年份为2014年，其他几个村改造年份均为2020年。2021年9月，按照上级有关精神，阳城镇组织镇村干部30余人，对全部问题户厕进行排查，共排查出各类问题166个，占已排查厕所总量的32.5%。其中，不能使用户厕问题24个，占比4.7%；不能全年使用户厕问题142个，占比27.8%。二是组织开展验收情况。2021年9月底，阳城镇分2组共4人对农村问题户厕摸排整改工作进行逐村逐户验收，共发现问题户厕定性不准问题9个，以上问题均在验收过程中立行立改。

二是统筹推进人居环境综合整治工作。镇党委、镇政府始终坚持把农村人居环境整治工作作为重要抓手，全面贯彻落实省、市、区决策部署，深入推进农村人居环境整治工作。主要领导多次召开镇班子会及各村书记专题部署会对张望路两侧整治和“村庄清洁”工作进行安排部署，对工作推进中产生的问题分析研判，并按照属地管理原则，进一步压实主体责任，统筹推进道路两侧硬化、绿化工程。一是充分利用条幅、村内大喇叭、微信工作群等线上线下相结合的方式，大力倡导健康文明的生活方式，培养良好的文明习惯，积极营造和谐、文明的社会新风尚。二是充分发挥网格化治村优势，充分调动各村党员干部、村民代表、志愿者等力量的积极性，助推村容村貌提升，提高村民文明健康意识和乡村治理能力水平。三是积极争取上级专项资金，调动群众参与积极性，通过社会捐一点、群众出一点、村集体补一点等方式，保障各村农村人居环境整治工作顺利开展。同时，张望路沿线涉及村成立清洁小队，雇用清洁人员定期对道路两侧杂草、垃圾进行清理。四是强化执法力度。镇执法部门及上级部门多次联合执法，对张望路两侧违规违建商户及广告牌等进行依法拆除，进一步提升道路亮化工程。

按照村容村貌美、服务设施美、生态环境美、富民产业美、社会和谐美“五美”要求和美丽乡村建设标准，阳城镇计划再打造1～2个美丽乡村，选取村集体经济雄厚，村“两委”班子凝聚力强、战斗力强的行政村，依托原有美丽乡村西孙庄西街村发展模式为参考，整合乡村优势资源，因地制宜发展产业，建设宜居宜业村庄。阳城镇刘指挥村、西孙庄东街村按照美丽乡村建设要求正在积极建设区农业农村局小游园项目。

【大气污染防治】 扎实推进大气污染防治工作。一是深入开展农村垃圾“清零”行动，以全市“四清”行动为契机，以“保护生态环境、争做文明村民、献礼中国共产党成立100周年”为主题，阳城镇各村共出动人员2000余人次，清除残垣断壁25余处，清理小广告、乱涂乱画200余处，清理垃圾60000余立方米。同时，广泛宣传，积极引导，各村基本实现垃圾清零，并新增多个垃圾投放点，增设垃圾桶45个，达到日产日清。二是全面筑牢禁烧工作安全网，阳城镇印发宣传资料10000份、悬挂条幅1000条、张贴公告1000张，营造浓厚禁烧氛围；各村成立领导小组，严格按照网格化管理要求，责任落实到人；镇、村分别成立专门巡查队，24小时不间断巡逻；严肃追责问责。一经发现火点，对点火人立即拘留。三是彻底整治“散、乱、污”企业，强化巡查力度，严防非法土小摊点反弹。

全面落实禁炮禁放工作。一是成立镇、村两级禁放烟花爆竹领导小组，全力确保全镇禁止燃放烟花爆竹工作的顺利展开。二是建立禁放网格制度，禁放工作实行镇、村两级网格化管理，采取“领导包片，镇干部包村，村干部包块”的方法，严格落实网格化监管责任，强化镇、村两级工作责任，不折不扣落实工作任务。三是加强宣传力度，利用入户宣传、大喇叭广播、发放传单、悬挂条幅等多种形式广泛宣传禁放工作，营造广泛参与、村民群众自觉行动的氛围。四是加强巡查，积极探索常态化管理机制，阳城镇综合行政执法队提前进村宣讲，并保证执法人员佩戴

袖标做到规范化、制度化管理。

【民生项目建设】　一是社会保障体系进一步健全。扎实推进城乡居民医疗保险征缴工作，严格落实“三到位”原则，明确组织到位、宣传到位、服务到位，对全镇进行“横到边、纵到底”拉网式排查，针对不同群体采取多种方式满足缴费需求。特别是对老年人群体，采取设立代收点、村干部入户代缴的方式。二是江水置换工作有序推进。镇政府多次召开专题会议统一思想、明确任务、落实责任，镇干部积极向水利部门沟通协商，对上级下发的路线图纸进行分析研判，充分发挥党建引领作用，安排镇村干部积极配合水利部门工作人员多次入村现场实地勘探，避开村内天然气管道，规划选取最优路线，确保路线的科学性、合理性。江水置换工程野外施工涉及阳城镇20个村，2021年已顺利完成各户临时占地面积测量和附着物登统工作，已完成挖沟总长34056米，村外开挖工作已经全部完成，下管、保压和回填工作正在进行中。三是巩固脱贫成果后评估工作扎实开展。为确保脱贫攻坚工作和乡村振兴工作有效衔接，镇党委、镇政府制订当年度巩固脱贫攻坚成果和乡村振兴工作计划，严格责任落实，规范工作程序，营造良好工作氛围。建立健全组织机构。成立由镇党委书记、镇长任组长，主管领导为副组长，其他班子成员和各村支部书记为成员的巩固脱贫成果工作领导小组，并抽调专人，成立专门办公室，建立健全工作制度和工作职责。严格落实层级责任。镇党委书记为第一责任人，包片领导为各村的直接责任人，各村党支部书记及各包村干部为具体责任人。形成一把手亲自抓、分管领导具体抓、一级抓一级、层层抓落实的工作格局。四是民生事项“遍地开花”。王胡庄村投资116620元安装太阳能路灯153盏，亮化村内道路10条。西孙庄西街村共投资114850元，硬化村内文化广场800平方米，安装太阳能路灯21盏。刘指挥村投资207050元硬化村内道路3条，总长963米，宽2.5米，总面积2400平方米。西郎庄村不断壮大村内集体经济，对村内旧教学楼进行改造。投资36500元拓宽村内主干道路路肩。曹庄村投资581000元，修建村内七条街巷，长2200米，宽3米，总面积6600平方米。村“两委”通过多方筹措资金3万元，安装太阳能路灯20盏。沈百户村“两委”争取上级部门专项资金修缮沈百户村至阳城村道路，长3000米，宽5米，总面积15000平方米。正各庄村投资125000元修建村庄道路，长680米，宽3米，总面积2040平方米。高台村投资8000元，对村内文化广场的健身器材进行修缮，并新购置10个健身设备。阎庄村投资50万元修建2条村庄道路，长1000米，宽3米，总面积3000平方米；邵庄村共投资240万元，修建村外田间道路，长4838米，宽3米，总面积14514平方米，并深松土地2500亩。

【安全生产】　按照“全覆盖、零容忍、严执法、重实效”的十二字方针，着力抓好安全生产各项工作的落实，安全生产形势良好。一是加大安全生产投入，加强乡镇执法队建设。按省、市、区规定配齐专职安全监管人员，同时成立村一级安全监督小组，加大安全宣传和隐患排查力度。二是落实安全生产“一岗双责”责任制，强化领导干部安全生产督查制度落实。建立健全领导干部“安全巡查提示卡”制度，促使各个安全生产领域有具体部门管，有具体人员抓，形成齐抓共管横向到边、纵向到底的局面，并与各企业负责人签订安全生产承诺书，将安全生产责任制的签订工作逐级延伸，逐级落实。三是严格落实精细化监管措施。落实“网格化监管”，将所有生产经营单位分级全部纳入监控范围，落实“一会一卡”，解决“中梗阻”问题，落实“三定一表”，按规定频次开展“大排查大整治”工作。

镇政府多次召开协管员培训会，组织食品、

药品安全人员对辖区内人员密集场所、超市、摊点进行食品药品安全细致排查，特别是上半年疫情有所好转时期，为保障食品药品经营企业顺利复工复产，安排相关责任股室和村干部逐家逐户宣传防疫知识和需采取的防范措施。

【综合治理】 安全稳定保持常态。阳城镇严格落实“六有”工作机制，强力推进“清化解”专项行动，不断加大信访隐患的排查化解力度。一是严格按照“横到边、纵到底、不留死角”原则，精细排查，并建立工作台账。二是压实责任主体，强化“五包一”举措，落实责任主体，并按照《阳城镇重点工作责任追究管理制度》抓好落实。三是强化化解举措，对信访问题进行系统梳理，精准研判。

维稳工作落到实处。深入贯彻上级决策部署，坚持“‘五个’坚持、‘六有’机制、‘双下降’”工作机制。成立了阳城镇联合调解中心，秉承“小事不出门村，大事不出镇，矛盾不上交，就地化解”原则，实心实意做好信访工作。

【河道防汛】 阳城镇域内流经河流有龙泉河和新九龙河，河流总长度9.3公里，涉及王辛力、西郎庄、小魏庄、正各庄、邵庄、阳城、郑庄、大魏庄、西孙庄西街、西孙庄东街、王胡庄11个村庄，对所涉及村全部建立村级河长制，明确责任人，每周按时进行巡河工作，巡河率达到100%。

阳城镇共有坑塘80余个，全部设立警示标语，共200条，并对每块坑塘明确分包具体责任人，确保汛期不出现安全隐患。

党委书记 党　浩（6月任职）
　　　　　霍佳兴（5月离任）
政府镇长 郝　伟（5月任职）
　　　　　韩云龙（5月离任）

（撰稿：张晴阳）

魏村镇

【概况】 魏村镇地处清苑区西部15公里，东与白团乡接壤，南与阳城镇为邻，西连满城区方顺桥乡，北接满城区于家庄乡，人民政府驻王罗侯村。辖区东西最大距离8.4公里，南北最大距离8.2公里，总面积41平方公里。辖魏村东街、魏村西街、魏村南街、魏村北街、西洪义、东洪义、张庄、田庄、谢上、新史庄、玉皇庄、郝庄、抄纸屯、王罗侯、马罗侯、孙罗侯、李罗侯、武罗侯、忠义庄、齐贤庄南街、齐贤庄西街、齐贤庄东街22个行政村。2021年公共预算收入1203.14万元，各项经济指标均位于全区前列。规模以上企业10家，固定资产投资完成1806万元。

5月1日，魏村镇组织党员到冉庄地道战纪念馆参观

【众志成城，疫情防控成效显著】 高度重视，成立组织领导机构。为确保新冠肺炎疫情防控工作顺利开展，成立魏村镇新冠肺炎疫情防控工作领导小组，各村均成立了相应组织领导机构，按照职责分工和统一部署，一把手亲自抓负总责，分管领导具体抓，层层建立疫情防控责任制，层层落实防控应对。

多措并举，严格管控。一是克服松懈厌战情绪，坚持贯彻落实疫情防控“十个常态化”30项举措，压实属地责任，魏村镇机关和各村设立

检测点，50 家企业、72 家门店超市等重点场所全部认真落实测温、验码及消杀措施。以“线上 + 线下”结合的形式进行防控政策及知识的宣传，引导群众不聚集、科学规范佩戴口罩，倡导红事缓办、白事简办，非必要不外出。二是严格落实重点人员排查，对重点地区来返魏村镇人员全面摸排，闭环管理，严格落实“五包一”责任制。成立镇、村两级流调队伍，对上级推送人员 24 小时内进行详尽调查，并督促其进行核酸检测，落实居家健康监测。

集中攻坚，全员接种。集中完成疫苗接种任务。第一针应接尽接、第二针、第三针按间隔时间全部接种。18 岁及以上人群已完成 2 剂次灭活新冠疫苗接种且满 6 个月以上的，完成加强免疫接种。

【夯基固本，党建引领持续深化】 高标准完成村“两委”换届工作。魏村镇 22 个村“两委”换届工作圆满完成，实现“三个 100%”——书记、主任一人兼 100%，书记年龄 50 岁以下 100%，有女干部、35 岁以下干部的村达到 100%。新选任 13 名支部书记，其中 35 岁以下 5 人，最年轻的只有 27 岁，有本科学历；支书平均年龄下降 11 岁，村干部平均年龄下降 8 岁，上级要求的各项指标都已达成。

持续开展党史学习教育。采取“线上 + 线下”方式，在全镇范围开展党史学习教育。线上通过公众号“和谐魏村”发布系列文章，如“魏学日新”系列为党史学习教育内容，“魏在行动”系列为镇村工作开展，“咱村里的人”系列为各村好人好事宣传，将学党史、悟思想、办实事、开新局落实在具体行动中。线下通过党委理论学习中心组学习、三会一课等多种方式开展学习，在各村的主题党日中，魏村镇创新形式，由镇领导干部结合自身分管工作轮流到各村党员上党课，宣讲党史的同时也宣传政策和有关规定。

【持续发力，基础建设提档升级】 一是做好村庄绿化工作。2021 年全面完成春季村庄绿化 200 余亩，高速两侧补植补栽 80 余亩。二是完成高标准农田整理项目。向区农业农村局争取项目资金，高标准实施农田整理项目，其中涉及魏村镇孙罗侯、谢上、西洪义、新史庄、李罗侯、马罗侯 6 个村，对村外道路进行硬化，并铺设灌溉管道。孙罗侯、谢上 2 个村已完工，西洪义、新史庄、李罗侯、马罗侯 4 个村高标准农田建设项目正在施工中。项目完成后，将极大提升群众生产生活水平，改变田间道路农田作业难和行路不便的问题。三是全面提升村庄基础设施。全镇新修农村道路 4.5 公里，安装路灯 90 盏，修建活动广场 2 个，新建农村公厕 11 个，农村基础设施不断完善，群众生活满意度持续增强。四是做好河道环境卫生整治。全面开展河道综合整治工作，共动用车辆 50 余车次，清理新增垃圾 1500 余立方米，整治河道 500 多米，保持了河道干净整洁。严格落实河长制，在重点河道两侧设立防护栏，不断加强河道日常巡查，形成了河道治理的常态化机制。

【以人为本，民生保障常抓不懈】 坚持不懈做好脱贫攻坚后评估工作。魏村镇有贫困户 63 户、126 人，全部实现脱贫退出。为做好脱贫攻坚后评估工作，逐村进行查漏补缺，逐一了解困难群众的生产生活，用足各项帮扶政策，切实帮助解决问题。核实提升档案资料，统一归档，彻底清理村内和户内卫生，保证各类问题全面彻底清零。

狠抓人居环境整治工作。开展农村环境大整治活动，对魏村路两侧边沟垃圾进行彻底清理，道路两侧树木全部刷白。各村多种形式加大宣传力度，充分发动群众，动员群众，各村党员群众出义务工对村内街道杂草、垃圾、墙体小广告进行全面清理。共清理垃圾 12160 立方米，畜禽养殖粪污等农业生产废弃物 834 立方米，历史积存垃圾堆放点 10 处，村内坑塘和龙泉河沿线垃圾点 10 处。同时，魏村东街、东洪义争取上级人居环境整治资金 100 万余元，准备对全村整体环境进行高标准提升。经过镇村干部共同努力，魏村镇村容村貌得到进一步改善，农村生活环境明显提升。

严厉整治“散乱污”企业。多次组织镇执法队与派出所等部门联合行动，持续开展巡查检查，严打态势，防范土小企业反弹。采取电量对比、暗查等手段，重点加大对辖区各村交界处等重点区域的执法监管力度。对新发现的“散乱污”企业，按照“两断三清”要求关停取缔到位。

党委书记 刘 帅

政府镇长 王红岭

（撰稿：张瑶）

温仁镇

【概况】 温仁镇位于清苑城区向南18公里处，南邻博野县、安国市，东与蠡县接壤。保衡路、温蠡路、温博路三条公路在此交会，是保定通往南部县市的咽喉要道，地理位置优越，交通便利。温仁镇辖区总面积67平方公里，耕地61676亩。辖半壁店、蔡家营、大柳树、大兴庄、傅庄、良寨、罗家营、南邓村、南段庄、南和庄、南李庄、南孟庄、南杨庄、王盘、温仁、西南佐、延福桥17个行政村，总户数13412户，总人口50421人。2021年温仁镇固定资产投资完成3700万元，农民人均纯收入16784元。全镇有中学2所、小学10所、幼儿园10所，卫生院3所。

【基层党建】 一是配齐“领头雁”，凝聚工作“向心力”。“坚持好中选优、优中选强”的原则，高标准完成村“两委”和党委换届工作。村“两委”换届工作自2月启动，至4月底结束，17个村的党组织和村委会均完成换届选举工作。二是加强教育管理，提升工作执行力。组织对17个村的党支部书记、主管党建的支部委员的系统培训，对农村党员开展全面轮训，严格落实“三会一课”“党员活动日”等制度。三是强化阵地建设，夯实堡垒“战斗力”。不断夯实党建主体责任，提升硬件水平，严格按照村级组织活动场所规范化建设“六有”标准，采取修葺两室、悬挂醒目标识、更换办公设施、高标准文化上墙等措施，使阵地建设上档升级，不断夯实党建主体责任。

【经济建设】 以促进农业提质增效为支撑点，着力打造实力“新田”。充分挖掘温仁镇特色农产品资源优势，积极引导农民调整产业结构。组织王盘葡萄、南和庄西瓜等地域性农产品参展区农民丰收节，温仁镇产品获得社会各界好评。积极申报高标准农田项目，大兴庄、南和庄二期高标准农田建设即将入场施工。认真落实旱作雨养计划，完成了温仁、良寨、罗家营、傅庄4个村共2172亩种植项目。着力推广新品种新技术。王盘村流转土地150余亩，积极引进“阳光玫瑰”葡萄新品种，推动葡萄品种更新换代，为增加农民收入起示范带头作用。以项目建设为着力点，积极拓展发展增量。坚持规划先行，开展路网改造。对王盘至南孟庄村6.5公里环村路完成了路面硬化；完成了郝王力—温仁村路面硬化；占地0.3亩的综合化粪处理站正抓紧施工，预计2022年投入使用。

【民生改善】 以巩固扶贫成果为兜底点，保底线决战决胜脱贫攻坚。严格落实“四个不摘”，强化动态监测，扎实做好“回头看”迎检工作，对脱贫后评估工作进行系统培训；积极深入贫困户家中，帮助其解决生产生活困难。对易致贫边缘户进行摸排，尽最大努力提高其收入。截至年底，全镇19户脱贫户没有出现返贫现象，脱贫攻坚取得阶段性成果。完善镇村服务中心和服务站建设，方便群众办事。规范提升综合服务中心，完善硬件设施建设和规章制度，配齐配强工作人员，加强业务培训，积极承接上级办事事项。以“12345”热线为切入点，坚持小切口大民生的原则，全年共接到并处理760余件民生实事，积极解决群众期盼。江水置换工程温仁镇涉及线路共36421米，其中定向钻线路5456米，村内线路5619米，野外开槽管线25346米，2021年一期工程已基本完成。对保衡路、温鬲路、温博路开展路域环境整治，共清理各类广告牌760余块，清理各类垃圾约2470立方米；按照“五清三建一改”要求，各村迅速掀起村庄清洁行动高潮，清理各类垃圾约8700立方米，村容村貌得到明显改善。

【环境保护】 聚力污染防治，坚决打好蓝天、碧水、净土保卫战。以纳污坑塘整治、扬尘治理、秸秆禁烧、散乱污摊点整治等工作为重点，积极构建环保网格化体系，加强社会面源防治。成立了17支巡逻队，60名网格员深入田间地头开展防火巡查。镇政府成立了禁烧工作督察组，对查实的火点进行顶格处罚。重拳整治“散乱污”摊点，保持打击环境违法行为的高压态势。积极开展烟花爆竹“打非”及危险化学品排查整治行动。开展消防安全人员密集场所、“三合一”场所、消防车道专项宣传，加大消防隐患查处力度。

【综合治理】 重预防抓管理，持续做好宗教治理。始终把宗教工作作为重要政治生命线，积极开展“双创四进”活动，引导宗教活动与社会主义文化相适应，倡导信教人员树立遵纪守法、爱国爱家的传统文化意识。做好“五月制非”、全国“两会”、国庆等时期安保，建立应急预案和工作台账，坚持日排查、日研判、日报告制度，实现平稳过渡。建网络，重化解，认真做好维稳工作。严格落实“六有”机制，认真落实矛盾排查例会制度，全面开展“信访案件清零”行动。对排查出的隐患，明确责任人，及时调处、化解。积极畅通信访诉求渠道，建立村干部、包村领导、党政一把手三道防线，累计排查调处矛盾纠纷464件，调解数量和效率在全区名列前茅。办理中联办、省联办重点信访案件19件，圆满完成了区交办的任务目标。

【疫情防控】 从严抓好疫情防控工作，保障群众健康安全。严格落实区委、区政府各项决策部署，始终将疫情防控工作作为最紧迫、最重要的政治任务来抓。成立了一办七组防控队伍，构建了严密联防联控体系，狠抓疫情前期排查，组织开展疫苗接种，全面提高疫苗接种率。10月4—6日，连续三天冒雨对该村开展全员核酸采集，同时做好隔离人员的思想疏导和后勤保障工作，此项应急工作得到了区委、区政府领导的充分肯定。

党委书记 冯纪伟

政府镇长 贾 玥

（撰稿：王跃武）

张登镇

【概况】 张登镇位于清苑城区正南13.3公里处，镇政府驻地张登村。张登镇东邻东闾镇，南邻温仁镇，西邻冉庄镇，北邻北店乡。张登镇辖区面积55.6平方公里，耕地50160亩。辖张登、张登屯、张登店、谢庄、北和庄、吕家屯、全昆、北邓村、清凉城、西王庄、河北王庄、河北李庄12个行政村。2021年，全镇户数9990户，人口38311人。2021年，张登镇各项经济指标运行良好，一、二、三产生产总值69110.11万元，农民人均纯收入16914元。辖区有中学1所，小学6所，幼儿园16所，公立卫生院2所。

【基层党建】 加强党史学习教育，增强党员党性。中国共产党成立100周年之际，开展党史学习教育系列活动。组织党员学党史、悟思想、办实事、开新局，开展“我为群众办实事”活动，党员活动日组织党员、入党积极分子参加集体活动，增强党性意识、责任意识。充分发动广大党员在疫情防控、环保巡逻等工作中冲锋在前，为“十四五”开好局起好步。

圆满完成换届，做好换届后工作。通过逐村研判，稳妥推进，12个村全部实现“一人兼”，新一届“两委”干部96人，56名支部委员、42名村委会委员，党支部书记连选连任8人，村“两委”干部平均年龄下降5.5岁。党委、人大、政协换届工作自3月初启动，7月初结束，成功选出10名区党代表，12名区人大代表和10名区政协委员。针对换届后出现的部分班子内部矛盾，正视问题，逐个分析原因，采取针对性措施，逐个化解矛盾。规范村“两委”班子职责，使村组织正常开展工作。加大对村“两委”干部、广大党员的教育管理，组织对12个村的党支部书记、主管党建的支部委员进行培训，提高村党组织书记和新任“两委”干部的理论水平和业务素质。

强化阵地建设，提升党建水平。各村按照“六有”标准，规范村级活动场所建设。完善村党群服务中心功能，提升村级综合服务站服务水平，场所面积均达到20平方米以上，配备了电脑、打印机、复印机、高拍仪、档案柜等办公设备，实现网上办公，切实发挥基层组织团结领导服务人民群众作用。2021年对清凉城村村级活动场所提标改造，打造村级阵地示范点。

壮大集体经济，激发组织活力。在上级资金扶持下，建设完成谢庄、清凉城、张登屯、吕家屯集体经济商业门脸项目。辖区12个村，集体经济5万元以上村达11个。通过发展壮大集体经济，增强村党组织政治功能和组织力，提高为民服务能力，为农村开展人居环境综合整治等工作提供经济支撑。

全面从严治党，维护政治生态。一是狠抓从严治党主体责任，严肃查处违纪违法案件，用好执纪监督“四种形态”，努力推动形成“不敢腐、不能腐、不想腐”的良好局面。二是加强干部队伍作风建设，认真落实中央八项规定精神，持之以恒纠正“四风”。三是加强执纪问责。2021年，共办理案件6件。四是严格组织程序，规范党员发展，开展党员档案审查工作，严格入党标准。2021年新发展党员23名、入党积极分子45名。

11月27日，张登镇开展志愿者清理河堤行动

【经济建设】 全镇瓜菜种植面积达45000亩，形成了“两市场四基地”新型发展格局：“两市场”即谢庄蔬菜批发市场、张登店瓜菜批发市场；“四基地”即以吕家屯、北和庄为中心的西瓜基地，以张登店为中心的甜瓜基地，以清凉城、谢庄为中心的蔬菜基地，以河北王庄为中心的麻山药种植基地。

加强市场建设，优化农产品销路。一是加速张登瓜菜市场建设。全力完成征地工作，加速施工，于12月底完成建设。二是引导张登店、谢庄市场规范化发展。以保衡路、张望路路域环境综合整治为契机，优化市场周边环境，规范市场经营，提升市场服务水平，带动瓜菜产业良性发展。

加强产业引领，提升农产品特色。在吕家屯、北和庄西瓜基地，张登店甜瓜基地，清凉城、谢庄蔬菜基地，河北王庄麻山药基地的基础上，按照“一村一品”的标准，继续引导发展特色种植，规模化、成片化，形成特色产业村。

加强政策扶持，引导现代化经营。开展旱作雨养项目，发展节水农业。为符合条件家庭农场、农业合作社发放政策补贴。引导农场、合作社参加清苑区西（甜）瓜节以及外地展会加大宣传力度，培育地区品牌。引导瓜菜精品化销售，

提升附加值，提升品牌效应。

【民生改善】 加强村庄基础设施建设。加强道路设施。张登屯、北邓村实施革命老区道路硬化项目，投入资金330万元硬化道路16414平方米。河北王庄、河北李庄村实施高标准农田项目，安装水泵64台，修建田间道路11000平方米，铺设管道41000米。完善路灯覆盖。西王庄村安装路灯300盏，河北王庄村安装路灯90盏，清凉城村安装路灯160盏，均已实现路灯全覆盖。加强公共设施。西王庄、清凉城、北邓村、张登、张登店、北和庄6个村建设公共厕所并投入使用，解决群众外出上厕所难题。清凉城村争取100万余元资金（国家电网项目）完成全村电网改造。西王庄村建设活动广场2处，丰富群众业余文化生活。做好厕所改造。2016年以来，张登镇累计改造农村厕所2763座，部分厕所出现故障无法正常使用。2021年对改造厕所全面摸排，建立问题厕所台账，摸排的同时跟进整改，确保改厕成果长期保持。

保障施工环境，确保民生工程进度。加速推进江水置换工程。2021年清苑区全面启动农村生活水源江水置换项目野外段工程，张登镇工程量总计25021米，截至12月底完成13357米，保障了全区工程进度。剩余多数为穿越河道、道路等工程，争取2022年尽快完成。清苑北大冉110千伏输变电工程。涉及张登镇辖区北邓村、清凉城、西王庄、河北王庄、河北李庄5个村，需设置铁塔21处，经过前期勘测、征地，2021年10月全面开工建设。蠡县至清苑燃气管道项目。涉及张登镇吕家屯、张登屯、北邓村3个村，工程量5000余米，建成后将有效缓解供暖季天然气供应紧张问题。乡村干部协调配合，保障施工环境，12月底已全部完工。

开展防返贫动态检测，巩固脱贫攻坚成果。一是强化组织，细化责任。坚持以镇党委、镇政府为责任主体，镇党委书记、镇长为第一责任人的责任体系，责任到位，领导到位。各村包村干部与支部书记、村主任作为各村总负责人，全面承担各村防返贫任务。二是动态排查，精准识别。对脱贫户及监测人群全面梳理，动态掌握家庭情况，出现困难及时帮扶。2021年新纳入低保29户36人，特困10户11人。累计发放临时救助资金17户18600元，避免因病致贫，因灾致贫。三是加强帮扶，精准施策。加强帮扶责任人和包村干部对贫困户的帮扶，具体分析贫困户家庭情况及现状，制订行之有效的保障计划，为2名贫困人员发展养殖办理了扶贫小额贷款，及时修缮2户贫困户漏雨房屋。全镇43户贫困户均持续稳定脱贫。

【环境保护】 深化人居环境整治工作。开展路域环境综合整治。开展张望路、保衡路环境综合整治，张望路路面重新铺设，清理道路两侧违建房屋23处、广告牌260余块，整理通信线缆，垃圾彻底清理。开展村庄清理整治行动。组织人员、机械并发动群众清理50余次，共清理各类垃圾46000余立方米。整治纳污坑塘35个，圈建围挡，设立警示牌，有效提升了辖区生态环境，改善了村容村貌。

切实做好大气污染防治工作。强化秸秆禁烧。建立禁烧网格化管理体系，加大巡逻力度，定期清理农业垃圾，消除着火隐患。加强禁煤禁炮管控。对辖区各村开展拉网式排查，共清理散煤650公斤，确保散煤、烟花爆竹彻底清零。加强降尘抑尘措施。安排大型洒水车1辆、小型洒水车1辆，不间断对全昆道等重点道路进行洒水作业。加强“散乱污”监管。持续做好“散乱污”动态排查工作，确保无新增，并严防取缔“散乱污”反弹。加强政策宣传。悬挂条幅、发放宣传材料、大喇叭每天三次开机，持续宣传，使环保意识深入人心。

依法开展土地保护。严打乱占土地行为。结合区自规局等部门依法强拆北和庄村违建鸡棚，有力震慑违法占地行为，2021年共清理违规违建25处。加强耕地保护管理。引导群众形成用地审批的意识，明确村级责任人，严格落实责任。加强巡查，发现违建苗头及时制止。

加强河道管理工作。严格贯彻落实白洋淀上游流域河道治理工作要求，强举措、重实效。一是严格落实“河长制”。坚持“河长主导、部门联动、分级负责、社会参与”的工作机制，加强河长、巡河员巡河，发动志愿者并引导群众参与河道环境维护。二是做好生态补水保障。持续清理河道内、大堤两侧秸秆、垃圾等，补水期前对3座危桥、9条漫水路设置河道放水禁止通行警示牌，做好安全防护。三是严查非法采砂，保护生态安全。采取突击式不间断夜查，发现一起，严厉打击一起。

【综合治理】 强化宗教政策宣传。采取多种形式加强宣传教育，使基层干部认真对待，使信教群众明辨是非。严格落实宗教责任。强化执法监督，进一步巩固和完善镇、村两级管理网络和工作责任制。加强精神文明建设。丰富群众文化生活，用先进文化熏陶、教育群众，引导致力于发展经济。

持续做好信访工作。张登镇聚焦重点，防微杜渐，确保全国“两会”、中国共产党成立100周年等重要节点平稳度过。一是加强矛盾纠纷隐患排查。及时发现问题，及时解决，保证小事不出村，大事不出镇。二是严格落实包联责任。针对各类重点人员，严格落实“五包一”责任制，做好王某花非法集资案涉案群体稳控工作。三是突出重点力争清零。通过多方协调，重点解决涉法涉诉案件2起，化解问题洋白菜种子案件，避免形成群体事件。

确保安全生产稳定，保障燃气安全。建立燃气安全协管员队伍，定期组织燃气安全培训，提升业务能力。开展燃气安全隐患大排查，问题清单限期整改，并加强日常监管。保障生产安全。开展“有限空间”“三合一”“多合一”“九小”等场所排查，消除安全隐患。加强辖区9家企业日常监管，包联领导定期入企检查，掌握企业生产动态。

【疫情防控】 坚持把疫情防控作为“头等大事”和“第一要务”，严格落实常态化疫情防控措施，做到全民参与，群防群控。全力开展新冠疫苗接种。将疫苗接种作为头等政治任务，入村、上门开展接种，实现应接尽接。全力推动第二针、第三针、加强针以及12～17周岁、3～11周岁群体接种工作。

严格落实常态化疫情防控措施。一是动态宣传。疫情动态第一时间通过微信群、公众号宣传到位，保持动态更新。二是严格防范。经营场所落实测温、扫码、登记流程。疫情防控卡点配齐联网测温设备，加强值守，充分发挥卡点前哨作用。三是加强排查。加强防控工作力量，做好主动排查、大数据排查、网格化排查。四是严格处置。按照政策严格落实处置措施，按照户籍人口完善网格化信息，精确掌握在外人员动态，为精准排查、核酸检测、疫苗接种提供依据。

党委书记 陈雪峰（6月离任）
任新建（6月任职）
政府镇长 刘昱昊（1月任职）

（撰稿：王龙）

大庄镇

【概况】 大庄镇位于清苑区东南20公里处，东接高阳县，南临蠡县，西与东闾镇接壤，北与何桥乡相连。辖草桥、史庄、庞庄、东王庄、小庄、大庄、石屯、段庄、南杨桥、孙庄、张良庄、徐庄、东孟庄、黎沟、蒲洼、杨庄、解庄17个行政村。全镇总面积27.57平方公里，耕地28065亩。保沧高速公路从境内穿过并设有进出站口，与省道保沧路连接的公路可直达保定、高阳、蠡县及周边各乡镇。2021年，全镇户籍人口8325户26845人，常住人口6072户24735人。

2021年农村经济总收入110122万元，粮食总产量29840吨，农民人均可支配收入17998元。大庄镇共有中学1所，小学4所，幼儿园10所，卫生院1所。

【基层党建】 认真落实主体责任。牢固树立“抓好党建是最大政绩”的理念，党委主要负责人切实履行“第一责任人”职责，真正把党建工作扛在肩上、抓在手上，班子成员认真履行“一岗双责”，同步抓好分管范围内的业务工作和党建工作。严格执行民主集中制，严肃党内政治生活，严格落实民主生活会、“三会一课”等制度，推进科学民主依法决策。2021年共召开党委会50余次，重大项目安排、财政资产使用等均经过集体研究决定。强化思想政治建设。深入推进党史学习教育，通过潜心自学、集体研学、领导领学、党员互学、典型带学、机关评学、外出践学等方式，召开理论中心组学习12次，机关干部集中学习50余次，到阜平县骆驼湾村等地进行红色实践活动，利用“小马扎”“红马甲”“大喇叭”等形式广泛开展座谈宣讲场次累计100余次，受众2.3万人。扎实推进乡镇换届。统筹推进乡镇党委、人大换届各流程，多次召开座谈会、培训会、动员会等，严格落实谈心谈话、换届承诺、督促检查等制度，选举产生新一届党委委员9名、纪委委员3名，顺利完成人大、政府领导选举和人大代表推举工作。高质完成村“两委”换届。精准研判、和谐有序在全区率先完成2021年村“两委”换届，干部平均年龄47.97岁，较上届下降9.25岁，书记平均年龄44.7岁，较上届下降11.41岁，17个村全部实现“一人兼”，各比例均按上级要求高质量完成，同时村代会、村监会、共青团、妇联、民兵、村集体经济等配套组织完成构建，形成系统完备、科学规范的运行机制。狠抓党员教育管理。因村施策、强力推进党员发展工作，新发展党员39名，储备积极分子59名；持续深化党员包联、积分管理、“三会一课”等制度，引导形成党群联动、大干苦干的深度抓落实格局；利用“党员活动日”、农村远程电教、“学习强国”等载体，采用专题学习、研读原文、分组研讨、交流发言、撰写体会、观看爱国影片和实践锻炼等方式，实现学用结合、知行合一，不断推动基层干部政治素质和专业化能力提升。全面推进党风廉政建设。严格执行八项规定，切实履行全面从严治党主体责任和“一岗双责”，认真落实领导干部个人重大事项报告制度，认真执行上级关于厉行节约、公车配备、公务接待、职务消费等规定标准要求，严格办公用房标准，严查违反中央八项规定精神行为、顶风违纪行为，自觉推进作风建设常态化、长效化。全年共开展党风廉政建设培训5次，干部警示教育大会3次，严格执行党风廉政责任制、重大事项报告制度等制度，全年给予留党察看2人，严重警告1人，党内警告处分6人，诫勉谈话1人，批评教育、谈话提醒8人次。

【经济发展】 始终将巩固提升脱贫攻坚成果作为重大政治任务和重要民生工程来抓，紧紧围绕“两不愁三保障”的中心内容，全面落实“四个不摘”，认真开展动态监测，脱贫攻坚成果不断巩固，乡村振兴工作有序推进。落实小麦病虫害等惠农政策，完成无人机喷防农药9386.3亩。2021年小麦种植面积19626亩，产量9335吨；玉米种植面积17291亩，产量9947吨；西瓜种植面积1000亩，产量3520吨；蔬菜种植面积1521亩，总产5798吨；麻山药种植销售成绩可喜，产值破亿元。特色纺织产业借势电商直播发展迅猛，90%以上纺织企业通过在阿里巴巴平台认证开设网店、抖音直播等方式实现产销一体化，网商运营人员300余人，年销售额3亿元以上。

【民生改善】 扎实做好基本民生保障。不断满足困难群众生活需要，把符合条件的城乡贫困居民纳入保障范围，2021年新增低保17户19人，新增特困5户5人，同时88名高龄补贴老人、1名事实无人抚养政策补贴儿童、22名生活补贴残疾人和26名护理补贴残疾人的相关补贴资金做到社会化及时足额发放。协助各村完成共517人的年度残疾人信息采集工作，为辖区80户临时困难的家庭发放临时救助补贴37850元；为烈士子女、60周岁退役、参战、涉核、伤残等军人合计发放补助1444608元。稳妥有序推进城乡居民养老和医疗保险征缴工作，截至2021年年底，养老保险参保9485人，参保率97.28%，医疗保险缴费16667人，参保率66.86%，其中贫困人口参保率100%。便民服务水平全面提升。高效承接上级审批服务下放事项，全面加强镇村综合服务中心（站）建设，电脑、打印机、扫描仪、高拍仪等设备全部完善到位，对业务人员进行3轮集中培训，村级代办制度活力显现。积极开展征兵拥军工作。完成大学生征兵，兵役登记，民兵整组。八一期间，以村为单位，全体领导干部深入基层与退役军人面对面交流，开展事迹报告、走访慰问、茶话会座谈等拥军爱国教育活动，在全国第八个烈士纪念日，组织全体机关干部到大庄烈士陵园举行公祭活动，激励干部追思革命先烈，赓续红色血脉。基础设施趋于完善。铺设16000平方米柏油路面提升百家至大庄路况，新建修缮村内道路6000余平方米；史庄村建设完成面积共1100平方米的美丽乡村小游园2个；徐庄、石屯等村安装路灯400余盏；以镇综治中心为指挥平台，在17个村主要路口搭建了群众性治安防控工程，新安摄像头30余个，7个村实现网络监控全覆盖；大庄污水处理厂二期末端管网入户工程完成改造620户，生活污水实现直排处理；完成户厕整改100余户，新改造户厕100座。以何蠡路沿线为重点开展全域人居环境精细化全方位攻坚提升，在何蠡路沿线增设路灯60盏，修补围墙300平方米，栽种景观绿植50棵、盆栽4000株，出动3000余人次在全镇范围内共清运秸秆垃圾4000余吨，清理广告牌匾、私搭乱建50余处，清理更换老旧重复宣传标语240余条。慎终如初抓好疫情防控。严防死守，筑牢疫情第一防线。严格落实镇、村、医、警、党员“五包一”机制，重点做好境外及国内中高风险地区返乡人员的排查监测服务，对出境人员逐人建立台账并制作下发入境前报备通知书；时刻关注国内外疫情最新动态，第一时间做好中高风险地区人员的排查登记工作，并明确人员做好医学观察服务追踪工作；突出做好防疫卡点、门店、商超、冷链等重点场所、重点行业的管控处置工作。稳妥高效开展疫苗接种工作，在辖区内摸底统计工作的基础上，通过广播、公开信、上门接种等方式做好大规模疫苗接种宣传动员服务保障工作，同时每日按照网格化分工充分发动群众做到应接尽接。

【环境保护】　以更严举措“净水”。全面落实“河长制”工作任务，持续管控好辖区内河道、坑塘周围环境卫生及污染防治。2021年整治维护大小坑塘12个，清除垃圾杂物等2000余吨，彻底完成苑桥机站排干河渠改造提升。开展打击非法打井、取水专项行动，对大庄镇8000余户住户进行全方位排查，逐一登统汇总水表安装情况。稳步有序开展农村生活水源江水置换工作，完成史庄等13个村的地上附着物面积评估核实工作，项目开工挖槽10600余米。17个村1529户群众共6256亩耕实施旱作雨养工程，极大改善了地下水资源超采问题。以更高标准“增绿”。对照“林长制”任务清单，全面落实林长制工作任务，完成乡村绿化任务，持续做好森林防灭火工作，配合林业部门完成辖区内美国白蛾喷药防治作业，全面完成高速沿线树木虫病除治工作。以更大力度“守蓝”。加强大气污染防治力度，完善村干部、禁烧网格员秸秆禁烧巡查考核及跟踪问效机制，压实镇、村两级防火巡逻队监管责任，发放秸秆禁烧宣传条幅100余条，印制秸秆禁烧明白纸5000余张；加大扬尘综合管控力度，每日出动3辆洒水车全域循环洒水降尘；全力以赴做好散煤管控和渣土车违规拉运行为，清查散煤3000余户，抽查散料运输车辆覆盖情况20余次，行政处罚1人；加强重污染天气应对，对5

家限停企业和3家已取缔的砂石料场实行昼夜巡查，同时加强对“散乱污”企业的防反弹日常巡查，确保应急响应措施全面落实。以更实作为“护土”。做好农村乱占耕地建房问题日常摸排监管，对近年出现的“顶风违建”坚决予以严厉打击，以“零容忍”的态度发现一起，处置一起。

【综合治理】 抓实抓细安全生产。严格源头治理、过程监管，开展农产品质量和食品安全大排查大整治行动，共出动执法人员206人次，检查农业合作社17户、养殖户13户、麻山药种植户137户、食用农产品销售1户、食品销售商户32户、餐饮服务商户28户，切实消除了相关隐患；纵深推进安全生产大排查大整治行动，完成对5家环保重点监管企业、6家一般企业、2家加油站隐患排查，对日常发现的一般隐患全部督办消除并通过复查验收。“三夏”期间，通过宣传引导、执法巡查等方式开展清理打场晒粮专项整治行动，保障交通安全和农业生产两不误。盯紧盯死综治。始终坚持“稳定压倒一切”，坚持“打防结合，预防为主”的方针，深入落实社会治安综合治理工作各项措施。2021年召开信访稳定工作专题会议20余次，全镇矛盾纠纷、信访隐患排查率达100%，最大限度地把问题解决在基层、矛盾化解在当地。深入开展禁毒铲毒，在广泛宣传的基础上，结合公安部门走村进企入户开展全区域踏查。选派镇直精干力量与区检察院在大庄村西成立联合卡点，在重点村南杨桥、解庄分别设立宣传站，服务东闾镇5月期间大局稳定。全面推进平安建设，全年无重大治安案件，深入开展普法宣传，发放宣传资料3000余份，接受法律咨询20余人次，出动法治宣传车20台次，张贴宣传标语20多条，坚持法治宣传与法治实践相结合，广大人民群众懂法、用法、守法的意识明显提高，有力促进了依法治镇进程。把稳把牢意识形态。坚决贯彻党委意识形态工作责任制和网络意识形态责任制，年内大庄镇官方微信公众号发布信息120篇，内容涵盖政治理论、时政要闻、公开倡议、基层动态等。积极开展文明创建活动，利用新时代文明实践站等场所，开展广场舞会演、戏曲班、全民读书等群众喜闻乐见的文化娱乐活动，600余名志愿者投身便民服务等志愿活动多达30余次；同步推进“扫黄打非”专项行动，结合文化、市场、教育等部门对辖区6家KTV、2家复印店、2家网吧等基层站点进行2轮次日常检查和管理，进一步维护了辖内绿色、健康的文化市场。

党委书记 王　琴（女，2021年8月离职）
付增祥（2021年8月任职）

政府镇长 申伟东

（撰稿：刘康）

臧村镇

【概况】 臧村镇位于清苑区东北部，东邻雄安新区，东南与望亭镇接壤，西与孙村乡、阎庄乡相连，北与徐水区大因镇毗邻，南通保新路，保定市连接雄安新区的白洋淀景观大道贯穿全镇。臧村镇区域面积40.7平方公里，辖臧村、中臧村、东臧村、马庄、刘庄、崔庄、东庄、东于庄、西于庄、詹庄、应庄、闸板口、打油庄、白庙、西木欠庄、沙堤营、郭庄17个行政村，户籍人口35777人。2021年，全镇耕地3.6万亩。农村居民年人均纯收入1.6万元，臧村镇有义务教育阶段学校8所，其中小学7所，中学1所。

【基层组织建设】 一是换届工作圆满完成。按照上级换届的有关要求，镇党委班子谋划在前，选优配强，顺利完成“两委”班子换届工作，支部书记50岁以下的占比达到70%，其他班子成员年龄均在60周岁以下，实现村干部年龄结构下降，学历水平、综合素质优化提升。二是班子建设稳步推进。为敢担当的干部担当，为敢负责的干部负责。在镇级班子中，任用能力强的年轻一般干部，搭配资历深的事业干部实行包村责任制，让年轻干部发挥工作的激情和活力，让资深干部传授工作的经验和思路。在村级班子建设中，实行“三个机制”，确保村“两委”班子成员知程序、懂规矩。“导师帮带”机制，老书记带领新书记共谋划、共荣辱、共责任，实行捆绑责任制，形成了村与村的团结合力。“比学赶超”机制。充分利用“双述双评”，组织各村党支部书记“现身说法”，收到相互借鉴，相互促进的良好效果。“动态管理”机制。“两委”换届以来，针对班子中存在的问题和工作需要，共调整支部书记4人。三是阵地基础提标扩面。2021年，集体经济收入5万元以上的村16个，达总数的94%。各村在原“六有标准”基础上，重点打造，成果明显。下一步将充分利用紧临白洋淀大道的地理优势，将7个美丽乡村全部打造成党建示范点，2021年重点打造西臧、郭庄、东臧村，形成以白洋淀大道为主线的党建示范带。四是党员发展打破瓶颈。建立要账机制，着力改善党员发展落后局面。2021年共发展党员43名，转正8名，双推入党积极分子51名，下大力气解决了东臧村、沙堤营村三年以上不发展党员问题。

落实全面从严治党主体责任，坚持执纪在前。镇纪委共接待群众来信来访40余件，协助上级查办案件4件，谈话批评12人，给予党内警告8人、严重警告6人，开除党籍2人，进一步突出党委主体和纪委监督两个责任。

【项目建设】 人居环境整治及村庄清洁行动。2021年累计清理82条街道，清理广告牌500余处、垃圾点90余处。各村完成户厕改造84户，完成新建公厕15个。积极开展村庄清洁行动，各村积极发动党员群众，通过提升一条主街新颜值，带动清扫村内主要干道。

基础设施建设。2021年，农村抗震房改造完成4个村13户。东庄自主安装路灯60盏，詹庄通过一事一议安装路灯149盏。疏解交通方面，2021年修建郭庄打油庄连接线355米。修建西臧村排水管网工程，有效缓解雨季积水问题。

江水置换工程。坚持每月开展饮水安全排查，全力推动农村生活水源江水置换工作。江水置换主管道工程涉及臧村镇11个村，已全部完成附着物登统和管道回填工作。

【民生事业】 严格程序做好贫困户脱贫。臧村镇建档立卡贫困户为36户92人，已经全部脱贫。根据上级安排部署，为全力巩固拓展脱贫攻坚成果，认真开展“回头看”。一是对全镇所有建档立卡贫困户、低保户、“五保户”和边缘户进行逐户走访调研，没有因病、因学、因灾、因残以及意外造成大额支出导致返贫情况。二是进行政策扶持。对丧失劳动能力，无法通过就业实现脱贫，且符合农村低保保障条件的家庭全部做到应保尽保，动态管理。三是健全防返贫动态监测和帮扶机制。建立农户主动申请、相关部门预警比对、基层干部定期跟踪回访相结合的三位一体监测网络。

社会事业持续加力。一是稳步推行城乡居民养老保险工作，超额完成600人新增任务，60周岁以上4月、10月认证率达到100%。二是全镇参合人数30235人，参合率达到90%以上。

【环境保护】 持续开展大气污染防治工作。一是开展散乱污“回头看”。成立工作小组，环保安监部门联合执法，对辖区内的散乱污企业进行联合检查，对2017年以来发现的59个点位“回头看”，其中臧村镇关停取缔类共54个，整改提升类5个，2家企业整改提升完成，取得正规手续，正常生产，剩余3家因整治无望等原因已关停取缔，将正在生产的企业纳入日常安全生产监管巡查。二是散煤治理。对白洋淀大道两侧、臧村北道、臧村街等商铺集中区域进行排查整治，持续开展不间断散煤入户排查活动，共排查17个村10647户，未发现存有散煤情况。

清理违法占地和违法建筑。卫片整治方面，

2021 年度下发卫片 12 块，已完成整改 10 块，2 块正在整改中。土地执法方面，2021 年度执法处罚案件 3 件，其中土地违法 1 件，住建 1 件，环保 1 件。

【信访工作】 2021 年，化解各类矛盾隐患 104 件，化解信访积案 12 件，其中完成中联办交办案件 4 件，省联办交办案件 1 件，市、区领导包联案件 6 件，配合区联办完成房地产领域信访问题 1 件。

【疫情防控】 抓好新冠肺炎疫情防控工作。精心组织，严格按照“外防输入，内防扩散”的原则，坚决做到横向到边，纵向到底。疫苗接种工作应接尽接。

党委书记 申凤伟（女，2019 年 10 月任职）

政府镇长 王建伟（2021 年 8 月任职）

（撰稿：李海洋）

望亭镇

【概况】 望亭镇位于清苑区东北 25 公里处，距保定市区 14 公里，东临雄安新区，北接徐水。西距保定高铁站 10 公里，东距白洋淀景区 35 公里。镇政府所在地小望亭村，辖大望亭、小望亭、前米阳、后米阳、固上、东安、御城、南刘口、北刘口、贾辛庄、邵庄、东木欠庄、臧庄、孟庄 14 个行政村。2021 年，全镇有 14364 户，43087 人。全镇耕地面积 26889 亩，粮食播种面积 72048 亩，粮食总产量 41513 吨。民营经济总产值 31.29 亿元，其中工业企业产值 5.04 亿元。全镇共有中学 2 所，小学 8 所，公立幼儿园 2 所，私立幼儿园 17 所，卫生院 2 所。

【基层党建】 扎实做好换届工作。村“两委”换届实现书记主任“一肩挑”100%，50 岁以下书记 10 人，大专及以上学历占比 50%，高中及以上学历占比 100%，村“两委”干部学历、年龄等结构有了明显改善，按照上级要求建立“5 +3 +N”配套组织，健全村级组织结构。

加强支部建设。坚持科学用人导向，领导班子明确职责分工，将繁重的工作任务化整为零，快速推进，做到“心往一处想、劲往一处使”。组织村“两委”干部培训 4 次，通过三会一课、民主生活会、“双述双评”等活动，提升了干部素养、增强了责任意识。2021 年确定入党积极分子 54 名，新发展预备党员 25 名，转正 9 名，充实了后备力量。深化党员精细化管理，建立党员网格化管理机制，引导和激励广大党员在乡村振兴和实施“十四五”规划目标中争先锋、做表率。

强化党史学习教育。在机关、村、企业，结合书记讲党课等党日活动把学习党史贯穿基层党组织全年组织生活，做到政治生活“不走样”。深入学习贯彻习近平新时代中国特色社会主义思想、习近平总书记七一重要讲话精神，贯彻落实市、区“党代会”“两会”精神，丰富广大人民群众对文化生活的新需求；利用各级党群服务阵地建立“党史”学堂，开展家门口的学习教育。用好“学习强国”平台学习、网络干部学院、“冀云”App、望亭公众号，引导广大党员、干部青年积极学习。

全面落实从严治党。1. 全面落实从严治党主体责任。按照“谁主管、谁负责”的原则，镇党委研究制定《2021 年望亭镇领导班子、党委第一责任人、领导班子成员履行全面从严治党“一岗双责”清单》，明确镇党委书记为全面从严治党第一责任人，镇班子成员分管具体部门，实行主要领导亲自抓，分管领导主动抓，班子成员全力抓的工作格局，加强反腐倡廉工作的组织、督查和指导力度。2. 加强宣传，推进作风建设。一是利用“学习强国”平台学习、农村干部现代远程教育、支部党课集中学习等方式，把党规党纪纳入支部学习计划，结合党史学习教育，开展经常性的全面从严治党宣传教育，引导广大党员干部坚定政治信仰，勇担历史使命，进一步营造从严管党治党的良好氛围。二是充分利用全镇工作部署会，开展廉政教育警示，通过学反面例子，组织观看警示教育专题片等形式，使党员干部心中有畏，心中有戒，进一步增强广大党员干部的反腐倡廉意识。

【项目建设】 在推进白洋淀上游领域综合整治过程中，望亭镇作为多个省、市重点项目所在地，镇村主动担当起施工环境保障的重任，解决阻工扰工事件多起，保障了省级重点项目工程府河莲花闸导排区扩容加固工程、府河清淤工程（莲花闸—望亭中学段）、“京石邯”输气管道复线工程以及市级重点项目木欠庄闸导排区内15万吨污水处理项目工程的顺利进场及按期施工，其中莲花闸府河导排区扩容加固工程在6月底完成主体工程，确保了汛期的正常使用。全年共完成导排41次、1823万立方米，保证了入淀水质的安全，实现“不让一滴污水进入白洋淀”的承诺。

【民生改善】 解决村民急难愁盼问题，全力争取上级政策、资金支持，实施多个民生实事项目建设。投资255万元，分期分批对前米阳村内外5083米道路完成硬化；投资35万元，完成御城村进村大道500米道路的硬化和73盏太阳能路灯安装；投资30万元，完成大望亭村杨家洼坑塘治理一期工程；投资24万元，分别完成南刘口村和臧庄村240米主干道硬化工程；投资609万元的府河沿岸水环境提升项目北刘口村35亩湿地公园建设工程正在紧张施工中；邵庄村通过引进项目资金加上村民自发捐资、自愿出工支持，修建了一条600米长、4米宽的出村道路，改变了该村交通不便的状况，方便了村民出行。该村常住人口不到300人，此次捐资筑路有130人，捐款111200元，人均捐资达855元。

乡村振兴及人居环境及路域环境整治工作。开展厕所革命行动，建设7座农村公共厕所，持续推进户厕整改工作。在全镇范围内持续开展人居环境整治，耗资100余万元，出动车辆机械83台、人员214人，清理村内私搭乱建和占道经营400余处，擦亮了村庄“美丽底色”，获得群众一致好评。对保新路（G336）望亭段开展集中整治，共铲除路边矮墙约5公里，清理大型广告牌和牌匾32处，拆除占道棚房6处。对沿线延伸出来的灌木丛进行修剪，为两侧各拓展出80厘米的空间，解决了影响车辆视线、阻碍行人通行的问题，降低了道路交通安全隐患。同时，在穿村路段更换了太阳能路灯53盏，为村民特别是学生早晚出行提供了便利。望亭镇后米阳村、东木欠庄村代表清苑区在12月6日接受市人居环境互看联查抽检，现场未发现任何问题。

【环境保护】 作为有色金属之乡，坚持环保高压态势，接受了多次中央、省、市环保部门和专项督导组的检查，未出现交办问题。积极主动作为，加强空气监测站点周边环境综合治理，退出倒数序列，空气质量持续改善。

【综合治理】 树立问题导向，统筹推进问题解决，“12345”热线办理办结率持续提升。有效防范化解4次较大的事件，分别是东城首府五证不全售房问题、孟庄村因收水费出现打人纠纷问题、东安村镁料自燃事件以及富瑞康燃气因员工施工操作不当意外伤亡事件，未造成后续影响。

依法加强民族宗教事务管理。信访工作呈现“四下降”，成功化解省联办交办事件。

【其他工作】 疫情防控工作，常态开展新冠肺炎疫情防控。安全生产方面，全年未发生一般及以上工矿商贸企业安全生产事故。按照省市要求，联合区应急管理局，监督和帮助辖区内5家具有深井铸造工艺的企业完成整改和验收。防汛工作，面对2021年主汛期的恶劣天气，漕河上游龙门水库放水等状况，强化值班值守、疏通河

道管网、加固穿堤路段，确保安全度汛，保障人民群众生命财产安全。在漕河干涸 26 年后再次泄洪导致河套内 8 公里庄稼被淹情况发生时快速反应，帮助百姓通过农业保险获取部分补偿，避免了集体事件发生。

党委书记　司宪忠

政府镇长　易　磊

（撰稿：杨浩天）

石桥乡

【概况】　石桥乡位于清苑城区东北 8 公里处，紧靠保定市东南郊，距保定市区 3 公里。域内流经河流 6 条，唐河、清水河、金线河、南环堤河、府河、黄花沟，涉及村庄 11 个，河流总长度 28 公里。交通便利，保沧公路自西北向东南穿乡而过。乡政府西距京港澳高速公路保定南出口 1 公里，北有保新公路，直通保定市区和雄安新区。石桥乡地域面积 67 平方公里，耕地 59220 亩，辖北石桥、东石桥、西石桥、仙人桥、平陵、黄陀、张村、南侯、胡指挥、申庄、纳贤、百家、南高庄 13 个行政村。2021 年有 12980 户，4.6 万人。工农业总产值 11.57 亿元，农民人均纯收入 1.92 万元。全乡共有义务教育阶段学校 12 所，其中中学 2 所，小学 10 所，中心幼儿园 5 所，卫生院 2 所。

【基层党建】　一是圆满完成村“两委”换届。经过充分酝酿、精心准备，党支部换届取得全区第六、村委会换届取得全区第十的好成绩，各村都换出了好班子、新气象，全乡发展进入快车道。二是持续抓好阵地提升建设。坚持“六有标准”，开展村两室标准化建设。2021 年，全乡累计投入资金 50 多万元，提升村级阵地面貌。以打造规范化模范村胡指挥、西石桥、仙人桥三个村为抓手，推动全乡高标准党群服务中心建设，持续提升阵地建设水平。三是深入推进党史学习教育。坚持以上率下，形成一级一讲、层层学习的教育模式，确保党史学习到位、教育落实到人。以主题党员活动日、党员电教、“抓防促保”系列活动为载体，进一步提升党员党性修养。坚持“走出去、找差距”，组织 13 个村的党支部书记到蠡县武家营村、北店乡西林水村、莲池区西高庄村、高阳县小王果庄村等地参观学习，用成功的榜样引导人，用生动的发展历程教育人，用集中学习讨论的方式激发人，进一步提升新任支部书记的综合能力，进一步统一了思想，明确了方向，凝聚了人心，综合战斗力持续增强。四是以质保量严格党员发展。坚持把政治标准放在首位，严格程序，重视质量，以“为党的事业培养人才”为目标，逐步实现村级党组织新老融合、长远发展。坚决担起党员发展的第一责任，彻底消除三年以上不发展党员的问题。2021 年共发展党员 18 人，转正 15 人，双推入党积极分子 50 余人。五是正风肃纪抓好党风廉政建设。坚持以制度管人、以制度管事，落实“四议两公开”“三会一课”等工作制度，不断提高党务村务运行水平。严格落实党委的主体责任、纪委的监督责任，严格落实“一岗双责”，扎实推进全乡从严治党工作向纵深发展。聚焦土地、环保、专项资金使用、八项规定等方面，严查违法违纪行为。2021 年，共批评教育乡村党员干部 5 人，提醒谈话 12 人，立案查处 7 件，结案 15 件，处分党员干部 6 人。

【经济建设】　一是推进“六稳”“六保”，实现经济平稳运行。坚持疫情防控和经济社会发展“两手抓”“两不误”。2021 年，全乡税收完成 1775.99 万元，较上年增长 11%，公共预算收入 205.7 万元，较上年增长 24%，各项经济指标运行良好。二是全力推进江水置换工程。完成村外管线 22236 米，占工程总量的 95%，正逐步启动村内管网建设，已完成 5370 米。三是扎实推进仙人桥、西石桥、平陵、北石桥农村生活污水治理项目。四是全力开展纳污坑塘整治，平陵、西石桥、黄陀、张村4个村湿地公园项目已完成基础工程。五是110千伏高压输变电项目稳步推进，即将进场施工。

【民生改善】　一是急中有序应对疫情，常抓不懈联防联控。石桥乡全体机关干部始终和各村“两委”班子、党员群众战斗在抗击疫情第一线。面对河北石家庄、内蒙古、陕西西安、河南、天津等地多点散发的严峻形势，石桥乡全体干部坚决克服厌战思想，始终抓好常态化疫情防控各项工作，其间迅速稳妥地处置了南高庄、南侯突发状况，确保了广大群众生命安全。充分发挥调动干部职能干劲，织密织牢网格化工作机制，确保对来石返石人员第一时间发现并上报处置。按照省委、省政府要求，石桥乡率先完成疫情紧急战时状态部署，与疫情战斗争分夺秒，保群众平安全力以赴。二是建立免疫屏障，狠抓疫苗接种。按照全人群免费接种新冠疫苗的上级要求，确保“应接尽接”，全体乡村干部狠抓疫苗接种工作。通过广播、微信、条幅等，开展宣传工作。同时将需要接种人员名单，分包到每名村干部，充分利用群众闲暇时间，由卫生院医务人员到村组织接种工作。三是全力抓好巩固脱贫攻坚成果后评估工作。持续做好防贫监测，依程序办理特困、低保，关心关爱留守儿童、残疾人等特殊群体，坚持为群众办实事、办好事，不断增进民生福祉。2021年新增低保申请21户23人，特困3户3人，共临时救助121人，发放救助金66900元，进一步兜牢社会保障底线。

【环境保护】　一是打好大气污染防治攻坚战。严查散煤、烟花爆竹和散乱污企业，开展夜间环保专项检查，始终营造高压态势，有力打击了散乱污企业。下大力开展防火禁烧工作，形成依法打击的浓厚氛围。2021年共行政拘留燃放烟花爆竹人员2人，行政处罚焚烧秸秆9人，全部顶格罚款到位。二是深入开展人居环境整治攻坚行动。2021年，全乡共出动机械2000余台次，对历史积存垃圾堆放点、塘沟、农作物垃圾、建筑垃圾多次大规模清理。在农村清洁行动攻坚月活动期间，全乡上下进一步加大农村环境卫生清理整治力度，共清理清运6万余立方米，完成墙面喷涂8万平方米，修剪新植美化树木2000余棵，新装路灯500余盏。各村保持高度的干事激情，持续不断地往深入细致里打造，村庄环境获得了极大改观，群众生活幸福感得到提升。夜间亮化建筑60栋，拆除高保路两侧私搭乱建10余处，清理整治路肩4000余平方米，进一步提升了高保路的颜值。三是强力推进河道整治专项行动。开展河道清“四乱”专项行动，下大力清理整治河道垃圾，多方筹措资金安装沿河防护网，防止垃圾入河入淀。扎实做好唐河生态补水工作，清理疏浚主河槽，整治非法排污口。河长制工作顺利开展。

【综合治理】　一是扎实开展信访工作。坚持依法就地解决群众合理诉求，注重源头预防，开展信访积案“清零”和领导信访案件包联化解工作。2021年共办结信访案件12件，化解信访积案6件，极大地缓解了信访压力。二是铁腕重拳持续扫黑除恶。强化社会治安综合治理，持续推进扫黑除恶专项斗争，以“亮剑”系列行动为工作主线，抓获一批违法犯罪人员，确保了辖区的治安稳定。严厉打击刑事犯罪，重点侦办环安类案件，对焚烧秸秆垃圾行为实施行政处罚，社会治安环境极大改善。三是牢守底线抓好安全生产。开展企业、食品、燃气、加油站等重点领域安全监管工作，加大安全防范宣传力度，签订安全生产责任状，召开安全生产防范会。对各村食品安全协管员进行培训，对饭店、流动餐厅、药店进行严抓严管，进一步保障了食品安全。加大对冷链企业商户的检查力度，把工商企业的防疫监管抓实抓细。四是全面准备确保安全度汛。面对2021年夏天超同期400%的降水量，石桥乡全力以赴抓好汛期各项工作，全乡上下组建抢险

队，乡村干部严格落实包村、包堤段责任。暴雨期间领导干部下沉一线、带头指挥，积极指导各村防洪排涝和生产自救工作。在区委、区政府的坚强领导下，在区直各部门的鼎力支持下，石桥乡积极稳妥地推进东石桥村防洪整治工作，完成了汛期临时过渡安置，确保了汛期人民群众的生命财产安全。

党委书记 王航洲

政府乡长 李　龙（12 月任职）

李铁军（12 月离任）

（撰稿：贾云煊）

白团乡

【概况】 白团乡位于清苑区西 7 公里处，京港澳高速京石段、京石高铁、乡级公路魏村路横贯东西。东与清苑镇相连，北与保定市莲池区相连，南与冉庄相连，西与魏村镇相连。乡政府所在地白团东街。全乡总面积 50.51 平方公里，辖白团东街、白团西街、白团南街、白团北街、白团中街、北白团、北魏村、西壁阳城、东壁阳城、边营、胡杨庄、辛庄、白城一村、白城二村、白城三村、白城四村、白城五村、西白城、北蛮营、南营、北曹庄、樊庄 22 个行政村。2021 年，全乡有 11373 户，37405 人。2021 年全乡耕地面积 53592 亩，小麦面积 40570 亩，粮食总产量 17024.5 万公斤。全年财政收入 2949 万元，地区生产总值 25.2 亿元，农民人均纯收入 17056 元。

【党建工作】 一是抓教育培训，加强党员干部思想建设。依托河北省农村党员干部现代远程教育平台，组织全体农村党员坚持每月一次的远程教育集中学习，尤其是在 7 月组织全体农村党员进行了“万人培训专题网班”的学习，提升了党员干部的政治理论素养，换届后的“两委”班子成员政治意识明显增强，思想作风明显转变。二是抓软弱涣散党组织转化，提升党组织的凝聚力和战斗力。按照区委组织部门要求，经乡党委研究确定辛庄村为软弱涣散党组织。辛庄主要问题是经济基础薄弱。按照后进村整改要求，强化基层党组织建设，加强党员队伍管理，持续推进人居环境整治和乡村振兴战略，辛庄软弱涣散党组织完成了整顿转化。三是抓党员发展，强化党员队伍建设。制订白团乡发展党员工作计划，严格发展党员程序，确保发展党员质量。2021 年，共发展党员 19 人，转正 12 人，双推入党积极分子 36 人。四是盘活集体资产，壮大集体经济。截至 2021 年年底，白城二村、白团南街、西壁阳城、胡杨庄、北魏村等 20 个村的集体经济收入达到 5 万元以上，集体经济年收入 5 万元以上的村达到 90.9%。五是抓阵地建设，夯实基层基础。北魏村投入 15 万余元，白城四村投入 7 万元，对村级活动场所进行上档升级。

【持续推进乡村振兴】 加快农业产业化步伐，打造白团特色农业园区，推动农业现代化，建设美丽乡村，提升农民收入和农村经济发展水平，不断增强乡村居民幸福感和获得感。一是聚焦聚力现代农业新项目招引。充分利用区位和资源优势，结合全区国土规划，依托区开发区项目建设和对接雄忻高铁、保定南站建设，筑巢引凤，聚焦都市型农业新业态，招引现代农业新项目，引领推动现代农业高质量发展。二是持续抓好农业基础设施建设。加大农田水利设施建设力度，实施优质粮食工程，依托区各项利民工程建设规划，结合各村积极申请打造高标准农田。做好防灾减灾工作，切实保障粮油肉蛋果蔬菜等重要农产品稳定。规范提升农民合作社，积极培育新的产业化联合体，不断夯实农业发展基础，促进农村经济发展。三是积极打造特色农业园区。科学引导以北营佳合、雨虹吉祥胤、东街樱桃采摘园农业园区为龙头企业，积极带动其他的园区做大做强，高标准、有特色地成功参加农民丰收节。

鼓励有条件的农户建设高效生态农业，增加农民收入。同时积极为有条件的园区合理流转土地，为企业提供要素服务，切实提高产业发展水平和城镇建设质量。四是强化美丽乡村建设。以规划设计为先导，围绕“生态美、村容美、庭院美、生活美、乡风美”思路，抓项目、重基础，依托原有的新民居基础和传统产业复苏，将旅游路两侧特色旅游带建设融入冉庄红色特色小镇旅游路建设中。带动其他村庄因地制宜进行建设，建设一批民风淳朴、宜居宜游的美丽乡村示范点。

【疫情防控】 坚决服从区委、区政府安排部署，精准部署全乡疫情防控工作。严格落实属地主体责任，切实落实辖区内22个村联防联控网格化管理工作机制，强化应急值守，进一步健全完善疫情“日报告、零报告”制度，全力以赴做好疫情防控各项工作，打赢了樊庄一村民密接封村管理遭遇战，实现全乡新冠肺炎疫情零扩散、零感染。推进疫苗接种，筑牢全民免疫屏障。

【切实改善和保障民生】 1. 加强大气污染防治，深入开展辖区环境综合整治。一是抓监测站点。对白团中学站点周边道路进行了大规模清洗，对周边企业院落进行了整治，地表附着物铺设了苫盖网，同时督促企业主体进行院落硬化，对站点周边辖区道路，坚持每天定人、定点、定时多频次洒水抑尘。同时，由包村领导分3个组，对全乡范围内的废品收购站进行彻底清查，用7天时间查封取缔2家废品收购站。二是抓秸秆禁烧。按照“消除隐患到位、宣传引导到位、打击处置到位、网格化责任到位、应急反应到位”的禁烧工作思路，充分发挥村级环保网格员作用，加强对秸秆、垃圾禁烧工作的监管，强化散煤污染治理，实现清洁取暖。三是加强全乡“散乱污”企业日常环境巡查和长效管理，强化对纳污坑塘的监管，综合治理，保证效果。配合环境执法部门加大对环境违法行为的打击力度，持续巩固提升环境治理成效。

2. 推进白洋淀上游流域综合治理。持续抓好金线河、清水河综合整治，建立健全长效管理机制，杜绝排污现象。严格落实“河长制”，充分利用“河长云”App，利用3月22—28日中国水周、每年10月“河长宣传月”发放小型宣传册、明白纸，扎实做好河道日常巡查工作。持续巩固好河道清“四乱”战果，加强河道及周边区域管理，确保不让一滴污水流入白洋淀。

3. 依法管理自然资源。落实最严格的耕地保护制度，加强永久基本农田保护和管理，加大对设施农用地的审批和管控力度，坚决遏制耕地“非农化”，防止“非粮化”，确保耕地和永久基本农田数量稳定、质量不降，支持农业生产，严防农地非农化现象。全面开展违规违建项目清理规范“回头看”工作，认真清理规范全乡范围内所有建设项目，排查出的58家违法违规建设项目按要求全部整改。强化卫片执法。严格落实动态巡查工作责任制，认真抓好日常巡查，充分发挥基层自然资源和规划部门的执法监察前哨作用，始终保持高压态势，及时发现、制止和查处自然资源违法行为，全年未出现新增违法占地。做好绿化工作。对涉及高铁、高速两侧和旅游路各村春冬季造林绿化进行了安排部署，高标准完成“两高”廊道和旅游路春季绿化补栽工作。

4. 征兵工作。严肃征兵纪律，严把兵员质量关，做到公平、公正、公开。广泛开展征兵宣传，向辖区居民制定印发了征兵宣传手册，宣传征兵的政策、范围、对象和条件以及怎样在征兵网上报名等。在夏秋季征兵期间，利用主要交通要道悬挂标语横幅，加大对征兵政策规定的宣传力度，大力宣讲士兵在部队争先创优、回地方建功立业的先进事迹，激发适龄青年应征入伍、献身国防的热情，营造浓厚的征兵氛围，保质保量完成了征兵工作任务。

【文明创建】 白团乡作为城区周边乡镇，承担着城乡接合部、乡镇、行政村三个点位的创建。真抓实干完善创城基础设施。乡里新增消防器材

4 件，行政村新增消防设施 18 件。行政村制作公共卫生间指示牌 17 个，城乡接合部路段新增公共卫生间指示牌 1 块，并对公共卫生间进行清理并添置无障碍设施；联合执法队深入开展多项整治工作，清理魏村路和旅游路墙面小广告 3000 余平方米，清除道路两侧杂草和垃圾 2200 余立方米，辖区内面貌焕然一新。加大公益宣传力度。城乡接合部新增杆旗公益广告 15 块，建筑围挡张贴公益广告 70 余张，大型自创公益广告 2 块；乡政府大院新增节约用餐公益广告 2 幅，行政村绘制文化墙 1300 平方米。22 个村制作并张贴新公益广告共 300 余块，以及善行功德榜 22 块，营造浓厚的创城工作氛围。

【环境整治】　一是加强宣传引导。采取“线上网络宣传 + 线下入户宣传”的方式，通过微信公众号发布、农村大喇叭广播、悬挂宣传横幅等形式，大力宣传人居环境集中整治专项行动，逐步改变群众卫生观念，组织集中宣传 20 余次，悬挂横幅 60 余条。利用每月党员活动日组织清扫活动，充分发挥广大党员示范带动作用，着力营造全民参与、共治共享的浓厚工作氛围。二是推进垃圾清理。全乡共有保洁员 105 人，采用全年无节假日，每天 8 小时工作制度，确保各村随时保持村容清洁。垃圾桶严格按照每 10 户 1 个的标准进行布置，配置垃圾清运车 3 辆、垃圾桶 970 个，农村垃圾做到了日产日清。在村庄清洁行动中，全乡累计发动群众 1220 人次，出动机械 160 车次，清理生活垃圾 3000 余立方米，农村生活面貌得到显著改善。三是开展厕所革命。2021 年新建农村公厕 10 座，新改 200 座水冲式户厕正在全力推进中，健全完善农村公厕维护管理制度。

【安全生产】　全乡共有重点监管企业 15 家，2 家规模以上企业（海航机械制造、雨农灌溉），3 家危险化学品企业（东城加油站、南营奇冉加油站、四村刘松加油站）。牢记安全生产底线意识，严格落实“党政同责，一岗双责，失职追责”工作要求，加大安全生产大排查大整治频次。

1. 安全生产巡查。制定了白团乡安全生产巡查制度，全乡 15 家企业由科级领导分包，安监所每月都会给领导发放提示卡，由安监所工作人员陪同，每月组织一次安全检查，包括重大节日和季节性开展检查。15 家企业做到每月安全生产检查全覆盖。加强日常巡查的同时，结合上级安排的各种专项整治活动，持续开展企业自查、属地检查，依据排查清单，全方位、全覆盖、深入细致地自查安全隐患，做到无盲点、无死角、无漏洞。2021 年，白团乡结合区大排查大整治、百日攻坚等行动开展安全生产专项检查，派出 30 个督导检查组，查出 52 处一般问题隐患，全部整改完成，重点企业全覆盖。企业自查问题隐患，发现 180 处一般问题隐患，全部整改完成。

2. 消防安全排查整治。深刻吸取“6・25”河南商丘、“7・28”白沟重大火灾教训，按上级安排部署，白团乡不间断开展消防安全大排查大整治工作。对辖区出租房、培训机构、沿街商铺、“多合一”场所、家庭作坊等场所集中开展大排查大整治，按要求完成消防安全排查，共排查 71 家临街商铺，未发现消防安全隐患。

3. 燃气安全排查。坚持“安全第一、预防为主、综合治理”的方针，全面落实企业主体责任、属地管理责任、部门监管责任，本着监管与服务并举原则，全面排查辖区燃气安全。2021 年白团乡 16 个气代煤村完成 2 次燃气公司安全巡查、2 次乡村干部入户巡查。完成 14 家企业 LNG 储存使用情况排查，完成 21 家餐馆餐饮行业燃气、燃料使用情况排查。

4. 食品药品监管工作。成立了食品药品安全工作领导小组，下设办公室，每村都设 1 名安全协管员，形成了齐抓共管的良好局面。2021 年 4 月，按照《保定市清苑区农产品质量安全和食品安全大排查大整治专项行动实施方案》要求，严格依照上级有关要求和部署，多措并举、多管齐下、加班加点对全乡的农产品及食品生产经营市场进行全面的检查整治，共出动执法人员98人次，检查经营户140户次，排查335项，整治69项，整改率100%。

【反腐倡廉、党风廉政】 白团乡认真贯彻落实区委、区政府关于党风廉政建设主体责任工作的部署要求，结合白团乡实际情况，将党风廉政建设工作纳入党委、政府议事日程，成立以党委书记为组长，党委副书记、纪检书记为副组长的党风廉政建设领导小组，制定白团乡党风廉政建设实施方案，明确党政一把手为第一责任人，分管领导对分管部门负领导责任，真正做到党委统一领导，党政齐抓共管，纪委组织协调，部门各负其责，确保党风廉政建设工作重点突出、责任明确、分解到位、责任到人，层层落实，使党风廉政建设工作落到实处。

【综合治理】 信访工作。2021年，按照上级信访百日攻坚行动要求，积极开展信访摸排和化解工作，对可能引发信访问题的不稳定因素进行全面深入的排查摸底，并对排查出的矛盾纠纷及信访隐患实行领导包案制，及时进行化解。2021年共排查信访苗头隐患案件38起，其中信访积案9起，信访存案11起，开发区征地遗留问题18起，先后化解36件。同时，进一步加强集体购房户、非法集资人员的排查工作，未发生进京、赴省、到市集体访。

扫黑除恶工作。坚持扫黑除恶专项斗争工作常态化，先后组织召开扫黑除恶专题研究部署会共12次，组织22个村支部书记、村委会主任、全体机关干部近100名参加白团乡扫黑除恶专项斗争会议，推进会每月至少召开一次，对全乡的扫黑除恶工作进行安排部署；在全乡主要道路和各村显著位置悬挂条幅200多条，乡政府设置LED宣传屏2个，充分利用宣传标语、条幅、广播喇叭、通告、微信等形式，营造强大的舆论氛围。同时，加强对禁种铲毒工作的宣传和排查。白团乡未发现种植毒品现象。

司法、综治、宗教、护路等工作。2021年，对社区矫正14人开展定期培训、实时定位，切实管理到位。重视宗教工作。对不符合宗教政策的非法活动场所进行治理整顿，取缔非法宗教庙宇聚集点5处并严防反弹，保留民间信仰庙宇4处，并交由村委会统一管理。高铁南营段护路工作顺利完成。

党委书记 王国峰

政府乡长 郭 盼（8月任职）

党 浩（6月离职）

（撰稿：刘欣欣）

北店乡

【概况】 北店乡位于清苑城区南8公里处，人口2.696万人，行政区域面积45.02平方公里，辖北辛店、南辛店、南林水、西林水、中林水、东林水、林水屯、冉河头、牛庄、田各庄、田各庄屯、李八庄、黄信庄、西顾庄14个行政村，保衡路、旅游路、朝阳路南延贯穿全境，毗邻京石高速进出站口，交通便利。全乡耕地面积2515公顷，以种植小麦、玉米等传统农作物为主。2021年，全乡实现农业总产值2.27亿元，人均纯收入18640元，较2020年提高6.0%；经济总体呈现稳中有进、稳中向好的发展态势。

【基层党建】 聚焦主业，狠抓党建重点工作落实。强力推进村级阵地建设水平提升，打造党建示范村。投资20万元，硬化田各庄村委会地面，增置宣传栏。在区妇联的大力支持下，积极争取省级建设资金8.5万元，建设北辛店村省级示范“妇女之家”，为妇女工作的开展提供有力保障。14个村投资6.3万元，全面提升综合服务站建设，进一步优化为民办事服务环境。全力整顿软弱涣散村党组织。经排查，南辛店、中林水因村集体经济薄弱和三年以上未发展党员确定为软弱

涣散村党组织。经协调攻坚，南辛店集体收入达到5万元，12月发展预备党员6名，中林水12月发展预备党员2名，解决三年以上不发展党员问题，均实现转化。发展壮大村集体经济。北店乡集体经济收入在5万元以上的村13个，占比92.8%，无空壳村。牛庄、李八庄已申请扶持壮大集体经济项目资金。严格党员发展工作。2021年，共发展党员16名，转正11名，新推选入党积极分子67名。扎实开展“三清两提”和党建基础攻坚月活动。对所辖14个村进行全覆盖检查，梳理问题短板，对标整改，切实提升村级组织建设。做好“光荣在党50年”纪念章颁发工作，切实增强党员的荣誉感、归属感、使命感。全乡共颁发纪念章141块，于七一前全部颁发到位。深入开展党员排查整顿工作。全乡共涉及151名党员，其中党关系在北店乡144名，党关系已转出的7名。区委组织部成立工作专班，该工作已进入调查核实阶段。

攻坚克难，顺利完成村“两委”换届。做好选前准备工作。深入开展4个专项整治攻坚行动，分3批次对候选人集中选前谈话，严肃选举纪律。严格换届程序，顺利完成14个村“两委”换届工作。严格比例要求，实现书记、主任“一肩挑”100%（党支部书记50岁以下9人，占64%，大专以上学历7人，占50%）。新一届“两委”干部91人，其中党支部63人，村委会42人，交叉任职14人。平均年龄46岁，比上一届下降6岁。女干部和35岁以下干部均配备到位。扎实做好村“两委”换届后续工作，推选出新一届村民代表380名，村代会、村监会成员86名，村集体经济组织、妇联等其他配套组织同步完成组建，“5+3+N”社会治理体系进一步完善。对新任村“两委”干部进行履职培训，乡村干部130余人参训。推进“领头羊”工程，选派4名村党支部书记分别参加3期省市培训班，切实提高农村党组织书记推动乡村振兴的能力。

风清气正，圆满完成乡镇换届。中国共产党保定市清苑区北店乡第三次代表大会于2021年6月26日召开，与会代表106名，选举产生了新的一届党委、纪委领导班子。9名党委委员、5名纪委委员和10名出席中共保定市清苑区第三次党代会代表，均以全票当选，均是报经区委审批的人选，圆满实现区委的人事安排意图，顺利完成乡镇换届。北店乡第三届人民代表大会第一次会议于2021年6月27—28日召开，与会代表59名。会议投票选举了北店乡人大主席1名，副主席2名，乡长1名，副乡长3名。此次会议在区委坚强领导、区人大常委会精心指导下，严格遵守换届纪律，坚持依法依规选举，会议取得圆满成功。

明悟党史，加强思想政治建设。深入开展“开门一件事”活动。新任村“两委”干部尽快转变角色，“上马即奔跑，上任就实干”，为民办实事17件，下大力气开展环境综合整治，打造空气清新、河水清澈、大地清洁的宜居环境，真正做到解民忧、纾民困、暖民心。广泛开展红色教育实践活动。4个村支部组织党员干部120余人分别到地道战纪念馆、狼牙山、骆驼湾等地参观学习。召开党史学习教育专题组织生活会。党员干部开展批评与自我批评，打扫思想政治灰尘。自我批评严肃认真、开门见山，相互批评坦诚相见，推心置腹，通过组织生活会达到了共同提高的目的。

【经济发展】　发挥资源优势，推进产业振兴。北店乡紧紧围绕经济建设这个中心，以“富民兴乡”为目标，按照“一园（西林水村好梦林水旅游园）、两区（即南、北两个蔬菜小区和特色农业采摘区）”规划，全面实施“旅游抓项目、农业抓龙头”的发展思路，利用资源和区位优势，重点做好旅游服务工作和农业亮点打造工作。打造了好梦林水微度假体验区，承接了千人徒步大会、国庆七天乐、丰收节、中国共产党成立100周年歌咏比赛等主题活动，整体运营良好，达到预期效果，好梦林水知名度进一步提升。以林水片区、李八庄为中心形成470亩的特色农业采摘基地，春夏摘桑葚、油桃，秋冬品葡萄、水晶梨，真正实现农业产业转型升级。以牛庄、冉河头为中心万亩规模的无公害蔬菜种植基地，盛产优质甘蓝、花生、朝天椒、洋白菜等蔬菜，有效提高了农业种植效益和农民收入。

重点项目工作稳步推进。殡仪馆改扩建项目。保定市新建殡仪馆项目位于北店乡李八庄村，整体规划建设用地约210亩，预测总投资5.5亿元，分3个阶段实施。第一阶段临时建筑于2021年9月开工建设，已交工验收并投入使用。第二阶段共涉及151.57亩土地，征地工作稳步推进，已完成征地129.531亩。明大中学项目。明大中学项目为保定市重点项目，项目计划投资4.2亿元，占地54781.51平方米（82.17亩），可容纳学生6000余人，已竣工并投入使用，2021年招生1000余人。

【民生工作】 加强行政综合服务机构和平台建设。北店乡投资15万元对行政综合服务中心进行全面改造升级。扩建后的服务中心大厅面积达100平方米，设置高标准办公服务平台，增设档案柜15个，电脑、打印机等办公设施配备到位。悬挂窗口设置牌，开设6个服务窗口。市场准入窗口2021年1—11月办理行政许可事项共2429件，其中营业执照设立1706件，变更441件，注销228件，食品经营许可证设立47件，预包装食品备案6件，林木采伐许可证1件。北店乡14个村行政综合服务站均进行了提升，其中，标准型11个村，示范型3个村，各服务站均设置4个窗口，配备了电脑、打印机、高拍仪等办公设备，以及专职或兼职办公人员2~6人，主要开展3项行政确认事务、19项公共服务事务，增加了服务能力。

大力发展基础设施建设。机关环境改善。投资21万余元对机关院落重新铺油，铺设面积2000多平方米，对机关各办公室内外墙面进行粉刷，改善了办公环境。农田改造工程。区农业局资助的牛庄高标准农田改造工程，总投资约450万元，共修建高标准农田道路约3万平方米，配套水泵110台，免费发放生物菌肥462吨、有机肥1386吨，极大方便了农户的耕种。农村厕所改造。北店乡2021年度新建公共厕所7座。道路硬化。李八庄自筹资金600万余元硬化村内道路约25公里；黄信庄通过一事一议项目，协调上级资金15万元，村自筹92万余元，修建村内道路13000多平方米；冉河头通过一事一议项目，协调上级资金15万元，村自筹8万余元，修建村内道路2500多平方米，解决村民出行难问题。

【环境整治】 农村人居环境显著改善。2021年，北店乡与荣尚公司联合清理生活垃圾，实现垃圾一体化处理，深入开展村庄清洁行动和路域环境整治。共清理历史积存垃圾堆放点40处，清理农村生活垃圾6500立方米，清理村内塘沟3处，清理畜牧养殖粪污等农业生产废弃物1800立方米，拆除大广告立牌15块、小广告牌100余块，出动机械350台次，发动人数2000余人。

安全生产常抓不懈。辖区有监管企业23家，其中危化10家，工贸13家，领导包联企业23家，每月对包联企业督导检查一次，应急办每月日常巡查一次，2021年共开展培训和工作部署13次，每季度常规工作部署会一次，春节、全国“两会”、暑期、汛期、国庆、有限空间、消防燃气、习近平总书记生命重于泰山专题会、新安法专题会，以及防风险、除隐患、保安全、大排查大整治活动，全乡全年无安全生产事故。

全力整治河道乱象。成立北店乡河道管理办公室，加强领导，多措并举保证整改到位：一是全面落实河长制制度。乡村两级一河一长，坚持巡河制度，做好巡河记录。全乡巡河员，对辖区内三条河进行全天候巡查，重点巡查险工险段、排水沟渠、坑塘桥梁等部位防洪隐患。二是彻底清理河道两侧垃圾。2021年沿河各村多次开展集中清理工作，共清理河道垃圾3000立方米，北辛店村安装护网700余米，冉河头村安装防护网

6000 米，防止垃圾入河入淀。

防火禁烧保持高压态势。严格落实网格化管理，全乡共设置网格员 40 名，对隐患部位进行全面排查，集中清理，悬挂宣传条幅 90 余条，发放禁烧明白纸 5000 余份，每天出动宣传车巡查，依托辖区内网络监控平台，形成网格员监管巡查，村宣传员值守的全覆盖格局，坚决杜绝焚烧秸秆、垃圾现象。

大力进行坑塘整治。落实纳污坑塘的再排查、再整治工作。一是清理坑内、坑边垃圾及漂浮物；二是坑塘周边设立围栏围挡；三是设立警示警告牌以及监管责任人；四是对坑内水质进行监测并出具监测报告，对达不到农村生活污水排放二级标准的进行达标治理。完成西顾庄冉河头 6 个纳污坑塘整治工作并通过上级验收。对每个完成整治的坑塘明确监管责任人，强化坑塘监管人员日常巡查，并建立巡查台账，发现反弹苗头及时处理，确保整治坑塘不发生反弹。9 个坑塘的治理工作基本完成。

严防“散乱污”企业反弹。为打赢污染防治攻坚战，决胜“散乱污”企业清理整治行动，持续巩固工作成效，北店乡对 2017 年排查整治的 132 家“散乱污”企业实行清单管理、挂账盯办，逐一开展现场“回头看”。2021 年，关停取缔 114 家，整改提升 18 家，完成现场检查 100% 全覆盖。

执法工作稳步开展。依据区执法局下发的第一批和第二批下放乡镇行政处罚事项清单，明确属地行政处罚执法事项 115 项，并设置高标准的综合行政执法机构，配备了 12 名乡镇执法骨干，依法承担行政执法和执法协调工作。从 2021 年 1 月到 11 月，综合行政执法队共查处案件 5 件，均为违法占地案件。

土地拆违工作。明确专人负责，由乡自规办对所有卫片逐一核实，组织乡、村两级力量拆除违建。2019—2021 年区自然资源和规划局下发卫片涉及北店乡的共 140 块，其中包括 2019 年 2 块，2020 年 136 块（所拍卫片多为多年前形成的违法事实，清除难度较大），2021 年度 2 块。2021 年已整改 64 块（共 427.27 亩，其中包括拆除 2 块，补办手续 1 块），剩余部分正在结合区自然资源和规划局以及乡、村两级共同下大功夫销存量。

【综合治理】 信访工作常抓不懈。2021 年共解决信访案件 45 件，中联办、省联办交办的 9 起案件全部清零，活用枫桥经验解决田各庄某人意外死亡的重大隐患事件，维护了社会和谐。

深入开展矛盾纠纷排查化解。共调解各类民事纠纷 122 起，全乡未发生因矛盾纠纷化解不及时发生恶性刑事案件。深入开展反电信诈骗宣传和禁炮工作。深入乡村，利用微信、大喇叭、发放宣传材料等对反电信诈骗微信公众平台推广关注，对重要节点禁炮广泛宣传并加大打击力度。加大禁毒宣传和打击力度，经排查，未发现种植罂粟。禁毒工作在全区名列前茅。

党委书记 冉占永

政府乡长 高云建

（撰稿：翟培）

北王力乡

【概况】 北王力乡位于清苑城区西南，与望都、博野、安国、定州四县市相邻，辖北王力、东王力、西王力、大李各庄、武安、顾家营、刘村共 7 个行政村。辖区总面积 39 平方公里。2021 年，全乡共 7320 户 27994 人，人口自然增长率 6‰。耕地面积 2397 公顷。北王力乡没有工业项目，为纯农业乡，苗木花卉是全乡主导产业。其中一、二、三产分别占地区总产值的 55%、15% 和 30%，2021 年全乡农业总产值达 30720 万元，其中农业、林业、牧业分别占农业总产值的 66%、19% 和 15%，人均纯收入为 18675 元。

【疫情防控不放松】 常态化疫情防控。针对2021年新冠肺炎疫情形势，结合北王力乡实际，乡党委、乡政府多措并举，从严落实。一是强化认识，提高站位。多次召开疫情防控工作调度、部署会议，坚决夯实防控责任，贯彻疫情就是命令，防疫就是责任的总要求。成立应对新冠肺炎疫情工作总指挥部，由书记、乡长牵头，全乡上下总动员，时刻铭记“人民至上、生命至上”，责任清晰，分工合作，确保疫情防控工作不出问题，坚决克服麻痹懈怠思想。二是严格值守，拉网式排查。全面落实外防输入、内防反弹各项措施，各村主要卡点设置疫情监测站，对中高风险地区来返人员按政策要求落实管控措施。石家庄疫情期间，北王力乡先后按照区疫情防控指挥部的要求对中高风险地区返回人员进行排查。2021年全乡无密接人员，无确诊病例。新冠疫苗应接尽接。北王力乡外出打工人员较多，按照省、市、区要求，对外省接种、市外省内接种、禁忌证、拒不接种、省外流入接种、市外省内流入接种人员进行精准建档立卡，全力确保常态化疫情防控工作真正落实。

【重视社会治理】 深化依法信访，维护群众利益。一是快速处置新发案件。分工合作，学习借鉴“枫桥经验”，各村网格化划分，乡干部包村、村干部包户，做到排查化解分区负责，责任到人，高效化解各类风险隐患，2021年共化解矛盾纠纷57件，已全部录入综治信息平台。二是果断处置突发事件。畅通信息，建立健全协调联动机制，综治、公安、司法等多方联动，及时沟通，第一时间对突发事件缜密研判，妥善处置，处理了房地产领域上访等5起突发案件及3起意外死亡事件，确保每一件事都圆满解决。三是加大力度排查各类矛盾隐患。安全生产常抓不懈。一是主动出击确保食品安全。深入开展农产品质量安全和食品安全专项整治行动，持续把农产品质量安全和食品安全排查整治工作纳入日常管理中。坚持现场检查与企业自查相结合，面向社会接受群众举报，做到应查尽查，不留死角。累计排查养殖户1户、麻山药种植户14户、食品冷藏冷冻仓库2个、食用农产品销售11家、食品销售25家、餐饮服务20家，对门店卫生等问题要求立即整改到位，未发现其他问题隐患。二是禁种铲毒严抓狠打。严格按照“不放过一村一户、一株一苗”的工作目标，悬挂宣传标语21条，发放禁毒明白纸3000张，入户踏查不留死角，2021年北王力乡未发现一株毒品。三是织密燃气安全防护网。北王力乡气代煤确户10035户，配合区双代办开展市第三方抽查验收，累计抽查131户，验收工作圆满完成；积极开展气代煤满意度调查，组织抽查50户，均为满意或基本满意。组织各村进行取暖季补贴公示，逐户签字确认。积极宣传补贴政策，为“双代工程”长期有序推进夯实基础。

【整治农村人居环境】 提升大气环境质量。一是加强散煤管控。乡村干部加强巡查，对辖区内所有的住户、小摊点、养殖场、门脸商户进行网格化摸排，并与无人机巡逻相结合，确保一户不落，严防散煤复燃，各村加强宣传，禁买、禁烧散煤，一旦发现，严肃处理。二是加强扬尘路段措施监管。结合“洗城降尘”行动，安排各村利用洒水车对辖区内扬尘路段及未硬化路面不间断洒水降尘。三是加强渣土运输车辆管控。为进一步加大渣土运输车辆的管理力度，有效管控道路遗撒现象，设置专门队伍，以进乡主干道出入口为重点，采取定期检查和不定时巡查及夜间巡查的方式，对辖区内运行的渣土车辆进行检查管理。重点对渣土车辆运输是否100%密闭和运输过程中是否造成泄漏遗撒进行检查，通过加大监管力度，确保行车无明显扬尘。四是强化秸秆垃圾禁烧管理，落实秸秆垃圾禁烧各项举措。北王力乡坚持“十个到位”举措：一是河道清理看护到位；二是生物秸秆利用到位；三是生活垃圾清理到位；四是禁烧宣传到位；五是群防群治人员到位；六是电子监控监管到位；七是健全制度奖

惩到位；八是明确职责责任到位；九是加大投入设备到位；十是责任追究处罚到位。同时利用铲车、挖掘机等机械，对河道内秸秆、杂草等垃圾进行清理。确保不着一把火，不冒一股烟，扎实做好秸秆垃圾禁烧工作。取得全区监测点位第二名的好成绩。确保安全度汛。立足于辖区实际，在唐河补水期间扎实做好防汛工作，最大限度地避免和减少人民群众的生命财产损失，提前对各村进行防汛工作部署，将唐河分段到村，各村明确到人，各村有翔实的人员、物资应急举措，发放防汛警示旗 49 个、警戒带 20 盘、警示牌 60 个、救生衣 10 件、条幅 10 条。下雨期间，乡村干部加强巡查，随时掌握情况，对村内积水路段及时排水防止内涝，在水坑、水塘等处竖立警示牌，防止危险发生。雨后，对巡查出的隐患搞好“回头看”，防止雨后事故发生。村干部 24 小时不关机、防汛指挥部办公电话 24 小时有人接听，确保安全度汛，守护人民群众生命财产安全。贯彻“五清三建一改”。强化靶向思维，突出工作重点。彻底清理村内街道、房前屋后、村庄周边、公共场所的各类积存垃圾，达到村内干净卫生，无暴露垃圾。彻底清理村庄内街道两旁乱堆乱放的柴草杂物、废弃建筑材料，清理村内散落粪堆、砖头瓦块等，对季节性的作物秸秆等，确定固定放置点，做到码放整齐、堆放有序，及时利用处理。清除院落内的垃圾、杂物，规整院内堆放物品，及时清理畜圈粪便，做到房内、院落整齐清洁、明亮舒畅。高度重视进村主街道、村委会、活动广场等重点区域、重点部位的环境卫生整治工作。强化商铺、学校周边等重点部位的环境卫生管理，加大卫生设施建设和整治工作力度，清除积存垃圾，不留死角死面。

【强基固本抓党建】 圆满完成“两委”换届。换届选举 2021 年 2 月 8 日启动，3 月 29 日结束，党支部集中 5 天、村委会集中 7 天，快速稳妥地完成选举，以全区第二名的成绩圆满完成村“两委”换届任务。7 个村共选出“两委”成员 62 人，党支部 36 人，村委会 33 人，一人兼比例 100%。在此基础上，配齐了 7 个村村民代表、村监会、团支部、党小组、后备干部等配套组织，通过换届选举，“两委”班子全部配齐配强，达到了促强、促稳、促发展的效果。学党史悟思想，加强意识形态教育。一是抓紧理论学习。北王力乡党委始终把深入学习贯彻习近平新时代中国特色社会主义思想作为党史学习教育的重中之重、首要政治任务，探索形成“党委理论学习中心组—乡党史学习教育领导小组—各村党支部—党员”的“上下联动”机制，在全乡范围形成了“学党史、讲党史、懂党史、用党史”的浓厚氛围。二是强化“领学”效应。乡党委理论学习中心组坚持发扬马克思主义优良学风，发挥模范带头作用，以“关键少数”带动“绝大多数”，带头开展专题学习、带头撰写心得体会、带头开展基层宣讲、带头参加专题培训、带头参加专题组织生活会，带动全乡学习蔚然成风。三是强化“督学”职责。多次对村党支部党史学习教育开展情况进行调度，按月向各村党支部发放学习计划共 9 期，不定期抽查党员干部学习笔记，下沉各村督促指导党史学习教育，在全乡营造出严学、真学、实学的浓厚氛围。突出抓好宣传教育，实现思想政治新提升。各级党组织紧紧围绕爱党爱国爱社会主义主题，创新活动载体，打造“立体式”红色课堂，在宣传教育中赓续红色血脉、传承红色基因。4 月 11 日，北王力乡组织举行“两委”干部培训会暨党史学习专题讲座，特别邀请了市委党校党史党建教研室主任朱颖新教授、区委组织部王志刚授课，学党史、讲规矩、分任务、压担子，及时地把“两委”干部的心思和力量转移到各村工作上来。5 月 18 日，组织“庆祝中国共产党成立一百周年‘跟着老电影学党史’电影放映活动”。重温党的奋斗历程和艰苦岁月，进一步坚定理想信念。对各村“两委”班子成员再警醒、再激励，在全乡范围营造了比学赶超的良好氛围。突出抓实人民至上，取得干事创业新作为。乡党委坚持把党史学习教育与主责主业相结合，同解决实际问题相结合，以扎实开展“我为群众办实事”活动为抓手，不断把学习成效转化为工作动力和成效。党委全面落实主体责任，各党支部书记积极履行支部活动的第一责任人责任，发挥职能作用，齐抓共管、密切配合，确保各项任务落实到人、到岗。把党史学习教育与全乡发展紧密结合起来，通过党史学习教育进一步砥砺初心使命，强化使命担当。

【新农村建设扎实推进】　办好民生实事，促进农民增收。坚持人民至上，通过公布邮箱、热线电话等方式畅通举报渠道。收集民生问题、建立台账、对账销号，2021 年共收集民生问题 35 条，全部完成整改。对群众急难愁盼的热点问题，建立由党政主要领导盯，包村领导督，村党支部书记办的形式急速办理。一是道路建设方面。北王力村东环路、北环路、北支线路段及旅游路北王力段共 6008 米长，34040 平方米，道路硬化已经完成，极大地方便了群众日常出行。二是壮大集体经济建设。东王力的商品房建设项目已经建设完成，正在进行招标。北王力村集体经济建房于 2021 年 10 月开工，预计 2022 年 5 月完工，占地 288 平方米，共 9 间房。三是促进改厕工作。2021 年度上级财政支持的改厕任务 560 户，乡、村两级多次开会部署安排，进行广泛宣传和发动，已完成样板改厕，村民现场参观，极大调动了农户改厕积极性和配合度。新建农村卫生公厕任务数 3 个，完成 3 个，同时各村村委会 2021 年都改成水冲式卫生厕所，进行了不同程度的重建或翻新。2021 年全乡完成改厕 500 户。四是关注“三农”，促进农民增收。北王力乡是农业大乡，乡党委、乡政府立足当地花卉苗木这个优势产业，通过加强对外宣传、聘请专家讲课、扶持龙头公司、强化市场监管等措施，充分发挥政府的引导、服务、监管职能，苗木产业健康发展，苗农种植趋于理性，收入不断增加。2021 年，华秀等龙头企业承揽绿化工程刘村苗木花卉、北王力大李各庄西瓜花生、东王力蔬菜“三个基地”辐射带动作用日趋明显，农民收入逐年增加。巩固脱贫攻坚成果，严防返贫。北王力乡共有建档卡贫困户 23 户 49 人，已全部脱贫。认真落实省、市、区关于防止返贫监测和帮扶机制的各项内容措施。组织开展易返贫致贫户和突发困难户的识别、纳入动态管理。建立健全易返贫监测和帮扶长效机制，防贫工作站指导、培训、结合 124 名人员组成的防返贫动态监测网格队伍，对全乡 7371 户农户入户走访，开展防返贫监测帮扶工作的政策宣传，深入开展致贫返贫风险排查、监测、帮扶工作，持续开展筛查预警，强化救助帮扶，2021 年对上级推送反馈的 53 人预警信息，及时入户排查，了解情况，对符合条件的 27 人申请防贫救助资金，对存在的问题及时纠正、整改，把帮扶责任落实到位，把风险预警落到实处，把巩固成效落实到实处，以更好姿态准备省巩固脱贫成果后评估工作。

党委书记　郐占稳（6 月任职）
　　　　　任新建（6 月离任）
政府乡长　郐强东（8 月任职）
　　　　　郐占稳（8 月离任）

（撰稿：杨璐屿）

李庄乡

【概况】　李庄乡位于清苑区西南 30 公里处，乡政府驻地李庄村。李庄乡东接温仁镇，南部隔唐河与北王力乡相望，西临望都县，北部是红色旅游胜地冉庄乡。全乡面积 37 平方公里，辖李庄、北李各庄、刘王力、任王力、郝王力、北段庄、义和庄、付家营、寺上、小营、耿庄、南辛力、北辛力 13 个行政村，总户数 6803 户，总人口 27169 人。耕地面积 40080 亩，粮食播种面积 36350 亩，粮食总产量 4 万吨。全乡实现国内生产总值 2.5 亿元，其中一、二、三产分别为 1.75 亿元、0.6 亿元、0.15 亿元，分别同比增长 3%、

2%、2%。粮食总产量4万余吨，农民纯收入13707元。职工年均工资53000元。有高中1所，初中1所，小学13所，幼儿园8所。

【加强干部队伍政治建设】 强基固本，基层党建更加完善。一是全面加强阵地建设。不断夯实党建主体责任，提升硬件水平，严格按照村级组织活动场所规范化建设“六有”标准，采取修葺两室、悬挂醒目标识、更换办公设施、高标准文化上墙等措施，使阵地建设上档升级。二是稳步推进村“两委”换届工作。本着把握关键、稳妥推进的原则，认真组织开展村“两委”换届工作。按照一村一策制定实施方案，成立领导小组，多次组织相关人员开展培训，严格程序，统一口径。狠抓关键环节，加强宣传引导，严肃工作纪律，有序推进换届工作。李庄乡村“两委”换届工作自2021年2月启动，至4月底结束。13个村的党组织和村委会均圆满完成换届选举工作，配强了村“领头雁”。三是严格党员干部教育管理。加大对村“两委”干部、广大党员的教育管理，对13个村的党支部书记、主管党建的支部委员进行培训，重点学习“三会一课制度”、发展党员程序、廉洁自律等内容，不断提高村党组织书记和新任“两委”干部的理论水平和业务素质。

【标本兼治，社会和谐更有保障】 始终将信访抓在手上。一是乡主要领导靠前指挥。要求全乡领导干部对分包的疑难案件分析研判，对新发案件及时上手，对全乡重点信访案件梳理汇总、责任到人。二是压实村“两委”干部的第一责任人责任。坚持抓事前防范、抓早抓小、源头治理，做到隐患早发现、矛盾早化解、问题早解决，充分发挥村“两委”干部第一道防线作用，使大量矛盾在村里得到有效处置。三是发挥社会资源队伍作用。发挥村内能人、离退休老干部、街面人等作用，及时掌握信访苗头，定期化解矛盾。2021年已化解信访案件28件。持续开展扫黑除恶专项整治工作，开展四大行业领域专项整治，进一步巩固扫黑除恶斗争成果。通过广播、微信、海报等多种方式，积极开展防电信诈骗活动，群众防诈意识不断提高，防诈成果明显。深入开展“八五”普法和“法律十进”活动。突出宣传宪法及中国特色社会主义法律体系。制定法治宣传活动方案，充分利用悬挂条幅、村内广播和微信公众平台等多元化的载体进行普法宣传。2021年普法宣传进农村共开展26次，普及全乡13个村，进企业2次，进学校2次，针对不同人群制定不同宣传内容。

【情系百姓，民生事业更有温度】 一是群策群力坚决打赢疫情防控阻击战。面对不断反弹的新冠肺炎疫情，李庄乡始终坚持人民至上、生命至上的工作原则，在防疫政策宣传、高铁站防控卡点排查、物资调配保障、外出返乡人员居家隔离等方面上用心、用情、用力，建立起了乡、村、片三级联防联控网，使信息沟通更顺畅，人员排查更到位，风险防范更具体。为达到群体免疫效果，走村入户动员群众接种疫苗，织密群防群治战疫防线，取得人员“零感染”、疫情“零输入”、病例“零发生”、疫苗接种“全覆盖”的阶段性防控成果。二是完善乡村服务中心建设。对综合服务中心进行规范提升，完善硬件设施建设，完善相关制度，配齐配强工作人员，加强业务培训，积极承接上级交办事项。共承接办理事项96项。其中，审批服务类61项（确权事项36项、赋权事项18项、区直部门向乡镇延伸7项），公共服务类35项。各村认真做好综合服务站建设，各村的综合服务站面积都在20平方米以上，配备电脑、打印机、复印机、高拍仪、档案柜等办公设备，设置开放式办公桌椅，实现网上办公，为村民办事提供了更多便利。三是不断加强基础设施建设。2021年，一批涉及群众生产生活的民生工程扎实推进。配合有关部门完成了对冉庄至林场路李庄段、大魏庄至南辛力路段等多个重要路段的修整，方便了居民出行；寺上村幼儿园改造项目、耿庄小学建设项目接近完工；

江水置换工程有序推进，已有7个村动工。

【突出特色，经济发展更有活力】 李庄乡远离主城区，污染较少且土地资源丰富，拥有耕地43336亩，在此优势的基础上李庄乡积极推动发展辖区特色农业。一是充分发挥龙头企业的带动作用。宏泽园区、润园农业经营理念先进、追求绿色农业、积极探索采摘园模式且经营良好，李庄乡大力推广其经营模式，使更多农民投身特色农业之路。二是充分借助农民丰收节平台推广特色农产品，2021年李庄乡的奶油草莓、沙地西瓜、鸵鸟蛋、红辣椒等特色农产品参展清苑区农民丰收节，产品获得了社会各界好评，提高了社会知名度，促进农民增收。

【强化措施，生态宜居更加凸显】 李庄乡积极构建环保网格化体系，加强社会面源防治，以纳污坑塘整治、扬尘防治、秸秆禁烧、散乱污企业整治、国三车淘汰等工作为重点，坚决打赢蓝天保卫战。一是对辖区内坑塘进行再排查再整治，对排查出的4个纳污坑塘内及周边合计1500余立方米垃圾进行清理，设置围挡和警示牌并加强日常巡查管护；二是各村共成立13个巡逻队，30余名网格员深入田间地头24小时不间断防火巡查。同时成立禁烧工作督察组，并对各村巡逻队、网格员巡逻情况明察暗访。对查实的火点依法进行处罚。同时组织各村对主干道两侧、垃圾堆放点等处的秸秆垃圾进行清理，共清理垃圾秸秆2000多立方米，从源头消除火源隐患。三是针对国三及以下黄牌车淘汰工作成立工作专班，加大宣传引导，积极引导国三柴油货车车主按照流程淘汰车辆，不断加大排查力度，往细里查，从深处找，共报废国三以下淘汰车10余辆。四是持续开展“散乱污”企业动态清零行动。严格按照“两断三清”标准，严防“死灰复燃”。乡执法队定期开展排查行动，重点对老房、旧址、偏房等容易藏污纳垢的地方进行排查，确保不给“散乱污”企业容身之所。五是有效落实河长制，加强对唐河流域的治理。全面压实河长巡河、护河、治河责任，保证河道垃圾专人专管，实现对垃圾管控、清理常态化，打造出水清、水美、水活的清洁水系。六是扎实开展美丽乡村建设。结合人居环境整治、美丽庭院建设，组织各村对所有道路、庭院开展大扫除，同时鼓励村民自建小菜园小果园提升村容村貌。重点针对涉水、涉土、涉气三方面环境污染问题进行了排查、整改，人居生活环境得到明显改善。

党委书记 冯树岭（2020年8月任职）

政府乡长 吴　静（2021年1月任职）

（撰稿：张楠）

东闾镇

【概况】 东闾镇（2021年12月11日由乡改镇）位于保定市清苑区东南15公里处，东接大庄镇、蠡县桑园镇，南邻温仁镇，西连张登镇，北靠石桥乡，总面积59.1平方公里，辖东闾、翟庄、北宋村、南宋村、南蛮营、南王庄、田蒿、南营头、北营头、韦各庄10个行政村，总户数12025户，总人口48771人。2021年全镇耕地面积4105公顷，工业总产值36.18亿元，农民人均纯收入16853元。东闾镇共有中学2所、小学9所，教学班122个，在校学生4681人；共有幼儿园17所，其中公办园8所，民办园9所，教学班81个，在园幼儿1675人。设有乡镇卫生院1家、分院1家，共设床位15张，有医务人员31人。有村卫生室10家，纳入乡村一体化管理村医20人，达到卫生室和村医全覆盖，能够满足群众基本就医需要。

【全面加强党的建设】 一是完善学习制度。提升党员政治素质，以开展党史学习教育为抓手，深入学习习近平总书记重要讲话和中央、省、市、区系列重要会议精神，不断深化主题教育实

效。二是强化责任意识。培养敢于担当的基层党建队伍，严格执行支部书记双述双评和半年考核制度，组织“两委”干部履职能力培训6次，建立“5+3+N”村级配套组织，通过召开三会一课、民主生活会、“两委”干部考核，增强抓落实的责任，增进班子团结，树立“一盘棋”理念。三是以南王庄村、南宋村、北宋村作为党建示范带，带动引领全镇各村党建工作水平再上一个新台阶。四是严格落实党风廉政建设。全年共党内严重警告3人，党内警告4人，批评教育20人，营造了干净干事的政治生态。五是严把发展党员“入口关”，严格党员发展程序，提高党员发展质量。2021年全镇共发展党员23名，其中东闾村发展党员4名。对违规违纪问题党员全部核查清楚。

【全面维护社会政治形势】 一是弘扬社会正气，敢于责任担当，全力做好信访工作。坚持正确导向，肃清信访歪风邪气。对于合理诉求积极解决，对于以访施压无理取闹人员坚决依法打击。二是依法对“散乱污”企业进行治理。大力开展企业环保督导检查，查出污染摊点13家，全部落实“两断三清”，其中刑事拘留5人，行政拘留12人；查处违规生产企业16家，罚款37万元，保持了散乱污治理高压态势，实现动态清零。

【突出特色，科学发展】 一是加快推进东闾轻型起重机械小镇产业布局和国土空间规划，推动产业上档升级。企业扩容升级加快推进，3家企业完成入统，6家正加快推进。“千项技改”项目库申报和企业研发中心建设稳步开展，辰力吊索具被纳入项目库。总投资2.12亿元的东闾轻型起重机械物流会展科技园区一期项目已初步建成，二期工程正在积极谋划开展。成功举办“第三届中国东闾轻型起重机械博览会”，累计参展达6.5万余人次，成交金额累计4亿元。二是以依托南王庄西瓜等农业生产基地，积极做大做强西瓜产业。以南王庄为中心的西瓜园地已达到15万亩，农业产业发展明显加快，南王庄村被评为2021年全国乡村特色产业亿元村。成功承办清苑农民丰收节和第四届西（甜）瓜文化节。东闾镇西瓜获批全国种植业“三品一标”基地，东闾农产品知名度、美誉度不断提升，东闾镇南农北工两大产业发展态势越来越好。

2021年，东闾镇年均集体收入5万元以上的村有10个。其中，10万元以上的村有7个，5万元以上的村达到了100%，村级集体经济收入不断向好发展。

【关注民生，改善农村生活环境】 巩固拓展脱贫攻坚成果，建档立卡人口医保参保率和资助率达100%；“先诊疗后付费”、“一站式、一票制、一窗口”即时结算、医疗“三重保障”政策全面落实。26万余元扶贫资金收益实现全覆盖，自主发展奖补项目、“雨露计划”职业教育补贴全部发放到位。全镇建档立卡贫困户人均纯收入较2021年增幅16%。大力开展我为群众办实事等民生专项行动，解决群众反映问题260余件，群众获得感、幸福感不断增强。

倾心尽力，加大项目建设力度。投资460万元的东闾村外环路建设全部完工；南营头投资300万元的美丽乡村项目建设完工；南宋村投资400多万元的高标准农田项目建设完工；完成“清苑至蠡县”燃气管线建设，保障了气源供应；完成了气代煤扫尾工程；投资30余万元的东闾村两室修整工程全部完工；总投资300万元的农村综合改革示范村项目稳步推进；投资近2000万元的统战路建设项目列入规划；投资700多万元，涉及东闾、翟庄村的“高标准农田改造”项目完成招投标；涉及10个村，总长24.4公里的江水置换工程稳步推进。

大力开展村庄清洁行动。组织发动干部、党员、群众800余人，清理垃圾2000余吨，清理小广告、粉刷街道墙体2000余处，是历年来投入最多、力度最大的一次，村庄人居环境焕然一新。

党委书记 王志峰

政府乡长 张 超

（撰稿：周章亚）

何桥乡

【概况】 何桥乡位于清苑区正东，距离清苑城区11.8公里，东与雄安新区安新县芦庄乡、高阳县晋庄乡接壤，南与大庄镇为邻，西连石桥乡，北接孙村乡、望亭镇，总面积39.38平方公里。域内流经河流1条（唐河），河流总长度6.3公里。下辖18个行政村（石头桥村、后铺村、前铺村、玉皇庙村、耿桥村、许家洼村、北李庄村、北杨庄村、蔡桥村、何桥村、苑桥村、史家桥村、李胡桥村、范郭桥村、杨村、良庙村、郭村、张桥村），有23个党支部，1249名党员（其中预备党员38名），138名积极分子。全乡总户数7929户，2.9万余人，人均收入18986元。域内流经河流唐河涉及村庄7个（何桥村、苑桥村、史家桥村、范郭桥村、杨村、良庙村、郭村）。耕地面积36886亩，粮食播种面积34350亩，种植以玉米、小麦等传统农作物为主，年产量约3.7万吨。

10月12日，何桥乡石头桥村开展清洁行动（拍摄者李根）

全乡共有正规企业69家，其中规模以上企业8家：奥琦圣新型金属、晟隆镀锌、皆诚锌业、增旺化工、占峰熔炼厂（已停产）、宏达金属、福世特防腐科技、光耀金属制品，主要涉及冶金业、化工业，2021年产值总计18500万元。

【基层党建】 始终坚持党建工作统领全局，作为基础性工作常抓不懈，促进基层党建工作再上新台阶。

圆满完成“两委”换届。乡党委、乡政府严格按照宪法、选举法和地方组织法等有关规定，深入研判，严格把控，稳步推进村“两委”换届工作，在前期的资料准备，选举程序把握，选后资料整理等方面充分发挥主观能动性。

2021年4月中旬，全乡18个村党组织、村委会全部完成换届。党组织换届共调整党组织书记8人，占比44.44%；平均年龄50.88岁，较上届下降5.3岁；35周岁左右党支部书记1人，大专及以上学历8人，较上届增加1人；“两委”干部中女性共19人；退役军人7人；年龄、学历结构均得到优化。“一肩挑”的比例达到100%。

平稳推进农村党建基础提升工程。一是抓阵地建设，促硬件提升。乡党委按照“落后村抓整改、一般村抓提升、较好村出亮点”的思路，对照村级阵地规范化建设“五室”“六有”标准，对全乡18个村硬件建设进行逐项排查，18个村全部完成“六有”建设。二是抓档案资料，促软件提升。为实现档案资料规范化、标准化，乡党委按照“统一档案分类、统一档案盒、统一档案标签、统一档案目录，统一档案装订”标准对18个农村支部党建资料进行整理规范，同时规范《党支部工作手册》记录、党务村务公开实现格式规范，内容完整，更新及时，村“两委”干部履历表及时整理归档。三是抓日常管理，促形象提升。结合主体党日活动，严格落实村干部坐班制度，注重在重点工作中锤炼党员干部，同时规范党员民主评议，评出差距，评出正气。做好村级活动场所的卫生保洁、日常管理和维护，使其真正成为党员活动中心、村民议事中心、便民服务中心，进一步提升农村基层党组织的凝聚力、

战斗力和号召力。

抓好党员干部队伍的管理。一是加强源头把关。建立积极分子培养方案，建立健全入党申请人和入党积极分子台账，定期梳理，主动培养，引导有进步愿望的人积极向党组织靠拢。严格准入机制和党员发展流程，坚决防止“近亲繁殖”“人情党员”“带病入党”等问题发生，推行全程纪实制，把好程序关，坚持以“双推”确定入党积极分子、以“双评”确定发展对象。2021 年发展党员 38 名，党员转正 19 名，双推入党积极分子 49 名。二是严格日常管理。常态化组织专题学习，全面提高党员队伍综合素质。在抓好党员干部学习教育的基础上，注重在中心工作中锤炼党员干部，发动党员干部参与农村环境综合治理、河道清理、拆违、“散乱污”取缔等工作，发挥党员的先锋模范作用。三是严明责任体系。建立完善乡领导干部包片、一般干部包村、党支部负总责、“两委”成员各负其责的责任体系，结合党员志愿者服务队，扎实推进各项工作。

发展壮大村级集体经济。2021 年年初，年均集体收入 10 万元以上的村 7 个，5 万元以上的村有 5 个，不足 5 万元的薄弱村 6 个，距离上级要求和先进乡仍然存在很大差距。通过逐村走访，确定了“政策引导，分类推进，以点带面”的工作思路，以企业投资、发展特色优势农业、规范开展租赁经营持续带动壮大集体经济，其中蔡桥村通过盘活村内闲置建筑用地。集体收入达到 125 万元。2021 年年底，何桥乡年均集体收入 10 万元以上的村 8 个，5 万元以上的村有 17 个，不足 5 万元的薄弱村 1 个。

【疫情防控】 发挥党员先锋模范作用，坚决打赢疫情防控战。

高度重视，迅速反应。多次召开党委扩大会议，传达省、市、区会议精神，成立乡疫情防控工作领导小组，制定工作方案及应急预案，就全乡疫情防控工作做出安排部署，切实强化措施，压实责任，启动宣传发动、全面排查、信息日报、分级管控等工作，各村设置执勤岗点，成立巡逻队，常态化 24 小时不间断巡逻，坚决防止疫情输入扩散。

强化宣传，形成合力。利用大喇叭广播、流动宣传车、微信、短信、印发公告、微信公众号等方式，发布疫情风险等级变化，宣传防控知识，提高群众防范意识和安全意识。同时，随着形势变化和工作需要，及时调整和增加宣传内容。疫情防控期间，何桥乡微信公众号累计推送防疫工作简报 100 余期，先后 2 次组织党员、志愿者采取到户不入户的方式，“零接触”派发公开信。

全面摸排，严格管控。充分发挥疫情防控网格化和责任制管理体系作用，组织乡、村两级党员干部和志愿者，对重点人员开展全覆盖、地毯式摸排，实行台账式管理，涉及中高风险地区所在县市区返回人员及密接次密接人员全部按要求落实集中隔离和居家健康监测。

对境外务工人员进行逐户排查，逐人建立台账，落实包联措施，动态掌握境外人员回国意向。2021 年，境外返回人员全部落实“二包一”“一包一”包联措施。

按要求完成疫苗接种任务，做到应接尽接。

【经济发展】 全面加强富民兴乡建设，认真研究谋划经济发展思路，抢抓产业结构调整机遇，加快转变发展方式，继续保持快速、健康协调发展的良好势头。

服务“三农”，发展现代农业。一是落实粮食安全责任制，巩固和提升粮食综合生产能力，严守耕地保护红线，发展林粮间作，挖掘粮食生产潜力。二是加强高标准农田建设，加强耕地质量监测和管理。三是组织技术培训，推广普及夏玉米播种及苗期管理技术、小麦绿色增产模式等技术。

【民生工作】 扎实推进人居环境整治工作。一是加大宣传，营造氛围。充分利用微信工作群、微信公众号等平台，大力宣传农村人居环境整治工作，创办宣传专栏，定期推送各村的典型经验和做法，营造全民参与的浓厚氛围。二是统筹协调，合理布局。何桥乡已建成“村收集、乡运转、区集中处理”的垃圾一体化处理模式，调整、增加环卫人员及设施，消除环卫工作盲点与白点。三是多方联动，集中整治。通过开展“爱国卫生运动”等专题活动，充分利用党员活动日，组织全体党员清扫村庄卫生，以点带面，推动村庄清洁，美化村庄环境，多次组织村庄集中清洁行动，发动党员、志愿者、保洁员等800多人次，出动机械470多台次，清理庭院6700多户，清运各类垃圾3.2万立方米。

针对何桥乡高保路、大庄路两侧商业门脸众多、垃圾乱堆乱放的情况，在增设环卫人员与设施的基础上，组织市场监管、执法、路政部门人员及乡村干部、环卫人员，逐户走访，与各商铺签订门前三包责任书，确保高保路及大庄路环境干净整洁清。联合环保、水利等部门，综合整治村内坑塘，全面禁止向坑塘倾倒垃圾，加强巡查，设立围栏，悬挂警示标语，完成治理坑塘30余处。

扎实开展路域环境整治。为进一步巩固提升何桥乡环境卫生综合整治水平，切实增强人民群众对美丽乡村建设的幸福感、认同感，定期开展“洁净何桥”村庄清洁攻坚月集中行动。重点围绕大庄路、高保路、何蠡路深入开展路域环境整治，出动乡村干部100余人次、机械车辆40余台次，清理垃圾60余立方米，拆违规广告牌30余块，着力解决了路域环境方面存在的“脏、乱、堵”等突出问题，全力打造“畅、安、绿、美”的路域环境。

扎实开展河道清理工作。定期组织红马甲志愿者和村级河长、巡河员开展河道垃圾清理整治工作，对河堤沿线各类垃圾进行集中清理并对河长制公示牌进行保洁。同时，开展“河长制”宣传，倡议全民共同维护唐河干净整洁。

认真抓好“文明城市”创建。强化村容村貌整治，集中开展整治行动，对主次干道、公共场所的保洁任务进行细化分解，明确责任人，实行全天候保洁。建成主题深刻、特色突出、反映精神面貌的乡文化站及后铺村文化广场、范郭桥文化一条街。强化对乱扔垃圾、乱贴乱画等行为的监督管理和执法查处，倡导健康文明的生活方式，村庄“脏、乱、差”等现象明显改变，群众生活环境大幅度改善。多措并举提升村民素质，从行为文明、举止文明、语言文明等方面入手，利用善美何桥公众号，深入开展社会公德、家庭美德等宣传教育。

巩固脱贫攻坚成果。一是围绕解决“两不愁三保障”突出问题，定期开展排查、整改，深入整改安全饮水、房屋等各类问题。疫情期间，结合贫困户自身条件，加大走访帮扶力度，确保特殊人群平安度过特殊时期。二是着力开展“抓党建、防疫情、促脱贫、保小康”活动，全面完善档案资料，进一步压实帮扶责任，锤炼干部作风，巩固扶贫成效。三是完善防贫机制，创新工作方式。全乡共有27户、69人作为长期监测对象纳入防贫监测保险机制。确定贫困边缘户1户3人，建立了防贫长效机制，推广宣传防贫保险政策。

【环境整治】 环境监管保持高压态势。大力治理“散乱污”企业，按照属地管理办法，将全乡“散乱污”整治责任落实到人，建立健全网格化监管体系。深入开展环保风暴行动，按照“两断三清”标准，严厉打击，彻底取缔，强化监察，严防反弹。组织环保、工商、电力、公安等力量开展环保执法统一行动4次，确保对“散乱污”打击、关停到位。

加大禁烧力度。落实主要领导包片，机关干部包村，村干部包户的责任制，发放条幅200余条、明白纸6000余份，每天2次广播宣传禁烧政策。乡环保用车昼夜巡逻，一旦发现着火点及时制止、扑灭并立即上报，对责任不落实、措施不到位、禁烧工作不力的村干部，依据目标责任书的规定进行问责处罚，确保实现“不燃一把火，不冒一股烟”的目标。

加强全域燃煤管控。由乡执法队牵头，联合市场监管分局、动监所等有关部门对散煤进行排查，共排查企业60家、餐饮企业摊点40余家、规模以上养殖场10家、散煤复燃排查200余户，排查发现问题1个并整改到位。

以污染防治为重点，努力提升生态建设水平。严守环境质量底线和生态保障红线，实施最严格的环境保护制度，为雄安新区建设筑牢生态屏障，严厉打击各类污染环境的违法行为。

【综合治理】 抓排查除隐患，安全生产形势持续平稳。何桥乡工业较为发达，坚持疫情防控、经济发展两不误，扎实开展安全生产工作，严格落实“党政同责、一岗双责”工作机制，强化宣传，共悬挂条幅150余条，发放宣传资料5000多张。工作中坚持“安全第一，预防为主，综合治理”的方针，以“防风险、除隐患、遏事故”为主题，深入开展“安全生产月”活动。

抓好信访工作，维护社会和谐。一是展开全方位排查，建立隐患台账，确保信访案件早发现早化解。二是倾心尽力解决问题，积极协调化解群众反映的问题。2021年全乡共化解各类问题纠纷36起。三是扎实推进信访举报案件百日攻坚工作。高度重视，扎实推进，省、市、区交办的信访问题共9件，已全部解决；对新发的信访问题，建立苗头隐患排查台账，积极帮助协调，采取措施化解稳控，做好思想疏导。同时，聚焦群众反映强烈的重点领域、重点问题，统筹开展好各专项打击整治行动，始终保持高压严打态势，圆满完成了安保工作。

党委书记 费文志 2020年8月至2021年12月

政府乡长 李彤念 2020年8月至2021年8月

（撰稿：李萱）

阎庄乡

【概况】 阎庄乡位于清苑城区东北25公里、保定市城区以东2公里处，东部、南部连接臧村镇，西部接壤保定市莲池区，北部毗邻徐水区，属近郊型乡镇。乡政府所在地为中阎庄村。保定高铁站位于阎庄乡前营村，京石高速、京石高铁贯穿全乡，北三环东延及白洋淀大道也建设在境内。阎庄乡区域面积为18.9平方公里，辖中阎庄、北阎庄、南阎庄、王庄、高庄、梁庄、前营、钟家营、侯郎营、国公营、大吕庄、小吕庄12个行政村，总户数5292户，人口2.26万人。

8月14日，阎庄乡土地管控再部署会召开

2021年，全乡耕地2.44万亩，以种植小麦、玉米等传统农作物为主。特色产业为模盒模具生产加工，经过近30年的发展、整合、壮大，产品花样齐全，多达300余种，远销多个省市。2021年全乡完成固定资产投资1806万元，农村居民人均可支配收入1.88万元，民营企业80个，收入25715万元，利润总额1066万元，个体经营者550户，营业收入20005万元，利润总额1137万元，经济总体呈现稳中有进、稳中向好的发展态势。全乡共有初中1所，小学4所，幼儿园5所。

【疫情防控与疫苗接种工作】 “五个严格落实”，筑牢疫情防控防线。一是严格落实中高风险地区返乡人员管控措施；二是严格落实群防群控措施；三是严格控制聚集性活动；四是严格落实企业和各经营单位的防控措施；五是严格落实政策宣传。

高度重视疫苗接种工作。压实工作责任，分解工作任务，落实工作细节，引导并鼓励群众积极接种，提高接种意愿。结合疫苗供应情况，加快推进全民接种，不断总结经验，扎实稳妥推进接种工作。

【庙会停办工作】 按照疫情防控工作要求，停办三月三国公营庙会。一是通过电视台、微信、悬挂条幅、张贴公告等方式，加大对停办庙会的宣传力度；二是设卡布控，共设置三道防线，发动工作人员450人，确保外来人员不进村上庙；三是发动党员和志愿者120人，严防国公营村内人员摆摊设点、走亲访友。2021年庙会期间未出现违规烧香，未出现治安事件，未出现安全事故。

【基层党建工作】 压实党建工作责任，加强党建工作督导，层层压实责任，传导压力。建立抓党建责任清单，与各党支部签订党建工作目标责任书，把党建的第一责任落到实处。全面夯实党建基础，梳理分析各村党建工作短板，制定优化方案，不断增强基层组织活力，统筹推动各村党建互联互通、全面进步。

在村“两委”换届选举工作中，结合工作实际，秉持着公平、公开、公正的原则，大力营造良好换届氛围，严格把好各道关卡，严明各项纪律要求，抓好指数要求，确保换届符合上级要求。通过换届，高中及以上学历达到100%，35岁左右村党组织书记5个，其中新选任4个，换届后每村一名女干部，符合上级比例要求。同时在换届过程中充分保证各村党员和群众的选举权利，在政策和法律法规允许的框架内达到了村“两委”班子不断完善，班子人员结构、文化程度、年龄结构不断优化的意图。

【大气污染防治】 一是加强执法队伍建设，强化“散乱污”企业排查力度，对新增“散乱污”企业和死灰复燃的露头就打，始终保持高压态势。二是全面开展禁炮工作，主要领导亲自指挥，分管领导分别带队深入各村开展禁炮宣传、巡查。在小年、除夕、正月初一等关键时间没有出现一声炮响，真正实现“零燃放”。三是强化纳污坑塘整治和秸秆垃圾禁烧工作。持续加大纳污坑塘治理和禁烧工作力度，组织乡包村人员加大巡查频次。

【人居环境整治】 对垃圾坑进行定期清理，不定时巡查，对随意倾倒垃圾行为进行劝返。2021年共清理农村生活垃圾8000立方米，清理村内塘沟6处，清理畜禽养殖粪污等农业生产废弃物900立方米。督促各村清运垃圾，大力组织垃圾日产日清与全面消杀工作。明确惩戒措施，对村庄清洁行动进行不定期暗访，对发现的问题及时拍照、下发、督办、存档，全力以赴将农村人居环境整治行动向纵深推进。

【综合服务站提升】 按照省定20项民生工程的总体部署，严格按照上级要求的时间节点，挂新牌、设科室、强领导、组队伍，建立健全管理制度，整改提升行政综合服务中心，培训强化干部的专业知识，建设中阎庄、北阎庄为示范型综合服务站（面积不少于40平方米），其余10个村为基础型（面积不少于20平方米）。12个村均已严格按照基础型、示范型村（社区）综合服务站建设标准完成。

【开展防汛工作】 克服麻痹思想、侥幸心理，立足于防大汛、抗大险，全力做好防汛物资、通信、人员等各项准备。时刻密切关注气象、应急、水利部门发布的灾害性天气预警信号、雨情

实况信息等，层层压实责任，抓紧抓实各项措施，对可能发生的各类灾害提前做好应对准备工作，严格执行24小时值班和领导带班制度。突出重点区域防范应对，盯紧盯牢重点区域、重点部门和薄弱环节，提前落实安全警戒、应急抢险等措施，确保人员到岗、物资准备到位。

【安全生产工作】　多次召开安全生产工作部署会，加强对辖内企业安全监管，建立企业安全领导包联制度，定期走访排查安全隐患，及时发现问题，尽快整改到位。加强对燃气安全管理，各村配备专门燃气安全管理员，定期巡查。开展全乡水、电、机井、坑塘等各项安全隐患排查，消除安全盲区。邀请消防官兵开展消防安全培训，大大加强了机关干部、村干部的安全意识和防火能力。在乡、村干部的共同努力下，2021年未发生一起安全事故。

党委书记　李彤念

政府乡长　杜妍妍

（撰稿：陈冲）

孙村乡

【概况】　孙村乡毗邻保定市区，地处保定与雄安新区交界处，京石高速公路、高速铁路、保新路东西横穿全境，属于城郊型乡镇，区位优势明显，交通便利。辖区面积22平方公里，辖南孙村、西孙村、北孙村、大侯村、小侯村、大堤口、戎官营7个行政村。全乡耕地面积1182公顷，有20175人，6780户，农村人均纯收入17011元。有1所初中，3所小学，9所幼儿园。

【基层党建】　严格执行党委理论中心组学习制度。将理论学习与贯彻落实区委、区政府重要工作部署相结合。始终坚持领导干部到基层宣讲制度，党委书记带头，全体领导干部到辖区各村宣讲20多次。通过一系列学习，进一步教育全乡党员增强“四个意识”，坚定“四个自信”，做到“两个维护”，营造健康向上的政治生态。

扎实开展党史学习教育。深入开展党史教育和“四史”教育，坚持领导班子带头，入村、入企、入学校进行党史教育宣讲30余次；组织7个村“两委”干部全覆盖培训。组织机关干部每周五集中学习，人人当主讲、人人当老师，讲理论、讲思想、讲领悟、讲方法，把党史学习教育融入工作、学习、生活当中。开展庆祝中国共产党成立100周年一系列活动，授予党员队伍中涌现出的优秀退役军人及疫情防控先进个人、爱心模范、敬老孝亲等40名基层党员“孙村乡优秀共产党员”称号，营造崇尚先进、学习先进、争当先进、竞相出彩的浓厚氛围，增强全乡党员的归属感、责任感、获得感。

圆满完成乡、村两级换届工作。坚持把换届工作当作重大政治任务，严格按照省委、市委、区委换届工作会议要求，周密部署、精心安排组织了孙村乡第三次党代会和第三次人代会，顺利完成乡党委、乡政府换届，所有换届人选全部满票当选。经过努力，所辖7个村全部完成“两委”换届选举工作并顺利实现“一人兼”，历史性实现7个村“两委”换届全部一次选举成功。新一届村“两委”干部共51名，50周岁以下人员比例达到57.1%，“一人兼”大专以上学历人员达到85.7%，干部平均年龄下降5岁，人员年龄学历结构进一步优化，为进一步提升全乡基层治理水平奠定了坚实的组织基础。

全面筑牢基层党建“硬堡垒”。一是深入开展“三基”建设年活动，全面强化基层组织、基础工作、基本能力。二是对照“基层党建质量提升年”活动的有关要求，健全基层组织架构，持续开展规范村级阵地建设，抓好干部教育管理，加大督导检查力度，严格执行干部坐班值班制度。三是严把党员发展关，坚持“控制总量、优化结构、提高质量、发挥作用”十六字方针，严把入口关，2021年全乡转正党员3名，新发展党员13名，双推入党积极分子30名，无三年以上不发展党员村。

严格落实村级民主管理制度。一是加强村级监督体系建设。7个村全部配齐村级纪检专干，加强基层廉政建设，强化党务、村务公开，提高村级运行的阳光化、规范化水平。二是严格落实“四议两公开”制度。各村凡是涉及工程建设等村民利益的重大事项，严格履行民主议事程序，按“四议两公开”工作法进行。三是不断推进组织体系建设规范化。建立健全农村“六位一体”组织架构，不断完善党组织领导的自治、法治、德治相结合的乡村治理体系，结合“5+3+N”村组织运行体系，统筹建立多元服务平台。

【经济建设】　工业企业方面。全乡固定资产投资完成2.09亿元，规模以上企业工业生产总值达6.79亿元。

农业生产方面。2021年畜禽养殖继续改造提升，粮食作物丰产丰收，螃蟹养殖、莲藕、茭白种植等特色种植养殖持续发展。按上级政策要求，在各村推广旱作雨养项目，共完成805.29亩，预计可节约地下水15万立方米。

重点项目大堤口征迁工作顺利开局。2020年12月，总投资101亿元的高铁片区项目开工建设，起步区第一个重大项目“大堤口征迁安置项目”开工建设，经过15天的前期准备，于2021年1月10日启动正式签约工作，1月23日全村274户全部签约，取得零钉子户、零上访、零舆论，100%签约、100%满意、100%和谐的“三零三百”好成绩，为全市品质之城建设和高铁片区发展奠定了良好基础，得到区委、区政府的通报嘉奖和广大群众的好评。

【民生改善】　扶贫工作有效衔接。全乡建档立卡户34户58人已全部实现稳定脱贫。工作重点已转向防返贫动态监测、巩固脱贫成果、做好脱贫攻坚和乡村振兴的有效衔接上。在防贫工作方面，对防贫对象定期走访，对上级下发的预警信息认真入户排查，对低保、“五保”、残疾人、孤寡等特殊群体实行常态化、动态化排查管理，进一步巩固拓展脱贫攻坚成果。迎接省后评估和国家后评估考核工作中，成功组织清苑区迎接省后评估现场观摩会在孙村乡召开。在整理扶贫档案资料方面，率先高标准、高质量完成扶贫档案资料入馆。

文明乡村建设初见成效。加强公民道德建设，弘扬榜样精神。积极参加“清苑好人”评比活动，申报王敏疫情期间无私奉献的先进事迹，并积极广泛宣传，动员广大人民群众支持参与道德建设，优化人文环境，建设和谐社会。完善村内新时代文明实践站建设，为各村文化书屋充实图书1000余册，添置音响、广场舞服装、大鼓等民间娱乐器材10余套。

非法占用耕地行为得到有效遏制。2021年下发省级卫片5宗，已全部通过上级核查验收。耕地非粮化1宗，数据已上传，等待上级核查。2021年未发生一起非法占用耕地事件。

人居环境进一步改善。孙村乡始终将农村人居环境整治作为乡村振兴的重要基础工作贯穿全年，千方百计打赢这场硬仗。4月15日开始，以建设美好孙村为目标，以全市“四清行动”为契机，把村庄清洁行动作为“开门一件事”来抓，借助新一届村“两委”干部的热情和干劲儿，以清理各村积存秸秆垃圾和保新路两侧综合治理为重点，在全乡范围开展人居环境整治暨秸秆垃圾清零行动，全乡各村垃圾积存点和集中成堆垃圾基本消除。9月和12月分别开展“人居环境再提升，干干净净迎国庆”和“齐动员、聚合力、攻难点”行动，发动党员、干部、群众开展志愿者活动和保新路沿线重点攻坚，对辖区拉网式清理，通过综合治理工作，全乡人居环境进一步向整洁、有序、卫生、文明迈进。累计出动人力1200余人次、车辆528辆，清理杂草368.6吨、生活垃圾及工业废弃物1578.9吨、建筑垃圾集中转运5988.6吨。拆除保新路沿线厕所18座、活动板房2个，清理沟渠约3公里，平整地面约

3000 平方米。

活动中，一是着力精细化管理，对顽固点位逐村逐点进行分析，逐个拿出解决方案，成效明显。二是着力改变群众生活习惯，通过各种方式加强教育引导，群众意识明显提高。三是着力示范引领，在全乡范围内发动开展志愿者活动 7 次，党员先锋模范作用凸显。四是着力督导考核，实行环境卫生督导交办常态化管理，一周一交办，一周一整改，形成有效正反馈。

【疫情防控】　始终把疫情防控当成最紧要的政治任务来抓，定期召开党委会议，调度安排疫情防控工作，并严格落实十项疫情防控常态化 30 条措施。一是结合各村实际人口，摸清了全域人员底数，将全乡共分成 35 个片区，配备 47 个网格员进行网格化管理。二是实行村民返乡自主报备制度，同时加强对境外返乡人员管理，对境外返乡人员开展动态排查，共排查仍在境外 10 人，已返乡 10 人。三是积极推进疫苗接种工作，将疫苗接种工作作为政治任务，以为民谋福的初心去推动、去落实，最终以全区第一名的成绩率先超额完成第一针疫苗接种任务。

【防汛抗旱工作】　防汛工作圆满完成。根据区防指工作部署，面对雨水大于往年的情况，一是进一步完善《孙村乡防汛抗旱应急预案》，组建以党员为核心的 50 人应急抢险队和 500 人的常备抢险队。二是加强河道隐患排查，对所有隐患点位全部问题登记台账，暴雨期间安全专人盯防。三是乡、村两级干部入户排查，尤其是对重点人群、弱势群体做好一对一帮扶。全面排查、提前应对，对低洼路段、村内坑塘、排水沟渠密切关注。四是充分准备防汛物资。汛期未发生安全事故和大面积内涝情况，确保了安全度汛。

【环境保护】　生态环保工作成效明显。站在服务雄安，借势雄安，站在保障北京冬奥会的高度，把“退后十”工作坚决落到实处。一是对散乱污企业持续保持高压态势，确保全年动态清零；二是严格落实秸秆禁烧工作，持续加大宣传力度，发动全乡网格化禁烧队，施行着火一处，追责到底的问责机制，以“不着一把火，不冒一股烟”为总体目标常抓不懈；三是全面落实专项整治工作，下大力度对辖区内扬尘企业、砂石料场、燃煤锅炉、散煤运输等进行专项整治，扬尘治理取得成效；四是 2021 年春节期间全员在岗在位，狠抓禁炮、禁煤工作，全年共组织大规模入村宣传、收缴 3 次，辖区内未发生燃放烟花爆竹、燃烧散煤事件。

河道清理整治工作深入开展。坚持把白洋淀上游流域整治工作当作重点，全面落实河长巡河制度，切实发挥巡河员作用，并不断提高河道“五乱”整治标准，推进河道治理常态化，真正实现河道问题动态清零。组织河道清洁“红马甲”行动，发动志愿者 20 余人捡拾河道及河道两侧白色垃圾、零星垃圾。2021 年，共出动 50 余人次、车辆 200 余辆次，清理各类垃圾、废弃物、秸秆等 1500 余立方米。府河清淤工程涉及戎官营、小侯村、大侯村 3 个村，树木 3693 棵，坟 3 座，通过积极沟通和思想解释工作，在规定时间内完成了伐树、清表等工作。

【综合治理】　抓好安全稳定工作。以乡人大代表之家为平台，发挥人民调解优势，及时受理群众反映的问题诉求，实现群众反映问题事事有回音，件件有回应，全乡社会大局和谐稳定。以平安建设工作为重点，认真落实区委“六个一”总体思路和要求，切实夯实维护社会安全稳定基础，进一步优化完善信访维稳应急处置机制，全面有序推进全乡矛盾纠纷排查调处、反邪教、反电信诈骗、信访稳定、公共安全等工作任务的落实。以“安全第一、预防为主、综合治理”为原则，续推进安全生产工作，通过努力全年未发生一起安全生产事故，安全生产工作稳居全区前列，并代表清苑区顺利通过市考核。

执法水平显著提高。以依靠群众，发动群

众，服务群众为宗旨，乡执法队强化法律法规学习，严格执法程序，坚持秉公执法，廉洁奉公，一把尺子量到底，不断强化执法效果，得到群众的支持和理解，使执法工作落地落实。打击非法加油车、查处倾倒建筑垃圾行为、取缔北孙村夜市等行动，让执法守法观念深入群众心中，守护了辖区政治生态、安全和谐氛围。

“两高”沿线安全隐患整改到位。在铁路沿线彩钢板类隐患排查治理工作中，认真落实“双段长”工作机制，结合铁路部门定期巡查，发现问题及时整改，2021 年经排查共整改彩钢类隐患 23 处，整治危树 48 棵，确保了高铁行车安全。

党委书记 徐金位（6 月任职）

吴国立（6 月离职）

政府乡长 马立杰（8 月任职）

徐金位（8 月离职）

（撰稿：闫伟帅）

城区办事处

【概况】 城区党委隶属区委领导，办事处为区政府派出机构，实行党委负责制，为乡镇建制。管辖京深高速公路以西以北，保定市朝阳路南延线以东，金线河以南区域内的建成区。辖区总面积 4.3 平方公里，有 2.9 万户、6.2 万人。城区办事处设东城、西城、红星、新兴、兴苑、永春、阳光新城、旭升华庭、和谐、尚层名筑、阳光国际 11 个社区居委会，下辖 32 个党支部，在册党员 1174 名。辖区有生产经营企业 8 家。

【基层党建】 基层阵地进一步夯实。投资 15 万元，实施对西城社区、兴苑社区、新兴社区三个老旧社区的改造。协调有关单位为新兴、红星、兴苑社区提供办公用房，达到上级关于党群服务中心建设标准。加大社区硬件提升，投资 10 万元为各社区提供必要的办公设备。基层组织进一步优化。大力推进城区“大工委”、社区“大党委”城市基层党建工作机制建设，督促各驻区单位与城区及社区对接。构建了社区党支部、居委会、物业公司、业主委员会、楼院长、综合服务站“六位一体”组织架构，区域化党建格局正逐步构建。11 月组建保定市清苑区郭氏按摩职业培训学校党支部，有力推进了党的建设在社会组织中的延伸。干部队伍进一步壮大。圆满完成 11 个社区“两委”换届，产生“两委”干部 58 人，书记、主任全部实现“一人兼”，平均年龄 36.8 岁，较上届下降 1.4 岁。积极推进社区工作者职业体系建设，37 人按规定程序纳入社区工作者职业体系。采取外训和集中培训形式，开展支部书记党务知识、理论知识集中培训 4 次，党史参观学习 1 次，外出观摩学习 1 次，组织支部书记述职评议和经验交流会 1 次。组织社区“两委”干部参加省委组织部“基层干部大讲堂”的培训 3 次，邀请佳源社工机构为初级、中级持证人员培训 4 次，极大地提升了社区队伍的工作能力和水平。

党员教育管理进一步规范。按照成熟一个发展一个的原则，共发展党员 7 名，按期转正 23 名，新确定入党积极分子 8 名。年内开展主题党日活动 30 多次，参与人员 1500 多人。组织了“圆梦群众微心愿·品质服务党旗红”活动，共征集微心愿 107 个，实现点对点认领。

党风廉政建设进一步强化。组织召开了 2021 年度党员领导干部专题民主生活会。坚持周例会和理论学习中心组学习，在学习中提升素质，在交流中统一思想。严格落实“三会一课”制度，进一步推进支部工作规范化。严明政治规矩和政治纪律，完善城区社区工作人员管理制度，开展党风廉政教育警示大会 2 次。

【宣传思想文化】 一是理论学习进一步强化。严格按照“三清单四机制”要求，强化意识形态责任制，将意识形态纳入党委理论学习中心组学习的重要内容，共开展学习 15 次。二是党史学

习教育进一步深入。积极开展习近平新时代中国特色社会主义思想“六进”和党史学习教育、中共十九届六中全会及省第十次党代会精神宣讲工作。2021年，共开展各类宣讲活动200余次，悬挂条幅90余条，开展庆祝中国共产党成立100周年、红色主题教育、主题党日等系列活动20余次，完成“我为群众办实事”50余项。三是文明创建进一步拓展。投资5万余元，打造1个城区新时代文明实践所、11个社区新时代文明实践站，发放明白纸30000余张，举办文艺文化活动67次，制作新增各类公益广告牌600余块。依托社区新时代文明实践站，加强社区志愿者队伍建设，开展文明创建、扶贫帮困、卫生环保等志愿服务活动20余次，引导居民积极参与志愿服务活动，志愿者注册人数达到常住人口的10%，形成楼院—小区—社区—城区的志愿者管理体系。四是文化环境进一步净化。进一步推进“扫黄打非”基层站点建设工作，积极开展世界版权日宣传、“童心向党”、“护苗”行动等系列活动。通过LED屏、业主微信群、宣传栏、明白纸、公布举报电话等形式，开展线上线下全方位宣传，提高居民拒绝“黄”和“非”的自觉性和坚定性。结合社区综治工作，加大对“扫黄打非”的排查力度，尤其在双节、全国“两会”、暑期等重要时间节点，增加排查频次，确保不出问题。共发放宣传资料1000余张，开展各类宣传活动10余次，协助相关科局排查出3家网吧违法违规行为。

【民生改善】 一是老旧小区改造初见成效。已完成建华胡同、水利小区、二中小区育英小区等6个老旧小区改造，并确定2021年地税小区、烟草小区、国税小区等28个老旧小区的改造计划，2021年完成112栋楼的入户调查。对辖区内213家企业进行名录库登统。对新兴、西城、和谐3个社区14个普查小区116户家庭户进行2021年度人口变动抽样调查。完成阳光新城、旭升华庭、和谐、尚层名筑、阳光国际5个新社区绿色社区试点验收。二是社会救助工作稳步推进。完成对96户申请公共租赁住房、2户申请廉租房居民的资料进行审核、入户调查、公示，完成72户保障房用户入住。完成471户、690人城镇低保核验，发放高龄补贴667人，为20人提供临时救助，共救助16500元。追缴2015年之前违规享受低保资金23人，共200344元。完成82人的全国优抚系统信息采集、悬挂光荣牌、办理优待证工作。为重点优抚对象、军烈属及遗属进行体检。三是办实事解难事利民惠民。2021年，夏季暴雨防汛与居民一道清理下水道积水，为行动不便人员上门办理高龄补贴认证，为西乐园居民申请冬季电价补贴取暖，共为群众办实事解难事300多件。成功受理办结“12345”热线民生实事110件。

【综合治理】 信访工作机制进一步健全。严格落实领导干部包联化解信访矛盾制度，实现党政领导包联化解信访积案全覆盖，坚持和发展新时代“枫桥经验”，做到矛盾不出社区。对全国“两会”、庆祝中国共产党成立100周年、中共十九届六中全会等重大活动期间，启动“日报告”和“日研判”机制，召开专题会议，对公园风景城、御景国际等购房群体及“常青”公墓集资人员隐患做到科学分析、准确把握、果断处置。涉众群体类案件500余件，全部落实“二包一”稳控责任。社会治理工作进一步深入。推进平安建设，配合职能部门在重点行业领域加强宣传，防范化解风险。排查整改治安隐患35处，排查化解矛盾纠纷1000余件。加强对宗教领域的管理，去除公共场所阿文标识3块，取缔4处宗教非法活动场所，制作反邪教文化墙200平方米。

安全应急工作进一步推进。按照“党政同责、一岗双责”的要求，对8家企事业单位分别落实了分包领导、监管责任人，制定《城区办突发公共事件应急预案》，层层落实责任。2021年，通过包企领导、安监所两条工作主线，共入企50多次。加强安全生产、食品药品、天然气等的培训10余次，提高了安全意识，增强了处理突发事件的能力。

5月22日，阳光国际社区开展“童心向党 快乐启航”活动

【疫情防控】 网格化体系进一步完善。坚决履行牵头抓总责任，督导83个区直单位落实疫情网格化责任制，做到全覆盖无死角。组织全员核酸检测，设置检测点，对城区居民进行了核酸检测。排查管控进一步跟进。实行外来人员常态化排查，通过大数据、基层社区、小区网格化管理持续摸排中高风险地区来清返清人员。居家人员，严格落实各项管控措施和上门服务，在做好疫情管控的同时，最大限度地照顾好居民隔离期间的家庭生活。疫苗接种工作进一步强化。各社区按照职责分工，精准测算新冠病毒疫苗接种摸底表，对辖区内18～59岁人员逐一登记造册，建立工作台账。构建起了新冠病毒全民免疫屏障。同时，加强针的接种也在有条不紊地推动。

【其他工作】 党管武装，加强退役军人服务管理。新增全国优抚系统信息采集工作，为军烈属悬挂光荣牌，优待证办理。组织联系城区重点优抚对象在清苑第五医院体检，组织涉核人员在保定定点医院体检，给重点优抚对象发放慰问品，发放现役军人抚恤金，送达立功嘉奖喜报8户，超额完成了工作任务。

安全生产环保稳步推进。按照“党政同责、一岗双责”的要求对8家企事业单位分别落实了分包领导和监管责任人。制定了城区办突发公共事件应急预案，全力做好防控期间复工复产审核备案及安全生产监管。

10月1日，西城社区开展“童心向党 强国有我 争做新时代好少年”迎国庆志愿服务活动

党委书记 崔良永

（撰稿：冯堂）

表彰奖励

◎2021年度“清苑好人”人选事迹

◎2021年度“清苑好人”表彰名单

2021年度“清苑好人”人选事迹

区委宣传部、区文明办初步确定“清苑好人”人选15名（含1个好人群体）。

【助人为乐好人】

1. 刘影，女，1983年出生，清苑区东闾镇南王庄村民。

刘影

刘影积极参加保定市红十字会组织的造血干细胞志愿捐献活动。2017年在一次献血后，她的信息填入中国造血干细胞志愿者资料库。2020年12月初，她接到省红十字会通知，她的骨髓与一名白血病患者初步配型相吻合，问她是否愿意捐献，刘影毫不犹豫答应无偿捐献造血干细胞。她做通了丈夫的工作，和医疗部门定好了时间。就在这时，她的婆婆查出乳腺癌，家里还赶上西瓜定植期，一年的家庭用度全指望这点西瓜的收入。她的丈夫在医院陪婆婆治病，公公年老多病，两个孩子无人照看。刘影面临两难选择。在和丈夫商量后，她毅然按期赶往石家庄进行捐献。经过两次配型检测与体检，刘影于2021年3月8日完成采集捐献，救治了一名素昧平生的血液病患者。

2. 陈永战，男，1979年出生，预备党员，社区诊所医生。

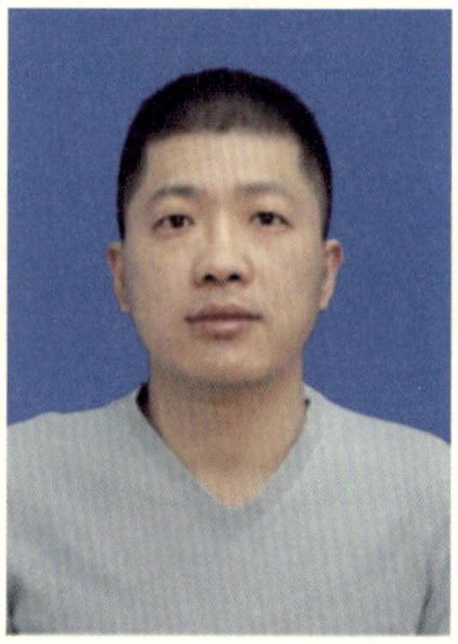
陈永战

2019年4月，陈永战受邀参加中央电视台《加油！好医生》节目录制，并颁发荣誉证书。

2020年1月新冠疫情以来，他积极筹措医疗物资。2020年1月28日和29日分两次向武汉市中心医院呼吸内科捐助紧缺药品（阿比多尔胶囊），还分别向北店乡田各庄屯村和阳光新城小区捐赠消杀物资等，总计价值数万元。他还充分发挥专业优势，积极参与到社区的疫情防控工作中，积极做好卫生专业指导、义务执勤、义务消毒、入户排查等。

从医近20年来，陈永战积极参与社区义诊和各项公益活动，经常为社区居民义务咨询、专业指导，对行动不方便的患者都是免费出诊、上门服务，对困难业主经常减免医药费，对小磕小碰、小外伤等热心处理，不收取任何费用。

陈永战热心公益、乐于助人，得到了社区居委会和广大社区居民的认可，被城区党委、城区办事处授予“最美居民”荣誉称号。

3. 史永峰，男，汉族，1971 年出生，中共党员，大庄镇史庄村党支部书记兼村委会主任。

史永峰

他带头带动村干部们捐资共计 6 万元，改造 1000 平方米的坑地，打造文化主题娱乐广场。自己动手制作文化墙，将社会主义核心价值观、精神文明融入其中。打破传统陋习，白事简办，宴席四凉四热，不准舞狮子，歌舞等大型演出进村，百姓拍手称快。发动党员、群众出义务工千余人次，对该村主要道路进行了返修，建设文化牌楼一座，铺设下水管道 400 多米，栽种 3000 余棵景观树、果木树。

2019 年 10 月，他为村内 44 户党员家庭悬挂了党员家庭户标识牌。为全村 3 户贫困户，安排村干部、党员、企业家精准帮扶。

2021 年 5 月，占地 147.22 亩，投资 3.1 亿元的温泉养老项目落户史庄，项目建成后可为该村提供 200 个就业岗位。他带领企业家组织成立纺织行业协会，通过更新设备，改进品种，由原来的单一品种改成了现在的尿布、口水巾、豆腐布、洗碗巾等多种产品，产品畅销全国，还出口东南亚国家。

他捐助村里自来水电费，出资修建村内公共设施，疫情发生后捐款捐物，防疫期间，该村出现密接人员，他连续奋战 60 多小时不休息，督导、管控、协调、服务，实现了全村人民“零接触”“零感染”。

【见义勇为好人】

1. 耿海立，男，1979 年 4 月出生，中共党员，清苑区何桥乡张桥村村民。

耿海立

2021 年 12 月 21 日，耿海立像往常一样，接了上学的儿子一起回家。当他开车行驶至保定市五四路和永华大街交叉口时，突然看到马路中间站着一名 2 岁多的幼儿，身边也没有家长陪同，路上都是来来往往的车辆，情况十分危险。耿海立果断把车停在路边，迅速跑到马路中间，一把将孩子抱起，躲着车辆，来到安全地带。

这时，三名学生从停车场里跑了出来。报警后，耿海立等人也开始寻找孩子家人，这时耿海立的儿子听到小孩子说“我想玩滑梯”，就赶紧到路口这家店铺询问。正好遇到了正在寻找孩子的王先生。

事后得知，保定市的王先生带着 2 岁多的孩子到路口附近一家店里的二楼玩滑梯，没有带手机的王先生到一楼公用电话联系家人订餐时，孩子从二楼跑到了外面的停车场。正好三名学生发现这名幼儿后，赶紧跑过去围成一个小圈，将孩子贴身护住。没想到孩子个儿小，从护栏钻了出去，跑到了马路中央，险些遭遇危险。正在危急时刻，耿海立父子恰好出现，及时将孩子抱起，避免了一场事故的发生。《保定晚报》创建文明城市专栏进行了报道。

【诚实守信好人】

刘鹏飞

1. 刘鹏飞，男，汉族，1977 年出生，中共党员，大庄镇综合行政执法队队长。

2021 年 7 月 15 日上午，刘鹏飞到保定购物，在茂业百货停车时发现一个驾驶本，经过一番等候，也没有发现失主回来认领，于是就打开发现里面有驾驶证、行车证、身份证和一张银行卡，东西不多但补办很麻烦，他先根据失主住址等信息联系和失主住在一个小区的朋友，发现他认识的人不认识失主后，又发动关系请了很多人进行寻找，多方询问无果后又将信息告诉大庄镇派出所工作人员寻求帮助，最终在7月17日联系上了失主。二人约好在石桥乡政府见面，最终将失物交还给了失主。

【敬业奉献好人】

1. 清苑区卫健系统支援石家庄抗疫群体（党军、李志轩、王占川、宋世阳、常帅、吕航、王少华、王松、崔伟、苏建章、郭胖子、刘畅、

清苑区卫健系统支援石家庄抗疫人员

胡艺钟、薛宾杰、商亚静、臧涛、徐颖娟、杜伟娟、贾海涛、陈国全，共20人）。2021年石家庄部分县区发生新冠肺炎疫情，当接到支援辛集市、晋州市的通知后，他们拿起早已准备好的行李紧急到宾馆集合，经过多小时的高速行驶到达指定地点，仅仅短暂休息2个小时就接到了第一个转送任务：去疫情最严重的村。他们迅速出发接上隔离人员，送到异地隔离地点，经过一上午的奔波才回到休整点。消杀完成后，刚想休息下，吃点泡面垫下肚子，结果又接到转运通知，立即放下筷子出发。有的人因为饮食不规律，胃病犯了都没有申请休息。

转运的医务人员需要长时间穿着密不通风的防护服，在保证安全的同时，备受煎熬，不能喝水，不能上厕所，而且在驾驶座狭小的空间里，也不能大幅度活动。更具挑战的是护目镜和防护面罩容易受鼻孔潮气的影响而起雾，特别是晚上驾驶车辆过程中容易看不清道路，这些都给他们的心理造成了一定的压力，但他们最终凭借着丰富的驾驶经验一一化解了。在辛集市、晋州市、深泽市工作的时间里，他们24小时待命，转运通知就是冲锋号，一声令下，随时准备出发，无论白天还是黑夜，毫无怨言地为责任和使命及时出“战”！

从疫情一线回来后，他们放弃本该有的休息，再次冲上疫情防控第一线。他们严格按照疫情防控工作要求，落实24小时值班值守的工作制度，恰值春节来临，他们有的人身兼多职，是“高速路口执勤员”“核酸检测运送员”“物资配送员”，卡点条件有限，累了只能和衣而卧，饮食只有简单快餐和方便食品，条件虽苦，但初心不变！

2. 宋红庆，男，1979年出生，中共党员。区人民医院急救中心驾驶员。

宋红庆

2020年6—9月近100天，宋红庆参加首都机场国际航班分流石家庄机场入境人员负压转运工作。2021年2—3月近50天再次投入石家庄市新冠肺炎疫情防控接诊转运工作中，冲在疫情防控第一线，人送外号“铁人”。两次的援石任务，每天不管白天黑夜，风雨无阻地奋斗在一线，有力地保障了石家庄市疫情防控工作。获得了石家庄市急救中心颁发的纪念证书和纪念章。

宋红庆每次出车时都会利用娴熟的驾驶技术，争分夺秒为病人争取治疗时间，尽早将病人送到医院，需要长途转运病人时，常常连续几个小时不能休息，没有丝毫怨言，为抢救病人赢得了时间。

3. 李鹏，男，1988年出生，预备党员，清苑区广播电视台副台长。

他在《清苑新闻》栏目中策划、开设了“在习近平新时代中国特色社会主义思想指引下——

李鹏

新时代新作为新篇章”“榜样的力量”“奋斗正当时”“坚持人民至上”等系列主题专栏近百个。多年来圆满完成了区“两会”、“党代会”、创城、白洋淀大道和工业园区拆违、“环保风暴”、“疫情防控”等重大事件的新闻报道。

他参与策划、采访、编辑的新闻作品《关于白血病患者张孟伟的连续报道》《西林水村：特色小镇让农民收获幸福感》等多篇作品荣获保定市新闻奖一、二、三等奖；《我在农村挺好的》获河北省新闻奖三等奖。上送作品多次被央视、人民网、河北电视台、保定电视台采用，为讲好清苑故事、传播清苑好声音贡献了媒体人力量。

他还参与策划组织了舞动清苑广场舞大赛、道德的力量历届好人颁奖晚会、新中国成立70周年歌咏大会、庆祝中国共产党成立100周年歌咏大会、清苑区历届西（甜）瓜节、历届中国农民丰收节等多项大型活动。2010、2011、2013、2017、2018年度被区政府授予嘉奖奖励，2012、2020年度授予记功奖励。

4. 李影，女，1985年出生，中共党员，新兴社区党支部书记、居委会主任。

李影

新兴社区是一个拥有3753户、8000多人的大型社区，老旧小区多，下岗失业人员多，硬件建设不足。她十年如一日扎根社区，把31个小区、3个大网格、8000多名居民绘制成一张地图，铭记在心，把一个老旧社区打造成清苑区“优秀基层党组织”、清苑区“三八红旗集体”、清苑区“平安社区”。

仅2021年以来，李影在新兴社区共解决矛盾纠纷123起，自己单独调查办理48起。育德胡同有一户租给了养鸡户，气味和鸡叫影响到居民生活，李影带领工作人员多次入户，最后成功将鸡圈撤离。育民胡同居住人员复杂，多为老年群体。老旧小区改造施工过程中，业主与施工方产生分歧，她主动介入，多次协调达成共识，历经6个月全面完成改造。此外，单元楼断水、商铺和业主发生矛盾、下水道淤堵、危墙拆除并重新修建、排查小偷……大大小小的小区问题，李影都尽快协调，进行了有效解决。

李影还帮助社区组建了敬欣舞蹈健身队、秋雨舞蹈队、老调戏曲表演队、空竹表演队等文艺团体。各队多次参加省市比赛，空竹队连续12年代表清苑区参加中国保定空竹艺术节，创造上海吉尼斯规模最大抖空竹活动世界纪录，有2人被评为空竹达人。舞蹈队多次参加市比赛，两次获得二等奖。在市老年人运动会上，新兴社区代表队获得三等奖。

李影当选为清苑区第三届党代会党代表，荣获清苑区优秀共产党员、清苑区三八红旗手、清苑区巾帼建功标兵、共青团保定市委“新时代保定好青年”等称号。

5. 刘秦明，男，1974年出生，中共党员，清苑区供电公司运检部主任。

刘秦明

2021年7月11日、7月21日极端暴风雨天气造成电网大面积受损，刘秦明带领他的团队，及时采取有效措施，紧急调配电杆、导线等抢修物资，临时成立紧急专班，24小时在岗协调指挥抢修工作，两次分别连续21小时、34小时在抢修现场指挥协调，确保受灾区域供电线路正常运行。

为保障电力正常供应，他带领团队圆满完成了2021年供电辖区142条10千伏线路、5521个台区及低压线路安全稳定运行。提前完成区政府

"乡村振兴"农村电网建设，在保定市域范围率先组建带电作业班组。全年累计完成带电作业571次、减少损失电量109.7万千瓦时，为保障供电安全可靠、提质增效奠定了坚实基础。在2021年保定市职工职业技能大赛配网带电作业机器人业务技能大赛上，他带领的团队获得团体第一名和最佳拼搏奖。

刘秦明多次被保定供电公司评为"先进个人"和"优秀共产党员"。

7. 刘丽霞，女，1975年出生，中共党员，人民医院院感科主任。

刘丽霞

2021年3月，刘丽霞确诊为肾结石，为了疫情工作未及时手术，5月份肾已经化脓了，紧急手术后未休息一天，带引流管投入岗位上，每天来不及喝水，导致出血较多，造成贫血，在这种情况下仍然为全区疫情防控进行培训，督导检查。

2020年以来，培训652场次，指导130000人次，医务人员和隔离患者实现零感染。2021年度二季度以来，带领100余名医护人员对适龄人群进行新冠疫苗接种，并为清苑区12个接种点提供接种医疗保障。

8. 于小改，女，1976年出生，清苑区臧村中学教师。

于小改

她做了25年的班主任，是全国优秀教师、河北省先进德育工作者、河北省基础教育专家、保定市专家人才，被编入《保定名校名师》。曾代表保定市参加河北省宣传部组织的"中国梦·赶考行"大型宣传活动，到多县作巡回报告。

她奉献，用关爱成就每一位学生。为贫困生多次捐款捐物，从生活和学习上给予帮助。她研修心理学知识，帮助突患心理疾病的小航、已经确诊并多次住院的小轩、多项残疾多次自杀未遂的小根，以及小宇同学患有间歇精神分裂症的母亲战胜病魔，热情地投入生活。

她清贫，却拒绝有偿家教，经常免费辅导学生和出资组织学生参加社会实践活动。

她忙碌，愧对自己和家庭。母亲生病不能尽孝，孩子陪伴不能尽心，身患多种职业病仍不忍休养，一拖再拖，养病为患。

她勇敢，为了保护受暴力侵袭的学生，遍体鳞伤，学生毫发未损。为了解救见网友被困的学生，她驱车数百里到邢台，倾囊相助。

她执着，对学生竭尽全力地帮扶。帮小林解决父亲死亡后他母亲和奶奶的财产纠纷，帮小扬家解决医闹事件。

她无私，毫无保留地帮扶青年教师迅速成长，让学校的教学水平年年创新高。

【孝老爱亲好人】

1. 秦倩，女，1988年出生，中共党员，中国人寿保险公司清苑支公司职员。

秦倩

秦倩是一名军嫂。由于多年来她在家庭中的努力担当，她的丈夫多次出色完成部队下达的任务，连续多年被评为"优秀士兵""优秀士官"，并立三等功一次。秦倩又在丈夫的影响下，努力工作。2020年和2021年，她所带领团队连续2年超额达标，被清苑区妇联评为2021年度"三八红旗手"荣誉称号。

秦倩的丈夫在部队工作16年，每年只能探亲一次。家中事务均由秦倩操持。2017年，婆婆因腰部病痛两次住院，秦倩带着一岁多的孩子，每天下班后给婆婆做饭送饭，和大姑姐一同在医院照顾老人。2019 年，秦倩开车带着孩子和婆婆，同大姑姐到石家庄为婆婆治疗。由于孩子太小，在医院待了 3 天，把前期一切手续办好后，只能先返回清苑。婆婆出院前，她又带上孩子赶到石家庄办理各种手续……在婆婆治疗的那几年，秦倩都是既带着孩子又带着婆婆来往于家和医院。秦倩说："我的丈夫在部队，我一定要把家里照顾好，让他在部队安心服役。"

只要假日，她总会抽出时间带着婆婆和孩子一起出去玩儿，和婆婆相处既像母女，又像姐妹，真正成为亲亲热热的一家人。

2. 杨华，女，1983 年出生，中共党员，清苑区张登中学教师。

杨华

在公公重病期间，她奔跑于学校和医院之间，医生宣布不用继续治疗，甚至婆婆都认为无药可救，杨华仍然坚持继续救治。她每天除了完成学校的教学任务外，下午 4 点赶到医院的重症监护室，进去探望，除了为老人洗脸、擦拭身体、按摩外，最重要的是与老人进行语言沟通交流，给他播放孩子跳舞的视频，鼓励他配合治疗，并告诉他孩子们都很想爷爷，都在等待爷爷回家……尽管当时老人仍处于昏迷状态，但杨华坚信老人一定能够听得见。在交流的过程中，老人的眼角流下了眼泪。功夫不负有心人，老人坚持了 20 天的重症监护后，神奇地脱离了生命危险，转入了普通病房。

杨华身为寄宿制学校的班主任老师，工作认真负责的同时，还承担着三个孩子的教育任务。杨华悉心培养孩子成才，重视对孩子人生观、价值观的思想教育，身体力行，以身示范，做孩子心中的榜样，将自身的优秀品质融入家庭教育中来，潜移默化地影响孩子！

3. 李天威，男，1988 年出生，阳城镇司法所所长。

李天威

2017 年 7 月，母亲确诊乳腺癌并进行化疗，次年，父亲也因突发脑梗住院治疗。不到一年间，照顾家庭的重担突然落在了这个独生子的身上，面临接踵而来的打击，他努力挑起照顾家庭的重担，坚持每天为父母做饭，并定期带母亲到医院完成治疗，叮嘱父亲按时吃药，在他的细心照料下，父母的身体情况慢慢稳定下来。

他不仅孝敬自己的父母，同时也对岳父母孝敬有加。2014 年年初，岳父因结肠癌晚期卧病在床，进入生命的最后时期，他主动担起了照顾岳父的责任。在近三个月的时间里，他不分日夜为岳父翻身按摩，缓解身体疼痛、喂食西瓜缓解口中不适，在岳父疼痛难忍发脾气时，耐心陪伴和开导，经常一天之中只能睡三四个小时，陪伴老人度过了最后的时光。

2021 年度"清苑好人"表彰名单

（共 15 人，包含 1 个群体）

助人为乐好人

刘　影	东闾镇南王庄村
陈永战	清苑区陈永战内科诊所
史永峰	清苑区大庄镇史庄村

见义勇为好人

耿海立	清苑区何桥乡张桥村

诚实守信好人

刘鹏飞	大庄镇人民政府综合行政执法队

敬业奉献好人

清苑区卫健系统支援石家庄抗疫群体

宋红庆　保定市清苑区医院急救科
李　鹏　清苑广播电视台
李　影　清苑区城区办事处新兴社区
刘秦明　清苑区供电公司运检部
刘丽霞　清苑区医院院感科
于小改　清苑区臧村中学

孝老爱亲好人

秦　倩　中国人寿保险公司清苑支公司
杨　华　保定市清苑区张登中学
李天威　清苑区司法局阳城司法所

中共保定市清苑区委 保定市清苑区人民政府关于2021年度区委管理的领导班子和领导干部考核结果的通报和领导干部考核结果的通报

各乡镇党委、政府，开发区管委会，区直各单位，各人民团体，人武部政工科：

按照年度考核有关规定和评价标准，区委组织实施了对乡镇、开发区、区直单位领导班子和领导干部2021年度考核工作，定档结果已经区委常委会研究通过。现通报如下：

一、领导班子考核结果

1. 优秀等次领导班子（33个）

清苑镇、北店乡、白团乡、望亭镇、东闾镇、张登镇、温仁镇、冉庄镇、阳城镇、开发区、区委办、区政府办、区委组织部、区纪委监委、区委宣传部、区法院、区委政法委、区教育和体育局、区卫健局、区农业农村局、区市场监督管理局、区财政局、区检察院、区水利局、区住建局、区发改局、区政协办、区人大办、区委统战部、区统计局、区税务局、区自然资源和规划分局、区供电公司

2. 良好等次领导班子（77个）

何桥乡、孙村乡、石桥乡、臧村镇、大庄镇、魏村镇、阎庄乡、北王力乡、李庄乡、城区办、区委网信办、区行政审批局、区民政局、区应急管理局、区信访局、区人社局、区荣清公司、区综合行政执法局、区直工委、区电视台、区医疗保障局、区退役军人事务局、区商务局、区司法局、区残联、区工信局、高铁园区管委会、区科协、区供销社、区文广旅局、区民宗局、区市场服务中心、区委巡察办、区委联系办、团区委、区委非公工委、区医院、区委编办、区地管办、区妇联、清苑中学、区文联、职教中心、区委党校、区审计局、区总工会、进修学校、区委老干部局、区中医院、区工商联、清苑一中、招待处、区妇幼、区档案馆、区生态环境分局、区交通分局、人行、区公安分局、中行、农发行、农行、联社、工行、邮储银行、移动公司、邮政公司、电信公司、区气象局、联通公司、银监局、烟草公司、建行、广电网络公司、铁塔公司、寿险公司、石油公司、财险公司

3. 一般、较差等次领导班子（无）

二、领导干部考核结果

1. 优秀领导干部（228人）

樊小光、王喜旺、魏红翠、李二茹、邓　佳、陈兆东、冉占永、高云建、陈　钊、陈　贺、张　程、菅宗凯、王国峰、郭　盼、刘昆仑、张凤仙、赵红娜、马　苗、司宪忠、易　磊、吴永新、任浩军、李红娜、杨红娜、王志峰、张　超、常会龙、戴　伟、张骥川、高颖红、任新建、刘昱昊、马向飞、郑红发、张明元、张　帅、冯纪伟、贾　玥、何晓雯、王国清、李成龙、李丽莎、王立恒、丁　静、崔宏生、任中生、刘占发、崔红莲、党　浩、郝　伟、申　肖、敦　艺、王路璐、李超鹏、韩永明、李　根、张　倩、寇永佳、王　松、何文达、岳俊辉、李雪琴、郭艳发、刘　超、王大蕊、徐巍然、步新影、王　洋、王梦阳、王　洁、佟淑旗、段瑞涛、焦　会、刘鹏飞、袁　晶、韩　磊、李云丽、沈海港、杨恩华、吴　蓓、刘军蕾、王笑铮、霍　乾、冯丹华、许建素、李天宇、孟　健、黄颖哲、屈海洋、武海争、

张　伟、李勇谋、王凤英、秦丽娟、王松坡、刘　旭、常志欣、任新刚、杨小丰、陈建辉、王海滨、任新军、杨铁勇、邢占秋、贺　强、臧旭东、张孝广、赵丙振、张同海、常志超、刘晓阳、马　腾、刘红伟、潘　洁、冯银霞、张国占、付世明、张文利、张进文、王　琴、樊建国、曹洪生、樊茂盛、张　伟、段杏娟、郭　新、张　培、侯志新、高永超、韩世贤、吴宏伟、魏冬生、马瑞军、肖　东、董海涛、赵惠娟、徐丙杰、马新军、王　鹏、赵迎春、屈永胜、李万里、刘春晓、刘显龙、马志辉、王立彬、王永刚、王　姗、刘海斌、刘　越、马红敏、李奇良、张立会、王保峰、李桂燕、陈立宁、王志海、张文涛、霍士锋、张　军、张广军、张建平、申亚军、张彦青、刘树林、刘慧贤、孟　辉、杨占龙、刘朝辉、赵　艳、黄　柳、冉同顺、李顺启、张　斌、翟　思、边继红、刘　磊、刘建永、许崇伟、欧阳庆龙、王亮晶、吴玉纯、庞建维、张兴旺、吕增占、刘跃忠、王文渊、崔新立、黄俊峰、高　军、马吉祥、刘春汉、李常永、李　君、卢卫华、安冠忠、张素朋、郑文利、冯素芳、刘　茜、李艳芹、徐　凯、王东考、杨建良、臧尚清、耿记永、霍文进、冯继民、李新位、韩永利、贺孟海、李红伟、安梦楠、刘记兵、赵　永、朱文豪、任占龙、胡乾幸、贾　彬、王　磊、翟明星、蔡征进、李永利、赵　昕、谢小臣、郑小磊、张建立、张天宏

2. 称职领导干部（673人），名单略

3. 基本称职领导干部（无）

4. 不定等次领导干部（11人），名单略

5. 不称职领导干部（2人），名单略

三、表彰与奖励

区委、区政府决定，对评为优秀的领导班子和领导干部予以通报表彰。对年度考核结果为优秀等次的领导班子，授予“实绩突出领导班子”荣誉称号。对年度考核结果为优秀等次的领导干部，按照规定给予奖励；年度考核结果为称职及以上等次的领导干部，按照有关规定享受年度考核奖金、晋升工资级别和级别工资档次。干部年度综合考核评价结果是对领导班子和领导干部的总体评价，各单位领导班子和领导干部要正确对待考核结果，通过考核总结经验，查找不足，明确方向，争取更大成绩。

区委、区政府希望，被评为优秀的领导班子和领导干部要珍惜荣誉，发扬成绩、再接再厉、再创佳绩，力争各项工作在全市、全省有名有位，提升清苑对保定整体工作的贡献度。没有受到表彰的领导班子和领导干部要对标先进、查找不足，自我加压、奋起直追，努力营造干事创业、比学赶超、奋勇争先的浓厚氛围。

区委、区政府号召，全区各单位和广大干部群众要以受通报表彰的单位和个人为榜样，在区委、区政府的正确领导下，以习近平新时代中国特色社会主义思想为指导，坚决拥护“两个确立”，增强“四个意识”，坚定“四个自信”，做到“两个维护”，深入贯彻落实中央、省、市、区委部署要求，坚持人民至上，开拓创新，锐意进取，力促各项工作走在全市前列，奋力谱写清苑高质量发展新篇章，以优异成绩迎接党的二十大的胜利召开。

附录

◎保定市清苑区2021年国民经济和社会发展统计公报

◎清苑区委2021年重要文件一览表

◎2021年清苑区人民政府文件一览表

保定市清苑区2021年国民经济和社会发展统计公报

清苑区统计局

2022年2月26日

2021年是压力挑战叠加、负重奋进收获的一年。我区坚持以习近平新时代中国特色社会主义思想为指导，在区委、区政府正确领导下，深入贯彻落实党的十九届六中全会精神，全区上下坚持稳中求进总基调，统筹常态化疫情防控和经济社会发展，全力把握新发展阶段，贯彻新发展理念，主动融入新发展格局，紧紧围绕“激情奋进‘十四五’、再造一个新保定”的工作主线，聚焦“六个一”总体工作思路，苦干实干，奋力拼搏，迈出了建设现代化品质生活之城的坚实步伐。

一、综合

初步核算，全区生产总值完成160.5亿元，比上年增长7%。其中，第一产业增加值35.8亿元，比上年增长9.5%；第二产业增加值50.5亿元，比上年增长2.3%；第三产业增加值74.2亿元，比上年增长8.5%。人均GDP完成25704元。三次产业比例由上年的24.3∶27.1∶48.6，调整为22.3∶31.5∶46.2。

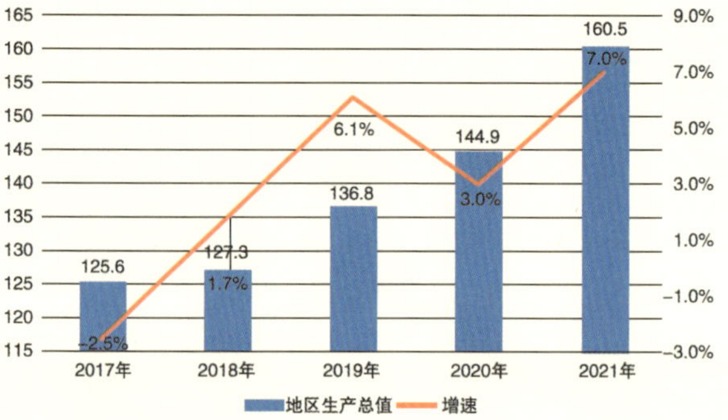

图1 2017—2021年清苑区地区生产总值及其增长速度示意图

全区民营经济增加值完成957812万元，同比增长6.4%，占地区生产总值比重为59.7%；

民营经济实缴税金 116361 万元，同比增长 14.3%，占全部财政收入的 74%。民营企业共计 12371 户，从业人员 91924 人，民营经济从业人员占全区二、三产业从业人员的 51.1%。

二、农业

全区农林牧渔业总产值完成 593799 万元，比上年增长 10.5%。其中，农业产值 428957 万元，同比增长 14.6%；林业产值 580 万元，同比下降 97.6%；牧业产值 148286 万元，同比增长 18.2%；农林牧渔服务业产值 15976 万元，同比增长 1.5%。

全区粮食播种面积 1050255 亩，比上年增加 6177 亩。粮食总产量 475547 吨，比上年增加 5093.8 吨，同比增长 1.1%。其中，夏粮总产 212317 吨，同比增长 0.9%；秋粮总产 263231 吨，同比增长 1.1%。棉花种植面积 5 亩，同比下降 92.9%，棉花产量 0.4 吨，同比下降 92.6%。油料作物面积 22259 亩，同比增长 0.43%，油料产量 6074.2 吨，同比增长 0.4%。

全区蔬菜瓜类播种面积 237964.5 亩，比上年增长 6.1%。蔬菜瓜类产量 1072730.5 吨，比去年上升 5.7%。

全区肉类总产量 30026.1 吨，同比增长 21.3%。禽蛋产量 43870.9 吨，同比增长 2.2%。奶产量 79582.5 吨，同比增长 5.4%。年末生猪存栏 9.5 万头，牛存栏 3.1 万头，羊存栏 4.6 万只。

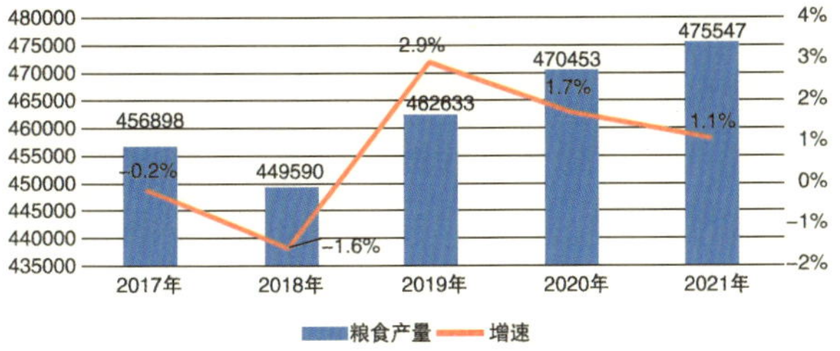

图 2　2017—2021 年粮食产量及其增长速度示意图

三、工业和建筑业

全区规模以上工业总产值 115.7 亿元，同比增长 17.8%。全部工业实现增加值 40 亿元，同比增长 4.3%。其中，规模以上工业实现增加值 22.5 亿元，同比增长 8.6%，实现主营业务收入 124.7 亿元，同比增长 22.6%，实现利润总额 4.2 亿元，同比下降 25.7%，实现利税 6.2 亿元，同比下降 29%；规模以下工业实现增加值 12.5 亿元，同比增长 3.7%。

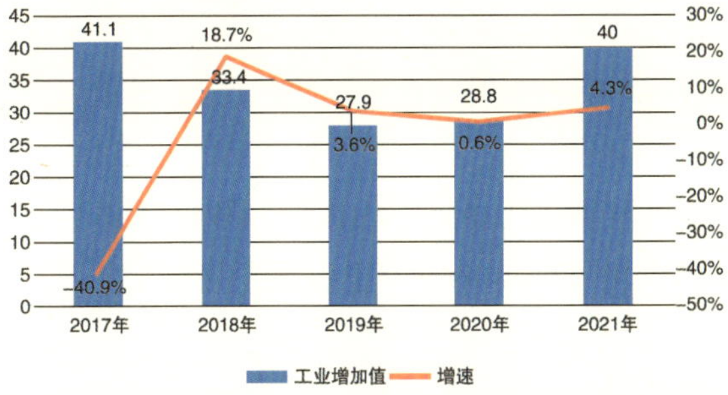

图 3　2017—2021 年工业增加值及其增长速度示意图

规模以上工业中，装备制造业增加值完成 18.7 亿元，同比增长 12.2%，占规模以上工业增加值的比重为 83.1%；高新技术产业增加值完成 8.5 亿元，同比增长 19.5%，占规模以上工业增加值的比重为 37.8%。

规模以上工业中，电力、热力生产和供应业实现产值 125472 万元，同比下降 4.1%；农副食品加工业实现产值 85249 万元，同比增长 12.4%；有色金属延压加工业实现产值 398475 万元，同比增长 26.8%；通用设备制造业实现产值 66324 万元，同比增长 6.4%；纺织业实现产值 19875 万元，同比下降 16%；造纸及纸制品业实现产值 34968 万元，同比增长 33.8%。建筑业总产值完成 33.7 亿元，同比增长 0.9%，建筑业实现增加值 104627 万元，同比下降 0.3%。

四、固定资产投资

全社会固定资产投资完成 50.4 万元，同比增长 16.1%。

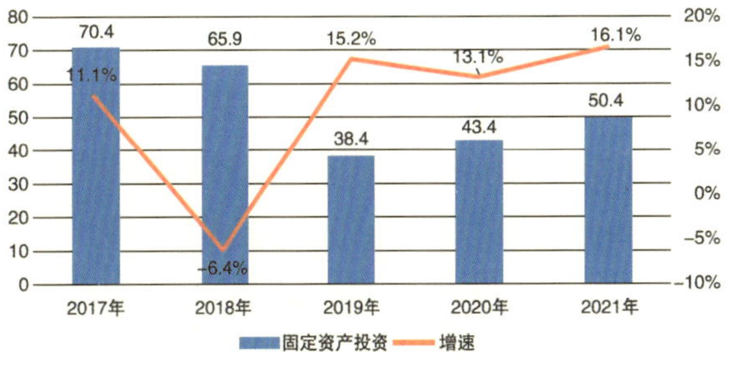

图 4　2017—2021 年全社会固定资产投资及其增长速度示意图

建设项目完成投资 30.8 亿元，同比增长 11.1%。施工项目 53 个，其中新开工项目 46 个。房地产完成投资 19.6 亿元，同比增长 24.9%，施工面积 410538 平方米，比上年增加 71766 平方米。

五、国内贸易

2021 年全年实现社会消费品零售总额 57.4 亿元，同比上升 9.5%。其中，限额以上企业实现消费品零售额 20.7 亿元，同比增长 12.4%。

图 5　2017—2021 年全社会消费品零售总额及其增长速度示意图

从区域看，城镇消费品零售额完成 49.1 亿元，同比增长 7.2%；乡村消费品零售额为 8.2 亿元，同比上升 28.1%。

在限额以上批发零售企业商品零售额中，汽车类同比增长 16%，中西药品类与去年基本持平。

六、对外经济

全年进出口总值完成 17 亿元，同比增长 136.4%。其中，出口总值 13 亿元，同比增长 113.1%。实际利用外资完成 957 万美元。

七、财政、金融

全年完成全部财政收入 157287 万元，同比增长 7.4%。其中：一般公共预算收入 93368 万元，同比增长 9.1%。分部门看：税务部门完成 59568 万元，同比增长 14.3%；财政部门完成 33800 万元，同比增长 1%。财政支出 343586 万元，同比下降 13.3%。

年末金融机构各项存款余额 3699505 万元，同比增长 14.6%，其中居民储蓄存款余额 3078252 万元，同比增长 17%。年末金融机构各项贷款余额 1243226 万元，同比下降 1%。

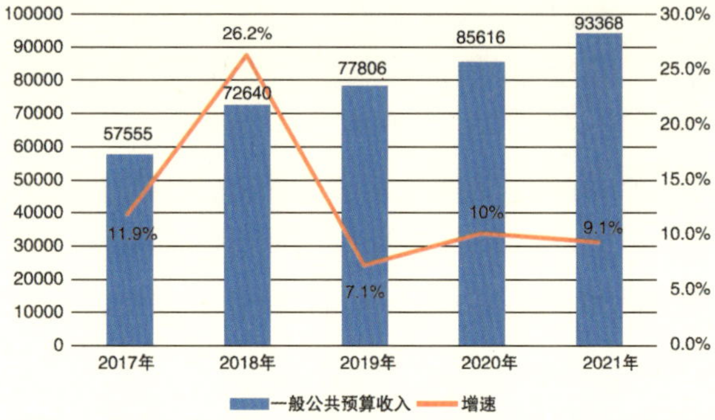

图 6　2017—2021 年一般公共预算收入及其增长速度示意图

八、交通、邮电

全区境内高速、国省干线公路共计 145.4 公里，其中高速公路 2 条共计 58.2 公里、国道 2 条共计 38.4 公里、省级公路 4 条共计 48.8 公里。农村公路县、乡、村共计 1151.5 公里，其中县道 2 条 16.6 公里，乡道 381.6 公里，村道 753.3 公里。总计公路里程 1296.9 公里。

全区邮政基本服务收入 3067 万元，移动电话用户 39 万户，其中 5G 移动用户 11 万户，4G 移动用户 27 万户，互联网接入用户 7 万户。

九、文化、教育、卫生

冉庄地道战遗址是全国首批重点文物保护单位、全国青少年教育基地、全国首批爱国主义教育示范基地、全国红色旅游经典景区、国家首批国防教育示范基地。据统计，2021 年景区共成功接待游客 255.4 万人次，其中接待党员团体活动 1023 余批次，受众人数 7.3 万余人次。开展线上线下相结合的义务演出 250 余场，受众 179.3 万余人次。

全区总计各级各类学校 450 所，其中公办 312 所，民办 138 所。其中公办高中 4 所，民办高中 2 所；公办初中 24 所，民办初中 2 所；公办小学 135 所，民办小学 2 所；公办幼儿园 140 所，民办幼儿园 132 所；公办教学点 6 所，职教中心 1 所，教师进修学校 1 所，特殊教育学校 1 所。

学校在校生总数为 121258 人，高中阶段学生 13119 人，初中生 26117 人，小学生 55926 人，幼儿 26040 人，特教学校学生 56 人。全区幼儿、小学、初高中、特教阶段在职在编专职教师分别为 670 人、2940 人、2361 人、14 人，共有 5985 人。

重点高中清苑中学、清苑第一中学普通高考参考人数 2116 人。据不完全统计，本一上线（强基计划控制线）916 人，本一上线率 43.3%；本科上线 1806 人，上线率 85.3%。高考总分 600 分以上 62 人；理科最高分 666 分，文科最高分 630 分。

全区共有公立医疗卫生机构 24 个，其中区级医疗机构 3 个，疾控中心、监督所各 1 个，乡镇卫生院 18 个，城区社区卫生服务中心 1 所。公立医疗机构实有床位 1272 张。各类卫生技术人员 3470 人，其中执业医师和执业助理医师 1666 人，注册护士 1054 人。

十、人口、人民生活、社会保障

年末全区总户数 222154 户，总人口 691336 人，本年出生 3178 人，出生率为 4.7‰；死亡 2428 人，死亡率为 3.6‰；自增人数 750 人，自然增长率为 1.1‰，出生人口性别比为103.8∶100。

2021 年城镇居民人均可支配收入 38375 元，比上年增长 8.6%，农村居民人均可支配收入 23142 元，比上年增长 11.3%。

2021 年参加基本养老保险单位 2176 个（企业 1751 个，机关、事业单位 425 个），参保职工 34341 人（企业 19841 人，机关、事业单位 14500 人）。企业基本养老保险扩面新增 2984 人；参加基本养老保险的离退休人员 11561 人（企业 5832 人，机关、事业单位 5729 人），发放基本养老金 58033.6 万元（企业 20844.8 万元，机关、事业单位 37188.8 万元，确保了参加基本养老保险的离退休人员基本养老金按时足额发放。参加工伤保险单位 2130 个，参保职工 30711 人，征缴工伤保险费 1161.3 万元。

2021 年累计新增城镇就业 3744 人，城镇登记失业率控制在 4.5% 以内。全区享受最低生活保障的人员 9951 人，其中农村低保对象 9292 人，全年发放最低生活保障金 2688.3 万元；城镇低保对象 659 人，全年发放最低生活保障金 344.5 万元。城乡特困户 2657 人，其中分散供养 2457 人，发放特困供养金（包括护理补贴）1856.8 万元，集中供养 200 人，发放特困供养金（包括护理补贴）186.7 万元。

十一、环保、能源

城市人均公园绿地面积 14.6 平方米，城市建成区绿地率达 39.2%。城市污水集中处理率 98.4%；城市生活垃圾无害化处理率达 100%，城市空气质量达到优良天数 242 天，全年 PM2.5 浓度为 46 微克/立方米。

2021 年能源消费总量 140.4 万吨标准煤，同比下降 2.1%。煤炭消费量 166.7 万吨，同比下降 5.5%；天然气消费量 18873.1 万立方米，同比下降 10.1%；电力消费量 221884.1 万千瓦时，同比增长 13.9%，其中工业用电消费量 105973.7 万千瓦时，同比增长 14.6%。单位万元生产总值能源消耗量 0.8 吨标煤/万元，同比下降 5%。

注释：

1. 本公报 2021 年部分数据为快报数。

2. 公报中生产总值、各产业、各行业增加值绝对数按现行价格计算，增长速度按不变价格计算。

3. 公报中出生人数、出生率、死亡人数、死亡率均为公安局户籍科提供。

4. 公报中部分数据由于单位取舍不同而产生的计算误差，未作机械调整。

清苑区委2021年重要文件一览表

表1

文号	名称	发文单位	发文日期
清发			
清发〔2021〕1号	印发《关于制定国民经济和社会发展第十四个五年规划的建议》的通知	中共保定市清苑区委	2021年1月21日
清发〔2021〕2号	关于做好中国共产党成立100周年庆祝活动有关事项的通知	中共保定市清苑区委	2021年2月10日
清发〔2021〕3号	批转区人大常委会党组《关于做好区乡人民代表大会换届选举工作的意见》的通知	中共保定市清苑区委	2021年3月15日
清发〔2021〕4号	关于在全区开展党史学习教育的通知	中共保定市清苑区委	2021年3月16日
清发〔2021〕5号	印发《关于开展全区政法队伍教育整顿实施方案》的通知	中共保定市清苑区委	2021年3月17日
清发〔2021〕6号	关于开展“团结就是力量”专题学习教育活动的通知	中共保定市清苑区委	2021年3月24日
清发〔2021〕7号	关于认真贯彻落实习近平总书记重要讲话精神全面推进乡村振兴加快农业农村现代化的实施意见	中共保定市清苑区委 保定市清苑区人民政府	2021年3月29日
清发〔2021〕8号	关于深入开展“三重四创五优化”活动扎实推动“十四五”开好局起好步的实施意见	中共保定市清苑区委 保定市清苑区人民政府	2021年3月29日
清发〔2021〕9号	关于开展“三基”建设年活动的实施意见	中共保定市清苑区委 保定市清苑区人民政府	2021年4月20日
清发〔2021〕10号	关于印发《中共保定市清苑区委2021年度工作要点》的通知	中共保定市清苑区委	2021年4月30日
清发〔2021〕11号	关于做好中国共产党保定市清苑区第三次代表大会代表选举工作的通知	中共保定市清苑区委	2021年5月26日
清发〔2021〕12号	关于印发《关于实现巩固拓展脱贫攻坚成果同乡村振兴有效衔接的若干措施》的通知	中共保定市清苑区委 保定市清苑区人民政府	2021年6月24日
清发〔2021〕13号	关于加强基层治理体系和治理能力现代化建设的实施意见	中共保定市清苑区委 保定市清苑区人民政府	2021年8月5日
清发〔2021〕14号	关于印发闫向阳同志在中国共产党保定市清苑区第三次代表大会上的报告的通知	中共保定市清苑区委	2021年9月2日
清发〔2021〕15号	转发《保定市清苑区法治宣传教育领导小组关于在全区公民中开展法治宣传教育的第八个五年规划（2021—2025年）》的通知	中共保定市清苑区委 保定市清苑区人民政府	2021年11月15日

续表 1

文号	名称	发文单位	发文日期
清发〔2021〕16 号	关于印发《建设新时代美丽清苑实施方案（2021—2035 年）》的通知	中共保定市清苑区委 保定市清苑区人民政府	2021 年 11 月 30 日
清发〔2021〕17 号	贯彻落实《中共中央关于党的百年奋斗重大成就和历史经验的决议》的意见	中共保定市清苑区委	2021 年 12 月 7 日
清发〔2021〕18 号	关于认真学习宣传贯彻省第十次党代会精神的通知	中共保定市清苑区委	2021 年 12 月 13 日
清发〔2021〕19 号	贯彻落实《中共中央关于党的百年奋斗重大成就和历史经验的决议》的意见	中共保定市清苑区委	2021 年 12 月 17 日
清字			
清字〔2021〕1 号	印发《关于优环境、促发展坚决整治群众身边“微腐败”专项行动工作方案》的通知	中共保定市清苑区委	2021 年 3 月 11 日
清字〔2021〕2 号	印发《关于省委第十巡视组巡视清苑区反馈意见整改工作方案》的通知	中共保定市清苑区委	2021 年 3 月 19 日
清字〔2021〕3 号	印发《关于对保定市清苑区选人用人专项检查的反馈意见整改工作方案》的通知	中共保定市清苑区委	2021 年 3 月 19 日
清字〔2021〕4 号	印发《关于省委第十巡视组意识形态工作责任制专项检查反馈意见整改工作方案》的通知	中共保定市清苑区委	2021 年 3 月 19 日
清字〔2021〕5 号	印发《关于对保定市清苑区委巡察工作专项检查的反馈意见整改工作方案》的通知	中共保定市清苑区委	2021 年 3 月 19 日
清字〔2021〕6 号	关于印发《2021 年落实全面从严治党主体责任工作安排》的通知	中共保定市清苑区委	2021 年 4 月 14 日
清字〔2021〕7 号	关于 2020 年度区委管理的领导班子和领导干部考核结果的通报	中共保定市清苑区委 保定市清苑区人民政府	2021 年 4 月 19 日
清字〔2021〕8 号	关于表彰全区先进基层党组织、优秀共产党员、优秀党务工作者的决定	中共保定市清苑区委	2021 年 6 月 24 日
清字〔2021〕9 号	关于进一步加强基层组织建设扎实推进深化宗教治理的意见	中共保定市清苑区委	2021 年 7 月 7 日
清字〔2021〕10 号	关于优化调整清苑区应对新冠病毒肺炎疫情工作领导小组暨成立全区疫情防控工作总指挥部的通知	中共保定市清苑区委 保定市清苑区人民政府	2021 年 8 月 5 日
清字〔2021〕11 号	关于中共保定市清苑区第三届委员会常务委员会委员工作分工的通知	中共保定市清苑区委	2021 年 11 月 2 日

续表 1

文号	名称	发文单位	发文日期
清字〔2021〕12 号	关于印发《进一步加强生态文明建设深入开展地下水超采治理的实施意见》的通知	中共保定市清苑区委 保定市清苑区人民政府	2021 年 11 月 18 日
清字〔2021〕13 号	关于印发《关于省委第十巡视组对保定市巡视“回头看”反馈意见整改工作方案》的通知	中共保定市清苑区委	2021 年 11 月 29 日
清字〔2021〕14 号	关于省委巡视反馈意见整改情况的通报	中共保定市清苑区委	2021 年 12 月 10 日
清办发			
清办发〔2021〕1 号	关于印发《进一步加强 12345 政府服务热线建设完善群众诉求反映处理机制的意见》的通知	中共保定市清苑区委办公室 保定市清苑区人民政府办公室	2021 年 2 月 9 日
清办发〔2021〕2 号	印发《关于当前全区意识形态领域情况的通报》的通知	中共保定市清苑区委办公室	2021 年 6 月 28 日
清办发〔2021〕3 号	关于做好深化应急管理综合行政执法改革工作的通知	中共保定市清苑区委办公室 保定市清苑区人民政府办公室	2021 年 7 月 9 日
清办发〔2021〕4 号	印发《关于进一步夯实筑牢农村基层党组织战斗堡垒防范和整治“村霸”问题的若干措施》的通知	中共保定市清苑区委办公室 保定市清苑区人民政府办公室	2021 年 10 月 12 日
清办字			
清办字〔2021〕1 号	印发《关于认真做好全区村（社区）“两委”换届工作的实施意见》的通知	中共保定市清苑区委办公室 保定市清苑区人民政府办公室	2021 年 1 月 26 日
清办字〔2021〕2 号	关于印发《保定市清苑区人民代表大会常务委员会机关职能配置、内设机构和人员编制规定》的通知	中共保定市清苑区委办公室	2021 年 5 月 14 日
清办字〔2021〕3 号	关于召开中国共产党保定市清苑区第三次代表大会的通知	中共保定市清苑区委办公室	2021 年 7 月 19 日
清办字〔2021〕4 号	关于印发《“十四五”清苑区档案事业发展规划》的通知	中共保定市清苑区委办公室 保定市清苑区人民政府办公室	2021 年 8 月 2 日
办公室通报			
第 1 期	深入学习贯彻中央经济工作会议和省委、市委全会精神　全力推动清苑“十四五”经济社会高质量发展实现良好开局——在区委二届八次全体会议上的讲话	中共保定市清苑区委办公室	2021 年 1 月 15 日

续表 1

文号	名称	发文单位	发文日期
第 2 期	崔建民、陈栋同志在区纪委二届五次全会上的讲话	中共保定市清苑区委办公室	2021 年 2 月 9 日
第 3 期	崔建民、王涛同志在全区领导干部大会暨“三重四创五优化”活动动员部署会上的讲话	中共保定市清苑区委办公室	2021 年 2 月 20 日
第 4 期	崔建民、甄会龙同志在乡镇（城区）党委书记、区直党（工）委书记抓基层党建工作述职评议暨全区组织工作会议上的讲话	中共保定市清苑区委办公室	2021 年 3 月 6 日
第 5 期	崔建民同志在全区领导干部大会上的讲话	中共保定市清苑区委办公室	2021 年 3 月 9 日

2021 年清苑区人民政府文件一览表

表 2

文号	文件标题	发文日期
〔2021〕1 号	关于对《保定市清苑区行政审批局关于保定市清苑区大庄镇彩虹桥幼儿园办理校车使用许可的请示》的批复	1 月 4 日
〔2021〕2 号	关于河道管理和水利工程管理与保护范围划定成果的通告	1 月 4 日
清政办〔2021〕1 号	关于印发《保定市清苑区扩大内需提升商务服务业发展水平的工作措施》的通知	1 月 7 日
清政〔2021〕1 号	关于府河导排区加固扩容项目建设情况的报告	1 月 8 日
〔2021〕3 号	关于同意《关于撤销城区供水水源地的请示》的批复	1 月 11 日
清政办〔2021〕2 号	关于印发区政府领导工作分工的通知	1 月 13 日
清政〔2021〕3 号	石桥乡东石桥村防洪整治工作计划	1 月 14 日
清政〔2021〕4 号	关于《保定市清苑区府河沿线水环境提升项目》专项资金退回的报告	1 月 18 日
清政〔2021〕5 号	关于张登镇涉疫冷链食品人员处置工作报告	1 月 20 日
清政〔2021〕6 号	关于保定市清苑区清洁取暖试点城市既有建筑节能改造示范项目检查工作通报函的回复	1 月 22 日
〔2021〕4 号	关于确定西王力村王增荣家老宅为历史建筑的公告	1 月 22 日
清政办〔2021〕4 号	关于印发《保定市清苑区关于规范区属企业国有资产租赁行为的实施意见（试行）》的通知	1 月 22 日
〔2021〕5 号	关于下放第二批乡镇行政处罚事项的通知	1 月 25 日
〔2021〕6 号	关于乡镇开展行政执法工作的通知	1 月 25 日
清政办〔2021〕5 号	关于做好 2020—2021 年秋冬季大气污染防治持续开展成品油市场秩序整治工作的通知	1 月 25 日
清政〔2021〕7 号	关于申请府河导排区扩容加固工程项目资金的请示	1 月 28 日
清政〔2021〕8 号	关于城镇土地使用税税额标准调整方案	1 月 28 日
〔2021〕7 号	关于划拨大堤口第二批征迁安置资金的函	1 月 28 日
〔2021〕8 号	关于《清苑区中心城区 QY－14 单元控制性详细规划（局部地块）调整》成果的批复	1 月 28 日
清政办〔2021〕6 号	关于升级调整保定市清苑区道路交通安全委员会的通知	1 月 28 日
清政办〔2021〕7 号	印发《关于推进医疗保障基金监管制度体系改革的实施意见》的通知	1 月 29
清政〔2021〕9 号	关于辖区金线河北大冉断面水质达标保障整改工作方案	2 月 1 日
〔2021〕9 号	关于对《保定市财政局整合我区平台公司并入保定市国控集团有限责任公司意见》的复函	2 月 3 日

续表 2

文号	文件标题	发文日期
清政〔2021〕10 号	关于府河导排区扩容加固工程急需解决问题的请示	2 月 4 日
清政〔2021〕11 号	关于保定市殡仪馆迁建事宜的汇报	2 月 8 日
清政〔2021〕12 号	关于申报招商引资优秀引荐人的反馈意见	2 月 15 日
清政〔2021〕13 号	关于保定市清苑区农村信用联社股份有限公司风险化解处置工作方案	2 月 19 日
清政〔2021〕14 号	关于保定市御府房地产开发有限公司东城首府住宅项目的请示	2 月 19 日
〔2021〕10 号	关于张占良同志的任免职通知	2 月 19 日
清政办〔2021〕12 号	关于印发《保定市清苑区深化农村公路管理养护体制改革实施方案》的通知	2 月 19 日
〔2021〕11 号	关于印发《保定市清苑区农村生活污水治理专项规划（2020—2035）》的通知	2 月 20 日
清政办〔2021〕13 号	关于印发《保定市清苑区农村生活污水治理工作方案（2021—2025 年）》的通知	2 月 20 日
清政〔2021〕15 号	关于东石桥村搬迁选址情况的汇报	2 月 22 日
清政〔2021〕16 号	关于我区机关事业单位部分退休“中人”养老金计发暂不列入市民生考核事项的请示	2 月 24 日
〔2021〕12 号	关于建设实施保定市清苑区大气污染防治综合管理能力提升服务项目（第二批次）的批复	2 月 24 日
清政〔2021〕17 号	关于支持解决返还华夏幸福基业股份有限公司投资资金问题的报告	2 月 28 日
清政〔2021〕18 号	关于上报永久基本农田与“三调”统一时点数据套合标注成果核实确认工作成果的请示	3 月 5 日
清政办〔2021〕14 号	关于印发《保定市清苑区 2021 年农业生产社会化服务项目实施方案》的通知	3 月 5 日
清政办〔2021〕15 号	关于印发区政府领导工作分工的通知	3 月 5 日
清政办〔2021〕16 号	关于 2020 年度行政事业性国有资产情况的报告	3 月 10 日
清政〔2021〕19 号	关于引进建设中南高科·清苑新经济产业园项目的报告	3 月 13 日
〔2021〕13 号	关于新增财政资金直达市县基层直接惠企利民情况审计问题情况的报告	3 月 16 日
清政〔2021〕20 号	关于我区涉“漂白麻山药”问题整改处置情况的报告	3 月 20 日
〔2021〕14 号	关于《保定市清苑区应急管理局 2021 年度安全生产监督检查计划》的批复	3 月 22 日
清政办〔2021〕18 号	关于进一步落实企事业单位安全生产监管责任的通知	3 月 24 日
清政办〔2021〕19 号	关于印发《保定市清苑区农民工欠薪应急周转金使用管理办法》的通知	3 月 24 日
清政〔2021〕21 号	关于严肃查处生态环境部监督帮扶发现问题的情况报告	3 月 25 日
清政〔2021〕22 号	关于保定市清苑区东闾乡北宋村土地整治（占补平衡）项目立项信息核实申请书	3 月 25 日

续表 2

文号	文件标题	发文日期
清政〔2021〕23 号	关于保定市清苑区石桥乡南侯村土地整治（占补平衡）项目立项信息核实申请书	3 月 25 日
清政〔2021〕24 号	关于保定市清苑区冉庄镇羊庄村土地整治（占补平衡）项目立项信息实核申请书	3 月 25 日
〔2021〕16 号	关于保定市清苑区冉庄镇羊庄村土地整治（占补平衡）项目立项通知书	3 月 25 日
〔2021〕17 号	关于保定市清苑区石桥乡南侯村土地整治（占补平衡）项目立项通知书	3 月 25 日
〔2021〕18 号	关于保定市清苑区东闾乡北宋村土地整治（占补平衡）项目立项通知书	3 月 25 日
清政〔2021〕25 号	关于大庄国际物流园区项目对接推进情况的报告	3 月 31 日
〔2021〕19 号	关于对《保定市清苑区东闾乡博爱幼儿园办理校车使用许可的请示》的批复	3 月 31 日
〔2021〕20 号	关于对《保定市清苑区大柳树巴学园幼儿园办理校车使用许可的请示》的批复	4 月 2 日
〔2021〕21 号	关于对《保定市清苑区石桥乡仙人桥小天地幼儿园办理校车使用许可的请示》的批复	4 月 2 日
清政办〔2021〕20 号	关于印发《保定市清苑区关于全面推进城镇老旧小区改造工作的实施意见》的通知	4 月 2 日
清政〔2021〕26 号	关于创建省级森林城市的请示	4 月 6 日
清政〔2021〕27 号	关于府河截洪导排工程调出生态红线必要性的情况说明	4 月 6 日
〔2021〕22 号	关于对《保定市清苑区魏村镇郝庄幼儿园办理校车使用许可的请示》的批复	4 月 6 日
〔2021〕23 号	关于对《保定市清苑区何桥乡金苹果幼儿园办理校车使用许可的请示》的批复	4 月 6 日
清政〔2021〕28 号	关于保定市 2019 年度实施第 16 批次建设用地土地征收情况说明	4 月 7 日
清政〔2021〕29 号	关于保定市 2019 年度实施第 16 批次建设用地纳入国土空间规划的请示	4 月 7 日
清政〔2021〕30 号	关于清苑区大庄污水处理厂配套管网工程项目整改情况报告	4 月 8 日
清政〔2021〕31 号	关于将府河导排区应急改造工程纳入应急工程管理的请示	4 月 8 日
清政办〔2021〕21 号	关于印发《保定市清苑区下放自然资源领域行政处罚事项的实施方案》的通知	4 月 9 日
清政〔2021〕32 号	关于区长王涛同志的请假条	4 月 12 日
〔2021〕24 号	关于印发《〈市政府工作报告 2021 年工作落实方案〉涉及我区重点工作任务分解表》的通知	4 月 12 日
〔2021〕25 号	关于对《保定市清苑区望亭乡福娃娃国教园办理校车使用许可的请示》的批复	4 月 15 日

续表 2

文号	文件标题	发文日期
〔2021〕26 号	关于代管京港澳高速清苑入口互通圈的函	4 月 15 日
清政〔2021〕33 号	关于府河应急导排区工程所需资金的请示	4 月 16 日
清政〔2021〕34 号	关于府河应急导排区建设情况的报告	4 月 16 日
清政〔2021〕35 号	关于确定清苑区大堤口村安置房建设用地高压线迁改方案的请示	4 月 16 日
清政办〔2021〕24 号	关于印发《保定市清苑区成品油市场大走访专项行动巩固提升工作方案》的通知	4 月 19 日
清政办〔2021〕25 号	关于印发《保定市清苑区招商引资优惠政策（试行）》的通知	4 月 19 日
清政〔2021〕36 号	关于保定·少海汇智能家居产业园项目给予用地支持的请示	4 月 20 日
清政办〔2021〕26 号	关于申请 2021 年“粮改饲”试点项目的承诺书	4 月 21 日
清政〔2021〕37 号	关于殡仪馆改扩建项目用地指标的请示	4 月 22 日
清政〔2021〕38 号	关于阎庄乡前营村城中村改造情况的报告	4 月 22 日
清政办〔2021〕27 号	关于印发《保定市清苑区绿色社区创建三年行动方案》的通知	4 月 29 日
清政〔2021〕39 号	关于将清苑区应急备用水源地纳入保定市一亩泉应急备用水源统一保障的请示	4 月 30 日
〔2021〕27 号	关于《清苑区中心城区控制性详细规划 QY—05 单元、QY—09 单元、QY—15 控制单元调整》成果的批复	5 月 7 日
〔2021〕28 号	关于保定市清苑区张登镇北邓村土地整治（占补平衡）项目的验收通知	5 月 8 日
清政〔2021〕40 号	关于府河截洪导排区域土地流转、大坑蓄水等相关费用的请示	5 月 10 日
清政办〔2021〕28 号	关于印发《保定市清苑区取水井关停工作方案》的通知	5 月 10 日
清政〔2021〕41 号	关于二调无权源建设用地有关情况的说明	5 月 13 日
〔2021〕29 号	关于做好 2021 年民兵建设工作的通知	5 月 13 日
〔2021〕30 号	关于做好 2021 年基干民兵军事训练工作的通知	5 月 13 日
清政〔2021〕42 号	关于保定市 2019 年度实施第 16 批次建设用地纳入国土空间规划的请示	5 月 14 日
清政〔2021〕43 号	关于保定市清苑区张登镇北邓村土地整治（占补平衡）项目验收信息核实申请书	5 月 14 日
清政〔2021〕44 号	关于大庄国际物流园区项目进展情况的报告	5 月 14 日
清政〔2021〕45 号	关于 2021 年河北省政府再融资债券的代发申请	5 月 14 日
清政〔2021〕46 号	关于 2021 年河北省政府债券的代发申请	5 月 14 日
清政〔2021〕47 号	关于申请注册“清苑西瓜”地理标志证明商标的函	5 月 14 日
清政〔2021〕48 号	关于雄忻铁路相交道路建设工程项目资金来源证明	5 月 14 日
〔2021〕31 号	关于保定市清苑区张登镇土地整治（自主实施）项目（整改）通过验收的通知	5 月 14 日
〔2021〕32 号	关于在全区开展卫片执法暨违法用地行为整改工作的通知	5 月 14 日

续表 2

文号	文件标题	发文日期
清政办〔2021〕30 号	关于报送 2021 年第二批次新增政府专项债券项目需求的报告	5 月 14 日
清政办〔2021〕31 号	关于印发《2021 年保定市清苑区利用外资精准招商工作实施意见》的通知	5 月 18 日
清政〔2021〕49 号	关于河道内村庄搬迁“回头看”有关工作开展情况的报告	5 月 20 日
清政〔2021〕50 号	关于将城区初期雨水及雨水管网积存水体导排纳入市城区导排体系的请示	5 月 21 日
清政〔2021〕51 号	关于保定市 2021 年度第 71 批次建设用地纳入国土空间规划的请示	5 月 25 日
清政〔2021〕52 号	关于保定市 2021 年度第 72 批次建设用地纳入国土空间规划的请示	5 月 25 日
清政〔2021〕53 号	关于保定市 2021 年度第 81 批次建设用地纳入国土空间规划的请示	5 月 25 日
清政办〔2021〕32 号	关于成立保定市清苑区未成年人保护工作领导小组的通知	5 月 26 日
〔2021〕34 号	关于申请出具清苑区东闾乡撤乡设镇有关情况认定意见的函	5 月 27 日
〔2021〕35 号	关于向河北清苑经济开发区赋予行政审批权限的通知	5 月 27 日
清政〔2021〕54 号	关于府河应急导排区污水治理设施技术问题的请示	5 月 31 日
清政〔2021〕55 号	关于撤销东闾乡设立东闾镇行政区划调整的请示	5 月 31 日
清政办〔2021〕33 号	关于印发《保定市清苑区 2021 年高考工作实施方案》的通知	5 月 31 日
清政〔2021〕56 号	关于京港澳高速公路与蠡野线交界处互通立交相关情况的说明	6 月 1 日
清政〔2021〕57 号	关于保定市 2021 年度第 78 批次建设用地土地征收情况说明	6 月 4 日
清政〔2021〕58 号	关于保定市 2021 年度第 77 批次建设用地纳入国土空间规划的情况说明	6 月 4 日
清政〔2021〕59 号	关于保定市 2021 年度第 78 批次建设用地纳入国土空间规划的情况说明	6 月 4 日
〔2021〕36 号	关于解决保沧高速公路地道桥汛期积水问题的函	6 月 4 日
清政办〔2021〕34 号	关于进一步规范区政府文件信息公开审查工作的通知	6 月 4 日
清政办〔2021〕35 号	关于印发区政府领导工作分工的通知	6 月 7 日
〔2021〕37 号	关于成立保定市清苑区府河导排区应急改造工程建设管理处的批复	6 月 8 日
清政办〔2021〕36 号	关于调整清苑区土地管理委员会成员的通知	6 月 9 日
清政〔2021〕60 号	关于市国控集团 3A 评级股权和资产整合工作落实情况的报告	6 月 11 日
清政〔2021〕61 号	关于申请新增建设用地计划指标的请示	6 月 15 日
清政〔2021〕62 号	关于府河导排区应急改造工程现场情况的紧急报告	6 月 16 日
〔2021〕38 号	关于《保定市嘉禾语幼儿园有限公司办理校车使用许可的请示》的批复	6 月 16 日
〔2021〕39 号	关于《保定市清苑区白团乡樊庄未来星幼儿园办理校车使用许可的请示》的批复	6 月 16 日
〔2021〕40 号	关于《保定市小天才幼儿园有限公司办理校车使用许可的请示》的批复	6 月 16 日
〔2021〕41 号	关于《保定市卓童幼儿园有限公司办理校车使用许可的请示》的批复	6 月 16 日
清政办〔2021〕37 号	关于印发《县域科技创新跃升三年攻坚行动方案》的通知	6 月 22 日
清政办〔2021〕38 号	关于成立保定市清苑区推进县域科技创新工作专班的通知	6 月 22 日

续表 2

文号	文件标题	发文日期
清政办〔2021〕39 号	关于划定我区城区建成区范围的通知	6 月 23 日
清政办〔2021〕40 号	关于印发《保定市清苑区 2021 年城区防汛应急预案》的通知	6 月 25 日
清政〔2021〕63 号	关于府河莲花桥导排区具备使用功能的报告	6 月 28 日
〔2021〕42 号	关于印发《保定市清苑区城乡建设用地增减挂钩历史遗留问题整改工作方案》的通知	6 月 28 日
〔2021〕43 号	关于《保定市清苑区臧村镇郭庄幼儿园办理校车使用许可的请示》的批复	6 月 29 日
清政办〔2021〕41 号	关于调整清苑区农业信贷担保工作指导委员会的通知	6 月 29 日
清政办〔2021〕42 号	关于印发《保定市清苑区地下水超采综合治理 2021 年度实施方案》的通知	6 月 29 日
清政〔2021〕64 号	关于河北北特机械科技股份有限公司到石家庄股权交易所挂牌交易呈报备案的函	6 月 30 日
清政办〔2021〕44 号	关于印发《保定市清苑区 2021 年“粮改饲”工作实施方案》的通知	7 月 5 日
清政〔2021〕65 号	关于保定市 2021 年度第 72 批次建设用地土地征收情况说明	7 月 8 日
清政〔2021〕66 号	关于保定市 2021 年度第 73 批次建设用地纳入国土空间规划的情况说明	7 月 8 日
清政〔2021〕67 号	关于保定清苑北大冉 110 千伏输变电工程项目纳入国土空间规划的情况说明	7 月 8 日
清政办〔2021〕45 号	关于做好 2021 年度成品油市场专项清理整治行动的通知	7 月 8 日
〔2021〕44 号	关于《保定市清苑区白团乡等四个乡（镇）白团东街村等五个村土地综合整治项目变更申请》的批复	7 月 9 日
〔2021〕45 号	关于《保定市清苑区阳城镇等五个乡（镇）阳城村等七个村土地综合整治项目变更申请》的批复	7 月 9 日
清政〔2021〕68 号	关于增加我区专项债务限额的请示	7 月 12 日
清政〔2021〕69 号	关于 2021 年河北省政府债券的代发申请	7 月 13 日
清政办〔2021〕46 号	关于印发《保定市清苑区关于落实保定市推进国家职业教育改革市域试点工作实施方案》的通知	7 月 13 日
清政〔2021〕70 号	关于朝阳南大街金线河雨水泵站排放口污水排放情况报告	7 月 15 日
清政〔2021〕71 号	关于申请整改《清苑县北店乡西顾庄村建设用地增减挂钩试点项目实施规划》的函	7 月 17 日
清政〔2021〕72 号	关于保定清苑北大冉 110 千伏输变电工程项目土地征收情况说明	7 月 20 日
清政办〔2021〕48 号	关于印发《保定市清苑区 2021 年取水井关停工作方案》的通知	7 月 20 日
清政〔2021〕73 号	关于省道 S524 新区至保定公路建设工程项目增加项目用地和预算的请示	7 月 22 日
清政〔2021〕74 号	河道内村庄防洪整治“回头看”排查报告	7 月 23 日
清政〔2021〕75 号	关于申请整改《保定市清苑县望亭乡小望亭村建设用地减少与清苑县北店乡等两个城镇建设用地增加挂钩试点项目》的函	7 月 23 日

续表 2

文号	文件标题	发文日期
清政〔2021〕76 号	关于申请合并、整改《保定市清苑县北店乡西林水村建设用地减少与清苑县魏村镇等三个城镇建设用地增加挂钩试点项目》《保定市清苑县孙村乡北孙村建设用地减少与清苑县白团乡城镇建设用地增加挂钩试点项目》《保定市清苑县清苑镇西福村建设用地减少与清苑县何桥乡等六个城镇建设用地增加挂钩试点项目实施规划》的函	7 月 23 日
清政〔2021〕77 号	关于受灾情况梳理核查的报告	7 月 26 日
清政办〔2021〕49 号	关于印发《保定市清苑区基层医疗卫生机构标准化建设实施方案》的通知	7 月 26 日
清政办〔2021〕50 号	关于印发《保定市清苑区生活垃圾运输和处置应急预案》的通知	7 月 26 日
清政〔2021〕78 号	关于孙村乡大堤口村拆迁改造重新选址规划用地的报告	7 月 27 日
清政办〔2021〕51 号	关于印发《保定市清苑区明确区属国有企业重大事项报告范围的意见》的通知	7 月 27 日
清政〔2021〕79 号	关于市政府主要领导交办事项进展情况的报告	7 月 30 日
清政〔2021〕80 号	关于项目建设中未有效利用和闲置土地排查情况的报告	7 月 30 日
清政〔2021〕81 号	关于 2020 年生态环保资金审计反馈问题整改情况的报告	7 月 30 日
清政〔2021〕82 号	关于保定市 2021 年度第一批次城乡建设用地增减挂钩项目（遗留项目整改）建新区用地纳入国土空间规划的情况说明	8 月 2 日
清政办〔2021〕52 号	关于印发《保定市清苑区液化石油气瓶装供应站管理办法》的通知	8 月 2 日
清政办〔2021〕53 号	关于印发《保定市清苑区液化石油气电动小黄车运输配送管理办法》的通知	8 月 2 日
清政办〔2021〕54 号	关于印发《保定市清苑区瓶装燃气送气工管理办法》的通知	8 月 2 日
清政〔2021〕83 号	关于加强高污染燃料禁燃区划定和管理的通告	8 月 3 日
清政办〔2021〕55 号	印发关于持续深化“四个农业”促进农业高质量发展行动方案（2021—2025 年）的通知	8 月 3 日
清政〔2021〕84 号	关于落实 2020 年度中央预算执行和其他财政收支审计查出问题整改情况的报告	8 月 5 日
清政〔2021〕85 号	关于保定市 2021 年度第二批次城乡建设用地增减挂钩项目（遗留问题整改）建新区用地纳入国土空间规划的情况说明	8 月 6 日
清政〔2021〕86 号	关于保定市 2021 年度第三批次城乡建设用地增减挂钩项目（遗留项目整改）建新区用地纳入国土空间规划的情况说明	8 月 6 日
清政办〔2021〕56 号	关于印发区政府领导工作分工的通知	8 月 7 日
〔2021〕46 号	关于 2021 年清苑区农村公路路网项目规划的批复	8 月 10 日

续表 2

文号	文件标题	发文日期
清政办〔2021〕57 号	关于印发《保定市清苑区公共资源管理重点领域违法违规问题排查整治总体方案》的通知	8 月 10 日
〔2021〕47 号	关于《保定哈文幼儿园有限公司办理校车标牌使用许可的请示》的批复	8 月 11 日
清政〔2021〕87 号	关于《保定市东城首府建设工程设计方案（修改）》提请市规委会审议的申请	8 月 16 日
清政〔2021〕88 号	关于保定市清苑区北王力乡北王力村砖窑复垦（占补平衡）项目验收信息核实申请书	8 月 16 日
清政办〔2021〕59 号	关于印发《保定市清苑区防范和惩治统计造假、弄虚作假工作责任制》的通知	8 月 16 日
清政办〔2021〕60 号	关于调整保定市清苑区根治拖欠农民工工资工作领导小组的通知	8 月 17 日
清政办〔2021〕61 号	关于印发《保定市清苑区 2021 年重点项目征地攻坚行动工作方案》的通知	8 月 19 日
清政〔2021〕89 号	关于河道内村庄防洪整治"回头看"总结报告	8 月 20 日
清政〔2021〕90 号	关于 2018 年至 2020 年节能减排专项资金安排使用及绩效情况审计发现问题的整改报告	8 月 25 日
清政〔2021〕91 号	关于 2021 年河北省政府债券的代发申请	8 月 25 日
清政办〔2021〕63 号	关于印发《保定市清苑区 2020—2021 年取暖季"双代"用户气电价补贴方案》的通知	8 月 30 日
清政办〔2021〕64 号	关于印发《保定市清苑区财政资金审批权限及程序》的通知	8 月 31 日
清政办〔2021〕65 号	解决公园风景城项目北大门商业楼遗留问题协调会会议纪要	9 月 1 日
清政办〔2021〕66 号	关于印发《保定市清苑区关于推动城市停车设施加快发展的实施意见》的通知	9 月 1 日
清政办〔2021〕67 号	关于印发《清苑区 2021 年度旱作雨养种植项目实施方案》的通知	9 月 1 日
清政〔2021〕92 号	关于正迪欢乐世界文化创意园项目有关情况的报告	9 月 6 日
清政〔2021〕93 号	关于省道 S524 新区至保定公路（北三环东延）地方配套资金的承诺函	9 月 6 日
〔2021〕48 号	关于公布区政府规范性文件清理结果的通知	9 月 6 日
〔2021〕49 号	关于印发《保定市清苑区重大行政决策公众参与事项管理办法（试行）》的通知	9 月 6 日
清政〔2021〕94 号	关于调整 2020 年度扶持村集体经济发展试点村的请示	9 月 7 日
清政〔2021〕95 号	关于解决旱作雨养种植项目配套资金的请示	9 月 7 日
清政〔2021〕96 号	关于申请大堤口村拆迁安置新增建设用地计划指标的请示	9 月 7 日
清政〔2021〕97 号	关于申请保定市府河莲花桥北侧导排区退水通道建设项目资金的请示	9 月 8 日
〔2021〕50 号	关于印发《保定市清苑区行政规范性文件管理规定》的通知	9 月 13 日

续表 2

文号	文件标题	发文日期
清政办〔2021〕68 号	关于印发《保定市清苑区 2021 年秋冬季劣质散煤管控“百日会战”行动方案》的通知	9 月 13 日
清政办〔2021〕69 号	关于印发《保定市清苑区燃气和涉气施工安全专项整治集中行动工作方案》的通知	9 月 13 日
清政〔2021〕98 号	关于申请在西大洋管线增设取水口门引用长江原水的请示	9 月 14 日
〔2021〕51 号	关于切实做好当前政府债券项目有关工作的通知	9 月 14 日
清政〔2021〕99 号	关于落实保定市主城区城中村连片开发项目阶段性跟踪审计发现问题整改情况的报告	9 月 15 日
清政办〔2021〕70 号	关于印发《保定市清苑区 2021 年乡村振兴衔接资金收益分配方案》的通知	9 月 15 日
清政〔2021〕100 号	关于对保定市党政领导干部自然资源资产离任（任中）审计暨白洋淀入淀河流水污染防治政策落实情况专项审计查出问题整改“回头看”的情况报告	9 月 16 日
〔2021〕52 号	关于印发《保定市清苑区道路交通安全集中整治行动实施方案》的通知	9 月 18 日
〔2021〕53 号	关于印发《保定市清苑区关于〈落实国务院未成年人保护工作领导小组关于加强未成年人保护工作的意见〉实施方案》的通知	9 月 18 日
清政〔2021〕101 号	关于调整 2020 年部分专项债券项目的请示	9 月 22 日
〔2021〕54 号	关于对 2020 年度政府机关事业单位工作人员进行奖励表彰的决定	9 月 22 日
清政办〔2021〕71 号	关于印发《保定市清苑区居民住宅项目配建中小学校幼儿园资金缴纳标准和管理使用办法（修订）》的通知	9 月 22 日
清政办〔2021〕72 号	关于印发《保定市清苑区 2020 年家庭手工业扶贫工作方案》的通知	9 月 26 日
清政〔2021〕102 号	关于保障性安居工程 2016—2021 年中央预算内投资项目自查自纠情况报告	9 月 27 日
〔2021〕55 号	关于《保定市中辰幼儿园有限公司办理校车标牌使用许可的请示》的批复	9 月 27 日
清政〔2021〕103 号	关于省道 524 新区至保定公路项目建设工作有关事宜的请示	9 月 28 日
清政〔2021〕104 号	关于保定市 2021 年度第四批次城乡建设用地增减挂钩项目（遗留问题整改）建新区用地纳入国土空间规划的情况说明	10 月 8 日
清政〔2021〕105 号	关于申请整改《保定市清苑县大福村建设用地减少与清苑县白团乡等五个城镇建设用地增加挂钩试点项目实施规划》的函	10 月 8 日
〔2021〕56 号	关于印发《保定市清苑区 10 千伏延伸投资界面新增电气投资出资方案》的通	10 月 11 日
清政〔2021〕106 号	关于拨付修建聚英街工程占地补偿资金的函	10 月 12 日
〔2021〕57 号	关于保定市清苑区阳城镇等五个乡（镇）阳城村等七个村土地综合整治项目通过验收通知书	10 月 12 日
〔2021〕58 号	关于保定市清苑区白团乡等四个乡（镇）白团东街村等五个村土地综合整治项目通过验收通知书	10 月 12 日

续表 2

文号	文件标题	发文日期
清政办〔2021〕73 号	关于印发《保定市清苑区关于加快推进乡镇村计划生育协会改革的意见》的通知	10 月 14 日
〔2021〕59 号	关于组建保定市清苑区 2021—2022 年度农村生活水源江水置换项目工程建设管理处的批复	10 月 19 日
清政〔2021〕107 号	关于保定市清苑区阳城镇等五个乡（镇）阳城村等七个村土地综合整治项目验收信息核实申请书	10 月 20 日
清政〔2021〕108 号	关于保定市清苑区白团乡等四个乡（镇）白团东街村等五个村土地综合整治项目验收信息核实申请书	10 月 20 日
清政办〔2021〕74 号	关于印发《保定市清苑区县级储备粮管理办法》的通知	10 月 20 日
清政办〔2021〕75 号	关于印发《保定市清苑区深化医药卫生体制改革 2021 年重点工作任务》的通知	10 月 21 日
清政办〔2021〕76 号	关于印发《保定市清苑区 2021—2022 年秋冬季有序用电工作方案》的通知	10 月 21 日
清政〔2021〕109 号	关于申报 2021 年“四好农村路”省示范乡（镇）请示	10 月 22 日
清政〔2021〕110 号	关于协调解决清苑区教育城 2021 年冬季取暖问题的请示	10 月 22 日
清政办〔2021〕77 号	关于印发《保定市清苑区河道非法采砂专项整治行动工作方案》的通知	10 月 25 日
清政〔2021〕117 号	关于 2021 年河北省政府债券的代发申请	10 月 26 日
清政〔2021〕111 号	关于我区财政运行存在严重风险隐患情况的报告	10 月 26 日
〔2021〕60 号	关于撤销东闾乡设立东闾镇的通知	10 月 26 日
清政办〔2021〕79 号	关于印发《保定市清苑区社会救助审批权限下放乡（镇）工作实施方案》的通知	10 月 26 日
清政〔2021〕112 号	关于保定市 2021 年度第 75 批次建设用地纳入国土空间规划的请示	10 月 28 日
清政〔2021〕113 号	关于保定市 2021 年度第 76 批次建设用地纳入国土空间规划的请示	10 月 28 日
清政〔2021〕114 号	关于保定市 2021 年度第 82 批次建设用地纳入国土空间规划的请示	10 月 28 日
清政〔2021〕115 号	关于保定市 2021 年度第 84 批次建设用地纳入国土空间规划的请示	10 月 28 日
清政〔2021〕116 号	关于保定市 2019 年度实施第 17 批次建设用地纳入国土空间规划的请示	10 月 28 日
清政办〔2021〕80 号	关于印发《政府办主任、副主任及其他领导班子成员分工》的通知	11 月 4 日
〔2021〕61 号	关于印发《保定市清苑区“百日千人万企”生态环境保护执法帮扶行动工作方案》的通知	11 月 5 日
清政〔2021〕118 号	关于报送 2022 年新增政府债券项目需求的请示	11 月 8 日
清政办〔2021〕81 号	关于印发《保定市清苑区 2021—2022 年度农村生活水源江水置换项目建设征地补偿实施方案》的通知	11 月 8 日
〔2021〕62 号	关于由保定市荣清国控集团有限公司代管常青文化墓园的决定	11 月 9 日

续表 2

文号	文件标题	发文日期
〔2021〕63 号	关于印发《保定市清苑区燃气行业突发事故应急预案》《保定市清苑区村镇天然气泄漏、爆炸事故应急预案》《保定市清苑区燃气场站突发事故应急预案》《保定市清苑区燃气运输车辆突发事故应急预案》《保定市清苑区燃气系统恐怖袭击事故应急预案》《保定市清苑区燃气中高压燃气管道泄漏事故应急预案》的通知	11 月 9 日
〔2021〕64 号	关于保定市荣清国控集团有限公司股权无偿划转的批复	11 月 9 日
清政〔2021〕119 号	关于《审计署 2020 年生态环保资金审计报告》整改“回头看”情况的报告	11 月 10 日
〔2021〕65 号	关于《保定市清苑区东闾乡博文幼儿园办理校车标牌使用许可的请示》的批复	11 月 11 日
〔2021〕66 号	关于《保定哈文幼儿园有限公司办理校车标牌使用许可的请示》的批复	11 月 11 日
〔2021〕67 号	关于《保定市清苑区新起点幼儿园有限公司办理校车标牌使用许可的请示》的批复	11 月 11 日
〔2021〕68 号	关于《保定市清苑区阳城镇大魏庄润兴幼儿园办理校车标牌使用许可的请示》的批复	11 月 11 日
〔2021〕69 号	关于《保定市清苑区望亭乡智慧树幼儿园办理校车标牌使用许可的请示》的批复	11 月 11 日
〔2021〕70 号	关于《保定市嘉禾语幼儿园有限公司办理校车标牌使用许可的请示》的批复	11 月 11 日
清政〔2021〕120 号	关于拨付修建聚英街工程占地补偿资金的请示	11 月 12 日
清政办〔2021〕83 号	关于印发《保定市清苑区农村饮水安全工程运行管护办法》的通知	11 月 15 日
清政办〔2021〕84 号	关于印发《保定市清苑区农村饮水工程经费使用管理办法》的通知	11 月 15 日
清政〔2021〕137 号	关于“保定市清苑区金线河生态提升工程”落实地方配套资金及按期完工的承诺函	11 月 16 日
清政〔2021〕121 号	关于 2021 年河北省政府债券的代发申请	11 月 17 日
清政〔2021〕122 号	关于 2021 年专项债券支出进度缓慢问题的报告	11 月 17 日
清政〔2021〕123 号	关于上报 2022 年新增一般债券需求的请示	11 月 17 日
清政〔2021〕124 号	关于申请撤销《清苑区 2016 年第一批次城乡建设用地增减挂钩项目试点实施规划》的函	11 月 17 日
〔2021〕71 号	关于对清苑区北店乡局部地块控制性详细规划保定市归思源公墓地块调整项目的批复	11 月 18 日
〔2021〕72 号	关于区统计局被授予国家“第七次全国人口普查先进集体”荣誉称号的通报	11 月 18 日
〔2021〕73 号	关于保定市凯运公交客运有限公司进行城乡客运公交化改造的批复	11 月 19 日
清政办〔2021〕85 号	关于印发《保定市清苑区乡镇卫生院医疗设备配置方案》的通知	11 月 19 日
清政〔2021〕125 号	关于鄂安沧保定—阜平支线天然气管道项目用地纳入国土空间规划的情况说明	11 月 24 日

续表 2

文号	文件标题	发文日期
清政〔2021〕126 号	关于《保定国家高新区关于实施"一区多园"管理体制方案》反馈意见	11 月 24 日
清政〔2021〕127 号	关于严格落实大气环境治理主体责任的整改报告	11 月 25 日
清政办〔2021〕88 号	关于印发《保定市清苑区城乡燃气安全网格化监管体系实施方案》的通知	11 月 25 日
清政〔2021〕128 号	关于报送《京港澳高速公路新增阳城互通工程方案研究报告》的请示	11 月 26 日
清政〔2021〕129 号	关于我区在俄罗斯人员"双稳"工作落实情况的报告	11 月 26 日
〔2021〕74 号	关于印发《保定市清苑区强化主体责任完善网格化自然资源领域监管体系实施方案》的通知	11 月 26 日
清政办〔2021〕89 号	关于成立保定市清苑区乡镇综合行政执法工作领导小组的通知	11 月 26 日
清政〔2021〕130 号	关于申请重点建设项目正常施工的请示	11 月 29 日
清政〔2021〕131 号	关于保定市 2019 年度实施第 17 批次建设用地土地征收情况说明	11 月 29 日
清政〔2021〕132 号	关于保定市 2021 年度第 71 批次建设用地土地征收情况说明	11 月 29 日
〔2021〕75 号	关于汽水换热站建设重新选址的函	11 月 29 日
〔2021〕76 号	关于提请核准保定广播电视大学清苑分校更名为清苑开放大学的函	12 月 9 日
清政办〔2021〕91 号	关于印发《保定市清苑区 2022 年城市体检工作方案》的通知	12 月 9 日
清政〔2021〕133 号	关于协调解决泽龙教育城冬季取暖问题的请示	12 月 10 日
清政〔2021〕134 号	关于保定市 2021 年度第 84 批次建设用地土地征收情况说明	12 月 13 日
清政〔2021〕135 号	关于《保定市清苑区 2021 年受污染耕地风险管控和修复措施实施效果评估报告》的审定报告	12 月 13 日
清政办〔2021〕92 号	关于印发《保定市清苑区村委会改为居委会工作实施方案》的通知	12 月 13 日
清政〔2021〕136 号	关于"清苑污水处理厂强化运行保障项目"落实地方配套资金及按期完工的承诺函	12 月 15 日
清政〔2021〕138 号	关于"清苑污水处理厂准地表Ⅲ类水提标改造工程项目"落实地方配套资金及按期完工的承诺函	12 月 17 日
清政〔2021〕139 号	关于"清苑区冉庄镇污水处理厂及配套管网工程项目"落实地方配套资金及按期完工的承诺函	12 月 17 日
清政〔2021〕140 号	关于"保定市清苑区温仁镇污水处理厂及配套管网工程项目"落实地方配套资金及按期完工的承诺函	12 月 17 日
〔2021〕78 号	关于保定市凯运公交客运有限公司进行城乡客运公交化改造的批复	12 月 20 日
〔2021〕79 号	关于赴贵县沟通茶溪谷景区有关情况的函	12 月 23 日
清政〔2021〕141 号	关于河北清苑经济开发区对东顾庄工业园区等 3 个园区实施委托管理的请示	12 月 24 日
〔2021〕80 号	关于《清苑区正迪欢乐世界文化创意园局部地块控制性详细规划调整》成果的批复	12 月 27 日

续表2

文号	文件标题	发文日期
清政办〔2021〕93号	关于成立保定市清苑区聚焦城市管理“新颜值”行动领导小组的通知	12月28日
清政办〔2021〕94号	关于公布保定市清苑区保留证明事项基本目录和保定市清苑区第一批实行告知承诺制证明事项目录的通知	12月28日
〔2021〕81号	关于河北清苑经济开发区管委会《关于设立河北清开启创产业发展有限公司》的批复	12月29日
清政〔2021〕142号	关于立中四通轻合金集团股份有限公司建设再生铝回收加工循环利用基地有关情况的报告	12月31日
〔2021〕82号	关于《清苑城区景观照明规划》和《清苑教育新城城市设计》等成果的批复	12月31日
〔2021〕83号	关于孙村乡大堤口村委会改为居委会的批复	12月31日
清政办〔2021〕95号	关于印发《保定市清苑区群体性事件应急预案》的通知	12月31日
清政办〔2021〕96号	关于印发《保定市清苑区节假日和重大活动期间安全事故应急预案》的通知	12月31日
清政办〔2021〕97号	关于成立保定市清苑区物业管理服务工作领导小组的通知	12月31日
清政办〔2021〕98号	关于印发《保定市清苑区2021—2022年度殡葬管理所改扩建项目建设征地补偿实施方案》的通知	12月31日
清政办〔2021〕99号	关于印发《保定市清苑区新建地表水厂及配套工程项目建设征地补偿实施方案》的通知	12月31日

索　引

D

E

F

G

H

J

K

L

M

N

P

Q

R

S

T

W

X

Y

Z